Königin Noor

Im Geist der Versöhnung

Ein Leben zwischen zwei Welten

Königin Noor

Im Geist der Versöhnung

Mein Leben zwischen zwei Welten

Aus dem Englischen von
Hermut Dierlamm, Enrico Heinemann,
Norbert Juraschitz und Werner Roller

List

Die Originalausgabe erschien im Jahr 2003 unter dem Titel
Leap of Faith. Memoirs of an Unexpected Life im Verlag
Talk Miramax Books, einem Imprint von
Miramax Film Corp., New York, NY.

Der List Verlag ist ein Verlag des Verlagshauses
Ullstein Heyne List GmbH & Co. KG

ISBN 3-471-78241-9

Für meinen geliebten Hussein,
Licht meines Lebens.

»*Arbeite für das Leben auf dieser Erde,*
als würdest du ewig leben,
und arbeite für das spätere Leben im Himmel,
als würdest du morgen sterben.«

Inhalt

Erste Eindrücke

Bei der ersten Begegnung sah ich meinen künftigen Mann durch ein Kameraobjektiv. Ich stand mit meinem Vater auf der Rollbahn am Flughafen von Amman in Jordanien, als König Hussein auf uns zukam, um uns zu begrüßen. Mein Vater, schon immer ein Mann schneller Entschlüsse, drückte mir seine Kamera in die Hand. »Mach ein Bild von mir mit dem König«, sagte er. Es war mir ein wenig peinlich, dass mein Vater ein Staatsoberhaupt bat, für einen Schnappschuss zu posieren, aber ich machte dennoch brav die Aufnahme. Auf dem Foto stehen die beiden Männer nebeneinander, die älteste Tochter des Königs, Prinzessin Alia, ist im Hintergrund zu sehen. Mein Vater und der König wechselten ein paar Worte. König Hussein winkte seine Frau herüber und stellte uns Königin Alia vor.

Das war im Winter des Jahres 1976, mein Vater hatte mich gebeten, ihn bei einem kurzen Besuch in Jordanien zu begleiten. Er war zu einer kleinen Feier anlässlich des Kaufs der ersten Boeing 747 eingeladen worden. Mein Vater Najeeb Halaby, früher leitender Angestellter einer Fluglinie und Direktor der amerikanischen Luftfahrtbehörde, war Leiter des internationalen Beraterteams für die jordanische Fluggesellschaft. Außerdem wollte er in Amman die organisatorische Vorarbeit für eine panarabische Luftfahrtschule leisten, um die Abhängigkeit der Region von ausländischen Fachkräften und teurem Know-how zu verringern. Das Projekt, das noch in den Kinderschuhen steckte, war eine Lieblingsidee König Husseins, meines Vaters und anderer Träumer zur Entwicklung der Luftfahrt im Nahen Osten. Ich hatte gerade nichts Besseres zu tun, weil ich kurz zuvor einen Job in Teheran aufgegeben hatte. Also nahm ich gern die Gelegenheit wahr, nach Jordanien zu reisen, das ich im selben Jahr bereits ein erstes Mal kurz besucht hatte. Eine zweite Reise in diesen Teil des Nahen Ostens brachte mich in das Land meiner Vorfahren und würde mich, so hoffte ich, wieder zu den arabischen Wurzeln der Familie Halaby zurückführen.

Ich erinnere mich noch genau an meinen ersten Eindruck von Jordanien. Ich war unterwegs vom Iran in die Vereinigten Staaten, wo ich für ein britisches Städteplanungsbüro gearbeitet hatte. Aus dem Fenster meines Flugzeugs betrachtete ich fasziniert die Weite der Wüstenlandschaft, die von der untergehenden Sonne in Gold getaucht wurde. Ich war überwältigt von einem ungewöhnlich starken Zugehörigkeitsgefühl, einem beinahe mystischen Gefühl des Friedens.

Es war Frühling, eine bezaubernde Jahreszeit in Jordanien. Die braunen Hügel und Täler wurden wieder grün von den Winterregenfällen, und wilde Anemonen schossen wie rote Punkte aus der Erde. Orangen, Bananen, Erdbeeren, Tomaten und Salat wurden entlang der Straße durch die üppigen Felder und Obstgärten des Jordantales verkauft; Städter aus dem kühlen Hochland um Amman machten an den warmen Ufern am Toten Meer ein Picknick. Was ich auch sah, Menschen, Täler, überall waren Wärme und Freude zu spüren. Ich war ganz hingerissen von der herrlichen Harmonie zwischen Vergangenheit und Gegenwart: Schafe grasten auf den Weiden, und leere Stadtplätze lagen neben kunstvollen Amtsgebäuden und modernen Krankenhäusern. Unvergesslich blieb mir der Anblick der Studenten, die in den offenen Feldern am Rande Ammans spazieren gingen, das Lehrbuch in der Hand, ganz versunken in ihr Lernen für das *Tawdschihi*, den allgemeinen Schulabschluss, den Jordanier im letzten Jahr der High-School-Zeit ablegen müssen.

Ich kannte die Landkarten und wusste, wie nahe Jordanien bei Israel und den besetzten palästinensischen Gebieten lag, aber wirklich klar wurde mir das erst, als ich am jordanischen

Ufer des Toten Meeres stand und hinübersah zu der alten Stadt Jericho auf der Westbank. Jordanien hat von allen Nachbarländern die längste Grenze mit Israel, sie verläuft rund 650 Kilometer vom See Genezareth im Norden bis zum Golf von Akaba im Süden. Bei all der bleibenden Schönheit Jordaniens wusste ich, dass nach dem Zweiten Weltkrieg, nach drei arabisch-israelischen Kriegen und unzähligen Grenzkonflikten zwischen Israel und Jordanien eine Waffenstillstandslinie gezogen wurde: Heilige Erde, auf der vor langer Zeit Propheten durchs Land gestreift waren, war nun mit Landminen verseucht.

Meine Kenntnisse über Jordanien beschränkten sich auf das, was ich in Zeitungen gelesen oder in Gesprächen aufgeschnappt hatte, aber ich hatte doch von der einzigartigen Stellung König Husseins in der Region gehört. Er war ein Anhänger des panarabischen Gedankens mit einem tiefen Verständnis der westlichen Kultur, ein unbeirrbar gemäßigter Politiker und ein leidenschaftlicher Anhänger der Bewegung der blockfreien Staaten. Jordanien war der Angelpunkt für alle Friedensbemühungen im Nahen Osten, da es strategisch günstig zwischen Israel, Saudi-Arabien, Syrien und dem Irak lag. In Jordanien erfuhr ich zudem, dass der König aus dem Geschlecht der Haschemiten stammte – ein direkter Nachfahre des Propheten Mohammed, *Friede sei mit ihm* – und deshalb unter Muslimen eine besondere Autorität genoss.

Das Jordanien, das ich 1976 zum ersten Mal besuchte, war eine faszinierende Mischung aus Tradition und Moderne. Das Emirat Transjordanien wurde 1921 gegründet, und 1946 wurde das unabhängige haschemitische Königreich Jordanien ausgerufen. Das Land wurde von König Abdullah, dem Gründer, und dann von dessen Enkel, König Hussein, konsequent in einen modernen Staat umgewandelt. Da es nach der Gründung des Staates Israel den historischen Zugang durch Palästina zu den Häfen am Mittelmeer verloren hatte, baute Jordanien Akaba zum Hafen für den Schiffsverkehr auf dem Roten Meer und in den Indischen Ozean aus.

Bei meiner ersten Begegnung mit Jordanien modernisierte die Regierung gerade die gesamte Telekommunikation des Landes – ein ehrgeiziges Projekt. Damals konnte es noch Stunden dauern, bis man innerhalb von Amman jemanden erreichte, und die Hauptstadt hatte nicht einmal eine direkte internationale Vorwahlnummer. Wenn Vögel sich auf den Kupferdrähten niederließen, war die Verbindung unterbrochen, aber wenig später verfügte das Land bereits über ein modernes Fernmeldenetz, das bis in die abgelegensten Siedlungen reichte.

Neue Straßen wurden gebaut, vor allem von Nord nach Süd, als Ersatz für die traditionellen Routen nach Westen über Palästina. Ohne weiteres konnte man von der Nordgrenze zu Syrien den ganzen Weg bis nach Akaba auf der modernen Wüstenstraße zurücklegen. Auf der Fahrt durch die Wüste sah ich nomadische Beduinen, die ihr Vieh hüteten. Kinder rannten von einem typischen schwarzen Zelt aus Ziegenhaar, dem *bjut esch-schaar*, ins nächste. Am Abend starrte ich wie gebannt auf das rötlich goldene Glühen der untergehenden Sonne auf den felsigen Hügeln, wo Schafherden im letzten Tageslicht helle Akzente setzten.

Die Wüstenstraße ist die schnellste und direkteste Verbindung nach Süden, aber meine Lieblingsstraße ist die malerische Königsstraße, die den alten Handelsrouten folgt. Der Legende nach sollen die drei Weisen aus dem Morgenland zumindest einen Teil ihres Weges nach Bethlehem auf der Königsstraße zurückgelegt haben, und Moses hatte sein Volk auf ihr nach Kanaan geführt. »Wir werden die Königsstraße benutzen und weder rechts noch links davon abbiegen, bis wir dein Gebiet durchzogen haben«, heißt es in der Bibel im Vierten Buch Mose (21, 22f.). Moses bittet mit diesen Worten König Sihon um die Erlaubnis, sein Reich zu durchqueren, sie wurde ihm verweigert. Ich schoss mit meinen Kameras zahlreiche Fotos vom Berg Nebo, in dessen Umgebung Moses angeblich beerdigt ist, und von den prächtigen Mosaiken, die ich in Kirchen unmittelbar neben der Königsstraße entdeckte.

Wo frühere Kulturen den Pfad von Steinen säuberten, damit die mit Gold und Gewürzen beladenen Esel- und Kamelkarawanen schneller vorankamen, da pflasterten die Römer Teile der Königsstraße, damit sie mit ihren Wagen fahren konnten. Zeugen einer zehntausendjährigen Geschichte finden sich entlang der Königsstraße oder nicht weit davon: faszinierende Gipsfiguren aus der Neusteinzeit mit ihren dunkel umrandeten Augen – die ältesten Abbilder menschlicher Wesen – ebenso wie die Hauptstadt der Ammoniter in der Eisenzeit, Rabbath-Ammon, im Stadtkern Ammans, der heutigen Hauptstadt Jordaniens.

Bei dieser ersten Reise sah ich in Jordanien beeindruckende archäologische Schätze, unter anderem die befestigte Stadt Dscherasch, das einstige Gerasa, in den Hügeln von Gilead, mit den Säulenstraßen, Tempeln und Theatern. Seen bedeckten einst die Wüste im Osten, wo versteinerte Löwenzähne und Stoßzähne von Elefanten im Sand zu finden sind. Die Straße nach Bagdad wird von 1300 Jahre alten, islamischen »Wüstenschlössern« aus der Zeit der Omaijaden überragt – einer islamischen Herrscherdynastie, die von Kalif Moawija im Jahr 661 gegründet wurde – mit ihren farbenprächtigen Fresken und Mosaiken von Vögeln, Tieren und Früchten und mit beheizten Badehäusern.

Einige Autostunden weiter südlich liegt die alte Stadt der Nabatäer, Petra, die in Felswände aus Buntsandstein gehauen ist. Vor der westlichen Welt war sie 700 Jahre lang verborgen, bis der Schweizer Forscher Johann Burckhardt im Jahr 1812 durch Zufall auf sie stieß. Petra betritt man durch eine eineinhalb Kilometer lange, enge Schlucht, den *Sik*, der die Felsen durchschneidet und sich am Ende zu einem atemberaubenden Juwel aus Schreinen, Tempeln und Gräbern öffnet, alle in Stein gehauen. Die Stätte weist eine Vielfalt natürlicher Farben und Formen auf, die kein Künstler jemals erreichen wird: alte Höhlen und Monumente, deren Böden und Wände von ineinander verschlungenen roten, blauen, gelben, purpurfarbenen und goldenen Felsadern durchzogen sind.

Bei meiner ersten Reise erkundete ich Amman zu Fuß. Schafhirten überquerten seelenruhig mit ihren Herden die Straßen im Zentrum und trieben sie von einer Weide zur nächsten. Die Herden waren so alltäglich im Leben von Amman, dass niemand während der Wartezeit, bis die Straße wieder frei war, hupte oder die Geduld verlor. Tiere und Hirten hatten eben Vorfahrt. Ich wanderte über den Marktplatz und bewunderte die schönen Einlegearbeiten aus Perlmutt – Rahmen, Kästchen und Backgammonbretter – sowie die kobaltblauen, grünen und bernsteinfarbenen Vasen, die als Hebron-Glas bekannt sind.

Amman erweckte den Eindruck einer klassischen mediterranen Stadt. Auf den sieben legendären Hügeln, die einst der hellenistische Feldherr Ptolemaios II. Philadelphos im 3. Jahrhundert v. Chr. erobert hatte, lagen malerisch weiße Kalksteingebäude und Villen. Jeden Morgen wachte ich in der Ruhe vor der Morgenröte in meinem Zimmer im Inter-Continental Hotel auf und vernahm den Ruf zum ersten Gebet, *Al Fadschr*. Bewegt lauschte ich dem rhythmischen Gesang der Muezzins, der die Gläubigen aufrief und von den umliegenden Hügeln widerhallte. Jordaniens Hauptstadt Amman war friedlich und ruhig, hier war nichts zu spüren von einer wachsenden Unruhe, die ich in den letzten Monaten meiner Tätigkeit in Teheran wahrgenommen hatte.

An jenem schicksalhaften Tag, als mein Vater mich König Hussein auf dem Rollfeld vorstellte, war der Monarch von einer Menschentraube umgeben: Angehörige seiner Familie, des königlichen Hofes und Regierungsvertreter sowie der Geschäftsführer der jordanischen Fluggesellschaft, Ali Ghandur, ein alter Freund meines Vaters, der uns zu der Zeremonie eingeladen hatte. Der König, ein leidenschaftlicher Pilot, feierte einen aufregenden Fortschritt für seine geliebte Fluglinie, die er als lebenswichtige Verbindung Jordaniens mit der Welt betrachtete. Am liebsten wäre er vermutlich einfach in das Cockpit der ersten 747 des Landes gestiegen und gestartet. Stattdessen war er von Höflingen, Regierungsvertretern, Leibwächtern und Familienangehörigen umgeben. Es war, als würde ein unsichtbares Band sie alle zusammenhalten. Setzte sich der König in Bewegung, folgte ihm unweigerlich die ganze Gruppe.

Ich war vor allem davon beeindruckt, dass der König trotz des ohrenbetäubenden Lärms und der Verwirrung stets lächelte und eine unerschütterliche Haltung bewahrte. Jahrelang erinnerte mich das Foto, das ich auf Bitten meines Vaters hin gemacht hatte, an diesen Tag auf dem Flughafen. Während meiner Verlobung und nach der Heirat stellte ich es in meinem Arbeitszimmer auf, immer noch in dem einfachen Papierrahmen des Fotogeschäftes. Leider war es vor mehr als zehn Jahren spurlos verschwunden, als ich eine Kopie davon machen wollte. Ich hoffe immer noch, dass es aus einem Buch herausfällt oder in einer Schublade auftaucht. Es ist nicht gerade selbstverständlich, dass man ein Andenken an die erste Begegnung mit dem Menschen hat, der später der wichtigste Mensch im eigenen Leben werden sollte.

Der kurze Aufenthalt in Jordanien endete mit einem Mittagessen im Wohnsitz des Königs in Akaba am Meer, der durch reizvolle Schlichtheit bestach. Statt in einem pompösen Ferienpalast zu leben, wohnten der König und seine Familie in einem relativ bescheidenen Strandhaus direkt am Meer. Gäste und andere Familienangehörige waren in einer Reihe kleiner Bungalows mit zwei Wohnungen untergebracht, die über das Gelände verstreut waren.

Der König war damals auf Reisen, hatte aber Ali Ghandur gebeten, seinen »guten Freund Najeeb zum Essen nach Akaba zu führen«. Bei den *Mese* – einer Auswahl von Vorspeisen wie Tabuleh (einem Salat), Hummus und eingelegtem Gemüse – wandte sich das Gespräch rasch politischen Themen zu. Wir sprachen über den Libanon und den immer noch wütenden Bürgerkrieg. Ich hörte aufmerksam zu, stellte viele Fragen und war fasziniert von den komplexen politischen Verhältnissen in der Region.

Akaba war ein schöner Ort, aber unser Ausflug nach Jordanien näherte sich seinem Ende. Schon bald war ich wieder in New York und suchte nach einem Job als Journalistin. Ich hätte mir nicht träumen lassen, dass ich nur drei Monate später nach Jordanien zurückkehren würde, und ich hatte keine Ahnung, wie schicksalhaft diese Rückkehr sein sollte. Vielleicht hätte ich eine merkwürdige Weihsagung ernster nehmen sollen, die ich nur wenige Monate zuvor an einem meiner letzten Abende in Teheran gehört hatte. Nach einem Abschiedsessen in einem Restaurant im Stadtzentrum hatte ein Bekannter am Tisch mir die Zukunft vorhergesagt und nach nahöstlicher Tradition in meinem Kaffeesatz gelesen. Er rührte in dem dickflüssigen Satz, drehte die Tasse kurz um, wieder zurück und sah sich die Muster in der Tasse genau an. »Du wirst nach Arabien zurückkehren«, sagte er voraus. »Und du wirst eine hoch gestellte Persönlichkeit heiraten, einen Aristokraten aus dem Land deiner Vorfahren.«

Die Wurzeln

Im Alter von sechs Jahren hörte ich im kalifornischen Santa Monica erstmals von der Geschichte meiner Familie. Meine Mutter erzählte mir eines Tages im elterlichen Schlafzimmer von ihren schwedischen und europäischen Vorfahren und von den arabischen meines Vaters. Ich erinnere mich, dass ich nach diesem Gespräch alleine im Schlafzimmer sitzen blieb und aus dem Fenster auf die grenzenlosen Weiten des Ozeans blickte. Die Welt war plötzlich größer geworden. Ich hatte eine Art neue Identität und fühlte mich erstmals einer größeren Familie und einem weiteren Kulturkreis verbunden. Meine Mutter war lange Zeit ein wenig betrübt, dass mich meine arabischen Wurzeln mehr interessierten. Aber wie hätten es ihre fleißigen und zähen Ahnen in meiner Fantasie mit den tollkühnen Brüdern Halaby aufnehmen können?

Mit nur zwölf und vierzehn Jahren waren mein arabischer Großvater Nadschib und sein älterer Bruder Habib mit ihrer Mutter Almas und ihren jüngeren Geschwistern auf dem Zwischendeck von Beirut nach Ellis Island gesegelt. Sie stammten aus dem syrischen Aleppo, einer Kulturmetropole und einem geistigen Zentrum der arabischen Welt. Mein Großvater lebte kurze Zeit im malerischen Flussstädtchen Zahle im Libanon, ehe er mit seiner Familie von Beirut aus den Sprung in die Neue Welt wagte. In den Reisetaschen führten sie kleine orientalische Teppiche, Stoffe aus Damaskus, Kupferwaren und Schmuck mit – wertvolle Handelsgüter aus der alten Heimat, die die Grundlage für den Aufbau eines neuen Lebens bilden sollten. Die jungen Halabys sprachen kaum Englisch und hatten keine Beziehungen, erwiesen sich aber als ebenso einfallsreiche wie gewinnende Männer. Sie zogen mit ihren Reisetaschen in den Ferienort Bar Harbor in Maine. Nadschib machte die Bekanntschaft von Frances Cleveland, der hübschen jungen Frau von Präsident Grover Cleveland, und eroberte sie mit seinem Charme. Die Einführungsbriefe, die er von der First Lady erhielt, sicherten den arabischen Jungen erste Erfolge.

Habib blieb in New York und arbeitete im Import-Export, während Nadschib nach Texas übersiedelte, um mit Öl und Baumwolle Geld zu verdienen. Er sah auf geheimnisvolle Weise gut aus, war galant und wirkte in den konservativen Gesellschaftskreisen von Dallas wie ein Exot. 1914 heiratete er die Tochter eines texanischen Ranchers, die Innenausstatterin Laura Wilkins. Zusammen gründeten sie die Halaby Galleries, in die er sein Geschick im Außenhandel und sie ihre Liebe zu Kunst und Dekor einbrachten. Sie belieferten die Oberschicht von Dallas, Houston und Forth Worth und waren Mitte der Zwanzigerjahre so erfolgreich, dass Stanley Marcus und sein Partner Al Neiman den Halaby Galleries die beiden obersten Stockwerke ihres Kaufhauses im Zentrum von Dallas zur Miete anboten. So bildeten sie vor einem Dreivierteljahrhundert eine weit blickende Troika, die aus Neiman, Marcus und Halaby bestand und ein Geschäft für Luxuswaren im Stadtzentrum von Dallas aufbaute.

Der Geschäftssinn lag wohl in der Familie. Habibs und Nadschibs jüngerer Bruder Camile war ebenfalls Unternehmer, wenn auch auf unkonventionellere Weise. Während Habib und Nadschib ihr Glück in den USA suchten, siedelte Camile von Brooklyn nach Südamerika über: Seine Mutter Almas – die Großmutter meines Vaters, die kaum Englisch sprach – war in der *New York Times* auf eine Anzeige gestoßen, in der für die Bergung eines verunglückten Baggers, der Goldfunde mit in die Tiefe gerissen hatte, eine Belohnung angeboten wurde. Das Gerät lag im Fluss Atrato im tropischen Regenwald des fernen Kolumbien. Wegen des Unglücks steckte die Betreibergesellschaft, die Choco Pacific Gold Mine Company, in tiefen Geldnöten, und die einzige Hoffnung bestand nun darin, den Bagger mitsamt dem Gold zu bergen. Ohne ein Wort Spanisch zu sprechen, wagte sich Camile nach Kolumbien, reiste dort von der Küstenstadt Barranquilla zum Isthmus von Darién und kämpfte sich durch einen der lebensfeindlichsten Urwälder. Er holte den Bagger schließlich aus dem Fluss, steckte seine Belohnung ein und setzte seine Reise durch die Anden nach Medellín fort. Nach seiner Heirat mit einer lokalen Schönen ließ er sich in Kolumbien dauerhaft nieder und arbeitete als erfolgreicher Agent für Textilfirmen. Als Besitzer mehrerer Textilfabriken und einer Fabrik zur Herstellung von Heizkesseln brachte er es mit seiner Familie zu regionaler Bekanntheit. (Sie sollten für diesen Erfolg auf drastische Weise büßen: Mehrere Mitglieder der Familie wurden zur Erpressung von Lösegeld entführt, zwei starben im Kampf gegen terroristische Splittergruppen.)

Mein Vater Najeeb (sprich: Nadschib) kam 1915 in Dallas zur Welt und blieb Einzelkind. Meine Großmutter liebte ihn abgöttisch und sorgte dafür, dass es ihm an nichts fehlte. Er ging auf eine Privatschule und lebte in einem prachtvoll ausgestatteten Haus, das zugleich den Halaby Galleries als Ausstellungsfläche diente. Es gereicht meinem Großvater zur Ehre, dass er seinen Familiennamen im Gegensatz zu vielen Einwanderern niemals amerikanisiert hat. Und während die ethnischen Minderheiten, die in die Neue Welt strömten, auf zahlreiche Hindernisse stießen, war er gesellschaftlich akzeptiert, ihm wurde sogar die Mitgliedschaft im Dallas Athletic Club angetragen. Davon abgesehen, dass er sich den Spitznamen »Nick« gefallen ließ, bestand das einzige Zugeständnis an seine Wahlheimat darin, dass er sich von seiner Frau vom griechisch-orthodoxen Glauben zur Christian Science bekehren ließ. Von da an lebte mein Großvater nach den Lehren von Mary Baker Eddy, die auf spirituelle Heilmethoden setzte. Meine Großeltern suchten keinen Arzt mehr auf und lehnten jede medizinische Behandlung ab. Diese Haltung hat später vielleicht zum frühzeitigen Tod meines Großvaters beigetragen. Nachdem Najeeb Senior bei einer vermeintlichen Halsentzündung lange Zeit vergeblich auf eine Heilung durch den Glauben gehofft hatte, begab er sich schließlich ins Krankenhaus. Doch zu diesem Zeitpunkt war er bereits so geschwächt, dass er sich eine Infektion zuzog, an der er kurz darauf starb. Mein Vater war damals erst zwölf Jahre alt.

Nach dem frühen Tod ihres Mannes verkaufte meine Großmutter Laura Halaby die Halaby Galleries und zog nach Kalifornien. Sie heiratete bald darauf erneut, diesmal einen wohlhabenden Franzosen aus New Orleans. Die Ehe hielt sechs oder sieben Jahre, war allerdings belastet durch das schwierige Verhältnis meines Vaters zu seinem Stiefvater. Für zumindest einen Teil dieser Spannungen war Lauras besondere Aufmerksamkeit für ihren Sohn verantwortlich, die bei ihrem neuen Ehemann Eifersucht auslöste. Aber Laura war auf ihren »Jeeb« doch sehr stolz: Mein Vater glänzte in allem, was er anfasste, und genoss das Leben in vollen Zügen. Er besuchte die Stanford University, war dort Kapitän des Golfteams und studierte weiter an der juristischen Fakultät der Yale University. Nach dem Abschluss flog er als Pionier seiner Zunft zweimotorige Jagdflugzeuge vom Typ P-38, den Hudson-Bomber und im Zweiten Weltkrieg als Testpilot für Lockheed den Lodestar-Transporter. Als Marinepilot in der Testabteilung für trägergestützte Jagdflugzeuge steuerte er über 50 verschiedene Flugzeugtypen, darunter den ersten von Amerikanern gebauten Jet.

Mein Vater hatte das für einen Testpiloten unerlässliche Temperament: Er war mutig, selbstsicher im Umgang mit der Technik, hochkonzentriert und risikobereit. Er verfügte über den offenen Horizont eines Fliegers und einen angeborenen Optimismus, alles Charakterzüge, die er mit meinem späteren Ehemann teilte. Ein besonderer Härtetest für seine Nerven bestand darin, dass er in seiner Zeit bei der Navy den ersten einfachen Jet, eine YP-59, auf eine Höhe von 14000 Metern bringen musste, eine Höhe, die bis dahin noch kein Flugzeug erreicht hatte. In der Aufregung über den Höhenrekord achtete er nicht auf die Treibstoffanzeige. In 4000 Metern Höhe fielen beide Triebwerke aus, die Maschine hatte keinen Schub mehr, und die Funkverbindung riss ab. Auch die Elektronik für die Landeklappen und das Fahrgestell funktionierte nicht mehr. Er musste das Fahrgestell mit einer Kurbel von Hand

ausfahren, mit genau 127 Umdrehungen, wie er später beton-
te. Das gelang ihm in letzter Sekunde, er war nur noch 30
Meter über der Landebahn. Und doch gelang es ihm, die
Maschine im Gleitflug auf der Piste zu landen.

Najeeb Halaby lernte meine Mutter Doris Carlquist 1945,
nur wenige Monate nach Kriegsende, bei einer Feier an
Thanksgiving in Washington, D.C., kennen.

Sie war groß und blond, hatte schwedische Vorfahren und
stammte wie er von der Westküste. Die beiden bildeten ein
vollkommenes Paar. Beide waren in den Osten gezogen, um
dort die Kriegsanstrengungen zu unterstützen, er als Testpilot
und sie als Sekretärin zunächst in der Behörde, die für die
Richtpreise zuständig war, und dann im US-Außenministerium
in der Abteilung für die Besetzung Deutschlands und Österreichs. Rasch entdeckten die beiden ihr gemeinsames Interesse an Politik. »Zum ersten Mal hatte ich eine schlagfertige und
gewitzte Frau gefunden, die offene Diskussionen genauso
genoss wie ich«, bemerkte Najeeb später. Und sie waren beide Idealisten. »Wie ich bekam sie bei den Themen Frieden und
Völkerverständigung leuchtende Augen.« Drei Monate später
traten sie vor den Traualtar.

Die Ehe meiner Mutter muss schwierig gewesen sein. Mein
Vater, ein unverbesserlicher Workaholic, war so gut wie nie zu
Hause. Kurz nach dem Krieg zogen sie nach Washington, D.C.,
wo er in das Office of Research and Intelligence eintrat, eine
neu gegründete Abteilung des Außenministeriums. Den
zweiten Sommer ihrer Ehe verbrachte er in Saudi-Arabien als
Zivilluftfahrtberater für König Saud bin Abdul Asis. Nach seiner Rückkehr nach Washington bewog Najeeb das State
Department dazu, die amerikanische Militärhilfe und die
technische Unterstützung für dieses ölreiche Land aufzusto-
cken.

In der Nachkriegszeit wurden weitere US-Ministerien den
neuen Erfordernissen angepasst, und das galt auch für die
administrativen Strukturen der Streitkräfte. Als 1947 das Ver-
teidigungsministerium ins Leben gerufen wurde, das künftig
verschiedene konkurrierende Teile der Streitkräfte unter sich
vereinte, wechselte mein Vater aus dem Außenministerium ins

Pentagon. Dort arbeitete er für James Forrestal, den ersten US-Verteidigungsminister. Nach dessen Amtszeit blieb er beim Ministerium, half unter Truman beim Aufbau der NATO und wurde unter Präsident Eisenhower im gleichen Ressort stellvertretender Abteilungsleiter für internationale Sicherheitsfragen. Um die Zeit meiner Geburt im August 1951 hatte er schließlich genug vom Staatsdienst. Da es für die Familie finanziell problematisch eng geworden war, streckte er seine Fühler in Richtung Privatwirtschaft aus. Bei einem Abendessen der Reserveoffiziere der Marine lernte er Laurence Rockefeller kennen, der ihm als größter Aktionär der Eastern Airlines einen Posten bei der Fluggesellschaft anbot. Im gleichen Jahr zogen wir um nach New York.

Mit dieser Zeit ungefähr beginnen meine Kindheitserinnerungen. Mein Bruder Christian wurde 1953 geboren, meine Schwester Alexa 1955. Mein Kindergarten lag von unserer Wohnung in der East 73rd Street in Manhattan nur ein paar Blöcke entfernt. In dem düsteren, überfüllten und überheizten Raum war ich zerrissen zwischen den beiden widerstrebenden Antrieben, mich in die Gruppe einzufügen oder lieber für mich zu sein. Soweit ich mich erinnern kann, war ich stets ein schüchternes Mädchen. Wenn meine Eltern Gäste hatten, machte ich mich als Kind rar: Ich war mir der Erwartung bewusst, dass ich unseren Gästen mit Artigkeiten begegnen sollte. Ich hatte nur wenige Freundinnen, zu denen aber hatte ich ein sehr inniges Verhältnis, und das zählte für mich.

In meiner Kindheit zogen wir oft um, und die ständigen Ortswechsel verstärkten meine Schüchternheit. Ich musste mich alle paar Jahre an ein neues Zuhause, neue Freundinnen, eine neue Schule, neue Nachbarn und eine neue Stadt gewöhnen. Ich geriet so immer wieder in die Rolle der Außenseiterin, die beobachtend, tastend und lernend mit neuen Menschen vertraut werden und sich neu einleben musste.

Mein Vater hielt mich für »reserviert«. Und meine Mutter war wegen meines einzelgängerischen Wesens so besorgt, dass sie einen Kinderpsychologen konsultierte. Er versicherte ihr, meine Probleme würden sich mit zunehmendem Alter schon legen, was in Wahrheit aber nie der Fall sein sollte. Bis heute fühle ich mich bei intellektuellen Gesprächen am wohlsten. Und es erklärt wohl auch, warum ich für Konversation, Intrigen und Klatsch immer wenig übrig hatte.

Ein Teil dieser Zurückhaltung im Umgang mit anderen Menschen geht vermutlich auf ein Gefühl der Unzulänglichkeit zurück, das zu einem beträchtlichen Teil durch das besondere Verhältnis zu meinem Vater entstanden ist. Er war ein Perfektionist, und er war niemals zufrieden. Er gab mir stets das Gefühl, ihm nie genügen zu können, vor allem, weil er in mich, sein ältestes Kind, besondere Erwartungen setzte. Einen Zwischenfall aus meiner Grundschulzeit werde ich nie vergessen. Meine Sehschwäche war damals noch nicht diagnostiziert worden. Als ich nicht einmal mehr von der ersten Reihe aus den Tafelanschrieb lesen konnte, brachte meine Mutter mich zum Optiker. Zu Hause klärte sie dann meinen Vater darüber auf, wie schlecht meine Augen geworden waren. Er glaubte es zunächst nicht – oder wollte es einfach nicht glauben. Deshalb hielt er eine Ausgabe der Zeitschrift *Time* dicht vor mich hin und verlangte, ich solle vorlesen. Ich konnte nicht einmal die Überschriften entziffern, aber er glaubte noch immer nicht, dass ich eine Brille brauchte. Wie hätte eines seiner Kinder so missraten können?

Bei den Rockefeller-Brüdern lernte mein Vater viel über die geschäftliche Seite der Luftfahrt. Beim Aufbau eine Projektgruppe zur Neuorganisation und Modernisierung der rasch expandierenden Luftverkehrsgesellschaften und Flughafensysteme befasste er sich intensiv mit den Betriebsfinanzen der Fluglinien und der Finanzierung der Flughäfen durch die Städte. Als politische Querelen seine Ernennung zum Chef der damaligen Luftfahrtbehörde Civil Aeronautics Association verhinderten, kehrte er den Rockefellers den Rücken. Kurz darauf wurde er geschäftsführender Vorsitzender der Servo-Mechanisms, eines Herstellers für elektronische Subsysteme mit Niederlassungen auf Long Island und in Los Angeles.

Ich war fünf Jahre alt, als wir erneut nach Kalifornien zogen – angeblich nur für den Sommer. Meine Mutter behauptete später, dieser Umzug sei für mich besonders traumatisch gewesen, aber ich vermute, dass sie ihre eigenen Gefühle beim Abschied von der Ostküste auf mich projizierte, denn ich habe von diesen Jahren nur glückliche Erinnerungen zurückbehalten. Ich war gerne draußen und lernte im Swimmingpool unseres gemieteten Hauses in Brentwood schwimmen. Das Haus hatte der Schauspielerin Angela Lansbury gehört und war umgeben von einem wunderschönen Garten mit Orangen- und Zitronenbäumen. An den intensiven Zitrusduft, die überbordenden Bougainvilleen und die majestätischen Palmen erinnere ich mich bis heute.

Im Herbst zogen wir in ein anderes Haus und wenige Monate darauf in ein bezauberndes, an viktorianische Zeiten erinnerndes Anwesen auf einer Klippe bei Santa Monica mit Blick auf den Pazifik. Mit dem weitläufigen, verwilderten Garten, den eine Reihe zerfallener Taubenschläge begrenzte, war dieses Haus für ein heranwachsendes Kind geradezu ein Paradies: exzentrisch und voller Charakter, wie ein altes Hotel für Sommerfrischler in Maine. Es hatte hohe Decken, einen überwucherten Innenhof, einen Billardraum, eine Veranda mit einer hohen Schaukel und eine geräumige und romantische Mansarde, in der mein Vater in einer Anwandlung von Familiensinn ein Puppentheater mit Lichtgirlanden aufstellte. Dort unsere Familie und Freunde zu unterhalten, bereitete uns viele glückliche Stunden.

Ich spielte gerne allein auf dem leer stehenden Grundstück neben unserem Haus, grub im Boden und sammelte Steine. Mit Begeisterung las ich Bücher unter meiner Lieblingsmagnolie. Und hier brachte mir auch mein Vater in einer kleinen Allee am Haus das Radfahren bei. Ich musste es sehr rasch lernen, weil er leicht ungeduldig wurde. Das Reizvollste an diesem Haus war wohl die Lage am Pazifischen Ozean, den ich immer hören konnte, während er draußen vor meinem Fenster toste und mich wie ein ständiger, freundlicher Begleiter sanft in den Schlaf wiegte. Der Ozean war mein liebster Rückzugsort. Ich ritt oft stundenlang vor Santa Monica mit meinem geliebten Floß auf den Wellen. Der Ozean bedeutete für mich Freiheit und eine Herausforderung, und ich war schon selig, wenn ich nur dort draußen und für mich allein sein konnte.

Bei jedem Umzug zog auch meine Großmutter väterlicherseits mit um, um ihrem Sohn und seiner Familie nahe zu sein.
Mit ihrem Eigensinn und ihren Extravaganzen bildet sie noch
heute einen festen Bestandteil meiner Erinnerungen an die frühe Zeit in Santa Monica. Oft ging ich nach dem Unterricht in
der Westlake School den kurzen Weg zu ihr nach Hause und
tauchte ein in ihre von Kunst geprägte, unkonventionelle Welt.
Mir ihrem Schmuck im Stil des Art déco, ihren fließenden
Gewändern und den ausgefallenen Kunstgegenständen und
Andenken war sie die originellste Person, die mir je begegnet
ist. Als eine ergebene Anhängerin der Christian Science überzeugte sie mich allein durch ihre Art von der Kraft des positiven Denkens, der zufolge man mit einer optimistischen
Betrachtung des Lebens für sich und andere Positives bewir-
ken kann. Obwohl ich damals noch sehr jung – neun oder zehn
Jahre alt – war, ergingen wir uns in langen philosophischen
Diskussionen über die Erfüllung und den Sinn des Lebens.

Ich als ältestes Kind musste eigene Wege gehen. Mein Bruder und meine Schwester, die vom Alter näher beieinander
lagen und ein Zimmer teilten, hatten offenbar ein sehr enges
Verhältnis zueinander und kamen bestens miteinander aus. Ich
lag jede Nacht stundenlang wach und war mir dieser Isolation
sehr bewusst: in einem friedlich schlafenden Haus als Einzige
noch wach zu sein. Die Ruhelosigkeit trieb mich in die Bibliothek meines Vaters, wo ich Stunden damit zubrachte, in dem
Sammelsurium seiner Bücher zu blättern. In besonderer Erinnerung sind mir Klassiker wie Khalil Gibran und Nevil Shute
oder die spannende *Encyclopaedia Britannica* geblieben. Ich
schmökerte in den Ausgaben des *National Geographic* und
blickte voller Fernweh auf den Globus, der uns Kindern dabei
half, uns ein Bild von den Auslandsreisen unserer Eltern zu
machen.

In Santa Monica beschloss ich eines Tages, von zu Hause
wegzulaufen. Ich war überzeugt, dass ich im Alter von neun
Jahren in der Lage wäre, mich in der weiten Welt alleine
zurechtzufinden. Ich zog ein Laken von meinem Bett, legte meine kostbarsten Habseligkeiten hinein und fügte im letzten
Augenblick meine Sammlung der Bücher von Nancy Drew und

einen Wecker hinzu. Mit diesem sperrigen Gepäck stieg ich die lange Wendeltreppe hinab, durchquerte die Eingangshalle und ging bis vor die Haustür. Auf der Veranda hielt ich inne und überlegte mir, was ich jetzt tun sollte. Es war ein lauer Sommerabend, in der Ferne wogte das Meer, und der leuchtende Ball der Sonne verschwand langsam hinter dem Horizont. Angesichts dieses Anblicks geriet ich ins Träumen. Plötzlich war es dunkel. Weiter als bis auf die Veranda sollte ich niemals kommen. Meine Schwester zieht mich noch heute gerne damit auf, dass sie es bei ähnlichen Ausbruchsversuchen mehrere Jahre später wenigstens bis auf die andere Straßenseite geschafft hat.

Als ich zehn Jahre alt war, verließen wir Kalifornien und kehrten nach Washington, D.C., zurück. 1960 war John F. Kennedy zum Präsidenten gewählt worden, und bald darauf waren zwei ehemalige Kollegen meines Vaters an der Juristischen Fakultät von Yale – Kennedys Schwager Sargent Shriver und sein Talentsucher Adam Yarmolinsky – an ihn herangetreten mit dem Angebot, die Leitung der Luftfahrtbehörde Federal Aviation Administration (FAA) zu übernehmen. Mein Vater fühlte sich geschmeichelt, aber er zögerte mit der Zusage. Er war bei den Servo-Mechanisms ausgeschieden, um in Los Angeles eine eigene Technikfirma zu eröffnen, und praktizierte zudem als Jurist. Endlich verdiente er gutes Geld und hatte keine Eile, in den Staatsdienst mit seinen bescheidenen Gehältern zurückzukehren. Es bedurfte eines privaten Treffens mit dem bereits gewählten Kennedy vor dessen Amtseinführung am 20. Januar 1961, um meinen Vater dazu zu bewegen, doch die Leitung der FAA zu übernehmen und Kennedys Berater in Sachen Luftfahrt zu werden.

Mein Bruder, meine Schwester und ich wohnten Kennedys Amtseinführung an diesem eiskalten Tag mit Schneeschauern in Washington nicht bei. Wir verfolgten die Zeremonie im sonnigen Kalifornien vor dem Fernsehen: Unsere Eltern saßen direkt vor dem Podium, auf dem Kennedy im eisigen Wind den Amtseid ablegte. Auch bei der Bestätigungsanhörung des Senates für meinen Vater oder bei seinem Amtseid im Oval Office am 3. März – nur als zweiter Mann in der FAA – waren wir nicht mit dabei. Er hatte es sich einfach nicht leisten können, uns nach Washington mitzunehmen, weil sein Einkommen über Nacht auf ein Drittel geschrumpft war und sich die US-Regierung nicht einmal an unseren Umzugskosten beteiligen wollte. Zu meiner großen Erleichterung blieben wir deshalb für den Rest des Schuljahrs und für den Sommer in unserem Haus in Kalifornien.

Eine erste Vorstellung von der herausragenden Bedeutung meines Vaters unter der Kennedy-Administration erhielt ich auf einer Abschiedsparty zu seinen Ehren im Hotel Ambassador in Los Angeles. Ein Hubschrauber setzte uns auf dem Rasen vor dem Gebäude ab und brachte uns später zum neuen Internationalen Flughafen der Stadt, der von meinem Vater mit einem Festakt eröffnet wurde. Ich genoss meinen ersten Flug im Hubschrauber, nicht ahnend, dass solche Flüge in meinem künftigen Leben eine wichtige Rolle spielen sollten. Weniger begeistert war ich von der Rolle, die mir während des Festaktes auf dem Airport zugedacht war: Mir wurde die zweifelhafte Ehre zuteil, mit dem Vizepräsidenten Lyndon B. Johnson auf dem Podium zu erscheinen und die Gedenktafel zu enthüllen. Ich starb fast vor Lampenfieber, schlug mich aber tapfer und bekam Komplimente von Lady Bird Johnson, die mir in reizender Weise den Rücken stärkte.

In Washington musste ich mich einmal mehr neu eingewöhnen. In Kalifornien hatte es in der Schule keinerlei Probleme gegeben, aber jetzt sah ich mich mit einem strengeren System konfrontiert. Außerdem war ich für mein Alter zu groß, zu mager und zu linkisch. Zu allem Überfluss musste ich eine Brille mit zentimeterdicken Gläsern tragen. Kalifornien, die Sonne, der Ozean, der frische Zitrusduft, die majestätischen Palmen und die Möglichkeit, sich das ganze Jahr über im Freien aufzuhalten, das alles fehlte mir jetzt.

Zum Glück bot mir das Haus meiner Großmutter, eine Farm im nahe gelegenen Centreville in Virginia, eine friedvolle Möglichkeit zum Rückzug. Schon damals liebte ich Pferde und durchstreifte auf dem Rücken eines kleinen Ponys, gefolgt von dem deutschen Schäferhund meiner Großmutter, stundenlang die Gegend. Unweit von ihrem Anwesen wurde ich am Rand einer Ansiedlung, die aus den verfallenen Hütten von Farmern bestand, erstmals mit der Armut konfrontiert. Ich empfand einen Schock, Angst, dann schiere Hilflosigkeit und Schuld, als mich diese Kinder von Wanderarbeitern, die sich vor der sengenden Mittagssonne in den Schatten geflüchtet hatten, aus leeren und hoffnungslosen Augen anstarrten.

Als meine Geschwister und ich die Pubertät erreicht hatten, bestanden meine Eltern darauf, dass wir Privatschulen besuchten. Dass diese Entscheidung eine weitere finanzielle Belastung bedeutete, änderte nichts an ihrem Entschluss. Ich wurde auf die National Cathedral School for Girls geschickt und lernte dort andere Töchter von übergesiedelten Mitarbeitern der Kennedy-Administration kennen. Als Neulinge fühlten wir uns einander verbunden. Grace Vance, deren Vater Cyrus, inzwischen Verteidigungsminister, mit meinem Vater die juristische Fakultät von Yale besucht hatte, wurde eine enge Freundin, ebenso Carinthia West, Tochter des angesehenen Generals Sir Michael West, der Vertreter Großbritanniens in der NATO in Washington, sowie Mo Orrick, deren Vater Stellvertreter des Justizministers war. Wie alle jungen Mädchen schwärmten wir damals für die Beatles, die Beach Boys und andere Rock- und Popgruppen, obwohl sich einige von uns – wohl wegen der Berufe der Eltern – mehr für die Innen- und Weltpolitik interessierten.

Das Friedenskorps – so meine Tagebucheintragungen dieser Jahre in Washington – stand auf der Liste meiner Berufswünsche ganz oben. Zudem sehnte ich mich trotz meiner Freundschaften an der NCS zeitweilig danach, diese Umgebung gegen ein weniger privilegiertes Milieu einzutauschen. Ich bat meine Eltern, die öffentliche Western High School in Washington besuchen zu dürfen, um von der sozialen und wirtschaftlichen Wirklichkeit nicht vollständig abgeschnitten zu leben, aber diese Bitte wurde mir nicht erfüllt.

Zum ersten Mal wurde mir der Rassismus bewusst. Obwohl Diskriminierung in öffentlichen Schulen und Universitäten durch Bundesgesetze verboten war, wurden diese Gesetze von mehreren Südstaaten ignoriert oder sogar bekämpft. Dass die Regierung Kennedy jetzt für soziale Gleichheit eintrat, ermutigte die Führer der Bürgerrechtsbewegung, unter anderem Dr. Martin Luther King, für die Durchsetzung der bestehenden Gesetze und für ein endgültiges Verbot jedweder Diskriminierung zu kämpfen. Die eindringlichen Fernsehbilder von Afroamerikanern oder »Negern«, wie sie damals hießen, beeindruckten mich und meine Klassenkameradinnen nachhaltig. Wir sahen Polizisten, die auf wehrlose Demonstranten einprügelten, weil sie für ihr Wahlrecht, für einen freien Schulbesuch oder für die Abschaffung der Rassentrennung in den Bussen kämpften.

Ich werde niemals vergessen, wie ich im Herbst 1962 mit meiner Großmutter die Fernsehnachrichten anschaute: Beim Versuch, sich an der University of Mississippi einzuschreiben, musste der junge Schwarze James Meredith auf seinem Weg durch eine höhnende Menge die Stufen hinauf von Bundespolizisten geschützt werden. Trotzdem wurde er von Beamten des betreffenden Bundesstaates mehrfach behindert. Als Martin Luther King auf dem Bildschirm erschien und die Schikanen gegen Meredith kommentierte, sagte ich andächtig: »Ist er nicht wunderbar?« Meine Großmutter stimmte zu, was sich aber sofort als krasses Missverständnis herausstellte: Sie hatte George Wallace gemeint, den rassistischen Gouverneur Alabamas, der wenige Minuten zuvor über das Ereignis gesprochen hatte. Ein heftiger Streit entbrannte zwischen uns. Ich lief auf mein Zimmer und vergrub mich in ein Buch bis zu meiner Abreise am nächsten Tag. Ich war überzeugt, dass ich ihr diese Haltung niemals verzeihen könnte, und tatsächlich sollte diese Episode unser Verhältnis in mancherlei Hinsicht für immer überschatten.

Mit einer kleine Gruppe von Freundinnen unterstützte ich die Bürgerrechtsbewegung über das Student Nonviolent Coordination Committee (SNCC). Die Studentenorganisation war 1960 gegründet worden, um Sitzblockaden vor Restaurants im Süden zu koordinieren, in denen die Rassentrennung aufrechterhalten wurde. Begonnen hatten diese Aktionen inoffiziell mit einem Zwischenfall in Greensboro im Bundesstaat North

Carolina. Vier schwarze Studenten kauften in einer Filiale der Kaufhauskette Woolworth Schreibmaterial, setzten sich anschließend an der nach Rassen getrennten Essenstheke auf die »weiße« Seite und wurden dort nicht bedient. Am nächsten Tag strömten weitere farbige Studenten, begleitet von einem Reporter, in das Woolworth-Restaurant. Das war der Auftakt zu »Sit-ins« im ganzen Süden. Bei meinem Eintritt 1961 zählte das SNCC bereits 70 000 Mitglieder und hatte den Kampf gegen Rassentrennung auf öffentliche Parks und Toiletten, auf Kinos, Bibliotheken und andere öffentliche Einrichtungen ausgeweitet. Wir nahmen an Protestmärschen teil, trugen mit Stolz unsere SNCC-Anstecker und skandierten mit jugendlicher Begeisterung die Parolen der Bewegung. Der Song »Whe shall overcome« gab unsere Stimmung wieder: Im ganzen Land waren immer wieder die Fernsehbilder von Jugendlichen zu sehen, die von Polizeihunden angefallen oder vom Strahl der Wasserwerfer zu Boden gerissen wurden. Bald kündigte Präsident Kennedy an, er werde in den Kongress Vorlagen für strengere Gesetze zum Schutz der Bürgerrechte einbringen. Obwohl wir noch sehr jung waren, fühlten wir uns mit Leib und Seele dem Kampf für die Gleichberechtigung verpflichtet. Ich erinnere mich lebhaft an den Protestmarsch in Washington mit der anschließenden Massenkundgebung am Lincoln Memorial im August 1963, fünf Tage nach meinem zwölften Geburtstag. Ich konnte nicht verstehen, warum an diesem Tag nicht alle in Washington mit uns marschierten und warum nicht alle die gleiche Begeisterung über Martin Luther Kings Rede »I Have a Dream« empfanden wie ich.

Das Leben in Washington bestand nicht nur aus Politik. Eine meiner Leidenschaften war das Reiten. Ich entwickelte eine tiefe Beziehung zu einem prachtvollen Araberhengst namens Blackjack. Im Sattel hatte ich das Gefühl, alles im Griff zu haben und mit der Welt im Einklang zu sein. Wann immer möglich, nahm ich an Reitturnieren im ganzen Bundesstaat teil. Als mir mein Trainer eröffnete, ich könne doch auch an Wettkämpfen auf Landesebene teilnehmen, war ich furchtbar stolz und wollte gleich Profireiterin werden.

Eine weitere Leidenschaft war das Singen. Meine Chorleiterin ermunterte mich zu Gesangstunden und gab mir so das Gefühl, dass sie mich für talentiert hielt. Im Rückblick bin ich eher der Überzeugung, dass sie nur an ihre eigenen Ohren dachte und den guten Ruf unseres Schulchors nicht aufs Spiel setzen wollte. Aus finanziellen Gründen bekam ich weder Gesangstunden noch Geigenunterricht, aber meine weitsichtige Mutter wollte wohl auch die Nerven unserer Familie schonen.

Dann entdeckte ich die Freude am Fliegen. In diesen Washingtoner Jahren nahm mich mein Vater einige Male auf Dienstreise in einem Sportflugzeug in eine kleinere Stadt mit. Als seine Kopilotin durfte ich die Navigation kontrollieren und das Funkgerät bedienen. In diesen seltenen Augenblicken herrschte zwischen uns beiden vollkommene Harmonie.

In den vier Jahren, in denen mein Vater die FAA leitete, war er selten zu Hause und dann oft mit seinen Gedanken woanders. Ein Schlüsselerlebnis war eine Unterhaltung mit ihm in dem kleinen Garten in unserem Haus in Washington. An diesem sonnigen Sonntagmorgen wirkte er besonders bedrückt. Ich fragte ihn, was ihm so zu schaffen mache, und er erklärte mir, dass er mit einer gewaltigen Schuldenlast kämpfe. Doch trotz allem sei er im Staatsdienst glücklicher und erfüllter als in jeder anderen und lukrativeren Stellung. Ich erinnere mich, dass mir diese für ihn so untypische Verletzlichkeit Angst machte und dass ich zugleich sehr stolz auf ihn war.

Dieses Gespräch, das wohl unser erstes unter Erwachsenen war, prägte mein Denken und meine Zukunftsträume sehr und weckte in mir Hochachtung vor jeder Form der Opferbereitschaft im Interesse höherer Ziele.

Wir wurden alle zu großer Selbstständigkeit erzogen, was vielleicht auch ein Fehler war. Rückblickend meint mein Vater heute, er und meine Mutter hätten uns wahrscheinlich zu sehr zum Individualismus ermuntert, wodurch wir uns zu isolierten Individuen statt zu Teilen eines Ganzen entwickelt hätten. Vielleicht spiegelten wir die unüberwindliche Kluft wider, die sich zwischen unseren Eltern immer weiter öffnete. Die ständigen Spannungen zwischen ihnen bestimmten unser gesamtes häusliches Leben. Aus Sicht meines Vater unterschieden sich er und meine Mutter »im Glauben, in den geistigen Anschauungen und in der Philosophie« so sehr, dass er sich gefragt hatte, ob sie Kinder in die Welt hätten setzen dürfen. Aber dann waren wir da und mussten von klein auf irgendwie mit den harten Konflikten unserer Eltern zurechtkommen. Ich schützte mich vor den Turbulenzen dieser Ehe, so gut es ging, indem ich mich eisern bemühte, zu ihnen eine emotionale Distanz zu wahren.

Mein Vater führte seine unharmonische Ehe zudem auf die ganz unterschiedlichen Lebenserfahrungen zurück, die er und meine Mutter als Kinder gemacht hätten. Sie hätten seiner Meinung nach im Erwachsenenalter zu völlig verschiedenen Erwartungen geführt. So nahm er für sich eine weitaus bessere Bildung in Anspruch, als sie meiner Mutter zuteil geworden war. Ihr Vater war 1929 beim Börsenkrach in Spokane im Bundesstaat Washington im Brokergeschäft tätig gewesen und hatte sich von den erlittenen Verlusten geschäftlich nie wieder erholt. Als sie 15 Jahre alt war, starb ihre Mutter May Ethel Ackroyd Carlquist. Einige Jahre später musste sie aus finanziellen Gründen das College verlassen und lebte statt bei ihrem Vater der Reihe nach bei verschiedenen Verwandten. Ihr Vater hatte Doris und ihren beiden Geschwistern klar gemacht, dass sie sich selbst durchbringen mussten. Meine Mutter entwickelte einen starken beruflichen Ehrgeiz, gab ihren Beruf aber, wie damals üblich, für ihren Mann auf. Nachdem wir die Grundschule hinter uns hatten, widmete sie sich dem Dienst an der Allgemeinheit. Sie arbeitete für ein New Yorker Hilfswerk im Osten von Harlem, engagierte sich im Fernsehen und in einer Reihe von Organisationen, die den Ausbau der Beziehungen zwischen den USA und arabischen Ländern, soziale Projekten im Nahen Osten und die Hilfen für palästinensische Flüchtlinge förderten. Dieses Engagement führt sie übrigens bis heute fort.

Trotz aller Spannungen in ihrer Ehe mochte meine Mutter den arabischen Teil ihrer Familie sehr gerne. Den alten Nadschib hatte sie nie kennen gelernt, dafür aber seinen Bruder Camile, der ihr zur Hochzeit weiße Orchideen von seiner Farm in Kolumbien schickte. (Bei meiner Hochzeit sollte ich ebenfalls Orchideen von Camiles Farm in der Hand halten.) Ihm zu Ehren wollte mich meine Mutter Camille taufen lassen, aber mein Großonkel protestierte. Wie viele Einwanderer in den beiden Amerikas verspürte er den Druck, sich möglichst anzupassen. Er machte sich bei meinen Eltern dafür stark, dass sie mich Mary Jane tauften. Sie gaben mir als Kompromiss einen Namen, mit dem ich mich niemals identifizieren sollte: Lisa. Nachdem ich diese Geschichte erfahren hatte, blieb ich für mich selbst in Gedanken immer nur Camille.

Sosehr ich meinen Vater auch liebte und bewunderte, unser Verhältnis war immer schwierig. Sehr früh, noch in der Zeit in Washington, erkannte ich, dass die Frustrationen, die mein Vater an der Familie ausließ, eine Folge seiner unerreichbar hohen Ansprüche an sich selbst waren. Er hatte bei der FAA klare Ziele, wurde aber durch äußere Einflussnahme behindert. Zu kämpfen hatte er zudem mit finanziellen Schwierigkeiten, mit Eheproblemen und seiner Außenseiterposition in Washington, denn inmitten von weißen Protestanten britischer Abstammung war und blieb er ein Exot. Ich erinnere mich an eine Rätselfrage in einer der Washingtoner Provinzzeitungen: »Was ist Najeeb Elias Halaby: ein Tier, eine Pflanze oder ein Mineral?«

Die Unzufriedenheit meines Vaters spiegelte sich in seinem rastlosen Drang nach Selbstbestätigung. Als ich bei einer besonders heftigen Szene zu Hause in sein zornrotes Gesicht blickte, erkannte ich mit absoluter Klarheit: Es hatte nichts mit mir, sondern mit ihm zu tun. »Er ist so frustriert«, dachte ich mir, »dass er sich abreagieren muss.« Meine Schwester setzte auf eine Strategie der Nachgiebigkeit, während ich so akzeptiert werden wollte, wie ich war. Vielleicht wirkte ich aufsässig, aber ich wollte einfach nur akzeptiert werden.

In einem Interview viele Jahre später beschrieb ich meine Familie als eine mit gewissen Problemen behaftete amerikanische Familie, wie sie für das Ende des 20. Jahrhunderts typisch war – aus meiner Sicht eine aufrichtige und diplomatische Charakterisierung. Doch als meine Mutter dies las, war sie sehr aufgebracht. Ihrer Generation war es sehr wichtig, den Mythos von der idealen Familie aufrecht zu erhalten, weshalb meine

Eltern denn auch sehr lange zusammenblieben, obwohl sie sich besser getrennt hätten. Ich erinnere mich, dass ich sie – für eine Jugendliche ein höchst ungewöhnliches Verhalten – um ihre Scheidung anbettelte und dabei sagte, dass dies in ihrem eigenen Interesse sei. Doch erst 1974 ließen sie sich endlich scheiden, sie waren auf bedauerliche Weise die Gefangenen ihrer eigenen Konventionen. Ironischerweise entdeckten sie nach der Scheidung an sich die Eigenschaften wieder, die sie einst aneinander geschätzt hatten, und wurden mit den Jahren gute Freunde und Vertraute.

Als ich am 22. November 1963 mit meinen Klassenkameradinnen auf dem Weg zum Sportplatz die Woodley Road überquerte, erfuhr ich aus dem Radio des Schülerlotsen die schockierende Nachricht von den Schüssen auf die Wagenkolonne des Präsidenten John F. Kennedy. Es gab Befürchtungen, in dem Wagen habe es Verletzte gegeben. Die Nachricht verbreitete sich wie ein Lauffeuer an unserer Schule. Als später am Tag die Glocken der National Cathedral die Neuigkeit verkündeten, waren wir wie vor den Kopf geschlagen: Unfassbar, dass unser energischer junger Präsident Opfer eines Mordanschlags geworden war. Der Geheimdienst holte die Töchter von Vizepräsident Johnson ab, und die Schulleiterin beruhigte in ihrem Büro die Mädchen anderer Mitglieder der Kennedy-Administration.

Mit Kennedys Tod zerbrach für mich eine Welt. Mein Vater und eigentlich alle, die ich kannte, waren beflügelt worden von den Idealen, der Tatkraft und der Fähigkeit Kennedys, begabte Leute für sich zu gewinnen. Die Euphorie, die Zuversicht und die Hoffnungen, die sich an seine Amtszeit geknüpft hatten, waren zerstört. Der neue Präsident, Lyndon B. Johnson, hatte viele Qualitäten – ich bewunderte vor allem sein entschiedenes Eintreten für die Bürgerrechte und seinen »Krieg gegen die Armut« –, aber unangenehm war die energische Art, mit der er die wiederholten Bitten meines Vaters ablehnte, die Leitung der FAA einem anderen zu übertragen, weil er in die Privatwirtschaft zurückkehren wollte. Schließlich setzte sich mein Vater doch durch und siedelte 1965 mit uns nach New York über. Nach vier Jahren im Staatsdienst war er hoch verschuldet und nahm nun das Angebot von Juan Trippe an, die Leitung der Pan American World Airways zu übernehmen. Juan Trippe war Gründer und Vorstandsvorsitzender der Fluggesellschaft Pan Am.

Wieder kamen wir in eine neue Schule und wurden in eine neue Umgebung verpflanzt. Ich war vierzehn Jahre alt und fühlte mich erbärmlich. Der Umzug nach New York bedeutete für mich den Verlust meines geliebten Hobbys Reiten. Besonders verletzend und deprimierend in diesen ersten Monaten in der Stadt war für mich jedoch eine ungewöhnliche Bedrohung: Ein junger Student an der American University, den meine Mutter in Washington ab und zu als Babysitter beschäftigt hatte, belästigte mich mit einer Reihe von Briefen. Ich war entsetzt. Er schrieb mir, dass er mich beobachte und mich besuchen und holen kommen werde. In diesen ersten Monaten in New York war ich davon überzeugt, dass er mich verfolgte. Ich traute mich kaum, unseren Apartment-Block zu verlassen, und ich fühlte mich draußen noch elender. Schließlich vertraute ich mich meiner Mutter an. Nachdem sie die Behörden eingeschaltet hatte, wurde der junge Mann in eine Anstalt eingewiesen, aber die Angst hielt mich noch eine ganze Zeit in ihrem Griff.

Um diese Zeit unternahm ich auf den Spuren der Antike eine Reise durch Griechenland. Auf den Marktplätzen brach mein mediterran-arabischer Geschäftssinn durch, und ich lernte, um jeden Preis zu feilschen, den man mir nannte. Als ich auf dem Rückweg nach New York bei Bloomingdales einkaufte, verblüffte ich die Verkäuferin mit einem Versuch, den Preis herunterzuhandeln. Es war gar nicht so einfach, den einmal entdeckten Geschäftssinn der Brüder Halaby wieder abzulegen.

In New York steckten mich meine Eltern in eine Schule, auf die ich nach einem ersten Besuch ganz und gar nicht gehen wollte: das Chapin, eine private Eliteschule für Mädchen. Meine Mutter und mein Vater hegten die Befürchtung, ich könne durch Gruppenzwänge in den Sog der Jugendrevolte geraten, und wollten mich vor den Gefahren der Zeit schützen. Ich hatte zwar nicht die Absicht, als Blumenkind nach San Francisco durchzubrennen, äußerte aber immer deutlicher Kritik an dem militärischen Engagement der USA in Vietnam.

Vietnam war von Anfang an anders als andere Konflikte: Das Fernsehen sendete schockierende Kriegsbilder in die Studentenwohnheime und Wohnzimmer der Nation. Auch die Ziele des Konfliktes waren umstritten. Viele der jüngeren Generation konnten keine Rechtfertigung für eine Einmischung in einen Bürgerkrieg erkennen, der Tausende von Kilometern entfernt in Südostasien tobte. Rasch spaltete sich die Nation in zwei Lager: in die Falken, die diese Militäraktionen als wichtiges Mittel zur Eindämmung des Kommunismus ansahen, und die Tauben, die für den Abzug der US-Truppen aus Vietnam eintraten. Zahlreiche Studenten hielten die Einmischung der USA in die inneren Angelegenheiten Vietnams angesichts von dessen korrupter und dem Volk verhassten Regierung für unmoralisch. Andere protestierten gegen ihre Einberufung, gegen das Leiden der Zivilbevölkerung und gegen die wachsenden Verluste der US-Truppen. Trotzdem verstärkten die USA ihre Militärpräsenz immer weiter. Ende 1965 wurden ständig Bombenangriffe gegen Nordvietnam geflogen, und über 200 000 US-Soldaten waren im Land stationiert.

Die amerikanische Jugend erlebte stürmische Zeiten, ganz im Gegensatz zu den Mädchen an meiner Schule in New York. Das Chapin schottete sich gegen die Welt möglichst ab, und Diskussionen der Schülerinnen über Vietnam, Bürgerrechte oder alles, was nach Aufruhr roch, fanden nur vor den Schultoren statt. Bis vor kurzem hatten die Mädchen noch im Unterricht Handschuhe tragen müssen, und die Schuluniform mit Hüten und Röcken, die bis auf den Boden reichen mussten, wenn wir uns niederknieten, waren in dieser Zeit der Miniröcke noch immer vorgeschrieben. Nach der offenen und politisierten Atmosphäre, die meine Freundinnen und ich in Washington erleben durften, war das Chapin für mich das reinste Gefängnis. Ich nahm es meinen Eltern sehr übel, dass sie mich gegen meinen Willen in diese Schule gesteckt hatten.

Außerdem kam mein eigenwilliger Charakter bei den Schulleitern nicht gut an. Als ich in ein Amt zur Unterrichtsvorbereitung gewählt wurde, legten sie ihr Veto ein, weil ich »apathisch und nachlässig« sei. Sie sahen mich wohl als Bedrohung ihrer geordneten und lückenlos kontrollierten Einrichtung, und damit hatten sie wohl Recht. Auf dem Chapin als störend empfunden zu werden, bedeutete eine Auszeichnung, die ich mit einer berühmteren Rebellin teilte: mit Jacqueline Bouvier, der späteren Jackie Kennedy, die diese Schule ungefähr zwanzig Jahre vor mir besucht hatte.

Man musste es dem Chapin immerhin als Verdienst anrechnen, dass es ein Programm zur Betreuung von nicht Englisch sprechenden Schülern an einer öffentlichen Schule in Harlem anbot. Ich meldete mich und machte traurige Erfahrungen. Vor allem war ich frustriert wegen meiner Unfähigkeit, diese Schüler zu erkennbaren Fortschritten zu führen. Viele Schüler waren schwer lernbehindert und hätten mehr Betreuung gebraucht, als wir ihnen je hätten geben können. Schließlich ging es doch ein bisschen voran, und ich bekam bei dieser Tätigkeit wenigstens ein Gefühl dafür, wie schwer der Teufelskreis von Armut und Unwissenheit zu durchbrechen ist. Jahre später wählte ich in Princeton für meine Examensarbeit im Fach Architektur und Stadtplanung den Schwerpunkt Stadtteilsanierung in Harlem.

Während ich mich durch die Schule quälte, hatte mein Vater bei Pan Am mit anderen Schwierigkeiten zu kämpfen. Juan Trippe war zwar ausgesprochen hellsichtig – als erster Chef einer Fluggesellschaft erweiterte er seine Flotte um Maschinen des Typs Boeing 707 und 747 –, neigte aber zum Größenwahn. Er bestellte nicht weniger als fünfundzwanzig der ersten Jumbojets, die damals für ihre Triebwerke noch zu schwer waren, und begann verschiedene Bauvorhaben mit enorm hohen Kosten. Und trotz aller Versprechen, sich zurückzuziehen und meinen Vater zum Geschäftsführer der Fluggesellschaft zu machen, behielt er diese Aufgaben für weitere vier Jahre. Als er schließlich in den Ruhestand ging, übergab er den Posten meinem Vater, überantwortete die eigentliche Leitung der finanziell angeschlagenen Fluglinie aber jemand anderem.

Trotz aller Probleme meines Vaters als zweiter Mann bei Pan Am brachte uns die Situation substanzielle Vorteile. Da wir Freiflüge erhielten, konnten wir die Ferien an jedem Ort verbringen, den die Pan Am anflog. Für uns war es billiger, Ski-Urlaub in Österreich oder der Schweiz zu machen oder Griechisch oder Französisch direkt im Land zu lernen. Dieser Teil unseres Familienlebens war himmlisch, doch leider verschärften sich die Spannungen zwischen unseren Eltern weiter. Rückblickend fällt mir auf, dass die damaligen häuslichen Umstände – der notorische Perfektionismus meines Vaters und der tapfere, aber aufreibende Kampf meiner Mutter um den Frieden in der Familie – mich stark gemacht und mir Selbstvertrauen gegeben haben. Und aus dem Engagement meiner Eltern, die sich dem Dienst an der Allgemeinheit verschrieben, profitierte ich mein weiteres Leben.

Nachdem ich meine Eltern jahrelang gebeten hatte, ein Internat besuchen zu dürfen, konnte ich die restlichen beiden Jahre meiner Zeit an der High School schließlich an der Concord Academy in Concord, Massachusetts, verbringen, einer der angesehensten Bildungsstätten des Landes. Sehr beeindruckend war ein Gespräch beim Rektor, der mir eröffnete, dass die Schülerinnen für das Schwänzen des Unterrichts oder fürs Zuspätkommen mit Holzhacken bestraft wurden. Mit dem Arbeitsergebnis heizte man später dann die Schlafsäle. Das war nach meinem Empfinden ein angenehmer Kontrast zu der Atmosphäre im Chapin, wo man sich ständig kontrolliert fühlte. An der Concord Academy war ich richtig glücklich. Meine Mitschülerinnen waren durchweg willensstarke und motivierte junge Frauen. Die Lernstoffe waren sehr interessant und die Erwartungen hoch, aber für mich war wichtiger, dass an der Academy Individualität und Eigenverantwortung groß geschrieben wurden.

Eher aus Jux bewarb ich mich in meinem Abschlussjahr in Concord für die Universität Princeton. Ich hatte seit Jahren geplant, zum Studieren an die Westküste zurückzukehren, und begeisterte mich besonders für den Campus der Stanford University. Aber jetzt diskutierte man in Princeton darüber, ob man nach einer 222-jährigen Geschichte die Tore erstmals auch für Frauen öffnen sollte, und in Zukunft sollten auch Bewerberinnen berücksichtigt werden. Meine Tutorin am College war begeistert und überredete mich zu einer Bewerbung. Ich tat es nur spaßeshalber und wollte auch bei einer Zusage nach Stanford gehen. Das traditionsbewusste, konservative Princeton passte nicht in meine Vorstellung von einer idealen Universität, schon gar nicht in dieser Zeit des sozialen Umbruchs und der politischen Unruhen.

Im harten Wettbewerb um die besten Studienplätze fühlte ich mich in keiner besonders guten Position, obwohl ich eine gute Abschlussprüfung vorweisen konnte, am College verschiedene Sportarten praktiziert hatte und Kapitänin meiner Hockeymannschaft gewesen war. Ich war im Vergleich zu meinen glänzenden Mitschülerinnen eher durchschnittlich und reagierte entsprechend begeistert, als ich aus Stanford die Zusage erhielt. Zu meiner Überraschung gehörte ich dann auch noch mit meiner Mitschülerin und guten Freundin Marion Freeman zu den 150 jungen Frauen, die aus Princeton einen positiven Bescheid bekamen – für das erste gemischtgeschlechtliche Studienjahr in der Geschichte dieser Universität. Ich war plötzlich hin und her gerissen. Einerseits sah ich Princeton als verlockende Herausforderung an, sehnte mich andererseits aber auch nach Kalifornien zurück. Die Unentschlossenheit währte bis zum Einsendeschluss der Unterlagen. Irgendwann stand ich an einem Postkasten in einer menschenleeren Straße in New York, überlegte es mir noch einmal und warf schließlich die Anmeldung für Princeton ein. Nach zwei Jahren konnte ich schließlich immer noch wechseln.

In diesem Herbst traf der erste Jahrgang von Frauen auf dem Campus von Princeton ein. Keine von uns hatte eine genaue Vorstellung davon, was sie eigentlich erwartete. Wir wurden abgesondert in Pyne Hall untergebracht, einem Wohnheim ganz am Ende des Campus. Bald erkannten wir, dass unsere Situation im Studium höchst unbehaglich war: Auf eine Frau kamen zweiundzwanzig Männer, deren bisherige Erfahrungen mit Frauen auf dem Campus eher Wochenendabenteuer gewesen waren. Wir waren jedoch keine Partnerinnen für Verabredungen, und wir waren auch nicht herausgeputzt. Wir gingen einfach um acht Uhr morgens zur Vorlesung.

Marion und ich hatten in zweiten Jahr Zimmer nebeneinander, wurden enge Freundinnen und sind es heute noch. Leider führte die Zurückhaltung, hinter der ich seit dem Kindergarten meine Unsicherheit im Umgang mit anderen zu verbergen versuchte, zu allerlei Fehldeutungen. Ein Student vor dem Abschluss hielt mich für einen »weiblichen New Yorker Snob«, während mir ein anderer die Etiketten »hochmütig« und »Eisprinzessin« aufklebte. Erschwerend kam hinzu, dass mein Vater im Herbst mit großem publizistischen Wirbel zum Generaldirektor und Vorstandsvorsitzenden der Pan Am ernannt wurde, was mein Image, ein »unnahbares« Wesen zu sein, weiter zementierte. Eines Tages musste ich mir dann zudem die spöttischen Bemerkungen einiger Studenten in höheren Semestern wegen meiner arabischen Herkunft gefallen lassen, noch ein Grund, warum ich so viele Samstagabende allein mit einem Buch auf meinem Zimmer verbrachte.

Während ich unter dieser Situation litt, versuchte meine halb verzweifelte Mutter mich am Telefon zu überreden, in diesem Winter in New York mein gesellschaftliches Debüt zu arrangieren. Ich fand die Idee absurd. Die uralte Tradition, junge Mädchen auf einem Debütantinnenball in die Gesellschaft einzuführen und zugleich ihre Ehefähigkeit zu betonen, war mir ein Gräuel. Das ständige Bedürfnis meines Vaters nach gesellschaftlicher Anerkennung und Anpassung setzte meine Mutter ganz offenbar ebenso unter Druck wie die Prioritäten von New Yorker Freundinnen, deren Töchter auf die Erwartungen ihrer Mütter sicher verständnisvoller reagierten.

Der Konflikt in Vietnam hatte für mich damals weitaus größere Bedeutung als meine Einführung in die gute Gesellschaft. Die allgemeine Stimmung gegen den Krieg hatte die Colleges im ganzen Land erfasst, und Princeton war da keine Ausnahme. Angesichts der steigenden Verluste der US-Truppen und der täglich größeren Zahl ziviler Todesopfer in Vietnam erschien ein Debütantinnenball auf einem Campus mit jungen Männern, die mit der Einberufung rechnen mussten, nicht nur frivol und peinlich, sondern vollkommen fehl am Platz. Die mangelnde Sensibilität meiner Eltern in diesem Punkt war mir unbegreiflich. Als mich meine Mutter eines Tages am Telefon schluchzend und flehend bat, gab ich schließlich nach, erklärte mich aber zur Teilnahme an nur einer dieser Veranstaltungen bereit. Mein gesellschaftliches Debüt war ja kein Fest für mich, sondern eins für meine Eltern.

Einen Monat nach meinem Studienbeginn in Princeton protestierten 250 000 Menschen, die größte Demonstration bislang, gegen den Krieg und marschierten durch Washington. Aus Solidarität beteiligte sich die gesamte Universität an einem Ausstand mit Hungerstreiks, und die Campus-Zeitung *The Princetonian* titelte: »Stoppt den Krieg.« Die Enthüllungen um die Geheimintervention der USA in Kambodscha im Frühjahr 1970 löste an allen Universitäten des Landes eine Welle von Protesten aus. An der Kent State University schoss die Nationalgarde von Ohio auf demonstrierende Studenten. Vier starben, und neun wurden verletzt. Die Bilder im Fernsehen und den Zeitungen gruben sich in mein Gedächtnis, vor allem das Foto der jungen Mary Ann Vecchio, die unter Schock, mit ausgestreckten Armen und schreiend neben der Leiche eines Studenten kniet.

Die Empörung über die Todesschüsse an der State Kent University machte sich in den gesamten USA in gewaltsamen Protesten Luft. Ganz Princeton streikte, die Prüfungen wurden verschoben. Unsere Demonstration vor dem Institute for Defense Analysis löste die Polizei mit Tränengas auf.

Diese unruhige Zeit prägte meine Sicht der amerikanischen Gesellschaft. Ich liebte mein Land, aber mein Vertrauen in seine Institutionen war zutiefst erschüttert. Der Krieg in Vietnam und der gesellschaftliche und politische Umbruch im Land rissen uns alle in ihren Sog. Viele brachen ihr Studium ab, andere ließen sich beurlauben, um sich über ihre Prioritäten klar zu werden. Ich zog aus dem Studium nicht so viel Nutzen, wie ich mir gewünscht hätte, wollte an der Universität aber auch keine Zeit verbummeln und beschloss deshalb, ein Jahr Urlaub zu nehmen, um mir über meine Ziele klar zu werden. Im Winter 1971 reiste ich mit der Überlegung, dass ich in einem Skigebiet leicht einen Job finden und mich über Wasser halten könnte, nach Colorado. Bei der Ankunft geriet ich in einen schweren Schneesturm und erwachte am nächsten

Morgen auf dem Boden eines Wohnwagens, den mir ein barmherziger Samariter zum Schutz vor dem Blizzard angeboten hatte.

Mein Vater war wütend. Er flog nach Aspen, wo ich als Zimmermädchen in einem Hotel arbeitete, und warf mir vor, ich sei vor »mir selbst davongerannt«. Das Gegenteil war der Fall. Ich brauchte einfach Zeit und eine andere Umgebung, um eigene Prioritäten zu setzen und herauszufinden, ob ich mich allein durchs Leben schlagen konnte. So enttäuscht mein Vater auch sein mochte – was er mir in unmissverständlichen Worten auch zu verstehen gab –, für mich war dieses Sabbatjahr die richtige Entscheidung.

Ich arbeitete als Zimmermädchen, als Bedienung in einer Pizzabude und gelegentlich als »Laufbursche« für das Aspen Institute. Das Geld reichte für Essen und Wohnen in einem Haus, das ich mit anderen jungen Frauen teilte. Ich nahm an meiner ersten, vom Institut organisierten Tagung mit dem Titel »Technischer Wandel und soziale Verantwortung« teil. Eine bedeutende Rolle spielte dabei der Einfluss des Erfinder- und Architektengenies Buckminster Fuller. Und ich beteiligte mich an einem innovativen Architekturprojekt, einer Schule für Umweltschutz, und verspürte einmal mehr eine innere Verpflichtung, der Gemeinschaft zu dienen.

Nach einem Jahr in Colorado kehrte ich nach Princeton zurück und wählte Architektur und Stadtplanung als Hauptfächer. Mein eklektisch betriebenes Studium umfasste so verschiedene Fachgebiete wie Anthropologie, Soziologie, Psychologie, Religion, Physik, Kunst und die Ingenieurwissenschaften. Ich liebte die Vielfalt. Es war einfach faszinierend, sich auf fächerübergreifende Weise mit einem der Grundbedürfnisse des Individuums und der Allgemeinheit auseinander zu setzen. Außerdem erwarb ich einige sehr nützliche Fähigkeiten im Architekturstudium: mit sehr wenig Schlaf auszukommen und ruhig zu bleiben, wenn meine Arbeit erbarmungslos kritisiert wurde. Beides sollte sich in meinem späteren Leben als sehr hilfreich erweisen.

Die Zeit meines Vaters bei Pan Am ging zu Ende. Er hatte sich eine Zeit lang bei der zivilen Luftfahrtbehörde Civilian

Aviation Board in Washington um Unterstützung für die angeschlagene Fluggesellschaft bemüht, aber unter dem Republikaner Richard Nixon als Präsidenten konnte er sich als registrierter Demokrat kein Gehör verschaffen. Nixons Stab trieb die Parteipolitik so weit, dass mein Vater sogar auf John Deans »Feindesliste« für das Weiße Haus stand und somit keinerlei Möglichkeit hatte, für die Pan Am bei einer Bundesbehörde etwas zu erreichen. (Die Paranoia sollte Nixon einige Monate später – mit dem Watergate-Skandal – zum Verhängnis werden.)

Eine mögliche Lösung wäre eine Fusion gewesen, doch kam aus verschiedenen Gründen keine zustande. Persönliche Querelen, Meinungsverschiedenheiten mit den Vorständen und der wachsende Schuldenberg gaben der Pan Am den Rest: Am 22. März 1972 trat mein Vater auf Verlangen des Vorstandes von seinem Posten zurück.

Später meinte er, Alexa, Chris und ich hätten uns offenbar »aufrichtig gefreut«, dass ihr Vater kein »Tycoon des Big Business« mehr war. »Ich weiß allerdings nicht«, so fügte er hinzu, »ob das bedeutete, dass sie mich öfter sehen wollten oder ob es ihnen einfach peinlich gewesen war, ihren Freunden die Sache mit Pan Am erklären zu müssen.« Ich kann nicht für meine Geschwister sprechen, aber für mich war klar, dass sich mein Vater in der gnadenlosen Welt des Big Business weit weniger gut behaupten konnte als in einer international operierenden Behörde, was ja auch seine erste Berufswahl gewesen war.

Bald nach dem Rücktritt meines Vaters bei der Pan Am lud der Chef der nationalen jordanischen Fluggesellschaft Ali Ghandur meine Eltern zu einem Besuch seines Landes ein. Da mein Vater sehr erschöpft schien, arrangierte Ghandur im Frühjahr 1973 für meine Eltern einen mehrtägigen Aufenthalt in Akaba am Roten Meer auf dem königlichen Anwesen, und dort lernten sie auch König Hussein kennen. Beide Männer verstanden sich auf Anhieb. Der damals achtunddreißigjährige König erläuterte meinem Vater seine Pläne zum Ausbau der Zivilluftfahrt in Jordanien und bot ihm eine Beratertätigkeit an. Mein Vater nahm bereitwillig an. Den übrigen Aufenthalt brachten meine Eltern damit zu, mit dem Hubschrauber des

Königs die wichtigsten archäologischen Stätten des Landes zu besuchen.

In den Ferien im Frühjahr erfuhr ich von allen Einzelheiten der Reise meiner Eltern, vor allem aber von der Audienz bei König Hussein. Meine Mutter war von ihm bezaubert und zeigte mir ein Geschenk, das er ihr verehrt hatte, eine Brosche in der Form eines Pfaus, besetzt mit vier kleinen Steinen: einem Saphir, einem Smaragd, einem Rubin und einem Diamanten. Er habe sich für vier verschiedenfarbige Steine entschieden, so erklärte er ihr, weil er nicht gewusst habe, ob sie blond, brünett oder rothaarig sei. So trat König Hussein über die – sehr charmante – Beschreibung meiner Mutter in mein Leben ein, und sie schloss ihre Erzählung mit den Worten: »Er hat wunderschöne, sanfte Augen.«

Tagebuch aus Teheran

Nach meinem Examen in Princeton 1974 beschloss ich, ins Ausland zu reisen und in Gegenden zu arbeiten, für die ich mich besonders interessierte. Ich begann in Australien, wo mir in Sydney eine Stelle in der dortigen Filiale des britischen Städteplanungsbüros Llewelyn-Davis angeboten wurde. Leider fiel eine erhebliche Verschärfung des australischen Einwanderungsrechtes mit meiner Ankunft zusammen, und deshalb bekam ich keine Arbeitserlaubnis. Während ich gerade überlegte, was ich jetzt machen sollte, lief mir in Sydney eine ehemalige Klassenkameradin aus meiner kalifornischen High School über den Weg – ein wahrhaft glücklicher Zufall. Sie verließ gerade ihre Stelle in einem anderen Architekturbüro, das Projekte im Nahen Osten ausführte. Auf Grund meiner arabisch-amerikanischen Abstammung war ich für die Betreuung dieser Projekte von Sydney aus geradezu prädestiniert, und mit einem Mal wurde ich für würdig befunden und bekam nun die ersehnte australische Arbeitserlaubnis.

Nach einem Jahr in Australien nahm ich an einem Symposium des Aspen-Instituts in Persepolis teil, in der Nähe der antiken persischen Hauptstadt Schiras. Mit der Errichtung von Persepolis wurde vor rund 2500 Jahren unter Dareios dem Großen begonnen, sein Sohn Xerxes beendete das Werk. Die Ruinen der alten Königsresidenz erwachten in einer *son et lumière*-Show zu neuem Leben. Diese berichtete über die Taten der frühen persischen Großkönige, die die Grenzen ihres Reiches bis nach Europa und Indien vorschoben. Sie bauten einen

Kanal zwischen dem Nil und dem Roten Meer, außerdem ein Straßennetz, das heute noch benutzt wird, ja sogar ein Postwesen wurde eingerichtet. Diese Licht-und-Ton-Schau war eine auf wundersame Art und Weise wirkende Verschmelzung von Musik, Poesie und bildlicher Darstellung, die mich erschauern ließ. Ich hätte mir damals nie träumen lassen, dass ich mich später einmal an einem Projekt beteiligen würde, bei dem es um eine ähnlich atmosphärische und machtvolle Dramatisierung von Geschichte in Bild und Ton ging, in diesem Fall um die jordanische Stadt Dscherasch. Bei der Konferenz des Aspen-Instituts traf ich zum ersten Mal Farah Diba, die Kaiserin des Iran, die mir einige Jahre später zu einer lieben und verehrten Freundin wurde. Zu jener Zeit jedoch trennten uns Welten. Die Schahbanu war die Gastgeberin des abendlichen Abschlussbanketts. Es wurde in den prächtigen Zelten abgehalten, die man fünf Jahre zuvor für die 2500-Jahrfeier des Persischen Weltreiches errichtet hatte, die größte Versammlung von Staatsoberhäuptern in der Geschichte.

Gegen Ende der Konferenz wurde mir die faszinierende Gelegenheit geboten, für Llewelyn-Davis im Iran zu arbeiten. Schah Resa Pahlewi hatte die Firma mit dem Bau eines Stadtzentrums mit Modellcharakter auf einer Fläche von rund 6,5 Quadratkilometern im Norden Teherans beauftragt. Shahestan Pahlavi, oder »Stadt des Schah Pahlewi«, war ein außerordentlich ehrgeiziges Unternehmen und ein persönliches Anliegen des Schahs. Das Projekt war der Wunschtraum eines jeden Städteplaners.

Das neue Stadtzentrum, mit Blick auf die schneebedeckten Gipfel des Elburs, sollte glänzen mit Fußgängerzonen, Theatern, Rolltreppen und Laufbändern, Galerien mit verschiedenen Geschäften, schattigen Arkaden und terrassierten Gärten. Regierungsgebäude und ausländische Botschaften sollten einen der größten öffentlichen Plätze der Welt einrahmen, den »Shah Nation Square« – ein gigantisches Projekt: Dieser zentrale Platz sollte größer werden als der Rote Platz in Moskau und der Shahanshah Boulevard, die breite Allee quer durch das Zentrum, sollte den Champs Elysées in Paris nachempfunden werden. Meine Arbeit als Assistentin umfasste die Kartierung des Geländes und das Einzeichnen sämtlicher Bauten in dem Bereich rings um den Platz.

Bei diesem Projekt ließ der Schah sich von Schah Abbas I., dem Großen, inspirieren, dem persischen Führer und Förderer der Künste im 16. und 17. Jahrhundert. Schah Abbas hatte aus Isfahan, der ehemaligen Hauptstadt Persiens, eine der größten Städte der Welt gemacht und eine neuartige Bebauung und eine großzügige Nutzung des Raumes geschaffen. Die im Herzen des Iran gelegene Stadt ist eine grüne Insel inmitten endloser Wüstenebenen, geschmückt mit architektonischen Kunstwerken wie der Scheich-Lutffullah-Moschee und dem Chehel-Sotun-Palast. Die Stadt wurde unter großzügiger Nutzung des Raumes mit breiten Boulevards, einer Vielzahl an Brücken und üppigen Parkanlagen gestaltet. Jedes Mal, wenn ich an Isfahan denke, sehe ich die fein ziselierten, blau glasierten Kacheln vor mir, die so viele Gebäude schmücken, und die allgegenwärtigen Teestuben, in denen die Iraner stundenlang sitzen, plaudern und Wasserpfeifen rauchen.

Im Herbst 1975 kam ich nach Teheran. Rund 20 Leute arbeiteten an dem Projekt, und sie wohnten in mehreren Apartments in der Nähe des Geländes. Mit 24 Jahren war ich die jüngste der Gruppe und obendrein die einzige Frau. Viele Kollegen behandelten mich wie eine kleine Schwester, belehrten mich ständig und ermunterten mich, Make-up aufzulegen und mehr aus meinen offenen, wehenden Haaren zu machen. Iranische Frauen in der Stadt legten, genau wie die Araberinnen, in der Regel großen Wert auf ihr Äußeres und achteten sorgfältig auf Schmuck und Kleidung. Ich besaß weder Make-up noch Schmuck, ich hatte nur das Notwendigste in einem schnell gepackten Koffer mit Arbeitskleidung und Jeans bei mir, weil ich schon immer davon ausging, dass mir im Beruf Fachwissen und Leistung mehr nutzen würden als meine äußere Erscheinung. Dennoch bewunderte ich sehnsüchtig die wunderbar fließenden Schleier aus fein bedrucktem Chiffon oder anderen Stoffen, die iranische Frauen aller Altersstufen und Schichten einhüllten, wenn sie sich in der Öffentlichkeit bewegten. Mit Freuden hätte ich mir solche Gewänder zugelegt, denn sie wirkten überaus weiblich und zugleich auf geheimnisvolle Weise bescheiden.

Ich spazierte gern durch die Straßen Teherans, schlenderte durch das verwirrende Labyrinth des Basars und die Kadschar-Straße entlang, die Geschäfte mit ihren orientalischen Teppichen und Wandbehängen waren eine Augenweide. In den nahe gelegenen Straßen machten sich moderne Busse, Automobile, aber auch Eselskarren den Platz streitig. Es fiel mir damals schwer, den Iran meinen Freunden in den Vereinigten Staaten zu beschreiben, weil dieses Land nicht so ohne weiteres einzuordnen war. Unter den Gazeschleiern trugen junge Frauen Jeans mit breitem Schlag und Plateauschuhe. Wenn ich zu dem riesigen Gelände Shahestan Pahlavi fuhr, kam ich an den Palästen der Neureichen Teherans vorbei, aber im Süden der Stadt fiel mir wegen der verpesteten Luft aus den Raffinerien das Atmen schwer. Diese Raffinerien lagen mitten in Wohngebieten, wo die Armen im Iran lebten, und ihre Zahl wuchs ständig. Selbst bei der Behandlung von Frauen waren Unterschiede zu beobachten. Ich fühlte mich immer wohl und selbstbewusst, wenn ich allein unterwegs war oder durch die Stadt ging, aber ich wurde häufig seltsam angestarrt, vor allem wenn ich allein in ein Restaurant ging. Am Ende meines Aufenthalts waren die meisten meines Teams bereits nach London abgereist, und ich musste ziemlich oft allein essen gehen. Der Oberkellner sah mich jedes Mal mit großen Augen an und wusste nie so recht, was er mit mir anfangen sollte. Unweigerlich führte er mich immer in eine möglichst abgelegene Ecke.

In meinem Tagebuch beschrieb ich damals meinen Eindruck, dass das Land gespalten sei. Einerseits war es sehr westlich und kosmopolitisch, mit einer starken, gebildeten Mittelschicht, zugleich hatte es aber ein exotisches, nahöstliches Flair und eine dynamische Volkskultur bewahrt. Gerade im Iran spürte ich mit einer noch stärkeren Intensität, was mich schon bei Reisen in Mexiko und Mittelamerika Anfang der Siebzigerjahre so fasziniert hatte: die Vitalität eines Landes, die sich in seinem Kunsthandwerk äußert. Persische Teppiche sind das bekannteste Beispiel dafür, ich war hingegen von den feinen, sorgfältig herausgearbeiteten Malereien auf lackiertem Holz, zierlichen Silberkästchen mit hübschem Email und Zeichnungen historischer Szenen ganz hingerissen. Ich erfuhr, dass die Frau des Schahs, Kaiserin Farah, das Kunsthandwerk gefördert hatte, weil es eine Möglichkeit bot, den Lebensstandard der Armen zu heben. Jahre später erinnerte ich mich an ihren Erfolg, als ich ein Projekt in die Wege leitete, das diesen Aspekt des jordanischen Kulturerbes wiederbeleben und fördern sollte.

In den Häusern der Iraner spürte ich zum ersten Mal die keimende Unruhe, die sich nur drei Jahre später in einer Revolution Luft machen sollte. Ich war in einer glücklicheren Lage als viele Ausländer in Teheran, weil ich in der Stadt Freunde der Familie hatte. Sie waren alle sehr nett und gastfreundlich. Bei Abendessen mit Cyrus Ghani, einem angesehenen Anwalt und Autor mehrerer Bücher über den Iran und Angehörigen der weitläufigen Familie Farmanfarmaian, lernte ich Künstler, Schauspieler und führende Intellektuelle, ja sogar Regierungsvertreter kennen, und ich hörte in seinem Haus die unterschiedlichen Auffassungen zu Kultur, Politik und sozialen Themen.

Viele junge Akademiker befürworteten die Richtung, in die sich das Land entwickelte. Ein Ziel der »Weißen Revolution«, die der Schah 1963 begonnen hatte, war eine ehrgeizige Bodenreform, mit der die riesigen Ländereien der wenigen Reichen an die vielen Armen auf dem Land verteilt werden sollten. Der Schah war auch Vorreiter in Bezug auf Frauenrechte. Zu der Zeit, als ich im Iran lebte, erweiterte Resa Pahlewi die Machtbefugnisse von Kaiserin Farah. Diese unterstützte die monatlichen Zusammenkünfte der besten Köpfe des Landes. Die Gruppe wurde bald als »Denkfabrik« der Kaiserin bezeichnet. Außerdem war Prinzessin Aschraf, die Schwester des Schahs, als iranische Botschafterin bei den Vereinten Nationen akkreditiert. Ich beobachtete diese Entwicklungen mit Interesse. Als junge Akademikerin war ich fasziniert von den ganz besonderen Aufgaben, die auf die Frauen im öffentlichen wie privaten Sektor zukamen. Das galt ganz besonders für im öffentlichen Leben präsente und aktive Frauen wie die Schahbanu. Sie musste als Zielscheibe herhalten, nicht nur für die Vorwürfe der männlichen Gegner, sondern für alle gesellschaftlichen Probleme.

Meine Freunde fürchteten jedoch, dass die fortschrittlichen Tendenzen im Iran durch die aktuelle Entwicklung zu einem repressiven Polizeistaat zunichte gemacht werden könnten. Die Geheimpolizei des Schahs, der SAVAK, begann damals, massiv gegen jede potenzielle Gefahr für das Regime vorzugehen. Viele Menschen, mit denen ich sprach, wagten es nicht, etwas zu sagen, was in irgendeiner Form als Kritik gewertet werden konnte. Ein beliebter Mitarbeiter bei Llewelyn-Davis, ein junger, iranischer Architekt, wurde kurzerhand auf der Straße von der Geheimpolizei festgehalten und zum Verhör mitgenommen. Wir wussten nicht, ob wir ihn jemals wiedersehen würden. Am nächsten Tag kehrte er sichtlich erschüttert zurück. Ein anderes Mal schob uns der Projektleiter Jacques Robertson bei einer Besprechung einen Zettel über den Schreibtisch zu. Darauf stand, dass unsere Büroräume verwanzt seien und dass wir stets vorsichtig sein sollten, bei dem, was wir sagten.

Die Warnung war symptomatisch für die wachsende Unruhe. Die Gespräche konzentrierten sich immer stärker auf die Regierung und auf das Bild des Schahs und seiner Familie. Neben der prominenten und umstrittenen Prinzessin Aschraf war die Frau des Schahs, die Schahbanu, ebenfalls ein beliebtes Angriffsziel. In einer Geschichte wurde ihr Besuch in einem Armenviertel Teherans beschrieben. Offenbar hatte der Bürgermeister der Stadt kurz vor ihrem Besuch die Straße neu pflastern und diesen Teil der Stadt herausputzen lassen. Das stieß auf heftige Kritik seitens der Gäste, allerdings mussten die meisten am Tisch einräumen, dass die Herrscherin vermutlich keine Ahnung davon hatte, dass der Bürgermeister sie getäuscht hatte, damit die Lage nicht so verzweifelt aussah, wie sie wirklich war.

Ich hörte auch von der öffentlichen Reaktion auf das Schiras-Festival von 1974. Das Festival hatte eigentlich ein absolut ehrenvolles Ziel: Es sollte zum fruchtbaren Austausch zwischen dem Iran und dem Rest der Welt beitragen, deshalb spiegelten sich im Programm auch die aktuellen Tendenzen im

Theater und in den darstellenden Künsten. Leider erwies sich dieser Ansatz als katastrophaler Fehler. Eine französische Theatertruppe führte das Musical *Hair* auf, das damals sogar das westliche Publikum wegen seiner Freizügigkeit schockiert hatte. Man kann sich vorstellen, dass es in der islamischen Kultur auf weitaus größeren Widerstand stoßen musste.

Doch die steigende Unruhe hatte auch andere, schwerwiegendere Ursachen. Beispielsweise wurden durch die Gelder für Erdöl, die seit 1973 nach dem dritten arabisch-israelischen Krieg und nach dem Ende des arabischen Ölembargos ins Land flossen, die alten Gesellschaftsstrukturen und die kulturelle Balance teilweise zerstört. Die junge Mittelschicht konnte sich an diese widersprüchlichen Tendenzen anpassen, aber die iranische Gesellschaft stützte sich eben auch auf einflussreiche konservative und religiöse Kräfte.

Die Kluft zwischen den verschiedenen Gesellschaftsschichten vergrößerte sich. In ländlichen Gegenden außerhalb von Teheran lebten die Menschen sehr einfach, vermutlich ging es ihnen aber besser als den Menschen in den wachsenden Slums der Hauptstadt. Hier waren die Straßen unbefestigt, es gab weder Strom- noch Wasserversorgung, und die ungebildeten Armen hatten keine Möglichkeit, ihr Los zu verbessern. Der Schah hatte ein Programm zur Bekämpfung des Analphabetismus gestartet, aber viele Arme hatten keinerlei Zugang zu Bildung abgesehen von dem, was sie in *Medresen,* den Koranschulen, lernten. Gerade zu der Zeit, als die Regierung und der Schah versuchten, die gesellschaftliche Kluft zu verringern, öffnete sich die Schere zwischen Arm und Reich immer weiter: Der neue Ölreichtum konzentrierte sich unübersehbar auf eine dünne Schicht der Bevölkerung.

Nachdem ich die Stadt und ihre Einwohner kennen gelernt hatte, dachte ich besorgt über die zerstörerische Wirkung nach, die das Mammutprojekt Shahestan Pahlavi meiner Ansicht nach auf die einzige verbliebene »grüne Lunge« der sich rasch ausdehnenden Stadt haben würde. Teheran war an drei Seiten von Bergen umgeben und lag in einem Kessel, in dem sich die Abgase von Raffinerien, Autos und Fabriken stauten. Die charakteristischen offenen Kanäle entlang der Straßen leiteten

Regenwasser vermischt mit Müll und Abwasser von Norden nach Süden quer durch die Stadt. Der Verkehr verstopfte manche Stadtteile stundenlang. Alarmiert verfolgte ich die Verschlechterung der Lage in Teheran im Zuge der raschen Industrialisierung, vor allem weil mich ja eigentlich die außerordentliche Schönheit des Landes hierher gelockt hatte.

Während meiner Zeit in Teheran lernte ich auch den tiefen religiösen Fanatismus innerhalb des schiitischen Zweigs des Islam kennen, der im Iran sein Zentrum hat. Die schiitische und die sunnitische Richtung des Islam streiten sich hauptsächlich um die rechtmäßige Nachfolge des Propheten Mohammed. Als Mohammed im Jahr 632 starb, war die Mehrzahl der Muslime der Ansicht, dass sein Schwiegervater Abu Bakr ihr geistiger Führer sein sollte, während eine andere Gruppe der Ansicht war, Mohammeds Cousin und Schwiegersohn Ali sei der rechtmäßige Nachfolger. Die letztere Gruppe bildete darauf die Schiat Ali, die Partei Alis, und hielt an ihrer Überzeugung fest, dass nur Ali, seine männlichen Erben oder andere direkte Nachkommen des Propheten rechtmäßige geistige Führer, oder Kalifen, sein durften. Die sunnitischen Muslime hingegen, die weit größere Zahl, wählten ihrerseits im Konsens eine verdienstvolle Persönlichkeit zum Kalifen. Trotz der Kluft zwischen den beiden Hauptrichtungen des Islam betrachten beide die Haschemiten als geistige Führer.

Der Bruch zwischen Schiiten und Sunniten war im Jahr 680 in einem blutigen Bürgerkrieg eskaliert. Nach dem Tod des Imam Ali empfing dessen Sohn Imam Hussein in Mekka die Botschaft, dass der selbst ernannte neue Kalif der Omaijaden in Damaskus ein korrupter Trunkenbold sei, der sich nicht zum geistigen Führer der muslimischen Welt eigne. Trotz der Warnungen seiner Berater verließ Imam Hussein mit seiner Familie und einer kleinen Armee den Hedschas, um den korrupten Kalifen herauszufordern. In der folgenden blutigen Auseinandersetzung geriet Imam Hussein in einen Hinterhalt und wurde zusammen mit 70 Anhängern und seiner Familie in Kerbela im Süden des Irak ermordet. Weil er sein Leben für den Islam opferte, wurde Hussein zu einem *schahid*, einem Märtyrer, und zu einer zentralen Figur für das Selbstverständnis der Schiiten als Unterdrückte und Verfolgte. Kerbela und sein Grabmal wurden eine der heiligen Stätten schiitischer Pilger. Seither spielt die Leidensgeschichte des Imam Hussein eine zentrale Rolle im religiösen Denken und in den Riten der Schiiten, dazu zählt beispielsweise eine schiitische Form der »Passionsspiele«, die am Tag der *Aschura* die tragischen Ereignisse in Imam Husseins Leben vor großem Publikum nacherzählen.

Im Jahr 1976 war ich während der *Aschura* in Teheran, und ich werde dieses Erlebnis nie vergessen. Am frühen Morgen war ich allein in meiner Wohnung und hörte ein merkwürdiges Geräusch, laut und völlig undefinierbar. Es wurde immer lauter und gipfelte in einem Gebrüll. Als ich aus dem Fenster blickte, sah ich eine Prozession von etwa 50 Männern, die durch die Straßen zogen und mit Ketten auf ihre blutüberströmten Körper einschlugen. Sie boten einen entsetzlichen, verstörenden Anblick. Damals hatte ich keine Ahnung, was ich da sah und hörte. Iranische Freunde erzählten mir später, dass diese Selbstgeißelung ein Ausdruck des Kummers und des Mitleidens mit Imam Hussein sei, dessen kleiner Sohn der Legende nach in seinen Armen ermordet wurde. Ihm selbst schnitten seine Gegner den Kopf ab und spießten ihn triumphierend auf eine Lanze.

Der Eifer, den die Schiiten in der Religion an den Tag legten, fand auch seinen Widerhall in der Politik. Die schiitischen Geistlichen in der heiligen Stadt Ghom, die sich von Anfang an den Reformen des Schahs widersetzt hatten, dämonisierten den westlichen Einfluss, der die iranische Kultur langsam durchdrang. Die Bodenreform des Schahs sei kommunistisch, erklärten sie, und das Wahlrecht für Frauen und nichtmuslimische Minderheiten verstoße gegen den Islam. Schon 1963 waren in Ghom Unruhen ausgebrochen, aber die Armee hatte sie unterdrückt und die Geistlichen zum Schweigen gebracht oder ins Exil geschickt, darunter den fanatischen Ruhollah Khomeini.

Auch unser Büro bekam schließlich die wachsende Unruhe zu spüren. Als zwei Amerikaner nicht weit von der Wohnung Jacques Robertsons erschossen wurden, riet man uns, ständig den Weg zur Arbeit zu wechseln und immer zu einer anderen Uhrzeit loszufahren. Anfang 1976 reisten die ersten Mitarbeiter des Projekts ab. Die Sicherheitsbedenken verstärken sich, und außerdem gab es einen sachlichen Grund, die Tätigkeit vor Ort einzustellen: Die Vorarbeiten waren mittlerweile abgeschlossen, die nächsten Phasen würden in London ausgeführt werden, wo die Baupläne gezeichnet wurden, und in New York, wo Architekten erste Modelle anfertigen sollten.

Da ich als Letzte zum Team gestoßen war und in der Hierarchie auf der untersten Stufe stand, sollte ich als letzte Mitarbeiterin abreisen. Schließlich musste auch ich widerstrebend den Iran verlassen, flog nach Jordanien und nach kurzem Zwischenstopp weiter nach New York.

Durch meine städteplanerische Tätigkeit in Teheran hatte ich das soziale und kulturelle Gefüge eines großen islamischen Landes kennen gelernt. Außerdem war mir der grundlegende Mangel an Verständnis im Westen, vor allem in den Vereinigten Staaten, für die islamische Kultur und Religion bewusst geworden. Diese Erfahrung entfachte von neuem mein Interesse am Journalismus, weil es mir inzwischen wichtiger erschien, mehr das gegenseitige kulturelle Verständnis zu fördern, als Städte zu planen. Auf meiner Rückreise beschloss ich, mich bei CBS, PBS und anderen Medienunternehmen um eine Stelle und um die Aufnahme in den Aufbaustudiengang Journalismus an der Columbia University zu bewerben. Ich hatte die Hoffnung, in einem Teil der Welt etwas verändern zu können, der mir mittlerweile sehr viel bedeutete.

Audienz beim König

Ach, kommen Sie doch mit.« Marietta wollte mich mal wieder überreden. Marietta Tree, eine Bürgerrechtsaktivistin und ehemalige US-Vertreterin in der UN-Menschenrechtskommission, war eine alte Freundin meines Vaters. Die beiden hatten auf dem Weg nach Beirut einen Zwischenstopp in Amman eingelegt. Mein Vater meinte, Marietta und König Hussein müssten sich unbedingt kennen lernen, und hatte um eine Audienz gebeten. Und die sollte jetzt jede Minute stattfinden. »Nein, nein«, protestierte ich heftig. »Das ist Ihre Verabredung, nicht meine.«

Acht Monate zuvor hatte ich zugestimmt, vorübergehend für das Luftverkehrsunternehmen meines Vaters in Jordanien zu arbeiten, die Arab Air Services, die zahlreiche Länder des Nahen Ostens mit Luftfahrt-Design, Geräten und technischem Know-how belieferte. Der Geschäftsführer meines Vaters war krank geworden, und ich musste ihn bis zu seiner Rückkehr vertreten. Während der Vorbereitungen auf die Rückkehr nach Amman kam eine schockierende Nachricht: Königin Alia, die ich vor wenigen Monaten kennen gelernt hatte, war bei einem Hubschrauberabsturz ums Leben gekommen. Als ich in den ersten Wochen durch die Stadt fuhr, kamen mir jedes Mal die Tränen, wenn ich im Rückfenster eines Wagens das Bild dieser Monarchin sah, um die nun so viele Menschen trauerten.

Als dann Mitte 1977 der Geschäftsführer meines Vaters auf seinen Posten zurückkehrte, blieb ich noch eine Weile zu seiner Verstärkung, führte aber gleichzeitig für die Pan Arab Aviation University in verschiedenen arabischen Hauptstädten wissenschaftliche Untersuchungen durch. Als ich meine Abreise vorbereitete, bot mir Ali Ghandur einen interessanten Posten an: Er war gerade dabei, in der Jordanischen Fluggesellschaft eine neue Abteilung aufzubauen, die sich mit den Planungen, den Entwürfen und der Wartung sämtlicher Einrichtungen der Fluglinie in Jordanien und auf der gesamten Welt befasste, und ich sollte nun deren Leitung übernehmen. Das Schicksal wollte, dass ich ausgerechnet am nächsten Tag ein Schreiben der Columbia's Journalism School mit einer Zusage für einen Studienplatz erhielt.

Ich musste mich entscheiden. Hier tat sich einerseits endlich die ersehnte Gelegenheit auf, in den Journalismus einzusteigen, aber andererseits bot sich jetzt auch ganz unverhofft die Möglichkeit, meine Kenntnisse in Architektur und Städteplanung auf sinnvolle Weise umzusetzen. Obwohl ich mich für den Posten, den Ali Ghandur mir angeboten hatte, in keiner Weise ausreichend qualifiziert fühlte, konnte ich seinem Angebot und der damit verbundenen Aufgabe nicht widerstehen.

Ich hatte Marietta und auch meinem Vater nichts davon gesagt, dass ich dem König bereits mehrfach flüchtig begegnet war – gewöhnlich auf dem Flughafen, den ich im Zusammenhang mit meiner Tätigkeit mitunter aufsuchen musste. Ich erinnere mich, dass ich eines Tages in meinem gemieteten schwarzen VW Golf zum Airport raste, um einer Kollegin, die in einem Flugzeug auf dem Rollfeld saß, einen Brief zu übergeben. Ich kam atemlos an, ließ den Motor laufen und stürzte auf die Rollbahn. Die Maschine sollte in wenigen Minuten starten. Eine große Traube von Technikern und Herren in grauen Anzügen drängte sich um eine Tragfläche und versperrte mir den Zugang. Ich schob mich durch die Gruppe und rempelte fast König Hussein an. »Eure Majestät«, keuchte ich und spürte, dass ich rot wurde. Er lächelte: »Wie geht es Ihnen? Warum sehe ich Sie nicht öfter?« Es war, als wären wir alte Freunde. Ich stammelte etwas Zusammenhangloses, entschuldigte mich und verschwand, um meinen Brief abzugeben. Anschließend fuhr ich zum Schulungszentrum für Zivilluftfahrt und ging ins Büro meiner Freundin Meliha. »Du glaubst nicht, was mir eben passiert ist«, fing ich an und schilderte meinen tollpatschigen Auftritt am Flughafen.

Bei einer anderen Begegnung stattete Cyrus Vance, Jimmy Carters frisch gebackener US-Außenminister, Jordanien einen Besuch ab. Ich hatte im Land vor kurzem meine Arbeit aufgenommen. Einige Mitglieder des Pressekorps wussten, dass ich an einer journalistischen Laufbahn interessiert war, und nahmen mich deshalb zur Pressekonferenz bei König Hussein mit. Unser Pressebus fuhr durch dichten Nebel die gewundene Straße zum Haschimja-Palast, der königlichen Residenz, hinauf. Cyrus Vance war einer der ältesten Freunde unserer Familie. Als er mich zwischen den Journalisten entdeckte, kam er zu mir herüber, um mich zu begrüßen, sodass plötzlich alle Blicke im Raum auf mir ruhten. Zu allem Überfluss rief mir auch noch König Hussein etwas zu, bevor ich wieder in der Menge verschwinden konnte.

Marietta und mein Vater versuchten mich immer noch zur Teilnahme an der großen Audienz des Königs zu überreden, aber ich weigerte mich standhaft. Zu meiner Erleichterung trat schließlich der Protokollchef Janal Hikmat ein, um die beiden aus dem Wartesaal in die Arbeitsräume des Königs im Diwan zu geleiten, wie der jordanische Königshof genannt wird. Ich wollte gehen und sie später im Hotel wiedertreffen, aber kaum hatte Janal sie zur Audienz geführt, kehrte er zurück und bat mich nachzukommen. Da ich Janal über gemeinsame Freunde kannte, sagte ich ihm ungeniert, ich wolle in der Gesellschaft nicht stören. Er stimmte mich rasch um: Der König bitte mich um meine Anwesenheit, sagte er mit Betonung auf dem Wort »König«.

Ich schlüpfte möglichst unauffällig in das Empfangszimmer. Am Ende der Audienz wandte sich der König an mich und fragte, ob ich in seine Residenz, den Haschimja-Palast, kommen und einen Blick auf seine Probleme beim Ausbau dieses weitläufigen Palastkomplexes werfen könne. Und ehe ich michs versah, hatte ich für den nächsten Tag eine Verabredung zum Mittagessen. »Haschimja. 12.30 Uhr« ist der Eintrag zum 7. April in meinem Tagebuch. Nicht vermerkt ist allerdings, dass ich an jenem Tag erst um 19.30 nach Hause kam.

Im Haschimja-Palast wurde ich am Eingangstor vom König herzlich willkommen geheißen. Er trug eine Lederjacke und ein Hemd mit offenem Kragen. Beim Mittagessen war er gesprächig und entspannt und drehte mit mir anschließend eine Runde durch den Palast. Man kann mit Fug und Recht behaupten, dass der Haschimja in einem katastrophalen Zustand war. Man sah dem Bauwerk einfach an, dass es in großer Eile mit Pfusch in die Höhe gezogen worden war. Durch das undichte Dach und die Beleuchtungsanlage tropfte Regenwasser in die Wohnräume. Heizung, Elektrik und Leitungsrohre wiesen zahlreiche Defekte auf und bedurften einer Instandsetzung. Der König fragte mich, ob ich die Leitung dieser Arbeiten übernehmen könne, und blickte mich überrascht an, als ich ihm sagte, dass ich dafür nicht qualifiziert sei.

Wie ich später erfahren sollte, sind Menschen in einer Position wie der des Königs gewöhnlich die Letzten, die für ihre Probleme eine angemessene Lösung bekommen. Die meisten würden dem König in so einer Situation alles Mögliche versprechen, aber ich wollte gerade bei ihm nicht einen falschen Eindruck erwecken. In seiner Position hatte er Anspruch auf die bestmögliche Unterstützung. »Ich kann Ihnen höchstens dabei helfen, ein Unternehmen zu finden, das über die nötigen fachlichen Kenntnisse verfügt«, sagte ich.

Als ich mich zum Gehen anschickte, fragte mich der König, ob er mir seine drei kleinen Kinder vorstellen dürfe: den damals zweijährigen Prinzen Ali, die dreijährige Prinzessin Haja und die fünfjährige Abir, ein palästinensisches Mädchen, dessen Mutter bei einem Flugzeugabsturz in einem Flüchtlingslager nahe des Flughafens von Amman ums Leben gekommen war. Husseins dritte Frau Alia hatte die Kleine in den Palast geholt. Hussein schlug noch einen Besuch in den königlichen Stallungen vor. Seine Araberpferde, die in dieser Wüstenregion aufgezogen wurden, hatten jahrhundertealte Stammbäume. Eskortiert von dem Sicherheitskonvoi, der den König überallhin begleitete, fuhren wird schließlich zum Königlich Jordanischen Staatsgestüt, wie diese Ställe offiziell heißen.

Diese Pferde, die bei den Beduinen »Trinker des Windes« heißen, besaßen eine ungewöhnliche Grazie. Mit ihrem schwebenden Gang zogen sie auf der Koppel ihre Kreise. Ich hatte Araberpferde in den USA gesehen, aber hier, in ihrer Heimatregion, wirkten sie noch prachtvoller. Araber sind sehr stolz auf diese Vollblüter mit der charakteristischen Blesse zwischen den großen Augen, den kleinen spitzen Ohren, der dichten Mähne, dem dichten Schwanz und dem kürzeren Rückgrat, das einen Wirbel weniger hat als andere Pferderassen und ihnen so das Durchstreifen von rauem Gelände und von Sandwüsten erleichtert. Etliche Pferde, die wir an diesem Nachmittag sahen, stammten von Tieren ab, die von Haschemiten während des Großen Araberaufstandes geritten worden waren. Scharif Hussein von Mekka führte diesen Unabhängigkeitskampf gegen die Osmanen. Auf dem Rücken seiner Lieblingsstute Dschohara (»Juwel«) hatte König Husseins Großvater, der Emir Abdullah, einst an der Belagerung von Medina teilgenommen.

Der König kannte sämtliche Pferde beim Namen und hatte sichtlich Spaß daran, Besuchern sein Gestüt zu zeigen: Für ihn war es eine der wichtigsten Sehenswürdigkeiten des Landes, weil sehr viele bedeutende Zuchtpferderassen aus Jordanien stammen. Seit 1960 war das Königliche Gestüt von dem spanischen Ehepaar Santiago und Ursula Lopez geleitet worden. Vor kurzem hatte der König die Leitung seiner ältesten Tochter, Prinzessin Alia, übergeben, die sich intensiv mit der Zucht befasste. Sie betrieb eine Verbesserung der Linien und achtete sorgfältig darauf, dass der Charakter der Tiere als Wüstenpferde erhalten blieb. Unter ihrer Leitung hatte sich das Gestüt in regionalen und internationalen Wettbewerben eine herausragende Stellung erobert.

Als wir gerade die Ställe verlassen wollten, fuhr ein ungewöhnliches Fahrzeug vor. Es war eine große Cabriolimousine, ein metallic blauer Excalibur, den König Hussein unlängst von einem Golfprinzen als Geschenk erhalten hatte. Der König schlug vor, ich solle mich ans Steuer setzen und nach Hause fahren – mit ihm auf dem Beifahrersitz. Ich versuchte abzuwehren, mir war aber bewusst, dass der König eine solche Fahrt als amüsanten Spaß betrachtete. Folglich bot ich einen Kompromiss an. Ich würde mich ans Steuer setzen, aber in einem weniger auffälligen Wagen. Ich konnte es kaum fassen: Ich chauffierte den König von Jordanien, umgeben von den Fahrzeugen seiner Leibgarde, durch die Straßen von Amman, während Leute am Straßenrand die Hälse reckten, um einen Blick auf unseren vorübereilenden Konvoi zu erhaschen. Die Situation verwirrte mich zutiefst, aber der König genoss diesen spontanen Augenblick in vollen Zügen. Ich sollte bald feststellen, dass er es liebte, mit Überraschungen aufzuwarten. (Und dass er mich mit seinen Neckereien besonders gerne zum Erröten brachte. Es sollte nach unserer Heirat einige Zeit dauern, bis ich dieses Problem unter Kontrolle bekam.) Jedenfalls zählte ich die Straßen und war froh, als ich mich in meinem Apartment in Sicherheit bringen konnte.

Ich behielt meine Erlebnisse im Haschimja-Palast für mich und erzählte auch keinem etwas von den Anrufen des Königs am nächsten Tag. Ich lebte lange genug in Jordanien, um zu wissen, dass jedes seiner Worte, jede seiner Gesten und jede seiner persönlichen Begegnungen unter die Lupe genommen und oft fehlgedeutet und mit Übertreibungen wiedergegeben wurden. Das Privatleben des Königs erfreute sich eines ungeheuren Interesses. Mit seinen einundvierzig Jahren war er wieder ein begehrter Junggeselle, und überall wurde darüber spekuliert, wer seine nächste Frau werden würde. In der Oberschicht Ammans kursierten bei den Abendessen Namen, und alle, die über eine Informationsquelle verfügen, hatten etwas zu kolportieren.

Ich fühlte mich natürlich geschmeichelt, dass ein so herausragender und kultivierter Mann die Unterhaltungen mit mir offenbar sehr genoss. Ich war damals erst sechsundzwanzig Jahre alt. Der König war aber ganz allgemein für sein großes Interesse und seine Fürsorge für alle bekannt, die in Jordanien lebten oder durch das Land reisten. Erst sehr viel später sollte er mir verraten, dass er während der Audienz im Diwan in meinen Augen etwas Besonderes entdeckt und sich so in mich verliebt habe.

Während meines Aufenthaltes in Amman schloss ich ein paar wunderbare Freundschaften: mit Meliha Asar, einer Lehrerin am Ausbildungszentrum für Zivilluftfahrt, mit Fatina Asfur, sie leitete die Streichholzfabrik ihrer Familie, mit Rami Churi, dem jungen Chefredakteur der *Jordan Times,* und mit Amer Salti, einem Bankier, der Mitglied einer Gruppe war, mit der ich gelegentlich Tennis spielte. Seine Frau Rebecca war Amerikanerin. Zugleich verkehrte ich mit Chalid Schoman, dem stellvertretenden Vorstandsvorsitzenden der bekanntesten arabischen Bank, einer Gründung seines Vaters, und mit seiner Frau Suha, einer Künstlerin. Amman war eine kleine Stadt, wie ich schnell bemerken sollte, in der fast jeder jeden kannte.

Zudem verkehrte ich mit den Familien meiner Freundinnen, was mein soziales Umfeld erweiterte. Die unterhaltsamsten Augenblicke in Jordanien spielten sich im häuslichen Kreis ab, und die Familien meiner Freunde empfingen mich stets warmherzig und offen. Ihre Einladungen zum Abendessen schätzte ich besonders. Diese Mahlzeiten im Familienkreis waren meine besten Stunden in Jordanien, und dies galt für die Speisen wie für die Gesellschaft. Fatinas Mutter, eine hervorragende Köchin, versuchte mir beizubringen, meine Lieblingsgerichte selbst zuzubereiten: *Bamieh,* also Okras, *Ful,* eine Art Saubohnen, und *Fasulieh,* grüne Bohnen in Tomatensoße, die ich auch in meiner kleinen Wohnung kochen konnte. Meine übrige Zeit verbrachte ich gewöhnlich allein. Ich wollte die Gastfreundschaft der Familien meiner Freundinnen nicht überstrapazieren, obwohl sie mich oft einluden und ich dennoch häufig einsam war. In solchen Stunden hatte ich auch das Problem, dass ich erst einmal die ein bis zwei Kilometer zum Hotel Inter-Continental gehen musste, wenn ich ein Ferngespräch nach Hause führen wollte.

Ich beneidete die jordanischen Familien um ihren starken Zusammenhalt. Er erschien so anders als der meiner Familie oder vieler anderer, die ich im Westen kennen gelernt hatte. In der arabischen Kultur wird der Zusammenhalt ganz groß geschrieben. So zogen in Jordanien die Söhne oder Töchter in meinem Alter noch nicht von zu Hause aus, sondern blieben bis zu ihrer Heirat bei den Eltern und lebten so immer in der Gemeinschaft der Familie, unter ihrer Aufsicht und in ihrer Geborgenheit. Meine Freunde, die Asfurs, bildeten mit ihren

Töchtern ein Universum für sich. Sie jagten nicht verzweifelt materiellen Dingen oder dem Prestige hinterher, weil sie in der familiären Geborgenheit alle wichtigen Dinge des Lebens fanden. Ich genoss jedes Abendessen bei ihnen, und sie gaben mir das Gefühl, dass ich mit dazugehörte.

Jordanien ist ein Schmelztiegel der Kulturen. Jahrtausendelang eine Drehscheibe des Nahen Ostens, hatte es Staaten und großen Reichen in und außerhalb der Region als Handelsverbindung und Umschlagplatz für Waren gedient. Im Altertum fiel es unter assyrische, babylonische, persische, griechische, römische und byzantinische Herrschaft. Das dabei entstandene Vielvölkergemisch spiegelte sich in vielen alteingesessenen Familien in Amman wider. Dort findet man auch die drei wichtigsten Bevölkerungsgruppen des Landes: die traditionell halb nomadisch lebenden Beduinen, die sich jetzt zum größten Teil in städtischen Gebieten angesiedelt haben; Familien, die während der ersten Hälfte des 20. Jahrhunderts aus den Nachbarländern in das junge Jordanien gekommen waren, aus Syrien, dem Irak, Palästina, dem Libanon und Saudi-Arabien; schließlich waren da noch die Bewohner der zahlreichen kleineren Städte, Dörfer und bäuerlichen Weiler, deren Vorfahren schon jahrhundertelang, in manchen Fällen sogar jahrtausendelang, eine sesshafte Lebensweise gepflegt hatten.

Die lange Tradition dieser sesshaften Stadt- und Dorfbewohner kann man heute sehr leicht an den historischen Schauplätzen studieren. Die ungebrochene kulturelle und architektonische Tradition in diesen Ansiedlungen geht auf Bauern, Händler und handwerklich tätige Männer und Frauen zurück. Diese Menschen lebten in der Nähe verlässlicher, nie versiegender Wasserstellen, bewirtschafteten das Land und hielten Herden. Über uralte Handelswege pflegten sie lokale und regionale Verbindungen. So entwicklte sich dieser stark ausgeprägte Sinn für eine lokale kulturelle Identität in Kerak, Madaba, Irbid, Asrak, Husn, Ajlun, Anjara, Ma'an, Akaba sowie an vielen anderen Orten. Und diese lokale Identität sollte im 20. Jahrhundert dann mit der jordanischen verschmelzen.

Jordanien war jahrhundertelang auch eine Zufluchtsstätte für zahlreiche ethnische Minderheiten gewesen, die vor politischer Verfolgung und Gewalt geflohen waren. Zu diesen Gruppen gehörten auch die Tscherkessen, eine kleine, aber einflussreiche Minderheit von nicht arabischen sunnitischen Muslimen, die einst vor der Unterdrückung aus ihrer Heimatregion, dem Kaukasus, geflohen waren. Als eine alte, aus zwölf Stämmen bestehende Volksgruppe hatten sie hundert Jahre lang gegen die Russen (von 1764 bis 1864) gekämpft. In diesen Kriegen war fast die Hälfte von ihnen umgekommen. Russland und das Osmanische Reich, die damaligen benachbarten Großmächte, zwangen die überlebenden Tscherkessen, in drei Regionen des Osmanischen Reichs auszuwandern: auf die Balkanhalbinsel, nach Syrien und Jordanien. Die ersten trafen 1878 in Amman ein, ließen sich in den römischen Ruinen der Stadt nieder, die seit dem Untergang des Römerreichs nicht mehr bewohnt worden waren, und besiedelten dann auch verschiedene umliegende Orte. Vier Jahrzehnte später hießen sie König Abdullah in Jordanien willkommen und unterstützten sofort seine Herrschaft. Nach der Gründung von Transjordanien 1921 wurden die Tscherkessen zu loyalen Gefolgsleuten der Streitkräfte und der Regierung. Meist hoch gewachsen und hellhäutig, bildeten sie sogar die Leibgarde des Königs. Mit Janal Hikmat, dem Protokollchef am königlichen Hof, war mindestens einer meiner Freunde ein Tscherkesse.

Eine weitere Volksgruppe bildeten die Tschetschenen, Muslime aus dem Kaukasus, die vor der russischen Expansion in den Neunzigerjahren des 19. Jahrhunderts geflohen waren und im damaligen Osmanischen Reich eine neue Heimat gefunden hatten. Drei der achtzig Sitze im jordanischen Parlament sind für Tschetschenen und Tscherkessen reserviert. Neben den Tscherkessen sind auch die Tschetschenen wegen ihrer besonderen Hochzeitsriten berühmt. Ich träumte davon, einer dieser dramatischen Szenen beizuwohnen, bei der ein Freier im Galopp auf seine Angebetete zureitet und sie unter zeremoniellem Gewehrfeuer zu sich aufs Pferd reißt und mit ihr davonsprengt.

Die Beduinen sind die traditionellen »Wüstenbewohner« des

Landes. Beduinen als Bewohner der Arabischen Halbinsel tauchen schon im Buch Genesis des Alten Testamentes als Nachkommen von Noahs Sohn Ham auf. Jahrhundertelang durchwanderten sie auf der Suche nach Weidegründen die Region und galten als die Nomaden, die christlichen Pilgern freien Durchgang ins Heilige Land gewährten und sie aus ihren Quellen Wasser schöpfen ließen.

In jüngerer Zeit hat sich der Lebensstil der Beduinen verändert: Die meisten leben sesshaft in Städten wie Amman, gehen dort Geschäften nach oder dienen in der Armee und als Beamte. Ein schwindendes Häuflein hält indes an der traditionellen Lebensweise fest und durchwandert im Rhythmus der Jahreszeiten mit ihren Herden die raue Schönheit der Wüste. Ich bewunderte ihren Charakter, beneidete sie um ihre Freiheit und sah ihr Gefeitsein gegen die Verlockungen des Materialismus als ein Vorbild, von dem viele moderne Menschen lernen könnten.

Obwohl über neunzig Prozent der Jordanier sunnitische Muslime sind, gibt es im Land auch eine bedeutende christliche Gemeinde, ausgewiesen durch die 50 000 Gläubigen, die während des Papstbesuchs im Jahr 2000 ins Stadion von Amman strömten. Viele von ihnen, wie auch einst meine Vorfahren, die Halabys, sind griechisch-orthodoxer Glaubens, und viele stammen von den ersten Christengemeinden ab, die vor fast 2000 Jahren im Heiligen Land entstanden. Kerak mit seiner massiven Kreuzritterburg hat wie Salt und Madaba eine christliche Urbevölkerung. Das berühmteste Mosaik der Region kam in Madabas griechisch-orthodoxer Kirche Sankt Georg zum Vorschein – eine detaillierte Landkarte aus dem 6. Jahrhundert des gesamten Heiligen Landes von Ägypten bis Syrien mit Dörfern, Flüssen und Tälern und der Heiligen Stadt Jerusalem im Zentrum.

Seit 1948 stellen Palästinenser, die Nachfahren der kanaanitischen Araber aus dem Altertum und die ersten bekannten Bewohner Palästinas, einen bedeutenden Anteil der jordanischen Bevölkerung. Bei der Gründung des Staates Israel 1948 wurden nach vorsichtigen Schätzungen 800 000 Palästinenser vertrieben, die in Jordanien, Syrien und im Libanon Aufnahme fanden. Heute leben sie in zahlreichen weiteren Ländern der Welt verstreut.

Über die Jahre suchten ungefähr eineinhalb Millionen palästinensische Flüchtlinge Zuflucht im Haschemitenreich Jordanien. Nach der Vereinigung des Landes auf dem westlichen und östlichen Jordanufer im Jahre 1950 erhielten sie auch die jordanische Staatsbürgerschaft. Die neuen Bürger wurden herzlich willkommen geheißen. Tatsächlich war König Hussein der einzige arabische Führer, der den staatenlos gewordenen Flüchtlingen die Staatsbürgerschaft seines Landes gewährte. Die Fluchtwellen der Palästinenser nach dem Krieg 1948 und nach dem arabisch-israelischen Krieg 1967 ließen die jordanische Bevölkerung auf fast das Doppelte anschwellen.

Die Belastung für Jordaniens Ressourcen war enorm. Verteilte sich das Stadtgebiet von Amman einst locker über sieben Hügel, so waren nach meiner Zählung inzwischen über vierzehn besiedelt. In einem Zeitraum von dreißig Jahren waren die einst freien Hänge um die Zitadelle und das römische Amphitheater im Zentrum von unten bis oben mit wackligen Häusern bebaut worden, ohne das ein Quadratmeter frei blieb.

Ungefähr 80 000 weniger glückliche Flüchtlinge lebten noch immer in den dreizehn überfüllten Lagern in Jordanien. Die Flüchtlingskrise nach dem Krieg 1948 erreichte solche Ausmaße, dass die Vereinten Nationen zu ihrer Bewältigung eine Behörde ins Leben riefen: die United Nations Relief and Works Agency for Palestine Refugees in Near East (UNRWA). Sie sollte für den Schutz, die Unterbringung und die Ausbildung der 3,9 Millionen registrierten palästinensischen Flüchtlinge sorgen, die in Jordanien, Syrien, dem Libanon, dem Gazastreifen und im Westjordanland untergekommen waren. Noch heute, über fünfzig Jahre danach, kämpft die UNRWA mit der Bewältigung dieses Flüchtlingsdramas. Als ich durch das Land reiste, besuchte ich auch einige Flüchtlingslager. Dabei fiel mir auf, mit welcher Improvisationsgabe sich diese Familien auf Verhältnisse eingerichtet hatten, die von allen zunächst als kurzfristig eingeschätzt worden waren.

Erst als ich in Jordanien arbeitete und lebte, wurde mir das gewaltige Ausmaß dieser menschlichen Tragödie bewusst. 1977 waren bereits eine zweite und eine dritte Generation von Palästinensern, die ihre alte Heimat nur aus den Erzählungen der Alten kannten, in den Flüchtlingslagern geboren worden. Aus Angst, den Flüchtlingsstatus zu verlieren und so gegebenenfalls ihr Rückkehrrecht zu verwirken, weigerten sich manche, in feste Häuser überzusiedeln, und blieben in ihren Zelten. Einige konnten ihre Besitzansprüche auf ihr Haus und den Boden, von dem sie vertrieben worden waren, mit zerfetzten Unterlagen belegen, die sie bei der Flucht vor dreißig Jahren hatten mitnehmen können. Und viele trugen ihre alten Hausschlüssel um den Hals.

Fasziniert hörte ich mir Berichte über die Ereignisse an, die zur Gründung des Staates Jordanien geführt hatten. Angefangen hatte alles 1914 in der heiligen Stadt Mekka im Hedschas an der Westküste der Arabischen Halbinsel, dem Entstehungsort des Islam. Die Haschemiten hatten als direkte Nachfahren des Propheten Mohammed über tausend Jahre lang über Mekka geherrscht und waren so zu den Erben und Hütern der beiden heiligsten Stätten des Islam geworden: Mekka, der Geburtsort des Propheten, in dem nach islamischem Glauben Abraham das erste Haus zur Verehrung Gottes wiederaufgebaut hat, und Medina, wo Mohammed 662 n. Chr. vor der Verfolgung wegen seines Glaubens eine Zuflucht fand.

Ende des 19. und Anfang des 20. Jahrhunderts wuchs beim großen Scharif von Mekka (Scharif und Scharifa sind Titel von Männern und Frauen, die in direkter männlicher Linie vom Propheten abstammen), dem Haschemiten Hussein bin Ali und anderen einflussreichen Arabern in der Region, der Widerstand gegen die wachsende Unterdrückung durch das Osmanische Reich, das die arabische Sprache an Schulen und als Amtssprache verboten hatte. Arabische Nationalisten wurden verhaftet. An die Stelle der lange gepflegten Kultur der Toleranz traten jetzt Verfolgungen. In diesem politischen Klima erkoren die arabisch-nationalistischen Geheimgesellschaften in der gesamten Region Scharif Hussein zu ihrem Führer.

Der Erste Weltkrieg brachte den Haschemiten eine Chance: Scharif Hussein sah im Krieg gegen die Deutschen und deren Verbündete die Gelegenheit, das arabische Land nach vierhundert Jahren Besatzung von den Osmanen zu befreien und anschließend aus deren einstigen Provinzen vom Jemen bis nach Syrien mit der Arabischen Halbinsel, dem Libanon, Mesopotamien (dem heutigen Irak) und Palästina eine Föderation unabhängiger arabischer Staaten zu schaffen.

Nach langen Verhandlungen mit Scharif Husseins Sohn Abdullah in Kairo zeigten sich die Briten bereit zur Kooperation: »Wenn Sie und Seine Hoheit, Ihr Vater, noch immer eine Bewegung unterstützen, die den Arabern volle Unabhängigkeit bringen soll«, so schrieb Ronald Storrs, der britische Minister für Orientangelegenheiten, »dann steht Großbritannien bereit, eine solche Bewegung mit allen verfügbaren Mitteln zu unterstützen.«

Weitere Zusicherungen, die arabische Unabhängigkeit zu befördern, kamen auch von Sir Henry McMahon, dem britischen Hochkommissar in Ägypten. Angesichts solcher Äußerungen stellte Scharif Hussein die Haschemiten an die Seite der Engländer, mobilisierte eine Streitmacht von 30 000 Mann und unterstellte sie dem Kommando seiner drei Söhne Ali, Abdullah und Feisal. Im Juni 1916 brach unter Hussein der später so genannte Große Araberaufstand aus, der den Verlauf des Ersten Weltkrieges im Nahen Osten entscheidend verändern sollte.

In den nächsten beiden Jahren befreiten die Araber aus dem Hedschas unter haschemitischem Banner Mekka, Taif, Dschidda und weitere Bollwerke der Osmanen. Mehrfach verübten die Araber Sabotageakte auf die Linie der Hedschas-Bahn, eine gut 1300 Kilometer lange Verbindung zwischen Damaskus und Medina, die Anfang des 20. Jahrhunderts unter türkischer Leitung gebaut worden war, wobei dieser Glanzleistung zahlreiche Wälder in Jordanien zum Opfer gefallen waren. Mit Hilfe des Ingenieurs und Militärstrategen Captain T. E. Lawrence gelang es den arabischen Kämpfern, einen ganzen Schienenabschnitt unpassierbar zu machen. Beim gewagtesten militärischen Unternehmen dieses Feldzuges brachten die Araber unter Feisal und Lawrence von Mekka aus einen mörderischen, über 1200 Kilometer langen Marsch hinter sich, um dann mit lokalen Stämmen Akaba zu befreien. Vom Land her überrumpelten die Araber die türkischen Soldaten, die ihre Artillerie im Vertrauen auf die Unpassierbarkeit der Wüste auf das Meer gerichtet hatten.

Obwohl Lawrence während des Sturmangriffs mit seinem Kamel stürzte und erst wieder zu Bewusstsein kam, als Akaba bereits gefallen war, wurde er im Abendland zu einer Legende, die erstmals von dem amerikanischen Journalisten Lowell Thomas dokumentiert wurde. Diese Legende wurde in allen späteren Schilderungen des Großen Araberaufstandes, auch in Lawrence' Buch *Die Sieben Säulen der Weisheit* oder in dem Filmklassiker *Lawrence von Arabien*, weitergesponnen. Ich habe diesen Film bei seinem Erscheinen 1962 gesehen und staunte über diesen angeblichen Einmannsieg des exzentrischen Lawrence über die Türken. Die von ihm »beratenen« arabischen Streitkräfte, bei denen es sich tatsächlich um die Armeen von Husseins Söhnen Feisal und Abdullah handelte, werden als schlecht ausgebildet und undiszipliniert dargestellt, und sie erscheinen unfähig, die Türken ohne fremde Hilfe zu besiegen. In einem Lebensabschnitt, in dem ich als Jugendliche meine arabischen Wurzeln entdeckte und keine Möglichkeit hatte, mich über die Geschichte und Kultur meiner Vorfahren umfassend zu informieren, brachte dieser Film in mir eine Saite zum Klingen. Wie ich später allerdings erfuhr, löste die Glorifizierung von Lawrence in der westlichen Welt bei vielen Arabern Empörung aus. Aus ihrer Sicht wurden durch diese Art der Geschichtsdarstellung ihre Führer um ihr Verdienst an dem großen Sieg betrogen. Zudem entdeckten sie in dieser westlichen Darstellung einen rassistischen Unterton: Erst ein Weißer, ein Engländer, habe es den Arabern ermöglicht, ihren Traum von der Unabhängigkeit zu erfüllen, sei die von dem Film vermittelte Botschaft.

Nach der Befreiung Akabas und des Hedschas stieß die arabische Armee weiter nach Norden bis nach Amman vor. Der Große Araberaufstand gipfelte am 1. Oktober 1918 im siegreichen Einmarsch der Araber und ihrer europäischen Verbündeten in Damaskus und dreißig Tage später mit einem Waffenstillstand mit den Türken. Aber dieser unstrittige Sieg der Haschemiten brachte keinen dauerhaften Frieden.

Scharif Hussein, der zum König des Hedschas ausgerufen wurde, und die übrigen Araber erwarteten von den Briten natürlich die Einhaltung ihrer Zusage, die arabische Unabhängigkeit auch in Zukunft zu unterstützen. Drei Monate nach dem Einzug der Haschemiten in Damaskus rief der arabisch-syrische Kongress Feisal zum König eines unabhängigen Syrien aus. Derweil erkor eine Gruppe irakischer Führer Abdullah zum König über den neu geschaffenen Irak (das einstige Mesopotamien).

Aber die Haschemiten waren verraten worden. Schon 1916, bei Beginn ihrer Revolte gegen das Osmanische Reich, hatten die Briten mit den Franzosen Geheimverhandlungen darüber geführt, wie sie die arabischen Gebiete nach dem Krieg untereinander aufteilen wollten. Im so genannten Sykes-Picot-Abkommen sicherten sich die Franzosen Syrien und den Libanon, während die Briten Palästina, den Irak und Transjordanien, also die Region östlich des Jordans, zugeschlagen bekamen.

Feisal genoss als haschemitischer König von Syrien zwar die Unterstützung Großbritanniens, nicht aber die Frankreichs. Nach einer Herrschaftszeit von einundzwanzig Monaten wurde er von den Franzosen gestürzt und ins Exil getrieben. Eine Konferenz 1921 in Kairo unter dem Vorsitz von Winston Churchill, dem damaligen britischen Kolonialminister, setzte Feisal als König des Irak ein. Abdullah übernahm die Führung Transjordaniens. Seine Vorstöße, Palästina und Transjordanien zu verschmelzen, wies Churchill zurück.

Als Scharif Hussein seine Söhne und Freiwilligenarmeen in den Kampf gegen die osmanische Besatzungsmacht geschickt hatte, geschah dies nach einer Übereinkunft mit den Briten, dass sämtliche befreiten arabischen Gebiete einschließlich Palästinas nach dem Krieg einen vereinigten Staat bilden sollten. Aber der britische Außenminister Sir Arthur James Balfour hatte andere Pläne. Statt für die Selbstbestimmung der Araber einzutreten, die fast die gesamte Bevölkerung ausmachten und die dort seit Jahrhunderten und in manchen Fällen seit Jahrtausenden lebten, versprach er Palästina dem jüdischen Volk als eine »nationale Heimstätte«. Die Balfour-Deklaration von 1917, mit der diese Politik in konkrete Maßnahmen überführt werden sollte, legte freilich ebenso deutlich fest, dass »nichts unternommen werden soll, das den bürgerlichen und religiösen Rechten der dortigen nichtjüdischen Gemeinschaften in Palästina Abbruch tun könnte«.

Natürlich waren mir die Hintergründe der Entstehung des Staates Israel und dessen turbulente Geschichte schon vor meiner Ankunft in Jordanien bekannt. Ich bin nach wie vor erschüttert über die Verfolgungen, denen das jüdische Volk über Jahrhunderte hinweg ausgesetzt war, und über die Gräuel des Naziregimes während des Zweiten Weltkrieges. Alle, die ich kenne, auch meine neuen Freunde in Jordanien, äußerten Entsetzen über die planmäßige Vernichtung der Juden im Holocaust. Aber sie und später auch ich waren empört darüber, dass angesichts des jüdisch-arabischen Konflikts die Araber als Aggressoren hingestellt wurden, obwohl ihr Land dazu gedient hatte, ein politisches Problem Europas zu lösen.

Jahrhundertelang hatten die Juden, Muslime und Christen im Nahen Ostens und auch in Palästina friedlich zusammengelebt. Erst mit dem Aufkommen des Zionismus und der Gründung des Staates Israel flammten zwischen ihnen Feindseligkeiten auf. Der Vater des modernen Zionismus war der aus Ungarn stammende jüdische Journalist Theodor Herzl. Er prophezeite, dass es den Juden trotz patriotischer Gesinnung und Anpassung niemals gelingen würde, den Antisemitismus in Europa zu überwinden und sich voll ins Leben eines europäischen Staates zu integrieren. Deshalb seien sie ein »Volk ohne Land«. Und die Lösung dieses Dilemmas bestand nun in der Schaffung eines jüdischen Staates.

Für Herzl kam nicht nur Palästina als mögliches Territorium für eine jüdische Nation in Frage. Er hatte auch Argentinien vorgeschlagen. Die Briten boten den Zionisten später als mögliche Heimstätte Uganda an, bekamen aber eine Abfuhr. Während Herzl und ähnlich gesinnte Nationalisten sich mit jeder territorialen Lösung hätten arrangieren können, wollten sich die eher religiösen Juden in den Reihen der Zionisten nur mit dem Heiligen Land, also mit Palästina und dem heutigen Jordanien, zufriedengeben.

Bis zur Ausrufung des Staates Israel mussten noch fünfzig blutige Jahre vergehen. Der Prozess begann mit der Balfour-Deklaration, die König Hussein als »die Grundursache für fast die gesamte Verbitterung und Enttäuschung in unserer heutigen arabischen Welt« bezeichnete, und entwickelte sich zügig weiter, als Palästina 1920 vom soeben gegründeten Völkerbund der britischen Verwaltung unterstellt wurde. Dieses britische Mandat, wie es allgemein hieß, währte bis 1948 und war von Anfang an zum Scheitern verurteilt. Den Arabern wurde in der Welle der nationalen Erweckung die Unabhängigkeit, den Juden eine nationale Heimstätte versprochen. So beschwor das britische Mandat zwangsläufig einen unlösbaren Konflikt herauf. Mit Recht befürchteten die Araber, dass viele in Palästina eintreffende Zionisten nicht im Traum daran dachten, dieses Land mit ihnen zu teilen. 1901 richtete die in Basel ansässige und finanzkräftige zionistische Organisation den Jüdischen Nationalfonds ein, der sich sofort daranmachte, in Palästina Grund und Boden aufzukaufen. Meist erwarb dieser Fonds die Ländereien von Adeligen, die in Syrien oder im Libanon lebten. Daher lernte ich in Jordanien immer wieder Palästinenser kennen, die lange Jahre in Palästina als Pächter gelebt hatten und wegen der veränderten Eigentumsverhältnisse nun ihr Land und ihre Häuser hatten verlassen müssen. Mit diesen Käufen begann die Geschichte der palästinensischen Flüchtlinge.

Zwischen 1919 und 1921 lösten der Aufkauf von immer mehr Land und die Ankunft von 18 000 jüdischen Einwanderern in Palästina Unruhen in Jerusalem und Jaffa aus. 1928 trafen aus Europa weitere 10 000 Juden ein und sorgten erneut für Aufstände. Nach der Machtübernahme der Nationalsozialisten in Deutschland 1933 schwoll dieser ständige Zustrom von jüdischen Immigranten zu einer gewaltigen Flut an, und zwar sprunghaft 1933 auf 30 000, 1934 waren es 42 000 und 1935 sogar 61 000 Einwanderer. Die Zuwanderung löste unter der arabischen Bevölkerung eine drei Jahre währende Revolte aus, die von den Briten schließlich brutal niedergeschlagen wurde.

Das Elend der Palästinenser wurde von Führern der Welt durchaus wahrgenommen: »Palästina«, so äußerte sich Mahatma Gandhi, »gehört im gleichen Sinn den Arabern, wie England den Engländern und Frankreich den Franzosen gehört. Die Vorgänge im heutigen Palästina sind durch keinen moralischen Verhaltenskodex gedeckt.« Trotzdem ging der Konflikt unerbittlich weiter. Gegen Ende des Zweiten Weltkriegs flammten die Unruhen erneut auf, denn Tausende illegaler Einwanderer strömten nun ebenfalls nach Palästina.

Im Jahr 1947 legten die Briten das Schicksal der Region in die Hände der Vereinten Nationen. Am 29. November verabschiedete die UN-Vollversammlung auf britische Empfehlung hin einen Beschluss, nach dem Palästina in zwei Teile, einen arabischen und einen jüdischen, geteilt und Jerusalem internationaler Kontrolle unterstellt werden sollte. Die arabischen und nicht-arabischen muslimischen Mitgliedsländer, die einen Vorschlag zur Beibehaltung der Einheit der Region eingebracht hatten, waren strikt gegen diese Teilung. Obwohl die Juden nur ein Drittel der Bevölkerung Palästinas stellten und ihr Landbesitz nur sechs Prozent ausmachte, sollten sie nach der UN-Resolution 181 fünfundfünfzig Prozent des Landes erhalten. Bei der Abstimmung verließen die arabischen Länder unter wütenden Protesten die Vollversammlung. Die Resolution wurde mit einer Mehrheit von nur zwei Stimmen verabschiedet. Einmal mehr hatten die europäischen und westlichen Länder das Schicksal eines arabischen Volkes besiegelt. In Palästina entbrannte ein mörderischer Bürgerkrieg.

In vielen Konflikten verkörpert ein symbolträchtiges Ereignis die Schrecken des Krieges, etwa das Massaker, das US-Soldaten an den Bewohnern des vietnamesischen Dorfs My Lai verübten, oder die Ermordung von 400 Zivilisten durch britische Soldaten 1919 in der Parkanlage Jallianwallah Bagh in Amritsar. In Palästina sind diese Schrecken mit dem Dorf Deir Jassin verknüpft.

Bevor ich nach Jordanien kam, hatte ich den Namen noch nie gehört. Ich wusste, dass die Araber die tragischen Ereignisse von 1948 *aam al-nakba* (»das Jahr der Katastrophe«) nannten, kannte aber keine Einzelheiten, bevor ich mich eingehender mit der Geschichte Palästinas befasste. Ich stellte bald fest, dass alle Palästinenser, die ich kennen lernte, über das Dorf Deir Jassin und das Massaker an seinen Einwohnern im April 1948 durch die militanten Gruppen Stern und Irgun unter dem Befehl Menachem Begins, des späteren israelischen Ministerpräsidenten, genau Bescheid wussten. (Die 1940 gegründete jüdische Terrorgruppe Stern hatte mehrere hundert Mitglieder, die Irgun war der militärische Arm der Revisionistischen Partei.)

Obwohl die Dorfältesten von Deir Jassin mit den benachbarten jüdischen Siedlungen ein Friedensabkommen geschlossen hatten, drangen am Morgen des 9. April 1948 israelische Terroristen in das Dorf ein, erstickten jeden Widerstand, zogen von Haus zu Haus, erschossen die Bewohner aus nächster Nähe und sprengten Häuser in die Luft. Niemand weiß genau, wie viele Palästinenser an diesem Tag ermordet wurden. Die Terrorbanden sprachen von Hunderten. In den nächsten Tagen entdeckten Mitglieder des Internationalen Roten Kreuzes ihre Leichen in vier Zisternen, in einem Massengrab und unter dem Schutt ihrer Häuser. Die meisten waren alte Männer, Frauen und Kinder.

Die Nachricht von diesem Massaker verbreitete sich in Windeseile unter der palästinensischen Bevölkerung – mit der gewünschten einschüchternden Wirkung. Überall im Land flohen entsetzte Familien aus ihren Häusern und suchten in Nachbarländern vorübergehend Zuflucht. Der Plan der radikalen Zionisten, die Palästinenser außer Landes zu treiben, war geglückt.

Ohne die Augenzeugen, den Bericht eines Mitgliedes des Internationalen Roten Kreuzes und ein paar mutige jüdische Forscher, die sich in israelischen Archiven Zugang zu den Quellen verschafften, wäre das Ausmaß dieser Tragödie niemals bekannt geworden. Die israelischen Regierung betrachtet einige zentrale Dokumente nach wie vor als »Verschlusssache«, unter anderem Fotos von den Leichen. Einige Zionisten leugnen dieses Massaker bis heute.

Das Blutbad blieb nicht ohne Folgen. Wenige Tage nach dem Massaker von Deir Jassin schlugen die Araber zurück. Sie überfielen einen jüdischen Sanitätskonvoi. Während des Countdowns bis zum Abzug der Briten und zur Ausrufung des Staates Israel im Mai 1948 beging jede Seite an der anderen weitere Massaker. Es bestand kein Zweifel daran, dass Ben Gurion und andere Zionisten nicht die Absicht hatten, die Palästinenser in den neuen jüdischen Staat zu integrieren. Seit Monaten betrieben die jüdischen Streitkräfte eine konsequente und systematische Entvölkerung arabischer Dörfer, bei der sie die Menschen vertrieben und mit Bulldozern ihre Häuser dem Erdboden gleichmachten. Fast sämtliche palästinensischen Gemeinden an der Küste zwischen Haifa und Jaffa waren inzwischen ethnisch »gesäubert«. Die palästinensischen Dörfer entlang der Straße zwischen Tel Aviv und Jerusalem standen unter Besatzung, die arabische Bevölkerung von Haifa und Tiberias war geflohen. Und auch das arabische Westjerusalem hatten die Israelis besetzt und die dort ansässigen Palästinenser vertrieben.

Als ich in den USA heranwuchs, war dort die vorherrschende Sichtweise, Israel habe sich im arabisch-isralischen Krieg 1948 gegen blutrünstige Horden arabischer Eindringlinge zur Wehr setzen müssen. Hier in Jordanien stieß ich nun auf eine ganz anderen Sichtweise: Israel war der Aggressor gewesen, beweisen durch die Tatsache, dass die meisten Kämpfe nicht in den Israel zugeteilten Gebieten, sondern in den Gebieten der Palästinenser stattfanden. Die arabischen »Streitkräfte«, die abgesehen von der jordanischen arabischen Legion kaum als solche bezeichnet werden konnten, eilten den palästinensischen Brüdern auf deren Gebieten zur Hilfe, um die Israelis an der Eroberung zu hindern, aber sie scheiterten. Am Ende des »Jahrs der Katastrophe« hatte Israel 78 Prozent des den Arabern zugewiesenen Bodens besetzt und verfügte so über ein Drittel mehr Land, als ihm durch die Resolution 181 der UN-Vollversammlung zur Teilung Palästinas zugebilligt worden war.

Auch die im Dezember 1948 verabschiedete und seither viele Male bestätigte UN-Resolution 194 wurde von den Israelis ignoriert: Sie beinhaltet die Anerkennung der Rechte der Palästinenser auf Entschädigung für Enteignungen und ihr Recht auf Rückkehr. Aber stattdessen machten die Juden die Mehrheit der fünfhundert Dörfer und Siedlungen, aus denen sie die arabische Bevölkerung verjagt hatten, dem Erdboden gleich und besiedelten das Land mit jüdischen Einwanderern. In den kalten Wintermonaten 1949 hausten die vertriebenen Palästinenser in Höhlen und Zelten nur wenige Kilometer von ihren einstigen Häusern und Obstgärten entfernt, die jetzt auf israelischem Gebiet lagen. Ich erinnere mich, dass mir meine Mutter später erzählte, sie habe geweint, als sie bei einem Besuch der Region mit meinem Vater Zeugin dieses Elends geworden war.

Das kleine haschemitische Königreich Jordanien überstand zwar diesen Umbruch, wurde durch die chaotischen demographischen, wirtschaftlichen und politischen Folgen jedoch stark in Mitleidenschaft gezogen. Der tragische Konflikt bestimmte jeden Aspekt von König Husseins Leben. Staatsangelegenheiten waren für ihn auch immer Herzensangelegenheiten. Aber es gab Zeiten, in denen er die drängenden Probleme für kurze Zeit vergessen und sich entspannen konnte – am besten gelang ihm das in seiner Residenz in Akaba. Eine Woche nach unserem ersten Mittagessen im Haschimja-Palast lud er mich über das Wochenende mit seinen Kindern und einer Gruppe von Freunden nach Akaba ein. Ich war vollkommen überrascht, wie zwanglos er sein konnte. Wäre er nicht von allen außer von seinen Familienmitgliedern mit Sidi (weniger förmlich für »Herr«), mit Sadschida (eher offiziell für »mein Herr«) oder mit Dschalalet El-Malek (»Eure Majestät«) angesprochen worden und hätten sich nicht alle ehrerbietig erhoben, wenn er einen Raum betrat, dann hätte man leicht vergessen können, dass er einer der angesehensten Monarchen der Welt mit einer der längsten Regentschaften war. Er zog ein sichtbares Vergnügen daraus, unter seinen Gästen eine feierliche und zugleich entspannte

Atmosphäre zu schaffen. Er fuhr mit uns allen in seinem Motorboot aufs Meer hinaus und versuchte uns trotz des kalten Wassers Ende April dazu zu überreden, uns auf Wasserskiern zu vergnügen. Und geduldig ermunterte er seine Kinder, vom Strand aus auf allen vieren die kurze Entfernung durch das Wasser bis zu einem kleinen Floß hinüberzukrabbeln und sie so auf erste Schwimmübungen vorzubereiten. Und jeden Abend zeigte er uns nach dem Essen Filme in einem kleinen Kino, das er sich in seine Residenz hatte einbauen lassen.

Wir verbrachten vier idyllische Tage in Akaba. Herrlich waren die Sonnenuntergänge, die das türkisgrüne Wasser rot und die Berge an der Küstenlinie blauviolett färbten. Selbst die vor der Küste ankernden Tanker hatten so, vor allem bei Nacht und unter Beleuchtung, einen gewissen Reiz. Damals, auf dem Höhepunkt des Ölbooms, wimmelte es im Hafen von Akaba von diesen Frachtern.

Zu Akabas Schönheit kam seine historische Bedeutung. Die günstige Lage an der Küste wurde von Kaufleuten und Pilgern seit langer Zeit geschätzt. Wegen des Hafens und der reichhaltigen Süßwasservorräte direkt unter der Erdoberfläche war Akaba seit dem 10. Jahrhundert immer wieder erobert worden. Von Akabas Strand aus sah man, wie nah Freund und Feind einander waren: Saudi-Arabien im Südosten und Ägypten im Südwesten. Zwischen Ägypten und Akaba, nur wenige Kilometer weiter westlich, lag der israelische Ferienort Elat. Der mit Stacheldraht befestigte Grenzzaun war von der Steinmole auf König Husseins Anwesen nur knapp 800 Meter entfernt. Ein eher unpassender Anblick waren die jordanischen und israelischen Soldaten, die in Kampfanzügen auf beiden Seiten des Zauns patrouillierten, während sich dahinter an den Stränden Badegäste in der Sonne räkelten.

Später sollte ich mich an die dumpfen Schläge der Wasserbomben gewöhnen, die die Israelis unmittelbar vor dem Ufer zündeten, um Froschmänner an Terrorüberfällen an Land zu hindern. Dabei zerstörten sie leider auch das Korallenriff vor Elat und vernichteten den Lebensraum einer bunten Vielfalt tropischer Fische. Wenigstens sind die Riffe vor Akaba, ein beliebtes Ausflugsziel für Sporttaucher und Touristenboote mit Glasboden, im Wesentlichen noch intakt.

Ich war an diesem Wochenende so sehr mit der Entdeckung Akabas beschäftigt, dass ich überhaupt nicht bemerkte, wie sich in der königlichen Entourage Spannungen aufbauten. Unter den Gästen war eine englische Fotografin, die eine Zeit lang in Jordanien gelebt und gearbeitet und den König über Freunde in England kennen gelernt hatte. Aus Husseins Umgebung erfuhr ich nun, dass meine Gegenwart sie nicht beglückte. Ihre ablehnende Haltung war für mich rätselhaft, denn ich hatte keine Ahnung, dass um die Aufmerksamkeit des Königs ein erbitterter Konkurrenzkampf tobte.

Als wir am 16. April nach Amman zurückkehrten, lud mich Hussein zunächst zum Abendessen in den Haschimja-Palast ein. Obwohl sein Leben dort viel mehr Zwängen unterworfen war als in Akaba, herrschte eine so private Atmosphäre, dass wir über eine Vielzahl unterschiedlichster Themen und auch über unsere Kindheit redeten. Wir entdeckten auffallend viele Parallelen. Als die ältesten Geschwister waren wir beide schüchtern gewesen und hatten nur wenig Freunde gehabt, denen wir wirklich vertrauten. Beide hatten wir sehr oft die Schule wechseln müssen: Hussein hatte sieben und ich fünf besucht. Wir stammten beide aus schwierigen familiären Verhältnissen und hatten unsere Ausbildung unterbrochen, um auf eigenen Beinen zu stehen. Und wir stellten fest, dass wir beide zu unseren Vätern ein kompliziertes und zur Generation unserer Großeltern ein ganz besonderes Verhältnis hatten, er zu seinem Großvater, König Abdullah I., und ich zur Mutter meines Vaters. Seine Beziehung zum Großvater hatte allerdings auch politische Konnotationen, sie endete jäh und unter dramatischen Umständen.

Sein Großvater Abdullah hatte 1951 in Jerusalem im Konflikt mit Israel nach einer politischen Lösung gesucht. Wegen dieser Bemühungen war er von einem Palästinenser ermordet worden, und Prinz Hussein war bei dem Attentat nur drei Meter von ihm entfernt gewesen. Der damals Sechzehnjährige hatte noch ein Jahr später Schwierigkeiten, über das traumatische Erlebnis in der Al-Aksa-Moschee zu sprechen, in die ihn sein Großvater zum Freitagsgebet mitgenommen hatte. Der Attentäter tauchte plötzlich hinter einem Pfeiler der Moschee auf und schoss den König direkt in den Kopf. Während sich das Gefolge in Deckung warf, sah Hussein noch den Turban seines Großvaters davonrollen. Dann richtete der Attentäter die Waffe auf den jungen Prinzen und schoss abermals: Die Medaille, die der Prinz an diesem Tag auf Verlangen seines Großvaters über der Uniform trug, lenkte die Kugel ab und rettete ihm das Leben.

Hussein wurde Kronprinz, sein Vater Talal war jetzt König – aber nur für zwölf Monate. König Talal litt an Schizophrenie, was sich in seinem unberechenbaren und sprunghaften Verhalten äußerte. Hussein hatte großen Respekt vor der Intelligenz und dem Feingefühl seines Vaters, empfand aber auch Angst und Verzweiflung, weil der Vater immer tiefer in der Geisteskrankheit versank.

König Hussein wirkte immer sehr bedrückt, wenn er über seinen geliebten Vater sprach. Er bewunderte König Talals mutige Entscheidung, die Herrschaft über das Land zu übernehmen, und seine historische Leistung, Jordanien eine demokratische Verfassung gegeben zu haben, die für ihre Zeit revolutionär war und die bis heute die Staats- und Regierungsform bestimmt. Aber seine Gesundheit hielt dem Druck nicht stand. Nach dem er von drei jordanischen Medizinern und zwei ausländischen Fachärzten unterricht worden war, wurde König Talal am 11. August 1952 durch einen Beschluss des Parlamentes abgesetzt.

Kronprinz Hussein besuchte damals die englische Eliteschule Harrow bei London, hielt sich aber gerade in den Ferien in der Schweiz auf. Dort erreichte ihn die überraschende Nachricht. »Es klopfte an der Tür«, erinnerte er sich. »Der Hotelpage überbrachte mir ein Telegramm vom Königlichen Hof in Jordanien, adressiert an ›Seine Majestät, König Hussein‹.« Das war kurz vor seinem 17. Geburtstag. Er beendete seine Schulzeit in Harrow, absolvierte im Schnelldurchgang eine Ausbildung an der britischen Militärakademie Sandhurst und erlangte dort das Offizierspatent. Mit achtzehn Jahren war Hussein amtierender Herrscher über Jordanien.

Husseins Leben war bisher in erstaunlichen Bahnen verlaufen. Seine Intelligenz und sein Mut beeindruckten mich, und auch seine Vitalität und schier unerschöpfliche Energie zogen mich an. Aber in stillen Augenblicken in meiner Wohnung machte ich mir auch Sorgen darüber, wohin dies alles führen würde. Es bereitete mir Vergnügen, und es war ein Privileg, Zeit in seiner Gesellschaft zu verbringen. Aber inzwischen tat ich das so häufig, dass ich mich allmählich fragte, ob unsere Romanze komplizierter werden würde. Wie sollte ich mich verhalten, falls er mir eine engere Beziehung antragen würde? Der König war dem Gerede zufolge ein Playboy. Und ich wollte nicht, dass aus dieser wertvollen Freundschaft eine der üblichen königlichen Affären wurde. Ich konnte mir das gar nicht vorstellen und hoffte, unsere unkomplizierte Beziehung würde ewig so weitergehen.

Meinem Vater war ebenfalls nicht wohl bei der Sache. Als er auf dem Weg in die USA einen Zwischenstopp in Amman einlegte, mahnte er mich zur Vorsicht. Ich werde nie vergessen, wie er auf dem Parkplatz des Hotels Inter-Continental an meinem Wagen stand und warnte: »Pass auf, Lisa. Am Königshof gibt es überall Intrigen, und dieser Gesellschaftskreis kann auch boshaft sein. Du weißt, ich mag König Hussein sehr gern, aber ich möchte nicht, dass man dir wehtut.«

Ich war überrascht und warf ihm einen fragenden Blick zu, hielt die Befürchtungen aber für unbegründet. »Du musst dir keine Sorgen machen«, sagte ich. »Dieser Hof ist anders. Hier gibt es keine Intrigen.« Jahre später sollte ich mit ein wenig bitterer Heiterkeit auf dieses Gespräch zurückblicken.

Im Augenblick genoss ich die Gesellschaft des Königs, und er offenbar die meine. In meinem Tagebuch ist für den Tag nach der Abreise meines Vaters vermerkt: »Überraschungsbesuch.« Dann seine Worte, als er unangemeldet vorbeikam: »Ich vermisse Sie.« Die deutlichen Signale sind mir aus heutiger Sicht klar, aber damals dachte ich mir nichts dabei, wenn wir die Abende mit seinen drei jüngsten Kindern verbrachten, ihnen vorlasen, sie ihr Gutenachtgebet sprechen ließen und sie zu Bett brachten. Nach dem Essen sahen wir uns jeden Abend in seinem geräumigen Salon Videofilme an. (Hussein besaß das erste Videogerät, das ich je gesehen habe, und er zeigte auch Filme, die in den lokalen Kinos liefen.) Am liebsten mochte er Filme mit John Wayne, insbesondere *Der Sieger,* Peter Sellers' *Der Partyschreck* oder Filme wie Charlie Chaplins *Rampenlicht*. Der Film *Der Tag des Delfins* lieferte uns immer wieder Stoff für viele amüsante Späße. George C. Scott spielt darin einen Wissenschaftler, der ein Paar Delfine trainiert und ihnen Englisch beibringt, wenn auch mit sehr beschränktem Vokabular. Hussein brachte mich immer wieder zum Lachen, indem er die Delfinstimme nachahmte: »Fa liebt Be« spielte auf unsere eigenen freundschaftlichen Gefühle an.

Unsere wohl privatesten Augenblicke waren lange Fahrten auf dem Motorrad durch Amman und das umliegende Land. An einem herrlichen Frühlingsabend sorgte der König geschickt dafür, dass wir in den engen Straßen der Stadt das Sicherheitskommando »verloren«, und so genossen wir zum Tagesausklang eine Spritztour ganz für uns allein. Ich empfand ein belebendes Gefühl der Freiheit, wenn auch nur für kurze Zeit. Welche Wonne, wie ein ganz gewöhnliches Paar durch die Stadt zu knattern.

An einem Tag flogen wir ans Tote Meer zur Begutachtung eines Areals, das sich gut für einen Ferienort eignen würde. Hussein saß am Steuer seines Lieblingshubschraubers, einer Alouette. In dem gläsernen Cockpit hatte man einen weiten Panoramablick, ich fühlte mich, als würde ich einfach so durch die Lüfte fliegen. Ich saß neben dem König auf dem Vordersitz, während wir das Plateau von Amman, später dann die als *Wadis* bekannten Täler und die Wasserfälle überflogen, die sich in die Wüste und weiter in ein Feld am Toten Meer ergießen, den tiefstgelegenen Ort der Erde.

Meine Tage und Abende mit König Hussein waren auf geistiger und persönlicher Ebene sehr anregend, aber auch ziemlich anstrengend. Ich stand jeden Tag um 6.00 Uhr auf, ging zur Arbeit und verbrachte den Abend bei einem ausgiebigen Essen beim König. Anschließend schauten wir uns einen oder mehrere Filme an. Ich kehrte oft erst um ein oder zwei Uhr nachts nach Hause zurück und bekam so bestenfalls vier oder fünf Stunden Schlaf. Außerdem verlor ich in dieser Zeit an Gewicht. König Hussein nahm seine Mahlzeiten sehr rasch ein, eine Gewohnheit, die er sich an der Militärakademie Sandhurst zugelegt hatte und die sich später wegen seines voll gepackten Tagespensums weiter verstärkte – anders hätte er als König wohl auch kaum überleben können. Aber während er die Speisen in sich hineinschlang, aß ich, teils aus Gewohnheit, teils wegen unserer interessanten Gespräche, sehr langsam. Während ich noch an der Suppe löffelte, hatte er mitunter schon den Nachtisch verspeist. Ich empfand es als unhöflich, weiterzuessen, wenn er bereits fertig war, und ließ den Rest stehen. Außerdem verbrachte ich fast meine gesamte Freizeit im Haschimja-Palast und hatte keine Gelegenheit, für zu Hause einzukaufen. So verlor ich zwischen fünf und sieben Kilogramm, denen ich aber auch nicht nachtrauerte. Ich dachte, ich hätte beim Lesen und bei meinen Begegnungen mit ausländischen Korrespondenten, die durch die Region reisten, viel gelernt, aber bei König Hussein hatte ich jetzt das Gefühl, mich für einen Doktorgrad zu qualifizieren.

Den größten seelischen Schmerz, so verriet er mir, hätte ihm das Desaster des arabisch-israelischen Krieges 1967 und die folgende Besetzung Jerusalems und des Westjordanlandes durch Israel bereitet. Während er mir diese Kriegsereignisse mit den gewaltigen Enttäuschungen und vertanen Chancen schilderte, stiegen ihm Tränen in die Augen. Mit begeistertem Interesse erfuhr ich von der gemäßigten Rolle, die König Hussein im Krieg von 1967 gespielt hatte, ähnlich seinem Großvater, König Abdullah, im Krieg von 1948. Beide Herrscher waren sich bewusst, dass die arabischen Streitkräfte den besser bewaffneten und ausgebildeten Israelis nichts entgegenzusetzen hatten. Aber wichtiger war ihre Einsicht, dass eine dauerhafte Lösung nur politisch, nicht militärisch sein konnte.

Angebahnt hatte sich diese militärische Auseinandersetzung bereits zwei Jahre vor Kriegsausbruch, als israelische Siedler in einer sehr angespannten Lage im Nahen Osten in der entmilitarisierten Zone zwischen Israel und Syrien am See Genezareth begannen, Land zu bebauen. Nach Ansicht vieler Beobachter verfolgte Israel die Strategie, die Syrer zu einem Angriff auf die Siedler zu provozieren, um der israelischen Armee den Vorwand für eine überzogene Reaktion zu liefern. »Wenn sie nicht schossen, forderten wir die Fahrer der Traktoren auf, noch näher an die Syrer heranzufahren, bis denen schließlich der Geduldsfaden riss und sie feuerten«, wurde Israels Verteidigungsminister Mosche Dajan später in der *New York Times* zitiert. »Und dann setzten wir Artillerie und später auch die Luftwaffe ein.« Die entscheidende Provokation folgte im April 1967. Die abzusehende syrische Reaktion beantwortete Israel bald darauf mit seiner geplanten Offensive. Die Israelis brachten den Syrern schwere Verluste am Boden bei und schossen sechs ihrer Flugzeuge vom Typ Mig-21 ab, einige über Damaskus.

Gerüchte liefen um, dass die israelische Armee unter Jizhak Rabin an der syrischen Grenze Panzer zusammenzog. In dieser Situation verlangte das mit Syrien verbündete Ägypten von den Vereinten Nationen, die UNO-Friedenstruppen auf der ägyptischen Seite der Grenze zu Israel zurückzuziehen. Wenig später stationierte Ägypten dort eigene Truppen und blockierte die Zufahrt zum israelischen Hafen Elat am Golf von Akaba. Bis heute kann niemand sagen, ob es sich dabei um eine reine Drohgebärde handelte oder ob es Ägyptens Präsident Gamal Abd el-Nasser wirklich auf einen Krieg ankommen lassen wollte. In dieser dramatischen Lage versicherten die Israelis König Hussein, sie würden sein Land nicht angreifen, wenn seine Streitkräfte sich neutral verhielten. (Im November 1966 hatten allerdings israelische Soldaten das Dorf Sammou im Westjordanland angegriffen und dabei 125 Häuser zerstört, unter anderem auch eine Krankenstation und die Dorfschule. Es waren unschuldige Zivilisten getötet und verwundet worden. Der UN-Sicherheitsrat rügte Israel in seiner Resolution Nr. 228 für diesen Angriff.) Der König musste ein solches Angebot zurückweisen. »In meiner Situation war das unmöglich«, erklärte er mir mehr als ein Jahrzehnt später.

Eigenmächtig starteten palästinensische Kommandos in Jordanien Angriffe auf Israel, die von den Israelis mit schweren Übergriffen gegen arabische Dörfer im Westjordanland vergolten wurden. Die Angriffe lösten unter der palästinensischen

Bevölkerung in Jordanien Empörung aus, und vielfach richtete sich der Zorn gegen König Hussein, weil er nichts zu ihrem Schutz unternommen hatte. Hussein wog das Für und Wider einer Beteiligung am Krieg gegen Israel ab. Er steckte in einem ausweglosen Dilemma. Die jordanische Armee war den israelischen Streitkräften am Boden wie in der Luft zahlenmäßig und von der Bewaffnung her hoffnungslos unterlegen. »Bei einem Kampf gegen Israel riskierte ich eine militärische Niederlage«, sagte er zu mir. »Und wenn ich das Risiko nicht einging, setzte ich Jordaniens Sicherheit und Stabilität aufs Spiel.«

König Hussein traf sich zu Konsultationen mit Nasser in Ägypten und ging widerwillig ein Militärbündnis mit Ägypten und Syrien ein, wobei die jordanischen Truppen dem ägyptischen Befehl unterstellt wurden. Er scharte seine Offiziere um sich, darunter drei Mitglieder der Königsfamilie, und erklärte ihnen schonungslos seine Einschätzung der Lage. »Wir werden in einen Krieg gegen Israel hineingezwungen, und obwohl ich weiß, dass ihr euer Bestes geben werdet, werden wir ihn verlieren.« Seine Offiziere und auch sein ältester Cousin, Prinz Ali Bin Najef, teilten diese Einschätzung nicht. »Wir hielten uns für weitaus bessere Soldaten als die Israelis«, erinnerte sich der Prinz später. »Wir waren zäher, stärker, besser ausgebildet und tapferer. Aber sie hatten mehr Waffen, Munition und Treibstoff für ihre Panzer.«

Die Meinungen darüber, wie der Krieg tatsächlich begann, gehen auseinander, aber in der historischen Diskussion ist eine Tatsache unstrittig: Israel führte den ersten Militärschlag. Noch ehe der Krieg richtig begonnen hatte, war er bereits wieder beendet, auch wenn keiner, nicht einmal König Hussein, dies wusste. Am 5. Juni 1967 startete die israelische Luftwaffe einen Überraschungsangriff, flog unter dem ägyptischen Radar hindurch und zerstörte von Kairo bis Alexandria sämtliche Kampfflugzeuge der ägyptischen Luftwaffe am Boden. Dann griffen die Israelis im Tiefflug die ägyptischen Bodentruppen auf der Sinai-Halbinsel an und machten den Weg für einen Einmarsch in Ägypten frei, um den Gegner noch weiter zurückzudrängen und schließlich in die Flucht zu schlagen.

Das drohende Debakel für Jordanien wurde an diesem Morgen besiegelt durch den unerklärlichen Funkspruch des ägyptischen Oberbefehlshabers Feldmarschall Abdul Hakim Amer: Die *ägyptische* Luftwaffe habe einen überwältigenden Sieg errungen. Fünfundsiebzig Prozent der israelischen Luftstreitkräfte seien vernichtet. Und jetzt marschierten angeblich ägyptische Bodentruppen in Israel ein. Offenbar war nicht einmal Präsident Nasser auf dem Laufenden, denn er gab diese Fehlinformationen wenige Stunden später am Telefon an König Hussein weiter. Erst Tagen später erfuhren die Bürger Jordaniens und Ägyptens die volle Wahrheit. Der Vertrauensverlust der Öffentlichkeit gegenüber den Autoritäten war nicht wieder gutzumachen.

Drei Stunden nach der Vernichtung der ägyptischen Luftwaffe schickte der ägyptische Oberbefehlshaber, der die Fehlinformationen ausgegeben hatte, die jordanischen Streitkräfte in einen Krieg, der längst verloren war: Ein Desaster von Anfang an. Jordanien hatte für seine zweiundzwanzig Jäger von Typ Hawker Hunter nur sechzehn ausgebildete Piloten. Die Maschinen flogen einen Bombenangriff, kehrten zum Auftanken nach Jordanien zurück und wurden alle dort von israelischen Flugzeugen, die inzwischen die Grenze überflogen hatten, am Boden zerstört. Dann nahmen die Israelis Amman ins Visier. Eine Rakete durchschlug eine Mauer des Basman-Palastes und zerstörte einen Stuhl in König Husseins Arbeitszimmer. Nicht besser erging es trotz ihres tapferen Einsatzes den jordanischen Bodentruppen. Ohne jede Unterstützung aus der Luft oder durch die Ägypter am Boden wurden sie im offenen Wüstengelände von der israelischen Luftwaffe vernichtend geschlagen.

Immer wieder reiste König Hussein unter persönlichen Gefahren an die Front, um die Moral der Soldaten zu heben. Mehrmals kam er gerade noch mit heiler Haut davon, so am zweiten Kriegstag mit seinem Cousin, Prinz Raad, als er nach einem Treffen mit dem Premierminister darauf bestand, das Oberkommando der Armee im Norden von Amman zu besuchen. Dazu musste er das Lager der irakischen Armee bei

Suweileh passieren, die dort am Tag zuvor um die gleiche Zeit unter hohen Verlusten von den Israelis bombardiert worden war. »Ich bat ihn dringend, einen anderen Zeitpunkt zu wählen, weil die Israelis eine weitere Angriffswelle gegen die Iraker fliegen könnten«, berichtete mir Prinz Raad später. »Aber er blickte mich mit einem Zorn in den Augen an, den ich noch nie gesehen hatte. Also machten wir uns auf den Weg.«

Prinz Raad ist bis zum heutigen Tag überzeugt davon, dass Gott selbst König Hussein beschützte. Tiefe Wolken hingen am Himmel, als sie den gefährlichen Sektor passierten und sich auf den Weg zum Armeehauptquartier machten. Dort angekommen, tranken sie Kaffee. Als sich die Wolken wieder verzogen, blitzten im Sonnenlicht israelische Kampfflugzeuge auf und flogen einen weiteren Angriff gegen die irakischen Stellungen. Beide Männer kehrten unversehrt nach Amman zurück. Hussein legte sich nicht schlafen, eilte weiter zwischen seinen Truppen hin und her, hielt Funkkontakt und traf mit Generälen und Regierungsmitgliedern zusammen. »Ich habe achtundvierzig Stunden lang kein Auge zugemacht«, erzählte er mir.

Am 6. Juni, also vierundzwanzig Stunden nach Beginn des »Sechstagekrieges«, rief König Hussein den UN-Sicherheitsrat mit der Bitte um Vermittlung eines Waffenstillstandes an. Da um den Wortlaut gerungen wurde, verzögerte sich die Umsetzung des Waffenstillstandes um vierundzwanzig Stunden. Wie 1948 nutzten die Israelis diesen Aufschub, um möglichst viel Land zu erobern. Noch nach der offiziellen Annahme des Waffenstillstandsabkommens durch König Hussein am 7. Juni – und seiner offiziellen Bekanntmachung durch Radio Amman – kämpften die israelischen Truppen gegen die Jordanier in Jerusalem und brachten weitere Gebiete im Westjordanland unter ihre Kontrolle.

Als Nächstes richteten die israelischen Streitkräfte ihr Augenmerk auf die Golan-Höhen. Wie bei Jordanien und Ägypten ignorierten sie den von den Vereinten Nationen proklamierten Waffenstillstand mit Syrien. Am 8. Juni, dem vier-

ten Tag des Sechstagekrieges, kreuzte das amerikanische Auf-
klärungsschiff USS *Liberty* in internationalen Gewässern vor
der Küste von Gaza. Die Funksprüche, die es auffing, beleg-
ten israelische Vorbereitungen für den Einmarsch in Syrien.
Plötzlich wurde der Funk gestört und die völlig überraschte
Besatzung angegriffen, zuerst von einem nicht gekennzeichne-
ten israelischen Jagdflugzeug und dann von einem Torpedo-
boot. Vierunddreißig amerikanische Matrosen starben, weitere
175 wurden verletzt. Israel bedauerte den Angriff unverzüglich und stellte ihn als Irrtum bei der Zielerfassung hin, was
von anderer Seite aber zurückgewiesen wurde. Viele, auch
hochrangige amerikanische Persönlichkeiten waren empört.
Für sie handelte es sich um einen bewussten Angriff mit dem
Ziel, die *Liberty* am Auffangen der israelischen Funksprüche
zu hindern, die deren Eroberungspläne verrieten.

Am Morgen des 9. Juni, einige Stunden nachdem Syrien den
Waffenstillstand des UN-Sicherheitsrates angenommen hatte,
sicherten sich die Israelis unter massiven Artillerie- und Luft-
angriffen die Kontrolle über die Golan-Höhen und erreichten
so ihr militärisches Ziel. In weniger als einer Woche hatte
Israel sein Territorium durch Eroberungen mehr als verdrei-
facht. Das gesamte Gebiet von Palästina, das unter britischem
Mandat und von den Vereinten Nationen einst den Palästinensern zugebilligt worden war, stand jetzt unter Kontrolle
Israels.

Der Krieg hatte Jordanien und seiner Bevölkerung einen
schrecklichen Tribut abverlangt. Siebenhundert Soldaten
waren gefallen und über 6 000 waren verwundet oder wurden
vermisst. Unter den Verschollenen war auch Prinz Ali. König
Hussein und die königliche Familie hielten ihn für tot. Prinz
Alis Frau, Prinzessin Wischdan, schilderte mir ihre Besorgnis,
als sie täglich ins Armeehospital ging, um ihn zu suchen. »Die
Toten und Verwundeten wurden auf Lastern herbeitranspor-
tiert – mit schrecklichen Verbrennungen durch Napalm«,
berichtete sie mir. »Ich meldete mich freiwillig, um Verwun-
dete zu versorgen.« Bei jedem ankommenden Lastwagen mit
weiteren Verletzten rief sie aus: »Ist jemand von der Dritten
Brigade dabei? Jemand von der Dritten Brigade?« Schließlich

traf sie auf einen verwundeten Soldaten, der ihr versicherte, er habe Prinz Ali zwei Tage zuvor gesehen, »auf einem Panzer sitzend mit einem Maschinengewehr, das auf die israelischen Flugzeuge über ihm zielte«. Drei Tage später kam Prinz Ali nach Hause. »Wir schämten uns zurückzukehren, weil wir den Krieg verloren hatten«, gestand er seiner Frau. »Wir blieben einfach draußen.«

König Hussein war völlig niedergeschlagen. Er fühlte sich für die jordanischen Verluste immer persönlich verantwortlich. In weniger als einer Woche hatte das Haschemitenreich die Hälfte seines Territoriums verloren: die Palästinensergebiete, deren Schutz es 1950 übernommen hatte, die Städte Jerusalem, Bethlehem, Hebron, Jericho, Nablus und Ramallah. Israel hielt das gesamte Westjordanland mit fruchtbaren Ackerböden besetzt und hatte 400 000 weitere Flüchtlinge über den Jordan getrieben. Die jordanische Wirtschaft, potenziell eine der leistungsfähigsten in der arabischen Welt, lag in Trümmern. Die florierende Tourismusbranche war völlig zusammengebrochen, ausländische Investitionen blieben aus, und die Entwicklungsprojekte wurden auf Eis gelegt. Diese sechs Tage, so sagte mir der König, seien die schlimmsten seines Lebens gewesen.

Sein Cousin Scharif Abdul Hamid Scharaf verriet mir, dass der König in einem privaten Moment wegen des Verlustes von Jerusalem – der Heiligen Stadt, die sein Großvater den Arabern und Muslimen im Kampf gesichert hatte – bittere Tränen vergossen habe. Zum ersten Mal habe er den König weinen sehen. »Ich kann es einfach nicht verwinden«, hatte der König geklagt, »dass Jerusalem unter meiner Herrschaft verloren gegangen ist.«

Von diesem Moment an, so sagte der König, habe er alle seine Energien dafür eingesetzt, um das Zerstörte möglichst wiederaufzubauen und für einen gerechten Frieden einzutreten, nicht nur für die Palästinenser, sondern für die Stabilität der gesamten Region und damit der ganzen Welt. Im November 1967, nur fünf Monate nach dem Sechstagekrieg, reiste Hussein nach New York, wo sich die Vereinten Nationen um eine gerechte und dauerhafte Friedenslösung für den anhaltenden arabisch-israelischen Konflikt bemühten. König Hussein logierte im Hotel Waldorf, ebenso der ägyptische Außenminister Mahmud Riad, der israelische Außenminister Abba Eban und Arthur Goldberg, der US-Botschafter bei den Vereinten Nationen. In Einzelgesprächen mit Goldberg rund um die Uhr einigten sich die Männer schließlich auf einen Wortlaut, der am 22. November vom Sicherheitsrat als UN-Resolution 242 einstimmig verabschiedet wurde. In dieser Resolution waren die Prinzipien für einen Frieden in Nahost festgehalten, wobei »die Unzulässigkeit von Gebietsgewinnen durch Krieg« (eine Prämisse der UN-Charta) betont und der »Rückzug der israelischen Streitkräfte von den im jüngsten Konflikt besetzten Gebieten« gefordert wurde. Im Gegenzug sollten »die Souveränität, die territoriale Integrität und die politische Unabhängigkeit aller Staaten in der Region und ihr Recht, in sicheren und anerkannten Grenzen in Frieden ohne Bedrohung oder gewaltsame Übergriffe zu leben«, anerkannt werden.

Nach der Zusicherung durch US-Außenminister Dean Rusk und Präsident Lyndon B. Johnson, dass Israel einen substanziellen Teil des Westjordanlandes binnen sechs Monaten an Jordanien zurückgeben werde, nahm König Hussein die Resolution 242 und die Formel »Land gegen Frieden« an. »Die Amerikaner garantierten mir, Israel sei ›mit an Bord‹«, versicherte mir König Hussein. »Sie haben mir gesagt, die Resolution werde spätestens in sechs Monaten umgesetzt. Ich habe ihnen geglaubt.« Aber wie schon sein Urgroßvater 1917, so wurde 1967 auch König Hussein enttäuscht.

Als wir 1978 im Haschimja-Palast zu Abend speisten, hatte sich Israel aus den Gebieten, die es seit über einem Jahrzehnt besetzt hielt, noch immer nicht zurückgezogen. Von der Palastterrasse aus sahen wir die Lichter der historischen Altstadt von Jerusalem, die inzwischen überstrahlt wurde von den Lichtern der Siedlungen und der Infrastruktur, die Israel um die Heilige Stadt herum errichtet hatte. Allenthalben erinnerten Relikte an diesen Stillstand – von den noch immer in Flüchtlingslagern lebenden Palästinensern in ganz Jordanien bis zu den Tageszeitungen, in denen Schlagzeilen mit Ausdrücken wie das »besetzte Westjordanland« oder das »besetzte Jerusalem« auftauchten. Dennoch blieb König Hussein zuversichtlich. Die Umsetzung der Resolution 242 sollte zu einem Hauptanliegen in unserem Leben werden. Und ich unterstützte ihn in seinen immer neuen Versuchen, einen dauerhaften Frieden mit Israel und Gerechtigkeit für die Palästinenser zu erreichen. Dieses Bemühen führte uns an zahlreiche Orte, und es stellte auch für unserer Eheglück eine Bewährungsprobe dar. Doch ich verschrieb mich dieser Aufgabe mit ganzem Herzen und ganzer Seele.

Ein Sprung ins Ungewisse

Ich möchte mit deinem Vater sprechen«, steht am 25. April 1978 in meinem Tagebuch, ein Satz, den König Hussein an jenem Abend zu mir sagte. Die Tragweite seines Wunsches war mir damals noch nicht klar. Ich wusste, dass König Hussein im Frühjahr seine alljährliche Reise in die USA machen wollte. Vielleicht wollte er mit meinem Vater über Luftfahrtprobleme reden. Ich war noch nicht auf die Idee gekommen, dass mir König Hussein als wohlerzogener Spross der Alten Welt durch die Blume zu verstehen gab, dass er bei meinem Vater um meine Hand anhalten wollte. Es war noch keine drei Wochen her, dass ich meinen Vater und Marietta Tree zu der Audienz bei Hussein begleitet hatte.

Ich erinnere mich noch an den Moment, als mir die Bedeutung seiner Äußerung klar wurde. Es war eines Abends nach dem Dinner im Palast, und ich schnitt gerade einen Apfel, Husseins bevorzugte Nachspeise, den ich mit ihm teilte. Da sagte Hussein erneut, dass er in die Vereinigten Staaten reisen und meinen Vater besuchen wolle. Diesmal jedoch sagte er es auf eine ganz spezielle Art, und er sah mich dabei so an, dass seine Worte ein besonderes Gewicht bekamen. Ich war so verblüfft, dass ich nur sagen konnte: »Nimm noch ein Stück von dem Apfel«, während ich mechanisch einen Schnitz nach dem anderen abschnitt.

Der König war viel zu höflich, um die Angelegenheit weiter zu vertiefen, und setzte mich kurz darauf vor meinem Apartment ab. Er wollte am folgenden Morgen zu einem Staatsbesuch nach Jugoslawien aufbrechen und gab mir zwei Abschiedsgeschenke. Als ich allein war, öffnete ich die Päckchen. Das eine enthielt ein mit Diamanten besetztes Feuerzeug und das andere einen mit kleinen gelben und weißen Diamanten besetzten Goldring. Ich war völlig überwältigt. Am folgenden Tag trug ich den Ring im Büro, aber an einer Kette unter meiner Bluse. Ich konnte mir nur zu gut vorstellen, was passiert wäre, wenn ich plötzlich im Büro oder bei meinen Freunden mit dem Ring am Finger aufgetaucht wäre.

In den folgenden zwei Tagen sah ich König Hussein nur, wenn ich die Abendnachrichten einschaltete. Es war das erste Mal, dass wir getrennt waren, und als ich die Berichte über Husseins Staatsbesuch sah, war ich betroffen, wie sehr ich ihn vermisste und wie stark ich mich dem Mann auf dem Fernsehschirm verbunden fühlte. Nach der Rückkehr von seiner Reise kam Hussein fast in jedem Gespräch auf meinen Vater zu sprechen. Schließlich fragte er mich mit wenigen, wohlgesetzten Worten, ob ich seine Frau werden wolle. Von da an brauchte ich das Thema nicht mehr zu vermeiden.

König Hussein war damals einer der begehrtesten Junggesellen der Welt. Viele Familien in Jordanien hätten liebend gern eine Tochter mit dem König verheiratet, von anderen Ländern in der Region ganz zu schweigen. Die Vorteile einer solchen Verbindung waren enorm. Kurz nach dem Tod seiner dritten Frau hatte der König einen Staatsbesuch in den Vereinigten Staaten gemacht und Texas besucht. Dort hatte er den Eindruck, dass ihm alle heiratsfähigen Töchter aus der besseren Gesellschaft vorgeführt würden, als ob sie, wie er später spottete, darum wetteiferten, die zweite Grace Kelly zu werden. Mir dagegen lag der Gedanke absolut fern, durch meine Gattenwahl materielle oder gesellschaftliche Vorteile zu erreichen. In meiner Generation wurde aus Liebe geheiratet.

Die folgenden zwei Wochen quälte ich mich mit der Entscheidung ab, ob ich Husseins Urteil vertrauen sollte, dass ich für ihn und das Land die Richtige sei. Auch seine früheren Frauen waren nicht in Jordanien geboren, aber vielleicht konnte es ihm in der arabischen Welt trotzdem schaden, wenn er mich heiratete. Würde es eine Rolle spielen, dass ich in den

Vereinigten Staaten geboren war? Passte ich zu ihm? Ich hatte ein unabhängiges Leben geführt und viele Länder bereist. Ich war ein freier, offener Geist. Würde ich die Selbstdisziplin aufbringen, einem König eine gute Frau zu sein? Die Last der Verantwortung bedrückte mich. Und wie würde meine neue Rolle aussehen? Ich hatte immer gearbeitet, nicht nur aus Notwendigkeit, sondern weil es mir wichtig war, einen Beitrag zum gesellschaftlichen Leben zu leisten.

Ich war besorgt, weil ich König Hussein noch nicht besonders viel über das Leben erzählt hatte, das ich geführt hatte, bevor ich nach Jordanien gekommen war. Ich wusste, wie die Medien mit Persönlichkeiten des öffentlichen Lebens umgehen konnten. Und ich wollte, dass Hussein sich wirklich im Klaren war, welche Wahl er traf. Er sollte nicht dafür büßen müssen, dass er eine Frau gewählt hatte, die sein Leben vielleicht noch komplizierter machen würde. Auf einer persönlicheren Ebene fragte ich mich, woher ich die Kraft für die schwierigen Zeiten nehmen sollte, die ich ganz sicher erleben würde. Würde ich sie durchstehen? Mir schwirrte der Kopf angesichts all dieser Fragen und Ängste.

Ich machte mir Sorgen, weil ich so wenig über den König wusste, und ich machte mir Gedanken über die vielen Gerüchte, die ich über sein Privatleben gehört hatte. Ich will nicht bestreiten, dass mich der Gedanke, seine vierte Frau zu werden, beunruhigte. Er hatte mir von seiner ersten 18-monatigen Ehe mit Scharifa Dina Abdel Hamid (Königin Dina) erzählt, einer entfernten Cousine aus dem Geschlecht der Haschemiten. Sie war sieben Jahre älter als er und hatte ihm eine Tochter geboren. Seine zweite Ehe schloss er 1961 mit Antoinette Gardiner, einer jungen Engländerin, die unter dem Titel Prinzessin Muna seine Frau wurde. Sie schenkte ihm die beiden Söhne Abdullah und Feisal und die Zwillingsschwestern Sein und Aischa. Nach elf Ehejahren ließ er sich auch von Muna scheiden und heiratete die Palästinenserin Alia Tukan, die vier Jahre später bei einem Hubschrauberabsturz auf tragische Weise ums Leben kam. Wenn ich Husseins Heiratsantrag annahm, wurde ich die Stiefmutter seiner acht Kinder, darunter auch der sehr jungen Kinder von Königin Alia. Das war eine gewaltige Aufgabe, aber ich war Idealistin und glaubte, sie frohen Herzens auf mich nehmen zu können.

Es gab noch andere Überlegungen: Die USA hatten Großbritannien schon lange als einflussreichste Macht in der Region abgelöst, und ihre unerschütterliche Loyalität gegenüber Israel war in der arabischen Welt sehr unpopulär, auch in Jordanien. Womöglich wären die Jordanier empört oder würden sich vielleicht sogar verraten fühlen, wenn Hussein eine Amerikanerin heiratete, auch wenn sie arabische Wurzeln hatte. Dies war keine abwegige Befürchtung. Der Ruf des Königs im Nahen Osten hatte bereits ein Jahr zuvor sehr gelitten, als die *Washington Post* die Vermutung äußerte, dass er für den amerikanischen Geheimdienst CIA arbeite – eine schwerwiegende Beschuldigung in einer von starkem Antiamerikanismus geprägten Region. Keinesfalls wollte ich solchen Verleumdungen neue Nahrung bieten.

Doch angesichts der damaligen Spannungen in der Region konnte dies sehr wohl passieren. Einen Großteil der Probleme hatte der ägyptische Präsident Anwar as-Sadat verursacht. Ich war für die Fluggesellschaft gerade zu einem Arbeitsbesuch in Paris, als Sadat im November 1977 seinen historischen Staatsbesuch in Israel machte, vor der Knesset sprach und in der Al-Aksa-Moschee betete. Sie ist die drittheiligste Stätte des Islam, an der sich die »Nachtreise« oder »Himmelfahrt« des Propheten Mohammed ereignet hat. Ich erinnere mich noch an die faszinierende Livesendung über Sadats Ankunft in Tel Aviv. Ich hielt den Atem an, als er aus dem Flugzeug stieg und israelischen Boden betrat. Es war ein außergewöhnliches Ereignis. Ich war damals der idealistischen Ansicht, Sadats Geste sei Anlass für Hoffnungen auf Frieden im Nahen Osten, aber die libanesischen Freunde, mit denen ich in Paris vor dem Fernseher saß, waren entsetzt.

Unsere gegensätzlichen Reaktionen spiegelten sich in den Auseinandersetzungen, die auf Sadats Besuch folgten. Während Sadat von zahlreichen Menschen im Westen als Held angesehen wurde, war die arabische Welt empört. Es gab Unruhen in Damaskus, und auf ägyptische Botschaften wurden Bombenanschläge verübt. Arabische Studenten stürmten die ägyptische Botschaft in Athen, und eine Gruppe Palästinenser drang in die ägyptische Botschaft in Madrid ein und hielt sie eine Zeit lang besetzt. In Amman kam es zwar nicht zu gewaltsamen Ausschreitungen, aber die Stimmung war gedrückt.

Für Hussein war es ein Albtraum, dass Israel die Araber schwächte, indem es einen Teil ihrer Führer auf seine Seite zog, was der Sache der Palästinenser gewaltigen Schaden zufügte. Ägypten war der mächtigste, größte und bevölkerungsreichste Staat in der Region, und Israel konnte auf die ägyptischen Gebiete, die es 1967 im Sechstagekrieg besetzt hatte, am leichtesten verzichten. Die Rückgabe der Sinai-Halbinsel war ein vertretbarer Preis, wenn als Gegenleistung Präsident Sadat aus dem Bündnis der arabischen Staaten ausscherte und einen Alleingang wagte, auch wenn er in der Öffentlichkeit bestritt, dass er dies jemals tun würde.

Sadats unerwartete Ankündigung, er werde im November 1977 Jerusalem besuchen und vor der Knesset sprechen, hatte in Jordanien solche Besorgnis ausgelöst, dass König Hussein eine Notsitzung seines Kabinetts einberufen hatte. Später schwächte er jedoch seine Kritik an Sadats historischer Reise ab und forderte die arabischen Staaten auf, ihr Urteil ebenfalls zu überdenken. Der König fürchtete, allzu harsche Kritik an Sadats Initiative werde den ägyptischen Präsidenten dazu verleiten, einen Separatvertrag mit Israel zu schließen. Außerdem fand er viele positive Elemente in Sadats Rede vor der Knesset, zum Beispiel dass er einen Separatvertrag über das Palästinenserproblem ablehnte. Hussein gab die Hoffnung nicht auf, dass aus Sadats Vorhaben etwas Positives erwachsen könnte. Dass er einen Menschen nie ganz abschrieb, war, wie ich bald erkannte, einer seiner wichtigsten Charakterzüge. Er glaubte hartnäckig, das Gute werde sich in einem Menschen stets durchsetzen. Seine relativ milde Reaktion auf Sadats Ankündigung empörte jedoch einige Jordanier, die der Ansicht waren, dass der ägyptische Präsident schärfer kritisiert werden sollte.

Ein solche Person war Leila Scharaf, die Frau des Oberhofmeisters. »Sadat richtet solches Unheil an, und dir fällt gar nichts dazu ein?«, sagte sie damals zu ihrem Mann. Seine Antwort entsprach ganz König Husseins Haltung: »Entweder man versucht, Sadat wieder für das arabische Lager zu gewinnen, oder man treibt ihn dem Feind in die Arme.«

Vor Sadats Besuch in Israel hatte sich die neue Regierung Carter in Washington mit Israel und den arabischen Ländern auf eine internationale Nahost-Friedenskonferenz in Genf geeinigt. In den ersten Monaten unserer Freundschaft verhandelte König Hussein unermüdlich mit den Vereinten Nationen und reiste ständig zwischen Ägypten, Syrien, Saudi-Arabien und anderen Staaten des Nahen Ostens hin und her. Er wollte sie für eine Friedenskonferenz mit Israel und für eine auf der UN-Resolution 242 beruhende Lösung gewinnen. Von diesen Reisen kehrte er zwar körperlich erschöpft, doch voller Hoffnung zurück. Seiner Ansicht nach war die arabische Einheit bei den Verhandlungen die größte Stärke der arabischen Länder und nutzte nicht nur ihnen selbst, sondern vor allem auch den Palästinensern, deren Tragödie im Mittelpunkt des Konflikts stand.

Rückblickend scheint es mir erstaunlich, dass Hussein damals so viel Zeit für mich erübrigen konnte. Obwohl ich nach seinem Heiratsantrag um Bedenkzeit gebeten hatte, trafen wir uns weiterhin zum Abendessen im Haschimja-Palast und hörten oft zusammen Musik oder sahen uns Filme an. Husseins Lieblingsmusiker waren die bildschöne libanesische Sängerin Fairus, der aus Syrien stammende Musiker, Sänger und Schauspieler Farid al-Atratsche (der Maurice Chevalier der arabischen Welt), Johnny Mathis und die schwedische Popgruppe Abba. Manchmal sang Hussein mir vor. Obwohl ich längst nicht so für Abba schwärmte wie er, war ich doch bezaubert, wenn er mit viel Gefühl »Take a Chance on Me« sang. Seine Stimme brachte mein Herz zum Schmelzen.

Manchmal leisteten uns einige seiner Freunde an diesen Abenden Gesellschaft. Ich erinnere mich lebhaft daran, wie ich Leila Scharaf kennen lernte, eine gebürtige Libanesin, die neun Jahre mit ihrem Mann Scharif Abdul Hamid Scharaf in Washington und New York gelebt hatte, der jordanischer Botschafter in den USA und ständiger Vertreter bei den Vereinten Nationen gewesen war. Ich fühlte mich von Leilas scharfem

Verstand und ihrem großen politischen Wissen sofort angezogen. Ihr Mann war damals Husseins Oberhofmeister und wurde später Premierminister. Er war ein hochintelligenter Mensch mit fortschrittlicher Gesinnung. Die beiden wurden schnell meine engen Freunde und Berater.

Bei einem unserer ersten Gespräche erklärte mir Leila die Bedeutung eines Ereignisses, das ich einige Tage zuvor erlebt hatte. Ich war eine der wichtigen Durchgangsstraßen der Stadt entlanggeschlendert, als ich vor dem historischen Parlament, einem bescheidenen zweistöckigen Gebäude, plötzlich in einen Hexenkessel von Kolonnen aus Dienstfahrzeugen, königlichen Wachen und Polizeisperren geriet. Der Wirbel war der Tatsache zu verdanken, dass König Hussein gerade den Nationalen Konsultativrat, das provisorische Parlament Jordaniens, einberief. Wie Leila mir erklärte, wurde das Westjordanland 1950 auf Betreiben palästinensischer Führer, die Schutz vor den israelischen Expansionsbestrebungen suchten, mit Jordanien vereinigt. Von diesem Zeitpunkt an wurden die Abgeordneten des jordanischen Parlaments zu gleichen Teilen in den Gebieten östlich und westlich des Flusses gewählt. Nachdem Israel jedoch 1967 im Sechstagekrieg das Westjordanland besetzt hatte, wurde das Parlament aufgelöst. Israel machte es den Abgeordneten aus dem Westjordanland nahezu unmöglich, zu den Parlamentssitzungen auf dem anderen Ufer des Jordans zu gelangen, und die Parlamentarier vertraten nicht mehr Wahlkreise, die unter jordanischem Recht standen. »Wer würde unter einer Besatzungsmacht Wahlen abhalten?«, fragte Leila. »Zumal die Abhaltung solcher Wahlen faktisch die Anerkennung der Besatzung bedeuten würde.« In der Folge war das um die Hälfte zusammengeschmolzene Parlament aufgelöst worden, und Jordanien hatte bis zu dem historischen Moment, den ich beobachtet hatte, überhaupt keine gesetzgebende Körperschaft mehr besessen.

Die Mitglieder des neuen Konsultativrats wurden aus allen Teilen der Bevölkerung nach geographischer und ethnischer Herkunft und Beruf ernannt – und nach dem Geschlecht. Zum ersten Mal gehörten auch Frauen offiziell einem staatlichen Entscheidungsgremium an. Wahlen sollten erst stattfinden, wenn das Westjordanland wieder zu Jordanien gehörte und die Palästinenser ihr Selbstbestimmungsrecht zurückerhalten hatten. Doch auch in der gegenwärtigen Situation bedeutete die Bildung des Nationalen Konsultativrats für Jordanien einen wichtigen Schritt nach vorn.

Der König, ich und die Kinder sahen einander inzwischen jeden Abend. Einmal holte er mich mit Abir zu Hause ab. Sie war damals fünf, hatte lockige schwarze Haare, große braune Augen und zeigte bereits eine ausgeprägte Persönlichkeit. Sie verschwand in meinem Schlafzimmer und dann in meinem Wandschrank, zog meine Stiefel an und stapfte damit zu meinem Vergnügen und Husseins Ärger durch das Wohnzimmer. Die dreijährige Haja kam an einem anderen Tag mit. Sie war ebenfalls lebhaft, aber sehr zierlich und auf charmante Weise kokett, eine kleine Ballerina. Beide Mädchen spielten gerne endlos mit meinen Haaren, wenn sie nicht mit ihrer großen Sammlung von Barbie- und Cindy-Puppen beschäftigt waren. Der zweijährige Ali war ein kleines vergnügtes Kerlchen, zum Knuddeln mit seinen Pausbacken und seinem wunderbar schelmischen Lächeln. Er stand oft im Schatten seiner größeren Schwestern und warb um meine Aufmerksamkeit.

Inzwischen wuchs der Druck, mich zu dem Antrag des Königs zu äußern. Es wäre hilfreich gewesen, das Für und Wider mit einer anderen Person besprechen zu können, aber in Amman gibt es keine Geheimnisse. Nicht, dass ich an der Diskretion meiner wenigen engen Freunde gezweifelt hätte, aber ich hatte das Gefühl, dass es die Intimsphäre des Königs verletzt hätte, wenn ich mit einer anderen Person über ihn gesprochen hätte. Nur seine engsten Vertrauten und seine Schwester Prinzessin Basma und ihr Mann Major Timur Daghastani, die wir an manchen Abenden besuchten, wussten, dass Hussein und ich uns regelmäßig trafen. Außerdem hatte ich das Gefühl, dass ich meine Entscheidung mit meinen Freunden und Verwandten in den USA nicht am Telefon erörtern konnte. Ich musste mich ganz alleine entscheiden.

Etwa zehn Tage nach dem Heiratsantrag des Königs hätte ich fast Nein gesagt. Wir hatten gerade mit der iranischen Kaiserin Farah ein Wochenende am Meer in Akaba verbracht.

Nicht die Schahbanu war das Problem. Es war Hussein. Sobald wir in Akaba waren, verwandelte sich der sensible, entspannte, warmherzige Hussein, den ich kannte und liebte, in einen angespannten, kalten und distanzierten Mann, der mir völlig fremd war. Er war besessen von jeder Einzelheit des Staatsbesuchs, überprüfte wieder und wieder die kleinste Kleinigkeit. Die Gäste trafen ein, und auch in Gegenwart der Kaiserin und ihres Gefolges war er ein anderer Mensch als sonst, steif und formell; ein drastischer Unterschied zu dem entspannten Umgang, den er mit seinen Freunden und Verwandten pflegte.

Kaiserin Farahs Lebensumstände und ihr äußerst extravaganter Lebensstil standen in deutlichem Gegensatz zu dem vergleichsweise unkomplizierten Leben am jordanischen Hof. Husseins Bewunderung für sie war so offensichtlich, dass ich mich unwillkürlich fragte, ob er nicht völlig falsch einschätzte, welches Bild ich als seine Frau abgeben würde. Ich verhielt mich das ganze Wochenende formal korrekt und begleitete König Hussein und seine iranischen Gäste zu einem luxuriösen Dinner, das unweit des kleinen saudischen Küstendorfes Hagl in Zelten am Strand abgehalten wurde. An einem anderen Tag flogen wir mit dem Hubschrauber ins Wadi Rum, wo ein weiteres Bankett ebenfalls in Zelten stattfand. Als wir mit dem Bus nach Akaba zurückkehrten, war ich sehr still, und Husseins Schwester Basma schien meine Gedanken zu lesen. Sie riet mir eindringlich, mir die Heirat mit ihrem Bruder sehr sorgfältig zu überlegen.

Nach der Abreise der Gäste normalisierte sich unser Leben weitgehend, aber der andere Hussein, den ich bei dem Besuch der iranischen Kaiserin kennen gelernt hatte, ging mir nicht aus dem Kopf. Mit der Zeit verstand ich, dass die Bewirtung von Gästen für meinen Gatten eine geradezu heilige Pflicht war. Zunächst einmal war die Gastfreundschaft ein tief verwurzelter Bestandteil der Kultur des Königs. In der ganzen arabischen Welt werden Besucher mit ausgesuchter Höflichkeit behandelt, und selbst Feinde, die um Zuflucht bitten, werden vor Schaden bewahrt. Ein jordanischer Beduine wird zum Beispiel sein letztes Stück Vieh für einen Gast schlachten oder dem

Gast Essen von seinem eigenen Teller anbieten. Obendrein war die Frau des Schahs ein ganz besonderer Gast, denn mein Mann kannte den iranischen Herrscher und seine Familie seit fast 20 Jahren. Später konnte ich besser ermessen, wie stark sich Hussein den iranischen Gästen verpflichtet fühlte, die seine Familie nicht nur mit märchenhafter Gastfreundschaft aufgenommen hatten, sondern auch die Entwicklung Jordaniens viele Jahre lang sehr stark unterstützt hatten.

Als die Iraner abgereist waren, machte mir der König ein Geständnis, das mir half, seine Anspannung zu verstehen: Die Schahbanu hatte ihn beiseite genommen und gefragt, ob er der Vormund ihrer Kinder werden wolle, »wenn uns etwas zustößt«. Sie dachte vielleicht an den Kampf ihres Mannes gegen den Krebs, von dem keiner von uns damals etwas wusste, oder sie war besorgt über die wachsende Opposition in ihrer Heimat. Der Schah geriet zunehmend unter Druck von den schiitischen Geistlichen in der heiligen Stadt Ghom. Erst drei Monate zuvor war es dort zu einem Aufstand gekommen. Die Sicherheitskräfte des Schahs hatten die Unruhen zwar im Keim erstickt, doch der Widerstand gegen das Regime, den ich im Iran gespürt und gelegentlich selbst wahrgenommen hatte, schwelte weiter.

Hussein war gerührt von Farahs Bitte, und er war angesichts des wachsenden Fanatismus der iranischen Geistlichen beunruhigt. Er versprach der Schahbanu, mit Imam Mussa Sadr zu sprechen, einem bekannten Geistlichen und Gelehrten im Libanon. Er wollte versuchen, den angesehenen und gemäßigten Schiiten als Vermittler in dem sich zuspitzenden Konflikt im Iran zu gewinnen. Wenn jemand eine konstruktive Rolle spielen konnte, dann war es dieser einflussreiche Imam. Hussein lud Sadr nach Jordanien ein und empfing ihn im Haschimja-Palast. Der Imam warnte ihn, dass im Iran eine Revolution unmittelbar bevorstehe und ohne ernsthafte Bemühungen um Versöhnung Blut fließen werde. Er empfahl, der Schah solle Khomeini, der sich im irakischen Exil befand, zu einer Rückkehr in den Iran einladen und mit ihm über eine friedliche Lösung verhandeln. Nach dem Gespräch mit Imam Sadr reiste König Hussein nach Teheran und berichtete dem Schah, was er erfahren hatte. Doch der Schah hatte seinen Geheimdienst-chef zu dem Gespräch hinzugezogen, und dieser sagte: »Sadr ist ein Lügner. Er und Khomeini sind zwei Schlangen. Das Volk ist zufrieden, und eine Revolution ist nicht zu befürchten.« Hussein jedoch blieb besorgt. »Ich fürchte, Sadr hat Recht, und sie werden einen sehr hohen Preis dafür zahlen, dass sie nicht auf ihn gehört haben«, sagte er nach seiner Rückkehr zu Ali Ghandur.

Der König schickte auch einen Brief an Ajatollah Ruhollah Khomeini, der inzwischen nach Paris gegangen war und die Opposition gegen den Schah von dort aus führte. Khomeini antwortete höflich, doch aus seinem Brief war klar ersichtlich, dass er keine Verhandlungen mit dem Schah-Regime aufneh-men wollte.

Auf der Rückfahrt von Akaba nach Amman machten wir auf dem Landgut von Husseins Cousin Scharif Seid bin Scha-ker und seiner Frau Nawsad Zwischenstation. Scharif Seid war ein Jahr älter als Hussein und einer seiner ältesten und engsten Freunde. Er hatte mit Hussein das angesehene Victo-ria College in Alexandria besucht, und war ein Jahr vor ihm in die britische Militärakademie in Sandhurst eingetreten. Da-nach hatte er in der jordanischen Armee gedient und war nun nach dem König der Oberkommandierende der jordanischen Streitkräfte. Er wurde später Oberhofmeister und Premier-minister. In dieser Funktion brachte er es auf drei Amtsperioden und bekam anschließend vom König den Ehrentitel Prinz ver-liehen.

Wir nahmen auf dem Gut ein köstliches, improvisiertes Mit-tagessen ein, genau die Erholung, die ich nach dem strapazi-ösen Wochenende in Akaba brauchte. Wir aßen in einem far-benprächtigen Baumwollzelt auf freiem Feld und sprachen über die landwirtschaftliche Produktion unserer Gastgeber. Ein paar Tage später trafen wir uns wieder, als ich auf Einladung des Königs am »Beat the Retreat« teilnahm, einer traditionel-len militärischen Begrüßungszeremonie zu Ehren des Präsi-denten von Mauretanien, der damals Jordanien besuchte. Der König holte mich in meinem Apartment ab und fuhr mich zu Scharifs Haus im Gebäudekomplex des militärischen Hauptquartiers. Dort setzte er mich bei Seids Frau Nawsad ab, die mir bei der Zeremonie Gesellschaft leisten sollte. Nawsad und ich trafen unmittelbar vor dem König am Ort des Geschehens ein und wurden über den unendlich langen Paradeplatz an der erwartungsvollen Zuschauermenge vorbei zu unseren Plätzen geführt. Ich reagierte ausgesprochen gehemmt auf eine solche Zuschaustellung in der Öffentlichkeit, bemerkte aber glücklicherweise nicht, dass wirklich aller Augen auf mir ruhten.

Wie ich später erfuhr, hatte jemand in der Menge auf mich gezeigt und dem Adjutanten des Königs einen fragenden Blick zugeworfen, als wir unsere Sitze in der Mitte der ersten Reihe nahe dem Platz des Königs erreichten. Der Adjutant reagierte, indem er über seinem Kopf den Umriss einer Krone zeichnete und salutierte. Andere Freunde berichteten später, sie hätten gesehen, wie der König mich bei seiner Ankunft ansah, und einer sagte: »Es war, als ob das Licht der Sonne aus seinen Augen strahlte.« Die allgemeine Ansicht war, dass ich ganz bestimmt König Husseins Frau werden würde. »Sie werden definitiv heiraten«, sagte Leila Scharaf zu ihrer engen Freundin Nawsad Schaker, als die beiden Frauen nach der Zeremonie gemeinsam wegfuhren.

Hussein begann, mich wegen einer Antwort auf seinen Antrag unter Druck zu setzen. »So können wir nicht weitermachen«, sagte er. Ich versuchte, ihm mehr über mein Leben vor meiner Ankunft in Jordanien zu erzählen, und wollte mit ihm über die Probleme reden, die unsere Heirat verursachen konnte. »Ich will davon wirklich nichts wissen«, sagte er. Er war sich so sicher, was unsere gemeinsame Zukunft betraf, dass seine Zuversicht ansteckend war. Und seine felsenfeste Überzeugung überzeugte mit der Zeit auch mich.

Ich hatte damals schon gewaltigen persönlichen Respekt vor ihm und bewunderte alles, wofür er stand und was er zu erreichen versuchte. Ich kannte nicht nur den Klatsch und die Gerüchte, sondern den Mann, wie er wirklich war, charakterstark, zutiefst anständig und voller Hingabe. Und ich fühlte mich stark zu ihm hingezogen. Dennoch wusste ich, dass wir keine normale Ehe führen würden.

Ich hatte nur ein unvollständiges Bild von der Zukunft, aber ich wusste, dass ich immer meine Arbeit haben würde und dass ich etwas für das Land leisten und gleichzeitig als eigenständige Person weiterexistieren konnte. Der König gab mir wortreich zu verstehen, dass er eine partnerschaftliche Beziehung mit mir wollte. Auch dieses Versprechen half mir bei meiner Entscheidung. Ich hatte eine Aufgabe in einem Land, das ich damals schon liebte, und einen außerordentlichen Mann als Partner. Zusammen konnten wir etwas bewirken.

»Soll ich deinen Vater anrufen?«, fragte er mich noch einmal am 13. Mai, 18 Tage nach dem ersten Heiratsantrag. Es war früher Nachmittag, und wir hatten die Kinder im Haschimja-Palast gerade für den Mittagsschlaf hingelegt. Ich schaute ihn quer durch den Raum an, sah die Aufrichtigkeit in seinem Blick und hörte an seiner Stimme, wie sicher er sich seiner Sache war. Meine Mutter hatte Recht, was diese Augen betraf. »Ja«, sagte ich.

»Ich war wirklich verblüfft!« Mit diesem Worten beschrieb mein Vater seine Reaktion, als er in der Küche seines Hauses in Alpine, New Jersey, ans Telefon ging, und König Hussein mit seiner tiefen vollen Stimme sagte: »Ich habe die Ehre, Sie um die Hand Ihrer Tochter zu bitten.« Mein Vater wusste über meine Bekanntschaft mit dem König nur so viel, dass Hussein mich auf unserer gemeinsamen Audienz im März eingeladen hatte, den Haschimja-Palast zu besichtigen. »Und ich dachte, es sei nur zum Mittagessen«, sagte er später einmal lachend. Meine Mutter war völlig entgeistert, als wir im Haschimja-Palast später vom abhörsicheren Telefon im Funkraum des Königs aus mit ihr sprachen. Ich sagte ihr, dass ich verliebt sei und den Mann mit den wunderschönen, sanften Augen heiraten werde. Es wurde ganz still in der Leitung, bis meine Mutter sich gefasst hatte. Dann sagte sie, dass sie sich sehr für mich freue. Beide Eltern rieten mir, meine Entscheidung sorgfältig zu bedenken. Sie wussten ja nicht, welch langer innerer Kampf bereits hinter mir lag. Ihre liebevolle Besorgnis bedeutete mir viel. Anstatt an das Prestige oder die Vorteile zu denken, die meine Ehe ihnen in vielerlei Hinsicht bringen konnte, waren sie um mein persönliches Glück besorgt. König Hussein war ihnen beiden ausgesprochen sympathisch, aber sie dachten an die Herausforderungen, mit denen ich als seine Frau konfrontiert werden würde.

Meiner Mutter gefiel es nicht, dass ich so weit weg von ihr leben würde, und sie hatte Angst, dass der König und ich wegen unseres unterschiedlichen kulturellen Hintergrunds keine gemeinsame Sprache finden würden. Ich erzählte ihr von unseren langen Gesprächen und dass ich noch nie jemanden getroffen hatte, mit dem ich mich besser verstanden hätte. Die Befürchtungen meines Vaters lagen mehr im politischen Bereich. Er fragte sich, ob ich mit den Intrigen der königlichen Familie und der Höflinge fertigwerden würde. Außerdem war er angesichts der Unruhen im Nahen Osten um meine Sicherheit besorgt. Wie gefährdet das Leben des Königs war, war wohl bekannt, und mein Vater fürchtete, dass ich an seiner Seite in derselben Gefahr schweben würde.

Tatsächlich waren die Mordanschläge auf König Hussein legendär. Einmal, in den späten Fünfzigerjahren, war sein Flugzeug in Syrien von MiG-Jägern fast zum Absturz gebracht worden. Die Kampfflugzeuge waren so nahe herangekommen, dass Husseins Onkel, der sich ebenfalls in dem Flugzeug befand, die obszöne Geste eines syrischen Piloten erkennen konnte. Andere Anschläge auf Husseins Leben, insbesondere in den ersten Jahren seiner Herrschaft, wirkten ziemlich mittelalterlich. So hatte ein ägyptischer Kammerdiener Säure in das Fläschchen mit den Nasentropfen des Königs gefüllt, ein potenziell tödlicher Anschlag, der nur zufällig vereitelt wurde, weil das Fläschchen versehentlich ins Waschbecken fiel. Es zerbrach, und die Säure fraß sich in das Email. Bei einem weiteren Mordversuch kam ebenfalls Gift zum Einsatz. Der Täter war ein Hilfskoch bei Hofe, den ein Cousin im syrischen Geheimdienst bestochen hatte. Die Verschwörung wurde entdeckt, weil in der Umgebung des Palasts in Amman tote Katzen herumlagen. Da sich der Koch mit Gift nicht auskannte, hatte er die Wirkung an streunenden Katzen ausprobiert.

In Jordanien hatte es zahlreiche weitere Anschläge auf das Leben des König gegeben, etwa einen Hinterhalt an der Straße zum Flughafen oder an der Straße zu Husseins Landgut in

Hummar. Scharif Nasser, Husseins Onkel mütterlicherseits, hatte das Pech gehabt, Hussein bei dem Angriff der MiGs und bei beiden Überfällen zu begleiten. Beim ersten Hinterhalt hatte er Hussein gleich zu Beginn der Schießerei aus dem Auto in einen Graben gestoßen und sich über ihn geworfen. König Hussein sagte später lachend über den Vorfall, er sei eher in Gefahr gewesen, unter seinem schwergewichtigen Onkel zu ersticken, als von Kugeln getroffen zu werden. Doch beim zweiten Anschlag wurde Scharif Nasser um ein Haar getötet. Sowohl er als auch der König fuhren ein Buick-Cabriolet, und die Attentäter nahmen versehentlich Scharif Nassers Auto unter Feuer. Sie zerschossen die Windschutzscheibe und einen Reifen, doch Nasser wurde wie durch ein Wunder nicht getroffen.

Der König entrann im Lauf der Jahre noch mehrmals knapp dem Tod, aber das störte ihn nicht. Er glaubte an das Schicksal und an den Willen Allahs. Wie alle Muslime war er der Ansicht, dass Gott und nur Gott über den Zeitpunkt und die Art seines Todes entscheiden würde. Er trug immer eine Pistole, eine Gewohnheit, die er schon als Teenager angenommen hatte, nachdem sein Großvater König Abdullah ermordet worden war, und er sorgte außerdem dafür, dass die Männer seines Personenschutzes der Ausbildung und Ausrüstung nach zu den besten der Welt gehörten. Er war zwar vorsichtig, ließ sich aber durch Sicherheitserwägungen nicht in seiner Handlungsfreiheit beschränken.

Genauso legendär wie die Anschläge auf sein Leben war seine Fähigkeit, seinen Feinden zu verzeihen. Dies war in einer Region besonders bemerkenswert, in der politische Gegner meist nicht mit Samthandschuhen angefasst werden. Ali Abu Nuwar, ein General der jordanischen Armee, der versucht hatte, König Hussein zu stürzen, wurde nicht nur begnadigt, sondern später sogar als jordanischer Botschafter nach Frankreich entsandt.

Die Medien interessierten sich viel mehr als ich für die Gefahren, in denen der König schweben mochte. Meine ersten Interviews begannen fast immer mit der Frage, ob Husseins Leben bedroht sei und ob ich wegen möglicher Attentate mit der

Annahme seines Heiratsantrags gezögert hätte. Tatsächlich hatte ich jedoch nie einen Gedanken an meine eigene Sicherheit verschwendet; ich konnte mir nicht vorstellen, selbst Ziel eines politisch motivierten Anschlags zu werden.

Obwohl meine Eltern ihre Bedenken hatten, gaben sie der Ehe ihren Segen. Meine Mutter wollte mich heimlich in Paris treffen, um mit mir ein Hochzeitskleid und einige andere angemessene Kleidungsstücke zu kaufen. Meine gesamte Garderobe bestand damals aus drei Röcken, einigen Blusen, zwei Blazern und mehreren Bluejeans. Sogar mir als überzeugter Minimalistin war klar, dass diese Garderobe für eine Königin nicht mehr angemessen sein würde. Wir wollten die Verlobung geheim halten, bis ich von Paris zurück war, denn wir wussten, dass ich nach der Bekanntgabe keine Bewegungsfreiheit mehr haben würde. Doch unser Plan wurde sofort vereitelt.

Wie ich feststellen musste, wollte Hussein die gute Nachricht keineswegs geheim halten. Schon am folgenden Morgen erwähnte er unsere Verlobung gegenüber seinem Cousin Prinz Raad in seinem Büro im Amtssitz, der offensichtlich ebenfalls kein Geheimnis bewahren konnte und sofort ein Geheul ausstieß, das durch das ganze Gebäude hallte. Bis zum Nachmittag hatte sich die Nachricht in ganz Amman verbreitet, und das war's. An eine Reise oder an selbstständiges Einkaufen war nicht mehr zu denken. Ich saß praktisch in Amman fest, und zwei Tage später wurde die Verlobung offiziell verkündet. Ich bin heute noch verblüfft, wenn ich daran denke, wie schnell damals all meine Habseligkeiten zusammengepackt und in das al-Ma'Wa, ein kleines Haus im Komplex des Basman-Palasts, gebracht wurden. Das Haus war eine wichtige Zuflucht für Husseins geliebten Großvater König Abdullah gewesen, ein Ort der Ruhe, an dem sich der Herrscher dem Druck seiner Familie entziehen und von seinen Pflichten erholen konnte. Sein Enkel Hussein hing sehr an dem Gebäude. Er erinnerte sich gern an die Nachmittage, als er im Garten des Hauses gebetet oder seinen Großvater zu einer Partie Schach herausgefordert hatte. Allerdings hatte sich der friedliche, meditative Ort inzwischen verändert. Die Fassade war nur noch eine bastardisierte Version der ursprünglich schlichten Steinmauer, und in dem Gebäude waren langflorige Teppichböden in trostlosen Brauntönen verlegt.

Das Leben, wie ich es gekannt hatte, war vorüber. Ich bekam einen Chauffeur des Hofes zugeteilt, und immer wenn ich mit ihm unterwegs war oder selbst am Steuer saß, folgte mir ein Sicherheitsfahrzeug. Ebenfalls aus Sicherheitsgründen durfte ich mein Büro nicht mehr aufsuchen, und auch in mein Apartment kehrte ich nie wieder zurück. Dass ich so abrupt aufhören musste zu arbeiten, war besonders schwer zu verkraften. Ich wusste, dass ich sehr fähige Mitarbeiter hatte, aber trotzdem war es schrecklich für mich, sie im Stich zu lassen. Doch die Entscheidung lag nicht mehr bei mir. Außerdem würde ich bestimmt eines Tages wieder arbeiten, und dieser Gedanke tröstete mich. Ich machte nur eine Phase der Anpassung an die neuen Umstände durch.

Zur Bekanntgabe der Verlobung wurde eine Pressekonferenz abgehalten, sonst aber unterstützte mich der Hof in meinem Bestreben, meinen Kontakt mit den Medien auf ein Minimum zu beschränken. Ich war ganz entschieden der Ansicht, dass die persönlichen Aspekte meiner Situation nicht in die Medien gehörten, doch selbstverständlich konnte ich Spekulationen nicht verhindern. Es wurde viel über den Altersunterschied geschrieben. Hussein war zweiundvierzig und ich sechsundzwanzig, doch das war mir nicht bewusst. Unsere Verbindung kam mir ganz natürlich vor, und es gefiel mir, dass er weise und erfahren war. Auch wegen unserer Körpergröße wurde viel Aufhebens gemacht, denn Hussein war fünf Zentimeter kleiner als ich, doch das kam mir nur lächerlich vor. Meine einzige Sorge, die nie ganz verschwand, bestand darin, ob ich meiner Rolle als seine Frau und Königin gerecht werden und mich seines Vertrauens würdig erweisen würde.

Die Presse jedoch verfolgte mich mit großer Ausdauer. Immer wieder gelang es Journalisten, die Vermittlung im Palast zu umgehen und direkt in das al-Ma'Wa durchzuwählen. Wenn dies passierte, tat ich so, als sei ich eine andere Person, während der Reporter am anderen Ende der Leitung mich mit allen Mitteln und Vorwänden zu überreden suchte, die Verbindung zur Verlobten des Königs herzustellen. Welche Ironie des

Schicksals, dass ich nun in ein Katz-und-Maus-Spiel mit der Presse verwickelt war, nachdem ich vor gar nicht langer Zeit selbst hatte Journalistin werden wollen. Ich verriet nichts, aber die Hartnäckigkeit der Reporter ging mir so auf die Nerven, dass ich Meliha Asar, meine enge Freundin von der Civil Aviation Academy, fragte, ob sie für mich arbeiten wolle. Zu meiner Freude sagte sie Ja und hielt mir, unter anderem, die aufdringlichen Reporter vom Leib.

Doch ich war keineswegs eine Gefangene. Ich konnte kommen und gehen, wie es mir gefiel. Hussein hatte mir ein Auto zur Verfügung gestellt – einen silberfarbenen Lancia, den ihm jemand geschenkt hatte. Bis heute weckt der Duft von neuem Leder in einem Auto bei mir glückliche Erinnerungen an meine Verlobungszeit. Ich fuhr sehr oft selbst, auch während unserer gesamten Ehe.

Das kostbarste Geschenk, das mir der König je machte, war mein Name. Ali Ghandur hatte Allijessar vorgeschlagen, den Namen einer phönizischen Königin, der das Wort »Lisa« enthielt. Doch der König fand, der Name klinge zu sehr wie »al Jasar«, ein arabischer Begriff für eine politisch linksgerichtete Person. (Vielleicht wäre dies gar nicht so unpassend gewesen, denn ich stand in der Tat weiter links als die meisten Leute in Husseins Umgebung.) Eines Tages, als wir im Haschimja-Palast beieinander saßen, sagte der König plötzlich: »Noor.«

Noor bedeutet auf Arabisch »Licht«. Ich würde Noor al-Hussein heißen, »das Licht Husseins«. In den folgenden Wochen und Monaten fand in meinem Kopf und meinen Träumen ein allmählicher Wandel statt. Ich wurde Noor.

Meiner Familie fiel es viel schwerer als mir, sich an meinen neuen Namen zu gewöhnen, besonders meiner Mutter. Schließlich hatte sie meinen ursprünglichen Namen ausgewählt und mich 26 Jahre lang Lisa genannt. Sie durfte mich einige Zeit nennen, wie sie wollte, aber nach ein paar Jahren bestand ich sehr entschieden darauf, dass sie mich mit meinem neuen Namen ansprach. Ich bekam nämlich das Gefühl, dass sie durch den Gebrauch meines alten Namens ihre Weigerung zum Ausdruck brachte, meine neue Identität und mein neues Leben zu akzeptieren. Ich musste sehr energisch werden, bis sie endlich zur Kenntnis nahm, dass ich durch meine Heirat mit König Hussein eine lebenslange Verpflichtung eingegangen war und sie, wenn sie mich liebte und unterstützen wollte, diese Verpflichtung ebenfalls anerkennen musste. Danach gebrauchte sie den Namen Lisa nie wieder.

Ich wusste, dass ich Muslimin werden würde, also verbrachte ich einen Großteil meiner Zeit in dem kleinen Haus damit, mehr über den Islam zu lernen. Die jordanische Verfassung schreibt nicht vor, dass die Frau des Königs Muslimin sein muss. Sie schreibt lediglich vor, dass der König selbst ein Muslim und ein Nachkomme von Scharif Hussein bin Ali, dem Anführer des Großen Arabischen Aufstands, sein muss. Doch der König hat wie alle muslimischen Männer das Recht, eine Frau aus einer anderen monotheistischen Religionsgemeinschaft zu heiraten, deren Anhänger im Koran als »Schriftbesitzer« beschrieben werden.

Meine Eltern hatten mich nicht in einer bestimmten Religion erzogen und mich stets ermutigt, mir meinen eigenen spirituellen Weg zu suchen. Der muslimische Glaube war die erste Religion, von der ich mich ernsthaft angezogen fühlte. Mir gefielen am Islam die Betonung einer direkten Beziehung des Gläubigen zu Gott und die grundsätzliche Gleichheit von Männern und Frauen. Auch beeindruckte mich die Verehrung für den Propheten Mohammed und all die anderen Propheten und Sendboten, die vor ihm kamen, Adam, Abraham, Moses, Jesus und viele andere. Der Islam fordert Fairness, Toleranz und Mildtätigkeit: »Es sei kein Zwang im Glauben«, befiehlt der Koran (2, 256), und »Keiner von euch ist ein Gläubiger, solange er nicht seinem Bruder wünscht, was er sich selbst wünscht«, lautet ein Wort des Propheten Mohammed. Auch die Einfachheit und den Aufruf zur Gerechtigkeit fand ich überzeugend. Der Islam ist ein sehr persönliches Glaubenssystem. Es gibt Vorbeter und Gelehrte, aber keine Mittelsmänner und Bürokraten wie in anderen monotheistischen Religionen. Kein Muslim steht über dem anderen, es sei denn durch seine Frömmigkeit. Ehrlichkeit, Treue und Mäßigung sind nur einige der Tugenden, die der Islam fordert und durch die sich ein Muslim gegenüber den anderen Gläubigen auszeichnen kann.

Hussein drängte mich nicht, Muslimin zu werden. Er bat mich nicht einmal darum. Die Entscheidung lag ganz allein bei mir. Die Annahme eines Glaubens ist eine wichtige Entscheidung – eine Entscheidung, die ich niemals aus Bequemlichkeit getroffen hätte, dessen bin mir absolut sicher. Das kam für mich einfach nicht in Frage. Zum ersten Mal in meinem Leben hatte ich das Gefühl, einer größeren Gemeinschaft anzugehören. Ich fühlte Demut und Dankbarkeit. Der Gebetsruf, der mich seit meinen ersten Tagen in Teheran lockte, hatte nun eine tiefe persönliche Bedeutung erlangt.

In meiner Verlobungszeit im al-Ma'Wa ließ ich mir Bücher über den Islam und die jordanische Geschichte bringen, und ich studierte und lernte so viel wie möglich. Ich hatte Arabisch gelernt, seit ich in Jordanien angekommen war, und nun verdoppelte ich meine Anstrengungen.

König Hussein und ich lernten einander immer besser kennen, und als ich meine frühere Vorsicht und Selbstkontrolle aufgegeben hatte, verliebte ich mich sehr stark in ihn. Ich verbrachte eine Menge Zeit mit seinen jüngsten Kindern. Als Hussein Haja erzählte, dass wir heiraten würden und sie eine neue Mutter bekäme, sagte sie in ihrem Abendgebet vor dem Schlafengehen: »Bitte Gott, mach, dass sie lange lebt.« Diese Kinder hatten in ihrem kurzen Leben schon so viele Tragödien erleben müssen. Ich konnte gut verstehen, dass Hajas zweijähriger Bruder Ali oft meine Hand ergriff und sie nicht mehr loslassen wollte.

Wenn ich heute auf die Zeit vor unserer Hochzeit zurückblicke, wird mir klar, dass ich damals die glücklichsten und sorglosesten Wochen meines ganzen Lebens genoss. Der König und ich hatten mit den Details der Hochzeitsvorbereitungen nur wenig zu tun, und so blieb mir die ungezügelte Aufregung erspart, die bei einer solchen Gelegenheit oft herrscht. Unsere einzige Anweisung an den Königshof, der alles nach dem Königlichen Protokoll arrangierte, lautete, die Hochzeit so einfach wie möglich zu gestalten. Im Nahen Osten kann eine Hochzeit ein verschwenderisches dreitägiges Fest mit Banketten, Musikern und Tänzern sein. Ich jedoch hatte wie viele Frauen meiner Generation immer davon geträumt, barfuß auf einem Berggipfel oder auf einer Wiese mit Gänseblümchen zu heiraten. Eine aufwendige Hochzeit hatte ich mir wirklich nie gewünscht. Außerdem war mir die Kritik an der Verschwendung, die während des Ölbooms in den Siebzigerjahren in den arabischen Ländern herrschte, nur zu deutlich bewusst, und ich meinte, wir sollten ein wenig Bescheidenheit demonstrieren.

In dieser Zeit stellte mich König Hussein allmählich weiteren Mitgliedern seiner Familie vor. Eines Tages lernte ich beim Tee auf der Terrasse im Haschimja-Palast seinen Bruder Prinz Mohammed kennen. Er war von 1952 bis 1962 designierter Kronprinz gewesen und 1971 Vorsitzender des Rats der Stammesführer geworden. Ich war gerührt über die Herzlichkeit, mit der mich Mohammed als neues Mitglied der Familie willkommen hieß. Auch Kronprinz Hassan, dem jüngeren Bruder des Königs, und Sarwath, seiner in Pakistan geborenen Frau, die aus einer bekannten Familie stammte, wurde ich vorgestellt. König Hussein hatte seinen in Oxford ausgebildeten Bruder 1965 zum Kronprinzen ernannt, weil er sich angesichts der vielen Anschläge auf sein Leben Sorgen wegen der Nachfolge machte. Hassan war Husseins Stellvertreter und Berater und fungierte als Regent, wenn der König im Ausland war. Er spielte eine wichtige Rolle in Jordanien, er leitete das Entwicklungsprogramm des Landes, er hatte die Königliche Naturwissenschaftliche Gesellschaft gegründet, und er setzte sich leidenschaftlich für die Verständigung zwischen den verschiedenen Glaubensgemeinschaften und Kulturen ein. Hassan hatte einen lebhaften Sinn für Humor und ein lautes, ansteckendes Lachen. Ich hörte es gern, wenn die beiden Brüder in den seltenen Momenten gemeinsamer Entspannung in schallendes Gelächter ausbrachen. Hassans Frau interessierte sich, wie ich beim Tee erfuhr, sehr für das Bildungswesen. Sie gründete später eine exzellente Privatschule mit Sonderprogrammen für den Unterricht von geistig Behinderten sowie Jordaniens erstes Zentrum für Lernbehinderte.

Anlässlich einer Reise nach Akaba sorgte Hussein dafür, dass ich seine Schwester Basma bei einem Besuch bei einer Beduinengemeinschaft im Wadi Rum begleiten konnte. Es war das erste Mal, dass ich die Familie der Haschemiten in ihrer traditionellen Rolle als Beschützer der lokalen Gemeinschaften erlebte; in diesem Fall handelte es sich um einen der Stämme im Süden. Wir empfingen die Stammesmitglieder in einem *bjut esch-schaar;* das Zelt schützte uns vor der sengenden Sonne. Die Beduinen baten um Hilfe wegen eines kranken Kindes, um bessere Schulen, bessere Unterkünfte oder bessere Transportmittel. Viele hatten, wie es der Sittte entsprach, schriftliche Petitionen für bestimmte Mitglieder der königlichen Familie dabei. Ich war voller Bewunderung für die Geduld und die Anmut, mit der Prinzessin Basma jeden Einzelnen lächelnd begrüßte und sich seine Bitten anhörte. Nach dem Tod seiner dritten Frau hatte der König seine Schwester gebeten, einen Fonds zur Durchführung der Programme zu gründen, für die sich die verstorbene Königin interessiert hatte. Prinzessin Basma erweiterte den Fonds beträchtlich über diesen Auftrag hinaus und gründete schließlich eine ganze Reihe sozialer Dienstleistungszentren in verschiedenen Regionen des Landes. Außerdem engagierte sie sich in späteren Jahren zunehmend in Frauenfragen, in Jordanien wie auch international.

Hussein war in unserer Verlobungszeit viel auf Reisen, der kritischen Phase zwischen Sadats Besuch in Jerusalem und dem ein Jahr später abgeschlossenen Abkommen von Camp David. Unsere gemeinsamen Abende wurden ständig von Telefongesprächen unterbrochen, die sich auf Treffen mit anderen arabischen Führern bezogen. Ich war verblüfft, wie stark sich der König persönlich für einen Konsens der arabischen Führer auf der Konferenz in Genf verantwortlich fühlte. Er war voller Zuversicht, dass im Nahen Osten ein Durchbruch bevorstand, wenn er von seinen Reisen nach Amman zurückkehrte.

Wir versuchten, auch unter dem Druck der Ereignisse regelmäßig in Kontakt zu bleiben. Wenn wir nicht zusammen waren, benutzten wir häufig Funkgeräte. Der König hatte immer ein tragbares Gerät bei sich, damit er jederzeit mit der Königlichen Garde, dem Premierminister und dem Vorsitzenden des Königlichen Gerichtshofs in Verbindung treten konnte. Nach unserer Verlobung gab mir Hussein ebenfalls ein Funkgerät und den Codenamen November Hussein für Noor al-Hussein. Sein Codename war Hotel Tango für Hussein Talal. Hatte er mich abends im al-Ma'Wa abgesetzt, schickte er mir einen Funkspruch, wenn er sicher zu Hause angekommen war. Das war unsere Art, uns gute Nacht zu sagen.

Hussein wollte so bald wie möglich heiraten, ließ sich aber überreden, mit der Hochzeit zu warten, bis sich unsere Familien in Amman versammelt hatten. Wir legten unseren Hochzeitstag auf den 15. Juni, den Tag, an dem Königin Sein, Husseins Mutter, von der Europareise zurückkehren würde, die sie alle zwei Jahre unternahm. Dies ließ uns nicht viel Zeit für die Vorbereitungen. Vor allem brauchte ich jetzt ein Hochzeitskleid. Husseins langjährige Sekretärin bestellte das Kleid bei Dior in London, und zwei Designer von Dior kamen mit Entwürfen von raffinierten Kleidern nach Amman, die mir überhaupt nicht gefielen. Ich wollte ein einfaches Kleid, kein extravagantes. Ich zeigte ihnen ein schönes, in gewisser Weise nicht bürgerlich wirkendes Kleid aus einer Boutique von Ives Saint Laurent, für das ich kürzlich mein Gehalt verschwendet hatte, und bat sie, es als Modell zu verwenden. Das Ergebnis war ein ausgesprochen einfaches, weißes Seidenkleid.

Die Schuhe waren ein größeres Problem. Damals waren Schuhe mit hohen Absätzen Mode, die ich nicht nur furchtbar hässlich, sondern auch ungeeignet fand. Offensichtlich waren nirgendwo in Jordanien Schuhe mit niedrigem Absatz aufzutreiben, doch ich wollte meinen Bräutigam nicht um Haupteslänge überragen. Ich trug häufig Sandalen von Dr. Scholl, aber dieses Schuhwerk war nun wirklich nicht angemessen für eine königliche Hochzeit. Am Ende half mir eine Freundin, meine Hochzeitschuhe in Beirut anfertigen zu lassen. Wir waren nicht sicher, ob sie rechtzeitig geliefert würden oder ob die Braut am Ende barfuß zur Trauung schreiten musste. Tatsächlich kamen die Schuhe erst am Morgen der Hochzeit an und rochen immer noch nach Leim, als wir sie auspackten.

Einige Tage vor unserem Hochzeitstag fuhr König Hussein mit mir zum Flughafen und holte meine Familie ab. Für meinen Bruder Christian und meine Schwester Alexa war es der erste Besuch in Jordanien und die erste Begegnung mit meinem Verlobten. Meine Schwester weiß zu erzählen, dass ich vor Glück strahlte und »auf einer Wolke schwebte«. Deshalb sei ich nicht in der Lage gewesen, ihre Fragen nach dem Ablauf der Hochzeit oder nach irgendwelchen anderen Dingen zusammenhängend zu beantworten.

Am Morgen meines Hochzeitstages nahm ich den islamischen Glauben an. Gegen neun Uhr stand Hussein vor der Tür des al-Ma'Wa. »Mir ist gerade eingefallen, dass du den Glauben noch nicht formell angenommen hast«, sagte er. Also gingen wir ins Wohnzimmer, und ich sprach das Glaubensbekenntnis, die *asch-Schahada*: »*Aschhadu anna la ilaha illa Allah, wa anna Mohammedun rasoolu Allah.*« »Ich bezeuge, dass es keine Gottheit außer Gott gibt und dass Mohammed der Gesandte Gottes ist.«

Danach begann ich mit den Vorbereitungen für die Hochzeitsfeier. Gut möglich, dass es die einfachste königliche Hochzeit aller Zeiten wurde. Man hatte mir einen Friseur geschickt, der mir die Haare so einfach zurechtmachte, wie ich es bei ihm erreichen konnte. Ich trug kein Make-up. Allerdings trug ich, einer kleinen westlichen Tradition folgend, einen geborgten, blauen Gegenstand bei mir: Das Hochzeitsgeschenk meines Vaters, eine saphirblaue Krawattennadel von Tiffany. Neu waren meine Ohrringe. Sie wurden mir in einem Kästchen mit herrlichem Schmuck überreicht, zu dem auch eine Halskette gehörte. Deren Anhänger bestand aus einem von Diamanten umrahmten Porträt König Husseins. Dieses Geschenk von Kronprinz Fahd war am Hochzeitsmorgen aus Saudi-Arabien eingetroffen. (Der Kronprinz sagte zu meinem Vater, er habe beiden Brautleuten etwas geschenkt, das den jeweils anderen darstellte.) Das Kästchen enthielt herrliche tropfenförmige Ohrringe, aber da ich noch nie etwas ähnlich Prunkvolles getragen hatte, verwendete ich nur den oberen Teil des Ohrschmucks.

Die Hochzeit fand im Sahran-Palast statt, der Residenz von Husseins Mutter Königin Sein. Wir hatten einander erst einen Tag vor der Hochzeit kennen gelernt. Die Königinmutter war aus der Schweiz zurückgekehrt, und wir hatten sie vom Flughafen abgeholt. Die Königinmutter lud mich zu den Vorbereitungen für die Hochzeitszeremonie in ihr Haus ein. Dort stand mir am folgenden Morgen auch Prinzessin Basma zur Seite und wirkte beruhigend auf mich ein. Wie jede andere Braut auch war ich fürchterlich aufgeregt, und die erdrückende Hitze verschlimmerte diesen Zustand. Sein flüsterte mir ermutigende Worte zu, als ich die große Wendeltreppe hinunterstieg, an deren Fuß mein Bräutigam auf mich wartete. Er führte mich in das kleine, aber herrlich möblierte orientalische Wohnzimmer, in dem die Trauung stattfinden sollte.

Ich war die einzige Frau im Raum. Im Islam ist die wichtigste Zeremonie bei einer Hochzeit ein Vertrag, den die beiden Familien in Anwesenheit von Zeugen unterzeichnen. Ich wusste das damals nicht, doch ich war die erste haschemitische Braut, die sich bei der religiösen Zeremonie (*katb el ketab*) selbst vertrat. Sogar Husseins Töchter heirateten später noch auf traditionelle Weise, bei der ein enger männlicher Verwandter die Braut vertritt. Prinz Mohammed, der mir bis heute ein lieber und treuer Bruder ist, war mein Trauzeuge.

Die Zeremonie nahm nur fünf Minuten in Anspruch und wäre sehr entspannt gewesen, wenn sie nicht so genau mitverfolgt worden wäre. Ich wurde zu meinem Sitz neben König Hussein geführt, einer damastbezogenen Sitzbank mit kostbaren Einlegearbeiten aus Perlmutt, und begrüßte Husseins Brüder Prinz Mohammed und Kronprinz Hassan. Da brach plötzlich ein Blitzlichtgewitter los, und wir und die anderen männlichen Mitglieder der königlichen Familie sowie mein eigener Vater und Bruder wurden in das grelle Licht von Kameralampen getaucht. Sie gehörten den internationalen und arabischen Medienvertretern, die sich, wie ich jetzt erst zu meinem Schrecken bemerkte, im hinteren Teil des lang gestreckten Raumes drängten.

Mit großer Anstrengung konzentrierte ich mich darauf, das Eheversprechen zu wiederholen, das ich auf Arabisch geübt hatte. Ich sah den König an und sagte: »Ich habe dir für die vereinbarte Mitgift die Ehe versprochen.« Er sagte: »Ich habe dich als meine Frau angenommen, als meine Ehefrau für die vereinbarte Mitgift.« Wir besiegelten unsere Gelübde, indem wir uns die rechte Hand gaben und einander ansahen. Es wurden keine Ringe getauscht. Der Scheich, der die Trauung vollzog, rezitierte Verse aus dem Koran, dann begaben wir uns in einen benachbarten Raum, wo unsere Verwandten und Gäste auf uns warteten und »*Mabruk*, herzlichen Glückwunsch!« riefen. Abir, Haja und Ali umarmten uns als Erste.

Wenn ich mir heute die Bilder ansehe, die rund um die Welt auf den Titelseiten der Zeitungen erschienen, dann sehe ich eine junge Frau voller Optimismus und Hoffnung, die von ganzem Herzen ihren gut aussehenden Mann anlächelt, und er erwidert ihr Lächeln mit strahlenden Augen. Der Rest meiner Hochzeit ist ein Durcheinander bruchstückhafter Erinnerungen: Unser Kampf beim Anschneiden des Hochzeitskuchens, weil niemand uns gesagt hatte, dass seine unterste Schicht aus Pappe bestand; die Ungeduld, mit der wir das Ende des Empfangs erwarteten, weil wir endlich allein sein wollten; und unser Spaziergang zum vorderen Hof des Palastes, wo wir den festlich geschmückten Excalibur bewusst stehen ließen. Stattdessen fuhren wir mit Husseins Wagen zum Flughafen und entschwebten an unseren geliebten Zufluchtsort Akaba.

Ich lud alle acht Kinder für die wenigen Tage, die uns vor den Flitterwochen in Schottland noch blieben, nach Akaba ein. Ich wünschte mir, dass sie sich so bald wie möglich als Teil unseres neuen gemeinsamen Lebens fühlten, wusste aber auch, wie schwierig dies werden würde. Hier wirkte der Einfluss von drei Müttern. Einige von Husseins älteren Kindern waren inzwischen erwachsen, und Ali, der Jüngste, war erst zwei Jahre alt, aber alle acht Kinder verehrten ihren Vater. Auf dieser gemeinsamen Basis, so hoffte ich voller Zuversicht, würde es uns gelingen, ein liebevolles, von Geborgenheit bestimmtes und gedeihliches Familienleben zu entwickeln.

Unser kurzes Idyll in Akaba war nach meinem Empfinden ein großes Vergnügen. Die Kinder schienen das Zusammenleben trotz der großen Altersunterschiede zu genießen. Es wurde sehr viel gelacht, geneckt und gespielt. Zweifellos stellten sie mich alle auf den Prüfstand, aber ich fühlte mich in ihrer Mitte äußerst wohl und ganz wie zu Hause.

An unserem ersten Abend in Akaba sah ich mir mit meinem frisch angetrauten Ehemann die Fernsehnachrichten an. Dabei hörte ich die Bekanntmachung, dass er mir den Titel einer Königin verlieh. Warum er mir das zuvor nicht selbst gesagt hatte, weiß ich nicht. Vielleicht wollte er mich überraschen. Es scheint so, als ob ich der einzige Mensch in Jordanien und der westlichen Welt war, der sich nicht ständig mit dem Titel beschäftigte, den ich tragen würde. Seit unsere Verlobung öffentlich bekannt gegeben worden war, wimmelte es in den Zeitungen nur so von Vermutungen. Außerdem hatte es besorgte Stimmen gegeben, dass ich als Amerikanerin in diesem Teil der Welt vielleicht nicht akzeptiert werden würde. Doch soweit mir bekannt war, gab es keinen arabischen Aufschrei wegen unserer Hochzeit, und auch aus Jordanien wurde mir nichts Vergleichbares bekannt. Ich war ein Mitglied der Familie Halaby, und so nahm man mich eher als Araberin wahr, die in die Heimat zurückkehrte, denn als Fremde.

Unsere Flitterwochen in Schottland verzögerten sich noch wegen der Examensfeier an der Universität von Jordanien in Amman. Mein Mann pflegte stets, den frisch examinierten Studenten die Diplome persönlich auszuhändigen. Also kehrten wir zwei Tage nach der Hochzeit zu unserem ersten gemeinsamen öffentlichen Auftritt nach Amman zurück. Ich war ziemlich nervös, weil ich mir nicht sicher war, was da auf mich zukam. Bei unserer Ankunft an der Universität herrschte eine ungeheure Aufregung, und in der Art, wie man uns empfing, lag eine große menschliche Wärme. Ich wusste, dass diese überschäumende Zuneigung, die man mir entgegenbrachte – einschließlich der über die ganze Stadt verteilten Porträts, die auch an Auto- und Busfenstern angebracht waren –, eigentlich Hussein galt. Dies berührte mich sehr stark, aber ich war mir auch bewusst, dass ich diese Zuneigung keineswegs als selbstverständlich ansehen durfte: Ich musste sie mir erst verdienen.

Einen Beitrag leistete ich umgehend und ganz und gar instinktiv. Ich war so sehr um die Sicherheit des Königs besorgt, dass ich mich bei jedem öffentlichen Auftritt ganz unauffällig und in beschützender Absicht zwischen ihn und die Menge stellte. Das begann bereits mit der Examensfeier an der Universität von Jordanien. Unsere Kinder würden das später genauso halten, doch zu Beginn unserer Ehe stellte ich mich unwillkürlich in die erste Reihe der Beschützer.

Wir bereiteten uns auf die Abreise nach Schottland vor, und ich war von einem Gefühl des Glücks und von großer Ruhe erfüllt. Das Leben hatte für mich keine Grenzen mehr, jeder Traum konnte Wirklichkeit werden, jedes Ziel war erreichbar. Ich widmete meinem Mann und Jordanien mein Leben, und ich nahm alle Aufgaben und Pflichten, alle Enttäuschungen und Rückschläge, alle Siege und Niederlagen auf mich, die da kommen sollten. Ich hatte den Sprung ins Ungewisse gewagt, und ich habe meinen Entschluss bis heute keine Sekunde bereut.

Flitterwochen im Gleneagles

In unseren Flitterwochen wären wir fast gestorben. Buchstäblich. Wir verbrachten sie im Gleneagles, dem großen Hotel mit dem berühmten Golfplatz in den Highlands von Perthshire. Mein Mann und ich liebten beide die weite Landschaft, die sanften grünen Hügel und die wilde Schönheit Schottlands, die ich erstmals als Rucksacktouristin nach meinem High-School-Abschluss erlebt hatte. Auch das Hotel war wunderschön. Kunstvoll gestutzte Sträucher, Weißbirken und eine hohe Rhododendronhecke flankierten die lange Einfahrt, und breite Blumenbeete mit üppig blühenden Päonien schmückten den Haupteingang. Alles war wirklich perfekt, doch leider war es schrecklich kalt. Der Juli 1978 war seit Menschengedenken einer der kältesten Sommermonate in Schottland, und obendrein regnete es auch noch fast jeden Tag.

Wir wohnten in einem neu erbauten, nie zuvor bewohnten und ultramodernen Bungalow auf der Rückseite des Hauptgebäudes. Man zeigte uns mit großem Stolz und viel Brimborium unsere Zimmer und überreichte uns einen goldenen Schlüssel, weil wir die ersten Gäste waren. Die Räume waren mit orangefarbenem und braunem langflorigem Teppichboden ausgelegt und hatten eine völlig andere Atmosphäre als das vornehme alte Hotel mit seinen hohen Decken, den Himmelbetten aus Mahagoni, den großen Kaminen, kurz mit jenem ganz besonderen Charme des alten Schottland.

»Riechst du es auch, diesen seltsamen Geruch?«, fragte ich meinen Mann eines Abends, als wir zu Bett gingen. Er roch nichts. Ich habe gewöhnlich einen sehr leichten Schlaf, aber in dieser Nacht kam ich kaum zu mir, als Hussein mich rüttelte und aus dem Bett zog. »Steh auf, steh auf!«, schrie er wie aus weiter Ferne. Er schleppte mich halb ins Wohnzimmer, und ich begriff langsam, dass wir lüften mussten, um den stechend riechenden Nebel entweichen zu lassen, der die ganze Suite erfüllte. Ich fühlte mich schwach, mir brannte es in den Augen und im Hals. Hussein sah sich nach einem Fenster um, das er öffnen konnte, aber die Fenster lagen zu hoch und waren nicht zu erreichen. Die Vordertür war von außen verschlossen, höchstwahrscheinlich von unseren eigenen Sicherheitsleuten. Ich entdeckte auf einem Tisch den riesigen, barocken Goldschlüssel, den man uns bei unserer Ankunft so feierlich überreicht hatte. Er war sehr dekorativ, und mit ihm konnten wir wohl kaum die Tür aufschließen, aber ich versuchte es trotzdem, um die Stimmung etwas aufzuhellen.

Auch das Telefon half uns fürs Erste nicht weiter. Wir hatten die Nummer des Hotels nicht und auch keine Nummer von unserem Personenschutz oder von den Beamten des Special Branch von Scotland Yard, die uns zusätzlich bewachten. Wir sahen ihren Wohnwagen auf dem Parkplatz vor dem Bungalow, aber er war außer Hörweite, und niemand reagierte auf unsere Hilferufe. Wir konnten nichts anderes tun, als über unsere absurde Lage zu lachen.

Dann probierten wir blind verschiedene Nummern auf dem Telefon aus, bis wir endlich eine Antwort bekamen. Eine erschrockene Telefonistin im Hotel verband uns mit dem Wohnwagen, und einen Moment später öffneten die Leibwächter unsere Tür. Mit schmerzenden Lungen schnappten wir nach Luft. Wie sich herausstellte, war ein elektrisches Heizgerät in dem schmalen Gang zwischen Schlaf- und Wohnzimmer durchgebrannt und hatte die Suite mit giftigen Dämpfen erfüllt. Wäre ein Feuer ausgebrochen, wir wären wohl kaum entkommen.

Es war eine groteske Situation. Wer hätte gedacht, dass uns nach all den Verschwörungen und Mordversuchen, die mein Mann während seiner 27-jährigen Herrschaft überlebt hatte, ein defektes Heizgerät in einem befreundeten Land fast das Leben kosten würde? Eine weitere Ironie des Schicksals lag darin, dass wir Schottland gerade deshalb als Urlaubsland gewählt hatten, weil es ein sicherer und angenehmer Ort war. Für unsere Sicherheit in Großbritannien war der professionelle und unaufdringliche Special Branch von Scotland Yard zuständig.

Unsere Flitterwochen waren in mehrfacher Hinsicht eine Herausforderung. Ich war noch nicht an die Sicherheitsleute gewöhnt, die Hussein ständig begleiteten, und die Vertraulichkeit, mit der sie ihm – und nun auch mir – immer und überall näherrückten, irritierte mich. In jenem Sommer wurde die Fußballweltmeisterschaft ausgetragen, und wo immer wir gerade waren – beim Mittagessen, beim Tee oder auf einer Fahrt über Land –, kamen ständig Mitglieder unseres Gefolges auf uns zu und brachten uns die neuesten Ergebnisse. Meinem Mann schien das nichts auszumachen. Er war nicht nur ein leidenschaftlicher Fußballfan, der an den verregneten schottischen Nachmittagen vor der Mattscheibe hing und sich die Spiele ansah, sondern er war auch daran gewöhnt, immer mit seinem Gefolge und seinen Sicherheitsleuten zusammen zu sein.

Ich brauchte eine gewisse Privatsphäre und war nicht an ständigen Begleitschutz gewöhnt. Ich konnte einfach nicht ertragen, dass unsere Intimsphäre ständig verletzt wurde. Besonders missfiel mir, dass bei den langen Autofahrten, die in diesem Dauerregen so ziemlich unsere einzige Unterhaltung waren, stets ein Beamter des Special Branch in unserem Wagen sitzen musste. Das leuchtete mir nicht ein, zumal vor und hinter uns ohnehin immer Begleitfahrzeuge fuhren.

Wie ich herausfand, entspannte sich mein Mann am liebsten auf langen Autofahrten, während ich eher sportliche Aktivitäten wie Tennis, Skifahren oder Reiten vorzog. In Schottland fanden wir eine Art Kompromiss. Ich überredete den König, zwischen den einzelnen Unwettern mit mir auf dem berühmten Golfplatz des Gleneagles oder in den schottischen Mooren spazieren zu gehen. Er kam meinem Wunsch nach, wäre aber lieber gefahren, als zu Fuß zu gehen.

Husseins Leidenschaft für Autos stammte aus seiner Schulzeit in Harrow. Und sie wurde, da bin ich mir sicher, beträchtlich dadurch angeheizt, dass ihn die jordanischen Höflinge nicht ans Steuer lassen wollten. Bei Hofe wollte niemand die Verantwortung tragen, wenn der 17-jährige Thronerbe den Führerschein machte. Also machte er seine Fahrprüfung in England und kaufte dort auch das Erste von vielen Autos.

Mich interessierte weniger das Auto selbst, als wohin wir damit fuhren. Auch in dieser Beziehung waren wir verschieden: Ich probierte gern kleine Sträßchen aus, ohne genau zu wissen, wo wir waren oder wo wir landen würden. Auch Hussein ging gern auf Entdeckungsfahrt, aber er war viel zielbewusster. Während unserer Flitterwochen wollte mir Hussein Sandhurst zeigen, den Ort, an dem er seine militärische Ausbildung beendet hatte. Innerhalb weniger Minuten saßen wir im Auto und fuhren in Richtung Surrey. Dort angekommen, zeigte er mir voller Stolz das Standbild von Queen Victoria. Wenn sich ein Kadett in Sandhurst etwas hatte zuschulden kommen lassen, erhielt er den Befehl, der Statue »seine Aufwartung zu machen«. Er musste schimpflicherweise vom Exerzierplatz wegrennen, vor dem Standbild salutieren und sich anschließend wieder bei den exerzierenden Kameraden einreihen.

Mein Mann wollte stets genau wissen, wo er war und wohin er fuhr, was sicherlich daher rührte, dass er seit vielen Jahren Flugzeuge und Hubschrauber flog. Hussein hatte bei einem Schotten namens Jock Dalgliesh fliegen gelernt, und ihre erste Begegnung war mit einem tragischen Ereignis verbunden. Jock war damals Oberstleutnant der britischen Luftwaffe und beriet das jordanische Militär. Er befand sich auf einem Militärflughafen bei Jerusalem, als der 16-jährige Hussein dort eintraf – im Schockzustand, weil er gerade den Mord an seinem Großvater König Abdullah miterlebt hatte. Niemand wusste, was man mit dem jungen Mann tun sollte. Doch Jock führte Hussein zur zweimotorigen Dove seines Großvaters, setzte ihn auf den Platz des Kopiloten und flog mit ihm zurück nach Amman. Hussein vergaß nie, was Jock damals für ihn getan hatte, und zwischen den beiden Männern entstand eine lebenslange Bindung, die auch auf ihrer gemeinsamen Leidenschaft fürs Fliegen beruhte.

Dieser neuen Leidenschaft des Kronprinzen stand der Hof

zunächst ebenfalls ablehnend gegenüber. Sogar Jock versuchte, Hussein zu entmutigen, indem er mit ihm so viele extreme Luftmanöver flog, dass dem jungen Prinzen übel wurde. Doch Hussein ließ sich nicht abschrecken. Er hegte nicht nur die gleiche Leidenschaft fürs Fliegen wie fürs Autofahren, er wollte zudem eine erstklassige Luftwaffe in Jordanien aufbauen. Wenn er selbst flog, würden auch andere junge Männer des Königreichs fliegen wollen. Also setzte er seine Flugausbildung fort, und als er so weit war, missachtete er einen Befehl, den der Hof Jock, den anderen Piloten und allen Mechanikern am Boden gegeben hatte: Der Kronprinz darf nicht allein fliegen. Er stieg einfach in ein Flugzeug, als gerade niemand hinsah, und startete.

Ohne Jock hätte ich den König womöglich gar nicht kennen gelernt. Es war Jocks Leidenschaft für das Fliegen, die Hussein angesteckt hatte. Die Begeisterung für das Fliegen, die Hussein mit meinem Vater teilte, und meine eigene Abenteuerlust gemeinsam hatten bewirkt, dass der König und ich überhaupt zur gleichen Zeit am selben Ort gewesen waren.

Jock und mein Mann tauschten bei einer Tasse Tee in Jocks Landhaus bei Edinburgh Erinnerungen aus. Sie durchlebten ein anderes dramatisches Erlebnis noch einmal – eine Begegnung mit dem Tod, die sie 20 Jahre zuvor im Luftraum über Syrien gehabt hatten. Jock hatte bei dem Angriff der syrischen Jäger den Steuerknüppel der alten Dove übernommen und mit dem Flugzeug buchstäblich den Boden gestreift, aber er entkam den syrischen Jägern im Tiefstflug in den jordanischen Luftraum. Mein Mann sagte mir später, in seinem ganzen Leben sei er dem Tod niemals so nahe gewesen.

Hussein ließ den Kontakt zu seinen alten Freunden nie abbrechen, und Jock hatte er besonders ins Herz geschlossen. Als der Schotte älter wurde, schickte er seinen britischen Hubschrauberpiloten Richard Verrall zwei Mal mit der Dove nach Schottland, damit Jock die Maschine wieder fliegen konnte. Jock war inzwischen weit über siebzig und hatte die Maschine über dreißig Jahre lang nicht mehr geflogen, aber Richard sagte, seine Hände hätten die Instrumente bedient, als hätte er erst gestern am Steuerknüppel gesessen.

Wir genossen beide den Besuch bei Jock sehr, doch dem schlechten Wetter konnten wir nicht entkommen. Der Regen hörte einfach nicht auf, und es war die ganze Zeit unangenehm kalt. Beim Packen hatte ich nicht an schlechtes Wetter gedacht. Ich war so damit beschäftigt gewesen, ein Kleid und Schuhe für die Hochzeit zu beschaffen, dass ich keine Gelegenheit gehabt hatte, mir geeignete Kleider für die Flitterwochen zu besorgen. Ein Londoner Freund meines Vaters hatte ein paar Kleidungsstücke nach Amman gebracht, aber es war hauptsächlich Kleidung für einen Segelurlaub in der Karibik. Nach vier Tagen mit schrecklichem Wetter und ständig gestörter Privatsphäre machten wir dann auch noch die lebensgefährliche Bekanntschaft mit den giftigen Dämpfen. Das reichte. Am folgenden Morgen fuhren wir nach London, wo mein Mann an einer privaten Straße gegenüber dem Kensington Palace ein Haus besaß, in dem sich früher die jordanische Botschaft befunden hatte. Hussein stieg zu jener Zeit eigentlich lieber im Claridge's Hotel ab, als in dem Haus zu wohnen, aber ich überzeugte ihn, dass wir dort mehr Privatsphäre und Sicherheit genießen würden.

Das Haus hieß Palace Green und war ein großes fünfstöckiges Gebäude, das der König einige Jahre zuvor dem britischen Staat abgekauft hatte. Er hatte eine Zeit lang selbst darin gewohnt, dann hatte er es nach der Scheidung an seine zweite Frau abgetreten und es schließlich wieder von ihr zurückgekauft. Er hatte das Haus also zwei Mal gekauft. Dies war ein Verhaltensmuster, an das ich mich gewöhnen sollte. Er veräußerte fast nie Besitz, sondern verschenkte ihn. Palace Green hatte Privaträume in den oberen Stockwerken und repräsentative Empfangsräume im Erdgeschoss. Die englische Sekretärin meines Mannes, die seit 25 Jahren für ihn arbeitete, hatte ihr Büro in einem der Gästezimmer im zweiten Stock. Sie hatte ihre Schreibmaschine auf einen Toilettentisch gestellt. Es gab keine Telefonzentrale, und wenn das Telefon klingelte, antwortete mein Mann häufig selbst.

Ich musste schon bald entdecken, wie beschäftigt der König war, wann immer wir in London weilten. Auf unserer Hochzeitsreise wurde er ständig mit Anfragen von Jordaniern, der

Presse, Diplomaten und einfachen Bürgern überschwemmt, die alle eine Audienz bei ihm wollten. Seine Arbeitslast wurde einfach von Jordanien nach London transportiert. Ich war die meiste Zeit alleine und orientierungslos in einem Wirbel von Aktivitäten. Nichts in meinem Leben hatte mich auf das vorbereitet, was, wie ich nun begriff, mein Alltag sein würde. Wir mussten in unserer Ehe ständig darum kämpfen, unter dem Druck der Ereignisse ein bisschen private Zeit für uns zu finden. Tatsächlich wurde das Badezimmer für uns der einzig verlässliche Zufluchtsort. Es war häufig der einzige Raum, in dem wir völlig ungestört miteinander sprechen konnten.

Angesichts der großen Belastungen, die der König durchgestanden hatte, und der außerordentlichen Herausforderungen und Krisen, die er auch weiterhin bewältigen musste, beschloss ich schon sehr früh in unserer Ehe, diesen Stress wenn möglich nicht noch zu verstärkten. Deshalb wollte ich den König nicht mit meinen Problemen oder Bedürfnissen belasten. Es war nicht immer leicht, mich an diesen Vorsatz zu halten, insbesondere auf unserer Hochzeitsreise, auf der ich den Mann schließlich kennen lernen musste, mit dem ich verheiratet war. Er hatte so vielfältige Aufgaben und so viele Termine, dass es mich zunehmend frustrierte.

Ich war nur kurz eine umworbene junge Braut gewesen, aber die Ehe mit Hussein hatte mich auch zur Stiefmutter von acht Kindern gemacht. Den drei jüngsten – Abir, Haja und Ali – fühlte ich mich bereits nahe. Mit ihnen hatte ich schon in meiner Verlobungszeit viele glückliche Stunden verbracht. Nachdem ich ihren Vater geheiratet hatte, nannten sie mich »Mama« oder »Mami«. Die anderen jedoch – Husseins Älteste Alia, Abdullah, Feisal und die Zwillinge Sein und Aischa – kannte ich kaum. Doch ich wusste von Hussein, welchen Anforderungen sie während seiner drei Ehen ausgesetzt gewesen waren. Husseins ältere Kinder nannten mich »Abla Noor«, »große Schwester«.

Im Lauf der Jahre gab ich mir die größte Mühe, alle Kinder und, wenn möglich, auch ihre Mütter in Familienzusammenkünfte mit einzubeziehen. Ich hoffte, dass wir uns durch regelmäßige Kontakte näher kommen und etwaige Spannungen abbauen würden. Gerne würde ich hier feststellen, dass diese Strategie uneingeschränkt erfolgreich war. Im Nachhinein glaube ich jedoch, dass ich ein wenig naiv gewesen bin. Ich glaubte, wenn ich positive Gefühle ausstrahlte, würde ich entsprechende Gefühle zurückbekommen. So einfach war es nicht. Immer wieder kam es zu Missverständnissen, auch wenn ich überzeugt bin, dass wir alle – Eltern, Stiefmutter und Kinder gleichermaßen – diese komplizierte Situation meistern wollten.

Einer der angenehmsten Aspekte unseres Londoner Aufenthalts war der Umstand, dass wir einige alte Freunde Husseins trafen. Wir verbrachten Zeit mit dem jordanischen Botschafter in Großbritannien Ibrahim Isedin und seiner Frau Noor. Beide waren klug, anregend und hilfsbereit. Ibrahim und Hussein waren im selben Stadtviertel aufgewachsen und hatten zusammen Radfahren gelernt. Während die Männer sich in der Botschaft unterhielten, hatten auch Noor und ich Zeit für ein Gespräch. Ich fühlte mich sofort angezogen von ihrer sanften Weisheit und ihrem schelmischen Humor. Noor half mir auch bei meiner Suche nach einem alten Gebetsteppich als Geschenk für meinen Mann.

Auch auf dem Land erlebten wir einen herrlichen Tag, als wir Tessa Kennedy besuchten, eine bekannte englische Innenarchitektin und alte Freundin meines Mannes. Sie war Hussein 1967 von Charles Johnson, dem britischen Botschafter in Amman, vorgestellt worden. Ihre Mutter hatte Tessa auf eine lange Reise in den Nahen Osten mitgenommen, weil sie hoffte, dadurch die Eheschließung mit einem jungen Maler zu verhindern, den sie nicht als Schwiegersohn haben wollte. Es klappte nicht. Noch am Tag ihrer Rückkehr riss die 17-jährige Tessa mit ihrem Geliebten aus – ein Skandal in der besseren Gesellschaft. Tessa und Hussein waren all die Jahre enge Freunde geblieben. Er war der Patenonkel ihrer Tochter Milica, und Tessa und ihre Familie besuchten in den Osterferien oder im Sommer häufig Jordanien.
Beim Mittagessen in Tessas Haus auf dem Land erzählte ich

ihr, wie wir unsere Flitterwochen halb erfroren in Schottland verbracht hatten und schließlich auch noch beinahe erstickt wären. Dann spielten wir vergnügt eine Partie Krocket auf ihrem Rasen, der von einer großen Libanonzeder, einer Hängenden Eberesche und anderen herrlichen Bäumen umgeben war. Die Umgebung, das Wetter und die Gesellschaft sorgten dafür, dass es ein perfekter Tag wurde. Tessa erzählte mir später, mein Galgenhumor angesichts der Tatsache, dass wir in dem Bungalow fast erstickt wären, habe sie davon überzeugt, dass unsere Ehe funktionieren werde. Wie sich herausstellte, hatte Hussein sie, kurz nachdem er mich kennen gelernt hatte, angerufen und gesagt: »Ich glaube, ich habe jemand gefunden. Es ist mir wirklich schlecht gegangen, und jetzt bin ich endlich glücklich. Mein Leben wird eine neue Wendung nehmen.«

Was mich in unserer Ehe von Anfang an störte, war der ständige Klatsch über Husseins Freunde und Verwandte. Als wir aus Schottland nach London kamen, wurde ich Husseins Sekretärin vorgestellt, einer treuen und engagierten Person, die allerdings auch recht besitzergreifend und überfürsorglich war. Kurz nach unserer ersten Begegnung begann sie die meisten Leute aus der Umgebung des Königs zu kritisieren. Völlig hemmungslos hechelte sie in meiner Gegenwart eine Liste von Husseins Freunden durch. Auch seine Ex-Frauen und seine Kinder verschonte sie nicht. Ich versuchte, sie auf ein unverfänglicheres Thema zu bringen, aber ohne Erfolg. Ich hatte diese Art von Klatsch noch nie erlebt und begann mich zu fragen, in was für eine Welt ich da hineingeheiratet hatte.

Zunächst einmal fiel es mir überhaupt schwer, mich an die Vorstellung zu gewöhnen, dass ich das Geld eines anderen ausgeben sollte. Ich war daran gewöhnt, mein eigenes Geld zu verdienen und auszugeben. Nach unserer Heirat waren mir zunächst sowohl die Finanzen meines Mannes als auch die Finanzverwaltung des Hofes ein Mysterium, das ich nicht durchschaute. Ich wusste lediglich, dass ich keine Geldsorgen haben sollte. Aber was hatte das zu bedeuten? Einerseits war mir klar, dass der König mir keine Grenzen setzen würde, auch wenn er sich bereits in der Vergangenheit negativ über verschwenderisches Verhalten geäußert hatte. Andererseits war ich so erzogen, dass ich mir selbst vernünftige Grenzen setzen konnte. Es war verwirrend. Ich wusste nicht, was von mir als seiner Frau und als Königin erwartet wurde, und das brachte mich immer wieder in peinliche Situationen. »Warum gehst du nicht mit meiner Sekretärin einkaufen?«, schlug mein Mann häufig vor, wenn er während unseres Aufenthalts in London durch eine Konferenz festgehalten wurde. Er nahm an, ich würde gerne einkaufen gehen, aber wir waren in den Flitterwochen, und die wollte ich eigentlich nutzen, um ihn kennen zu lernen.

Eines Tages fühlte ich mich von allem ein bisschen überfordert, und in dieser Stimmung kam ich zu dem Schluss, dass mir ein Tapetenwechsel gut tun würde. Ich rief meine Freundin Fatina Asfur an. Sie lebte in London und war ebenfalls frisch verheiratet. Mein Mann hatte eine ganze Reihe von Autos, und vermutlich hatten auch Chauffeure in der Garage von Palace Green Bereitschaft, aber ich sagte der Sekretärin, dass ich lieber ein Taxi nehmen wollte. Als es jedoch an der Zeit war, wieder nach Hause zu gehen, bemerkte ich, dass ich die Adresse von Palace Green nicht hatte und nicht einmal eine Telefonnummer von dem Haus besaß. Ich rief in der jordanischen Botschaft an, aber dort war bereits Feierabend. Irgendwie fanden Fatina und ich schließlich durch Ausprobieren heraus, wo ich hinmusste, und sie fuhr mich vor das Tor der Residenz. Ich fragte mich auf der ganzen Fahrt, ob ich in die surreale Welt des Königs zurückkehren durfte, nachdem ich sie heimlich durch das Schlupfloch verlassen hatte – und sogar ob ich tatsächlich zurückkehren wollte. War vielleicht alles nur ein seltsamer Traum? Ich kam mir fast vor wie Alice im Wunderland. Als wir schließlich vor Palace Green ankamen, war das Tor verschlossen, was meine Befürchtungen noch verstärkte. Ich schluckte, klingelte, und ein Wachposten ließ mich eintreten.

Tatsächlich war das Einzige, was mich wieder hinter diese Mauern lockte, mein Ehemann. Wir waren noch keine zwei Wochen verheiratet, ich liebte ihn wirklich, und ich glaubte an seinen Kampf für den Frieden. Natürlich waren die stillen Rituale der Brautwerbung – Dinner, Filme und Gespräche unter vier Augen – nun seltener, doch wir würden andere Möglichkeiten haben, einander kennen zu lernen, und ich würde andere Möglichkeiten finden, mehr über seine Welt zu erfahren.

Schon auf unserer Hochzeitsreise war die Politik unsere ständige Begleiterin. Von Anfang an stand, wo immer auf der Welt wir auch waren, ein schwarzes Kurzwellenradio von der Größe einer Aktentasche auf unserem Nachttisch, das uns Tag und Nacht über die Ereignisse auf dem Laufenden hielt. Ich war bereits vertraut mit den wichtigsten Ereignissen im Nahen Osten, aber ich kannte sie vor allem aus Büchern und Zeitungen als eine Serie von Kämpfen und Konflikten, die gleichsam wie von selbst ausbrachen, wobei stets ein Ereignis das andere nach sich zog. Doch nun wurde mir klar, dass durch jede Entscheidung Menschenleben geopfert oder gerettet wurden. Ich erkannte, dass es sich für meinen Mann um lebendige Geschichte handelte, die ihn jede Stunde seines Lebens beschäftigte. Er unterwarf sein Leben und seine Pflichten vollständig dem Vermächtnis seiner haschemitischen Vorfahren und dem Streben nach Frieden.

Jordanien stand vor einer einzigartigen politischen Aufgabe. Viele seiner Staatsbürger identifizierten sich sehr stark mit ihrer palästinensischen Herkunft und bemühten sich aktiv um eine Rückkehr ins Land ihrer Vorfahren. Nach der Gründung der Palästinensischen Befreiungsorganisation (PLO) im Jahr 1964 unterstützten viele Jordanier palästinensischer Herkunft verständlicherweise eine politische Organisation, die ihre Besitzansprüche und legitimen Rechte in Palästina wieder durchzusetzen verhieß. König Hussein hoffte, dass die Jordanier palästinensischen Ursprungs eines Tages durch eine dauerhafte Friedensregelung in Palästina die Möglichkeit erhalten würden, entweder in Jordanien zu bleiben oder in ihre alte Heimat zurückzukehren. Für dieses Ziel arbeiteten wir alle. In der Zwischenzeit jedoch waren alle jordanischen Staatsbürger Mitglieder einer einzigen großen Familie, die sich gemeinsam für den Aufbau und die Entwicklung des Landes einsetzte.

Hussein drängte auch weiterhin auf einen israelischen Rückzug aus den besetzten Gebieten. Er hatte Hunderttausende von Palästinensern in seinem Staat willkommen geheißen, als die Israelis sie 1967 durch die Besetzung des Westjordanlands und des Gazastreifens vertrieben, aber er hatte den Extremisten in der PLO verboten, auf jordanischem Boden Stützpunkte zu errichten und von dort aus Guerillaaktionen in Israel durchzuführen. Die palästinensischen Guerillagruppen, aus denen die PLO bestand – darunter die von Jassir Arafat geführte Fatah –, waren mit diesem Verbot nicht einverstanden. Wie schon der Name »Palästinensische Befreiungsorganisation« besagte, bestand ihr Ziel darin, ihr gesamtes Heimatland mit allen Mitteln von Israel zurückzugewinnen, auch mit Gewalt. »Ich sympathisierte mit ihrem Anliegen, aber nicht mit ihrer Strategie«, sagte König Hussein zu mir. In den palästinensischen Flüchtlingslagern und Gemeinden gab es jedoch mehr als genug Sympathisanten, die den »Fedajin«, den palästinensischen Kämpfern, Schutz boten. Und die Fedajin überschritten ständig die Grenze und verübten Anschläge in Israel. Die Israelis schlugen mit unverhältnismäßiger Härte zurück und zerstörten palästinensische und jordanische Dörfer im gesamten Jordantal.

Dann kam die Krise um Karameh. Der Ort war ursprünglich ein kleines Flüchtlingslager gewesen, hatte sich jedoch zu einer ausgebauten und ziemlich wohlhabenden Palästinensersiedlung entwickelt. Karameh war einer der vielen Stützpunkte Arafats in Jordanien. Die Palästinenser der Siedlung hatten Arafat und die PLO willkommen geheißen, nachdem Israel den Ort im November 1967 mit Artilleriegranaten beschossen und mehrere Schulmädchen auf dem Nachhauseweg getötet hatte. Der Teufelskreis von Angriff und Vergeltung setzte sich fort. Am 21. März 1968 marschierte Israel mit einer starken gepanzerten Streitmacht von 15 000 Mann in Jordanien ein, um die PLO in Karameh zu vernichten. Doch die jordanische Armee stellte sich mit ihren Panzereinheiten zum Kampf.

In der erbitterten Schlacht, die nun folgte, gewannen die jordanischen Kräfte die Oberhand und hätten die israelischen Bodentruppen geschlagen, wenn die israelische Luftwaffe nicht eingegriffen hätte. Nun gelang es den Israelis, Karameh dem

Erdboden gleichzumachen – nur die Moschee blieb stehen –, aber auf ihrem Rückzug zur Grenze mussten sie einen hohen Preis dafür zahlen. Jordanischen Berichten zufolge zerstörten die jordanischen Streitkräfte 20 israelische Panzer und weitere 25 gepanzerte Truppentransporter und töteten oder verwundeten 200 israelische Soldaten – Zahlen, die Israel sogleich bestritt. Jordanien verlor einen beträchtlichen Teil seiner Panzer und erlitt ungefähr dieselben Verluste wie Israel, psychologisch jedoch hatte es einen gewaltigen Sieg errungen. Allerdings war das jordanische Militär höchst verblüfft, als Arafat den Sieg sofort für die PLO reklamierte und verkündete, *seine Organisation* hätte die Israelis zurückgeschlagen. Diese Behauptung blieb stets umstritten, die Auswirkungen der Schlacht um Karameh stehen zweifelsfrei fest.

Über Nacht waren Arafat und seine Fedajin in der gesamten arabischen Welt zu Helden geworden, weil sie sich den Israelis zum Kampf gestellt hatten. Kurz darauf begann die PLO lautstark gegen Hussein zu opponieren. Seine Berichte über die Anarchie, die im Gefolge von Karameh in Jordanien ausbrach, zeichnen ein tragisches und schreckliches Bild. Freiwillige Guerillakämpfer aus aller Welt – sogar aus afrikanischen Ländern und aus Kuba – kamen nach Jordanien und schlossen sich dem palästinensischen Widerstand an. Als die Israelis ihre Vergeltungsmaßnahmen wegen der Angriffe der Fedajin verschärften und Dörfer im Jordantal mit Sprengbomben und Napalm angriffen, zogen sich die undiszipliniierten »Armeen« der PLO nach Amman zurück. Verschiedene Fraktionen der PLO errichteten Straßensperren, kontrollierten die Ausweise von Autofahrern und nahmen ihnen Geld ab. »Niemand – weder Kind noch Erwachsener – konnte sicher sein, ob er zurückkehren würde, wenn er sein Haus verließ«, berichtete mir König Hussein. Jordanische Armee- und Polizeioffiziere wurden verhöhnt, entführt und sogar getötet. »Amman wurde faktisch zum Schlachtfeld«, sagte mein Mann.

Hussein geriet unter enormen Druck, gegen die PLO vorzugehen. Insbesondere seine gedemütigten Streitkräfte forderten einen militärischen Gegenschlag. Doch er hielt sie noch zurück. »Was erwarteten sie von mir?«, sagte er. »Sollte ich auf ein

Volk schießen, das aus seinem Land vertrieben worden war, das alles verloren hatte?« Er traf sich mehrmals mit Arafat und verhandelte über eine Wiederherstellung der Ordnung, aber Arafat behauptete, er könne den Mob auf den Straßen auch nicht kontrollieren. Trotzdem hielt Hussein seine Armee noch zurück. »Ich hoffte immer noch, die Fedajin würden wieder Vernunft annehmen und sich daran erinnern, dass sie nicht gegen ihre arabischen Brüder, sondern gegen die israelische Besatzung kämpfen sollten«, sagte er.

Inzwischen schoss die PLO Raketen über die Grenze, und Israel antwortete mit immer härteren Vergeltungsschlägen im ganzen Jordantal, vom Toten Meer bis zum See Genezareth. »Ich war sehr besorgt über die fortgesetzten Kämpfe«, erinnerte sich Hussein. »An manchen Orten starteten die Palästinenser ihre Raketen per Zeitzünder hinter unseren Linien, um die israelischen Vergeltungsschläge auf unsere Armee zu lenken. An anderen Orten mussten wir Armee-Einheiten von der Waffenstillstandslinie abziehen, um die Palästinenser im Zaum zu halten, was unsere Grenze sehr verwundbar machte.«

Angesichts der inneren und äußeren Bedrohung seines Landes nahm Hussein im März 1970 heimlich Kontakt zu den Israelis auf. »Sie sollten wissen, dass sie nicht gegen eine Armee kämpften, sondern gegen Menschen, die sich gegen die Besetzung ihres Landes wehrten«, erklärte er mir. Seine Treffen mit den Israelis erfolgten ganz im Geiste seines Großvaters, der die Möglichkeiten für eine Friedensregelung ausgelotet hatte, die die Rechte und das Territorium der Palästinenser nicht verletzen würde. »Wir wussten beide, dass im Krieg keine Zukunft lag und beide Völker nur weiterleiden würden«, sagte mein Mann. »Ich wollte ein direktes Gespräch mit den Israelis, auch wenn es letztlich zu keinem Ergebnis führte. Ich konnte nicht einfach untätig herumsitzen, ohne zu wissen, was sie dachten.« Diesen Ansatz, der sich am besten mit Husseins oft gebrauchter Formulierung »Kontakt ist keine Unterstützung« auf den Punkt bringen lässt, sollte der König in den folgenden Jahren noch häufig wählen.

Hussein wollte zudem erreichen, dass die Israelis die inneren Unruhen in Jordanien während dieses Konflikts nicht ausnutzten. Durch die Gespräche mit Israel gefährdete er sich in der aufgeheizten Atmosphäre des Jahres 1970 mehr als je zuvor, doch er glaubte, keine andere Wahl zu haben. Er verlor gerade die Kontrolle über sein Land an die PLO und konnte nicht auch noch auf eine israelische Offensive gegen Jordanien reagieren.

Mit einer Art vereinigten Armee unter der Bezeichnung »Palästinensische Widerstandsbewegung« und mit PLO-Führern, die in Wagenkolonnen mit bewaffneten Eskorten durch Amman dröhnten, errichteten die Fedajin in Jordanien einen Staat im Staate. Sie betrachteten König Hussein als Verräter, weil er einen Frieden mit Israel befürwortete. Zwei Mal wäre er bei Attentaten der PLO fast getötet worden.

Auch andere Mitglieder der königlichen Familie gerieten ins Visier der PLO. Scharif Seid bin Schaker, ein leiblicher Vetter des Königs, den wir alle Abu Schaker nannten, hielt sich im Juni 1970 im Armeehauptquartier auf, als das Haus seiner Mutter und ihr Nachbarhaus, das Prinz Ali Bin Najef gehörte, von der PLO unter massiven Artilleriebeschuss genommen wurde. Alis Frau Prinzessin Wischdan erzählte mir später, sie sei um sechs Uhr morgens aufgewacht, als in ihrem Haus Granaten und Gewehrkugeln einschlugen. Sie ging mit ihren entsetzten Kindern unter dem Esstisch in Deckung und versuchte sie zu beruhigen, als eine weitere Granate das Haus so schwer traf, dass der Kronleuchter von der Decke stürzte und auf den Tisch knallte. Kurz darauf hörte sie im Radio, dass die PLO einem Waffenstillstand zugestimmt habe. Warum wurde dann ihr Hauses immer noch beschossen?

Prinz Ali, ein Stabsoffizier beim Nachrichtendienst der Dritten Königlichen Panzerdivision, war von der PLO zum Tode verurteilt worden. Er war an diesem Tag zufällig daheim und erkundigte sich beim Armeehauptquartier, warum die PLO den Beschuss fortsetzte. Dort teilte man ihm mit, die PLO habe ihn und seine Familie von dem Waffenstillstand ausgenommen. »Sie sagten, die Familie des Prinzen Ali verdiene es nicht zu leben«, erinnerte sich Wischdan. »Ich wurde hysterisch, und er sagte, ich solle mich beruhigen.« Dann telefonierte er mit Arafat. Der PLO-Chef sagte, der Beschuss werde fortgesetzt, weil jordanische Soldaten vor Abu Schakers Haus das Feuer der PLO erwiderten. Prinz Ali rief im Nachbarhaus an. Abu Schakers Schwester Scharifa Josah meldete sich, und er sagte, sie solle die jordanischen Soldaten vor ihrem Haus auffordern, das Feuer einzustellen. »Aber sag es ihnen vom Erdgeschoss aus«, riet er ihr. »Die PLO sitzt auf dem Minarett der Moschee, und das Dach liegt in ihrem Schussfeld.« Josah legte den Hörer neben das Telefon, und gleich darauf hörte Prinz Ali den Feuerstoß eines Maschinengewehrs und einen Schrei. Nach einer Weile kam Abu Schakers Mutter ans Telefon und sagte, Josah sei aufs Dach gestiegen, um mit den Soldaten zu reden, und die PLO habe auf sie geschossen. Sie war tot.

Die beiden Familien und der Leichnahm Scharifa Josahs wurden schließlich von Krankenwagen in Sicherheit gebracht, obwohl die PLO auch auf diese Fahrzeuge feuerte. Beide Familien fanden im Hauptquartier des jordanischen Zivilschutzes Zuflucht. Wenig später schickte Prinz Ali seine Frau und seine Kinder nach London. Dann meldete er sich wieder zum Dienst. Dies sei der schwerste Tag seines Lebens gewesen, sagte der Veteran des Sechstagekriegs. »Die PLO hatte Amman besser unter Kontrolle als wir«, erklärte er mir später. »Amman war ihre Stadt, nicht mehr unsere.«

Einer besonders militanten Gruppierung der Palästinenser stieg ihre Macht zu Kopf. Diese Leute verspielten das internationale Kapital, das sie durch Karameh gewonnen hatten, weil sie sich einen üblen Ruf als Terroristen erwarben. Binnen einer einzigen Woche im November 1972 entführte Georges Habaschs Volksfront für die Befreiung Palästinas (PFLP) vier Passagiermaschinen. Drei der Flugzeuge wurden gezwungen, in Jordanien zu landen. Die Flugzeugentführungen machten König Hussein sehr zornig; er nannte sie »eine Schande für die Araber«. Als er mir die Episode acht Jahre später erzählte, merkte ich, dass er wegen der Leiden der Passagiere noch immer tief betroffen war. Er betrachtete es als völlig unverzeihlich, dass die Entführer sein Land benutzt hatten, und er pflegte einen lebenslangen Briefwechsel mit den Passagieren der entführten Flugzeuge.

Die Flugzeugentführungen schadeten dem Image der PLO in

der ganzen westlichen und auch in der arabischen Welt. Sowohl Ägypten als auch der Irak entzogen der PFLP ihre Unterstützung, und auch Arafat distanzierte sich, doch die Anarchie in Jordanien dauerte an. Die PFLP ließ die Geiseln zwar frei, sprengte aber alle drei in Jordanien gelandeten Flugzeuge in die Luft. Arafat hatte die PLO-Extremisten in den jordanischen Städten nicht unter Kontrolle, und die jordanischen Sicherheitskräfte, die nicht eingreifen durften, standen kurz vor einer Meuterei. Zehn Tage nach der ersten Flugzeugentführung bildete König Hussein eine Militärregierung unter Führung des palästinensischen Brigadegenerals Mohammed Daud. Er und andere Mitglieder der Regierung nahmen ein letztes Mal Kontakt mit Arafat auf und versuchten, sich mit ihm auf die Wiederherstellung von Ruhe und Ordnung zu einigen. Doch Arafat antwortete mit einer Kriegserklärung: »Sagt König Hussein, dass ich ihm nur ein einziges Zugeständnis mache. Er hat 24 Stunden Zeit, das Land zu verlassen.« Nachdem Arafat Hussein den Fehdehandschuh hingeworfen hatte, befahl Hussein schließlich doch der jordanischen Armee, gegen die PLO vorzugehen.

Die Armee begann das Land Stadt für Stadt, Lager für Lager, Straße für Straße und Haus für Haus von der PLO zu säubern. Die Operation dauerte zehn Monate, und diese Zeit bedeutete eine immense Qual für den König, denn er hatte lange versucht, Blutvergießen zwischen Arabern zu vermeiden. »Es war das schwerste Jahr meines Lebens«, sagte er zu mir. Im Zentrum von Amman, in der Nähe der königlichen Paläste, waren die Kämpfe besonders heftig. Husseins Großvater König Abdullah I. hatte aus Sicherheitsgründen verboten, auf den Hügeln oberhalb der Paläste Häuser zu bauen, doch König Hussein hatte den Palästinensern infolge des Drucks der Flüchtlingsströme erlaubt, dort zu bauen. »Sie hatten schon so viel gelitten, dass ich es ihnen nicht abschlagen konnte«, erklärte er mir.

Er hätte seine Gutmütigkeit fast mit dem Leben bezahlt. Im Lauf der Auseinandersetzungen nahmen Kämpfer der PLO von den Hügeln herab den Basman-Palast unter schweren Granatbeschuss. Der Kommandant der Palastwache entdeckte, dass einer der Palastköche der PLO signalisierte, wo Hussein sich aufhielt, damit sie ihn töten konnte. Hussein überlebte, aber der Palast war ganz pockennarbig von den Einschlägen der Kugeln und Raketen. Die Schäden am Palast sind eine ständige Erinnerung an die Tragödie der Palästinenser, die bis heute andauert.

Während der Kämpfe fiel die Stromversorgung aus, und das Telefonnetz brach zusammen; Jordanien war von der Außenwelt abgeschnitten. Ausländischen Journalisten, die sich in Amman verkrochen hatten, gelang es irgendwie, Nachrichten aus dem Land zu schmuggeln, aber ihre Informanten gehörten der PLO an, und ihre Berichte waren einseitig. Es blieb dem begeisterten Amateurfunker Hussein überlassen, mit seinem Funkgerät zutreffende Informationen über die Lage zu verbreiten. Der Austausch von Informationen mit anderen Amateurfunkern auf der ganzen Welt war eine seiner Leidenschaften. Er hatte immer ein kleines Amateurfunkgerät dabei, auch in England, in den Bergen Österreichs oder in Washington, D.C. In der gefährlichen Zeit um 1970 spielte sein Hobby tatsächlich eine nützliche Rolle wie auch später, als er ein Schiff vor der Küste Hongkongs vor dem Untergang rettete. Die Hafenbehörden von Hongkong hatten keine Ahnung, dass 300 Kilometer vor der Küste ein Schiff in Seenot geraten war. Aus irgendeinem Grund erreichten die Notrufe des Schiffes sie nicht, aber Hussein fing sie auf, und es gelang ihm, die zuständigen Behörden zu alarmieren. 1970 jedoch diente das Funkgerät seiner eigenen Rettung.

Jordaniens Existenz stand auf dem Spiel. Am 19. September 1970, dem zweiten Tag des Feldzugs gegen die PLO, meldeten die Radargeräte des jordanischen Militärs, dass die Syrer an der jordanischen Grenze Panzer zusammenzogen. Ein Aufklärungskommando der Jordanier meldete, die Syrer hätten »Palästinensische Befreiungsarmee« auf ihre Panzer geschrieben, eine List, die niemanden täuschen konnte. »Wir wussten ganz genau, dass Syrer in den Panzern saßen«, sagte Hussein zu mir.

Weder König Hussein noch die jordanische Militärführung rechneten damit, dass die Syrer wirklich angreifen würden, doch sie taten es. Am folgenden Tag überschritten syrische Panzer die Grenze unter dem Vorwand, Jordanien zerstöre die Stellungen der PLO auf Befehl der USA, und drohten, die Stadt Irbid im Norden Jordaniens zu erobern. »Es war die schwerste Bedrohung in unserer Geschichte«, erklärte mir Hussein. Die Syrer waren mit einer großen Panzerstreitmacht in Jordanien einmarschiert, doch die Gefahr wurde zusätzlich dadurch verschärft, dass auch irakische Truppen in der angegriffenen Region standen. Die Iraker waren 1967 ins Land gekommen, um jordanische Luftwaffenstützpunkte vor israelischen Angriffen zu schützen, und danach waren sie im Land geblieben. »In jenen Stunden wussten wir nicht, ob sich die Syrer und die Iraker gegen Jordanien verbünden würden«, sagte Prinz Raad. »Es war eine unerfreuliche Situation. Wenn sie es getan hätten, hätten wir große Probleme bekommen.«

Die Iraker unterstützten den syrischen Angriff nicht, und auch die syrische Luftwaffe griff nicht ein. Tatsächlich fürchtete der Kommandeur der syrischen Luftwaffe, Hafis al-Assad, dass Israel und vielleicht auch die amerikanische Regierung – die ihre Truppen in Europa in Alarmbereitschaft versetzt hatte – zurückschlagen würden, wenn Syrien Jordanien angreifen sollte. Assad behauptete später, die Befehle seiner Regierung missachtet zu haben, weil er nicht gewollt habe, dass Araber gegen Araber kämpften. Doch es wird allgemein angenommen, dass seine Entscheidung eher pragmatisch begründet war. Unbestritten ist, dass die jordanischen Bodentruppen mit Hilfe der jordanischen Luftwaffe den syrischen Angriff zum Stehen brachten, obwohl sie zahlenmäßig weit unterlegen waren. »Wir mussten uns verteidigen«, erinnerte sich Abu Schaker. »Wer auf dich schießt, ist ein Feind, gleichgültig, ob er ein Araber ist oder nicht.« Zwei Tage später zogen sich die Syrer zurück.

Die gesamte Operation gegen die Syrer dauerte nur zwei Wochen. Doch die Säuberung Jordaniens von den palästinensischen Widerstandskämpfern ging weiter bis Juli 1971. Arafat versuchte, verkleidet aus dem Land zu fliehen, wurde jedoch vom militärischen Geheimdienst festgenommen. In echter haschemitischer Tradition ordnete Hussein seine Freilassung an. Gegenüber anderen gefangenen Fedajin zeigte Hussein die gleiche Versöhnungsbereitschaft. Einige Kämpfer, die ihm vorgeführt wurden, warfen sich vor ihm auf den Boden und versuchten, ihm die Füße zu küssen. Er befahl ihnen aufzustehen, ihre Habseligkeiten zu nehmen und zu gehen, und zwar als freie Männer. »Sie waren meine Brüder«, sagte er zu mir.

Auch Tausende von palästinensischen Kämpfern, die die jordanische Armee in Lagern interniert hatte, wurden milde behandelt. Viele von ihnen waren aus Syrien, dem Libanon, dem Irak und anderen Ländern gekommen, angeblich um gegen Israel zu kämpfen, tatsächlich jedoch, um die Position der PLO in Jordanien zu stärken. Trotzdem wurde den meisten von ihnen gestattet, das Land unbehelligt zu verlassen. Viele machten davon Gebrauch und wurden auf Lastwagen nach Syrien gebracht. Syrien wiederum verlegte ständig Fedajin in den Libanon. Der Rest der palästinensischen Flüchtlinge durfte weiter friedlich in Jordanien leben. »Wir hatten nichts gegen sie, und sie hatten nichts gegen uns«, sagte mein Mann zu mir. »Sie waren jordanische Staatsbürger. Es gab keine Massenvertreibung, nur die Widerstandskämpfer der PLO verließen das Land.«

König Hussein hatte die Krise überstanden. Seine Abdankung, über die die Weltpresse bereits ausgiebig spekuliert hatte, blieb aus. Er hatte sein Land gerettet und, wichtiger noch, dessen Einheit gewahrt. Jordanien versank nicht in einem Bürgerkrieg, wie er im folgenden Jahrzehnt den Libanon verwüstete, sondern es schloss sich unter Husseins Herrschaft zusammen. Jene Kritiker, die ihn angegriffen hatten, weil er nicht früher gegen die PLO vorgegangen war, hatten Unrecht behalten. Husseins Geduld und Toleranz, nicht der verfrühte Einsatz von Gewalt, hatten Jordanien vor dem Untergang bewahrt.

Die PLO jedoch hatte Jordanien nicht vergessen. Ein Jahr nach dem Konflikt wurde der jordanische Premierminister Wasif Tell, ein enger Freund König Husseins, in Kairo von der Organisation Schwarzer September ermordet. Diese Terroror-

ganisation der PLO hatte sich damals neu gegründet. Sie tötete später in München Mitglieder der israelischen Olympia-
mannschaft und stand auch im Verdacht, auf den jordanischen
Botschafter in Großbritannien Seid Rifai geschossen zu haben,
der ebenfalls ein alter Freund meines Mannes war. Weil der
Anschlag, den Seid Rifai wie durch ein Wunder überlebte, in
London verübt worden war, riet der jordanische Sicherheits-
dienst Hussein davon ab, sich in London aufzuhalten. Denn
der König stand danach ganz oben auf der Abschussliste des
Schwarzen September. Aus diesem Grund kaufte Hussein das
Haus Castlewood in Egham, einem landschaftlich reizvollen
Ort in der Nähe von London.

In Castlewood brachten wir dann auch Abir, Haja und Ali
unter, als sie uns in England besuchten, nachdem wir unsere
Hochzeitsreise in Schottland fürs Erste abgebrochen hatten. In
Egham konnten die Kinder draußen spielen, wenn wir in der
Stadt unseren Geschäften nachgingen. Wir picknickten mit
ihnen in der ländlichen Gegend um Castlewood und nahmen
sie auch mit nach London. Dort fütterten wir stundenlang
Enten am Long Water im Kensington Park. Was uns jedoch
allen am besten gefiel, waren unsere ausgelassenen Besuche in
Hamley's Toy Store. In dem Spielwarengeschäft erfüllte mein
Mann den Kleinen ihre Wünsche, bis sie mit schwer belade-
nen Verkäufern im Schlepptau durch die Gänge tollten.

Wir besuchten auch Umm Kabus, die Mutter des Sultans
von Oman. Sie verbrachte ihren Sommerurlaub in einem
wunderschönen Haus an der Themse. An der Haustür begrüßte uns Umm Kabus' langjährige Freundin Miriam Sawawi, die
auch mir eine liebe Freundin wurde. Sie führte uns in ein von
Weihrauchduft erfülltes Wohnzimmer, in dem uns Umm Kabus
erwartete. Sie war eine wahrhaft königliche Erscheinung mit
ihrem hennarotem Haar, ihrem kostbaren Schmuck und ihrem
herrlich bestickten Kaftan. Die gut gelaunte Königinmutter
zeigte großes Interesse und große Zuneigung für die Kinder
und hatte für uns alle wunderschöne Geschenke. Die Kinder
waren ganz starr vor Ehrfurcht, nahmen höflich ihre Geschenke in Empfang und suchten schnell wieder das Weite. Hussein

und ich blieben und plauderten über Politik und Familienangelegenheiten. Umm Kabus war über beide Themen sehr gut informiert. Sie kannte die Namen aller Mitglieder von Husseins Familie und erkundigte sich nach ihnen. Und sie erwies sich als eine scharfe Beobachterin der aktuellen Weltpolitik.

Abdullah, der älteste Sohn meines Mannes, erfreute uns mit einem Überraschungsbesuch. Er hatte gerade sein erstes High-School-Jahr an der Deerfield Academy in Deerfield/Massachusetts abgeschlossen. Ich freute mich sehr für die beiden. Mir war durchaus bewusst, wie wichtig es für Abdullah war, ein paar Tage mit seinem Vater in London zu verbringen. Hussein hatte es nämlich nicht geschafft, Abdullah, seinen Bruder und seine Schwestern in den USA zu besuchen, bevor er alle Welt mit einer neuen Ehefrau überraschte. Abdullah blieb mehrere Tage bei uns, und abends nach dem Dinner machte Hussein in unserem privaten Wohnzimmer im obersten Stockwerk Armdrücken oder andere raue Spiele mit ihm. Hussein balgte sich oft mit seinen Kindern spielerisch herum, eine Form von Zärtlichkeit und Intimität, in die ich mich möglichst wenig einmischte. Vielleicht war es sogar ein heimlicher Segen für mich, dass mein Mann durch Abdullahs Besuch abgelenkt war. Die ständige Anspannung während der Flitterwochen forderte eines Abends ihren Tribut, und ich brach zusammen. Ich rief weinend meine Mutter an, was sonst gar nicht meine Art war, und sagte: »Am liebsten würde ich nach Hause fahren.«

Ich meinte es ernst, aber sie wusste – wie ich selbst –, dass ich kein Mensch war, der so schnell aufgibt. Ich fühlte mich besser, nachdem ich mit ihr gesprochen hatte, und Hussein, der mit anderen Dingen beschäftigt war, erfuhr nie von diesem Moment der Schwäche in unserer Beziehung. Allmählich begann ich zu begreifen, was für ein Leben wirklich vor mir lag. Als junge Braut fand ich den Übergang schwierig und häufig qualvoll. Ich kam in eine komplizierte Welt, deren Gesetze ich kaum verstand. Ich war mit einem Mann verheiratet, den ich liebte und bewunderte. Doch seine Zeit und Aufmerksamkeit waren ständig bis an den Rand des Erträglichen in Anspruch genommen. Als wir nach unseren Flitterwochen wieder nach Amman zurückkehrten, erkannte ich, dass ich vor allem auf mich selbst gestellt war.

Als junge Ehefrau
im königlichen Haushalt

Alle jung verheirateten Paare müssen sich erst einmal an die neue Lebenssituation gewöhnen. Der König und ich waren da keine Ausnahme, doch für mich war dieser Gewöhnungsprozess natürlich intensiver. Ich hatte sehr viel mehr in sein Leben eingeheiratet als er in meines. Da war zunächst vor allem das Fehlen einer Privatsphäre, das ich nach wie vor als sehr störend empfand. Es ging mir auf die Nerven, wenn ich nicht einmal mein Schlafzimmer verlassen konnte, ohne sofort auf einen Kammerdiener, einen Kellner oder den Adjutanten meines Mannes zu treffen. Es mag Menschen geben, die sich intensiv nach so viel persönlicher Aufmerksamkeit sehnen, aber ich empfand diese Situation als beunruhigend und bedrängend. In den folgenden Jahren wurde mir bewusst, dass ein Teil dieses Unwohlseins kulturell bedingt war. Die Erklärung dafür ergab sich aus dem Gegensatz zwischen dem westlichen Sinn für die Privatsphäre und den ganz persönlichen Raum und der orientalischen Wertschätzung des Gemeinschaftssinns und des Teilens des gemeinsamen Raums.

Nach der traditionellen Anrede für Mitglieder von Königshäusern, die fast überall auf der Welt gilt, wurde ich mit »Majestät« angesprochen und anderen Menschen direkt oder indirekt als »Ihre Majestät« vorgestellt. Diese Anrede empfand ich zunächst als seltsam unpersönlich, als ob sich eine Mauer aus Förmlichkeiten, die auch die eigene Familie und den Freundeskreis einschloss, zwischen mir und dem Rest der Welt aufgebaut hätte. Den Menschen, mit denen ich täglich Umgang pflegte, musste diese im Verlauf einer Unterhaltung unablässig zu wiederholende Phrase wirklich schwer über die Lippen kommen. Die Tradition verlangte es auch, dass die Menschen sich erhoben, wenn ich einen Raum betrat. Ich meinte jedoch, solche Ehrerbietung in keiner Weise verdient zu haben.

Mein Ehemann war von Natur aus anspruchslos und bescheiden, hatte aber dennoch ein klares Bewusstsein von der Symbolik und der grundlegenden Autorität seiner gesellschaftlichen Stellung. Im Gegensatz zu einigen anderen Monarchen im Nahen Osten trat er anderen Menschen so offen gegenüber, wie es seine Stellung erlaubte, und er wandte sich gegen übertriebene Unterwürfigkeit und Förmlichkeit. Wollte sich jemand vor Hussein auf den Boden werfen oder seine Hand küssen, dann half er diesem Menschen auf und schüttelte seine Hand. Ich lernte, indem ich ihn genau beobachtete und mich ansonsten auf meinen Instinkt verließ, und ich hatte das Gefühl, dass ich auf diese Weise meinen eigenen Stil finden würde.

Meine Beziehung zu Jordanien und den Jordaniern entwickelte sich auf sehr natürliche Weise. Was mein genauer Beitrag zum Wohlergehen des Landes sein sollte, war dagegen schwerer zu bestimmen. Ich erinnere mich an einen Tag aus der Anfangszeit unserer Ehe, an dem ich mich besonders verloren fühlte und Hussein um eine grobe Orientierung bat: »Wie kann ich mich am ehesten nützlich machen?« Er antwortete: »Ich vertraue dir ganz und gar. Du hast noch nie einen Fehler gemacht.« Das war ein uneingeschränkter Vertrauensbeweis, und ich fühlte große Zuneigung für ihn, als er das sagte. Doch meine Frage hatte er nicht beantwortet.

Wie bei allen frisch verheirateten Paaren erstreckte sich die Anpassungsphase auch auf die grundlegenden Lebensgewohnheiten. Wir hatten zum Beispiel verschiedene Schlafenszeiten. Mein Mann war ein Nachtmensch und ging sehr spät zu Bett. Dieser Lebensrhythmus war mir bereits aufgefallen, als wir noch frisch verliebt waren, und er hatte mich ausgelaugt, weil ich bei der Fluggesellschaft nach wie vor feste Arbeitszeiten hatte. Nach unserer Hochzeit fiel der Zwang weg, morgens pünktlich im Büro zu erscheinen, und ich versuchte mich Husseins Tagesablauf anzupassen und morgens länger zu schlafen. Manchmal gelang mir das, manchmal aber auch nicht. Ich blieb ein Tagmensch und war fast immer um 6.30 Uhr wach, nachdem ich Hussein bis spät in die Nacht hinein Gesellschaft geleistet hatte.

Meine Ehe mit König Hussein forderte mich tatsächlich in jeder Hinsicht. Sein Leben war ständig bedroht, er musste sein Schicksal inmitten gefährlicher politischer Strömungen gestalten. Ich wiederum musste einen neuen Lebensstil entwickeln, um aus jedem Tag, den Gott uns schenkte, das Beste zu machen. Die Rückschläge blieben dennoch nicht aus. Als junge Ehefrau im königlichen Haushalt verlegte ich mich zunächst aufs Beobachten: Ich versuchte, die tägliche Routine zu verstehen, trat zurückhaltend auf und bemühte mich, die gewohnten Abläufe nicht durcheinander zu bringen und den Stil den Hauses nicht in Frage zu stellen. Als ich dann nach und nach auch meine eigenen Ansichten kundtat, kam es jedoch unweigerlich zu Konflikten. Ich hatte mehrere Auseinandersetzungen mit dem britischen Vorsteher des Königlichen Haushalts. Sein offizieller Titel war »Controller of the Royal Household«, was man auch mit »Aufseher« übersetzen könnte, und ich gelangte nach einiger Zeit zu der Auffassung, dass er zu pedantisch war.

Bald nach meinem Einzug in den Königspalast bemerkte ich, dass die meisten Lichter die ganze Nacht hindurch brannten, selbst wenn die Königsfamilie zu Bett gegangen war. Jeden Abend knipste ich die Lichter aus und sagte bei dieser Gelegenheit, das sei doch Energieverschwendung. Meine Worte schienen auf taube Ohren zu stoßen, was wohl mit der unausgesprochenen Ansicht zu tun hatte, dass Menschen, die in einem Palast lebten, sich keine Gedanken über das Energiesparen machen sollten. Unsere verschiedenen Ansichten zu diesem Thema waren vielleicht ebenfalls kulturell bedingt. Die Energiekrise in den Vereinigten Staaten hatte vielen Menschen – auch meiner Familie – die Kosten unseres Energieverbrauchs bewusst gemacht. Der Schluss, den ich aus diesem Vorgang zog, war dass ich zu Fragen der königlichen Haushaltsführung überhaupt nichts beitragen konnte.

Ich hatte auch wegen der Ernährung meines Mannes Kämpfe auszufechten. Bei einer Routineuntersuchung in den Vereinigten Staaten schickten uns die Ärzte zu Amal Nasser, einem jungen Jordanier und hervorragenden Ernährungswissenschaftler. Er empfahl dem König mit Nachdruck, seine Ernährung umzustellen, um die Cholesterin- und Triglyzeridwerte zu senken. Ich gab mir allergrößte Mühe, versuchte gemeinsam mit dem Vorsteher des Königlichen Haushalts ein neues Ernährungskonzept zu erarbeiten – und hatte nur wenig Erfolg. »Oh, lassen Sie's gut sein, Majestät«, sagte er einmal in gönnerhaftem Ton zu mir. So kämpften wir beharrlich miteinander. Schließlich hatte er sein Amt bereits zwei volle Jahre innegehabt und sah keinerlei Notwendigkeit, sich in irgendeiner Weise auf eine junge, neue Königin einzustellen.

Ich war mit meinen Sorgen keineswegs allein. Im Austausch mit anderen königlichen Ehepartnerinnen sollte ich schließlich erfahren, dass der Umgang mit dem bereits vorhandenen Personal eine große Herausforderung darstellte. Gefolge und Hauspersonal einer Königsgattin sind oft auf Besitzstandswahrung erpicht und obendrein in ihren Gewohnheiten sehr festgelegt. Ich begriff, dass jede kleine Anregung sehr persönlich genommen wurde, ob es nun im Gespräch mit dem Vorsteher ums Essen ging, beim Kammerdiener des Königs um Kleidung oder beim Protokollchef um die Planung eines offiziellen Banketts. Ich begriff nach und nach, dass meine Vorschläge oft als Kritik an der gewohnten Praxis verstanden wurden und gelegentlich sogar als persönliche Beleidigungen. Wenn ich versuchte, Husseins Garderobe durch gestreifte Hemden neue Krawatten oder bequemere Schuhe ein wenig lebendiger zu gestalten, dann verschwanden diese Anschläge auf das Altbewährte wie von Geisterhand wieder aus seinem Kleiderschrank. Der Kammerdiener, der mir sehr sympathisch war, wies meine Einmischung bei der Auswahl der königlichen Garderobe zurück, weil er Husseins Kleidung als seine alleinige Domäne betrachtete.

Eines Tages, wir waren auf dem Rückflug von England nach Jordanien, grübelte mein Mann über die Frage nach, warum jedes neue Paar Bally-Schuhe, das er sich kaufte, sofort wieder verschwand. In diesem Augenblick ging ein Hofbedienster an unseren Sitzen vorbei. Hussein fiel auf, dass die Schuhe dieses Mannes seiner eigenen Neuerwerbung bemerkenswert ähnlich sahen, und er gratulierte ihm zu seinem guten Geschmack. Dabei stellte sich heraus, dass dies genau die Schuhe waren, die Hussein eben erst für sich selbst gekauft hatte. Der königliche Kammerdiener hatte sie an diesen Mann weitergegeben und dazu bemerkt: »Seine Majestät wird sie niemals tragen.«

Einige dieser frühen Episoden im Umgang mit dem Personal waren eher amüsant als ärgerlich, aber ich empfand die Situation als irritierend. Oft meinte ich, ich hätte mich ebenso deutlich wie diplomatisch ausgedrückt, nur um festzustellen, dass ich nicht verstanden worden war. Vielleicht waren wir damals aber auch alle nicht ganz auf dem Posten. Das Personal wie auch die Königsfamilie lebte in dieser Zeit sicherlich unter schwierigen äußeren Bedingungen. Die Baumaßnahmen am Haschimja-Palast hatten bereits begonnen. Jeden Tag weckten uns in aller Frühe die Presslufthämmer auf dem Dach. Es sollte sich herausstellen, dass die technischen Probleme mit dem Gebäude umfassende Reparatur- und Renovierungsarbeiten erforderlich machten. Noch bevor dies klar geworden war, hatte mich Hussein gebeten, al-Diafa, das auf dem Basman-Gelände im alten historischen Stadtzentrum gelegene »Gästehaus«, zügig zu renovieren. Dort hatte sein Großvater, König Abdullah I., den Raghadan-Palast gebaut, den ersten jordanischen Haschemiten-Palast. Bei unserem Einzug etwa ein Jahr später änderte Hussein den Namen des Gebäudes von al-Diafa zu al-Nadwa, was bedeutete, dass unser Zuhause ein für alle zugänglicher Versammlungsort werden sollte.

Um ehrlich zu sein: Ich bin mir nicht sicher, ob wir in Haschimja glücklich geworden wären, selbst wenn wir alle Probleme dort hätten lösen können. Mein neuer Ehemann hatte sich nie für die steif und förmlich wirkenden Marmorhallen des Palastes erwärmen können und sehnte sich nach einem gemütlicheren Zuhause für unsere Familie. Er erzählte mir, dass er sich im Haschimja-Palast vom ersten Augenblick an nur als

Gast gefühlt habe, und zweifellos weckte diese Umgebung auch traurige Erinnerungen: Er war mit Königin Alia eben erst dort eingezogen, als sie ums Leben kam, und er hatte sie auf einem nahe gelegenen Hügel beerdigt. Ich werde nie vergessen, wie ich mit den Kindern einmal auf dem Rückweg zum Palast an der Grabstätte vorbeifuhr und Abir, der bereits zwei Mütter verloren hatte, plötzlich ausrief: »Wenn du stirbst, wird dann Tante Alexa [meine Schwester] unsere Mutter?«

Die Zeit der Gewöhnung an die neuen Lebensverhältnisse wurde in vielerlei Hinsicht von den regionalen politischen Ereignissen überschattet. Bereits zwei Monate nach meiner Hochzeit lud Präsident Jimmy Carter den ägyptischen Staatschef Anwar as-Sadat und Israels neuen Ministerpräsidenten Menachem Begin, der einen harten Kurs vertrat, auf seinen Landsitz Camp David ein, um dort über eine Friedensregelung für den Nahen Osten zu verhandeln. Damit waren die Pläne für eine internationale Friedenskonferenz in Genf hinfällig, für die mein Mann so hart gearbeitet hatte. An die Stelle einer vereinigten Delegation aus Palästinensern, Syrern, Jordaniern und Ägyptern, die als Kollektiv mit Israel verhandeln sollte, waren jetzt allein die Ägypter getreten. Diese Ankündigung löste sofort die Befürchtung aus, dass Sadat einen Separatfrieden für Ägypten aushandeln könnte. Gleichzeitig wurde die Vermutung geäußert, in Camp David ginge es nur darum, sicherzustellen, dass eine panarabisch-israelische Konferenz, wie sie in Genf geplant gewesen war, nicht zustande kam: Es erschien sehr vorteilhaft für Israel, wenn es dem Druck, der von einem solchen öffentlichen Forum hätte ausgehen werden können, ausweichen konnte.

Präsident Carter lud König Hussein nicht nach Camp David ein, denn Zbigniew Brzezinski, der Nationale Sicherheitsberater, und Sadat sahen ihn als potenzielle »Komplikation im Verhandlungsprozess«. Husseins unerschütterliches Beharren auf dem Rückzug Israels aus allen seit dem Jahr 1967 besetzten Gebieten und sein Festhalten am Selbstbestimmungsrecht der Palästinenser machten ihn in den Augen Sadats und Carters eher zu einem möglichen Hindernis als zu einem Partner für den politischen Erfolg, den diese beiden Männer zu erringen hofften.

Mein Mann war mit den bevorstehenden Gesprächen in Camp David so beschäftigt, dass er vergaß, mir von den sonntäglichen Familientreffen im Sahran-Palast, dem Haus der Königinmutter, zu erzählen. Unsere Kinder hatten ihre Großmutter jeden Sonntagnachmittag in Begleitung ihrer Kindermädchen besucht. Mein Mann und ich waren nicht so regelmäßig dort gewesen, aber es sollte noch viele Monate dauern, bis ich begriff, dass der gesamte Nachwuchs der Königinmutter mit der ganzen Familie zum wöchentlichen Besuch erwartet wurde. Ganz unabsichtlich war mir der erste Fauxpas gegenüber der Familie unterlaufen – zumindest der erste, dessen ich mir bewusst wurde.

Die Königinmutter, Scharifa Sein al-Scharaf, wurde 1916 in Ägypten geboren und heiratete im Alter von 18 Jahren den damaligen Kronprinzen Talal, einen Cousin ersten Grades. Sie zog vier Kinder auf und war eine Vorkämpferin für die Rechte der Frauen: Sie hatte die erste Frauenvereinigung in Jordanien gegründet sowie die Frauen-Sektion des Roten Halbmonds in Jordanien finanziell unterstützt. Vermutlich hatte sie auch Einfluss auf den Beitrag ihres Mannes zur jordanischen Verfassung von 1952, mit der die Frauen vollkommene Gleichberechtigung erhielten.

Königin Sein durchlebte eine schwere Zeit, denn ihr Mann verfiel nach und nach in geistige Umnachtung, aber sie bewältigte alle anfallenden Probleme mit großer Energie, besonders in den Tagen nach der Ermordung König Abdullahs, ihres Schwiegervaters. Ihr Mann hielt sich damals in einem Krankenhaus im Ausland auf. Königin Sein spielte nach der Abdankung von König Talal eine wichtige Rolle, bis ihr 17-jähriger Sohn seinen Schulabschluss machte und an seinem 18. Geburtstag den Thron bestieg.

Nachdem Hussein die Königswürde übernommen hatte, widmete sich Königin Sein in erster Linie ihrer Familie. Bei meiner ersten Teilnahme am Familientreffen im Sahran-Palast hatte ich keine Ahnung von den Konventionen der Familie. Ich wusste auch nicht, welche Erwartungen an diesen Sonntagnachmittagen an mich gestellt wurden. Aber ich begriff sehr wohl, dass ich verständlicherweise das Objekt intensiver Neugier und ausführlicher Kommentare war. Ich hatte keinerlei Hinweise erhalten, wie ich mich verhalten sollte, folgte einfach meinem Instinkt und versuchte höflich und respektvoll zu sein. Gleichzeitig musste ich aber auch ich selbst sein, sonst wäre ich verrückt geworden.

Ich hielt mich bei den Kindern auf, die sich nach meinem Empfinden ganz natürlich und spontan benahmen. Eines Tages betraten die Kinder im Gänsemarsch den Raum, in dem wir uns aufhielten, und küssten Königin Sein nacheinander die Hand. Dann verschwanden sie zum Spielen in den Garten, während wir Erwachsenen der Königinmutter Gesellschaft leisteten. Ich sah, dass einige der jüngeren Kinder, unter ihnen unsere drei, im Spiel mit ihren älteren Geschwistern und Cousinen im Nachteil waren. Um das Gleichgewicht wiederherzustellen, griff ich ins Spiel ein und attackierte einen der älteren Jungen. Natürlich waren die Kinder verblüfft, als sie ihre neue Tante plötzlich als Spielpartnerin auf dem Rasen erlebten, aber es gelang mir, den zwölfjährigen Jungen, Prinz Ghasi, Prinz Mohammeds Sohn, so lange in Schach zu halten, bis die jüngeren Kinder gewonnen hatten. Ich weiß nicht, inwiefern dieser Auftritt Einfluss auf den Eindruck hatte, den die Erwachsenen sich von mir machten, aber ich erhielt ein großes Lob von Ghasi und seinem Bruder Talal, denn sie nannten mich »cool«.

Mein Mann liebte seine Neffen und Nichten wie seine eigenen Kinder. Talal und Ghasi erzählten besonders gern die rätselhafte Geschichte von den verschwundenen Neffen. Darin kam König Husseins erster Hubschrauber vor, das erste Fluggerät dieser Art in ganz Jordanien. Sobald die Jungen den Lärm der Rotoren hörten, rannten sie in den Garten, um zu winken. König Hussein landete auf dem Rasen, hievte die Jungen herauf und fragte sie: »Wohin wollt ihr fliegen?« Dann nahm er sie auf seinem modernen fliegenden Teppich zu einem Ausflug über Amman mit, bevor er sie wieder in ihrem eigenen Garten absetzte. Die Eltern der beiden Jungen fragten verständlicherweise nach, wohin sie denn verschwunden seien. »Onkel hat uns im Hubschrauber mitgenommen«, antworteten die

Jungen dann, was den elterlichen Ärger nur noch verstärkte. »Erzählt uns keine Märchen«, tadelten sie die Jungen.

Im Rückblick auf die Anfangszeit meiner Ehe staune ich selbst, wie leicht mich Klatsch und Kritik jeglicher Art verletzen konnten. Die Gerüchteküche in Amman war damals bereits in vollem Gang und sollte im Lauf der Jahre noch eine ganze Reihe absurder Geschichten produzieren. Nach dem Tod von Königin Alia hatte es sofort Mutmaßungen über die Ursache ihres Hubschrauberunfalles gegeben. Die unglaublichste Theorie basierte auf der Behauptung, die Königinmutter habe den Absturz irgendwie arrangiert. Nach der Bekanntgabe meiner Verlobung mit Hussein hatte es, wie ich später herausfinden sollte, auch Gerüchte gegeben, dass die CIA für Königin Alias Unfall verantwortlich gewesen sei, als Teil eines Planes, mit dem ich auf den Thron gebracht werden sollte. Es war unglaublich, was noch so alles verbreitet wurde: Ich hätte in Amerika ein Kind mit schwarzer Hautfarbe, und mein Mann werde derzeit vom Vater dieses Kindes erpresst, der damit gedroht habe, Fotos an die Zeitschrift *People* zu verkaufen; meine Schwester, die damals in Texas Jura studierte, habe in der Madison Avenue in New York City eine Boutique eröffnet, um dort meine königliche Garderobe weiterzuverkaufen; ich selbst hätte auf einer unserer Reisen in den Fernen Osten eine asiatische Insel gekauft. Natürlich gab es auch immer wieder Erzählungen über den Kauf extravaganten Schmucks, über Eheprobleme, Schwangerschaften und Fehlgeburten.

Mein Mann war an den Tratsch in Jordanien gewöhnt und ignorierte diese Geschichten, und ich selbst gab mir ebenfalls alle Mühe, gelassen zu bleiben. Ich war mir der Tatsache bewusst, dass Frauen in meiner gesellschaftlichen Stellung schon immer Gegenstand von Tratsch und Gerüchten waren, ob mit oder ohne Grund, ob im Iran oder in Jordanien, in den Vereinigten Staaten oder in Europa. Ich wusste außerdem, dass über alle Mitglieder der Königsfamilie ständig neue Geschichten erfunden wurden. Mit der Zeit lernte ich dann, dass solche Gerüchte meist nur die Werte, Neigungen und Fantasien der Geschichtenerzähler widerspiegelten und deshalb nicht persönlich genommen werden durften. Doch ich konnte mich nie ganz daran gewöhnen, wie bereitwillig die Menschen diese Geschichten glaubten.

Eines Tages war es so weit: Ich brauchte dringend etwas Abwechslung, wobei ich nicht mehr weiß, was der unmittelbare Auslöser war – der Klatsch, die fehlende Privatsphäre, die Enttäuschungen bei der Führung von Haschimja. Jedenfalls überredete ich eine zögernde Meliha, mir bei meinem Unternehmen zu helfen. Ich setzte mich auf den Beifahrersitz und verbarg mein Gesicht vor dem prüfenden Blick der Wachen, als wir durch die Palasttore in die Freiheit der Außenwelt entkamen. Meliha war sehr nervös. Ich lotste sie zu unseren Freunden Suha und Chalid Schoman, bei denen ich dann ein paar wunderschöne, sorgenfreie Stunden erlebte. Wir plauderten, tranken Tee und reagierten nicht auf die immer hektischer werdenden Anrufe aus dem Palast, mit denen mein Aufenthaltsort ermittelt werden sollte. Als ich dann schließlich begriff, dass ich der loyalen und engagierten »Königlichen Garde« große Sorgen bereitete, kehrte ich nach Hause zurück und ließ mich nie wieder zu solchen Eskapaden hinreißen. Aber dieser Ausflug verschaffte mir eine dringend benötigte Atempause.

Am allerwichtigsten waren mir damals Antworten auf meine drängendsten Fragen: Was konnte ich für meine Ehe tun? Und was für Jordanien? Anfangs hatte ich große Mühe, meinen eigenen Weg zu finden. Ich erfüllte zwar einige zeremonielle Aufgaben, war aber bei der Auswahl meiner Prioritäten grundsätzlich frei. Mir persönlich war jede Art von Künstlichkeit zuwider, aber ich lernte allmählich, wie ich mich vor Kameras und einer größeren Menschenmenge präsentieren musste. Mein Mann erklärte mir immer wieder die Bedeutung der Körpersprache: »Wenn du lächelst, flößt du den Menschen Vertrauen ein. Lächelst du nicht, werden sie vermuten, dass etwas nicht in Ordnung ist. Sie werden unsicher oder machen sich Sorgen.«

Ich hatte keinen Grund, diese Überlegungen anzuzweifeln. Schließlich hatte Hussein sein Land in schwersten Krisen zusammengehalten, indem er sich unter die Leute begab und dabei eine Zuversicht verbreitete, die er zu diesem Zeitpunkt vielleicht gar nicht selbst empfand. Es gab legendäre Geschichten über ihn, wie er sich einer aufgebrachte Mengenmenge stellte, die kurz vor dem offenen Aufruhr stand, und den Zorn der Leute durch sein persönliches Auftreten dämpfte. Oder er war zu Armeestützpunkten gefahren, an denen die Truppen angeblich einer Meuterei nahe waren, und hatte die Soldaten dank seiner persönlichen Ausstrahlung für sich gewonnen. Es bestand tatsächlich kein Zweifel, dass seine Stimmungslage die Menschen in seiner Umgebung beeinflusste – seine Familie wie auch seine Landsleute. Ich hatte selbst erlebt, wie die Leute lächelten, wenn er lächelte, und lachten, wenn er lachte, wie sie Anspannung überkam, wenn er angespannt wirkte. Dennoch war mir nicht in den Sinn gekommen, dass mich die Menschen im Großen und Ganzen auf dieselbe Art und Weise wahrnehmen könnten.

Seit meiner ersten Begegnung mit Hussein hatte ich mit keinem Menschen über ihn oder unser gemeinsames Leben gesprochen. Von Anfang an versuchte ich instinktiv, einen privaten Bereich in unserem gemeinsamen Leben zu bewahren, denn ich war fest davon überzeugt, dass auch ein Mensch in seiner Position ein Recht auf ein Privatleben hatte. Leider erkannte ich nicht, dass niemand sonst in seiner Umgebung diese Überzeugung teilte; alle hielten anscheinend den König und seine Familie für öffentliches Eigentum. Diese von einer einzelnen Persönlichkeit ausgehende Faszination ist natürlich ein universelles Phänomen, aber ich wollte nicht dazu beitragen, schon gar nicht in Jordanien. In einem so kleinen Land (es ist so groß wie der US-Staat Indiana und hatte in den Achtzigerjahren über drei Millionen Einwohner) wird jede noch so kleine Information über die Königsfamilie, besonders natürlich über den König, unweigerlich ausgeschmückt oder verzerrt und als scheinbar bedeutsam weitergegeben. Einige Leute waren imstande, einem in die Augen zu sehen, während sie mit absoluter Gewissheit von einem persönlich erlebten Ereignis berichteten. Später stellte sich dann heraus, dass sie zum Zeitpunkt des Ereignisses gar nicht im Land gewesen waren.

Andererseits hatte mein Bestreben, die Privatsphäre zu wahren, auch einen negativen Aspekt. Ich begriff sehr bald, dass einige Menschen sich noch intensiver auf Mutmaßungen verlegten, sobald sie auf Diskretion stießen. Wenn es ihnen an Informationen fehlte, pflegten sie diese einfach zu erfinden, um den Eindruck zu vermitteln, sie hätten Insider-Kenntnisse und Einfluss auf das Geschehen. Ich musste lernen, wie ich ein produktives Gleichgewicht schaffen konnte: Einerseits war da mein natürliches Bedürfnis, unsere Privatsphäre zu schützen; andererseits konnten wohl dosierte Enthüllungen über unser Leben andere, an uns interessierte Menschen dazu bewegen, sich für Ziele einzusetzen, die wir zu erreichen hofften.

Ich sträubte mich nach wie vor gegen Presseinterviews. Meinem Gefühl nach war mein Eheleben nicht von öffentlichem Interesse, und angesichts der kritischen Lage in der Region wollte ich den Dialog auf wichtigere Themen verlagern. Ich wollte mich gewiss nicht auf Privatangelegenheiten konzentrieren, die anscheinend den meisten Medien das Allerwichtigste waren. Aber trotz dieser guten Absichten hatte ich keinen guten Start.

Der Pressesprecher des Königshofes drängte mich, der Zeitschrift *People* ein Interview zu geben, aber ich hatte Zweifel, ob dies die beste Adresse für ein erstes Interview war. »Ich glaube nicht, dass dies der richtige Weg ist«, sagte ich zu ihm, aber er blieb standhaft. Pressearbeit war sein Beruf, also ging ich davon aus, dass er wusste, wovon er sprach.

Ich war entsetzt, als ich die Überschrift des Artikels sah: »Eine Bluejeans tragende Amerikanerin in Jordanien sagt über ihren König: ›Ein Kind wäre eine große Freude für mich.‹« Mein Interviewpartner hatte beim Abschied noch beiläufig gefragt, ob wir uns Kinder wünschten. »*Inschallah*« – »So Gott will«, hatte ich geantwortet. Diese spontane Antwort in der Überschrift wiederfinden zu müssen erschien mir demütigend. Unser Pressesprecher wurde später ein guter Freund, setzte seine berufliche Laufbahn als Diplomat fort und war ein hervorragender Botschafter für sein Land. Damals war er über meine Reaktion auf diesen Artikel verblüfft und verstand meinen Ärger überhaupt nicht. Nach weiteren ähnlichen Vorfällen beschloss ich, in erster Linie meinem eigenen Instinkt zu vertrauen.

Ich weitete mein Tätigkeitsfeld nach und nach aus und begriff dabei, dass die jordanischen Medien über alles, was ich in der Öffentlichkeit tat, lückenlos berichteten. Ich überlegte mir sehr genau, was ich tun wollte, und gestaltete meine Aktivitäten und Termine so, dass die Balance gewahrt blieb: Einerseits waren da die eher traditionell-festlichen Aufgaben, andererseits hatte ich ein besonderes Interesse an wichtigen neuen Initiativen im Bereich des kulturellen und sozialen Lebens und des Umweltschutz.

Anfangs war ich mir jedoch nicht sicher, worauf ich den Schwerpunkt setzen sollte. Mir war klar, dass ich einen Ort für Besprechungen brauchte, außerdem ein Bürogebäude für einen kleinen Stab von Mitarbeitern, die mir beim Beantworten von Bittgesuchen und bei der Entwicklung neuer Programme helfen sollten. Hussein ermutigte mich, ein Büro in al-Ma'Wa einzurichten, einem etwas oberhalb der Büros des Königshofes gelegenen Ort, mit dem er angenehme Erinnerungen verband. Hier war der friedvolle Zufluchtsort seines ermordeten Großvaters gewesen. Jetzt, seit unserer Verlobung, galt das auch für uns.

Und hier entstand das erste eigene Büro einer Königin. Viele Menschen bei Hofe waren verwirrt angesichts der Vorstellung, dass eine Frau in meiner gesellschaftlichen Position unabhängig von den patriarchalisch organisierten königlichen Büros agieren könnte, anstatt sich ausschließlich am Monarchen zu orientieren. Für mich war es interessant zu beobachten, dass sich viele Menschen überhaupt nicht vorstellen konnten, ich sei womöglich imstande, meine eigenen Ziele festzulegen, Projekte auf den Weg zu bringen und mich völlig selbstständig an die Öffentlichkeit zu wenden. In dieser Einstellung spiegelte sich nach meinem Eindruck die anhaltende Skepsis gegenüber Frauen und ihren beruflichen Fähigkeiten wider. Dies überraschte mich, nachdem ich in Jordanien so vielen beeindruckenden und ganz offensichtlich kompetenten Frauen begegnet war. Natürlich hatte ich niemals vor, bei Themen mit möglichen politischen Konsequenzen unabhängig aufzutreten, und ich wollte mich auch nicht in die laufenden Geschäfte des Königshofes einmischen. Mein Ziel war es, Lücken in Entwicklungsprogrammen zu schließen und in diesen für den Nahen Osten turbulenten Zeiten die internationale Verständigung zu fördern.

Während der Königshof für die Berichterstattung in der Presse zuständig blieb, arbeitete mein Büro auf allen anderen Gebieten relativ unabhängig. Ich trug meinem Mann kühne neue Gedanken vor und brachte durch meine Bemühungen um ein breiteres und liberaleres Spektrum der Diskussionen Themen zur Sprache, an die er sonst vielleicht gar nicht gedacht hätte. Meine Rolle sah ich darin, ihm einen Teil seiner großen Verantwortung abzunehmen und seine Arbeit zu erleichtern und zu ergänzen. Ich bat ihn nicht um Hilfe oder Unterstützung, sondern arbeitete einfach weiter, und ein wachsender Freundes- und Kollegenkreis stand mir zur Seite.

Ich zog in al-Ma'Wa ein und wandelte den Wohntrakt in Büroräume um. Von Anfang an war dies ein besonderer Ort für mich, ein Ort, der nur mir gehörte. Dieses Büro und die Projekte, die dort entstanden, sollten Jordanien von seiner besten Seite zeigen und die große Vielfalt des Landes widerspiegeln. Und ich wusste: Es war sehr wichtig, dass meine Mitarbeiter alle ethnischen Gruppen und Gemeinschaften im Land repräsentierten: Muslime und Christen, Männer und Frauen, die aus dem östlichen Landesteil und dem Westjordanland stammten, Menschen tscherkessischer Herkunft, Menschen mit liberalen und konservativen Ansichten.

Meine Erinnerungen an diese im persönlichen Bereich sehr anstrengenden Zeiten sind untrennbar mit dem dramatischen politischen Geschehen verbunden, an dem wir Anteil nahmen. Im Sommer 1978 besuchten wir den Iran. Für mich war das eine besondere Reise. Ich hatte 1976 im Iran gelebt und gearbeitet und war seitdem nicht mehr dort gewesen.

Nur wenige Monate später sollte die Revolution ausbrechen, die das Land schließlich in eine Islamische Republik verwandeln und den Schah ins Exil zwingen würde. Mein Mann und ich waren Gäste der Familie des Schahs in dem wunderschönen Landsitz am Kaspischen Meer, und es gab in dieser Zeit nur wenige Vorboten des heraufziehenden Sturms. Die Geheimpolizei SAVAK und das iranische Militär hielten die sich entwickelnde revolutionäre Bewegung noch in Schach. Oberflächlich betrachtet, schien im Iran Ruhe zu herrschen. Enge Mitarbeiter des Schahs raunten meinem Mann und einigen Mitgliedern unseres Gefolges Sätze über ihre Besorgnis angesichts der Unruhe im Volk zu, aber es gab nur wenige vage Hinweise auf die politischen Erdbeben, die den Iran schon bald erschüttern sollten.

Ich erinnere mich an meine Versuche, das Bild, das mein Mann von diesem Land erhielt, zu erweitern. Ich sah die Lage im Iran aus einem anderen Blickwinkel als Hussein, denn seine Kenntnisse zur Situation des Landes stammten aus den Begegnungen mit dem Schah und dessen Familie sowie aus den offiziellen Quellen von Militär und Geheimdienst. Bereits vor zwei Jahren war mir während meiner Arbeit in Teheran ein beunruhigendes Maß an Polarisierung und Zersplitterung innerhalb der iranischen Gesellschaft aufgefallen.

Während unseres Besuches wirkte Kaiserin Farah sehr viel lebhafter und vitaler als ihr Mann. Resa Pahlewi war entweder durch seine schwere Krebserkrankung geschwächt, die noch eine ganze Zeit lang geheim bleiben sollte, oder er war einfach nur sehr zurückhaltend. Er legte viele Ruhepausen ein und spielte dabei Backgammon mit seinem Arzt, während sich die Familie und die Freunde die Zeit mit Schwimmen, Wasserskilaufen, Windsurfen sowie einer allabendlichen und sehr beeindruckenden Tanzvorführung im Stil von *Saturday Night Fever* vertrieben. Wir verbrachten einige Tage zusammen, und diese Zeit war im Wesentlichen eine wunderbar entspannende Verlängerung unserer Flitterwochen. Das Kaiserpaar verwöhnte uns mit einer so überwältigenden Gastfreundschaft, dass wir unsere Sorgen mitunter fast völlig vergaßen. Die Familie hatte einen Tennistrainer, und ich bat Hussein, mit mir Tennis zu spielen, denn dieses Spiel liebte ich seit meiner Kindheit. Hussein war zu einem Versuch bereit, und wir teilten später die Freude an diesem Sport über viele Jahre hinweg. Angstvolle Augenblicke gab es bei diesem Besuch nur in der Freizeit, nicht wegen politischer Fragen.

Die kaiserliche Familie hatte einen Hubschrauberflug über dem Kaspischen Meer für uns arrangiert. Dabei ermunterten sie uns dann, aus dem Hubschrauber in die unglaublich hohe Dünung zu springen. Ich bin an der Pazifikküste aufgewachsen und habe mich nie vor der Brandung gefürchtet, solange der Strand in Sichtweite war, aber dieser Tanz auf den Wellen des Kaspischen Meeres war eine ziemlich furchterregende Angelegenheit. Die Wogen waren so gewaltig, dass wir im Wellental das Festland aus den Augen verloren. Nur das ganz in der Nähe wartende Schiff der Marine, das uns aufnehmen sollte, konnten wir noch ab und zu sehen.

Größere Angst empfand ich jedoch, als Prinzessin Fatima, die Schwester des Schahs, Hussein zu einem Hubschrauberflug über Küste und Meer einlud. Sie war die Witwe eines Kommandanten der iranischen Luftwaffe und zweifellos eine erfahrene Pilotin. Unsere Begleiter hatten allerdings den Eindruck, dass ihr Flugstil sehr viel lässiger und sorgloser war als der penible, genau an den Richtlinien orientierte Stil, auf den seine Majestät zu Hause in Jordanien immer so großen Wert legte. Eines Tages überredete sie Hussein, sie bei einem Hubschrauberflug über dem Landsitz zu begleiten. Wir hörten das Brummen der Rotoren über unseren Köpfen. Dieser Flug schien Stunden zu dauern, und weil wir fürchteten, Hussein niemals wiederzusehen, beteten wir und baten Gott, ihn gesund zur Erde zurückzubringen.

Nach unserer Rückkehr verfolgten wir in Jordanien aufmerksam die sich zuspitzende politische Lage im Iran. Im Haschimja-Palast und in Akaba waren Fernschreiber installiert, und ich erinnere mich, wie ich Tag für Tag endlose Telexrollen durchsah. Ich genoss diesen direkten Zugang zu Nachrichten über die Region und die ganze Welt. In den Jahren vor der Erfindung des Faxgeräts und dem Aufstieg des TV-Senders CNN waren diese Papierrollen ein wichtiger Teil unseres Lebens. In den ersten Ehejahren gehörte es zu meinem allabendlichen Ritual, die Kurznachrichten durchzugehen, um Themen herauszufischen, die für Hussein interessant sein könnten. Aber die Nachrichten aus dem Iran bereiteten uns im Herbst 1978 wachsende Sorgen.

Prinzessin Wischdan, eine Cousine ersten Grades von Hussein, kehrte wenige Monate nach uns von einem Besuch im Iran zurück. Sie berichtete mir, dass bei einem Angriff auf den Palast des Schahs vierzehn Menschen getötet worden waren, während sie und weitere Mitglieder einer offiziellen jordanischen Delegation sich dort von einer Volkstanzgruppe unterhalten ließen. Die Besucher hatten nichts bemerkt. Die Delegation, zu der auch Kronprinz Hassan sowie Prinz Raad und dessen Frau, Prinzessin Maschda, gehörten, hatte erst am folgenden Tag auf dem Rückflug nach Jordanien von dem Anschlag und den Todesopfern erfahren.

Im September 1978 begannen mit dem Ende des heiligen islamischen Fastenmonats Ramadan auf den Straßen von Teheran massive Demonstrationen. Angestachelt von auf Tonband aufgezeichneten Predigten des Ajatollah Khomeini, die aus dessen irakischem Exilort in die Heimat geschickt wurden, forderten die Demonstranten die Vertreibung der Vereinigten Staaten aus dem Iran und die Rückkehr zu einem orthodoxen islamischen Staat. Die Regierung antwortete mit der Verhängung des Kriegsrechts. Kurz darauf eröffneten die Sicherheitskräfte des Schahs am »Schwarzen Freitag« bei einer Demonstration in Teheran das Feuer, töteten über hundert Menschen und verletzten Hunderte.

Mein Mann litt sehr unter dem Blutvergießen im Iran, und er war wütend über die Art und Weise, in der Ajatollah Khomeini die politische Situation beeinflusste. Khomeini hatte im Oktober 1978 den Irak verlassen und war nach Frankreich gegangen. Von dort schickte er weiter seine Botschaften in den Iran. Hussein verstand ebenso wenig wie viele andere Menschen im Nahen Osten, warum die Franzosen auf ihrem Staatsgebiet solche von offener Feindseligkeit geprägten politischen Aktivitäten duldeten, die gegen ein anderes Land gerichtet waren.

Dieses Verhalten nährte einen bösen Verdacht: Warum ließen die Franzosen Khomeini gewähren? Später wurde dann berichtet, dass dabei möglicherweise wirtschaftliche oder politische Motive eine Rolle spielten. Wenn dem so gewesen sein sollte, dann hat das vielleicht funktioniert, aber um welch schrecklichen Preis für die ganze Region!

Mein Mann und ich unternahmen Ende 1978 eine letzte Reise in den Iran, nur wenige Wochen, bevor der Schah und die Schahbanu am 16. Januar 1979 das Land verließen. Wir saßen zu viert beim Abendessen, ganz unter uns, aber es war ein entmutigendes Treffen. Der Schah sagte so gut wie gar nichts, Kaiserin Farah war tapfer bemüht, das Gespräch in Gang zu halten. Hussein war überzeugt davon, dass der Schah nach wie vor eine Chance hatte, die drohende politische Katastrophe abzuwenden, und drängte ihn, sich direkt an sein Volk zu wenden, so wie Hussein das in Jordanien mit Erfolg getan hatte. Er sagte zu ihm: »Sprechen Sie mit den Menschen, sprechen Sie mit den geistigen Führern, sprechen Sie mit der Armee. Eröffnen Sie einen nationalen Dialog, um die Spannungen zu entschärfen!« Aber der Schah wollte – oder konnte – diesem Rat nicht folgen.

Zur gleichen Zeit aß unsere Delegation mit dem iranischen Botschafter in Jordanien zu Abend. Der Botschafter wirkte im Verlauf des Gesprächs plötzlich sehr aufgeregt und berichtete: »Der Kaiser hat mich gebeten, nach Ghom zu gehen, mich dort mit dem Obersten Mullah zu treffen und einen Versuch zu unternehmen, die Situation wieder in den Griff zu bekommen. Bitte helfen Sie mir. Ich habe noch nie mit einem dieser religiösen Führer gesprochen. Was soll ich tun?« Der Botschafter schlug anschließend vor, dass vielleicht König Hussein gemeinsam mit dem Schah einige wichtige Mullahs aufsuchen könnte, um mit ihnen über eine Lösung des Konflikts zu sprechen. Prinz Raad, Husseins Cousin, hatte zuvor bemerkt: »Ich bin überzeugt, dass Seine Majestät dies gerne tun würde.«

Das war ein durchaus sinnvoller Vorschlag. Die Iraner waren Schiiten und hatten deshalb besonderen Respekt vor Hussein, einem direkten Nachkommen von Mohammeds Schwiegersohn Ali, der von den Schiiten als rechtmäßiger Nachfolger des Propheten verehrt wird. Abu Schaker und Prinz Raad kamen später an diesem Abend zu uns und berichteten von der Bitte des Botschafters. Hussein stimmte spontan zu. Obwohl es schon sehr spät war, bat Hussein um ein sofortiges Treffen mit dem Schah. Er wollte ihn überreden, mit ihm nach Ghom zu fahren, um dort einen allerletzten Vermittlungsversuch bei den schiitischen Geistlichen zu unternehmen. Aber dieses Treffen kam nicht mehr zustande.

Wenn jemand den Schah hätte beeinflussen können, dann war das Hussein. Einige Jahre zuvor aßen die beiden Männer auf demselben Landsitz, auf dem wir auch 1978 zu Gast waren, gemeinsam zu Abend. Dabei redete Hussein dem Schah einen Kriegsplan aus. Die Briten planten damals den Rückzug ihrer Truppen aus mehreren Staaten am Persischen Golf. Plötzlich sprach der Schah von seiner Absicht, sofort nach dem Abzug der Briten Bahrain zu besetzen.

»Bahrain ist ein Teil des Iran, und wir werden es nicht aufgeben«, hatte der Schah zu Hussein gesagt. Auf diesen Satz folgte ein langer Streit. »Das können Sie nicht tun«, sagte mein Mann schließlich zum Schah. »Bahrain ist ein unabhängiges arabisches Land, ein Teil der Bevölkerung besteht aus Schiiten. Sie sind alle Araber, und die arabischen Staaten werden nicht tatenlos zusehen.«

»Oh, ich scheiße auf die Araber«, sagte der Schah nach der Erinnerung meines Mannes.

Hussein antwortete ihm: »Ich bin auch Araber.«

»Oh nein, nein, Sie waren nicht gemeint«, sagte daraufhin der Schah. »Sie sind Jordanier.«

Mein Mann liebte es, im Familien- und im engeren Freundeskreis von diesem Gespräch mit dem Schah zu erzählen. Er fand den Unterschied sehr amüsant, den der Schah zwischen dem König als Araber und Jordanier machte. Aber dieses Gespräch der Monarchen hatte große Wirkung, und Bahrain behielt seine Unabhängigkeit. Mein Mann konnte zwar Bahrain beistehen und das Land vor der Besetzung durch den Iran bewahren, aber er konnte weder den Schah retten noch die Tragödie im Iran verhindern.

Pomp und Zeremoniell

Die Vorstellungen, die sich die Menschen über das Leben eines Königspaares machen, stimmten mit unserer Alltags- und Arbeitswirklichkeit häufig nicht überein. An ein Erlebnis werde ich mich stets mit großem Vergnügen erinnern, nicht zuletzt, weil es sich bis heute in ähnlicher Form so oft wiederholt hat. Diese Episode ereignete sich bei unserem ersten Staatsbesuch im November 1978 auf Schloss Gymnich, dem in der Nähe von Bonn gelegenen offiziellen Gästehaus der deutschen Bundesregierung. Nach der Empfangszeremonie am Flughafen waren wir, begleitet von Bundespräsident Scheel und seiner Frau Mildred, mit dem Hubschrauber zu unserem Quartier für die folgenden Tage geflogen. Beim Aussteigen begrüßten uns auch die Frau des Schlossbesitzers und ihr kleiner Sohn, dem wir als »König und Königin« vorgestellt wurden. Er war bewundernswert höflich, sah aber offensichtlich tief enttäuscht zu mir auf. Die Mutter übersetzte uns seine enttäuschte Frage: »Aber wo ist ihre Krone?« Dieser Frage und dieser Enttäuschung sollte ich noch sehr, sehr oft begegnen. Kinder (und viele Erwachsene) sehnen sich nach wie vor nach dieser märchenhaften Erscheinungsform der Monarchie.

Viele Menschen waren der Ansicht, eine Königin sollte eine Glamourgestalt auf einem Podest sein und sich aus gebührender Entfernung vielleicht noch ein wenig wohltätig engagieren. Ich aber hatte keineswegs die Absicht, als bloße Vorzeigefigur zu dienen und meine Zeit mit der Eröffnung von Märkten und Ausstellungen zu verbringen. Ein Mitglied des Königshofes hatte mir so etwas vorgeschlagen. Mir schwebten dagegen Aufgaben vor, bei denen ich mit wirklichen Problemen zu tun bekam und etwas zur Lösung beitragen konnte, so wie ich das als Stadtplanerin oder Journalistin auch getan hätte. Wie es für jemand in meiner Situation zu erwarten war, erhielt ich sehr viele und sehr unterschiedliche Ratschläge, wie ich meine Rolle als Königin ausfüllen sollte. Diese Ratschläge bezogen sich auf meine Selbstdarstellung in der Öffentlichkeit und auf so ziemlich alles, was von mir erwartet wurde. Um alle Berater zufrieden zu stellen, hätte ich aus zehn verschiedenen Persönlichkeiten bestehen müssen – und doch hätte es niemandem wirklich genügt.

Ich musste mich erst darauf einstellen, dass für viele Menschen der erste Eindruck von der Persönlichkeit einer Königin durch ihr Aussehen und ihre Kleidung festgelegt wird. Das war mir äußerst unangenehm, aber ich verstand die Bedeutung von Zeremonien, und in der Öffentlichkeit einen guten Eindruck zu machen war ebenfalls wichtig. Im Rückblick auf jene ersten Jahre erscheint es mir heute komisch, wie viel ich noch lernen musste. Vier Monate nach unserer Hochzeit stand unser erster Staatsbesuch in Deutschland auf dem Terminkalender, im Dezember sollten weitere Besuche in Frankreich, Italien und Großbritannien folgen. Deshalb musste ich mich sehr schnell mit dem Thema Kleidung beschäftigen. Bluejeans und Blazer würden nicht ausreichen.

Die Frau des Haushaltschefs im Haschimja-Palast schlug meinem Mann vor, Kontakt zum italienischen Modeschöpfer Valentino aufzunehmen. Dort wollte sie nachfragen, ob man uns für diese Staatsbesuche rasch mit der geeigneten Garderobe ausstatten könne. Valentino hatte früher bereits Kleider für Königin Alia und mindestens ein weiteres Mitglied der Königsfamilie entworfen. Er schickte seinen Assistenten nach Jordanien und gab ihm das mit, was von den Entwürfen für die Herbst-Winter-Kollektion noch übrig war. Ich war immer noch sehr dünn, deshalb gab es keine Probleme mit der Kleidergröße. Ein glücklicher Zufall, denn für Maßanfertigungen blieb keine Zeit mehr.

Es war eine Erleichterung zu wissen, dass ich jetzt eine passende und wirklich wunderschöne Garderobe hatte. Ich sah diese Ausstattung als Arbeitskleidung an, die mir die Freiheit gab, mich auf meine Aufgaben zu konzentrieren. Sie bestanden darin, Jordanien auf eine Art und Weise zu repräsentieren, von der das Land ganz direkt profitieren sollte.

Den Schmuck, den ich zur Hochzeit bekommen hatte, wie auch das wunderschöne, diamantenbesetzte Diadem, ein Geschenk meines Mannes, stufte ich ebenfalls als Teil der Arbeitskleidung ein. Ich besaß keinerlei eigenen Schmuck, vielleicht mit Ausnahme eines vergessenen alten Silberarmbands oder Rings, die ich der Erinnerung halber aufbewahrte. Während der ersten Ehemonate überraschte mich mein Mann allerdings mehrmals damit, als er von Besuchen bei anderen arabischen Herrschern zurückkehrte, dass er mir erlesene Schmuckstücke als verspätete Hochzeitsgeschenke mitbrachte. Ich freute mich zwar sehr über diese herrlichen Geschenke, fühlte mich aber nie ganz wohl, wenn ich sie trug. Jordanien war ein armes Land, und es erschien mir unpassend, in diesem Land solchen Schmuck zu tragen, selbst wenn andere das gelegentlich auch taten. Bei offiziellen Auftritten im Ausland schien es mir eher angebracht, aber selbst dann war ich peinlich berührt.

Mein Mann pflegte jedoch die typisch arabische Wertschätzung für leuchtende Farben und reiche Verzierungen, und deshalb ermutigte er mich, beim offiziellen Bankett aus Anlass unseres Staatsbesuches in Deutschland ein exquisites Smaragdhalsband zu tragen, ein Hochzeitsgeschenk des saudi-arabischen Königs Chalid. Ich trug dieses Halsband allerdings nicht mit innerer Freude, denn ich fühlte mich den ganzen Abend wie ein Weihnachtsbaum und verbarg das edle Stück voller Befangenheit unter dem Chiffonschal meines Abendkleides. Viele andere Gäste waren an diesem Abend sehr schlicht gekleidet, und ich wollte nicht, dass wegen der Unterschiede bei Kleidung und Schmuck eine Distanz entstand. Man mag von einer Königin ein glanzvolles Auftreten erwarten, aber das entsprach weder meinem Naturell noch hielt ich es als Repräsentantin meines Landes für angebracht. Im Lauf der Jahre suchte ich immer wieder nach dem Mittelweg zwischen einem übertrieben bescheidenen Stil und dem Zwang, mit königlicher Würde aufzutreten. Nach meinem Gefühl endete dies unweigerlich damit, dass ich entweder ins eine oder andere Extrem verfiel.

Unser Staatsbesuch in Bonn verlief reibungslos, und ich freute mich auf das ruhige Wochenende in Berchtesgaden, das unsere Gastgeber als Abschluss unseres Staatsbesuches vorgesehen hatten. Hoch oben in den Bergen wollten wir den Geburtstag meines Mannes feiern, und wir kamen dabei in den seltenen Genuss novemberlichen Skilaufens auf der Zugspitze. Das war unser erster gemeinsamer Auftritt auf Skiern. Unsere ersten Versuche waren außerordentlich komisch.

Mein Mann hatte wohl erst einmal auf Skiern gestanden, und er folgte seinem Skilehrer nur mit größter Vorsicht. Ich hatte dagegen seit meinem 13. Lebensjahr großen Spaß am Skifahren gehabt. Inzwischen war ich zwar seit einigen Jahren aus der Übung, ging aber davon aus, etwa auf dem zuvor erreichten Niveau wieder einsteigen zu können. Also fuhr ich recht ambitioniert und ziemlich schnell, stürzte oft, stand wieder auf und fuhr weiter. Mein Mann ging hingegen nie zu Boden und beobachtete, wie ich den Hang hinunterpurzelte, als ob ich nicht recht bei Verstand wäre. Ich wiederum sah, dass er das Skifahren sehr methodisch betrieb, umgeben von Fotografen, seinen deutschen Bewachern und der furchtlosen, aber stark geforderten Königlich-Jordanischen Garde, der das Skifahren auch nicht gerade im Blut lag, und ich dachte mir, wie komisch dies aussehen musste.

Dieser erste gemeinsame Skiausflug wurde zu einer der Lieblingsgeschichten unserer Familie. Wir lachten jedes Mal, wenn wir die kuriosen Szenen beim Skilaufen noch einmal nacherzählten und uns erinnerten, wie groß die Erleichterung gewesen war, als wir uns nach den ganzen Formalitäten und der großen Befangenheit beim Staatsbesuch einmal richtig entspannen konnten. Wir mussten noch einige Förmlichkeiten über uns ergehen lassen, und wieder einmal stellte ich fest, dass ich nicht immer so damit zurechtkam, wie ich mir das gewünscht hätte.

Bei unserem Staatsbesuch in Frankreich drängte mich Königin Sein, meine Schwiegermutter, zu einem Termin mit ihrem Friseur, dem berühmten Alexandre. Er kam in den für Staatsgäste reservierten Marigny-Palast, um mich für unser Bankett in Versailles zurechtzumachen. Alexandre war sehr höflich und sparte nicht mit Schmeicheleien. Er sah mich kurz an und begann sofort mit der Arbeit an einer aufwendigen Hochfrisur. Als er fertig war, hatte ich keine Frisur – es war eher so, dass die Frisur mich hatte. Dann verwandelte er dieses Kunstwerk mit einer enormen Menge *laque* (wie man Haarspray auf Französisch passend bezeichnet) noch in eine veritable Festung. Ich wollte das Kunstwerk nach seinem Abgang verändern, doch der Turm aus Haar erwies sich als völlig uneinnehmbar. Ich war den Tränen nahe, als wir uns zum Gehen bereit machten, und ich kam mir lächerlich vor. (Heute wäre Marge Simpson vielleicht das beste Beispiel für mein damaliges Aussehen.) Mein Mann versicherte mir mit zuckersüßer Stimme, wie wunderbar ich aussehe und dass wir jetzt aufbrechen sollten.

Es ist möglich, dass diese Frisur meinem Mann wirklich gefallen hat. Mit Sicherheit genoss er es, wenn ich Jordanien repräsentierte und dabei gleichzeitig den Hauch von etwas Märchenhaftem in die allzu ernsten Staatsgeschäfte einfließen ließ. Bei unserem ersten Staatsbesuch in den USA zeigte ich ihm zwei Abendkleider, zunächst das einfache, das ich selbst bevorzugte, dann das andere, das eine perlenbesetzte Jacke mit einem langen Rock kombinierte. Hussein wählte spontan die perlenbesetzte Jacke, die einen starken Kontrast zu Mrs Carters sehr schlichtem Kleid bilden sollte. Er pflegte sich stets für die prachtvollere Variante zu entscheiden, wenn er die Wahl hatte. Ich hingegen neigte mit der Zeit eher zu schlichteren, oft von der jordanischen Tradition beeinflussten Kleidern, die unser beider Stil entsprachen.

Mir hat nie eingeleuchtet, dass eine Frau in der Öffentlichkeit vor allem nach ihrer äußeren Erscheinung beurteilt wird und dann erst nach ihren Leistungen. Ich räume ein, dass die Modeindustrie ein weltweit beachtetes, riesiges Geschäft ist und dass die Kleider, die eine Frau in einer wichtigen Position trägt, nicht nur den Erfolg eines einzelnen Modeschöpfers sichern, sondern manchmal auch die Modebranche eines ganzen Landes entscheidend fördern können. Prinzessin Diana zum Beispiel wirkte für die britischen Modeschöpfer so manches Wunder, letztlich also auch für die Wirtschaft Großbritanniens. Deshalb tragen die Präsidentengattinnen in Frankreich französische Kreationen, und amerikanische First Ladys wählen ebenfalls einheimische Erzeugnisse. Das ist gut für die Wirtschaft. Hätte es damals einen jordanischen Couturier gegeben, dessen Kleider ich hätte vorführen können, dann hätte ich das auch getan, aber damals gab es keinen einzigen.

Anfangs verstand ich auch die finanzielle Bedeutung nicht richtig, die der Prominentenstatus für die Modeschöpfer hat. Bei unserem Staatsbesuch in Italien entschloss ich mich, in Rom kurz bei Valentino vorbeizuschauen, um mich dafür zu bedanken, dass er mir vor der Deutschlandreise so kurzfristig ausgeholfen hatte. Dazu ließ ich die Wagenkolonne halten und ging zu Fuß und so unauffällig wie möglich zu seinem Büro, das in der Nähe der Spanischen Treppe liegt. Ich war entsetzt, als ich um die Ecke bog und mich einer Schar von Fotografen und Reportern gegenübersah, die ganz offensichtlich auf mich wartete. Es war mir zutiefst unangenehm, für Werbezwecke benutzt zu werden, obwohl ich nach und nach akzeptierte, dass das Werben mit prominenter Kundschaft für die Designer eine Methode war, sich einen Ruf zu erarbeiten und zu bewahren. Diese Tatsache blieb allerdings jahrelang ein Problem für mich, denn selbst flüchtige, ja sogar frei erfundene Kontakte zu Modeschöpfern wurden allzu oft maßlos aufgebauscht, um so den für die Werbenden vorteilhaften, aber unzutreffenden Eindruck zu erwecken, ich sei eine bedeutende Kundin sündhaft teurer Mode.

In den folgenden sechs Jahren hatte ich fünf Schwangerschaften, was diesen Aspekt meines Lebens noch komplizierter machen sollte. Schließlich griff ich zu Versandhauskatalogen aus den USA, um mich schnell und preiswert mit den wichtigsten Dingen zu versorgen.

Bezeichnend für mein mangelndes Interesse an Mode zu Beginn unserer Ehe ist folgende Episode. Über meine ersten Staatsbesuche in Europa an der Seite meines Mannes berichteten die Medien sehr ausführlich. Der Schwerpunkt lag natürlich auf meiner äußeren Erscheinung. Im selben Jahr kam die bekannte US-Fernsehjournalistin Barbara Walters, die über uns berichten wollte, zu Fernsehaufnahmen nach Jordanien. Im Verlauf eines Interviews führten wir Barbara zu den Königlichen Stallungen, wo Abir, Haja und Ali der Besucherin und ihren Zuschauern die prachtvollen Araberpferde vorführten, die der ganze Stolz meines Mannes und seiner Familie waren. Bei diesem Auftritt trug ich Jeans und eine Wildlederjacke, was ich für durchaus passend hielt, aber offensichtlich galt das nicht für alle Zuschauer. Zum Jahresende setzte mich Earl Blackwell auf seine berüchtigte Liste der am schlechtesten gekleideten Persönlichkeiten. Als Begründung führte er die Jeans und die Wildlederjacke an, die ich beim Interview mit Barbara Walters getragen hatte, und behauptete, ich hätte ausgesehen wie ein Postergirl in der Heftmitte von *Popular Mechanics,* einer US-Publikumszeitschrift für Technikfreaks! Sehr zu meinem Vergnügen erschien ich gleichzeitig auf den internationalen Listen der bestfrisierten und bestgekleideten Persönlichkeiten.

In meinem ersten Ehejahr waren Imagefragen dieser Art von einer gewissen Bedeutung, weil ich noch nach meinem eigenen Stil suchte. Sie waren allerdings nichts im Vergleich zu den für uns wirklich wichtigen Dingen, und das Allerwichtigste waren die Bemühungen um einen Frieden im Nahen Osten. In jenen Tagen waren die Verhandlungen in Camp David, dem Landsitz des US-Präsidenten in der Nähe von Washington, D.C., die größte Herausforderung für den lebenslangen Traum meines Mannes, dem Nahen Osten einen stabilen Frieden zu bringen. In Camp David fand im September 1978 ein zwölftägiges Treffen zwischen Sadat, Begin und Carter und ihren Delegationen statt. In jenen Tagen hielten wir uns zu einem kurzen Arbeitsbesuch in London auf. Ibrahim Isedin, unser dortiger Botschafter, teilte Hussein mit, er habe einen Anruf von Sadats Sekretär aus Camp David erhalten, bei dem eine Uhrzeit für ein direktes Gespräch zwischen beiden Männern vereinbart worden sei. Mein Mann war vorsichtig optimistisch.

Der Anruf sollte uns frühmorgens erreichen, aber er kam nicht. Wir warteten den ganzen Tag in großer Anspannung. Schließlich rief Sadat spätabends an, um Hussein mitzuteilen, dass er Camp David verlassen wolle, weil er, das waren seine Worte, mit Begin zu keiner Einigung gekommen sei. Der König war am Ende dieses Gespräches erleichtert, weil Sadat anscheinend an seiner bisherigen Position festhielt, mit Israel keinen Separatfrieden auf Kosten der Palästinenser zu schließen. Die beiden Staatsoberhäupter vereinbarten, sich in wenigen Tagen in Marokko zu treffen.

Auf dem Weg nach Marokko besuchten wir auf Mallorca König Juan Carlos und Königin Sophia von Spanien in ihrem wunderbaren Sommerhaus, von dem man einen herrlichen Blick auf das Meer hat. Eben erst hatte ich Königin Sophias Bruder, König Konstantin von Griechenland, und seine Frau, Königin Anne-Marie (die Tochter Friedrichs IX., des dänischen Königs, und seiner Frau Ingrid), in London getroffen. Beide waren langjährige Freunde Husseins. Sie waren nach einem Militärputsch im Jahr 1967 ins Exil gezwungen worden, engagierten sich aber weiterhin aktiv in der griechischen Gemeinde und in der Förderung der griechischen Kultur und des Bildungs- und Erziehungswesens. Sie hatten sich in einem bescheidenen Haus in Hampstead eingerichtet, wo sie mit Erfolg ein neues Leben begannen. Ich mochte sie beide sehr. Wir besuchten sie bei unseren Aufenthalten in London, wann immer das möglich war, und luden sie mit ihrer Familie oft nach Jordanien ein.

Auf Mallorca faszinierte mich Königin Sophias moderner und ungezwungener Umgang mit königlichen Traditionen. Die Königin und ihre Familie entstammten zwar einem der ältesten europäischen Königshäuser – ihr vollständiger Name ist Sophia von Griechenland und Hannover, und sie ist mit den russischen Zaren, den deutschen Kaisern und mit der englischen Königin Victoria verwandt –, aber sie beschrieb mir, wie sie und König Juan Carlos versuchten, mit den privaten, öffentlichen und zeremoniellen Aspekten ihrer Rolle zurückhaltender und dezenter umzugehen als ihre Vorgänger.

Das Königspaar setzte sich häufig selbst ans Steuer seiner Autos, mischte sich informell unters Volk und bewegte sich völlig ungezwungen im Land. Die beiden hatten den Gebrauch von Diademen, teuren Juwelen und königlichen Insignien in erster Linie auf Begegnungen mit anderen amtierenden Monarchen beschränkt und benutzten diese Insignien ihrer Würde nur noch selten bei anderen offiziellen Anlässen.

Wir waren beeindruckt von dem Lebensstil, den sie in Madrid pflegten. Die spanische Königsfamilie lebte nicht im Prado, dem riesigen Museumsschloss, sondern hatte sich in einem Waldgebiet am Stadtrand eine relativ bescheidene Residenz gebaut, den Palacio de la Zarzuela. Wir liebten die lange Fahrt zu diesem Haus. Die kurvige Straße führte durch ein Wildreservat, in dem es von Rotwild nur so wimmelte. Hussein verglich dieses gemütliche und bescheidene Zuhause oft mit den marmorgeschmückten, hotelähnlichen Räumen des Haschimja-Palastes und wünschte sich, dass wir auch so einfach leben könnten.

Hussein und Juan Carlos pflegten eine großartige Freundschaft. Mein Mann hatte den König während eines Jahrzehnts dramatischer Veränderungen in Spanien unterstützt und beraten. Das begann mit der Wiederherstellung der spanischen Monarchie im Jahr 1969 durch General Francisco Franco, den langjährigen Diktator des Landes, und reichte bis zur Errichtung einer konstitutionellen Monarchie im Jahr 1978, drei Jahre nach Francos Tod. Es war Juan Carlos, der in Zusammenarbeit mit der Übergangsregierung aus der Franco-Zeit die Demokratie in Spanien wieder einführte und für 1977 die ersten demokratischen Wahlen seit 41 Jahren ausschrieb. Das neu gewählte spanische Parlament verabschiedete eine neue Verfassung und bestimmte den regierenden Monarchen zum König.

Sophie bemerkte als Erste, dass ich mich instinktiv an mein neues Leben angepasst hatte, eine Umstellung, die ihr erspart geblieben war. Sophie ist eine ausgezeichnete Seglerin. Sie war Ersatzmitglied des griechischen Segelteams bei den Olympischen Spielen 1960 in Rom, bei denen ihr Bruder Konstantin eine Goldmedaille gewann. In jenem ersten Sommer unserer Bekanntschaft unternahmen wir mit einer Laser-Einhandjolle eine kleine Segelpartie in einer sehr geschützten Bucht. Es war ein heißer, sonniger Tag, und ich trug einen Bikini. Was dann folgte, erzählte mir Sophie später immer wieder: Plötzlich tauchten einige Touristenboote auf und störten unsere private Idylle. Ich zog mir sofort etwas über, denn ich hatte lange genug in einer muslimischen Kultur gelebt, um zu wissen, dass ein öffentlicher Auftritt in Badekleidung für konservative Muslime ein Affront gewesen wäre. Sophie sagte später, mein instinktiv-bewusstes Bemühen um einen Ausgleich zwischen Bescheidenheit und natürlichem Auftreten habe sie verblüfft.

Unser Besuch in Spanien fand ein abruptes Ende. Eines Morgens schalteten wir wie gewohnt gleich nach dem Aufwachen das Kurzwellenradio meines Mannes ein, um die Nachrichten des BBC World Service zu hören. Wir vernahmen bestürzt die knappe Meldung, dass sich Anwar as-Sadat in Camp David tatsächlich mit Menachem Begin geeinigt hatte. Vom Selbstbestimmungsrecht der Palästinenser war nicht die Rede. Es sah ganz so aus, als ob unser Albtraum Wirklichkeit geworden wäre. König Hussein war geschockt, vor allem, weil er von Sadat noch einige Tage zuvor die gegenteilige Zusicherungen erhalten hatte. Er sagte die Reise nach Marokko sofort ab und rief unsere spanischen Gastgeber an, um ihnen mitzuteilen, dass wir umgehend nach Jordanien zurückkehren müssten. Als dann Einzelheiten des Abkommens durchsickerten, sollte deutlich werden, dass der in Camp David angerichtete Schaden nicht so leicht zu begrenzen war. Die Nachwirkungen dieses Vertrages sollten unsere 21 Ehejahre wie auch die Friedensbemühungen meines Mannes auf dramatische Art und Weise beeinflussen.

Eine Krise jagt die andere

Mein Mann verlor selten die Beherrschung. Wenn er erregt war, dann verfinsterte sich sein Blick, und die Kaumuskeln bewegten sich unablässig – beide Anzeichen innerer Bewegung steigerten sich bis zum Äußersten, als er Einzelheiten über Camp David erfuhr. Das am 17. September 1978 im Weißen Haus unterzeichnete Abkommen stellte eine Katastrophe dar für die Palästinenser und für Jordanien.

Anwar as-Sadat hatte unter dem Druck Jimmy Carters und Menachem Begins ein Abkommen akzeptiert, das etliche Mängel aufwies, weil ganz wesentliche Bestimmungen fehlten. Es war darin keine Verpflichtung Israels enthalten, sich aus den besetzten Gebieten auf die Grenzen aus der Zeit vor 1967 zurückzuziehen – die Formel »Land für Frieden«, wie sie in der UN-Resolution 242 vorgesehen ist. Menachem Begin weigerte sich ferner, die besetzten palästinensischen Gebiete künftig das Westjordanland oder die Westbank zu nennen. Er bestand vielmehr darauf, und Carter gab ihm Recht, das Westjordanland in Palästina mit den historischen Namen »Judäa und Samaria« zu bezeichnen. Begin sprach sogar von einem »befreiten Gebiet« – eine Formulierung, die verständlicherweise die ganze arabische Welt empörte.

Von den rechtmäßigen Ansprüchen der Araber oder Muslime auf das besetzte arabische Ostjerusalem war keine Rede. Jerusalem wurde nicht einmal erwähnt. Das Abkommen enthielt auch keinen Zeitplan für den Abbau der jüdischen Siedlungen, die unablässig und unter Bruch des internationalen

Rechts im besetzten Westjordanland errichtet wurden. Eine der wohl verheerendsten Folgen von Camp David war die Tatsache, dass nicht länger von einer palästinensischen Unabhängigkeit gesprochen wurde, sondern von einer palästinensischen »Autonomie«. Durch einen einzigen Federstrich konnten die Palästinenser allenfalls noch auf die Erlangung einer Autonomie hoffen, noch dazu begrenzt auf fünf Jahre und nur mit Zustimmung Israels. Ein unabhängiger Staat Palästina wurde nicht einmal erwähnt.

Das Gefühl meines Mannes, er sei hintergangen worden, wurde noch dadurch verstärkt, dass im Abkommen häufig auf das haschemitische Königreich Jordanien verwiesen wurde – und das, obwohl niemand ihn um Rat gefragt hatte. Seine Kaumuskeln leisteten Schwerstarbeit, während er las, was die Amerikaner und Ägypter von ihm erwarteten: Jordanien, nicht die PLO, sollte künftig die Palästinenser bei Verhandlungen repräsentieren; Jordanien sollte, gemeinsam mit Ägypten und Israel, den »Autonomiestatus« der Palästinenser in den besetzten Gebieten näher definieren; die Bestimmungen des Abkommens zwischen Israel und Ägypten sollten die »Prinzipien« für einen künftigen Friedensvertrag zwischen Israel und Jordanien bilden.

Die Situation entbehrte nicht einer gewissen tragischen Ironie. Das »Friedensabkommen« zeigte bereits eine zerstörerische Wirkung. Die Vereinbarungen von Camp David hatten einen Keil zwischen die Vereinigten Staaten und Jordanien getrieben. Während Sadat in Amerika als der große Visionär gefeiert wurde, kamen die Staatschefs der arabischen Länder zu einem Gipfeltreffen in Bagdad zusammen und verurteilten den ägyptischen Präsidenten einmütig.

Der Gipfel war ein bedeutsames Ereignis für König Hussein, sowohl persönlich wie auch politisch. Er war nicht mehr in den Irak gereist, seit sein Vetter, König Feisal II., und andere Mitglieder der irakischen Königsfamilie im Jahr 1958 bei einem Staatsstreich ermordet worden waren. Die beiden Vettern hatten sich sehr nahe gestanden, gemeinsam Harrow und Sandhurst besucht und die Ferien miteinander verbracht. Sie waren sogar am selben Tag gekrönt worden. Mein Mann erzählte mir, dass er persönlich den Befehlshaber der irakischen

Streitkräfte vor der Gefahr eines Putsches gewarnt habe und hochnäsig ignoriert worden sei. Kaum eine Woche nach seiner Warnung stürmten antimonarchistische Truppen den Palast. Über die Ereignisse kursieren unterschiedliche Darstellungen, aber nach einem Augenzeugenbericht, der von einem Angehörigen der jordanischen Königsfamilie weitergegeben wurde, spielte sich Folgendes ab: König Feisal schritt mit seiner Familie die Palasttreppe hinab, nachdem man ihm freies Geleit und die Ausreise zugesichert hatte, doch die Rebellen eröffneten das Feuer. Feisals Großmutter hielt einen Koran in der Hand und rief: »Bitte verschont Feisal. Schwört beim Koran«, aber bis auf eine Tante starben alle im Kugelhagel der Maschinenpistolen. Mein Mann verzieh sich nie, dass er die maßgeblichen Personen im Irak nicht energischer vor der Gefahr gewarnt hatte.

Im November 1978 kam König Hussein mit 20 anderen Staatschefs beim Gipfeltreffen der Arabischen Liga mit 22 Mitgliedstaaten zusammen. Nur Ägypten fehlte. Die Arabische Liga beschloss, eine Delegation nach Kairo zu schicken. Die Mitglieder des Bündnisses wollten Sadat in einem letzten Versuch davon abbringen, einen Separatfrieden mit Israel zu schließen, aber der ägyptische Präsident weigerte sich, sie zu empfangen. Stattdessen schürte Sadat noch den Streit, indem er die Staatschefs während des Gipfels öffentlich »Feiglinge und Zwerge« nannte und erklärte, er habe nicht die Absicht, sich das »Zischen von Schlangen« anzuhören.

In den sechs Monaten, die die Regierung Carter für die Aushandlung der letzten Details des ägyptisch-israelischen Abkommens benötigte, setzten die Amerikaner meinen Mann massiv unter Druck, das Abkommen von Camp David doch zu befürworten. Während ich den Diskussionen zwischen meinem Mann und seinen Beratern über die einzuschlagende Strategie zuhörte, lernte ich sehr viel über die »Realpolitik«. Ich hatte schon während meines Aufenthalts im Iran und in der arabischen Welt Gelegenheit gehabt, den von Amerika ausgeübten Druck wahrzunehmen, aber ihn buchstäblich im eigenen Haus zu erleben, war eine recht ernüchternde Erfahrung für mich.

Der 26. März 1979, der Tag, an dem der Friedensvertrag zwischen Ägypten und Israel von Begin, Sadat und Carter in Washington unterzeichnet wurde, war ein schwarzer Tag für Jordanien. Ich weiß noch, dass Leila, deren Mann mittlerweile Regierungschef war, im Fernsehen die Zeremonie mitverfolgte und immer wieder Sadat zurief: »Unterschreib nicht, unterschreib nicht. Oh Gott, lass bitte die Feder abbrechen.« Doch er unterschrieb, und die unweigerlichen Folgen ließen nicht lange auf sich warten.

Die Region war ohnehin ein Pulverfass. Der Schah war nur zwei Monate zuvor gezwungen worden, den Iran zu verlassen; Ajatollah Khomeini war bei seiner Rückkehr begeistert gefeiert worden. Durch die Unterzeichnung des Abkommens entstand ein weiterer Unruhefaktor in einer bereits sehr explosiven Lage. Für meinen Mann war es ein furchtbarer Rückschlag. Er war tief enttäuscht über Sadats Opportunismus, die Kurzsichtigkeit der Vereinigten Staaten und das Scheitern der internationalen Friedenskonferenz in Genf, die in seinen Augen die besten Aussichten auf einen umfassenden Frieden im Nahen Osten geboten hätte. Während Camp David durchlebten wir ein Wechselbad der Gefühle, und an dem entstandenen Unheil leiden wir, die Region und die Jordanier, bis heute.

In dieser schweren Zeit stellten Hussein und ich zu unserer großen Freude fest, dass ich schwanger war. Wir hatten nie darüber gesprochen, gemeinsame Kinder zu haben, aber auch nicht darüber, *keine Kinder* zu haben. Hussein hatte damals bereits acht Kinder, von denen drei noch bei uns lebten. Allerdings hätte ich hellhörig werden müssen, als ich Pläne für ein neues Haus machte. »Plane unbedingt sechs Schlafzimmer für die Kinder mit ein«, sagte er zu mir. »Wie bitte?«, fragte ich, weil ich von höchstens drei Kindern zusätzlich zu den jetzigen ausging. Als mein Arzt mir mitteilte, dass ich guter Hoffnung sei, war Hussein, wie er selbst sagte, »überglücklich«. Wir versuchten, die Neuigkeit bis zum dritten Monat geheim zu halten. Dann sagten wir es den Kindern. Sie waren ganz begeistert von der Aussicht auf einen kleinen Bruder oder eine kleine Schwester.

Ich kam mir doppelt gesegnet vor, als mein Mann mir sagte, dass er in Kürze seine Pilgerreise nach Mekka und Medina in Saudi-Arabien unternehmen wolle. Bislang hatte er sich jedes Jahr nur auf die kleinere Pilgerreise, die Umra, begeben, die man in der Regel am 27. Tag des Monats Ramadan antritt, der heiligsten Nacht des Jahres. Hussein hatte aber noch nie die große Pilgerreise, den Hadsch, gemacht, die sich über fünf Tage des letzten Monats des islamischen Jahres (seit der *Hedschra*) erstreckt. Das islamische Jahr richtet sich nach dem Mondkalender und ist deshalb elf Tage kürzer als der im Westen gebräuchliche gregorianische Kalender. Gläubige Muslime versammeln sich in der Arafat-Ebene und beten den ganzen Tag, insbesondere um Vergebung. Jeder erwachsene Muslim (ob Mann oder Frau) ist verpflichtet, wenigstens ein Mal in seinem Leben einen Hadsch zu unternehmen, aber mein Mann hatte noch nie das Gefühl gehabt, dass es für ihn an der Zeit sei. Deshalb fühlte ich mich doppelt gesegnet, weil er so kurz nach unserer Hochzeit meinte, jetzt sei der Zeitpunkt gekommen.

Während des Hadsch trug mein Mann, wie alle Pilger, zwei ungesäumte, weiße Stücke Stoff um Hüften und um Schultern geschlungen, zum Zeichen der grundlegenden Gleichheit und Niedrigkeit aller Menschen vor Gott. Gemeinsam würden er und die unzähligen Pilger in Mekka die Kaaba besichtigen, das schlichte, heilige Steingebäude inmitten des riesigen, mit weißem Marmor gestalteten Hofes der Großen Moschee, die auch Al-Haram al-Scharif genannt wird. Männer und Frauen beten gemeinsam in der Haram, der einzigen Moschee auf der ganzen Welt, in der sie beim Gebet nicht getrennt sind. Hier baute Abraham, der (nach islamischer Überlieferung) Urahn meines Mannes, vor mehr als 3000 Jahren den ersten Ort der Anbetung eines alleinigen Gottes wieder auf. Genau hier zerschlug, fast zwei Jahrtausende später, der Prophet Mohammed, der leibliche und geistige Erbe Abrahams, die heidnischen Götzen derjenigen, die Gott vergessen hatten.

Hussein hatte rein geistige Gründe für seine Mekkareise gehabt und wollte möglichst inkognito bleiben, aber es sprach sich dennoch herum, dass er in Mekka war. Wegen seiner Abstammung kam es nicht selten vor, dass Pilger aus aller Welt ihm applaudierten, wenn er eintrat, und ihn mit den Worten »*Ahlan bi sabt al rasul*« (Gegrüßt sei der Enkel des Propheten) willkommen hießen. Als er von dem Hadsch zurückkehrte, bemerkte ich voller Freude, wie ausgeglichen und erholt er wirkte. Er versuchte, mir den außerordentlichen Eindruck zu vermitteln, den die spirituelle Reise auf ihn gemacht hatte, aber erst 20 Jahre später sollte ich ihn wirklich verstehen, als ich mich selbst auf die Umra nach Mekka begab. Sein neuer Lebensmut half uns über die Schicksalsschläge hinweg, die uns bevorstanden.

Anfang Frühjahr 1979 hielt ich mich gerade in London auf, als mein Mann mich mit einer traurigen Nachricht anrief: Sein Onkel mütterlicherseits, Scharif Nasser bin Dschamil, war überraschend an einem Herzschlag gestorben. Dieser plötzliche Tod traf uns alle wie ein Schock. Scharif Nasser hatte seit Antritt der Herrschaft an der Seite meines Mannes gestanden. Anfang der Siebzigerjahre war er Oberbefehlshaber der Streitkräfte gewesen und hatte meinem Mann mehrmals das Leben gerettet. Sie hatten sich ebenfalls sehr nahe gestanden. Scharif Nasser hatte uns als eines der ersten Familienmitglieder von ganzem Herzen zur Verlobung gratuliert, und er hatte uns das herrliche Grundstück geschenkt, auf dem wir irgendwann bauen wollten. Seine Frau, Hind, eine Künstlerin und enge Freundin, erwartete damals genau wie ich ein Kind.

Ein traumatisches Ereignis folgte dem andern. Hussein bereitete sich auf die Reise nach Bagdad vor, wo Ägypten wegen seiner Haltung in Camp David scharf kritisiert werden sollte. Einen Tag vor seinem traurigen Anruf war ich nach Hampstead gefahren. Vor der geplanten Rückkehr nach Amman traf ich mich dort zum Mittagessen mit unseren Freunden König Konstantin (»Tino«) und Königin Anne-Marie von Griechenland und mit ihrer Mutter, Königin Ingrid von Dänemark. Ich war jetzt im sechsten Monat und fühlte mich auf einmal schrecklich schwach. Als ich den Empfangssaal betrat, wurde ich sofort Königin Ingrid vorgestellt, aber ich musste mich kurz darauf entschuldigen. Anne-Marie begleitete mich besorgt aus dem Saal, als ich ihr erklärte, dass ich mich nicht wohl fühlte. Sie sagte mir nicht, was sie befürchtete, führte mich aber in ihr Zimmer, damit ich mich hinlegen konnte. Als eine Blutung einsetzte, ging sie still aus dem Zimmer und rief ihren eigenen Arzt, George Pinker, den Gynäkologen des britischen Königshauses an. Er war zum Angeln nach Schottland gereist, doch sein Assistent sagte zu, so schnell wie möglich zu kommen.

Da Konstantin und Anne-Marie in einiger Entfernung vom Londoner Stadtzentrum lebten, dauerte es sehr lange, bis der Doktor kam. In der Zwischenzeit schwante mir allmählich, was gerade mit mir geschah. Während wir auf den Arzt warteten, kam Tino ins Zimmer und sagte, er werde Hussein anrufen. Ich bat ihn, das nicht zu tun. »Er ist gerade auf dem Weg nach Bagdad. Das ist ein wichtiger Moment für ihn, er hat schon genug am Hals.« Wir stritten miteinander, dann ging er und rief meinen Mann an. Fast hätte ich die Nerven verloren, als ich Husseins Stimme hörte, aber ich hatte mir von Anfang an geschworen, ihm nicht zusätzlich zur Last zu fallen. »Soll ich kommen?«, fragte er. »Nein, auf keinen Fall«, sagte ich ihm. »Bleib dort und tu, was du tun musst. Mir geht es bald besser.«

Dabei ging es mir überhaupt nicht gut. Meine Sehnsucht nach etwas, das ich verloren hatte, wurde durch das Gefühl des Versagens und der Schuld noch verstärkt. Meine Schwangerschaft war bereits so weit fortgeschritten gewesen, dass ich gespürt hatte, wie sich das Baby bewegte, und ich hatte eine echte Verbindung zu dem Leben in mir entwickelt. Ich wünschte sehnlichst, in ein Krankenhaus mit der entsprechenden Fürsorge gebracht zu werden, aber in England waren die Krankenwagen im »Bummelstreik« und übten ihren Dienst betont langsam aus. Deshalb dauerte es länger als gewöhnlich, bis der Krankenwagen endlich in Hampstead ankam. Ohne Martinshorn – nicht einmal mit Blaulicht, wenn ich mich recht entsinne – fuhr der Krankenwagen dann im Schneckentempo zum Krankenhaus. Auf der ganzen Strecke sagte der Arzt ständig zu mir »Halten Sie durch, halten Sie durch«, während ich gegen die qualvollen Schmerzen ankämpfte. Sobald wir das Krankenhaus erreicht hatten, ging alles so schnell, dass ich mich nur noch daran erinnere, wie ich im Bett lag, nachdem alles vorbei war. Das Telefon klingelte. Als die Vermittlung sagte: »Mr Brown möchte Mrs Brown sprechen«, dachte ich, sie hätte das falsche Zimmer angewählt. Ich wusste nicht, dass man mich aus Sicherheitsgründen unter dem Namen Brown angemeldet hatte. Schon bald gewöhnte ich mich an den Namen, und künftig verwandelten sich Hussein und ich immer in das Ehepaar »Brown«, wenn wir eine gewisse Privatsphäre wahren wollten.

Allerdings musste ich im Krankenhaus erfahren, dass eine vollständige Intimität nie gewährleistet werden konnte. Wenig später tauchte die Meldung von meiner Fehlgeburt in den Schlagzeilen der Londoner Presse auf. Ich fühlte mich zutiefst verletzt, weil dieser überaus persönliche Augenblick und der schreckliche Verlust, den wir erlitten hatten, von den Boulevardblättern wie ein gefundenes Fressen aufgegriffen wurde. Meine Schwester hörte mir meine Verzweiflung an der Stimme an, als sie mich im Krankenhaus anrief. Sie sprach lange mit mir, und in unserem Kummer kamen wir uns als Erwachsene näher. Mein Leben lang werde ich es Alexa nicht vergessen, dass sie sich in Washington bei ihrer angesehenen Anwaltskanzlei freinahm, um zu mir nach London zu kommen.

Hussein reiste nach London, sobald es ihm nach dem Gipfel in Bagdad möglich war, und überraschte mich mit der Neuigkeit, dass wir für ein paar Tage zum Skiurlaub nach Zürs in den österreichischen Alpen fahren würden. Er wusste, wie sehr ich fürs Skifahren schwärmte. Zum letzten Mal war ich als junger Teenager mit meinen Eltern in den Alpen gewesen. Der jordanische Generalkonsul in Österreich hatte freundlicherweise die gesamte Vorbereitung übernommen, aber mein Mann und ich waren nie für uns allein. Wir verbrachten die Tage in Zürs in der Gesellschaft des Generalkonsuls und seiner Frau sowie unseres Gefolges und der Leute, die sie im Hotel kennen gelernt hatten. Wir fanden keine Gelegenheit, gemeinsam über den Verlust zu sprechen und uns gegenseitig zu trösten. Ständig waren wir von Menschen umgeben und mussten selbstverständlich allen tapfer lächelnd gegenübertreten.

An unserem letzten Abend in Arlberg hielt ich es nicht mehr aus. Mit Schlitten hatte man uns zum Abendessen in eine typische Berghütte oberhalb des Dorfes Lech gebracht, wo uns kleine Kinder Lieder vorsangen. In dem überfüllten und überheizten Raum kam der ganze Kummer in mir hoch. In der Öffentlichkeit gelang es mir noch, mich zu beherrschen, aber auf dem Heimweg fiel mir plötzlich ein, dass mein Mann mich kein einziges Mal nach der Fehlgeburt gefragt hatte, wir hatten noch gar nicht darüber gesprochen. Gewiss wusste ich, dass mein tapferer Gesichtsausdruck meinen eigentlichen Zustand völlig falsch wiedergab, aber gleichzeitig wusste ich auch, dass Hussein die demonstrative Stärke und den Elan ohne Nachfragen akzeptiert hatte.

»Wir können nicht einfach so tun, als wäre nichts passiert«, sagte ich mir. Ich war sehr wütend auf Hussein und vielleicht auch auf mich selbst, weil ich meine Gefühle zuvor verborgen hatte. Ich sagte ihm, wie schwer mir die Tage in Österreich gefallen waren, und bekam eine lehrreiche Antwort zu hören. »Diese Reise ist mir auch schwer gefallen«, sagte er. »Zum letzten Mal bin ich in Sankt Moritz in den Alpen Schlitten gefahren, mit dem iranischen Schah und der Schahbanu, und jetzt sind sie aus ihrem Land gejagt worden.« Ich sah ihn an, verblüfft über diese scheinbar zusammenhangslose Antwort, aber ich entdeckte ein Verhaltensmuster, das sich in unserer Ehe häufig wiederholen sollte. Jedes Mal, wenn ich einen persönlichen Kummer ansprach, reagierte er, indem er ein noch größeres Problem schilderte, unter dem er zu leiden hatte, und rückte damit meinen Kummer in das rechte Licht. Ich lernte mit der Zeit, dass dieser Mann, der das größte Herz auf der ganzen Welt hatte, nicht über Dinge sprechen konnte, die ihn persönlich schmerzten, gerade weil ihm dieser Schmerz so nahe ging. Es überstieg schlicht seine Kräfte.

Sechs Monate später wurde ich wieder schwanger. Obwohl alle angenommen hatten, dass ich das Baby im Ausland zur Welt bringen oder wenigstens einen Arzt aus dem Westen ins Land rufen würde, hatte ich volles Vertrauen zu unserem jordanischen Gynäkologen, Dr. Aref Bataineh. Er war der Gynäkologe der Königsfamilie und ein Kollege des englischen Arztes George Pinker, der Königin Anne-Marie betreute und dessen

Assistent mich nach der Fehlgeburt untersucht hatte. Wir zogen ihn wegen der Schwangerschaft zu Rate. Beide Ärzte rieten uns, dass ich in den ersten Monaten nicht reisen sollte – eine große Erleichterung für mich. Ich hatte zu Hause mehr als genug zu tun.

Damals arbeitete ich bereits an vielen nationalen Projekten mit. Die Vereinten Nationen hatten das Jahr 1979 zum Jahr des Kindes erklärt, und ich wurde zur Vorsitzenden des jordanischen National Committee for the Child ernannt. Ich lud in den Haschimja-Palast Minister und Repräsentanten von internationalen und regierungsunabhängigen Organisationen (NGO) ein, die mit jordanischen Kindern arbeiteten. Im Palast trafen wir uns, um über die Lage der jordanischen Kinder zu sprechen, kurz- und langfristige Strategien zu entwickeln und Prioritäten festzulegen.

Die Erziehung der Kinder war eine außerordentlich dringende Aufgabe, weil die Bevölkerung unseres Landes so jung war: Mehr als die Hälfte aller Jordanier war jünger als sechzehn, ein Fünftel jünger als fünf Jahre. Die Geburtenrate in Jordanien war sehr hoch – mehr als das Doppelte des Durchschnitts in Entwicklungsländern –, nicht zuletzt wegen des starken Flüchtlingsstroms. Durch dieses Bevölkerungswachstum wurde der gesamte Dienstleistungssektor sehr stark belastet, insbesondere natürlich das Bildungs- und Gesundheitswesen. Zahlreiche Schulen waren hoffnungslos überfüllt, auf einen Lehrer kamen viel zu viele Schüler. Die meisten Schulen hatten täglich zwei Schichten eingeführt. Es fehlte an Schul- und Kinderbüchern sowie an Einrichtungen und Spielplätzen, vor allem in armen Wohngegenden.

Der österreichische Bundeskanzler Bruno Kreisky empfahl mir in einem Brief Anfang der Achtzigerjahre die Organisation SOS Kinderdorf International – ein Netz aus Kinderdörfern für Waisen und ausgesetzte Kinder auf der ganzen Welt. Die Initiative war in den chaotischen Verhältnissen nach dem Zweiten Weltkrieg ins Leben gerufen worden, weil unzählige Kinder ihr Heim und ihre Eltern verloren hatten. Nach einem ersten Treffen mit dem Gründer Hermann Gmeiner begann eine lange und fruchtbare Partnerschaft. Jedes SOS-Kinderdorf bietet Kindern, die ihre Eltern verloren haben oder nicht mehr mit ihnen leben können, ein verlässliches, familienähnliches Heim. Vier bis zehn Jungen und Mädchen verschiedener Altersstufen leben zusammen mit ihrer SOS-Mutter in einem Familienhaus, acht bis fünfzehn SOS-Familien bilden eine Dorfgemeinschaft.

Mein Mann und ich besuchten häufig die Dörfer in Amman und Akaba, vor allem an den Eid-Festtagen, wenn Familien traditionell zusammenkommen und das Ende der Fastenzeit feiern. Dschafar Tukan, ein begabter Architekt und Freund, entwarf einen wunderschönen Plan für unser erstes SOS-Kinderdorf in der Nähe von Amman, das König Hussein und ich im Jahr 1987 eröffneten: eine zauberhafte Enklave aus traditionellen Steinhäusern, die durch Höfe und blühende Gärten miteinander verbunden sind. Die Dorfarchitektur war unser erster gemeinsamer Versuch, ein architektonisches Modell für Jordanien zu entwickeln, das Tradition und Umweltverträglichkeit gleichermaßen berücksichtigte. Dschafar und ich arbeiteten einige Jahre später zusammen an einem modernen Entwurf für ein SOS-Kinderdorf in Akaba, das 2001 den Aga-Khan-Preis gewann, und zuletzt an einem dritten Dorf in Irbid, im Norden Jordaniens, das 1999 eröffnet wurde. Ich war begeistert, als die Organisation SOS Kinderdorf im Jahr 2002 wegen ihrer großen humanitären Hilfe für die Kinder dieser Welt geehrt wurde und den angesehenen Conrad N. Hilton Humanitarian Prize erhielt.

Auf dem Gesundheitssektor starteten wir ein landesweites Impfprogramm, das ich gemeinsam mit dem Gesundheitsminister in mehreren ländlichen Gegenden einführte. Mehrere orale Impfstoffe nahm ich dabei selbst ein, um den Dorfbewohnern vor Augen zu führen, wie wichtig die Kampagne war. Im Jahr 1980 traten wir dem UNICEF-Projekt »Child Survival and Development Revolution« bei, das mit Hilfe von kostengünstigen Maßnahmen wie Überwachung des Wachstums, orale Rehydratation, Stillen und Impfungen eine Senkung der Säuglings- und Müttersterblichkeit erreichte.

Ende der Achtzigerjahre hatte Jordanien Fortschritte auf diesen humanitären Gebieten erzielt, die von UNICEF und anderen Behörden auf der ganzen Welt als beispielhaft für Ent-

wicklungsländer angesehen wurden, vor allem in den Bereichen Ernährung, Schulpflicht und Bildung von Mädchen,
Zugang zu medizinischer Versorgung sowie Zugang zu saube-
rem Wasser. Jordanien zählte mit einer Impfrate von über 90
Prozent zu den 45 führenden Ländern der Welt.

Voller Stolz vertrat ich König Hussein im Jahr 1990 beim
Weltgipfel für Kinder der Vereinten Nationen und unterzeichnete gemeinsam mit 71 Staats- und Regierungschefs die Welt-
erklärung für das Überleben, den Schutz und die Entwicklung
der Kinder. Ein Jahr später ratifizierte Jordanien die Konvention über die Rechte des Kindes – den weltweit am meisten
anerkannten Menschenrechtsvertrag, der soziale Veränderungen in allen Regionen der Welt anregt. (Nur die Vereinigten
Staaten von Amerika und Somalia haben die Konvention noch
nicht unterzeichnet.)

Nach der Einberufung mehrerer landesweiter Konferenzen
zu Kinderrechten in den folgenden Jahren forderte König Hussein mich auf, eine eigene Organisation zu gründen und zu leiten: die National Task Force for Children (NTFC), deren Aufgabe die Überwachung der Entwicklung jordanischer Kinder
war. Um die Kooperation unter den unzähligen Organisationen
zu erleichtern, bildeten wir eine National Coalition for Children, die Partnerschaften unter sämtlichen öffentlichen und
privaten Institutionen koordinierte und förderte, die in irgendeiner Form mit Kindern zu tun hatten. Die NTFC richtete auch
ein nationales Zentrum für Politik und Forschung ein, außerdem Jordaniens erste Internetseite mit Informationen rund um
das Leben von Kindern. Das Informations- und Forschungs-
zentrum nahm sich einer Reihe besonders wichtiger Themen
an: Kinderarbeit, Armut in den Städten, Jugend und Kultur,
jugendliche Raucher, Forschungslücken und Prioritäten für
künftige Entwicklungsprogramme.

Zu Beginn meiner Ehe arbeitete ich auch in der Royal Society for the Conservation of Nature (RSCN) mit. Die Gesellschaft
war einzigartig in der ganzen Region. Sie war schon 1966 unter
der Schirmherrschaft König Husseins gegründet worden, als
nur wenige Menschen vom Erhalt der Natur sprachen, und sie
war die erste und lange Zeit die einzige Umweltschutzorgani-

sation im Nahen Osten. Darauf war ich besonders stolz, weil mir der Umweltschutz stets sehr am Herzen lag. Im Jahr 1970, als ich mich gerade in Princeton eingeschrieben hatte, hatte ich UN-Generalsekretär U Thant zugejubelt, als er die erste weltweite Feier des Tages der Erde verkündete. Schon damals verspürte ich genau wie heute ein Gefühl der globalen Einheit und der universalen Notwendigkeit, den Schutz der Umwelt mit den Bedürfnissen der Menschheit in Einklang zu bringen.

König Hussein und die anderen Gründerväter der RSCN gingen mit gutem Beispiel voran, indem sie die Jagd aufgaben, weil ihr Lieblingssport die Tierwelt Jordaniens drastisch reduziert hatte. Die Sorge um die Tiere war die Saat für die im Laufe der Jahre wachsende Rolle der RSCN beim Schutz der Wunder der Natur vor den Folgen des technischen Fortschritts. Im Jahr 1978 bat die RSCN mehrere internationale Organisationen, etwa die International Union for the Conservation of Nature und den World Wildlife Fund, um Unterstützung bei der Erfassung bestimmter Gebiete im Land, die zu Naturschutzgebieten erklärt werden sollten. Die RSCN wies sechs Schutzgebiete aus, die den ansässigen Gemeinden Einnahmen aus Umweltschutzaktivitäten sicherten. Jordanien gab außerdem den Nachbarländern ein Beispiel für die Verwaltung von Schutzgebieten und bot Umweltschützern aus der ganzen Region die Möglichkeit, vor Ort praktische Erfahrungen zu sammeln.

Von Anfang an versuchte ich, mich aus möglichst vielen Quellen zu informieren und unter meinen engsten Beratern einen Konsens zu erreichen. Ich lernte auch, mein allmählich sich vergrößerndes nationales und internationales Netz aus Experten und potenziellen Partnern zu nutzen und auf diese Weise Gelder ins Land zu holen. Sobald Modellprojekte zur Bildung, Frauenförderung und Armutsbekämpfung in Jordanien erfolgreich funktionierten, konzentrierten wir uns darauf, die Programme auf die ganze Region auszuweiten.

Ich hielt alle Menschen, mit denen ich zusammenarbeitete, dazu an, offen ihre Meinung zu sagen und ehrliche, konstruktive Kritik vorzubringen. Insbesondere schätzte ich Menschen, die direkt zur Sache kamen und häufig meine Freunde und Berater wurden. Von Kriechern hielt ich überhaupt nichts, die mir immer nach dem Mund reden wollten, statt mir die Wahrheit ins Gesicht zu sagen. Ferner wollte ich die Teamarbeit fördern und dazu beitragen, eine spürbare Verbesserung der Lebensqualität der Menschen zu erreichen und ihre Zukunftsaussichten zu verbessern.

Aus den Gesprächen mit Experten erfuhr ich, dass Studenten an jordanischen Hochschulen und Universitäten bei der Berufswahl keine Unterstützung erhielten. Die große Mehrzahl der Studenten war in den Bereichen Medizin, Technik und Recht eingeschrieben – Fachgebiete, aus denen bereits unzählige Absolventen eine Arbeit suchten. Dafür mangelte es uns an qualifizierten Spezialisten in zahlreichen Betätigungsfeldern wie Computertechnik, Hotelmanagement, Verkehrsplanung und Vorschulentwicklung. 1979 gründete ich die Royal Endowment for Culture and Education. Die Stiftung ermittelte erstmals den Bedarf des Landes an Arbeitskräften und vergab Stipendien an Studenten, die Studienfächer mit einer großen Bedeutung für Jordaniens künftige Entwicklung wählten. Talentierte Frauen wurden bevorzugt. In den folgenden zwei Jahrzehnten wurden diese Stipendiaten zu führenden Experten auf ihren Sachgebieten und bestätigten unsere Prämisse, dass Einzelpersonen durchaus erheblich zur Beschleunigung der Entwicklung beitragen konnten.

Auf Grund meiner Erfahrung mit Stadtplanung und Architektur befasste ich mich schon früh mit der Frage, wie Jordanien das Wachstum seiner Städte in geordnetere Bahnen lenken konnte. Ich hatte von den frustrierenden Erlebnissen meines Mannes beim Bau des Palastes Haschimja und bei fast allen anderen Häusern gehört, die er gebaut hatte. Da ich schon vor meiner Heirat in dem Land gearbeitet hatte, kannte ich bereits die Probleme der Fluggesellschaft bei Bauprojekten. Mir war klar geworden, dass wir dringend ein standardisiertes Baurecht brauchten. Schon kurz nach der Heirat rief ich den Minister für öffentliche Bauten in mein Arbeitszimmer im al-Ma'-Wa. »Informieren Sie mich bitte über unser Baurecht«, bat ich ihn. Ohne ein Wort öffnete er den Koffer, den er mitgebracht hatte, und schüttete den Inhalt auf den Boden. In dem Stapel lagen Bücher mit den Baugesetzen aus Ländern auf der ganzen Welt, es stellte sich jedoch heraus, dass wir kein eigenes verbindliches Gesetzeswerk hatten.

Mit Unterstützung des Ministers berief ich ein Treffen der maßgeblichen Bauingenieure und Architekten des Landes ein und fragte sie, mit welchen Problemen sie sich herumschlagen müssten und was man in ihren Augen tun könne, um einheitliche Bauverordnungen zu schaffen. Schnell waren wir uns alle einig, die Regierung und den privaten Sektor dazu anzuhalten, gemeinsame Bestimmungen festzulegen. In den folgenden Jahren erstellte die Royal Scientific Society Jordaniens ein erstes Baugesetzbuch. Ich lernte meinerseits viel über die Rolle, die ich als Königin spielen konnte: ein Katalysator für Konsensbildung und deren Umsetzung.

Darüber hinaus schlug ich die Gründung eines Expertenkomitees vor, das die Verantwortung für die Bewahrung unseres architektonischen Kulturerbes und für die Begutachtung von Plänen für neue öffentliche Gebäude und Plätze trug. Hier konnte ich nur einen Teilerfolg verbuchen, weil das Komitee zwar eine Reihe von Projekten positiv beeinflusste, aber seine Effektivität stark von dem guten Willen der Kabinettsmitglieder abhing. Auf Grund dieser Erfahrung konnte ich sehr gut nachvollziehen, auf welche Schwierigkeiten der Prinz von Wales gestoßen war, als er in Großbritannien das Bewusstsein für den Einfluss und die Bedeutung öffentlicher Bauten als Symbole des Nationalgefühls und der Landeskultur stärken wollte.

Bei der Stadt Akaba schien mir ein solcher Ansatz besonders wichtig. Wenn dieser wunderbare Erholungsraum am Nordzipfel des Roten Meeres nicht sorgfältig geplant wurde, dann würden wir nur die bisherige chaotische Vorgehensweise fortsetzen. Außerdem würde die Gelegenheit ungenutzt verstreichen, Akaba einen einzigartigen, typisch jordanischen Charakter zu verleihen, den kein anderer Ferienort auf der Welt hatte. Wenn Akaba ein beliebtes Ziel für Touristen werden sollte, dann musste es einen eigenen Charakter haben. Bei der Begrünung der Stadt und ihrer Umgebung machten wir einige

Fortschritte: Wir pflanzten Palmen entlang der Straßen und legten Parks in der Stadt an. Aber es gelang uns nie, die gleiche Harmonie wie beispielsweise auf Sardinien oder den Kanarischen Inseln zu erreichen, die das kulturelle Erbe widerspiegelt. In Zeiten der politischen Unruhe, als andere Häfen in der Region geschlossen wurden, blühte in Akaba der Handel auf, und die wirtschaftliche Expansion hatte Vorrang vor der langfristigen Städteplanung.

Leider verschwendeten wir auch einen großen Teil unserer Zeit für Krisenmanagement. Eines Tages kam ein Minister ganz aufgeregt in mein Arbeitszimmer und berichtete von Plänen, eine Hochbahn in Petra zu bauen und den Sik zu pflastern, den uralten, beeindruckenden Zugang zu der uralten Stadt in der Schlucht. Wir waren sprachlos. Mit viel diplomatischem Fingerspitzengefühl stoppten wir mit Unterstützung des Königs das Projekt, aber das war nur einer von vielen Fällen, in denen wir in letzter Minute einschreiten mussten, weil das Land keine Planungsrichtlinien und keine zentrale Koordination kannte.

Ich traf mich regelmäßig mit dem Bürgermeister von Amman und sprach mit ihm über Möglichkeiten, mehr Parks und offene Räume für ärmere Kinder und Familien anzulegen. Der Zustrom von Flüchtlingen und Vertriebenen aus Palästina, zusammen mit dem neuen Reichtum durch den Ölboom in der zweiten Hälfte der Siebzigerjahre, hatte ein unkontrolliertes Wachstum der Städte zur Folge. Grünflächen, die für die Lebensqualität in einer städtischen Umgebung so wichtig sind, mussten Wohnvierteln, hoch aufragenden Hotels oder überdimensionierten Villen in neuen Nobelbezirken der Stadt weichen. In den wenigen Jahren, die ich nun in Amman lebte, hatte die Zahl der Schafhirten auf den Straßen ab- und die Zahl der Gebäude auf kostbarem Ackerland zugenommen.

Wir sprachen auch über Sanierungskonzepte für das Stadtzentrum. Der ursprüngliche Stadtkern war sehr heruntergekommen, weil immer mehr Menschen in die noblen Vororte Ammans zogen. Bei unseren Plänen für die Restaurierung der Altstadt mussten wir eine Vielzahl von Sehenswürdigkeiten berücksichtigen. Die königlichen Paläste, in denen ich lebte und arbeitete, lagen im Zentrum sowie der traditionelle Suk, das Marktgelände, und das prächtige römische Amphitheater. Im Zentrum lag auch die antike Zitadelle auf ihrem Hügel, in der sämtliche Zivilisationen, die die Geschichte der Region geprägt hatten, ihre Zeugnisse hinterlassen hatten: angefangen 4500 v. Chr. bei den Siedlungen der Stein-, Bronze- und Eisenzeit, über die römische und byzantinische Besetzung, bis hin zur islamischen Blütezeit unter der Dynastie der Omaijaden im 8. Jahrhundert, als die Zitadelle selbst zu einer Stadt mit Regierungssitz, Bädern und einer Moschee anwuchs.

Ein Projekt sah die Errichtung eines modernen Museums vor, in dem die kostbaren Kunstwerke untergebracht werden sollten, die im ganzen Land ausgegraben worden waren. Zum damaligen Zeitpunkt wurden sie in einem Bau aufbewahrt, den man ein Museum in der Zitadelle nannte. Dieses Museum, das zweifellos früher einmal elegant gewirkt hatte, war im Wesentlichen zu einem verstaubten, überdimensionalen Lagerschuppen verkommen. Ich war nicht die Einzige, die sich den Bau eines archäologischen Museums wünschte, in dem Jordaniens herrliche Sammlung antiker Kunstgegenstände angemessen ausgestellt werden konnte. Es war nicht nur schwierig, Gelder für das Museum zu beschaffen, sondern das Projekt geriet auch wegen der fortwährenden Diskussion unter Archäologen und Denkmalschützern ins Stocken. Besonders heftig diskutiert wurde die Frage, welche Schäden allein die Bauarbeiten an noch verborgenen historischen Schätzen anrichten würden. Viele Kunstwerke landeten am Ende verstreut in den kleinen archäologischen Museen, die damals in ganz Jordanien errichtet wurden. So entstanden zahlreiche Juwelen von Museen anstelle einer prestigeträchtigen, nationalen Einrichtung.

Im Laufe der jahrelangen Ausgrabungen um die Zitadelle entwickelte sich der Ort zu einem spektakulären Schauplatz für Konzerte und Kulturereignisse, die wir auch im Tal aufführten, im römischen Theater der antiken Stadt Philadelphia. Durch die Restaurierung wurden die antiken Orte und Amphitheater wieder, was sie jahrhundertelang gewesen waren: Bühnen, auf denen Konzerte und Theaterstücke aufgeführt wurden. In diesen Einrichtungen entstand der Eindruck einer ununterbrochenen Kontinuität in Jordaniens Geschichte. Als das spanische Königspaar uns 1979 besuchte, führte ich die spanische Königin Sophia, König Juan Carlos, Abir, Haja und Ali zu einem Kinderkonzert ins Philadelphiatheater. Die Atmosphäre war mitreißend. Tausende von Menschen aus allen Gesellschaftsschichten kamen zu den Feierlichkeiten zusammen, und es entstand ein unvergleichliches Familien- und Gemeinschaftsgefühl, ja es entwickelte sich ein gewisser Nationalstolz. Ein Jahr später organisierten wir das erste Festival in Dscherasch, bei dem eine ganze römische Stadt als Bühne für Aufführungen diente.

Zwei außergewöhnliche Ausstellungsräume, die zur Wiederbelebung des Stadtzentrums von Amman in den folgenden Jahren beitrugen, entstanden als unmittelbare Folge der Hartnäckigkeit zweier enger jordanischer Freundinnen von mir: Prinzessin Wischdan und Suha Schoman. Prinzessin Wischdan gelang es, öffentliche und private Mittel zur Unterstützung der jordanischen Staatsgalerie der bildenden Künste zu organisieren, die eine einzigartige, ständige Sammlung von Werken zeitgenössischer Künstler der Entwicklungsländer beherbergt. Besonderes Augenmerk wird auf die moderne Kunst aus arabischen und islamischen Ländern gelegt.

Das 1993 gegründete Darat al-Funun (Haus der Kunst) hingegen war die Idee von Suha Schoman und ihrem Mann Chalid, die drei Gebäude aus der Zeit der Jahrhundertwende oberhalb des Stadtkerns erwarben und renovierten. Das Hauptgebäude, in dem die Sammlung der zeitgenössischen arabischen Kunst untergebracht wurde, ist charakteristisch für den traditionellen Baustil im östlichen Mittelmeer, der in Amman in den Zwanziger- und Dreißigerjahren vorherrschte. Die Nutzung der Bibliothek und der Ateliers ist kostenlos. Darat al-Funun hat das älteste Wohnviertel Ammans mit neuem Leben erfüllt und die Kunst in eine dicht bevölkerte, ärmere Wohngegend der Stadt gebracht.

Trotz der Arbeit an den zahlreichen von mir initiierten Projekten hatte ich während meiner zweiten Schwangerschaft keinerlei gesundheitliche Probleme. Nachdem ich in den ersten vier Monaten meine Aktivitäten ein wenig eingeschränkt hatte, leistete ich danach wieder mein volles Arbeitspensum und erfüllte meine repräsentativen Pflichten. Mehrere arabische Staatschefs reisten nach Jordanien, und mein Mann lud mich häufig zu privaten Empfängen in unserem Haus ein. Als ersten Staatschef begrüßte ich Saddam Hussein bei seinem ersten Besuch in Jordanien. Ich hatte nicht genügend Zeit, mir ein Urteil über ihn zu bilden; ich gab ihm lediglich die Hand und ging dann wieder an meine Arbeit. Der zweite arabische Staatschef, den ich kennen lernte, erforderte mehr Aufmerksamkeit, weil er und sein Gefolge sich zu einem Staatsbesuch in Jordanien aufhielten – einem denkwürdigen Besuch. Unser Ehrengast war der Staatschef der Libysch-Arabischen Republik, oder *Dschamahirija,* Muammar al-Gaddafi.

In all den Jahren hatte ich viel von dem außergewöhnlichen arabischen Führer gehört, der 1969 die prowestliche Monarchie Libyens gestürzt und eine streng islamische, sozialistische Republik errichtet hatte. Er hatte das Land »libyanisiert«, jedes französische oder englische Wort auf Straßenschildern oder Speisekarten durch arabische ersetzen lassen und Milliarden aus den Öleinnahmen für die libysche Infrastruktur ausgegeben, beispielsweise für das gigantische Projekt »großer künstlicher Fluss«, das damals von südkoreanischen Experten geplant worden war. Von tief unter der Sahara sollte Grundwasser 4000 Kilometer weit bis an die libysche Küste transportiert werden. Leider verdampfte in der heißen, trockenen Wüstenluft ein großer Teil des Wassers im Bewässerungssystem, und das Projekt erfüllte die Erwartungen nicht. Dennoch war es ein erstaunlich ehrgeiziges Unterfangen.

Wir empfingen Gaddafi und seine Frau Safija direkt am Flughafen. Er kam mit einem Gefolge von Leibwächtern, die alle die gleichen lockigen Haare und den gleichen Haarschnitt hatten wie er. Außerdem trugen sie dieselbe Safarikleidung. Unter den Sicherheitsleuten fanden sich auch ein paar Frauen, was in Jordanien große Verwunderung auslöste, weil Frauen damals in den jordanischen Streitkräften nicht Dienst taten. Ich setzte mich allerdings bereits dafür ein, dass Frauen auch in die Streitkräfte aufgenommen wurden. Mein Vorbild war dabei das britische Women's Royal Army Corps, das ich bereits von einem Besuch her kannte. Jeder Mann musste damals zwei Jahre Militärdienst leisten, und ich sah keinen Grund, weshalb Frauen nicht zum Dienst für ihr Land herangezogen werden sollten. Sie dienten bereits in der Polizei, durften jedoch in der Armee bis Ende der Achtzigerjahre lediglich Arbeit als Krankenschwester, Sekretärin und Fernmeldeexpertin übernehmen. Um diese Zeit gingen eine Tochter meines Mannes, Aischa, und zwei Kusinen nach Sandhurst, und sie kehrten als ausgebildete Armeeoffiziere nach Jordanien zurück.

Beim abendlichen Staatsbankett war König Hussein Gastgeber der Männer, ich hingegen Gastgeberin der Frauen, auch der weiblichen Bodyguards. Die Frauen trugen durchweg traditionelle, leuchtend gefärbte libysche Gewänder und sahen bezaubernd aus. In Vorbereitung auf den Besuch hatte jeder unserer Delegation das berühmte *Grüne Buch* Gaddafis gelesen, ein dreibändiges Manifest seiner politischen und sozialen Weltanschauung. Die höhere Leibwächterin, die an meiner Seite saß, zitierte im Verlauf des Mahls lange Passagen aus dem Werk, als wollte sie mich zu seinen Ansichten bekehren.

Der erste Abend des Staatsbesuches war planmäßig verlaufen, doch der zweite steckte voller Überraschungen. Ich hatte den Tag mit Safija verbracht und sie zu mehreren Einrichtungen in Amman geführt, insbesondere zu Jordaniens Abteilung für Herzchirurgie, die auf dem neuesten Stand der Medizintechnik war. Sie hatte als Krankenschwester in Tripolis gearbeitet, erzählte sie mir, und dort ihren Mann kennen gelernt, als ihm bei einer Notoperation der Blinddarm entfernt wurde. Die beiden hatten sich damals verliebt. Sie wurde Gaddafis zweite Frau und die Mutter von acht Kindern. Am Ende des Tages kehrte ich ziemlich erschöpft in den Haschimja-Palast zurück und traf dort meinen Mann, der nach dem langen militärischen Programm ebenso erschöpft war. Alles hatte recht gut geklappt, auch wenn Gaddafi unablässig sein Missfallen darüber äußerte, dass die Straßen- und Ladenschilder englisch und arabisch beschriftet waren. Nach den offiziellen Terminen kehrten die Gaddafis in das Gästehaus im Zentrum zurück, um sich auszuruhen. Es war nicht geplant, dass wir uns später am Abend nochmals treffen sollten.

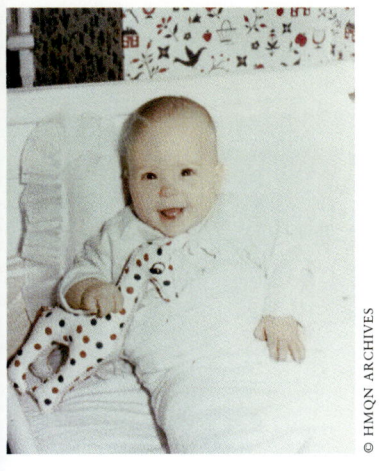

Als Baby.

Meine Familie und ich bei der Eröffnung des internationalen Flughafens von Los Angeles. Mein Vater war kurz zuvor unter Präsident Kennedy Leiter der Luftfahrtbehörde FAA geworden.

Mein erstes Semester in Princeton. Auf Bitten einer Studienkollegin hatte ich mich widerstrebend bereit erklärt, ein paar Monate im Team der Cheerleader mitzuwirken – unter der Voraussetzung, dass wir Hosen tragen und wie Männer jubeln durften. Als weiterer Bruch mit der Tradition trugen viele von uns aus Protest gegen den Vietnam-Krieg schwarze Armbinden.

1975 im Regenwald im australischen Nord-Queensland. Bei der Forschungs-expedition ging es darum, Populationen seltener Vögel zu dokumentieren.

Mein erster Besuch in Jordanien; beim Fotografieren der atemberaubenden Ruinen von Petra.

© HMQN ARCHIVES

Unsere Verlobung.

Erster Auftritt im Rampenlicht: die Pressekonferenz im Mai 1978 zur Bekanntgabe unserer Verlobung.

Unsere Hochzeitszeremonie, Sahran-Palast, Juni 1978.

Zu Hause in Akaba, unserem glücklichsten Rückzugsort mit Abir, Haja und Ali, 1978.

In den königlichen Ställen, 1978.

Mein Lieblingsfoto von Hussein mit unserem Erstgeborenen Hamsah, 1980.

© NOVARRO

Mit unserem Sohn Haschim als Neugeborenem, 1981.

Ganz offiziell als König und Königin: der Auftritt, den viele erwarteten. Wir selbst bevorzugten einen legeren Stil.

© PARKINSON

Der König und ich Händchen haltend – ein seltenes Bild. Dscherasch, 1984.

© ZOHRAB

Nach der Namensgebungszeremonie von Raijah mit Ali, Hamsah, Haschim, Iman und Raijah 1986.

Iman besichtigte die Große Mauer in China zum ersten Mal 1983.

In England nehmen Hussein und ich Raijah auf eine Radtour über Land mit.

Zum Geburtstag meiner Schwiegermutter, Königin Sein al-Scharaf, war stets die gesamte Familie vereint. Von links: (vordere Reihe) Prinz Raschid, Prinz Hussein Mirsa, Saad Kurdi, Sein al-Scharaf Kurdi, Königin Sein al-Scharaf, Prinzessin Raijah, Prinzessin Iman, Prinz Haschim, Prinz Hamsah; (zweite Reihe) Prinzessin Muna, Prinz Mohammed, Prinzessin Taghrid, Walid Kurdi, Prinzessin Basma, König Hussein, Königin Noor, Prinz Hassan, Prinzessin Sarwath, Scharifa Fatima; (dritte Reihe) Prinzessin Alia al-Feisal, Abir Muhaisen, Prinzessin Haja, Prinzessin Aischa, Prinzessin Sein, Prinzessin Alia, Farah Daghestani, Prinzessin Rahma, Prinzessin Sumaja und Prinzessin Badija; (hintere Reihe) Maschdi al-Saleh, Ghasi Daghestani, Prinz Ghasi, Prinz Abdullah, Prinz Feisal, Prinz Ali und Mohammed al-Saleh, 1989.

Unsere Kinder. Von links: (vordere Reihe) Prinzessin Iman, Prinzessin Raijah, Prinzessin Haja, Prinz Ali; (mittlere Reihe) Prinzessin Sein, Königin Noor, König Hussein, Prinzessin Aischa, Prinz Abdullah; (hintere Reihe) Prinz Hamsah, Prinz Feisal, Prinzessin Alia und Prinz Haschim, 1992.

© CRYSTAL

© HASHIMITE ARCHIVES

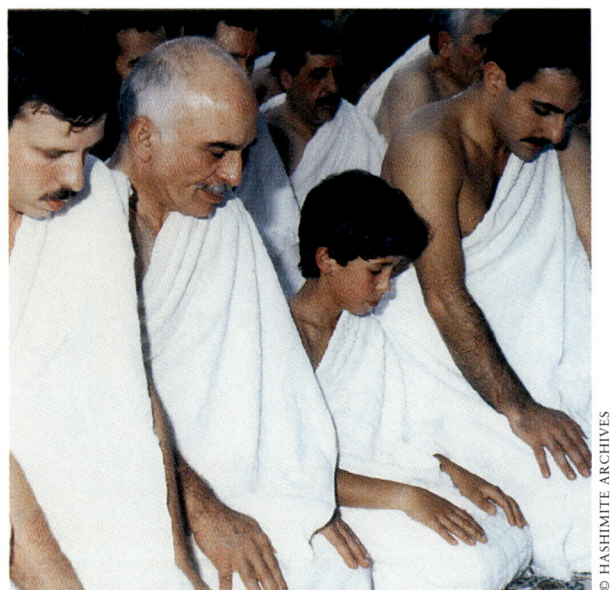

Hussein auf der Umra nach Mekka, 1990. Hier mit Prinz Feisal, Prinz Hamsah und Prinz Talal.

© HASHIMITE ARCHIVES

© HMQN ARCHIVES

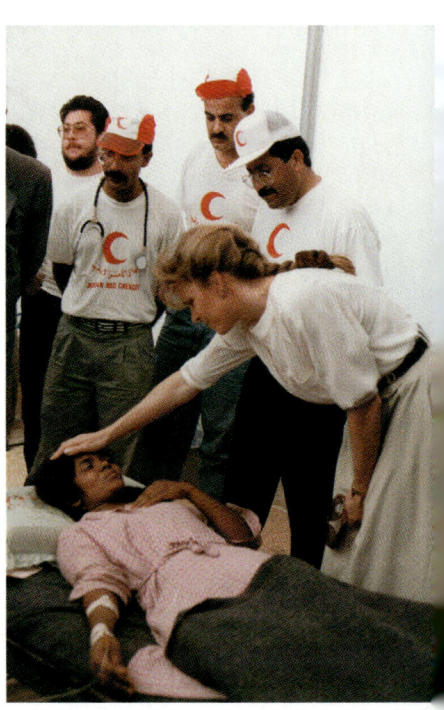

Vorbereitung auf meine Umra, Mekka, 1999. Mit meiner Freundin und Vertrauten Basma Losi.

Besuch beim jordanischen Roten Halbmond in einem Lager für Evakuierte an der jordanischen Grenze zum Irak während der Golfkrise.

Mein Mann und ich nahmen ein Bad und wollten bald zu Bett gehen, doch unser Sicherheitsdienst rief an und teilte uns mit, dass die Gaddafis in einem Wagen unterwegs zum Dinner im Palast wären! Wir hatten nichts zum Dinner vorbereitet. »Nehmen Sie eine lange Sightseeing-Route zum Haus, eine sehr, sehr lange Route«, wies ich den Sicherheitsdienst an. »Lassen Sie sich Zeit.« Irgendwie richteten wir hastig alles her, selbst das Dinner, und als der Wagen der Gaddafis vorfuhr, waren wir bereits in Abendkleidung und erwarteten sie am Eingang. Wir verbrachten einen sehr angenehmen Abend zusammen. Sie waren ein reizendes Paar, und selbst mein Mann war beeindruckt davon, wie natürlich und ungezwungen sie wirkten und wie harmonisch das Dinner verlief, als wären wir seit langem die besten Freunde.

Doch der Eindruck hielt nicht lange vor. Kurz danach, wieder in Libyen, griff Gaddafi König Hussein wegen seiner Geschäfte mit dem Westen an und streute sogar einen unverdienten persönlichen Angriff gegen mich ein. Gaddafi war bekanntermaßen unberechenbar. Einmal hörte ich eine Geschichte, die ich gar nicht glauben konnte: Er habe 1982 Syrien Millionen Dollar angeboten, wenn sie Husseins Flugzeug auf einer der Reisen nach Akaba mit einer Boden-Luft-Rakete abschössen. Präsident Hafis al-Assad lehnte den Mordanschlag jedoch ab mit der Begründung, falls der Anschlag tatsächlich gelingen sollte, wäre kein arabischer Staatschef mehr in der Luft sicher. Was für nette Nachbarn wir doch hatten.

Dennoch versuchte mein Mann immer, den Kontakt zu allen arabischen Staatschefs aufrechtzuerhalten, auch zu Gaddafi, ganz gleich, wie angespannt die Beziehungen waren. Ich wunderte mich, wie viel Glauben, Toleranz und Ausdauer er aufbrachte, um die panarabische Kooperation zu fördern. Ein Musterbeispiel für diese Haltung erlebte ich im Herbst 1980, als König Hussein den elften arabischen Gipfel einberief, den ersten Gipfel in Amman.

Die Jordanier waren aufgeregt und stolz, weil ihr kleines und vergleichsweise armes Land Gastgeber für die Staatschefs von 15 arabischen Ländern war, darunter die Ölstaaten Saudi-Arabien, Kuwait, Irak und die Golfstaaten Bahrain, Oman, Katar und die Vereinigten Arabischen Emirate. Die Wahl Jordaniens galt als Beleg für die herausragende Stellung, die König Hussein in der arabischen Welt allein wegen seines Charakters und seiner Persönlichkeit einnahm und weniger wegen der Ressourcen seines Landes. Gewaltige Vorbereitungen mussten getroffen werden. Für ein Land wie Jordanien war es keine leichte Aufgabe, die Mittel und Einrichtungen bereitzustellen, um die arabischen Staatschefs und ihr Gefolge aufzunehmen. Wir verfügten nur über ein bescheidenes Gästehaus und begrenzte Hotelkapazitäten für große Gefolge und Sicherheitsleute, aber irgendwie schafften wir es.

Auf dem Gipfel sollten in erster Linie wirtschaftliche Fragen erörtert werden. Mein Mann setzte sich vehement für ein gemeinsames arabisches Vorgehen bei der Entwicklung der Volkswirtschaften aller Mitgliedsstaaten ein. Als Vorbild sollte die Europäische Wirtschaftsgemeinschaft dienen. Alle schienen dem Plan zuzustimmen, es wurde sogar eine Strategie für die weiteren Schritte entwickelt, aber als die Staatschefs wieder in ihre Länder zurückgekehrt waren, schienen sie alles vergessen zu haben, was sie in Jordanien vereinbart hatten.

Trotz Husseins Bemühungen war die arabische Welt stärker zersplittert als jemals zuvor. Ägypten war seit dem Abkommen von Camp David aus der arabischen Gemeinschaft ausgeschlossen und nahm nicht an dem Gipfel teil. Auch Libyen und der Irak fehlten. Die überwiegende Mehrzahl der arabischen Länder, auch Jordanien, unterstützten zwar den Irak in seinem Krieg gegen den Iran, Syrien hingegen, das eine jahrhundertealte Feindschaft gegenüber dem Irak hegte, und das abtrünnige Libyen unterstützten den Iran.

Der syrische Präsident Hafis al-Assad hatte sich gegen den arabischen Gipfel ausgesprochen, weil er befürchtete, dass Jordanien die fundamentalistische Muslimbruderschaft auffordern würde, sein Regime zu stürzen. Assad zog Soldaten an der jordanischen Grenze zusammen, wir standen am Rande eines Krieges. Die Armee berief 6000 Angehörige der jordanischen Reserve ein, und es meldeten sich 16 000 Bürger freiwillig. Ich sah die überwältigende Resonanz mit eigenen

Augen, als ich während des Gipfels militärische Einrichtungen entlang der syrischen Grenze besichtigte. Die Menschen mieteten auf ihre Kosten Autos und Busse, um sich den Regimentern anzuschließen und die syrische Aggression abzuwehren. Assad zog in der Folge seine Truppen ab, doch die Lage blieb gespannt.

Alles schien so kontraproduktiv. Wenn uralte Feindschaften und jüngste Kränkungen weiterhin die arabische Welt spalteten, dann wurden alle Aussichten auf gemeinsame Bemühungen um Sicherheit, Fortschritt und Frieden zunichte gemacht. Aber wie konnte man den Teufelskreis durchbrechen? Eines Tages, kurz nach dem Gipfeltreffen, kam mir der Gedanke, dass unsere Kinder vielleicht eine Antwort darauf wissen könnten. Vielleicht konnten wir den Grundstein für eine künftige, effektivere Zusammenarbeit auf allen Gebieten legen, wenn wir arabische Jungen und Mädchen in einem frühen Alter zusammenführten. So würden sie die gemeinsamen Wurzeln kennen lernen.

Noch im selben Jahr berief ich den ersten alljährlichen arabischen Kinderkongress ein. Für zwei Wochen kamen Kinder aus der ganzen arabischen Welt zusammen und bei den Veranstaltungen wurden gegenseitiges Verständnis, Toleranz und Solidarität gefördert. Die Kinder wurden ermuntert, über die aktuellen Aufgaben zu diskutieren, die in den arabischen Ländern anstanden, und die gemeinsamen kulturellen und historischen Wurzeln zu achten. Daraus wurde ein noch heute sehr beliebtes Programm, und manche ehemalige Delegierten verbindet mittlerweile auch als junge Erwachsene eine dauerhafte Freundschaft.

Auch im fortgeschrittenen Stadium meiner Schwangerschaft arbeitete ich weiter und reiste zum Entsetzen meines Gynäkologen durch ganz Jordanien. In etlichen Dörfern startete ich die Impfkampagne, leitete in Akaba Sitzungen zur Städteplanung und besichtigte palästinensische Flüchtlingslager. Entweder flog ich, oder ich reiste mit meinem eigenen Wagen, einem Jeep mit Allradantrieb. Er eignete sich hervorragend für raue Straßen und steile Bergpfade, ideal für meine häufigen Besuche in ländlichen Dörfern und bei Projekten. Ich fuhr gern selbst, weil das die einzige Zeit war, in der ich allein sein konnte. Der Jeep wurde zu meiner Privatsphäre. Dort drehte ich die Musik auf und hörte mir Fairus, Bach und Beethoven, Bruce Springsteen und Fleetwood Mac an. Ich sang mit und sprach vermutlich sogar mit mir selbst, was die Männer vom Sicherheitsdienst in dem Wagen, der mich immer begleitete, einigermaßen beunruhigt haben dürfte.

Bei diesen Besuchen in abgelegenen Dörfern und Gegenden Jordaniens erkannte ich, dass die Schere zwischen Arm und Reich immer weiter auseinander klaffte. Die Gewinne der Geschäftswelt waren natürlich willkommen, aber da ich einige Zeit im Iran gelebt und viel von der arabischen Welt gesehen hatte, kannte ich auch die destabilisierenden Folgen des Ölbooms der Siebzigerjahre. König Hussein und ich waren uns beide darüber im Klaren, dass der neue, übermäßige Ressourcenverbrauch und der grundlegende Wandel der Lebensweise zu einem radikalen Bruch mit den Landestraditionen führen konnten.

Als ich zum ersten Mal nach Jordanien kam, entwickelte sich das Land gerade zu einem wichtigen regionalen Zentrum der Medizin und der Bildung. Jordanische Ärzte und Krankenhäuser boten ihre Dienstleistungen vielen arabischen Ländern an, von denen einige viel größere Ressourcen hatten, aber nicht über die nötigen Einrichtungen und das Fachwissen verfügten, die sie in Jordanien vorfanden. Über eine Generation lang hatte Jordanien bereits ausgebildete Fachkräfte für den Ausbau der Infrastruktur der Golfstaaten und anderer arabischer Länder gestellt. Die Überweisungen dieser im Ausland lebenden Jordanier waren zur wichtigsten Quelle für das Volkseinkommen geworden und stiegen auf bis zu 800 Millionen Dollar jährlich an, vor allem nach dem Ölboom Mitte der Siebzigerjahre. Damals brachten der steigende Bedarf und das steigende Gehalt jordanischer Ärzte, Schwestern, Lehrer, Planer und Ingenieure einen ungeahnten Wohlstand mit sich. Viele Geschäftsleute konnten ebenfalls unverhoffte Gewinne verbuchen – und verschleuderten die Gelder, als könne jeder Tag ihr letzter sein. Menschen, die früher einfach, aber gut gelebt hatten, erfreuten sich plötzlich eines ungeahnten Reichtums und vermittelten ihren Kindern ganz andere Wertvorstellungen als jene, mit denen sie selbst aufgewachsen waren.

Jordaniens Wohlstand war real, aber die wirtschaftliche Basis war immer noch unsicher. Die Neureichen führten das Leben von Bürgern eines Ölstaates, aber der Staat hatte kein Erdöl. Das Geld der im Ausland lebenden Jordanier strömte ins Land, aber diese Einnahmen würden voraussichtlich irgendwann versiegen. Ich fragte meinen Mann häufig nach den Ursachen dieses Verhaltens in unserem Land und in unserer Familie. Ich weiß, dass wir als Familie nicht immer mit gutem Beispiel vorangingen, deshalb suchte ich nach Wegen, wie wir mit den vorhandenen Mitteln privat wie politisch sparsamer umgehen konnten. Aus heutiger Sicht ist mir klar, dass der unkontrollierte Konsumrausch in Jordanien nicht zuletzt auf dieselbe regionale Unsicherheit zurückzuführen war, die es den Menschen unmöglich machte, langfristig zu planen, doch mich beunruhige dieser Trend.

Der Chef des Königlichen Hofes teilte meine Besorgnis. Scharif Abdul Hamid Scharaf wusste, dass der Boom nicht lange anhalten würde, und unternahm zumindest den Versuch, den Staatshaushalt auszugleichen. Als er Ministerpräsident wurde, rief er die Regierung auf, die Staatsausgaben um zehn Prozent zu senken, und appellierte an die Bevölkerung, den Verbrauch von Strom und Wasser einzuschränken und einen Teil des neu erworbenen Geldes zu sparen. Seine Initiative hatte einen Aufschrei der Empörung zur Folge. Viele neureiche Jordanier stellten sich auf den Standpunkt: Wozu sollen wir sparen? Wir dürfen doch so viel ausgeben, wie wir wollen.

Die Empörung war so groß, dass Scharif Abdul Hamid Scharaf und seine Frau Leila Opfer einer gezielten Verleumdungskampagne wurden. Die Scharafs bauten damals ein bescheidenes Haus in Amman. Das Fundament war gerade ausgehoben und einige behelfsmäßige Stützsäulen standen, als bereits Meldungen lanciert wurden, das Haus würde drei Millionen Dollar kosten. Das Gerücht zog rasch solche Kreise, dass die Menschen scharenweise zu dem Bauplatz fuhren, um sich das Drei-Millionen-Dollar-Haus anzusehen. Obwohl dort noch nicht viel zu sehen war, nahmen die Menschen das

Gerücht für bare Münze. Warum wurde es geglaubt? Weil die Menschen glauben wollten, dass Scharif Abdul Hamid die Menschen zum Sparen anhielt und zugleich selbst ein Vermögen ausgab.

Ebenso beunruhigend war, wofür wir unser Geld ausgaben. Statt es in die jordanische Wirtschaft zu investieren, importierten wir Luxusgüter und Möbel aus Europa. Gewiss war das Angebot an Möbeln in Jordanien damals begrenzt, und wir mussten die kompletten Einrichtungen für unsere Häuser importieren, doch ich fragte mich, was man tun könnte, damit die Jordanier von ihrem eigenen, großartigen arabischen Kulturerbe profitierten.

Beispielsweise hatten Frauen an beiden Ufern des Jordans traditionell ihre Aussteuer selbst entworfen und gestickt. Sie fertigten selbst die neun oder zehn Kleider an, die sie während ihres gesamten Ehelebens tragen würden, sogar das Brautkleid, das häufig auch als Leichenhemd verwendet wurde. Fein bestickte Kissen gehörten ebenfalls zur traditionellen Aussteuer, mit Mustern, die im Wesentlichen der Natur entnommen waren: Bäume, Blätter, Federn. Diese Frauen waren zu Recht stolz auf ihre Handwerkskunst. Jedes Kleid und jedes Kissen war anders; alle waren fein, sauber genäht und hatten leuchtende, bunte Farben. Was jedoch einst ein lebendiger Teil der jordanischen und palästinensischen Tradition gewesen war, starb mittlerweile rasch aus. Wenn ich nicht die außergewöhnliche Sammlung dieser Kleider gesehen hätte, die ein jordanischer Freund aus Bethlehem, Widad Kawar, über viele Jahre zusammengetragen hatte, so hätte ich von diesem reichen Erbe kaum etwas erfahren.

Leila Dschirjes, eine außerordentlich unternehmende und talentierte Designerin, kombinierte die palästinensische und jordanische Nähkunst mit neuen Stoffen wie Seide. Ich achtete darauf, ihre hübschen Kaftane so oft wie möglich in der Öffentlichkeit und bei offiziellen Anlässen zu tragen, und das nicht nur zu Werbezwecken. Die Kaftane eigneten sich hervorragend als Umstandskleider. Ich unterstützte auch Initiativen wie Jordaniens Souvenirläden Al-Ajdi in der Nähe von Touristenhotels, die wunderschöne Kleider anboten, handgewebte Teppiche, gestickte Kissen, Stoffe mit traditionellen Mustern und Hebron-Glas.

Später förderte ich auch zwei kreative und geschäftstüchtige Schwestern, Rula und Rim Attallah, die in Amman eine Töpferwerkstatt eröffneten. Für ihre Keramik verwendeten sie Muster und kalligraphische Zeichen aus alten Kulturen und islamischen Dynastien des Nahen Ostens. Hussein und ich überreichten ihre hübschen, glasierten Gefäße, häufig mit Basrelief, voller Stolz als persönliche und offizielle Geschenke. Eins meiner Lieblingsstücke aus ihrer Werkstatt war – und ist – die Schüssel »Gesundheit, Glück und Zufriedenheit«, die in der kunstvollen arabischen Schrift dem Besitzer Gottes Segen verheißt. Eine andere Lieblingsschüssel ist mit den fein herausgearbeiteten Buchstaben eines Sprichwortes aus dem Samarkand des 11. Jahrhunderts verziert: »Wissen, der Anfang ist bitter, doch das Ende süßer als Honig.«

Auch die Sprache stellt einen reichen Schatz arabischen Kulturerbes dar. Ich hatte gleich nach meiner Ankunft in Amman angefangen, Arabisch zu lernen, genau wie ich im Iran Farsi gelernt hatte. Nach meiner Verlobung verdoppelte ich meine Anstrengungen, Arabisch lesen und schreiben zu lernen – eine schwierige Sprache. Der König war in der ganzen arabischen Welt bekannt für seine meisterhafte Beherrschung des Arabischen. Die meisten Menschen sprechen regionale Dialekte, aber er sprach mit einer solchen Gewandtheit klassisches Arabisch, dass Araber in der ganzen Region ihre Geräte einschalteten, nur um ihn im Radio oder Fernsehen zu hören. Seine Beherrschung der Sprache und seine sonore Stimme trugen das Ihre zu dem hohen Ansehen meines Mannes in der Region bei.

Vor meiner Ankunft in Jordanien war mir nicht klar gewesen, wie wichtig die Sprache für die arabische Identität ist. Arabisch ist die Sprache des Koran, die alle Muslime, ob im Nahen oder Fernen Osten, in Europa oder in den Vereinigten Staaten, lernen müssen, damit sie täglich ihre Gebete lesen und sprechen können. Mein Mann hatte sich die Beherrschung des Wortschatzes und aller Nuancen durch ein lebenlanges Studium des heiligen Buches erworben. Obwohl er einen großen Teil des Koran auswendig kannte, hatte er ihn immer wieder gelesen und nie aufgehört, nach einem tieferen Verständnis seiner Botschaft zu suchen.

Ich hatte mit dem Unterricht in der Umgangssprache angefangen und widmete mich nach der Heirat auch der klassischen Variante, die bei öffentlichen Auftritten üblich ist. Ich vereinbarte mit einem Hauslehrer einen strapaziösen Stundenplan, weil die Verbesserung meiner Sprachkenntnisse für mich nach meinem Mann und der Familie oberste Priorität hatte. Hussein sabotierte jedoch ständig die Unterrichtsstunden, weil es ihm plötzlich einfiel, einen Ausflug zu machen, Familienangehörige zu besuchen oder mit den Kindern auszugehen. Der Hauslehrer und ich konnten ihm keine Bitte abschlagen, dennoch las ich, so gut es ging, mit Hilfe des Lehrers den Koran, arabische Gedichte, Zeitungen, und allmählich sah ich Licht im dichten Dschungel der Grammatik.

Meine Lieblingsstunden waren die Momente, in denen ich meinen Stiefkindern bei den Arabisch-Hausaufgaben half. Das erwies sich als ungeahnter Glücksfall und steigerte mein Selbstvertrauen enorm. Haja kuschelte abends mit mir auf dem Bett, und wir lasen gemeinsam ihre ersten arabischen Lesebücher. Nach einiger Zeit hatte ich so gut Arabisch gelernt, dass ich mich leidlich unterhalten und sogar offizielle Ansprachen halten konnte. Doch bis dahin war es noch ein langer, schwieriger Weg, auf dem mich immer wieder ein Gefühl der Unzulänglichkeit überkam. Als ich meine Unterrichtsstunden wegen unzähliger Verpflichtungen einschränken musste, fand ich einige kluge, junge Frauen, die mit mir an besonderen Projekten arbeiteten und zugleich meine sprachlichen Kenntnisse verbesserten. Es frustrierte mich jedoch, dass ich nicht imstande war, wirklich fließend Arabisch zu sprechen.

Während der gesamten Schwangerschaft hatte wegen der ersten Fehlgeburt bislang die Hauptsorge der Gefahr einer Frühgeburt gegolten, doch am Ende wurde das Gegenteil daraus. George Pinker, der britische Gynäkologe, hatte seinen Frühjahrsurlaub in Jordanien so geplant, dass er zum Termin im Land war und bei der Geburt helfen konnte, aber das Baby hatte nicht die Absicht, sich an den Zeitplan anderer zu halten. Es wurde kurz überlegt, ob man die Wehen einleiten solle, aber ich lehnte diesen Eingriff in die Natur ab. Mr Pinker reiste also wieder zurück nach England.

Zur Bestürzung meines Arztes, Dr. Aref Bataineh, setzte ich meine Arbeit in zahlreichen Gemeinden um die Hauptstadt fort. Häufig begleitete er mich und beschwerte sich, dass er sich bei diesen Ausflügen mehr anstrengen müsse, als wenn er Hausbesuche machte. Bei der Rückkehr amüsierte er jedes Mal meinen Mann mit einer übertriebenen Schilderung unserer Abenteuer. Ich blieb bei meiner Auffassung, dass Frauen jahrhundertelang ihre Kinder auf dem Feld zur Welt gebracht und sofort danach weitergearbeitet hätten, und mir wollte nicht in den Kopf, weshalb ihre Nachfahren dazu nicht imstande sein sollten (ein außerordentlich schwaches Argument, wie ich weiß, in Anbetracht der noch heute hohen Säuglings- und Müttersterblichkeit in vielen unterentwickelten Ländern). In den kommenden sechs Jahren dürfte sich Arefs körperliche Fitness deutlich verbessert haben, weil er alle meine Schwangerschaften überwachte. Auch er wurde ein guter Freund.

Immer wieder hatten mir unzählige Familienangehörige geraten, ich solle ein Kindermädchen aus der Schule in Norland einstellen. Das Norland College in England ist weltweit, von den Golfstaaten bis nach Beverly Hills, als die Schule bekannt, in der die besten Kindermädchen ausgebildet werden. Von dort kamen ausgezeichnete Kräfte, die von Handarbeit bis zur Ernährung alles gelernt hatten, sogar ein wenig Kinderpsychologie. Wir hatten das Glück, eine hervorragende Absolventin einstellen zu können: Dianne Smith. Selbst eine Bombendrohung in Heathrow, durch die sich ihr erster Flug nach Jordanien um fünf Stunden verzögerte, konnte sie nicht von ihrer Zusage abbringen. Mein Mann versuchte, ihre Anspannung zu lösen, als er ins Zimmer kam, während sie mir gerade den Grund für ihre Verspätung erklärte. Er nahm sie danach beiseite und fragte sie: »Sind Sie bereit, jeden Augenblick ins Krankenhaus zu fahren?« Als sie antwortete: »Ja, ich bin bereit«, sagte er: »Kommen Sie, ich zeige Ihnen etwas.« Dann führte er sie an den Ort, wo er schon längst seine Sachen zurechtgelegt hatte.

Er rasierte sich sogar den Bart ab, vermutlich weil er das Baby sauber rasiert begrüßen wollte. Seine Freunde und Verwandten hatten ihm schon vor einiger Zeit geraten, sich endlich den Bart abzunehmen, aber ich war der Ansicht, dass er mit Bart richtig elegant aussah. Ich hatte ihm weder zu- noch abgeraten – letzten Endes war es sein Gesicht –, aber es war ein Schock für mich, ihn zum ersten Mal ohne Bart zu sehen. Ich war ins Bad gekommen, um ein wenig mit ihm zu plaudern, während er sich duschte. Das Bad war unser einziger Zufluchtsort. An diesem besonderen Tag sprachen wir über dies und das, als ich plötzlich bemerkte, dass ein Mann in dem Wasserdampf stand, der überhaupt nicht wie der Mann aussah, den ich vor gut einem Jahr geheiratet hatte. Ich wurde richtig rot und sehr schüchtern. Der neue Hussein war jedoch genauso stattlich und gut aussehend wie sein Vorgänger, und ich gewöhnte mich rasch an sein »nacktes« Gesicht.

Hussein war das Geschlecht unseres Babys bekannt. Das erste moderne Ultraschallgerät war vor kurzem in Jordanien eingetroffen, und die Technik war bereits so weit fortgeschritten, dass das Geschlecht des Babys mit einiger Sicherheit bereits in der Gebärmutter festgestellt werden konnte. Mein Mann mit seiner unersättlichen Neugier hatte es unbedingt wissen wollen. Er und der Arzt mussten mir, wie bei allen unseren Kindern, hoch und heilig versprechen, dass sie es mir nicht sagten.

Das Wunder der Geburt wollte einfach nicht stattfinden. Selbst nach dem Termin verstrich ein Tag nach dem anderen. Meine Stiefkinder wurden immer ungeduldiger, vor allem Abdullah und Feisal, die schon bald auf ihre Schulen in den Vereinigten Staaten zurückkehren mussten. »Tapioca« lautete das Kennwort zwischen den Jungs und uns für die Nachricht von der Geburt. Mein Mann nahm mich zu langen Hubschrauberflügen und Motorradfahrten mit, in der Hoffnung, die Wehen würden einsetzen, aber wir hatten nur großen Spaß zusammen. Wir wollten ausprobieren, ob ein Wechsel des Luftdrucks die Geburt einleiten würde. Also flog er mich in seinem Hubschrauber bis zum höchsten Gipfel Jordaniens und dann schnell zum tiefsten Punkt der Erde, dem Toten Meer.

Fehlanzeige. Am Ende wurde aus medizinischen Gründen doch beschlossen, die Wehen einzuleiten. Nach sechs qualvollen Stunden erblickte unser Sohn Hamsah am 29. März 1980 endlich das Licht der Welt, wenige Stunden, bevor seine älteren Brüder zu ihren Schulen abreisten.

Im Kreißsaal waren alle so aufgeregt, als er kam, dass ich Hamsah wohl erst einige Zeit später richtig begrüßen konnte. Nachdem er die Runde in der Familie und bei Freunden sowie seine erste Untersuchung hinter sich hatte, wurde er zu mir aufs Zimmer gebracht. Er war hellwach, und als mein Mann viel später eintrat, waren Hamsah und ich in ein Gespräch vertieft, das meiner Ansicht nach keineswegs so einseitig verlief, wie es den Anschein hatte. Ich konnte die Augen nicht von ihm wenden. Ich hatte mich nie für eine besonders mütterliche Frau gehalten und war selbst erstaunt über die Intensität der Liebe zu meinem Erstgeborenen. Ich weiß nicht mehr, was ich damals erwartet hatte, aber sein großes, rundes Gesicht und der kahle Kopf und die klugen, sehnsüchtigen Augen nahmen mir fast den Atem. Ich flüsterte die ganze Nacht auf ihn ein.

Scharenweise strömten Menschen in das Krankenhaus, um Hamsah zu sehen. Jeder einzelne Jordanier, so schien es mir, kam irgendwann in mein Zimmer und sagte »*Mabruk*«, Glückwunsch! Freunde, Repräsentanten der Organisationen, mit denen ich zusammengearbeitet hatte, geistliche Führer, Regierungsvertreter, Politiker, Geschäftsleute, Stellvertreter von NGOs, Stammesführer, Diplomaten – alle kamen und setzten sich für ein paar Minuten zu Hussein oder zu mir ins Zimmer. Diese Reaktion bewegte mich zutiefst, weil sie Ausdruck des einzigartigen Familiensinns in Jordanien war, aber es war für eine junge Mutter auch sehr ermüdend. Ich lernte doch gerade stillen, und ich wollte diesem ganz besonderen Baby meine ganze Aufmerksamkeit und Liebe schenken.

Auch wenn es schon sein neuntes Kind war, bestand zwischen meinem Mann und Hamsah von Anfang an eine einzigartige Gefühlsbeziehung und Zuneigung, die sie bis zum Todestag meines Mannes auf besondere Weise miteinander verband. Vielleicht lag es daran, dass Hamsah als Baby wenig schlief. Er machte immer wieder ein kurzes Schläfchen, aber während der meisten Zeit war er wach und glücklich, Tag und Nacht, solange ich ihn stillte. Das hatte zur Folge, dass wir sehr viel Zeit mit ihm verbrachten, vor allem abends, da war er immer putzmunter. In den seltenen Fällen, wenn Hamsah wirklich schlief, gingen wir oft nachts in sein Zimmer und sahen ihn einfach an. Hussein gab nach Hamsahs Geburt sogar das Rauchen auf.

Mein Mann und ich entschieden uns für den Namen Hamsah, um einen haschemitischen Vorfahren und einen Lieblingsonkel des Propheten Mohammed zu ehren. Hamsahs Geschichte war von großer historischer Bedeutung. Der im Jahr 570 geborene Hamsah und der Prophet waren gleich alt und als Kinder eng befreundet. Als junger Mann war Hamsah wegen seiner Reitkunst und Kraft weithin bekannt. Er wurde sogar »Löwe der Wüste« genannt, nachdem er einen angreifenden Löwen mit einem einzigen Speerwurf getötet hatte und mit dem Löwenfell über dem Sattel wieder nach Mekka geritten war. Hamsah trat zum Islam über, und wegen seines hohen Ansehens in Mekka gewann der monotheistische Glaube, den sein Freund Mohammed propagierte, erheblichen Zulauf. Er erhielt den Beinamen »Löwe Gottes und Seines Propheten«. Leider kostete ihn der Übertritt zum Islam das Leben. Hamsah wurde erschlagen, als er den Propheten in den folgenden Religionskriegen verteidigte. Damit erwarb er sich als »Herr aller Märtyrer« (diesen Beinamen gab ihm der Prophet selbst) einen Ehrenplatz im Islam.

Unser Hamsah, mit vollem Namen Hamsah Bin al-Hussein (Hamsah, Sohn al-Husseins), erhielt seinen Namen offiziell in einem haschemitischen Familienritual, das von dem geistlichen Oberhaupt Jordaniens durchgeführt wurde. Die männlichen Familienangehörigen versammelten sich zur Namensgebung: Nach der Tradition sollte das Baby meinem Mann als dem Familienoberhaupt übergeben werden, und dieser reichte es dann dem Geistlichen. Der Geistliche flüsterte daraufhin den Ruf zum Gebet in beide Ohren des Neugeborenen, damit dieser Ruf einer der ersten Laute war, die das Kind hörte. Dann flüsterte er den Namen des Kindes in beide Ohren und gab das Baby dem Vater zurück. Die Zeremonie wurde in unserem Fall nur leicht abgeändert. Hussein hatte unserem Sohn bereits im Schlafzimmer seinen Namen gegeben, wie bei allen unseren Kindern. Dazu hatte er das Recht, weil er der geistige Führer und das Oberhaupt der Haschemiten war.

Weit über Jordanien hinaus hatte die Geburt Hamsahs ungewöhnlich viele und unerwartete Glückwünsche von arabischen Politikern und Freunden zur Folge, so viele, dass es meinem Mann beinahe unangenehm war. Glückwunschkarten und Geschenke trafen aus der ganzen arabischen Welt ein, auch von Staatschefs, zu denen Hussein ein gespanntes oder feindseliges Verhältnis hatte. Insbesondere unsere Entscheidung für den Namen Hamsah stieß auf allgemeine Begeisterung. Mein Mann hatte seine anderen Söhne wie üblich nach seinem Großvater und den Großonkeln benannt. Ein Name wäre noch übrig gewesen: Seid. Alle hatten angenommen, dass wir diesen Namen wählen würden, aber im weiteren Familienkreis gab es bereits einen Seid Hussein mit einem recht zweifelhaften Ruf. Wir hielten es für besser, wenn unser Sohn nicht gleich zu Beginn seines Lebens durch einen Namen belastet wurde.

Von Anfang an sprach ich nur Arabisch mit Hamsah, sowenig ich es damals auch konnte. Ich hielt das nicht nur für richtig, sondern ich hatte miterlebt, welche Mühe Kinder mit Arabisch hatten, die zuerst Englisch gelernt hatten. Englisch war viel leichter. Ich beschloss, dass Hamsah und ich gemeinsam Arabisch lernen würden, also teilte ich ihm alles, was ich lernte, mit, während ich ihn stillte. Als er einige Monate später seine ersten Wörter plapperte, da war es auf Arabisch: *taa taa taijara* – das Wort für Flugzeug. Das war zweifellos auf den ständigen Flugzeuglärm über al-Nadwa zurückzuführen.

Mein Mann war so erstaunt, seinen jüngsten Sohn Arabisch sprechen zu hören, dass er mein Vorhaben sofort sabotierte. Das hatte zur Folge, dass mein Sohn, als sein Arabisch das meinige allmählich übertraf, mit einem Elternteil Arabisch sprach und mit dem anderen Englisch – bei zweisprachig aufwachsenden Kindern ein ganz normales Verhalten, aber leider wurde mein Plan, die Sprache mit ihm zu lernen, dadurch sabotiert. Am Ende beherrschten zumindest er und seine Geschwister beide Sprachen fließend.

Wir nahmen das Baby überallhin mit, im Juni 1980 auch zu unserem ersten Besuch in den Vereinigten Staaten nach unserer Heirat. Hamsah war damals erst zwei Monate alt. Ich fragte meinen Kinderarzt, ob die Reise nicht nachteilige Auswirkungen auf Hamsah haben könnte. Erleichtert hörte ich, dass der Arzt meine mütterlichen Instinkte bestätigte. Er meinte, es sei für Kinder unter 18 Monaten viel besser, mit ihren Eltern zu reisen, als von ihnen getrennt zu werden. Er versicherte mir auch, dass Kinder die Reise im Flugzeug viel besser verkraften würden als Erwachsene. Als Folge waren alle meine Kinder bereits im Kleinkindalter schon mehr herumgereist als die meisten Menschen in ihrem ganzen Leben. Sie bekamen fast jedes Land in Europa zu sehen, Pakistan, Indien, die Sowjetunion, unzählige arabische Länder und natürlich die Vereinigten Staaten.

Wir flogen mit der Boeing 727 der Königlichen Staffel, bei den meisten Flügen saß mein Mann selbst im Cockpit. Er war ein ausgezeichneter Pilot und liebte es, die zaghafteren Passagiere mit seiner, sagen wir mal, »beschwingten« Flugweise ein wenig zu ärgern. An eine Episode erinnere ich mich besonders gern. Wir befanden uns gerade im Anflug auf Akaba, als er das Flugzeug so tief herunterdrückte, dass wir knapp über der Wasseroberfläche zwischen zwei Tankern hindurchglitten, die in der Nähe der Mole vor Anker lagen. Er flog tiefer, als die Schiffsaufbauten über dem Wasser aufragten. Damals saß ich hinter ihm im Cockpit und weiß noch genau, dass ich zu den Tankerkränen aufsehen musste. Danach überflogen wir knapp den Strand und unser Haus, bevor wir uns dem Flughafen näherten. Dieses Manöver überraschte sogar mich! Jedes Mal, wenn Regierungsvertreter, Freunde, Familienangehörige und Sicherheitsleute Hussein mit einem bestimmten Leuchten in den Augen zum Cockpit gehen sahen, kramten ängstlichere Naturen unter ihnen rasch den Kompass hervor, um die Richtung nach Mekka zu bestimmen, und begannen zu beten.

Auch die Kinder flogen gern mit ihm. Besonders erfindungsreich war er bei Flügen mit seinem Hubschrauber in Jordanien, die Gesichter seiner Bodyguards wurden dabei immer aschfahl. Hamsah liebte von Anfang an die akrobatische Flugweise seines Vaters, er lachte und sagte: »Mehr, Baba, mehr«. Die Gesichter der Bodyguards wurden danach noch blasser. Manchmal trieb Hussein es zu weit, wie ein Mal in Akaba, als Hamsah noch ein kleines Baby war. Er flog so tief über den Strand, dass der Rotorwind sämtliche Sonnenschirme umriss, die Klappstühle ins Wasser blies und Hamsah in seinem großen, altmodischen Kinderwagen völlig einsandete. Mich amüsierte das große Durcheinander, aber Hamsahs Kindermädchen Dianne hielt meinem Mann einen Vortrag über die Gefährdung von Hamsahs Gesundheit. Der König entschuldigte sich pflichtschuldigst, aber alle wussten, dass er es wieder tun würde.

Jedes Mal, wenn wir mit Hamsah auf Reisen gingen, mussten wir Unmengen von Babyausrüstung mitnehmen, weil wir nie wussten, ob wir an unserem Reiseziel geeignete Kinderbettchen, Badewannen, Sterilisatoren und dergleichen mehr vorfinden würden. Mein Mann sagte immer im Scherz, dass Hamsah mehr Gepäck habe als er. Hamsahs Kindermädchen ging später dazu über, es im Flugzeug zu verstecken, damit der König nicht sah, wie es verstaut wurde.

Jener erste Flug nach Amerika erwies sich als regelrechter Härtetest. Wir flogen zuerst nach England und von dort weiter in die Vereinigten Staaten. In Gander auf Neufundland machten wir Halt, um aufzutanken, aber es war schon spät am Abend, und der Flughafen war geschlossen. Wir mussten in der eisigen Kälte auf der Rollbahn auf und ab marschieren, bis endlich jemand kam und uns in das Flughafengebäude ließ. Hamsah holte sich eine Erkältung, die er während unseres ganzen Aufenthalts nicht loswurde, und Dianne schlief so wenig, dass sie auf dem Rückflug nach Heathrow selbst krank und bewusstlos wurde. Mein Mann neckte sie ständig damit, sie sei wegen seiner Flugkünste so nervös gewesen, dass sie vor Angst in Ohnmacht gefallen sei.

Ich wunderte mich darüber, dass ich selbst nicht viel aufgeregter war, als wir im Juni 1980 in Washington, D.C., landeten. In den beiden Jahren nach unserer Heirat war ich kein einziges Mal nach Amerika zurückgekehrt. Die Beziehungen zwischen den Vereinigten Staaten und Jordanien waren seit

Camp David so angespannt, dass König Hussein, als er im vorigen Herbst nach New York geflogen war, um vor den Vereinten Nationen zu sprechen, von Präsident Carter nicht zu einem Treffen eingeladen worden war. Folglich war diese Reise für uns alle ein erstes Mal: mein erster Besuch in den Vereinigten Staaten als Frau Husseins, unser erster gemeinsamer Staatsbesuch im Weißen Haus und Hamsahs erster Besuch in Washington.

Amerika mit anderen Augen

Ich war wieder in Amerika. In den zwei Jahren, seit ich die Vereinigten Staaten verlassen hatte, hatte ich geheiratet und mein erstes Kind geboren. Jordanien war meine Heimat geworden; mein Leben war spannend und ereignisreich. Angesichts des politischen Hexenkessels im Nahen Osten und der komplizierten Dynamik des Königshofes konnte es auch gar nicht anders sein. Tatsächlich hatte ich kaum Zeit gehabt, Amerika zu vermissen, nun aber setzte mein Herzschlag einen Moment aus, als wir uns der Landebahn der Andrews Air Force Base bei Washington, D.C., näherten, meiner Geburtsstadt, mit der mich viele angenehme Jugenderinnerungen verbanden. Ich saß auf dem Schleudersitz im Cockpit hinter meinem Mann, der die Maschine flog. Mein Herz machte erneut Sprünge, als bei der Begrüßung auf dem Rasen vor dem Weißen Haus die Nationalhymnen Jordaniens und der USA gespielt wurden. Beide Lieder wühlten mich auf; mit beiden Ländern fühlte ich mich verbunden.

Doch es handelte sich nicht um eine »Sentimental Journey« à la Laurence Sterne. Mein Mann und ich machten uns keine Illusionen darüber, dass harte Arbeit vor uns lag. Bei unserem Zwischenstopp in London hatten wir bis in die frühen Morgenstunden alle strittigen Punkte zwischen Jordanien und den USA durchgesprochen und überlegt, wie sich die Differenzen ausräumen ließen. Eines war klar: Präsident Carter hatte sich sehr stark für das Camp-David-Abkommen engagiert und war über Husseins Kritik an den Schwächen des Vertrags verärgert. Mein Mann wiederum musste zu seinen Überzeugungen stehen. Er war fest entschlossen, jede Initiative zu unterstützen, die dem Nahen Osten Frieden bringen konnte, aber er wusste, dass dies ohne eine Rückgabe der besetzten Gebiete und ohne Selbstbestimmungsrecht für die Palästinenser nicht möglich sein würde. Es war kaum vorstellbar, dass eine Annäherung gelingen würde, und fast unmöglich vorauszuahnen, was als Nächstes passieren würde.

Wir wurden im Blair House untergebracht, dem offiziellen Gästehaus für hohe Besucher gegenüber dem Weißen Haus. Dort empfing uns das Personal in freudiger Erregung. Hussein war einer der Lieblingsgäste des Hauses, und Hamsah war das erste Baby, das je im Blair House gewohnt hatte. Wir wurden in unsere Zimmer geführt, brachten das Baby ins Bett und begannen auszupacken. Plötzlich war Präsident Sadat auf dem Fernsehschirm zu sehen, und er wetterte heftig gegen meinen Mann. Hussein sei ein Opportunist, er blockiere den Weg zum Frieden und verweigere ihm die versprochene Unterstützung. Ich lauschte mit offenem Mund. Hussein hatte Ähnliches schon öfter erlebt, aber sogar er war bestürzt. Er reagierte auf die Vorwürfe, indem er eine Haltung einnahm, die eine langfristige Perspektive eröffnete: »Ich weiß, wo ich stehe«, sagte er Journalisten, als wir zum Staatsdinner im Weißen Haus eintrafen. »Ich habe mich schon immer für das Leben künftiger Generationen interessiert. Das ist für mich wichtiger als die Meinungsverschiedenheiten von heute.« Doch selbstverständlich war das Timing von Sadats Angriff wohl überlegt. Seine Kritik fiel genau mit unserer Ankunft in Washington, D.C., zusammen, und ich musste sie einfach als gezielten Versuch betrachten, Husseins Gespräche mit der Regierung Carter zu torpedieren und die Beziehungen zwischen Amman und Washington weiter zu belasten.

Für Jordanien stand viel auf dem Spiel. Der Kongress hatte die Militärhilfe für das Land komplett gestoppt. Die USA übten Druck aus, damit der König seine Einwände gegen das Abkommen fallen ließ. Außerdem hatte Sadats Separatfrieden mit Israel den Nahen Osten in neue Unruhen gestürzt. Nachdem Israel Ägypten erfolgreich neutralisiert hatte, war es 1978 in den Libanon einmarschiert und hielt nun den Süden des Landes zwischen dem Fluss Litani und der israelischen Grenze besetzt. Schlimmer noch, Begin hatte die vage formulierten Beschränkungen des Camp-David-Abkommens umgangen und ließ im Westjordanland neue Siedlungen bauen. Bis 1980 hatten sich die Israelis dort etwa ein Drittel des palästinensischen Landes aus der Zeit vor 1948 angeeignet. Es gab mindestes 74 Siedlungen und israelische Wohngebiete im Westjordanland, und die Anzahl der Siedler allein in diesem Gebiet war in den zwei Jahren seit Abschluss des Abkommens von 5000 auf 12 000 gestiegen. Wir mussten entsetzt zusehen, wie Israel das besetzte Westjordanland in eklatanter Verletzung des Völkerrechts mit einem Netz bewaffneter israelischer Camps überzog, verbunden durch neue Straßen, die an den palästinensischen Dörfern vorbeiführten und sie oft von der Außenwelt abschnitten. Was war an dieser Politik weniger schändlich als die Apartheid in Südafrika, die der Westen allgemein verurteilt hatte?

Israel trieb auch Missbrauch mit den knappen Wasserreserven der Region. Bis zu unserem Staatsbesuch in Washington im Jahr 1980 hatte Israel die Wasserversorgung im Westjordanland unter seine Kontrolle gebracht, indem es palästinensisches Land kaufte oder besetzte. Die Brunnen, über die die Palästinenser noch verfügten, wurden nutzlos, weil die Israelis tiefere Brunnen bohrten und die palästinensischen Quellen systematisch austrocknen oder versalzen ließen. Seit 1948 hatte sich die Wassermenge vervierfacht, die Israel brauchte, um seine durch einen Strom von Immigranten stetig wachsende Bevölkerung und seine expandierende Industrie und Landwirtschaft zu versorgen, und ein Ende des wachsenden Wasserverbrauchs war nicht in Sicht.

All dies waren gravierende Probleme. Doch arabische Führer, die sie ansprachen, wurden im Westen kritisiert, weil sie angeblich eine Friedensregelung verhinderten. Bei den Auseinandersetzungen geriet in Vergessenheit, dass sich nur wenige Monate vor unserem Besuch in Washington *alle* arabischen Staaten auf dem Gipfeltreffen von Bagdad für einen gerechten Frieden ausgesprochen hatten. Hussein jedenfalls hatte alle

Friedensinitiativen unterstützt, die unter den Präsidenten Johnson, Nixon und Ford von den Vereinten Nationen oder den USA ergriffen worden waren. Auch Carters Initiative hatte er eifrig unterstützt, und 1977 hatte er versucht, die Genfer Konferenz wiederzubeleben, indem er bei allen arabischen Staaten für eine Teilnahme warb. Er hatte dieses Ziel fast erreicht, als die Regierung Carter einen Sonderweg mit Ägypten einschlug.

König Hussein war so besorgt über die krisenhafte Entwicklung in der Region, dass er sich im Herbst 1979 zum ersten Mal seit dem Sechstagekrieg von 1967 wieder an die Generalversammlung der Vereinten Nationen wandte und den Sicherheitsrat bat, sich für eine Beendigung der Leiden der Palästinenser einzusetzen. »Nach der offiziellen politischen Linie Israels besteht keinerlei Aussicht, dass Israel dem palästinensischen Volk ein Recht auf eine freie und sichere Existenz in Selbstbestimmung zubilligt«, sagte er vor den Mitgliedern des Sicherheitsrats. »Vielmehr schädigt es hartnäckig den Ruf der Araber, indem es die Palästinenser als bloße Terroristen verunglimpft.«

Wegen dieser offenen Worte wurde mein Mann von Präsident Carter als Opportunist gebrandmarkt. »Wir alle waren verärgert, als sich Hussein in der Folge zum Sprachrohr der radikalsten Araber machte«, schrieb Carter in seinen Memoiren über seine Präsidentschaft. In dieser feindseligen Atmosphäre wusste ich nicht, was von dem Treffen mit Carter und seiner Frau Rosalynn zu erwarten war, das einen Tag nach unserer Ankunft in Washington im Weißen Haus stattfand. Ich war fasziniert von der radikalen Schlichtheit, mit der sich die Carters im Weißen Haus eingerichtet hatten. Auch respektierte ich Rosalynn Carters Pionierrolle als First Lady, die ihre eigenen wichtigen Projekte realisieren wollte. Die Carters waren offensichtlich intelligente Menschen, die bezüglich der USA und Jordaniens in vieler Hinsicht die gleichen Anliegen hatten wie wir, auch wenn sie andere Prioritäten setzten.

Unsere erste Begegnung war die offizielle Begrüßung im Weißen Haus, eine feierliche Zeremonie, bei der sich jedes private Gespräch verbot. Bei dem Ereignis waren auch Abdullah und Feisal mit dabei, die damals beide in den Vereinigten Staaten zur Schule gingen. Nach der Feier trafen sich mein Vater und der Präsident im Oval Office, und ich sprach in einem der Salons des Weißen Hauses mit Mrs Carter, mit Joan Mondale, der Frau des Vizepräsidenten, und mit einigen anderen Frauen hoher amerikanischer oder jordanischer Regierungsbeamter.

Das Gespräch mit Mrs Carter war nicht einfach. Sie wirkte ziemlich kühl und distanziert – ein auffälliger Gegensatz zu dem herzlichen Empfang, an den mein Mann bei Staatsbesuchen in anderen Ländern gewöhnt war. Ich wusste nicht, wie ich Rosalynn Carter einschätzen sollte. Ich war zwar überrascht von ihrer Distanziertheit, aber dann kam ich auf den Gedanken, dass sie nur schüchtern sein könnte und vielleicht sogar unter ihrer Schüchternheit litt. Ich hatte immer noch mit Resten meiner eigenen, jugendlichen Schüchternheit zu kämpfen, sodass ich gut verstehen konnte, dass eine First Lady schüchtern war.

Ich hatte zur Vorbereitung auf meinen Besuch ein paar Akten über Mrs Carter gelesen, deshalb wusste ich, dass sie sich sehr für Gesundheitspolitik interessierte. Sie wurde etwas herzlicher, als ich mit ihr über ihre Arbeit mit geistig Behinderten sprach, doch wirklich warm wurden wir nicht miteinander. Ich wusste nicht, ob sie nur eine sehr reservierte Frau war oder ob sie mich absichtlich die Spannung spüren ließ, die wegen unserer unterschiedlichen politischen Ziele im Nahen Osten entstanden war. Vermutlich war Letzteres der Fall. Verständlicherweise versuchte Mrs Carter ihren Mann zu unterstützen und zu schützen, genau wie ich es bei meinem auch getan hätte. Am besten bekam ich über Hamsah zu ihr Kontakt. Unsere schönsten gemeinsamen Augenblicke erlebten wir vermutlich, als mich Rosalynn nach unserem ersten Gespräch vom Weißen Haus ins Blair House begleitete und sich das Baby anschaute. Sie war plötzlich ganz entspannt, beugte sich gurrend über das Kind, und wir unterhielten uns in dem gemütlichen Kinderzimmer über unsere Familien und Kinder.

Auch auf meinen Mann hatte Hamsah einen beruhigenden Einfluss. Hussein kehrte häufig entnervt und entmutigt ins Blair House zurück. Er war immer ein verlässlicher Freund der

USA gewesen, damals jedoch wollten die Amerikaner nicht einmal seinen Standpunkt zur Kenntnis nehmen. Sie waren ganz auf das Camp-David-Abkommen fixiert und wollten, dass dem Erfolg dieser diplomatischen Leistung nichts im Wege stünde. Nach qualvollen Gesprächen im Weißen Haus, im Außenministerium und im Kongress kehrte mein Mann in unser Zimmer im Blair House zurück und suchte die Nähe unseres kleinen Sohnes. Er nahm ihn auf den Arm, schnitt Grimassen für ihn und spielte mit ihm, wobei er ständig in einer Mischung aus Englisch und Arabisch mit ihm redete. Sich um Hamsah zu kümmern, machte ihm Spaß, erfrischte ihn und brachte ihn wieder ins Gleichgewicht. Es erinnerte ihn daran, wofür er eigentlich kämpfte, und es rückte alles wieder in die richtige Perspektive.

Ich gab in Washington der Presse Interviews mit dem Ziel, die Missverständnisse im Zusammenhang mit Camp David zu überbrücken. Dabei ging ich von der naiven Annahme aus, dass ich mit den Reportern, die mich interviewten, über wichtige Themen reden könnte. Natürlich war mir klar, worin mein Nachrichtenwert bestand: Ich war die jüngste Königin der Welt und die einzige in den USA geborene Königin. Trotzdem hoffte ich, man würde mich als eine glaubwürdige Stimme anhören, die über ernste Probleme sprach. Leider bestanden die Mitarbeiter des Nachrichtenmagazins *People* jedoch darauf, über meine »märchenhafte Liebe« zu schreiben, und sie bezeichneten mich als »ehemalige Dekorateurin« der Royal Jordanian Airlines. Die *Washington Post* widmete einen ganzen Abschnitt der Kleidung, die ich bei einem Besuch in der National Gallery of Art getragen hatte.

Vielleicht war ich zu empfindlich, aber als meine äußere Erscheinung so in den Vordergrund gerückt wurde, kam ich mir plötzlich nutzlos vor. Es war galant von Präsident Carter, dass er seinen Toast beim Staatsdinner im Weißen Haus mit folgenden Worten begann: »Man hat mir vorgeworfen, ich hätte Ihre Majestäten nur deshalb nach Washington eingeladen, um Königin Noor im Weißen Haus zu Gast zu haben«, offenbar eine Anspielung auf eine Rede von Präsident Kennedy in Paris, in der er sagte, er habe Jackie lediglich »begleitet«. Ich wusste, dass Präsident Carter mir ein Kompliment machen wollte, und welche Frau fühlte sich nicht geschmeichelt, wenn sie mit Jackie Kennedy verglichen wird? Trotzdem kam ich mir leider wie ein nutzloses Anhängsel vor. Erst bei einem Mittagessen, das Jane Muskie, die Frau des amerikanischen Außenministers, am folgenden Tag mir zu Ehren veranstaltete, fasste ich mich wieder einigermaßen. Ich brachte einen kurzen, aber eindeutig politischen Toast auf die Wichtigkeit der jordanisch-amerikanischen Beziehungen aus. Danach bemerkte Leila Scharaf, es sei das erste Mal, dass ich meine politische Kompetenz in einem öffentlichen Rahmen gezeigt hätte und dass ich dies häufiger tun sollte. Das Kompliment stärkte mein Selbstvertrauen.

Während mein Mann und seine Delegation ihre Gespräche mit amerikanischen Politikern fortsetzten, erfüllte ich eine eigene Aufgabe, indem ich Jack Valenti aufsuchte, den Präsidenten der amerikanischen Motion Picture Association. Ich wollte Wege finden, um der Filmindustrie bewusst zu machen, wie verzerrt Muslime und Araber in den meisten Hollywood-Filmen dargestellt wurden, und ich hoffte, sie zu einer ausgewogeneren und realistischeren Darstellung bewegen zu können. Wer immer in der Unterhaltungsindustrie eine Affinität für die arabische und muslimische Kultur zeigte, lief Gefahr, in den Studios zur *persona non grata* zu werden. Ich weiß noch, wie entsetzt ich war, als ich die Oscar-Verleihung von 1978 im Fernsehen anschaute, bei der die Anwesenheit der britischen Schauspielerin Vanessa Redgrave beinahe einen Aufstand ausgelöst hätte. Redgrave bekam einen Oscar für ihre Rolle in dem Film *Julia*, in dem sie ein Mitglied des antifaschistischen Untergrunds in Nazi-Deutschland spielte. Trotzdem wurde sie bei der Oscar-Verleihung von der militanten Jewish Defense League (JDL) beschimpft, weil sie *The Palestinian* gedreht hatte, einen Dokumentarfilm über die Belagerung eines palästinensischen Flüchtlingslagers 1976 im Libanon. Die JDL verbrannte sogar symbolisch ein Bild von ihr. Vermutlich hatte keiner der Demonstranten in Los Angeles den Dokumentarfilm gesehen – keine wichtige amerikanische Fernsehgesellschaft und nicht einmal ein Kanal des Public Broadcasting Service hatte gewagt, ihn auszustrahlen. Trotzdem wurden die anti-arabischen Demonstranten, die vor dem Auditorium gegen Vanessa Redgrave protestierten, so gewalttätig, dass die Polizei den Mob auflösen musste.

Meiner Ansicht nach war Vanessa Redgrave eine ehrenwerte, mutige und sensible Frau. Wie ich später erfuhr, hatte sie in Paris während der Dreharbeiten für *Julia* ein junges palästinensisches Ehepaar kennen gelernt, das ihr von der Tragödie in Tal al-Saatar, einem palästinensischen Flüchtlingslager im Libanon, erzählt hatte. Eine rechtsgerichtete, von Israel ausgebildete Miliz, hatte das Lager 53 Tage lang belagert und dabei Tausende von Männern, Frauen und Kindern getötet. Vanessa Redgrave war darüber so empört, dass sie ihre beiden Häuser in England verkaufte, mit dem Erlös einen Regisseur und ein Kamerateam engagierte und im Libanon den Dokumentarfilm drehte. Im Verlauf der Dreharbeiten wurde sie zu einer Fürsprecherin der palästinensischen Sache.

Ich werde nie vergessen, wie sie in ihrer Rede als Oscar-Preisträgerin den Demonstranten trotzte. Sie sagte, sie lasse sich nicht einschüchtern »von einem kleinen Haufen zionistischer Halbstarker, deren Verhalten dem Ansehen der Juden überall auf der Welt schadet«. Es gab ein paar Buhrufe und vereinzelten Beifall für die Rede, aber Vanessa Redgrave wurde von da an ständig von der JDL angegriffen.

Der Versuch, den Menschen das Leid der Palästinenser bewusst zu machen und die verzerrte Darstellung von Arabern und Muslimen in westlichen Filmen zu bekämpfen, sollte zu einem wichtigen Thema in meinem Leben als Husseins Ehefrau werden. Es war richtig sehr deprimierend, wenn ich mir ganz entspannt einen richtig lustigen Film ansah und sogar laut lachte, dann jedoch plötzlich vor Schreck erstarrte, weil eine arabische Figur eingeführt wurde. In ihrer vorurteilsgeprägten Schwarzweißmalerei porträtierten die amerikanischen Medien die Araber unvermeidlich entweder als Terroristen oder als gierige Ölscheichs, als religiöse Fanatiker oder als primitive Kameltreiber. Tatsächlich schlagen sich die anti-arabischen Vorurteile auch heute noch in manchen Filmen nieder. In der Eröffnungsszene des Disney-Films *Aladdin* von 1992 singt ein

kleiner Beduinenjunge in einer Zeichentrickwüste vergnügt:
»Ich lebe weit weg in 'ner fernen Welt mit Kamelkarawanen
und Sand. Dort schneiden sie dir die Ohren ab, wenn ihnen
dein Gesicht nicht gefällt. Es ist barbarisch! Doch es ist halt
mein Land.« Diese grobe, negative und verzerrte Darstellung
der Araber vermittelt ein falsches Bild und schadet jedem ratio-
nalen Dialog. Das Bild hat keine Ähnlichkeit mit den Arabern,
wie ich sie kenne. Wo waren in diesen Filmen die netten, zivilisierten, gastfreundlichen Menschen, mit denen ich in Jordanien tagtäglich zu tun hatte?

Die Motion Picture Association hatte ein Büro in Washington und eines in Los Angeles. Sie vertrat nicht nur die amerikanische Filmindustrie auf der ganzen Welt, sondern machte
auch Lobbyarbeit im Kongress und hatte die Wahlkämpfe mehrerer Senatoren durch Spenden unterstützt, die die Ansichten
meines Mannes kritisierten. Auch waren in den wichtigsten
Studios, die Valenti vertrat, viele Spitzenpositionen mit Juden
besetzt. Sie waren zwar politisch liberal eingestellt, verhielten
sich aber zu Israel und der israelischen Politik absolut loyal,
und zwar ganz gleich, ob diese richtig oder falsch war.

Jack Valenti war bei meinem Besuch sehr zuvorkommend.
Er hörte mir aufmerksam zu, als ich ihm Vorschläge machte,
wie man im Film eine ausgewogenere Darstellung der arabischen Kultur erreichen könnte. Dann meinte er, dass ich ehrenwerte Ziele verfolge, die in der Filmindustrie jedoch provoka-
tiver wirken würden, als ich vielleicht ahnen könne. Um
überhaupt etwas zu erreichen, müsse ich viel Zeit in Kalifornien verbringen und bei den Managern der Studios Lobbyarbeit machen. Was er sagte, hatte Hand und Fuß, aber Kalifornien war weit von Jordanien entfernt, und ich musste vor
allem an meinen Mann und meine Kinder denken.

Ich empfinde es als sehr ermutigend, dass es in der Darstellung der Araber im US-amerikanischen Film auch Fortschritte
gegeben hat. Ich war begeistert, als David O. Russells Film
Three Kings 1999 mit George Clooney, Mark Wahlberg und
Ice Cube, die Araber auf eine menschliche Weise abbildete, und
es tröstete mich, dass Jack Shaheen kürzlich mit dem Buch *Reel
Bad Arabs: How Hollywood Vilifies a People* in den Medien

ein gewisses Interesse für das Problem wecken konnte. Bei den Gesprächen, die ich selbst in den letzten Jahren mit Studiomanagern, Produzenten, Schauspielern und, erst kürzlich, mit Mitgliedern des Verwaltungsrats des American Film Institute führte, stieß ich auf eine hohe Sensibilität für die negative Wirkung vorurteilsbehafteter Darstellungen. Sie wirken nämlich nicht nur in den Vereinigten Staaten negativ, sondern erinnern auch im Ausland Araber und Menschen anderer Kulturen auf peinliche Weise an bestimmte Vorurteile in den USA.

Es ermutigte mich, als ich erfuhr, dass die US-Army 100 000 Videokopien von Mustapha Akkads Film *Mohammed – Der Gesandte Gottes* über den Propheten Mohammed gekauft hatte, um sie ihren Soldaten als Vorbereitung auf den Dienst in Afghanistan vorzuführen. Produzent und Regisseur Akkad leistete hervorragende Arbeit. Er brachte das Leben des Propheten auf die Leinwand, ohne gegen die muslimische Glaubensvorschrift zu verstoßen, dass Mohammed selbst niemals abgebildet werden darf. Der wichtigste Mann vor der Kamera ist Mohammeds Onkel Hamsah, gespielt von Anthony Quinn. Auch alle Angestellten des State Department, die im Nahen Osten Dienst tun, müssen sich *Mohammed – Der Gesandte Gottes* und *Omar Mukhtar – Löwe der Wüste* ansehen, einen anderen Film Akkads, der von dem 20-jährigen Krieg der Beduinen gegen die italienische Kolonialherrschaft in Afrika handelt.

Die jordanische Delegation war bei den Gesprächen in den USA in der Kernfrage der bilateralen Beziehungen keinen Schritt weitergekommen. Doch die Teilnehmer hatten immerhin das Gefühl, dass die Regierung Carter ein tieferes Verständnis für die Probleme der Region gewonnen hatte und dass sie bereit war, einige neue Vorschläge zur Überwindung des Stillstands nach dem Camp-David-Abkommen in Erwägung zu ziehen. Trotzdem war es eine schlechte Zeit für die jordanisch-amerikanischen Beziehungen und eine besonders schlechte Zeit für mich. Ich sah das Land, in dem ich aufgewachsen war, mit neuen Augen – und das Bild, das ich nun von den Vereinigten Staaten bekam, war nicht positiv. Ich war in dem Glauben aufgewachsen, die USA setzten sich für Freiheit, Gerechtigkeit und die universalen Menschenrechte ein. Doch die amerikanische Politik gegenüber Jordanien, einem alten Freund und Partner, war nicht von diesen Werten bestimmt. Ich wusste damals wie heute, dass die US-amerikanische Unterstützung für Israel eine lange Tradition hat und fortgesetzt werden wird. Warum aber ließ sich diese Unterstützung nicht mit dem Versuch vereinbaren, andere wichtige Aspekte des Friedensprozess` im Nahen Osten zu verstehen? Und warum schloss diese Unterstützung eine Durchsetzung der Menschenrechte für Araber, die Anwendung internationalen Rechts und die Umsetzung der Resolutionen des UN-Sicherheitsrats aus?

Unsere erste Konfrontation mit der Macht der zionistischen Lobby war ernüchternd. Im Jahr 1980, als wir unseren Staatsbesuch in den USA machten, wurde in Washington das Arab-American Anti-Discrimination-Committee gegründet. Es sollte sich für eine ausgewogenere Nahostpolitik der USA einsetzen und anti-arabische Vorurteile korrigieren. Das Komitee bestand jedoch aus blutigen Amateuren im Vergleich zu anderen Gruppen wie etwa dem American Israel Public Affairs Committee. Das AIPAC wurde von den Vorständen großer amerikanischer Konzerne und von führenden Repräsentanten der Medien, der Unterhaltungsindustrie, der Finanzinstitute, der Juristen und Mediziner und zunehmend auch der höchsten Regierungsebenen unterstützt. Die Lobbyarbeit war legendär. Ich weiß noch, dass in den USA Ende der Achtzigerjahre, während des palästinensischen Aufstands, der Intifada, eine Nachrichtensendung ausgestrahlt wurde, die ein kritisches Bild von der israelischen Politik zeichnete. Bereits zwei Stunden vor der Sendung trafen im Studio Hunderte von Telegrammen mit Beschwerden über die anti-israelische »Unausgewogenheit« ein!

Von der pro-israelischen Tendenz der US-amerikanischen Medien hatte ich schon vor meiner Heirat durch amerikanische Nahostkorrespondenten erfahren. Wie sie berichteten, schickten sie ausgewogene Artikel nach Hause, aber ihre Chefredakteure schrieben sie so um, dass sie pro-israelisch wurden. Berichte, die die Araber in einem positiven Licht zeigten, stießen nach ihren Aussagen in den USA auf wenig Begeisterung.

Diese Tendenz war nicht überraschend. Im 20. Jahrhundert waren mehr Juden in die Vereinigten Staaten eingewandert als in jedes andere Land. Sie hatten sich sehr erfolgreich assimiliert und integriert und in den höchsten Gesellschaftsschichten Macht und Einfluss errungen. Das Element, das all diese Juden – gleichgültig ob sie politisch links, gemäßigt oder rechts standen – miteinander verband, war Israel. Die drei Millionen Araber in den Vereinigten Staaten hingegen besaßen kein solches verbindendes Element. Sie kamen aus verschiedenen Ländern mit verschiedenen Religionen und verschiedenen Kulturen. Die meisten von ihnen hatten sich unauffällig in die amerikanische Gesellschaft integriert und wollten Konflikte über strittige Themen vermeiden. Andere dagegen fühlten sich in den USA nur als Gäste und wollten in ihre Heimatländer zurückkehren, sobald sich dort die Verhältnisse gebessert hatten. Beide Gruppen hatten Hemmungen, sich politisch zu engagieren, und ihr fehlender Zusammenhalt schadete leider der arabischen Sache in den USA.

In Anbetracht dieser Umstände ist es wenig verwunderlich, dass unser erstes Treffen mit Jimmy Carter und seiner Frau so schwierig war. Später sollte unsere Beziehung sehr herzlich werden, insbesondere nachdem Präsident Carter aus dem Amt ausgeschieden war. Beide Carters haben ein großes Herz. Rosalynn Carter wusste vielleicht nicht genau, wie sie mit mir umgehen sollte – mit einer Amerikanerin, die ein arabisches Staatsoberhaupt geheiratet hatte und in der arabischen Welt lebte und die dem Camp-David-Abkommen damals ablehnend gegenüberstand. Das war schade, denn wir hatten viele Gemeinsamkeiten. Ich glaube, Präsident Carter fiel es schwer, zu verstehen, warum mein Mann das Camp-David-Abkommen nicht unterstützte. Der Präsident hatte zu viel Vertrauen in Sadats Versprechen, dass die Araber auf seine Linie einschwenken würden. Deshalb hatte Carter meinen Mann und andere gemäßigte arabische Führer, die vielleicht etwas hätten bewirken können, zu wenig in seine diplomatischen Bemühungen einbezogen.

Zudem fürchte ich, dass Präsident Carter weges des seiner Ansicht nach unnötigen Widerstandes meines Mannes gegen das Camp-David-Abkommen sogar verletzt war. Das war bedauerlich, denn Carter und Hussein hatten eine wichtige Gemeinsamkeit. Beiden war eine idealistische und religiös geprägte Weltanschauung zu eigen, die ihnen vielleicht hätte helfen können, ihre Meinungsverschiedenheiten zu überwinden. Doch die Einmischung von außen war einfach zu stark. Sobald Präsident Carter jedoch aus dem Amt ausgeschieden war, entwickelte er sich zu einer der bestinformierten, sensibelsten und ausgewogensten Persönlichkeiten, die sich zu dem Ringen um Frieden in unserer Region äußerten. Die Wertschätzung, die er im Nahen Osten und auf der ganzen Welt genoss, wuchs in dieser Zeit gewaltig, genau wie die Bewunderung, die mein Mann – und ich – für ihn hegten. Ich hatte das große Privileg, mit Rosalynn bei der International Commission on Peace and Food und bei einer weltweiten Initiative zur Förderung geistig Behinderter zusammenzuarbeiten.

Unmittelbar nach unserer Rückkehr aus den Vereinigten Staaten setzten Hussein und ich unsere offiziellen Reisen fort und brachen zu Staatsbesuchen in Frankreich, Österreich und, zum zweiten Mal, in Deutschland auf. Das Personal von Schloss Gymnich bei Bonn machte einen großen Wirbel um Hamsah, den jüngsten Besucher, den dieses offizielle Gästehaus der deutschen Bundesregierung je beherbergt hatte. Er war vermutlich viel unterhaltsamer als die üblichen VIPs. Auf dem Schloss war noch nie ein Baby zu Gast gewesen, und dasselbe galt auch für die Gästehäuser, in denen wir 1982 in Frankreich und der Sowjetunion untergebracht waren.

Unser zweiter Sohn Haschim wurde am 10. Juni 1981, dem Jahrestag des Großen Arabischen Aufstands, geboren. Wir nannten ihn Haschim nach dem Stammvater des Geschlechts der Haschemiten, des Urahnen unserer Familie.

Haschims Ankunft war besonders eindrucksvoll, weil er als einziges unserer Kinder den Tag seiner Geburt selbst bestimmte. Bei allen anderen musste die Geburt eingeleitet werden, Haschim aber überrumpelte uns völlig. Hussein war in Akaba gewesen, wo der Sultan von Oman als Gast weilte, und hatte mit seinem engen Freund den letzten Tag seines Besuchs gefeiert. Wie immer hatte er in den Besuch sehr viel Energie investiert und sich persönlich um jede Einzelheit gekümmert. Auch Sultan Kabus war ein engagierter und kultivierter Gastgeber, und wir wurden in Oman immer sehr stilvoll empfangen. An diesem letzten Tag blieb Hussein fast bis zum Morgengrauen bei seinem Gast und kehrte völlig erschöpft nach Amman zurück.

Bevor wir zu Bett gingen, nahm mein Mann Antihistamine gegen seine chronische Nebenhöhlenentzündung. Ich hatte im letzten Stadium meiner Schwangerschaft eine Allergie entwickelt und verwendete einen Luftbefeuchter, um besser schlafen zu können. Nuha Fachuri, unsere jordanische Krankenschwester, schlief im Kinderflügel des Hauses. Sie war ins Haus gekommen, um in den letzten Schwangerschaftswochen alle Vorbereitungen für die Geburt zu treffen, was nicht dringend zu sein schien. Ich hatte am Morgen den Arzt aufgesucht, und er hatte gesagt, es werde noch mindestens zehn Tage dauern, bis das Kind auf die Welt käme.

Sobald wir das Licht ausgemacht hatten, versank mein Mann in tiefen Schlaf. Minuten später erlebte ich zum ersten und einzigen Mal den Beginn einer normalen Geburt. Hussein hatte inzwischen viele Geburten erlebt, deshalb nahm ich an, dass er über das Einsetzen der Wehen Bescheid wüsste. Doch er hatte keine Ahnung. »Ich weiß nicht«, brummte er nur, »geh und frag Nuha.«

Also stand ich auf und schleppte mich auf die andere Seite des Hauses, wo Nuha schlief. Inzwischen kamen die Wehen fast jede Minute, und ich krümmte mich vor Schmerzen, als ich bei Nuha ankam. »Nuha, Nuha«, rief ich, »ich glaube, das Fruchtwasser ist abgegangen.« Ich hatte Nuha aus dem Tiefschlaf gerissen, und sie dachte, dass ich über den Luftbefeuchter spräche. »Okay«, sagte sie, »ich komme rüber und fülle ihn wieder auf.« »Nein, Nuha«, sagte ich. »Das meine ich nicht.« Zum Glück begriff Nuha nun endlich, was los war, und rief den Arzt an. Ich begab mich wieder in unser Schlafzimmer, weckte meinen Mann und sagte ihm, dass wir ins Krankenhaus fahren müssten. Er brauchte so lange zum Aufstehen, dass ich schon alleine fahren wollte. »Nein, nein«, sagte er, »das kommt überhaupt nicht in Frage.« Er ging in Zeitlupe ins Bad, rasierte sich in Zeitlupe und zog sich in Zeitlupe an, während ich mich unter großen Schwierigkeiten bereitmachte. Schließlich kamen wir kurz vor dem Arzt im Krankenhaus an. Er hatte nicht einmal die Zeit gefunden, seine Arbeitskleidung anzulegen. Inzwischen war mein Mann hellwach und fit genug, um Haschim ordentlich zu begrüßen.

Nuha half im Krankenhaus mit und sorgte weiter für das Kind, als wir nach Hause zurückkehrten. In der Familie war es eine alte Tradition, britische oder kontinental-europäische Kindermädchen einzustellen, deshalb verursachte es bei einigen Mitgliedern der königlichen Familie Stirnrunzeln, dass ich eine Jordanierin beschäftigte. Es war jedoch Nuha und ihren jordanischen Nachfolgerinnen zu verdanken, dass unsere Kinder von Anfang an fließend Arabisch lernten.

Im Sommer 1981 machte sich mein Mann große Sorgen wegen der Lage in der Region. Er hatte nach einer Pause von sechs Monaten wieder mit dem Rauchen angefangen, und es war leicht zu verstehen, warum. Seit einem Jahr beobachteten wir, wie der Krieg zwischen dem Irak und dem Iran stetig eskalierte. Den Anfang bildeten Grenzkonflikte, Präventivmaßnahmen Saddam Husseins, der verhindern wollte, dass die Revolution in der neuen Republik Iran auf die ganze Region übergriff. Doch der Grenzkonflikt hatte in einen blutigen Krieg gemündet, der acht Jahre dauerte, über eine Million Menschenleben kostete und beide Länder wirtschaftlich ruinierte. Dieser Krieg hat mehr Geld verschlungen, als die gesamte Dritte Welt in einem Jahrzehnt für das öffentliche Gesundheitswesen ausgab.

Die meisten Führer der arabischen Welt und des Westens betrachteten Saddam Husseins Krieg als unvermeidliches Mittel, um zu verhindern, dass Khomeini seinen politisierten, revolutionären Islam in andere Länder exportierte. Deshalb wurde Saddam von vielen Ländern der internationalen Gemeinschaft unterstützt. Der König und Abu Schaker, der damalige Kommandeur der jordanischen Armee, reisten häufig nach Bagdad und besuchten den irakischen Staatschef, insbesondere wenn die Iraker an der Front Rückschläge erlitten hatten.

Mit der aberwitzigen Tragödie des irakisch-iranischen Krieges ging jene Heuchelei einher, die so oft Kennzeichen der internationalen Politik ist. Zur selben Zeit, in der die USA Waffenlieferungen an Jordanien zurückhielten, benutzten sie das Land, um den anti-israelischen Irak in Form von heimlichen Waffenlieferungen und nachrichtendienstlichen Informationen zu unterstützen. Mein Mann und Abu Schaker erhielten vom amerikanischen Militär ständig Informationen über die genaue Lage iranischer Munitionsdepots sowie über iranische Truppenkonzentrationen und Artilleriestellungen an der Front im Irak. Jordanien leitete diese wertvollen Informationen an die Iraker weiter, die sie natürlich intensiv nutzten. Dann entdeckte Abu Schaker, dass die Amerikaner nicht nur über Jordanien Kontakt mit den Irakern hatten, sondern auch direkt mit ihnen in Verbindung standen. Er zog daraus den Schluss, dass die USA Jordanien nur als Tarnung benutzten, um ihre Unterstützung für den Irak zu verschleiern. Deshalb erklärte er den Amerikanern, dass sie auf Jordanien als Vermittler verzichten und ihre Informationen für den Irak durch ihre eigenen Militärattachés übermitteln sollten, was sie dann vermutlich auch taten.

In der Nahostpolitik war fast nichts, wie es schien, und Jordanien, ein kleines Land mit unberechenbaren Nachbarn, war immer von allen Seiten bedroht. In den frühen Achtzigerjahren schien eine politische Einigung mit Israel in immer weitere Ferne zu rücken. Nach der Wiederwahl von Menachem Begins konservativem Likud-Block war die skrupellose Expansionspolitik weiter verstärkt worden. Selbst Israels zuverlässigste Verbündete, die Vereinigten Staaten, waren beunruhigt, als Israel im Juni 1981 den irakischen Luftraum verletzte und den Atomreaktor bei Osirak bombardierte. Wir waren damals gerade nach Akaba unterwegs, und meinem Mann fiel auf, dass die israelischen Flugzeuge in eine ungewöhnliche Richtung flogen. Bis wir jedoch erkannten, was sie vorhatten, war der Reaktor bereits zerstört. Israel bombardierte auch Beirut, und im Dezember rückte es auf syrisches Gebiet vor und annektierte die Golanhöhen – eine weitere Verletzung der UN-Resolution 242. Die ganze Zeit über ließ Menachem Begin illegale Siedlungen im besetzten Westjordanland errichten. Mein Mann war besorgt, dass der fortgesetzte Versuch Israels, die Palästinenser aus dem Westjordanland zu vertreiben, die Krise in Jordanien durch ein Schüren des Extremismus und eine neue destabilisierende Flüchtlingswelle verschärfen könnte.

Im November 1981 flogen wir zu einem zweiten Staatsbesuch erneut in die Vereinigten Staaten. Jetzt war Ronald Reagan Präsident. Damals herrschte ein schreckliches Chaos im Nahen Osten. Der Krieg zwischen dem Iran und dem Irak wütete immer noch, und Israel flog ständig Luftangriffe auf palästinensische Ziele im Libanon; Dörfer an der ganzen libanesischen Küste wurden bombardiert und beschossen. Doch damit nicht genug! Vor wenigen Wochen war der ägyptische Präsident Sadat von fundamentalistischen Offizieren seiner eigenen Armee ermordet worden. Hussein war furchtbar schockiert und traurig über Sadats Tod, trotz all der Probleme, die er mit ihm gehabt hatte.

Ich war in Gedanken sofort bei Sadats Frau Jehan. Ich hatte sie nicht persönlich kennen gelernt, weil Ägypten nach dem Camp-David-Abkommen in der arabischen Welt isoliert war. Und doch waren wir in einer ähnlichen Lage. Auch mein Mann war der Führer eines Staates, der von den unterschiedlichsten Kräften bedroht wurde, auch Hussein schwebte ständig in Lebensgefahr. Sadats Frieden mit Israel hatte die Anhänger der wachsenden fundamentalistischen Bewegung in Ägypten gegen ihn aufgebracht. Sie schmähten ihn als Marionette des Westens. Zudem war Ägyptens Wirtschaft in der Krise: Die Arbeitslosigkeit stieg, und im öffentlichen Sektor wurden Sparmaßnahmen ergriffen. Die Fundamentalisten unterstützten oder finanzierten Krankenhäuser, religiöse Schulen und Moscheen, ihre Popularität wuchs, und sie wiegelten in diesen Einrichtungen die Menschen gegen die Regierung auf.

Gerüchten zufolge wurden die Fundamentalisten in Ägypten vom Iran oder von Libyen finanziert. Wer immer sie finanzierte, ihr Einfluss brachte Ägypten an den Rand eines Bürgerkriegs. Die Wut der Fundamentalisten war groß, als Sadat den gestürzten Schah nach Ägypten einlud und, als er 1980 in Kairo starb, mit einem Staatsbegräbnis ehrte. Und sie gerieten außer sich, als Sadat im August 1981 offiziell in die USA reiste. Nach seiner Rückkehr ging er endlich gegen die religiösen Extremisten vor. Zwei Monate später war er tot.

»Darf ich Frau Sadat wenigstens anrufen und ihr mein Beileid aussprechen?«, fragte ich meinen Mann beim Mittagessen. Ich wusste, dass wir angesichts der politischen Lage nicht nach Ägypten reisen konnten, aber ich wollte Jehan mein tiefes Mitgefühl ausdrücken. »Nein«, sagte Hussein. »Ich schicke ein Beileidstelegramm in unser beider Namen. Wenn du sie anrufst, werden die ägyptischen Medien das als Normalisierung unserer Beziehungen interpretieren, und das könnte gegen uns verwendet werden.« Ich bekam nie die Chance, Jehan Sadat zu trösten, aber ich konnte mich durchaus in ihre Lage versetzen.

Mein Mann schrieb Jehan Sadat einen sehr nachdenklichen Brief, den sie später in ihren Memoiren abdrucken ließ. Es war die einzige Beileidsbekundung eines arabischen Staatschefs. Der Hass in der Region war so groß, dass die Leute in Bagdad auf den Straßen tanzten, als sie von der Ermordung Sadats erfuhren. Sowohl der Iran als auch Libyen riefen die ägyptische Bevölkerung auf, Sadats Ermordung zum Sturz der Regierung und zur Errichtung eines islamischen Staates zu nutzen. Auch die Palästinenser feierten. In ihren Augen hatte Sadat sie in Camp David verraten. »Wir schütteln dem Mann die Hand, der den Finger am Abzug hatte«, sagte einer der PLO-Kommandeure im Libanon.

Bei unserem Staatsbesuch im November akzeptierte ich eine Einladung meiner Alma Mater, der Princeton University, vor der American Whig-Cliosophic Debating Society eine Rede zu halten. Es sollte meine erste Rede in den Vereinigten Staaten werden, und ich feilte wochenlang an jedem Satz. Wir hatten keine professionellen Redenschreiber bei Hofe, nur wohlmeinende Berater. Sie lieferten Hussein Texte in der blumigen Sprache der arabischen Redekunst, die in Jordanien besser ankamen als bei westlichem Publikum. Im Lauf der Jahre drängte ich ihn immer wieder, frei zu sprechen, was er sehr gut konnte. Ich selbst dagegen hatte das Gefühl, dass ich mich, zumindest am Anfang, intensiv vorbereiten musste.

Beim Dinner vor meiner Rede brachte ich vor Aufregung nichts hinunter und musste mich für ein paar Minuten zurückziehen, um mich zu beruhigen. Ich fürchtete mich davor, auf einem Podium zu stehen und eine Rede vor den Studenten und Professoren einer Institution zu halten, an der ich wenige Jahre zuvor mein Examen gemacht hatte. Aber ich überwand meine Nervosität, indem ich mich auf mein Anliegen konzentrierte: die Kluft zwischen dem arabischen und dem amerikanischen Volk zu überbrücken.

Die meisten Fragen, die mir nach meiner Rede gestellt wurden, legten nahe, dass meine Angst unbegründet gewesen war. Viele waren trivial oder sogar persönlich. Erst am Ende des Abends meldeten sich plötzlich mehrere Personen nacheinander und verlasen langatmige Tiraden, die die Araber dämonisierten und die Geschichte des arabisch-israelischen Konflikts verzerrt darstellten.

Ich war wie vor den Kopf geschlagen und wusste nicht, wie ich reagieren sollte. Ich konnte ihre Darstellung von 50 Jahren Geschichte nicht in fünf Minuten widerlegen, aber ich wollte ihren falschen Behauptungen dennoch widersprechen. Ich rang verzweifelt um glaubwürdige Antworten, doch zuletzt fühlte ich mich verwirrt und in der Defensive. Wie ich später erfuhr, hatte eine pro-israelische Organisation aus New York die Pamphlete geliefert.

Princeton war der einzige Ort, an dem ich jemals mit solchen organisierten Störungen konfrontiert wurde. Einige Jahre später wurde ich dort bei einer Rede wieder unterbrochen, doch ich hatte nun mehr Selbstvertrauen. Ein Mann verlas eine Erklärung und steuerte danach sofort auf den Ausgang zu, ohne auf eine Antwort zu warten. Dem Publikum war sofort klar, was er bezweckt hatte. »Wollen Sie eine Antwort, oder nicht«, fragte ich auf dem Podium. Der Störer war entlarvt, und das Publikum brach in ein großes Gelächter aus. Dennoch zeigen diese Episoden an einer amerikanischen Universität, wie weit Israels Freunde gehen, um die Verbreitung abweichender Ansichten über die Probleme im Nahen Osten zu sabotieren.

Trotz der harten Arbeit genoss ich unsere Besuche in den USA sehr, weil ich dabei auch Gelegenheit hatte, meine Familie und meine alten Freunde zu besuchen. Meine Mutter, mein Vater und seine zweite Frau Allison kamen im Herbst 1981 zum Staatsdinner im Weißen Haus. Auch meine Schwester Alexa, die an der juristischen Fakultät der Southern Methodist University in Dallas studierte, war zu Gast. Und mein Bruder Christian flog aus Kalifornien ein; er hatte sich schon immer für Musik interessiert und eine Firma gegründet, die für Stars wie die Rolling Stones, Sting, U2 und Michael Jackson Software herstellte. Mein Bruder und ich waren auf Grund unserer besonderen Lebensumstände so lange getrennt gewesen, dass es mich besonders freute, ihn wiederzusehen.

Einen Tag nach dem Staatsdinner veranstaltete Barbara Bush für mich ein Mittagessen im Blair House, zu dem ich Marion Freeman, eine ehemalige Kommilitonin aus Concord und Princeton, einlud. In Los Angeles aß ich mit meiner Freundin Sarah Pillsbury zu Mittag. Sie war Filmproduzentin und hatte für ihr Erstlingswerk, den aufregenden Kurzfilm *Board and Care,* in dem zwei Schauspieler mit Down-Syndrom die Hauptrollen spielen, einen Oscar bekommen. Ich wollte, dass meine Freundinnen meinen Mann kennen lernten und verstanden, warum ich mich für ihn entschieden hatte. Sarah verstand es sofort. Sie und ihr Mann hatten sich für das Essen in Schale geworfen, weil sie dachten, dass es sehr formell zugehen würde, doch Hussein hatte von einem abgelegenen mexikanischen Restaurant gehört, das einen sehr guten Ruf hatte. Sarah erzählte später oft die Geschichte, wie sie mit uns in einer großen Wagenkolonne – mit Sicherheitsfahrzeugen und Polizisten und Beamten des Secret Service auf Motorrädern – zu einer kleinen Klitsche gefahren war, wo mein Mann wie immer unsere Gäste persönlich begrüßte und dem Personal des Restaurants die Hand schüttelte. Der Abend machte ihm großen Spaß und allen anderen auch.

Unser nächstes Gastland war Kanada, wo mein Mann mit dem Ministerpräsidenten Pierre Trudeau verhandeln wollte. Wir hatten Verspätung, weil wir nicht rechtzeitig von einem offiziellen Mittagessen in Houston wegkamen und das Wetter auf dem Flug nach Kanada schlecht war. Trotzdem waren wir nicht sonderlich beunruhigt, denn wir hatten nur einen informellen Arbeitsbesuch geplant. Doch die Kommunikation hatte nicht geklappt, und unser erster Besuch in Kanada hätte fast in einem Fiasko geendet. In Ottawa informierten uns die kanadischen Protokollbeamten und unser Botschafter, dass wir die Verzögerung eines Staatsempfangs zu verantworten hatten. Wir hörten zum ersten Mal, dass wir zu einem Staatsbesuch geladen waren, und waren darauf natürlich überhaupt nicht vorbereitet. Zum Glück war es kalt, also konnten wir wenigstens unsere Mäntel über unserer legeren Kleidung zuknöpfen, als wir feierlich und mit militärischen Ehren willkommen geheißen wurden.

Bei der Ankunft in unserer offiziellen Residenz erinnerte uns der Generalgouverneur daran, dass wir spät dran seien und kaum genug Zeit hätten, um uns für das Bankett am Abend richtig anzukleiden. »Werden Sie Ihr Diadem und Ihre Insignien tragen«, fragte mich unsere Gastgeberin, als sie uns unsere Gemächer zeigte. Ich erklärte ihr, dass ich mein Diadem nicht dabeihätte. Da rief sie empört: »Was? Haben Sie Ihr Diadem und Ihre Insignien auf Reisen nicht immer dabei?« Jetzt konnte ich meinen Unmut nicht mehr verbergen. »Nein, habe ich nicht«, sagte ich. »Wir reisen eigentlich nur mit unseren königlichen Insignien, wenn wir andere Monarchen besuchen.« Sie sah ganz entsetzt aus, und ich fragte mich, wo wir da hineingeraten waren. Wir schafften es, das kanadische Staatsbankett mit Anstand hinter uns zu bringen. Doch am folgenden Tag waren die Zeitungen voll böser Kommentare über unsere verspätete Ankunft, und wir fühlten uns sehr unbehaglich.

Zwei Tage später, als wir zu unserer offiziellen Verabschiedung aufbrachen, gab es noch einen letzten peinlichen Vorfall. Ich hatte neue Stiefel an und verlor plötzlich mitten auf der Treppe ins Erdgeschoss den Halt. Ich rutschte die Stufen hinunter und landete auf den Knien zu Füßen des streng dreinschauenden Generalgouverneurs. Unser Gastgeber wartete mit seiner Frau, meinem Mann und seinem Adjutanten unten an der Treppe. Ich blickte langsam auf und lächelte, als ob diese

Art von Treppengymnastik zu meinen ständigen Gewohnheiten gehörte. Der Adjutant reichte mir die Hand und half mir auf. Wir lachten über den Vorfall, und dann machten wir weiter, als sei nichts geschehen.

Zum Glück erwies sich diese Kanadareise als die Ausnahme, die die Regel bestätigt. Wir kehrten im Lauf der Jahre noch viele Male nach Kanada zurück und hatten nie mehr solche Unannehmlichkeiten, die für unsere erste Reise kennzeichnend waren. Tatsächlich ist Kanada sogar eines der Länder, zu denen ich bis heute die meiste Zuneigung und geistige Verwandtschaft empfinde, weil es in Angelegenheiten, die mir besonders wichtig sind, einen fortschrittlichen und humanitären Standpunkt einnimmt. Dies gilt beispielsweise für die weltweite Friedenssicherung, die Flüchtlingshilfe und den in Ottawa unterzeichneten Vertrag zum Verbot von Landminen.

Der gute Wille der Kanadier wurde immer wieder deutlich. Und das war auch nötig. Aus Gründen, die wir nie ganz begriffen, kamen wir bei unseren Besuchen in Kanada fast immer zu spät. Bei einer denkwürdigen Gelegenheit flog mein Mann das Flugzeug selbst, weil wir auf jeden Fall pünktlich sein wollten. Aber einer unserer Begleiter hatte den Wechsel der Zeitzonen falsch berechnet, und wir kamen wieder eine Stunde zu spät! Ich erfuhr von der Verspätung erst, als ich unter der Dusche stand und meine langen Haare wusch. Ich hatte gedacht, ich hätte eineinhalb Stunden Zeit, um mich herzurichten. Und nun blieb mir nur eine halbe Stunde. Es war unser Fehler, und wir waren ganz zerknirscht, aber die Kanadier reagierten sehr gelassen auf unser wiederholtes Zuspätkommen. Mein Mann dagegen regte sich sehr darüber auf. Er war ein erbarmungsloser Perfektionist, vor allem bei solchen Arbeits- und Staatsbesuchen, und wir konnten einfach nicht begreifen, warum wir in Kanada immer in Bedrängnis gerieten.

Ich freute mich auf unsere Rückkehr nach Jordanien, wo im Oktober 1981 in den malerischen Ruinen der antiken Stadt Dscherasch das Festival für Kultur und Kunst eröffnet wurde. Die Stadt entstand vermutlich dadurch, dass Alexander der Große dort Kriegsveteranen ansiedelte, und wurde im ersten und zweiten Jahrhundert n. Chr. von den Römern ausgebaut.

Im ausgegrabenen Teil von Dscherasch befinden sich zwei sehr gut erhaltene römische Amphitheater. Sie liegen wie Juwelen zwischen breiten gepflasterten Straßen und Plätzen, die von ionischen und korinthischen Säulen, massiven Bögen, Tempeln und Bädern gesäumt sind. Ich wollte die Stadt gerne in ihrem alten Glanz erstrahlen lassen und sie wieder zu einem Zentrum für Kultur und Handel machen. Zu Beginn des Jahres hatte ich auf einer Kulturveranstaltung in einer wenig spektakulären Universitätssporthalle die Ansicht vertreten, dass unsere antiken Amphitheater in Philadelphia, Dscherasch und Petra bessere Schauplätze für derartige Ereignisse wären. Warum sollten wir sie nicht nutzen? Ich bildete einen Planungsausschuss mit Adnan Badran, dem dynamischen und visionären Kanzler der Jarmuk-Universität, und anderen jordanischen Intellektuellen. Wir beschlossen, bei unserem ersten Festival Künstler auftreten zu lassen, die einen breiten Querschnitt unserer Bevölkerung ansprechen würden, denn viele Jordanier sollten vielleicht zum ersten Mal ihr reiches architektonisches und kulturelles Erbe kennen und schätzen lernen.

Am Ende des dreitägigen Festivals waren wir stolz auf die überwältigende Resonanz. Durch den Erfolg ermutigt, begannen wir mit den Vorbereitungen für ein zehntägiges regionales Festival. Es entwickelte sich zu einem alljährlichen Ereignis, das im Nahen Osten einzigartig war und Künstler aus der ganzen Welt nach Jordanien brachte.

Ich hatte meine Lehren aus dem Festival im iranischen Schiras gezogen, das für den gut gemeinten Versuch, avantgardistische Künstler und Theaterstücke aus Europa und Amerika zu zeigen, schwer kritisiert worden war, weil viele Iraner das Programm anstößig fanden. Ich versuchte, auf unserem Festival ein Gleichgewicht zwischen populären traditionellen arabischen und muslimischen und zwischen modernen regionalen und internationalen Kunstformen herzustellen.

Das Festival wurde schnell bekannt. Tausende von Besuchern kamen aus ganz Jordanien, aus der arabischen Welt und aus anderen Ländern zu den Dscherasch-Festivals, die wir wegen der Tourismus-Saison in den Juli verlegten. Die antiken Freilichttheater und Baudenkmäler boten eine herrliche Kulisse, und das nicht nur für jordanische Talente, sondern auch für arabische und europäische Orchester, chinesische Akrobaten, für ein Shakespeare-Stück der British Actor's Theatre Company, für *Rigoletto* (gesungen von einem italienischen Ensemble; es war die erste Oper, die in Jordanien aufgeführt wurde), für das Caracalla-Tanztheater aus dem Libanon und für die Lieblingsvorstellung meines Mannes: Flamenco, der von spanischen Zigeunern getanzt wurde. Obendrein war es dem Festival vergönnt, die extrem erfolgreiche internationale Karriere von Maschda el-Rumi zu starten, einer bildschönen und hoch begabten libanesischen Sängerin, deren Musik meinen Mann und mich gleichermaßen begeisterte.

Ende 1981 erhielt ich die Einladung, am Center for Contemporary Arab Studies in der Georgetown University eine Rede zu halten. »Wenn ich in Georgetown eine Rede halte, sollte sie unter den gegebenen Umständen einige Substanz haben«, sagte ich zu meinem Mann, der seit vielen Monaten nicht mehr in den Vereinigten Staaten gewesen war. Wegen der sich verschärfenden politischen Lage im Nahen Osten war er tief besorgt. Er ermutigte mich, die Einladung anzunehmen. Auch er war der Ansicht, dass die Rede mehr politischen Gehalt haben müsste als üblich, und er erbot sich, mir bei der Ausarbeitung zu helfen.

Es entstand eine Rede, die ich in Form eines offenen Briefes von König Hussein an die Vereinigten Staaten schrieb und durch meine eigenen Ansichten über die damaligen Probleme des Nahen Ostens ergänzte. Es war in manchen Kreisen sehr umstritten, ob die Frau eines Staatsoberhaupts, insbesondere die eines arabischen Staatsoberhaupts, eine politische Rede halten durfte, anstatt sich auf traditionelle Themen wie Kinder und Kultur zu konzentrieren. Hussein wurde sogar beschuldigt, mich zu benutzen, aber ich bin keine Marionette. Er und ich hatten dieselben Enttäuschungen erlebt und hegten dieselbe Sehnsucht nach Frieden und Stabilität in der Region, also sprach ich nicht nur ihm, sondern auch mir selbst aus dem Herzen.

Es war das erste Mal, dass ich die USA allein besuchte, seit ich Königin geworden war. Mit der für mich typischen Besessenheit feilte ich in meinem Washingtoner Hotelzimmer bis zur letzten Minute an der Rede, die ich vor etwa 500 Zuhörern – darunter Diplomaten, Professoren, graduierte Studenten und Presseleute – halten musste. Ich hatte gerade die vielleicht zwanzigste Fassung auf Hochglanz gebracht, hatte mich für den Auftritt umgezogen und wollte zur Universität aufbrechen, als das Telefon klingelte. »Mir ist gerade klar geworden, was du jetzt gleich tun wirst, und in was für eine Lage ich dich gebracht habe«, sagte mein Mann. »Ich bin so nervös, dass ich gerade ein Valium genommen habe.« »Vielen Dank«, sagte ich lachend. »Das ist sehr beruhigend für mich.«

Auf dem Podium in der Georgetown University dachte ich daran, wie viel Arbeit ich in die Rede gesteckt hatte und dass ich nur diese eine Gelegenheit haben würde, sie zu halten. Da kannst du dich genauso gut entspannen und das Erlebnis genießen, sagte ich mir. Und meine Angst war wie weggeblasen. In der Rede sprach ich unter anderem über den populären Mythos von Israel als dem Leuchtfeuer der Demokratie und sagte mit Bezug auf damals aktuelle Ereignisse: »Israel ist eine Demokratie, in der ein Stein, der von einem Jugendlichen auf eine israelische Militärpatrouille geworfen wird, Grund genug ist, (auf den Jugendlichen) zu schießen, ihn mit seiner oder ihrer Familie aus seinem Haus zu vertreiben und das Haus mit allen irdischen Habseligkeiten der Familie in die Luft zu sprengen.« Ich wiederholte, dass jede Lösung des arabisch-israelischen Konflikts auf der Selbstbestimmung der Palästinenser, auf der Beachtung internationalen Rechts und auf einer Repatriierung oder Entschädigung der palästinensischen Flüchtlinge beruhen müsse.

Ich wusste, dass jedes Wort meiner Rede genau analysiert und vielleicht kritisiert werden würde. Jeder Fehler meinerseits konnte benutzt werden, um die Position Jordaniens in der arabischen Welt und seine Beziehungen zu den Vereinigten Staaten verzerrt darzustellen und sie zu schwächen. Die *Washington Post* hatte einen Modejournalisten an die Georgetown University geschickt, und er berichtete genauso ausführlich über meine Kleidung wie über meine Worte, aber immerhin wurde ich im Wesentlichen korrekt zitiert. Ich musste nur lernen, mit den unvermeidlichen Abschnitten über meine äußere Erscheinung und über die »märchenhafte Liebesgeschichte« mit meinem Mann zu leben. Solange meine politische Botschaft ebenfalls deutlich wurde, war ich zufrieden. Nach meiner Rede in Georgetown gab es dann einen deutlichen Wandel in den Erwartungen, die man bei meinen öffentlichen Auftritten hegte.

Ich persönlich glaube, dass niemand im Westen so richtig schlau aus mir wurde, auch die Journalisten nicht. Ich war eine Anomalität und nicht so leicht in eine Schublade zu stecken. Ich war in Amerika geboren und aufgewachsen, das stand fest, aber zugleich war ich jetzt auch jordanische Staatsbürgerin. Ich wurde mit »Eure Majestät« angesprochen, und meine Weltsicht hatte sich so erweitert, dass sie auch arabische und muslimische Anliegen berücksichtigte. Zugleich sah ich wie eine Amerikanerin aus, sprach wie eine Amerikanerin und war mit der amerikanischen Kultur vertraut. Ich war mit einem Staatsoberhaupt verheiratet, das seine Stellung geerbt hatte und dadurch verpflichtet war, Jordanien nicht nur vier Jahre, sondern sein Leben lang zu repräsentieren. Als seine Frau hatte ich nun dieselbe Pflicht.

Im Herbst 1982 ließ sich mein Mann auf einen weiteren Friedensplan für den Nahen Osten ein, der diesmal von der Regierung Reagan stammte. Mehrere Variationen dieses »Reagan-Plans« sollten in den folgenden sechs Jahren durchgespielt werden, um jeweils unsere Hoffnungen zu wecken und wieder zunichte zu machen. Im Rückblick vermute ich, dass diese sechs Jahre die frustrierendste Zeit in Husseins Leben gewesen sind.

Die Reagan-Initiative war eine Reaktion auf die Gewaltspirale im Nahen Osten und den ungebremsten israelischen Expansionismus Anfang der Achtzigerjahre. Im Juni 1982, zwei Monate nach meiner Rede in Georgetown, marschierten israelische Streitkräfte unter dem Oberbefehl des israelischen Verteidigungsministers Ariel Scharon im Libanon ein. Dabei kam es zu einer massiven Bombardierung Beiruts und zu Massakern in den Flüchtlingslagern Sabra und Shatila, bei denen fast 700 palästinensische Männer, Frauen und Kinder getötet wurden.

Hussein und ich waren entsetzt über die Verluste an Menschenleben und fürchteten, dass die israelische Invasion im Libanon nichts Gutes verhieß. Israel war 1978 schon einmal in den Libanon einmarschiert, und mein Mann hatte genau registriert, dass die arabischen Staaten keinen militärischen Widerstand gegen die Invasion leisteten, die ungefähr 225 000 Libanesen zur Flucht aus ihren Dörfern zwang. Die Welle libanesischer Flüchtlinge, die Fortsetzung der israelischen Siedlungspolitik im Westjordanland und die provokativen Äußerungen der konservativen Regierung in Israel, dass »Jordanien Palästina ist«, überzeugten Hussein, dass eine israelische Aggression im Westjordanland gleichfalls eine palästinensische Massenflucht auslösen könnte wie im Libanon, weshalb eine politische Lösung immer dringlicher wurde. Deshalb stimmte er vorsichtig zu, als die Regierung Reagan heimlich Nick Veliotes, einen früheren Botschafter in Jordanien, in den Nahen Osten entsandte und Veliotes meinem Mann Reagans neuen Friedensplan vorstellte. Allerdings knüpfte Hussein seine Zustimmung an die Bedingung, dass die USA an ihren Vorschlägen festhalten würden.

Hussein war damals schon tief besorgt über Reagans Politik. Alle amerikanischen Präsidenten seit Lyndon B. Johnson hatten die israelischen Siedlungen auf palästinensischem Territorium entweder als illegal oder als völkerrechtswidrig bezeichnet, nur Reagan nicht. Zwei Wochen nach seinem Amtsantritt hatte Reagan ganz plötzlich den Kurs der amerikanischen Außenpolitik geändert und erklärt, dass er mit früheren amerikanischen Regierungen nicht darin übereinstimme, die israelischen Siedlungen als »illegal« zu bezeichnen. »Sie sind nicht illegal«, hatte er gesagt. Mein Mann hatte ihm sofort einen Brief geschrieben. »Ich bin verblüfft, dass Sie zu der Ansicht gelangt sind, die Siedlungen könnten nicht illegal sein«, begann das Schreiben.

Der so genannte Reagan-Plan, den Veliotes mitbrachte, rief immerhin zu einem Einfrieren des jüdischen Siedlungsbaus im besetzten Westjordanland auf und forderte eine Wiederherstellung der Grenzen von 1967 als Gegenleistung für Frieden. Der Plan sah zwar keinen unabhängigen Palästinserstaat vor, aber immerhin sollten das Westjordanland und der Gazastreifen eine Konföderation mit Jordanien bilden, und eine gemeinsame jordanisch-palästinensische Delegation mit Israel sollte über den endgültigen Status der besetzten Gebiete verhandeln. Als Veliotes meinem Mann versicherte, dass die USA diesmal Wort halten würden, stimmte Hussein dem Plan zu.

Menachem Begin jedoch lehnte ihn sofort ab, weil er nicht die Absicht hatte, die Resolution 242 zu befolgen. Begin reagierte sogar mit einer massiven Brüskierung der Regierung Reagan: Innerhalb einer Woche nach der Verkündung des Reagan-Plans gab seine Regierung über 18 Millionen Dollar für den Bau von drei neuen Siedlungen im Westjordanland frei und stimmte dem Bau von weiteren sieben Siedlungen zu. Damit erhöhte sich die Zahl der etwa 100 bewaffneten Lager und etwa 30 000 Siedler, die sich damals schon illegal im Gazastreifen und im Westjordanland befanden, weiter.

Reagan antwortete auf den Ausbau der Siedlungen lediglich mit mildem Tadel und brach damit die meinem Mann gegebene Zusage, dass die US-Regierung die Bestimmungen des Reagan-Plans durchsetzen werde. Der amerikanische Präsident bezeichnete Begins Aktion lediglich als »höchst unwillkommen« und meinte, die US-Regierung werde versuchen, Begin und seine Regierung davon zu überzeugen, »wie schädlich die Siedlungen für den Frieden sind«. Dies entsprach kaum den Bedingungen des Plans, mit denen sich mein Mann einverstanden erklärt hatte, denn er sah »ein sofortiges Einfrieren der israelischen Siedlungstätigkeit« vor.

Trotzdem hatte mein Mann die Hoffnung noch nicht aufgegeben, sondern reiste weiter im Nahen Osten umher und versuchte die Zustimmung der Menschen in der Region für den Reagan-Plan zu gewinnen. Er war enttäuscht, als die arabischen Länder eine Woche nach Verkündung des Plans in Fez eine Gipfelkonferenz abhielten, auf der eine palästinensisch-jordanische Delegation als Verhandlungspartner für Israel abgelehnt und die PLO als einzig legitime Vertretung des paläs-

tinensischen Volkes bestätigt wurde. Mein Mann wusste wie
auch die Amerikaner, dass nur er für die USA und Israel ein
akzeptabler Verhandlungspartner gewesen wäre, die »terroristische« PLO jedoch nicht.

Doch der arabische Gipfel brachte auch positive Ergebnisse.
Es war keine Überraschung, dass die arabischen Staaten auf
dem Selbstbestimmungsrecht der Palästinenser beharrten und
die Auflösung aller israelischen Siedlungen forderten, aber sie
akzeptierten nun zum ersten Mal den Rückzug der israelischen
Truppen auf die Grenzen von 1967 als Bedingung für den Frieden. Und sie forderten, wenn auch ohne Israel ausdrücklich zu
nennen, den UN-Sicherheitsrat auf, den Frieden »zwischen
allen Staaten in der Region« zu garantieren. Diese De-facto-
Anerkennung des Staates Israel in den Grenzen von 1967 war
für die arabischen Länder ein Durchbruch. Nun richteten sich
aller Augen auf die PLO.

Die PLO hatte die Resolution 242 nie als Grundlage für den
Frieden anerkannt. Für ihre Hardliner bedeutete schon der
Name ihrer Organisation, Palästinensische Befreiungsorganisation, die Befreiung von ganz Palästina in den Grenzen vor
1948 und nicht nur die Befreiung der besetzten Gebiete. Die
eher pragmatischen Kräfte in der PLO begründeten ihre Ableh-
nung der Resolution 242 lediglich damit, dass sie kein Selbstbestimmungsrecht für die Palästinenser vorsah. König Hussein
und Adnan Abu Odeh, einer seiner engsten Berater, der selbst
aus einer palästinensischen Familie stammte, erkannten ein
Schlupfloch im Reagan-Plan, das zwar nicht die Hardliner, aber
immerhin Pragmatiker in der PLO nutzen konnten. In der jordanisch-palästinensischen Konföderation, die laut dem Reagan-Plan mit Israel verhandeln sollte, konnten die Palästinenser eine De-facto-Selbstbestimmung erhalten, und das Problem
wäre fürs Erste gelöst. Wenn mein Mann sich mit Jassir Arafat darauf einigen konnte, wäre der Friede in erreichbare Nähe
gerückt.

Hussein hätte diesen Durchbruch fast erreicht, als der Palästinensische Nationalkongress im Februar 1983 Arafat zu einem
Treffen mit meinem Mann autorisierte, bei dem diese Möglichkeit ausgelotet werden sollte. Arafat kam im April nach

Amman, einen Monat, an den ich mich gut erinnere, weil ich mit unserem dritten Kind im neunten Monat schwanger war. Mein Mann saß stundenlang mit Arafat im Basman-Palast, erklärte ihm die Vorzüge des Reagan-Plans und versuchte ihn von einer Föderation zu überzeugen. Ich ging gerade mit Leila im Palastbereich spazieren, als wir Arafat gehen sahen. Mein Mann sah erschöpft aus, doch er hatte anscheinend ein Wunder vollbracht. Arafat hatte dem Plan zugestimmt! Ich wunderte mich, warum er nicht triumphierender wirkte. Da erklärte er mir, Arafat habe dem Plan nur mündlich zugestimmt, ihn im Gegensatz zu ihm selbst jedoch nicht unterzeichnet. Hussein hatte es mit jeder List versucht, die ihm einfiel, und sich schon überlegt, ob er Arafat in seinem Büro einsperren sollte. Doch der PLO-Chef hatte darauf bestanden, dass er zuerst mit seinen Gefolgsleuten in Kuwait, am Golf und in anderen Regionen sprechen müsse. Er hatte Hussein feierlich versprochen, dass er in Bälde mit dem unterzeichneten Plan nach Amman zurückkehren werde. Doch die bösen Vorahnungen meines Mannes trogen ihn nicht. Arafat kehrte erst über ein Jahr später nach Jordanien zurück.

Unser drittes Kind wurde drei Wochen später, am 24. April 1983, mitten in dieser qualvollen Zeit geboren. Ich hatte keineswegs vorgehabt, schon wieder schwanger zu werden, und war sogar ziemlich entsetzt, dass ich wieder ein Kind erwartete. Wenn es nach mir gegangen wäre, hätte ich vielleicht zehn Jahre später noch ein Kind bekommen, und zwar möglichst eine Tochter. Ich hatte drei Jungen in meinem Haushalt – Ali, Hamsah und Haschim – , die alle voll männlicher Energie in meinem Haus Amok liefen, und nun war ich plötzlich, kaum ein Jahr nach meiner letzten Geburt, wieder schwanger. Doch nun hoffte ich auf eine Tochter, und das Schicksal war mir hold. Wir brachen mit der Tradition, Namen aus der Familie zu vergeben, und nannten sie Iman, was auf Arabisch »Gottvertrauen« heißt. Es war nämlich schlichtes Gottvertrauen, das uns angesichts der traumatischen Entwicklung und des Leids in der Region aufrecht hielt.

König Hussein sollte in den folgenden fünf Jahren all sein Gottvertrauen brauchen, nachdem seine Gespräche mit Arafat gescheitert waren. Er stand die ganze Zeit unter immensem Druck von Seiten der USA, wie Sadat einen Separatfrieden mit Israel zu schließen oder sich wenigstens in Washington persönlich mit Begin zu treffen. Natürlich konnte er beides nicht tun. Ohne Beteiligung der Palästinenser konnte es mit Israel keine Verhandlungen über die besetzten Gebiete geben, doch sowohl die Regierung Reagan als auch die Israelis verhandelten grundsätzlich nicht mit der PLO, solange die Palästinenser die Resolution 242 und das Existenzrecht Israels nicht anerkannt hatten – eine klare Pattsituation. Unterdessen hielt der Kongress weiterhin die Waffen und die Entwicklungshilfe zurück, die Jordanien benötigte, weil mein Mann, wie es ein Sprecher des AIPAC formulierte, nicht genug tat, »um in den Friedensprozess einzusteigen«.

Es ist heute noch genauso schwer zu fassen wie damals, wie sehr Hussein enttäuscht und verraten wurde. Dennoch verlor er nie seinen grundsätzlichen Optimismus, sein Vertrauen in die Menschen und seinen Glauben, dass er andere dazu bringen konnte, ihr Bestes zu geben, indem er selbst sein Bestes gab. Er ging immer davon aus, dass er mit gutwilligen Menschen verhandelte und dass er irgendwie, wenn er nur hart genug arbeitete, Frieden und Versöhnung erreichen könnte. In diesem Kampf wurde er häufig von Gegnern aus beiden Lagern bedrängt, doch er gab niemals auf.

Daheim und auf Reisen

Die ganze Familie war erleichtert, als wir kurz vor Imans Geburt nach al-Nadwa zurückkehren konnten. Drei Jahre lang waren wir von Haus zu Haus gezogen, und jetzt freuten sich alle darauf, wieder ein Zuhause zu haben. Ich hatte das alte Dachgeschoss von al-Nadwa im Zuge der Renovierung erweitert, sodass unsere wachsende Familie dort unterkommen konnte, aber wir lebten immer noch sehr beengt. Nach Imans Geburt hatten wir sechs kleine Kinder im Haus.

Al-Nadwa bestand zur Hälfte aus Büros und zur Hälfte aus Wohnräumen. Alle, die dort lebten und arbeiteten, hatten Tag für Tag drei Treppen zu steigen. Unterwegs galt es dann auch noch herumliegende Kleider und Spielsachen aufzuklauben, was uns insgesamt mehr als genug körperliches Training verschaffte. Wir versuchten so etwas wie Behaglichkeit zu schaffen, besser gesagt: Wir orientierten uns an diesem Ideal. Ich wollte, dass sich die Kinder wohl fühlten, auch wenn wir das Haus noch für offizielle Anlässe nutzen mussten. Erlauchte Gäste von Königin Elisabeth II. bis zum Sultan von Brunei mussten sich ihren Weg zum Eingang mitunter durch ein Chaos aus Dreirädern, Fahrrädern und Kinderwagen bahnen.

Al-Nadwa galt als ziemlich bescheidenes Zuhause für einen König. Es gab keinen Swimmingpool, keinen Tennisplatz, und die Räume waren überhaupt nicht prunkvoll. Eine denkwürdige Überschrift in der Zeitschrift *Paris Match* brachte das folgendermaßen auf den Punkt: »Der König von Kleenex lebt besser als der König von Jordanien.« Das bezog sich auf die Reichtümer eines führenden örtlichen Geschäftsmannes, der in einem der neuen wohlhabenden Vororte der Hauptstadt Amman lebte. Doch wir liebten den schönen Kalksteinbau und betrachteten ihn als glückliches Zuhause. Und mir gefiel auch, dass wir im traditionellen Stadtkern wohnten und ganz in der Nähe verschiedener Bevölkerungsgruppen. Ich liebte die energiegeladene Atmosphäre Ammans, den Gebetsruf am Morgen und den Klang lebhafter Stimmen auf den hügelabwärts führenden Straßen. Der ständige Verkehrslärm auf den viel befahrenen Straßen machte mir dagegen nichts aus, auch nicht der Krach durch die auf dem nahe gelegenen Flughafen startenden und landenden Flugzeuge. Der Fluglärm ging etwas zurück, nachdem der neue Flughafen außerhalb von Amman gebaut wurde, aber während der ersten Jahre in al-Nadwa war das Dröhnen der Triebwerke mitunter so laut, dass wir unsere Unterhaltungen unterbrechen oder mitten in einem Staatsbankett innehalten mussten, bis das Flugzeug sich entfernt hatte. Es ist leicht zu verstehen, warum Hamsahs erstes Wort »*taijara*« war, Flugzeug.

Wir lebten unter diesen Umständen so normal wie möglich, aber es war eine Herausforderung. Ich sparte Hauspersonal ein, um etwas mehr Privatheit zu erzeugen, aber wir benötigten immer noch einen Verwalter, einen Kellner sowie Küchen- und Hauswirtschaftspersonal, das sich um die Familie und unsere vielen Gäste kümmerte, von den Staatsoberhäuptern bis zu den persönlichen Freunden. Ich kann mich kaum an eine Zeit erinnern, zu der mein Mann und ich ganz allein im Haus gewesen wären, ohne verschiedene Familienmitglieder, ohne Kellner, die den Tisch deckten oder abräumten, ohne Bürogehilfen oder Regierungsbeamte mit dringenden Anliegen.

Abends versuchten wir trotzdem beide, uns Zeit für die Kinder zu nehmen, während sie zu Abend aßen. Später aßen wir dann in unserem privaten Wohnzimmer und halfen den Kindern bei den Hausaufgaben oder sahen uns gemeinsam Videos an. Manchmal gönnten wir uns auch etwas Besonderes und bestellten uns ein Essen ins Haus, meist waren das Falafel von einem Restaurant in der Innenstadt.

Tatsächlich wurde unsere Zeit jedoch immer sehr stark in Anspruch genommen. Man bat uns ständig, die Probleme unserer jordanischen Verwandtschaft zu lösen, häufig auf Kosten der Zeit und Konzentration, die wir unseren eigenen Kindern widmen konnten. Selbst an den Abenden, die man eigentlich ungestört mit der Familie verbringen sollte, gab es ständig Unterbrechungen: Anrufe, Konferenzen und Katastrophen. Al-Nadwa lag nur ein paar Meter tiefer am Berg als das Büro des Königs, so nahe, dass er sich immer noch halb im Büro fühlte, wenn er zu Hause war.

Ich hegte nie einen Groll wegen seiner Verpflichtungen, aber ich fragte mich oft, ob wir nicht ein erfolgreicheres Rezept finden könnten, um unsere verschiedenen Aufgaben miteinander in Einklang zu bringen. Verlangten wir nicht von unseren Kindern zu viel? Es war ein ständiger Kampf, unsere Termine so abzusprechen, dass wir Zeit für das Abendessen und die Gutenachtgeschichte fanden, oder wenigstens bei unseren Kindern sein konnten, wenn sie krank waren. Doch wir taten unser Bestes. Und wir hatten Hilfe. Obwohl ich eigentlich nicht wollte, dass meine Kinder von anderen aufgezogen wurden, auch wenn diese liebevoll waren, wurde es am Ende doch ein gemeinsames Unternehmen. Es ging nicht anders. Mir gefällt der Gedanke, dass unsere Kinder den Vorteil hatten, in einer Umgebung aufzuwachsen, wo die Hingabe an etwas Größeres als die eigene Person einfach zum Leben gehörte.

Unsere Familie hatte großes Vergnügen an den unzähligen Tieren, die wir geschenkt bekamen. Dank der Freigebigkeit zahlreicher vornehmer Besucher besaßen wir eine ganze Menagerie. Der algerische Präsident schenkte uns einen herrlichen Berberhengst, den ich sehr gerne ritt. Unglücklicherweise wurde der Hengst von meinem Schwager Prinz Hassan eines Tages aus den königlichen Stallungen verbannt, weil das Pferd ausschlug, als er mit einem Polopony dicht an uns heranritt. Wir besaßen auch Gazellen, die mein Mann aus dem Jemen mitgebracht hatte und zusammen mit Kaninchen und Hühnern in einem kleinen Zoo hielt, den wir in al-Nadwa eingerichtet hatten. Sowohl in Amman als auch in Akaba wimmelte es von Katzen. Mein Mann liebte Katzen genau wie sein Großvater, und er glaubte, dass er eine Familientradition erfüllte, indem er streunenden Katzen im Garten unseres Heims eine Zuflucht bot. Das vielleicht ungewöhnlichste Tier war der Löwe, den der äthiopische Kaiser Haile Selassie meinem Mann schenkte. Dies geschah einige Zeit, bevor ich Hussein kennen lernte, doch man erzählte mir, dass sich der Löwe auf dem Rückflug nach Jordanien losgerissen und die Crew des Flugzeugs in Angst und Schrecken versetzt habe. Danach lebte der Löwe eine ganze Weile glücklich in Jordanien, bis er einen Wärter tötete und eingeschläfert werden musste.

Die Menagerie im Inneren unseres Hauses war fast genauso groß. Hamster und Rennmäuse entkamen ständig aus ihren Käfigen. Die Meerschweinchen der Kinder konnten wir wieder einfangen, weil sie nicht so schnell waren, aber bei den Rennmäusen war das schwierig. Einmal bekamen wir auf einer Reise einen Beo geschenkt. Er riss sich auf dem Rückflug los und biss meine Sekretärin, als sie ihn wieder einfangen wollte. Zu unserer großen Enttäuschung und Verwirrung lernte der Vogel nie sprechen. Als er starb und obduziert wurde, stellte sich heraus, dass er eine chronische Mandelentzündung hatte.

Einige Haustiere machten uns endlose Schwierigkeiten. Raijah bekam mit etwa vier Jahren eine Ziege geschenkt, als wir in der Wüste einen Beduinenstamm besuchten. Sie schloss das Tier sofort ins Herz, also mussten wir es im Auto mit nach Akaba nehmen und ihm einen Pferch bauen. Die anderen Kinder ärgerten Raijah, indem sie die Ziege Mansef nannten, nach dem jordanischen Nationalgericht, das in der Regel mit Lamm- oder Ziegenfleisch zubereitet wird. Eines Tages entwich Mansef aus ihrem Pferch, und mein Mann entdeckte sie schließlich am Strand, auf halbem Wege nach Israel. Er rannte ihr nach, so schnell er konnte, und erwischte das verdammte Vieh, kurz bevor es die israelischen Grenzposten erreichte. Ähnliche Vorfälle erlebten wir auch mit Jazz, einem schwarzen Labrador Retriever. Er sprang bei Akaba ins Meer und schwamm schnurstracks auf die israelische Grenze zu. Der Hund hätte fast einen internationalen Zwischenfall verursacht. Mein Mann wartete genüsslich, bis israelische Kanonenboote ausliefen, um sich den verdächtigen Schwimmer genauer anzusehen. Erst im letzten

Moment raste er mit seinem Motorboot los und holte Jazz zurück.

In den Achtzigerjahren wollten wir nach einem Staatsbesuch in Deutschland gerade das Gästehaus verlassen und zum Flughafen fahren, als die Wirtin mit einem Korb vor der Tür unserer Suite stand. Der Korb enthielt einen jungen Schäferhund. Mein Mann trat ebenfalls vor die Tür und schaute ziemlich verlegen drein. Er erzählte, dass er bei dem Bankett am Vorabend gegenüber dem deutschen Außenminister Hans-Dietrich Genscher ganz unschuldig seine Bewunderung für diese Hunderasse geäußert habe. Wir hatten das Thema schon auf dem Weg nach Deutschland mehrfach diskutiert, und ich hatte Hussein klar gemacht, dass ich keinen weiteren Welpen mehr in al-Nadwa haben wollte. Es war schon beschwerlich genug, in einem Haus ohne Aufzug im vierten Stock zu wohnen, und mit einem Welpen war es noch viel schlimmer. Wir hatten damals schon zahllose Fehlschläge hinter uns, darunter drei Labradore, einen anderen deutschen Schäferhund, einen Bernhardiner und sogar einen Panther, den Haja geschenkt bekommen hatte. Außerdem hatte man mir gesagt, dass Welpen einen Hüftschaden bekommen, wenn sie Treppen steigen müssen. Man würde ihn also tragen müssen. Dann jedoch sah ich dem Hündchen in die Augen und gab nach. Die folgenden sechs Monate schleppte ich einen Welpen die Treppen in al-Nadwa hinauf und hinunter. Wir nannten den Hund Battal, was grob übersetzt »Held« oder »harter Bursche« heißt, aber sein kurzes Leben war eher tragisch. Er war sehr intelligent, aber übermäßig aggressiv. Wir versuchten zwei Jahre, ihn zu erziehen, und nahmen auch professionelle Hilfe in Anspruch. Trotzdem kam es viel zu oft vor, dass er mitten im Spiel plötzlich die Zähne zeigte und sich in eine furchterregende, knurrende Bestie verwandelte. Er griff Autos an, wenn sie die Einfahrt heraufkamen, und biss ihnen manchmal Löcher in die Reifen, und wir alle hatten Spuren seiner Zähne auf dem Unterarm, wenn wir mit ihm gespielt hatten.

Wir dachten immer, es sei unser Fehler und wir würden ihn falsch behandeln. Schließlich baten wir den deutschen Züchter um Hilfe, von dem der Hund stammte. Er ließ sich Battal zur Ausbildung nach Deutschland schicken. Dabei stellte sich heraus, dass Battal zwar ein ganz hervorragender Hund, aber leider ein extrem aggressives Alphatier war – der eine von 100 Rüden, der das Rudel anführt und nicht ausgebildet werden kann. Der Züchter musste Battal einschläfern, weil er sich nicht zuverlässig beherrschen ließ und durchaus die Möglichkeit bestand, dass er jemanden verletzen würde.

Die Kinder vermissten Battal, und Iman wünschte sich einen Hund zum Geburtstag, also besorgte ich einen kleineren Hund, der angeblich leichter zu erziehen war. Die Geschichte dieser Hündin (die ein glückliches Ende hat) enthält ein furchterregendes Kapitel: Ich überfuhr sie eines Tages versehentlich, als sie unerklärlicherweise unter mein fahrendes Auto sprang. Ich spürte, wie mein rechtes Hinterrad über einen Buckel holperte und hörte jemand ihren Namen schreien. Ich stieg aus dem Auto, und da lag sie, ziemlich platt gedrückt. Ich kniete mich neben sie, um sie zu trösten, sicher dass sie gerade ihre letzten Atemzüge tat. Da quoll sie zu meinem großen Erstaunen langsam auf und nahm ihre alte runde Gestalt wieder an. Die Sache erinnerte mich an gewisse Zeichentrickfilme, die ich als Kind gesehen hatte: Daffy Duck wird von einer Dampfwalze überfahren und steht unversehrt wieder auf. Wie sich herausstellte, hatte unsere Hündin, weil sie so fett war, keinen größeren Schaden erlitten. Nur eine Hüfte war gebrochen.

Meine Schwester, die damals Hunde, aber keine Kinder hatte, war fuchsteufelswild, als sie hörte, dass unser Hund beinahe das Zeitliche gesegnet hatte. Alexa war schon vor langer Zeit zu dem Schluss gekommen, dass wir nicht fähig waren, Tiere zu halten, und als ich ihr die Geschichte mit Daisy erzählt hatte, war sie überzeugt, dass die Hündin bei uns keine Minute mehr überleben würde. »Du schickst den Hund jetzt sofort zu mir«, sagte sie. Seitdem wohnt Daisy Beagle bei ihr. Und ich werde seitdem wegen meiner hundemörderischen Tendenzen gnadenlos aufgezogen.

Wenigstens wurden die Hunde, die wir geschenkt bekamen, immer kleiner. Der Letzte war ein Geschenk des früheren Präsidenten von Mexiko: ein zehn Wochen alter Chihuahua, an den sich mein Mann nie richtig gewöhnte. Ich gab den Hund schließlich unserer deutschen Haushälterin, die in Amman eine Wohnung hatte, und das kleine Tierchen verursachte ziemlichen Aufruhr auf den Straßen. Hunde sind in den arabischen Ländern längst nicht so häufig wie im Westen, und wenn Liesa mit Señor Toki Ramirez spazieren ging, rannten manche Leute schreiend davon. Autofahrer dagegen machten bisweilen eine Vollbremsung und schrien: »Was ist denn das?«

Mein Mann genoss es, unsere entlaufenen Tiere zu retten, und hatte überhaupt seine Freude an unserem chaotischen Familienleben. Er liebte es, seine Mitmenschen zu necken, und ich war sein bevorzugtes Opfer. Er wurde es nie müde, eine Geschichte zu erzählen, die sich am Anfang unserer Ehe in Akaba zugetragen hatte. Damals bat ich Manal Jazi, unser jordanisches Kindermädchen, meinen Fotoapparat zu suchen. Manal blieb sehr lange weg und kehrte schließlich mit einem Kamel zurück, weil sie mich missverstanden hatte. Mein Mann lachte sich halb tot über mich, aber den Kindern gefiel die Sache. Sie verbrachten den Rest des Nachmittags mit Kamelreiten.

Hussein trug durch Gelder, die er aus der arabisch-muslimischen Welt erhielt, ganz persönlich zur Haushaltskasse und zum Unterhalt der größer gewordenen Königsfamilie bei. Seine Apanage, die er von der Regierung erhielt, war in all den Jahren als König gleich geblieben, und keiner von uns nahm persönliche Zahlungen durch die jordanische Regierung an. In finanziell schwierigen Zeiten griff Hussein auf seine Vermögenswerte zurück, um damit die hohen Aufwendungen zu bestreiten, die der Königshof vor allem durch Beihilfen im Gesundheits- und Bildungswesen und für Not leidende Institutionen hatte.

Die Unterstützung durch arabische und muslimische Führer, die Husseins stabilisierende Rolle in der Region schätzten, war für den König sehr wichtig. Sie ermöglichte es ihm, seine Führungsaufgaben in Jordanien wahrzunehmen und außerdem als Sprecher für die gesamte Region aufzutreten. (Jordanien zeigte sich für diese Unterstützung auch erkenntlich, indem es durch Fachkenntnisse und Experten in den Bereichen Erziehung, Gesundheitswesen, medizinische Forschung sowie militärische Ausbildung und Sicherheitswesen zur inneren Entwicklung der Geberländer beitrug.) Hussein konnte jedoch keineswegs immer auf die Unterstützung von außen zählen.

Mein Ehemann ging mit seinen eigenen Finanzen großzügig und spontan um. Er ruhte in dem Glauben, dass Gott für ihn sorgen werde. Hussein war überzeugt, Gott werde ihm die Fortführung seiner guten Werke ermöglichen, wenn er sich als gläubiger Muslim mehr um die Sorgen und Nöte anderer Menschen als um sein eigenes Wohlergehen kümmerte. Das entsprach nicht dem Geschäftsgebaren eines Diplomvolkswirts, aber ein so ökonomisches Denken hätte zu Hussein auch nicht gepasst. Sein Denken war ein von ethischen und humanen Grundsätzen geprägtes Ausbalancieren, und er praktizierte es in einer Umgebung, die nicht nach westlichen Prinzipien funktionierte. Hier waren viele Dinge im Fluss, blieben ungewiss, und manchmal gab es auch eine Neigung zu Extremen. Der König wandte sich niemals von bedürftigen Menschen ab. Morgens hörte er sich oft eine örtliche Radioshow namens *Live Transmission* an, die auf Zuhöreranrufen basierte, und ließ sich dabei immer wieder zu Spenden für Menschen in Not anregen. Mitunter wirkte seine Großzügigkeit willkürlich, aber wie ein traditioneller Stammesführer setzte er sie häufig ein, um ein kompliziertes politisches Gleichgewicht zu wahren. Das Geld wurde jedenfalls so schnell ausgegeben, wie es hereinkam, und irgendwie ging die Rechnung dennoch auf.

Die Sicherheitsabteilung meines Mannes hätte es lieber gesehen, wenn wir al-Nadwa verlassen hätten, weil man uns dort für sehr verwundbar hielt. Trotz des beständigen Drucks, uns ein neues Zuhause zu suchen, sollte das aber noch fünfzehn Jahre dauern. Wir besichtigten einen Ort nach dem anderen, auch ein wunderschönes Grundstück mit Blick aufs Tote Meer, das ein Verlobungsgeschenk von Scharif Nasser gewesen war, aber überall gab es unlösbare Sicherheitsprobleme oder zu wenig Wasser oder ein anderes Problem, oder wir hatten das Gefühl, dass es aus finanziellen Gründen gerade nicht der richtige Zeitpunkt war. Mein Mann empfand die Verpflichtung, zuerst alle anderen Familienmitglieder unterzubringen, und wir hatten nicht die Mittel, um beides gleichzeitig zu tun. Nach zehn Jahren des Tüftelns an unzähligen architektonischen Entwürfen für Häuser, die nie verwirklicht wurden, schlug ich eines Tages halb scherzhaft vor: »Lasst uns einfach in einem Zelt leben. Unsere Vorfahren konnten das, warum nicht auch wir? Denkt an die frische Luft und an das Erwachen bei Sonnenaufgang.« Wir hätten zumindest einen Standort für das Zelt aussuchen können. (Das Idyll wäre aber nicht von langer Dauer gewesen, denn Hussein hätte darauf bestanden, einen lärmenden Stromgenerator aufzustellen, wie er das immer tat, wenn wir unter freiem Himmel übernachteten.)

Bis es wegen der Schule nicht mehr ging, nahmen wir die Kinder möglichst oft auf unsere Reisen mit. Iman war erst vier Monate alt und immer noch ein Stillkind, als wir sie auf eine ausgedehnte Asienreise mitnahmen, nach China, Südkorea, Japan und Malaysia, mit Pakistan als erster Zwischenstation. Der König wollte sich für eine Friedensinitiative im Nahen Osten fernöstliche Hilfe sichern und außerdem die politische, wirtschaftliche und kulturelle Zusammenarbeit fördern.

Der chinesische Botschafter in Jordanien, der bei den Reisevorbereitungen für sein eigenes Land behilflich war, fragte mich, was ich in China gerne besichtigen würde. Ich sagte ihm, dass ich einige Zeit lang an Plänen für ein Kinderkrankenhaus in Jordanien gearbeitet hatte. Der Golfstaat Katar hatte mich in der Planungsphase unterstützt, der Irak sagte 1981 seine Hilfe bei der Finanzierung zu. Weil der Krieg zwischen dem Iran und Irak sich in die Länge zog, kam ich zu dem Ergebnis, dass es sinnlos wäre, den Irak wegen der Finanzierung zu bedrängen. Das Projekt war für eine gewisse Zeit zu den Akten gelegt, aber ich bemühte mich auf all meinen Reisen und weltweit um Einblicke in pädiatrische Institutionen.

Der chinesische Botschafter fragte außerdem, ob wir irgendwelche besonderen Anliegen hätten, von denen seine Regierung wissen sollte. Mein Mann wusste, dass ich chinesisches Essen liebte, und er hatte mich wegen der legendären chinesischen Gastfreundschaft geneckt, zu der angeblich auch gehöre, dass man prominenten Gästen Affenhirn und andere exotische Delikatessen auftische. Ich entschloss mich, dem Risiko einer möglichen Brüskierung unserer Gastgeber zu entgehen, indem ich mich im Voraus als Vegetarierin zu erkennen gab, die kein Fleisch zu sich nehme. Hussein bezichtigte mich daraufhin für alle Zeit der gastronomischen Feigheit.

Es sollte sich herausstellen, dass wir nichts annähernd so Exotisches wie Affenhirn vorgesetzt bekamen, ich habe jedenfalls nichts dergleichen bemerkt. Eine Tradition, die unsere Gastgeber jedoch beibehielten, waren die außergewöhnlichen Bankette mit mindestens zehn Gängen. Wir staunten über das kunstvoll zubereitete Obst und Gemüse wie auch über die Mengen eines klaren Schnapses, den die Chinesen stets nur mit Trinksprüchen konsumierten, ähnlich wie die Russen das mit dem Wodka taten. Bei einem Bankett griff ich zu einer Kriegslist. Ein Dolmetscher übermittelte in meinem Auftrag die diskrete Bitte, der kleine Tonkrug an meinem Tischplatz möge mit Wasser statt mit Schnaps gefüllt werden. Bald genoss ich den Ruf, ich könne mit den zunehmend lustiger werdenden Chinesen mithalten.

Das Essen war für unsere Begleiter mitunter doch eine Herausforderung. Am zweiten Abend in Peking geleiteten uns einige enge Berater aus der Delegation bis zur Zimmertür, um uns eine gute Nacht zu wünschen. Als wir die Tür öffneten, traten sie hinter uns ins Zimmer, was sehr ungewöhnlich war, aber mir dämmerte sofort, dass sie von meiner Gewohnheit wussten, auf Reisen einen kleinen Proviantvorrat mitzunehmen. Also holte ich die Frischhalteboxen mit Dattelbrownies und Granolariegeln hervor, die ich in Amman als Notration eingepackt hatte. An jenem wie auch an vielen darauf folgenden Abenden saßen wir noch zu später Stunde zusammen und tauschten unsere Erfahrungen mit dem riesigen, majestätischen Land und seinen aufgeschlossenen, erfinderischen Menschen aus.

Ich hatte Iman in einer Rückentrage auf der Großen Mauer dabei, sie sah die antiken Terrakottapferde in Xian und fuhr mit mir auch auf dem Schiff den Jangtse hinunter. Im Kinderkrankenhaus von Peking war ich fasziniert, als man mir dort zeigte, wie die Akupunktur selbst bei größeren Operationen in der Anästhesie eingesetzt wird. Traditionelle pflanzliche Schmerzmittel gab es auch in Jordanien, und Hussein und ich hatten uns schon erfolgreich mit Akupunktur behandeln lassen, aber diese Anwendung der Akupunktur war für mich eine Offenbarung, und ich dachte, dass dies auch für unsere Medizin eine viel versprechende Methode sein könnte.

Unsere Chinareise war insgesamt ein großer Erfolg. Sie führte zu einem Abkommen über Handel und technische Zusammenarbeit. Außerdem erhielt Jordanien einen zinslosen Kredit und die Zusage, dass König Husseins Bemühungen um einen Frieden mit Israel unterstützt würden.

Südkorea war für mich ein deutlich unbehaglicherer Ort als das kommunistische China. Die militaristische Atmosphäre und das bedrückende Gefühl, dass der Staat das gesellschaftliche Leben vollkommen kontrollierte, waren mir sehr unangenehm und erinnerten mich an meine ersten Besuche in Syrien und dem Irak in den Siebzigerjahren, bevor ich heiratete. Die massive Präsenz der Sicherheitskräfte war überall spürbar, vor allem in den Zentren der Großstädte und in der Nähe von Universitäten. Alle Menschen, mit denen wir sprachen, waren mit Kritik an der Regierung außerordentlich vorsichtig. Beim Besuch einer Wohlfahrtsorganisation verblüffte mich die Hochglanzpräsentation ihrer Arbeit. Das sah mehr nach einer PR-Kampagne zum Lob der Errungenschaften des Regimes aus als nach wirklicher Arbeit an der weiteren Entwicklung der Gesellschaft.

Hussein wiederum war von den Besuchen bei koreanischen Militäreinrichtungen ganz in Anspruch genommen, besonders von unserem Abstecher zur entmilitarisierten Zone. Dort wurden wir beide über den aktuellen Stand der militärischen Schlagkraft Südkoreas unterrichtet. Unsere Gastgeber zeigten uns gewaltige Minenfelder, die sie als unentbehrliche Verteidigungslinie gegen den nordkoreanischen Feind bezeichneten. (Die USA hatten Südkoreas Sicherheitsbedürfnisse lange als Rechtfertigung für die Verweigerung ihrer Unterschrift unter den Vertrag von Ottawa benutzt, der Landminen verbot.) Damals schien man der menschlichen Tragödie, die sich mit der scharf bewachten Grenze zwischen den beiden koreanischen Staaten verband, nur wenig Beachtung zu schenken. Aber ich hörte herzzerreißende Geschichten von koreanischen Familien, die ein Leben lang von ihren Verwandten getrennt waren. Wie so viele palästinensische Familien in unserem Land sehnten sich die koreanischen Familien verzweifelt nach der Wiedervereinigung, aber sie blieb ihnen auf Grund der politischen Lage verwehrt.

Unsere nächste Station war Japan, das ebenso wie Südkorea 70 Prozent seiner Ölimporte aus dem Nahen Osten bezog. Und wie Südkorea unterstützte auch Japan im Allgemeinen die arabische Position zum Nahostproblem sehr entschieden. Es war die zweite Japanreise meines Mannes innerhalb von neun Monaten. Beim ersten Besuch in Tokio hatte er eine Delegation der Arabischen Liga geleitet, die den arabischen Friedensplan darlegen sollte. Wir wurden herzlich empfangen.

Unser Treffen mit Kaiser Hirohito berührte mich ganz besonders. Ich wusste sehr wohl um die Auseinandersetzung, die sich mit Hirohitos Rolle beim japanischen Angriff auf Pearl Harbor verband. Einige Leute behaupteten, er habe überhaupt nicht die Macht gehabt, einen solchen Angriff zu verhindern, andere wiederum vertraten die Ansicht, er sei der oberste Stratege hinter dem Angriff gewesen. Wer auch immer Recht hatte, ich begegnete jedenfalls, 42 Jahre nach Pearl Harbor, einem freundlichen 82-jährigen Mann, der nicht bei bester Gesundheit war. Er wusste aber um meinen beruflichen Hintergrund in Sachen Architektur und Stadtplanung und bestand darauf, mit mir durch den riesigen Kaiserpalast in Tokio zu spazieren, wobei er mir architektonische Einzelheiten sowie die wunderschöne Ornamentik und künstlerische Gestaltung erläuterte. Ich sah die große Anstrengung, die sich Hirohito abverlangte, denn das Gehen fiel ihm schwer, und ich war sehr bewegt.

Kronprinz Akihito und Prinzessin Michiko, seine Frau, die nach Kaiser Hirohitos Tod im Jahr 1989 Kaiser und Kaiserin werden sollten, waren ebenfalls sehr charmant und gastfreundlich. Wir besuchten sie in ihrem Privathaus. Beim Eintreten verblüffte mich sofort eine Nische vor der Tür zum privaten Wohnzimmer der Gastgeber, denn dort befanden sich ein

Klavier und mehrere Notenständer. Es stellte sich heraus, dass jedes Familienmitglied ein Instrument spielte und die ganze Familie häufig gemeinsam musizierte. Ich überlegte mir, wie wundervoll es wäre, wenn wir alle Mitglieder der Familie zum gemeinsamen Musizieren versammeln könnten. Hamsah und Haschim nahmen auch Geigenunterricht am Staatlichen Konservatorium Jordaniens, aber bevor sich irgendeine Art von Begabung zeigte, wurde ihr Enthusiasmus wegen fehlender Unterstützung durch die Familie gedämpft, und auch ihr Vater zeigte wenig Interesse.

Der Kronprinz und seine Frau waren ein besonders freundliches und liebevolles Paar. Sie war eine sanfte und ruhige Frau, eine Schriftstellerin und Dichterin, die einige Veröffentlichungen vorzuweisen hatte. Der Kronprinz hatte die Leidenschaft seines Vaters für die Meeresbiologie geerbt. Einige Jahre später kehrte ich mit meinem Sohn Haschim nach Japan zurück, um eine Ausstellung über Jordanien zu eröffnen. Der Kronprinz wusste um Haschims Interesse am Leben im Meer und schenkte ihm bei dieser Begegnung zwei wunderbare Bände, die Akihitos eigene Arbeit in diesem Fachgebiet dokumentierten. Mein Sohn hütet diese Bücher noch heute wie einen Schatz.

Sofort nach unserer Rückkehr von der Asienreise verdoppelte Hussein seine Bemühungen, den stagnierenden Friedensprozess wieder in Gang zu bringen. Die unkontrollierte Siedlungstätigkeit auf der besetzten Westbank wurde fortgesetzt. Es gab neue Enklaven, die mit Stacheldraht eingezäunt und von Soldaten »bewacht« wurden, ein Vorgang, durch den sich Israels militärisches Vorfeld letztlich ständig erweiterte. Israelische Aufklärungsflugzeuge fegten jeden Morgen über den Luftraum auf unserer Seite des Jordans, damit wir nicht auf die Idee kamen, Israels militärische Überlegenheit anzuzweifeln. Der dröhnende Überschallknall, den sie dabei ganz bewusst produzierten, war eine weitere Form der Einschüchterung. Die israelische Luftwaffe trug im jordanischen Luftraum über den Bauernhöfen im Jordantal auch regelmäßig Übungsluftkämpfe aus. Das verschreckte die Tiere und beeinträchtigte die Eier- und Milchproduktion sehr stark. Die Bauern berichteten, sie könnten ihre Uhren nach den Flugzeugen stellen, so regelmäßig erfolgten diese Manöver, die selbst in der 16 Kilometer entfernten Hauptstadt noch zu hören waren.

Im Herbst 1983 empfingen wir in dieser Zeit wachsender politischer Spannungen ausländische Besucher in rascher Folge: den ehemaligen amerikanischen Präsidenten Carter und seine Frau Rosalynn; den deutschen Bundeskanzler Helmut Kohl und seine Frau Hannelore. Der französische Präsident Valéry Giscard d'Estaing kam mit seiner Frau Anne-Aymone zu einem offiziellen Staatsbesuch, und auch der italienische Staatspräsident Sandro Pertini machte einen offiziellen Besuch. Angesichts all unserer Probleme fiel es uns nicht leicht, im Umgang mit den Gästen heiter und sorglos zu wirken. Meinem Mann gelang das besser als mir, denn er hatte im Lauf der Zeit die Fähigkeit entwickelt, im Kontakt mit der unmittelbaren Umgebung vollkommen aufmerksam zu wirken, auch wenn er sich in Wirklichkeit gerade auf etwas anderes konzentrierte.

Der Besuch von Staatspräsident Pertini verlief recht amüsant. Pertini war ein reizender älterer Herr, der besonders gern flirtete. Er bemerkte allerdings nicht (oder beachtete einfach nicht weiter), wie irritiert der konservative, von Männern beherrschte jordanische Königshof darauf reagierte, dass er die Königin so umwarb. Präsident Pertini tat nichts Ungehöriges, er schmeichelte mir lediglich, indem er mich zum Mittelpunkt seiner Unterhaltung machte. Mein Mann nahm die Neckereien amüsiert zur Kenntnis, ganz im Gegensatz zu bestimmten Mitgliedern des Diwans, nach deren Auffassung stets der König im Mittelpunkt stehen müsse.

Der Herzog von Edinburgh besuchte uns im Oktober 1983 in seiner Eigenschaft als Präsident des World Wildlife Fund. Hussein und ich freuten uns sehr über ein Vorhaben der Royal Society for the Conservation of Nature (RSCN, Königliche Gesellschaft für den Naturschutz), die sich anschickte, den in seinem Bestand gefährdeten Arabischen Spießbock wieder auszuwildern. Für Naturschützer war dies ein lang ersehnter, außerordentlich bedeutender Augenblick.

Der Arabische Spießbock ist eine mittelgroße weiße Antilope mit einem schwarz gefleckten Gesicht, schwärzlichen Beinen und zwei langen, gebogenen Hörnern. In Jordanien und in den Halbwüsten anderer Länder im Nahen Osten fühlte sich das Tier einst sehr wohl. Als im Jahr 1962 eine internationale Kommission gebildet wurde, um diese Spießbockart vor dem Aussterben zu retten, war der Gesamtbestand auf weniger als 20 Tiere geschrumpft. Im Zoo von Phoenix im US-Bundesstaat Arizona züchtete man mit Erfolg in Gefangenschaft eine kleine Herde dieser grazilen Spezies. 1978, im Jahr unserer Hochzeit, erhielt Jordanien als erstes Land im ursprünglichen Verbreitungsgebiet acht dieser seltenen Tiere in Pflege. Sie lebten in einem Schutzgebiet in Ostjordanien.

Hussein und ich hatten die Entwicklung der kleinen Herde genau verfolgt. Wir waren begeistert, als sie, zusätzlich vermehrt durch ein Geschenk aus Katar, auf 31 Tiere anwuchs, eine Zahl, die für einen Auswilderungsversuch als ausreichend galt. Die Umzäunung für das Schutzgebiet, in das die Herde entlassen werden sollte, war ein Geschenk des Sultans Kabus von Oman, der selbst ein eifriger Umweltschützer ist. Diese gemeinsame Anstrengung gipfelte schließlich am 18. Oktober 1983 in der Freilassung der Spießbockherde. Mein Mann und Prinz Philip übernahmen diese ehrenvolle Aufgabe, öffneten die Gatter, und die eleganten Tiere entschwanden in ihre neue Lebenswelt. Dieser besondere Augenblick wurde im *Guinness Book of World Records* angemessen festgehalten. Knapp 20 Jahre später war die Herde auf über 140 Tiere angewachsen, und das Programm war auf andere gefährdete Spezies erweitert worden. Dazu gehörten der Strauß, der Onager (ein Wildesel) und der Nubische Steinbock. Die Rettung des Arabischen Spießbocks vor dem unmittelbar bevorstehenden Aussterben war eine der großen Erfolgsgeschichten des Naturschutzes in jener Zeit und gleichzeitig ein Modellfall für die Zusammenarbeit zwischen den arabischen Staaten untereinander und internationalen Naturschutzorganisationen wie dem World Wildlife Fund. Prinz Philip sollte mich später auffordern, seine Nachfolge als Präsidentin des WWF anzutreten – der größten privaten internationalen Naturschutzorganisation der Welt, die sich dem Schutz der natürlichen Tier- und Pflanzenwelt widmet. Ich fühlte mich sehr geehrt durch das

Angebot, konnte aber zum damaligen Zeitpunkt eine solche Verpflichtung nicht annehmen. Stattdessen diente ich stolz als Vorstandsmitglied.

Unsere Erfolge lösten keine allgemeine Begeisterung aus. Umweltschützer haben überall mit kurzfristigen Interessen zu kämpfen, und in Jordanien war der Konflikt besonders scharf, da sowohl urbares Land als auch Wasser knapp waren. Ein klassisches Beispiel ist die Konfrontation mit einem Kabinettsmitglied, nachdem die Regierung im Wadi Mudschib ein Naturschutzgebiet eingerichtet hatte. Es ist das am tiefsten gelegene Naturschutzgebiet der Erde, ein fantastisches Stück Land, das von den Ufern des weit unter dem Meeresspiegel gelegenen Toten Meeres steil ansteigt bis hinauf zu den Gipfeln des östlichen Hochlandes. Nach dem Gesetz war für jeden Eingriff in die Landschaft die vorherige Zustimmung der RSCN erforderlich, die das Gebiet verwaltete. Dieser Minister aber stammte aus der Gegend, deren Bewohner ihn unter Druck setzten. Er sollte das Wadi Mudschib für die Weidewirtschaft freigeben.

Unser Freund Anis Muascher, der Präsident der RSCN, informierte mich als Erster über diesen Konflikt. Ein Aufseher im Wadi Mudschib hatte Anis angerufen und ihm berichtet, dass zwei Bulldozer in das Reservat eingedrungen seien, um dort Straßen freizuräumen und den Boden für den Anbau von Nutzpflanzen vorzubereiten. Die Männer erzählten dem Aufseher, sie hätten ihre Anweisungen vom Minister. Anis befahl dem Aufseher, sich den Bulldozern in den Weg zu stellen, und teilte dem erwähnten Minister mit, der Beschluss, das Wadi Mudschib zum Naturschutzgebiet zu erheben, sei auf höchster Kabinettsebene gefallen. Deshalb müsse er sich ans Kabinett wenden, wenn er diese Entscheidung rückgängig machen wolle. Als Reaktion ließ der Minister den Aufseher festnehmen und ins Gefängnis werfen.

Hussein und ich saßen in Akaba gemeinsam mit König Juan Carlos und Königin Sophia sowie einigen anderen Freunden, unter denen auch Anis war, bei einem späten Abendessen, als der König von der Verhaftung des Aufsehers erfuhr. Normalerweise hätte ich ihn zu einem solchen Zeitpunkt nicht gestört, aber mir war klar, dass er die Dringlichkeit des Problems sofort erkennen würde. Und er war wirklich sehr zornig. Er legte seine Serviette ab und entschuldigte sich kurz. Eine Viertelstunde später wurde Anis ans Telefon gerufen. In der Leitung war kein Geringerer als der oberste Polizeichef Jordaniens.

»Was geht da vor sich?«, fragte er Anis. »Seine Majestät ist sehr zornig. Er hat gerade eben mich und auch den Stabschef der Armee geweckt und uns befohlen, Sie anzurufen.« Anis erklärte ihm die Lage, und innerhalb weniger Stunden waren die Bulldozer aus dem Wadi Mujib Reserve verschwunden, und unser Aufseher war wieder auf freiem Fuß. Man muss ständig auf der Hut sein, wenn man die Umwelt schützen will, und dieses Mal hatten wir Glück gehabt.

Mein Mann liebte die Natur. Neben seiner geliebten jordanischen Heimat bezog sich diese besondere Zuneigung vor allem auf das ländliche England. Das ging vermutlich noch auf Eindrücke aus Husseins Zeit als junger Internatsschüler zurück, der direkt aus dem trockenen Jordanien und Ägypten gekommen war. Niemals werde ich einen Kurzbesuch auf Martha's Vineyard vergessen, einer Insel vor der Küste von Massachusetts. Von der Examensfeier Prinz Feisals an der Brown University machten wir einen kurzen Abstecher zum Gelände für das Traumferienhaus meines Vaters, der uns dort voller Stolz sein kleines Paradies zeigte. Hussein sah sich das niedrige Buschwerk und die Strandpflaumen in unserer Nähe an, dann brummelte er etwas, was für mich bestimmt war, einen Vergleich zwischen der kümmerlichen Vegetation hier und der Würde und Vornehmheit der englischen Landschaft.

Die jordanischen Wälder waren ein wichtiger Schwerpunkt bei Husseins Bestrebungen im Naturschutz. Im Verlauf seiner Amtszeit sorgte er mit einem nationalen Wiederaufforstungsprogramm dafür, dass sich Jordaniens Waldflächen mehr als verdoppelten. Wir nahmen jedes Jahr persönlich an diesem Programm teil, natürlich in der Hoffnung, das Beispiel der Königsfamilie würde unsere Landsleute ganz besonders motivieren, sich für den Naturschutz zu engagieren. Mitunter hatte das sehr viel mehr mit harter Arbeit zu tun, beispielsweise mit Bäumepflanzen, und weniger mit Vergnügen. Oft nahm ich

Haja, Ali und Hamsah mit in die Stadt, um in öffentlichen Parkanlagen Abfall zu sammeln, und ich war immer sehr stolz darauf, dass sie klaglos ihren Beitrag leisteten. Die RSCN organisierte Ausflüge für Schulkinder, die Bauernhöfe im Jordantal besuchten. Dabei säuberten wir die Felder von Unrat und Plastikabfällen, die für das Vieh sehr gefährlich waren.

Die Umweltbelastung in Akaba war ein Problem, das alle betraf. Phosphat war eines der Hauptexportgüter des Landes, und beim Beladen der Containerschiffe im Hafen von Akaba gelangten ungeheure Staubmengen in die Luft. Das war eine Verschwendung des Rohstoffs, und durch den Staub litten immer mehr Menschen in Akaba an Atemwegsbeschwerden. Die Verantwortlichen der zuständigen Firma versprachen uns zwar immer wieder, dies abzustellen, aber es dauerte viele Jahre, bis das Problem unter Kontrolle gebracht war.

Sehr viel schneller ging es mit der Verabschiedung eines strengen Gesetzes gegen das Entsorgen von Abfällen im Hafenbereich. Der König schenkte der RSCN ein Boot, damit diese den Hafen besser überwachen und die Einhaltung des Gesetzes erzwingen konnte. Die aus diesem Vorgehen resultierenden hohen Strafen gegen rücksichtslose Tankerbesatzungen sorgten dafür, dass Jordanien in der internationalen Seefahrt bald im Ruf der Kompromisslosigkeit stand. Dies wiederum führte zu sehr viel größerer Vorsicht beim Umgang mit Abfällen in unseren Gewässern.

Hussein liebte das Meer. Jeden Aufenthalt in Akaba nutzte er, um nach und nach all seinen Kindern persönlich das Wasserskifahren beizubringen, sobald sie das richtige Alter oder ein bestimmtes Maß an Furchtlosigkeit erreicht hatten. Ich erinnere mich noch, wie der winzige Ali unbedingt Wasserskifahren wollte, und er hielt fortan den Rekord als das jüngste Familienmitglied, das dies geschafft hatte, obwohl er völlig unter der salzigen Gischt verschwand, als er seine Runde drehte. Es gelang meinem Mann sogar, mich auf Wasserski zu stellen, obwohl ich eine Abneigung gegen diesen Sport hegte. In meiner Kindheit war ich auf einem Süßwassersee in Michigan beim Wasserskifahren schmerzhaft gestürzt. Das Rote Meer hat einen hohen Salzgehalt, was den Auftrieb erheblich erhöht, und ist deshalb ideal fürs Wasserskifahren und Schwimmen, auch für vorsichtige Menschen.

Husseins unübersehbare Freude an ganztägigen Angeltouren mit dem Boot war für uns alle, die wir ihn liebten, das größte Vergnügen. Dabei fuhren wir an der jordanischen Küste entlang, über die Grenze zu Saudi-Arabien hinweg, die der israelischen Stadt Elat und der ägyptischen Grenze gegenüberliegt, und weiter nach Süden in den Golf von Akaba hinein. Hussein war der Kapitän, ging aber manchmal aufs Vorderdeck, um dort seine Pfeife zu rauchen und stundenlang zu meditieren. Er kam zurück, wenn ihm aufgeregte Kinderrufe meldeten, dass ein Fisch angebissen hatte, meist war das ein Thunfisch. Wir kehrten in der Regel erst gegen Sonnenuntergang zurück.

Wer Hussein nahe stand, kannte diese Phasen tiefer Nachdenklichkeit und störte ihn nicht. Ibrahim Isedin verglich den Gesichtsausdruck des Königs in solchen Augenblicken einmal mit seiner Mimik beim Gebet.

In diesen Tagen kam Hussein nicht so leicht zu der Ruhe, nach der er sich sehnte. Ich versuchte ihm zu helfen, so gut ich konnte, oft nur dadurch, dass ich einfach in der Nähe war, wenn er jemanden zum Reden brauchte, aber er behielt seine Gedanken meist für sich. In dieser Pattsituation zwischen Krieg und Frieden hatte er Schlafstörungen. »Ihre Leiden werden unerträglich«, sagte Hussein zu mir. Er meinte damit die Palästinenser. ›Auch die deinen‹, dachte ich. Die Hälfte seiner Zeit wirkte er abwesend. Er rauchte wieder stark und litt erneut an Herzrhythmusstörungen. Dieses Problem begleitete ihn seit den Siebzigerjahren. Hussein nahm deswegen auch blutgerinnungshemmende Mittel zu sich. Die Herzrhythmusstörungen waren nicht lebensgefährlich, im Gegensatz zur Medikamentierung, die im Januar 1984 fast zu seinem Tod führte.

Ich hielt mich mit dem Ehepaar Giscard d'Estaing in Akaba auf und wartete auf Hussein, der aus Amman zu uns stoßen sollte. Da erhielt ich einen Anruf, in dem mir mitgeteilt wurde, dass mein Mann schwer krank sei. Ich flog sofort nach Amman zurück und sah, dass Hussein fast verblutet war. Mit Kronprinz Hassan, seinem Bruder, war er zu Fuß vom Diwan zum al-Nadwa-Palast gegangen, als er plötzlich starkes Nasenbluten bekam, und wegen der Blutgerinnungshemmer ließ sich das Nasenbluten nicht stoppen. Sein Arzt war sofort zur Stelle, aber Hussein war bereits kreidebleich. Als er im Palast das Bewusstsein verlor, fand der Arzt keinen Pulsschlag mehr. Mein Mann war nach menschlichem Ermessen tot.

Er erhielt mehrere Bluttransfusionen, und bei meiner Ankunft war sein Zustand wieder stabil. »Ich fühlte keinen Schmerz, keine Angst, keine Sorgen«, sagte er mir später. »Ich war ein freies Geistwesen und schwebte über meinem eigenen Körper. Das war ein ziemlich angenehmes Gefühl.« Er beschrieb, was man häufig als Nahtod-Erfahrung bezeichnet. Hussein sah ein »schönes, helles Licht«, fühlte sich »entspannt« und spürte, dass er »wegging«. »Ich muss zurückkommen«, sagte er immer wieder zu sich selbst, »Ich muss zurückkommen.« Und durch die sofortige ärztliche Hilfe, für die wir alle unendlich dankbar waren, kam er auch zurück. Die Ärzte reduzierten die tägliche Dosis an Blutgerinnungshemmern, und Hussein hatte nie wieder solche Beschwerden.

Der Stress und die ständige Anspannung, mit der der König stets gelebt hatte, machten sich jetzt auch körperlich bemerkbar. Kurze Zeit nach diesem lebensbedrohlichen Vorfall in Amman gingen wir in eine Klinik in Cleveland im US-Bundesstaat Ohio, wo sich Hussein gründlich untersuchen ließ. Die Ärzte redeten sehr offen mit ihm. Nach der Prüfung aller inneren Organe, einschließlich des Herzens, sagten sie: »Sie müssen davon ausgehen, dass Sie zehn Jahre älter sind, als in Ihrer Geburtsurkunde steht.« Von diesem Tag an lebte mein Mann mit einem ausgeprägteren Gefühl für seine Sterblichkeit.

Auf diese Untersuchung in der Cleveland Clinic folgte ein Besuch in Washington, D.C., aus einem historischen Anlass. Hussein traf sich nach dem Abkommen von Camp David erstmals öffentlich mit dem ägyptischen Präsidenten Hosni Mubarak. Es war auch der erste Schritt im Rahmen der arabischen Wiederannäherung an Ägypten. Die Vorbereitungen hatte unser Botschafter bei den Vereinten Nationen in Zusammenarbeit mit seinem ägyptischen Kollegen getroffen, mit dem er gut befreundet war. Beide Männer wollten, dass dieses Treffen bei einem öffentlichen Bankett stattfand. Hussein und ich bevorzugten für die erste Begegnung nach diesen langen Jahren des erzwungenen Schweigens ein ruhiges Abendessen zu viert mit Präsident Mubarak und seiner Frau.

Die ägyptischen Beziehungen zur arabischen Welt waren immer noch außerordentlich angespannt und brüchig. Deshalb war die Entscheidung des Königs, den arabischen Boykott gegen Ägypten zu durchbrechen, sehr mutig, ja sogar gefährlich. Hussein war jedoch davon überzeugt, dass die Lebensinteressen Jordaniens wie auch aller anderen Länder der Region von der Einheit und Zusammenarbeit abhingen, die im gegenseitigen Austausch erreicht wurden. Die Nachricht von diesem Treffen war ein deutliches Signal an die arabische Welt, dass zumindest Jordanien davon überzeugt war, die Zeit für ein Ende der Isolierung Ägyptens sei jetzt gekommen. König Hussein besiegelte die förmliche Aussöhnung mit Ägypten im Herbst 1984, und in den darauf folgenden drei Jahren warb er in der arabischen Welt intensiv für die Wiederaufnahme der Beziehungen zu Ägypten.

Die Mubaraks waren nach diesem ersten Treffen häufig in Jordanien zu Gast. Im Oktober 1984 gaben wir in Amman für sie ein Staatsbankett. Im Verlauf dieses Abendessens unterhielt sich der Präsident ausführlich mit mir und teilte mir dabei seine Bedenken hinsichtlich der intensiven öffentlichen Präsenz mit, die Jehan Sadat als First Lady gezeigt hatte. Er verschwieg auch seine Überzeugung nicht, dass dies unangemessen und kontraproduktiv gewesen sei. Und mit Nachdruck fügte er hinzu, dass seine Frau Suzanne viel zurückhaltender auftreten werde. Dies betonte er so, dass ich annahm, es sei auch als indirekter Kommentar zu meinen eigenen, immer häufigeren Auftritten in der Öffentlichkeit gemeint, bei denen ich mich zu den arabischen Beziehungen zum Westen und zu nationalen Themen äußerte. Mubarak vertrat die typischen traditionellen Ansichten. Dennoch leistete seine Frau Suzanne im Lauf der Jahre mit ihrer Arbeit zur Förderung der Alphabetisierung und des Bibliothekswesens wie auch auf anderen Gebieten Herausragendes und war gesellschaftlich präsent.

In den Achtzigerjahren begab ich mich in Amerika auf mehrere intensive Vortragsreisen. Das waren aufreibende, zweiwöchige Marathonprojekte, die mit Vorträgen, Interviews, unablässigem Ent- und Verwerfen von Stellungnahmen bis spät in die Nacht ausgefüllt waren. Ich hatte zu kämpfen, weil ich meinen Perfektionismus mit der häufig verwirrenden Komplexität der Politik in unserer Region verbinden musste, wollte ich versuchen, eine konstruktive und sinnvolle Einschätzung der politischen Beziehungen zwischen den USA und den arabischen Staaten zu geben. Viele im arabischen Raum und in den Vereinigten Staaten vertraten entschieden die Ansicht, meine Stimme sei so besonders, weil sie einem amerikanischen Publikum einen einzigartigen Einblick in den Nahen Osten vermitteln könne, insbesondere da sich dieses Publikum mit mir identifizierte. Nur aus diesen Gründen war ich bereit, Hussein und die Kinder so lange zu verlassen. Häufig teilten wir auch unsere elterlichen Pflichten, indem ich Iman, unsere Jüngste, mit auf die Reise nahm.

Beim heutigen Wiederlesen dieser frühen Reden muss ich lächeln. Ich war mir nur allzu bewusst, dass ich auf diesen Versammlungen die Jüngste war, die über so wichtige politische Themen sprach. Dabei kamen dann relativ trockene Vorträge heraus, denen man anmerkte, dass sie in Zusammenarbeit mit jordanischen Hochschullehrern und Experten entstanden waren, die vor allem Wert auf Genauigkeit legten. Erst nach einigen Jahren praktischer Vortragstätigkeit, in denen sich auch das Gefühl entwickelte, dass ich mir eine gewisse Glaubwürdigkeit erkämpft hatte, wurden meine Reden persönlicher.

Ich war keineswegs so naiv zu glauben, meine Reden könnten den Lauf der Politik ändern oder hätten einen entscheidenden Einfluss auf die öffentliche Meinung, aber die Reaktionen meiner Zuhörer waren außerordentlich ermutigend und motivierend. Die amerikanischen Medien berichteten über den Nahen Osten fast ausschließlich aus israelischer Perspektive. Das amerikanische Publikum und einige Entscheidungsträger hatten nur begrenzte Möglichkeiten, etwas über die Region zu erfahren, und ich versuchte, ihnen eine neue Perspektive zu eröffnen.

Das Redenschreiben wurde mir allerdings in den Achtzigerjahren erheblich erleichtert, denn Prinz Abdullah kehrte von einem Besuch in Taiwan mit einem sehr großzügigen Geschenk zurück: einem Laptop. Ich freute mich über seine Aufmerksamkeit, war aber gleichzeitig ziemlich sicher, dass ich niemals die Zeit finden würde, den Umgang mit diesem Gerät zu lernen. Ich erinnerte mich noch an meine Zeit in der High-School, als ich mich abmühte, Fortran und Basic zu lernen, die unergründlichen Sprachen des MIT-Computers, mit dem wir in der Concord Academy verbunden waren. Dank meiner extrem geduldigen Sekretärin schrieb ich jedoch bald all meine Reden mit diesem Gerät, das ich auch als Datenspeicher benutzte. Es wurde zu einem unentbehrlichen transportablen Büro, von dem ich mich niemals trennte, bis es buchstäblich in seine Einzelteile zerfiel und ersetzt werden musste.

Ich bereitete mich am 15. März eben auf meine Rede beim Commonwealth Club in San Francisco vor, als mir jemand den Text eines Interviews mit meinem Mann in die Hand drückte, das an jenem Morgen in der *New York Times* erschienen war. »Die USA haben keine wirkliche Bewegungsfreiheit. Das AIPAC zieht die Grenzen, und die Zionisten und der Staat Israel liefern dafür die Vorgaben«, hatte König Hussein gesagt, als er nach den Problemen in der Region gefragt wurde. Meine Reisebegleiterin Leila Scharaf stöhnte, als sie das Interview las. Wir überlegten, ob ich meinen Redetext abmildern sollte, beschlossen aber, dass ich ihn wie geplant vortragen sollte, und es gab keine Probleme bei dem Frage-und-Antwort-Teil nach meiner Rede. Vielleicht hatten ja die Leute in Kalifornien die Morgenausgabe der *Times* noch nicht gelesen.

In Washington, wo ich einige Tage später eine arabisch-amerikanische Benefizveranstaltung für den Libanon besuchte, hatte man es jedoch zweifellos getan. Ich war verblüfft, als plötzlich Robert McFarlane auftauchte, Präsident Reagans Nationaler Sicherheitsberater, und mich um ein Gespräch bat. Er setzte sich, beugte sich sehr weit zu mir herüber und fragte: »Wollen Sie, dass der Präsident die Wahl verliert?« Ich war verblüfft. »Nein«, antwortete ich, »wir würden niemals versuchen, Ihre Wahlen zu beeinflussen, aber Sie sollen erfahren, dass jeden

Tag palästinensische und libanesische Zivilisten sterben. Wir können das nicht ignorieren, weil bei Ihnen gerade der Wahlkampf tobt.« McFarlane, der zweifellos die Position seiner Regierung vertrat, hatte nur eines im Sinn – die Wiederwahl des Präsidenten. Unser Gespräch zeigte mir sehr deutlich eine Gefahr, die tief im amerikanischen politischen System verwurzelt ist. Dieses System beruht, trotz aller beträchtlichen Errungenschaften und inspirierenden Grundsätze, auf einer ununterbrochenen Folge von Wahlkämpfen, die Jahr für Jahr die politische Landschaft prägen. In diesen permanenten Kämpfen des politischen Tagesgeschäfts geht jede langfristige Vision verloren. Eine solche Vision ist aber vonnöten, wenn man das komplexe Geflecht von Ursachen für die Leiden der Menschen angehen will, und das gilt besonders für den Nahen Osten.

Nach dem Ende der Vortragsreise entschied ich mich 1984 auf dem langen Flug zurück nach Jordanien, grundlegende Änderungen meines Reiseprotokolls vorzunehmen. Der Königshof buchte für mich stets Präsidenten- oder königliche Suiten in den besten Hotels und ließ riesige Limousinen auffahren, entsprechend der traditionellen Ansicht, die Status mit Luxus gleichsetzte. Ich vertrat dagegen ganz offen die Ansicht, dass solche aufwendigen Arrangements unnötig und unangemessen seien. Eine Suite, die in New York für mich gebucht wurde, hatte ein Wohnzimmer von der Größe eines Ballsaals. »Meine Sorge ist, dass wir die falschen Zeichen setzen, wenn wir so viel Geld ausgeben«, sagte ich dem Protokollchef. Ich reduzierte die Zahl meiner Reisebegleiter und bestand außerdem auf kostengünstigen Flügen auch nach Übersee. Für jene erste Vortragsreise in die USA hatte man mir für den Hin- und Rückflug eines unserer Verkehrsflugzeuge zur Verfügung gestellt, das eigens zu diesem Zweck mit einem Schlafbereich und weichen Sitzen ausgestattet worden war. Es war außerordentlich bequem, aber nachdem ich die Treibstoff- und sonstigen Kosten durchgerechnet hatte, sagte ich: »Nie wieder.«

Von der Vortragsreise kam ich gerade noch rechtzeitig zurück: Der lange erwartete Staatsbesuch von Königin Elisabeth und Prinz Philip stand bevor. In Erwartung des fünftägigen Besuches der Königin vertagte mein Mann sein Vorhaben, mit dem Rauchen aufzuhören. Dies war die erste Jordanienreise der Königin in den 32 Jahren, in denen sie und Hussein jetzt im Amt waren. Und der Besuch wurde in letzter Minute in Frage gestellt, als auf dem Parkplatz des Hotels Inter-Continental in Amman eine Bombe explodierte. Doch die Königin ignorierte mutig alle Appelle in der britischen Presse, die Reise abzusagen, und kam am 27. März 1984 in Amman an. Königin Elisabeth reiste nur mit ihrem eigenen Flugzeug und eigener Besatzung, deshalb chauffierte Hussein uns alle von Akaba nach Petra, anstatt, wie er das sonst gerne tat, das königliche Paar mit dem Hubschrauber nach Petra zu fliegen, was den Besuchern eine atemberaubende Sicht auf Wadi Ramm und Petra ermöglicht hätte.

Trotz all dieser Besuche westlicher Politiker und europäischer Monarchen hatte mein Mann mit den Staatschefs im Nahen Osten und den wichtigsten muslimischen Führungspersönlichkeiten sehr viel engere und regelmäßigere Kontakte. Viele von ihnen wurden zu guten Freunden, darunter auch Sultan Hassan al-Bolkiah von Brunei, der Ende 1984 zu einem Staatsbesuch nach Jordanien kam. Der Sultan, ein sanfter und freundlicher Mann, verstand sich von Anfang an sehr gut mit Hussein. Beide waren gläubige Muslime, die für ihr jeweiliges Land weitreichende Pläne hatten. Eine weitere Gemeinsamkeit war die Liebe zur Fliegerei. Brunei liegt an der Nordwestküste Borneos, und der Sultan absolvierte häufig sehr weite Reisen, um den Kontakt zum Rest der Welt aufrechtzuerhalten. Hussein beriet ihn gelegentlich in Fragen der Luftfahrt.

Brunei hatte am 1. Januar 1984 seine Unabhängigkeit von Großbritannien erklärt. Kurz danach besuchte uns der Sultan, und mein Mann half während dieser Übergangsphase, so gut er konnte. Brunei hatte bei der Verfolgung seiner Staatsziele natürlich einen entscheidenden Vorteil: Die reichen Öl- und Gasvorkommen des Landes verschafften der Bevölkerung eines der höchsten Pro-Kopf-Einkommen der Welt. Der Sultan unterstützte meinen Mann sehr großzügig und kaufte Anfang der Neunzigerjahre sogar Husseins Haus in London. Den Kaufpreis verwendete Hussein für die Restaurierung und Neuvergoldung der Al-Aksa-Moschee und der Kuppel des Felsendoms in Jerusalem.

Wir statteten dem Sultanat Brunei 1986 einen Gegenbesuch ab. Der Sultan hatte zwei Ehefrauen, was im Islam zulässig ist, solange beide Frauen absolut gleich behandelt werden. Er hatte für seine Frauen und deren Kinder zwei gleich große Paläste gebaut. Einer davon, der Istana-Palast, ist gleichzeitig auch Parlamentssitz. Er steht inmitten eines wunderbar gestalteten, 120 Hektar großen und unmittelbar oberhalb der Hauptstadt Bandar Seri Begawan gelegenen Grundstücks. In diesem Palast gibt es fußballfeldgroße Räume für Staatsempfänge, und im Bankettsaal finden 5000 Gäste unter langen Doppelreihen von Gold- und Kristallkronleuchtern Platz.

Der Sultan von Brunei sollte uns später auch in England besuchen. An einem denkwürdigen Tag verschwand er spurlos. Ich werde niemals die Bestürzung seiner Leibwächter vergessen, die wie von Sinnen nach dem Sultan suchten, begleitet von unseren eigenen Wachen, die das Grundstück nach meinem Mann absuchten. Es sollte sich herausstellen, dass Richard Verrall, Husseins Pilot in England, mit einem Hubschrauber, den mein Mann kurz zuvor als Geschenk erhalten hatte, beim Haus gelandet war. Richard zeigte Hussein gerade das neue Fluggerät, als der Sultan neben Richard auf den Pilotensitz kletterte. Mein Mann nahm dahinter Platz, und schon hoben sie ab, ohne jemand zu informieren. Die drei Piloten landeten auf einem Flugplatz in der Nachbarschaft, wo sie Starts und Landungen auf abschüssigem Gelände und kleinen Lichtungen übten. Nach einer Stunde kamen sie wie schuldbewusste kleine Jungs zurück und stellten sich ihren wütenden Sicherheitsleuten. Mein Mann entschuldigte sich wortreich, aber allen Anwesenden war klar, dass er und der Sultan sich bei diesem Ausflug prächtig amüsiert hatten.

Seit Beginn der Siebzigerjahre hatte Hussein ein besonders enges Verhältnis zu Sultan Kabus von Oman, der ein ebenso großzügiger wie aufgeklärter Mensch war. Bei unserem ersten gemeinsamen Besuch in Oman kurz nach unserer Hochzeit sahen wir mit eigenen Augen die außerordentlichen Fortschritte, die der junge Sultan in den ersten Jahren seiner Herrschaft erreicht hatte. Sein Vater, Sultan Seid, hatte sein Land praktisch vom Rest der Welt abgeschottet. Unter seiner Herrschaft waren in Oman zwar sehr ergiebige Ölvorkommen entdeckt worden, aber das exzentrische Staatsoberhaupt hatte sich beharrlich geweigert, Geld in die Entwicklung der Infrastruktur seines Landes oder in die Zukunft seiner Bewohner zu investieren.

Sultan Seid stellte seinen Sohn Kabus, als dieser nach seiner Ausbildung an der britischen Militärakademie Sandhurst in die Heimat zurückkehrte, sechs Jahre lang unter Hausarrest. Erst im Jahr 1970 gelang es Kabus, seinen Vater mit einem unblutigen Putsch zu stürzen und ins Exil zu schicken. Kabus begann sofort mit dem Straßenbau, erweiterte die Bewässerungsflächen, investierte in den Wohnungsbau und in die Elektrifizierung des Landes. Er öffnete sein Land auch für neue Ideen und kulturelle Einflüsse, indem er kostenlose Grund- und Sekundarschulen einrichtete und die Sultan-Kabus-Universität gründete, eine besonders eindrucksvolle Institution der Lehre und Wissenschaft.

Sultan Kabus' Wertschätzung und Unterstützung für den Umweltschutz und für Kunst und Kultur machten mir diesen Herrscher ganz besonders sympathisch und beeindruckten mich mehr als die Investitionen, die der Bevölkerung unmittelbar zugute kamen. Wenn ich heute an Oman denke, kommt mir vor allem Musik in den Sinn. Bei unserem ersten Besuch hatte Kabus gerade eine Orgel für seinen Palast bauen lassen und nahm Unterricht bei einem Meisterorganisten. Der Sultan liebte die Musik, und an den Abenden spielte, manchmal bis zum Morgengrauen, das Royal Oman Symphony Orchestra für uns.

Umm Kabus, der Mutter des Sultans, war ich einst während meiner Flitterwochen in London begegnet. Sie war ein ganz besonderes Beispiel für die wichtige Rolle, die viele Frauen in der arabischen Welt einnehmen, vor allem in der Golfregion. Diese Frauen sind nicht öffentlich tätig, sodass viele Menschen außerhalb der Region gar nicht bemerken, welche Rolle sie spielen. Umm Kabus war für ihren Sohn als persönliche Verbindung zu vielen gesellschaftlichen Gruppen innerhalb Omans und zu Herrscherfamilien in der Golfregion unentbehrlich. Ich hatte sie sehr gern und überlegte mir sorgfältig, welche Geschenke ich ihr aus Jordanien mitbringen sollte, weil sie immer so großzügig zu uns war. Wir schuldeten Sultan Kabus für seine Unterstützung meines Mannes und Jordaniens großen Dank. Seine Großzügigkeit belastete meinen Mann zuweilen, weil er das Gefühl hatte, dies nicht in angemessener Weise erwidern zu können.

Der König und ich reisten manchmal gemeinsam in die Golfstaaten, offizielle Besuche fanden aber meist nur zwischen den Herrschern statt. Frauen kamen nur bei privaten Festen zu Besuch, zum Beispiel bei Hochzeiten. Das waren häufig verschwenderische, dreitägige Feste, bei denen die Geschlechter getrennt blieben. Die Festlichkeiten begannen zu später Stunde, und die langen Abende setzten sich meist bis in den Morgen fort. In riesigen Sälen zeigten sich Hunderte von Frauen aller Altersgruppen in wunderschöner, modischmaßgeschneiderter Kleidung. Selbst die kleinen Kinder trugen prachtvollen Schmuck.

Gelegentlich liefen die Dinge auch aus dem Ruder. Da war dieser furchterregende Augenblick bei einer Hochzeit in einem Golfstaat, als während einer Abendvorstellung für die weiblichen Gäste einige Mitglieder aus der Gesellschaft des Bräutigams auf der Bühne erschienen und, nach traditionellem Brauch bei Festen, ihre halbautomatischen Waffen schwenkten. Ich saß mit den Frauen anderer arabischer Staatschefs und Würdenträger direkt vor der Bühne und dachte nur an die Schlagzeilen, falls uns die Nachtschwärmer versehentlich erschießen sollten. Aber zu meiner Erleichterung torkelten sie aus dem Zelt hinaus und dorthin zurück, woher sie gekommen waren.

Das Fest für eine der Töchter Hassans II., des Königs von Marokko, war eine der außergewöhnlichsten Hochzeiten, bei denen ich je zu Gast war. Aus Anlass der Hochzeit seiner Tochter hatte König Hassan 400 jungen Frauen am Ort angeboten, die Kosten für ihre eigene Hochzeitsfeier zu übernehmen. Der König höchstpersönlich inszenierte die ganze Zeremonie und das Fest. Er war der einzige Mann am Ort des Geschehens, trug einen eleganten weißen Anzug und kümmerte sich um die kleinsten Kleinigkeiten. Er gab das Zeichen, wenn das Licht gedämpft werden sollte, er befahl den Musikern ihren Einsatz und den Bedienungen den Zeitpunkt für das Auftragen der Speisen. Was war das für ein Spektakel! Die Stadt Marrakesch war für die Hochzeitsfeierlichkeiten vollständig gesperrt. Prachtvolle Araberhengste, geritten von Männern in traditionellen Berbergewändern, säumten die Straßen, und es wimmelte nur so von Gratulanten und Straßenkünstlern.

Eine völlig andere Art von Hochzeit fand 1985 in Jordanien statt. Damian Elwes, der Sohn unserer englischen Freundin Tessa Kennedy, heiratete in der Moses-Kirche auf dem Berg Nebo. Die wunderschöne Kirche aus dem 4. Jahrhundert, der Ort, an dem der Papst im Jahr 2000 seine Pilgerfahrt ins Heilige Land beginnen sollte, steht hoch über dem Toten Meer an einem Ort, von dem aus sich einem ein atemberaubendes Panorama bietet. Ein tiefes Gefühl von Spiritualität durchdringt die teilrestaurierte Kirche mit ihren exquisiten Mosaiken aus dem 6. Jahrhundert. Für die Hochzeit waren in der Kirche antike Teppiche ausgelegt und ein paar Stühle aufgestellt worden, sonst nichts, um den Zauber des Bauwerks zur Geltung zu bringen. Am Ende der Zeremonie ließ man weiße Tauben aufsteigen, die hoch über dem Jordan fliegen sollten. Mein Mann und ich sahen die weißen Lichtreflexe, als wir mit dem Hubschrauber einflogen, um die Hochzeitsgesellschaft mit nach Akaba zu nehmen. Dort wollte das Brautpaar auf einer Bootsfahrt im Golf von Akaba die Hochzeitsnacht verbringen.

Es war ein vollendeter Tag. Auf dem Berg Nebo sah ich auf dem Weg zurück zum Hubschrauber eine Taube, die sich auf einem Rotorblatt niedergelassen hatte. Ich sah dies als gutes Omen an, als Segnung meines Ehemannes, eines entschlossenen Kämpfers für den Frieden.

»Frauen tragen
den halben Himmel«

Im Februar 1985, nach monatelangen Verhandlungen zwischen Jordanien und PLO-Vertretern, hatten Jassir Arafat und seine Leute im April 1975 endlich eingewilligt, die UN-Resolution 242 und den Rückzug Israels auf die Grenzen von 1967 als Basis für Friedensverhandlungen zu akzeptieren. Damit hatten sie implizit auch das Existenzrecht des Staates Israel anerkannt. Im Gegenzug verlangte Arafat die Durchsetzung der Resolution 181, nach der das einst britisch beherrschte Palästina in einen jüdischen und einen arabischen Staat geteilt werden sollte. Unter anderem forderte er die Einberufung einer internationalen Konferenz unter der Schirmherrschaft des Weltsicherheitsrates.

König Hussein und ich reisten im Mai 1985 erneut zu einem Staatsbesuch nach Amerika. Hussein informierte Präsident Reagan über das geheime Abkommen mit Arafat. Reagan hörte erleichtert von dem Durchbruch, und die beiden Staatschefs stellten sogar einen Zeitplan bis zu der geplanten internationalen Konferenz im November auf. Was so viel versprechend begonnen hatte, sollte sich jedoch schon bald in Luft auflösen.

Noch vor unserer Reise nach Washington, D.C., hatte Arafat sein Versprechen, die Resolution 242 zu akzeptieren, gegenüber unserem Ministerpräsidenten Seid Rifai wiederholt. Unmittelbar nach unserer Rückkehr nach Jordanien knüpfte der PLO-Vorsitzende die offizielle Bekanntgabe seines Einverständnisses immer wieder an neue Bedingungen. Die Enttäuschung meines Mannes über Arafats Winkelzüge wurde bald zusätzlich von Meldungen aus Washington überschattet. Da weder die Vereinigten Staaten noch Israel bereit waren, direkt mit der PLO zu verhandeln, hatten mein Mann und Arafat eine geheime Liste gemäßigter Palästinenser nach Washington geschickt, die bei einer Konferenz als Delegierte in Frage kämen. Die Reagan-Administration leitete die Liste sofort nach Israel weiter, wo die »geheime Liste« schon am nächsten Tag veröffentlicht wurde. Schimon Peres, der damalige israelische Ministerpräsident, verlas die Namen in der Knesset – und lehnte sie durchweg ab. Von da an ging es bergab.

Die Vereinigten Staaten sträubten sich dagegen, die internationale Konferenz weiter voranzutreiben, und innerhalb der PLO widersetzten sich Hardliner Arafats Initiative. Mein Mann verdoppelte seine Bemühungen und schickte gemeinsam mit Arafat eine palästinensisch-jordanische Delegation an alle fünf ständigen Mitglieder des Sicherheitsrates, aber weder die Vereinigten Staaten noch die Sowjetunion wollten sie empfangen.

Mitten in dem Trubel bemerkte ich, dass ich wieder schwanger war. Mein Mann freute sich sehr. Er hatte oft sehnsüchtig von einem vierten Kind gesprochen, und die Schwangerschaft wirkte in dieser Phase ständiger Anspannung auf ihn wie ein Aufputschmittel. Meine Gefühle waren eher gemischt. Mir waren die sechs Kinder im Haus fast schon zu viel. Außerdem hatten wir uns zum Ziel gesetzt, die hohe Geburtenrate in Jordanien zu senken, und jetzt war ich wieder schwanger. Was für ein Vorbild gab ich damit?

Ich konzentrierte mein Augenmerk darauf, die unzähligen Entwicklungsprojekte zu koordinieren. Von diesen Projekten und Programmen wurde ich so in Anspruch genommen, dass ich beschloss, sämtliche Initiativen unter einer großen Dachorganisation zusammenzufassen. Im September 1985 wurde per königlichem Erlass die Noor Al-Hussein Foundation (NHF) gegründet. Die Bedeutung des Namens Noor al-Hussein, Licht Husseins, spiegelte unsere Mission wider, die Vision des Königs für unser Volk zu realisieren und ihm bessere Chancen zu bieten und Hoffnung zu geben. Mir war klar geworden, dass unsere drängendsten Probleme wie Armut, Arbeitslosigkeit, Gesundheitswesen, Bildung, Umweltschutz und Frauen-

und Kinderrechte im Grunde alle zusammenhingen. Da ich an keinem Gebiet ein persönliches Interesse hatte und somit keine eigenen Pfründe verteidigen musste, hoffte ich, die Stiftung würde Strategien für die Integration aller Anstrengungen entwickeln. In der Regel kümmerten sich bislang Ministerien und wohltätige Organisationen isoliert um einzelne Aspekte.

Der wichtigste, frühe Beitrag der Stiftung für Jordanien und die Region war die Bekämpfung der Armut durch mehrere innovative Modellprojekte. Anstelle der bislang üblichen finanziellen Zuwendungen entwickelten wir Modelle, die das Selbstvertrauen der Menschen und der Gemeinden sowie die Beteiligung aller am Entscheidungsprozess förderten. Frauen wurden besonders unterstützt. Ich diskutierte mit einer Reihe enger Freunde und Experten im Bereich der Entwicklungspolitik über das Ziel der Organisation, unter anderen mit Leila Scharaf, Adnan Badran, dem Präsidenten der Universität Jarmuk, und Inam Mufti, der ersten Jordanierin in einem Ministeramt, die auch die erste Direktorin der Stiftung wurde. Wir erstellten ein Konzept, das öffentliche und private Initiativen ergänzen und unterstützen sollte, ohne deren bürokratischen Aufwand zu verdoppeln. In erster Linie konzentrierten wir uns auf Menschen in ländlichen Gebieten und auf kleinere Gemeinschaften, die viel zu wenig Beachtung fanden.

Zu den ersten Projekten unter der Schirmherrschaft der Stiftung zählte das National Handicrafts Development Project, das ich schon früher angeregt hatte, um das traditionelle Kunsthandwerk Jordaniens wiederzubeleben und zu bewahren – einen wichtigen Aspekt unseres Kulturerbes. Als die amerikanische Stiftung Save the Children Fund mich nach Betätigungsfeldern in Jordanien fragte, schlugen wir vor, sie sollte sich mit ihrer Erfahrung bei der Förderung des Kunsthandwerks in anderen Ländern gemeinsam mit uns in einer Dorfgemeinschaft von Beduinen und in einer urbanen Flüchtlingsenklave in Dscherasch engagieren. In Partnerschaft mit dem Children Fund starteten wir zwei Entwicklungsprojekte für Handwerksbetriebe: Bani Hamida und Jordan River Design.

Aufeinander folgende Dürreperioden im Süden des Landes hatten rund 400 Beduinenfamilien gezwungen, sich um Bani Hamida neu anzusiegeln, einem Bergdorf, das gut eine Stunde von Amman entfernt war. Das Dorf lag an einem herrlichen Aussichtspunkt, mit Blick über ein tiefes Tal und auf die Burg Machärus des Herodes, wo Salome getanzt hatte und Johannes der Täufer geköpft worden war. Der Stamm selbst war sehr arm. In Bani Hamida lebten nur wenige Männer. Viele waren gezwungen gewesen, Hilfsarbeiten außerhalb des Dorfes anzunehmen, und hatten ihre Familien zurückgelassen. Frauen und Kinder kümmerten sich um die Ziegen und fristeten ein kärgliches Dasein. Die Regierung hatte Straßen angelegt und ein Gesundheitszentrum und Schulen gebaut, aber die Menschen konnten sich nicht selbst versorgen. Viele Frauen waren gesundheitlich in einem schlechten Zustand und sahen viel älter aus, als sie waren.

Ein Stellvertreter von Save the Children kam aus der Westbank zu uns und wollte sich unsere Hilfsmaßnahmen in Bani Hamida ansehen. »Es wäre ja geradezu verrückt, wenn Sie hier keine Weberei aufbauen würden«, sagte er, als er all die Schafe und Ziegen an den Hängen des Tales sah. »Das ganze Rohmaterial läuft doch vor Ihrer Nase herum.« Er arbeitete den Gedanken weiter aus, als er die über den Hügel verstreuten Häuser besichtigte und ganze Stapel von fein säuberlich zusammengelegten Teppichen entdeckte. Die nomadischen Beduinen benutzten sie als Raumteiler und Zeltwände. »Das ist es: Teppiche«, sagte er.

Wir forschten nach traditionellen Mustern der Beduinen. Außerdem suchten wir traditionelle Farbstoffe und wählten farbechte und zueinander passende, statt die meist grellen, künstlich hergestellten Farben zu verwenden. Darüber hinaus baten wir Designer in Amman, neue, moderne Webmuster zu entwerfen. Natürlich sorgten wir auch für die nötige Qualitätskontrolle.

Anfangs waren die Beduinenfrauen misstrauisch, was ja auch nicht verwunderlich war. Sie waren so lange arm und ohnmächtig gewesen, dass sie sich gar kein anderes Leben vorstellen konnten. Wir boten einer jungen Frau rund 180 Dollar an. Damit sollte sie die Ausrüstung für eine Färberei kaufen, die sie in ihrem Haus mit den zwei Zimmern einrichten sollte, in dem sie mit ihren zwölf Familienmitgliedern lebte. Sie wollte das Geld aber nicht annehmen. Sie sammelte damals Ziegendung und ernährte mit dem Verkauf ihre Familie. Eine Summe von 180 Dollar überstieg ihr Vorstellungsvermögen. Das sei unmöglich, sagte sie. Sie werde das »Darlehen« nie zurückzahlen können, und außerdem sei viel zu viel Wolle zu färben. Rebecca Salti, die erste Leiterin der Weberwerkstatt in Bani Hamida, musste die Frau zwei Mal besuchen, um sie zu überreden, das Geld anzunehmen. Am Ende nahm sie widerwillig das Geld und machte sich an die Arbeit. Sie erwies sich als ausgezeichnete Färberin und war so erfolgreich, dass sie sich ein eigenes Haus kaufen und auf eigenen Füßen stehen konnte.

Dieser Fortschritt machte uns Mut. Die ersten Teppiche waren nicht nur wunderschön, die Frauen verwendeten das verdiente Geld auch klug. Rebecca fuhr regelmäßig nach Bani Hamida, um die Frauen anzuspornen und den anfänglichen Elan zu erhalten. Einmal hörte sie, dass die Frau, der sie am Vortag Geld ausgezahlt hatte, »zu einer Behandlung gefahren« sei, wie die Frauen in Bani Hamida sich ausdrückten. Dieselbe Wendung war auf dem ganzen Hügel zu hören. Viele Frauen hatten gesundheitliche Probleme, weil sie so viele Kinder aufgezogen hatten. Jetzt hatten sie zum ersten Mal das Geld, sich eine Fahrkarte zu kaufen, zum Arzt zu gehen, danach in der Apotheke Medizin zu kaufen, und am Ende blieb noch genug für die Rückfahrkarte. Sie hatten auch genügend Geld für Stifte, Papier und andere Schulsachen für ihre Kinder. Einige schickten später sogar ihre Kinder aufs College.

Die Nachricht verbreitete sich in anderen Beduinendörfern auf dem Hügel, und immer mehr Frauen baten um Arbeit. In einem Dorf arbeiteten schließlich 150 Frauen an dem Projekt mit. Einige stickten nach unseren Mustern hübsche Kissen und Bettbezüge, andere webten Teppiche und Wandbehänge. Die Frauen übernahmen dank der Weberei eine neue Rolle in ihrer Gemeinschaft. Ihr Erfolg erinnerte mich an eine meiner Lieblingsredensarten: an das chinesische Sprichwort »Frauen tragen den halben Himmel«, das so treffend umschreibt, dass die Frauen überall einen unentbehrlichen Beitrag zum Aufbau der Gesellschaft leisten. Es erfüllte uns alle mit großer Befriedigung, wie diese fleißigen Frauen in ihren Häusern ein Einkommen erwirtschafteten. Damit behielten sie ihre traditionelle Rolle als Stütze der Familie und sorgten zugleich für die finanzielle Absicherung der Gemeinschaft. UNICEF würdigte die Kombination von Arbeit und Familie und bewertete Bani Hamida als eines der besten von ihr überprüften Projekte.

Bani Hamida wurde zu einem Modellprojekt für andere Entwicklungsländer. Erstmals wurde in Jordanien ein umfassender Ansatz der Dorfentwicklung umgesetzt, nach dem die handwerkliche Produktion nicht nur als wirtschaftlicher Anreiz diente, sondern auch die Möglichkeit schuf, weitergehende Dienstleistungen anzubieten. Zu dem Projekt gehörte ein Familienplanungsprogramm, das nach islamischem Vorbild zum Wohl der ganzen Familie längere Zwischenräume zwischen den Geburten befürwortete und später auch die Beschaffung dringend benötigter Medikamente und Impfstoffe mit einschloss.

Nachdem die Qualität der Webarbeiten gewährleistet war, erkannten wir, dass wir Marketingstrategien entwickeln mussten, um das Projekt langfristig abzusichern. Mit der Unterstützung von Aid to Artisans, einer amerikanischen, gemeinnützigen Organisation, die Handwerker auf der ganzen Welt unterstützt, knüpften wir Kontakte zu Teppichmessen und -märkten in den Vereinigten Staaten, in Europa und in anderen Erdteilen. Wir stellten die Teppiche in der ganzen Welt aus. Unsere erste Ausstellung fand an der jordanischen Botschaft in Washington, D.C., statt, nur neun Monate nach Beginn des Projektes. Unser gesamter Bestand fand reißenden Absatz. Auch Katherine Graham, die Herausgeberin der *Washington Post,* eine gute Freundin, kaufte einen Teppich. Das brachte natürlich einen immensen Marketingschub, vor allem als eine Zeitschrift sie mit einem Teppich aus Bani Hamida in ihrem Wohnzimmer fotografierte.

Schwieriger gestaltete sich seltsamerweise der Absatz in Jordanien. Viele Angehörige der wohlhabenden Mittelschicht waren immer noch allzu sehr auf Waren aus Europa fixiert.

Ich nahm Kissen und Teppiche aus Bani Hamida in mein Arbeitszimmer und unser Haus mit, in dem wir Monarchen, Emire, Sultane und andere Persönlichkeiten empfingen. Alle sollten mit eigenen Augen sehen, dass Jordaniens größte Schätze in der eigenen Kultur zu finden sind. Die offenkundige Wertschätzung des Königs für die Arbeiten hatte eine sehr starke Signalwirkung, und im Laufe der Zeit änderte sich die Haltung zu jordanischen Produkten. Mit ganz besonderem Vergnügen registrierte ich, dass junge Leute anfingen, sich gegenseitig Teppiche und andere Kunstwerke aus Bani Hamida zur Hochzeit zu schenken.

Darüber hinaus brach ich mit alten Konventionen, indem ich traditionelle Gewänder in der Öffentlichkeit und bei offiziellen Anlässen, ja sogar bei Staatsbanketten im Ausland trug. Anfangs war es gar nicht so einfach, Kleider in meiner Größe zu finden. Mit der Zeit brachten zwei Schwestern und enge Freundinnen von mir, Fatina und Abla Asfur, Frauen in den Dörfern bei, aus traditionellen Stickereiarbeiten, Stoffen, Farben und Mustern elegant geschnittene, moderne Kleider zu nähen. Ich habe ihre Kleider immer mit großem Stolz und voller Freude getragen. Nach einigen Jahren kamen sie in Jordanien sogar groß in Mode und waren auch in anderen arabischen Ländern begehrt. Das Wichtigste an dem Projekt war der Wandel der Lebensweise von Frauen in armen Gebieten. Die Frauen in Bani Hamida und in vielen anderen Gemeinden erwirtschafteten zum ersten Mal in ihrem Leben ein festes Einkommen. Nicht zuletzt deshalb gelten Frauen als ausgesprochen kreditwürdig. Kleinkredite bildeten das Startkapital, und in den Händen von Frauen blühten die Investitionen später zu ermutigenden Fortschritten im Bildungs- und Gesundheitswesen und in der Infrastruktur auf. Frauen boten anderen Beschäftigung an, manchmal sogar ihren Männern, und halfen wiederum anderen Frauen, ein Unternehmen zu gründen.

Natürlich gab es immer Männer, die das volle Ausmaß der Veränderungen in ihrem Familienleben nicht begreifen wollten. Ein arbeitsloser Mann sah den ganzen Tag der Webarbeit seiner Frau zu und fragte schließlich Mitarbeiter der Stiftung, ob sie nicht noch so eine Frau für ihn hätten. Anfangs standen die Männer dem Unternehmen skeptisch gegenüber, als sie jedoch den Nutzen am eigenen Leib verspürten und sahen, dass ihr Stammesname zu einem stolzen Symbol des jordanischen Kulturerbes wurde, entwickelten sie sich zu begeisterten Fürsprechern – sogar im Parlament.

Die Weltgesundheitsorganisation (WHO) erkannte den Erfolg des innovativen Ansatzes der Stiftung und machte uns den Vorschlag, im Nahen Osten das Modell einer umfassenden Dorfentwicklung zu schaffen anhand der Richtlinien, die sie sehr erfolgreich in Thailand angewandt hatte. Wir begannen mit dem Modellprojekt, das wir Quality of Life nannten, in Sweimah, einem abgelegenen, verarmten Dorf im Jordantal. Ich war entsetzt über die Bedingungen, die ich bei meinem ersten Besuch dort vorfand: Manche Familien lebten nur unter Bäumen und hatten keinen Zugang zu medizinischen Einrichtungen oder Schulen, nicht einmal sauberes Wasser war verfügbar.

Wir hatten das Startkapital, aber wir wollten die Dorfbewohner selbst entscheiden lassen, wie es verwendet werden sollte. Die Entscheidungsverantwortung auf der lokalen Ebene zu belassen, war der Schüssel zum Erfolg des Projektes. Wir unterstützten die Dorfbewohner bei der Bildung eines Entwicklungsrates, der einen Überblick über die Haushalte erstellen, den dringendsten Handlungsbedarf festlegen und Lösungsvorschläge ausarbeiten sollte. Wir halfen dem Rat, standen ihm mit Informationen, Ideen und Ratschlägen zur Seite, aber die Mitglieder trafen die Entscheidungen selbst. Schon bei der ersten Zusammenkunft war ich sehr zuversichtlich, weil Frauen in den Rat aufgenommen worden waren. Das Programm Quality of Life zählte zu den fruchtbarsten Initiativen der Stiftung. Es wurde auf 17 weitere, abgelegene Dorfgemeinden in Jordanien ausgedehnt und bot Ländern in der ganzen arabischen Welt, von Palästina bis nach Afghanistan, Schulungsmöglichkeiten an. Der Ansatz förderte nicht allein die demokratische Entscheidungsfindung, durch die Einbindung des Dorfentwicklungsrats in jeden einzelnen Schritt eines beliebigen Projektes war auch die richtige Umsetzung gewährleistet. Zudem finanzierten die Projekte sich größtenteils selbst, erwirtschafteten Einnahmen für ein Programm rotierender Kredite, mit dessen Hilfe wiederum andere Projekte begonnen wurden.

In Zusammenarbeit mit der Royal Society for the Conservation of Nature brachten wir unsere Erfahrung mit integrierten Entwicklungsprojekten in das erste jordanische Projekt eines Ökotourismus ein. Mitte der Achtzigerjahre befanden wir uns in einer idealen Ausgangsposition, um den Boom in der Ökotourismusbranche zu nutzen, und zwar zum Wohle der jordanischen Umwelt und Wirtschaft. Unser erfolgreichstes Unternehmen war das Natur-Reservat Dana, ein zerklüftetes Gebiet nur zwei Stunden von Amman entfernt in einem atemberaubenden, 1300 Meter tiefen Tal mit über drei Kleinklimazonen.

Dana ist ein Ort von einzigartiger Schönheit. Ich liebe diese Gegend, vor allem das verlassene Dorf aus verfallenen Steinhäusern, die dank privater Spenden und Zuwendungen mehrerer Ministerien restauriert wurden. Kaum hatte der Wiederaufbau begonnen und es boten sich Ausbildungs- und Beschäftigungsmöglichkeiten, da kehrten die ersten Dorfbewohner zurück und verliehen dem alten Ort neues Leben. Es wurden Arbeitsplätze und alternative Verdienstquellen für die Lokalbevölkerung auf der Grundlage einer nachhaltigen Nutzung der natürlichen Ressourcen geschaffen, was die Belastung des Landes durch die Weidewirtschaft verringerte. Dana entwickelte sich zu einem Modellprojekt für die Kombination von Umweltschutz mit sozioökonomischer Entwicklung. Durch den Tourismus entstand ein natürlicher neuer Markt für einheimische Produkte wie getrocknete Früchte aus ökologischem Anbau und Silberschmuck, dessen Formen der Natur nachempfunden waren. Der neuartige Ansatz bot der RCSN die Möglichkeit, Mittel von weiteren Spendern zu beschaffen, unter anderem von der Global Environment Facility des UN-Entwicklungsprogramms (UNDP) und der Weltbank. Der Präsident der Weltbank, James Wolfensohn, besichtigte Dana mit seiner Frau Elaine und sagte, er fühle sich »geehrt«, das Projekt zu unterstützen, und er werde es weltweit als Modell fördern – ein Vertrauensbeweis, der alle Mitarbeiter des Projektes enorm anspornte. Bereits Ende der Neunzigerjahre kamen rund 40 000 Ökotouristen jährlich nach Dana, und das machte uns ebenfalls Mut. Viele in der Region profitierten von ihnen, vor allem aber unsere Zielgruppe: Frauen.

Kulturelle Programme haben einen Schneeballeffekt bei solchen Projekten. In meinen Augen soll die Kunst Menschen aus verschiedenen Schichten, Ethnien, Glaubensrichtungen und politischen Orientierungen zusammenführen, einen Beitrag zu einer zeitgenössischen jordanischen Kultur leisten und ihre Vielfalt widerspiegeln. Ich war überzeugt, dass Kultur durch Programme, die Pluralismus und Vielfalt ebenso berücksichtigten wie traditionelle arabische künstlerische Ausdrucksformen, von großem Wert für die Politik und sogar die nationale Sicherheit sein konnte. Je enger die Menschen sich über Literatur, Theater und Malerei verbunden fühlten, desto stärker war der Zusammenhalt in einer Gesellschaft, die aus verschiedenartigen und rivalisierenden Elementen bestand.

Bei einem offiziellen Besuch in Washington, D.C., Anfang der Achtzigerjahre wurde ich einmal in das Children's Museum geführt, da ich eine vergleichbare Einrichtung in Jordanien schaffen wollte. Am Ende brachte der Besuch zwei meiner kulturellen Lieblingsinitiativen hervor: Jordaniens Children's Heritage and Science Museum sowie das National Music Conservatory. Das Children's Heritage and Science Museum ist das erste praxisorientierte Museum zur Unterhaltung und Weiterbildung in der arabischen Welt. Das mobile Außenprogramm, das vor allem für arme Familien in ländlichen Gegenden gedacht war, erhielt bei einem offiziellen Besuch in Deutschland unerwartete Unterstützung. König Hussein und ich besichtigten das Produktionszentrum von Mercedes-Benz in Stuttgart. Der Konzern hatte die Absicht, meinem Mann das neueste Modell zu schenken, worüber er mit Sicherheit erfreut gewesen wäre. Als die Geschäftsleitung jedoch erfuhr, dass ich auf der Suche nach einem geeigneten Gefährt für das Kindermuseum sei, schenkte Mercedes-Benz uns großzügig einen hervorragenden Sattelschlepper. Fortan neckte mein Mann mich ständig, weil ich sein Spielzeug geopfert hatte.

Bei meinem Besuch im Washingtoner Children's Museum wurde ich gebeten, mir ein ganz besonderes Konzert anzuhören. In einem der Räume leitete eine bemerkenswerte Frau ein Streichorchester mit dem Namen Young Strings in Action, eine gemischte Gruppe aus Kindern von drei bis achtzehn Jahren. Sheila Johnsons Unterricht, auf der Basis der effektiven Roland-Methode, beeindruckte mich so sehr, dass ich sie einlud, mit ihrem jungen Orchester nach Jordanien zu reisen und 1984 beim Dscherasch-Festival aufzutreten. Ganz Jordanien verliebte sich in diese Kinder, und die Kinder waren ganz begeistert von Jordanien. Sheila opferte, ohne zu zögern, viel Zeit, Energie und sogar Finanzmittel und unterstützte uns beim Start eines eigenen Programms: dem National Music Conservatory (NMC).

Das Konservatorium begann 1986 mit drei jordanischen Lehrern und 45 Schülern, die Geige lernten. Schon bald weitete sich das Angebot jedoch auf weitere klassische westliche und arabische Instrumente aus. Ich sprach mich energisch dafür aus, dass das Konservatorium jordanischen Kindern Gelegenheit bieten sollte, auch ihr eigenes musikalisches Erbe kennen zu lernen. Das musikalische Angebot wurde um Chorunterricht und Kurse in Musiktheorie und -geschichte erweitert. Schon bald entstand das erste Kinderorchester Jordaniens.

Sheila Johnsons Young Strings in Action traten 1986 gemeinsam mit unserem jungen Orchester beim Dscherasch-Festival auf – erneut ein großer Erfolg. Im Laufe der Zeit entwickelten wir Musiklehrpläne für alle staatlichen Schulen und arbeiteten mit der Royal Schools of Music in England zusammen. Sie bot einen dreijährigen Lehrgang an. Kinder aus der ganzen arabischen Welt kamen in das Sommerlager des Konservatoriums. Einer unserer erfolgreichsten Schüler, Sade Dirani, ist ein international bekannter Pianist und Komponist geworden, in dessen Werken sich orientalische und arabische Harmonien mit Elementen der abendländischen Klassik verbinden.

Im 25. Jahr seiner Thronbesteigung schlug Hussein vor, auf kostspielige Feierlichkeiten anlässlich des Silbernen Thronjubiläums zu verzichten. Stattdessen wollte er Gelder für eine Schule sammeln, was seinem langfristigen Engagement für die Bildung entsprach. Leider kamen nicht genügend Mittel zusammen, um das ganze Projekt zu finanzieren, also wurde es verschoben. Als mir diese Mittel angeboten wurden, um das geplante Kinderkrankenhaus zu unterstützen, bestand ich darauf, dass das ursprüngliche Bildungsprojekt nicht ganz aufgegeben wurde. Die Noor Al-Hussein Foundation übernahm 1984 die Verantwortung für die Realisierung, neun Jahre später wurde die Jubilee School gegründet, eine unabhängige, gemischte Schule, die das akademische Potenzial begabter Schüler aus dem Land und der Region fördern sollte; Schüler aus den schwächer entwickelten Regionen Jordaniens wurden dabei bevorzugt. Die Schule bot ein einzigartiges Umfeld, das kreatives Denken, Führungsqualitäten und die Fähigkeiten, Konflikte zu lösen, wissenschaftliches und technisches Fachwissen sowie gesellschaftliche Verantwortung weiterentwickelte. Das so genannte Center for Excellence in Education der Jubilee School legte neue nationale und regionale Bildungsstandards fest, indem es innovative Lehrpläne ausarbeitete sowie Schulungsprogramme und Workshops für staatliche und private Lehrer anbot.

Der König war sehr stolz auf die Schule und ihre Schüler. Er feierte ihre Erfolge und freute sich an ihrem Enthusiasmus. Als mein Mann den ersten Jahrgang nach dem Abschluss verabschiedete, dankte er den Schülern von ganzem Herzen. »Die schönsten Zeiten in meinem Leben habe ich immer mit jungen Männern und Frauen verbracht, die später hoffentlich bei der Entwicklung des Landes Führungsrollen übernehmen«, sagte er den Schülern.

Über die 1998 gegründete King Hussein Foundation entwickelt die Jubilee School gemeinsam mit nationalen und internationalen Organisationen ein innovatives Programm, das die modernste Multimedia-Kommunikationstechnologie in den Landeslehrplan für Mathematik, Naturwissenschaft und Englisch integriert. In dieser und auch in anderer Hinsicht bildet die Stiftung ein wichtiges Bindeglied zwischen König Husseins Visionen für Jordanien und dem Engagement seines Sohnes, König Abdullahs II., für Bildungsreformen und Modernisierung.

König Hussein betrachtete gesellschaftliche und kulturelle

Projekte nicht primär aus der Sicht der Entwicklung des Landes. Er wollte ganz einfach dafür Sorge tragen, dass jedem Menschen, auf dessen Leben er Einfluss hatte, die bestmöglichen Bildungseinrichtungen, medizinischen Dienstleistungen und Arbeitsplätze offen standen. Die Menschen sollten wiederum ihren Beitrag zu dem Prozess der Staatsbildung leisten. Es war die Aufgabe seiner Regierung, anderer Mitglieder seiner Familie, der Nichtregierungsorganisationen und anderer Aktivisten in unserer Gesellschaft, dieses humanitäre Bestreben nach Möglichkeit in Basisprogramme umzusetzen. Langsam, aber sicher gewannen die NGOs in Jordanien als besonders effektive, apolitische Motoren der Veränderung an Bedeutung.

Meine Arbeit erfüllte mich mit großer Befriedigung. Nach sieben Jahren als Königin hatte ich mittlerweile eine gewisse Erfahrung gesammelt und wusste, wen ich anrufen konnte, wenn ich sachkundigen Rat brauchte. Mir stand ein Stab hoch motivierter Mitarbeiter zur Seite, die für mich die Augen und Ohren offen hielten, wenn ich nicht in Amman war. Wenn ich mich in der Stadt aufhielt, diskutierte ich jeden Morgen mit meinem Stab über neue Strategien, oder wir versuchten, die Hemmnisse zu überwinden, die sich unweigerlich einstellten. Einige Hürden erforderten zwar Takt und Einfühlungsvermögen, aber am Ende das Tages hatte ich jedes Mal das aufrichtige Gefühl, meine Zeit so zu verwenden, wie ich es mir immer erträumt hatte: im Dienst einer wichtigen Sache. Vermutlich war ich gerade deshalb, weil mein Leben so ausgefüllt und auf feste Ziele ausgerichtet war, völlig überrascht, als ich von persönlichen Attacken gegen mich aus London erfuhr.

Nigel Dempster, ein Klatschkolumnist bei der Londoner Zeitung *Daily Mail,* griff mich seit 1985 in regelmäßigen Abständen an. Die Patentochter meines Mannes und Persönliche Assistentin in England, Elizabeth Corke, rief mich eines Tages an und las mir einen Artikel von Dempster mit der Schlagzeile »Nur braucht Schützenhilfe« vor (aus irgendeinem Grund schrieb er meinen Namen häufig falsch). Aus dem Beitrag erfuhren die Leser, dass ich für viel Geld eine kalifornische PR-Firma angestellt hätte, die mein Image aufpolieren solle.

Die einzige Erklärung, die ich dafür hatte, war ein Gespräch mit einem Berater der Demokraten, das ich einmal in Washington geführt hatte. Ich hatte den Berater damals gefragt, ob er jemand kenne, der ehrenamtlich für die jordanische Regierung arbeiten würde – als Teil unserer fortwährenden Bemühungen, den Amerikanern ein positiveres Bild der arabischen Welt zu vermitteln. Unsere Ressourcen waren sehr begrenzt, deshalb konnten wir es mit den reichen zionistischen Organisationen auf keinen Fall aufnehmen, aber ich hoffte, dass endlich jemand begreifen würde, wie wichtig eine ausgewogenere Berichterstattung über den Nahen Osten war. Unser Gespräch führte zu nichts, und ich hatte es völlig vergessen, bis Nigel Dempsters Kolumne einige Monate später erschien. Ein »Freund des mächtigen Monarchen« wurde dort mit den Worten zitiert: »Womöglich versucht Nur, eine eigene Identität zu entwickeln, statt nur als Anhängsel ihres Gatten betrachtet zu werden, dem sie alles verdankt.«

Mein Mann, der die Fallen und Giftpfeile der Presse, insbesondere jedoch die von Nigel Dempster, gewohnt war, riet mir, das Ganze zu ignorieren. Ich nahm jedoch an, der Kolumnist sei von jenem »Freund des mächtigen Monarchen« einfach falsch informiert worden und würde es zu schätzen wissen, wenn seine falsche Darstellung korrigiert wurde. Ich bat Elizabeth telefonisch, Mr. Dempster mitzuteilen, dass seine Behauptungen schlichtweg falsch seien. Naiv wie ich war, glaubte ich damals tatsächlich, dass ein Reporter seinen Namen nicht unter eine erlogene Darstellung setzen würde. Elizabeth war zwar sehr skeptisch, weil sie die britische Regenbogenpresse viel besser kannte als ich, rief aber die Redaktion an. Prompt berichtete sie mir, dass die Mitarbeiter von Nigel Dempster darauf beharrten, dass ihre Quelle »zuverlässig« sei. Sie hatten ihr sogar den Namen der Firma genannt, die ich angeblich beauftragt hatte. Ich war hocherfreut. Die *Daily Mail* konnte das Missverständnis ganz einfach klären, indem sie die Firma anrief. Als wir von Dempster keine weitere Nachricht erhielten, versuchten wir selbst, die Firma in Kalifornien aufzuspüren, und wir stellten fest, dass eine solche Firma niemals existiert hatte. Dennoch weigerte sich das Blatt, die Story zu dementieren. Zum Glück bekam ich mit der Zeit ein dickeres Fell, denn Dempster setzte seine Angriffe jahrelang fort – mit immer absurderen Lügen.

Ausgerechnet zu der Zeit, als ich von der Presse angegriffen wurde, setzte ich mich für mehr Pressefreiheit in Jordanien ein. Bei aller Verachtung für die unverantwortliche Vorgehensweise gewisser westlicher Reporter spürte ich doch, dass Jordanien ein Ventil für unterschiedliche Meinungen brauchte. Im Grunde hatte ich meinen Mann und seine wichtigsten Beamten seit dem ersten Jahr unserer Ehe ständig gedrängt, ihre gelegentlich restriktive Haltung gegenüber persönlichen und institutionellen Freiheiten zu überdenken. Die Presse war in Jordanien zwar in privaten Händen, wurde aber de facto von der Regierung kontrolliert. Es gab keine wirklich unabhängige Berichterstattung. In konservativen Kreisen unserer Gesellschaft herrschte eine gewisse Skepsis gegenüber einer freien Meinungsäußerung in Jordanien, die zweifellos auf das Gefühl, in einem Ausnahmezustand zu leben, zurückzuführen war – in unserer Krisenregion leider die Regel, nicht die Ausnahme. Die Konservativen wollten der Bevölkerung nicht erlauben, abweichende Meinungen zu lesen, und waren besorgt, dass falsche politische Berichte destabilisierend wirken könnten.

Die Auseinandersetzung um die Presse erreichte Mitte der Achtziger einen Höhepunkt. Leila Scharaf war damals Informationsministerin geworden und hatte den Jordaniern mit Unterstützung des Königs mehr Meinungsfreiheit versprochen, was ich als gutes Zeichen wertete. Wir bewegten uns in die richtige Richtung, als eine heikle Debatte über die Umsetzung eines Beschlusses von 1974 aufkam, Stammesrecht und bürgerliche Gesetze miteinander zu verschmelzen. Im Zuge der Debatte erschien eine ganze Reihe von Artikeln, in denen die Stammestraditionen kritisiert wurden.

Die Stammesführer beschwerten sich empört bei König Hussein. Er schickte zu diesem sehr heiklen Thema einen Brief an den Ministerpräsidenten, der in voller Länge veröffentlicht wurde. In diesem Brief ging er mit den Journalisten scharf ins Gericht, weil sie, wie er schrieb, »Angriffe gegen unsere gesellschaftlichen Institutionen und ihre Werte initiiert« hätten. Vor allem kritisierte er fehlende Professionalität und Zuverlässigkeit bei den jordanischen Journalisten, deren falsche Berichterstattung die Stabilität des Landes gefährden könne.

Leila trat sofort als Informationsministerin zurück. Mein Mann war wütend auf sie, aber sie blieb bei ihrem Standpunkt. Die Gründe für ihren Rücktritt nannte sie in einem Brief, in dem sie die Regierung ermahnte, dass »ein gewisses Maß an freiem Denken und freier Meinungsäußerung« unabdingbar sei für die »kulturelle und politische Entwicklung in Jordanien«. Das war gewiss keine revolutionäre Aussage, aber die staatlich kontrollierte Presse veröffentlichte sie nicht. Stattdessen wurde der Brief und damit die gemäßigt fortschrittliche Botschaft unter der Hand in ganz Jordanien verbreitet und entwickelte immer größere Sprengkraft.

Ich steckte in einem furchtbaren Dilemma. Das Land war wegen dieser Debatte in hellem Aufruhr, jeder nahm eindeutig Partei. Mein Mann vertraute auf meine bedingungslose Loyalität, Leila ebenso. Ich war hin- und hergerissen. Die Berechtigung der Bedenken meines Mannes konnte ich nicht leugnen, dennoch stimmte ich Leila voll und ganz zu. Unter vier Augen drängte ich meinen Mann, eine freiere Presse zu unterstützen. Natürlich werde es Schwierigkeiten geben, argumentierte ich, aber es sei besser, sich den Problemen zu stellen und entsprechende Gesetze auszuarbeiten, die eine gewisse Eigenverantwortung gewährleisteten. Eine freiere Presse werde sich sogar als Sicherheitsfaktor erweisen, meinte ich. Damit werde ein Vertrauen demonstriert, das wiederum das Vertrauen in die Regierung stärken werde. Hussein hörte sich meine Argumente an, bestand aber darauf, dass unbedingt streng auf Ausgewogenheit geachtet werden müsse. In all den Jahren, seit er als unscheinbarer Teenager den Thron bestiegen hatte, hatte er eine ausgezeichnete politische Intuition entwickelt. Sie war ihm schon oft sehr zustatten gekommen. Seit Jahrzehnten hatte er die Stimmung in Jordanien zutreffender gedeutet als irgendjemand sonst, und er weigerte sich hartnäckig, bei diesem Thema seinen Instinkten zu misstrauen.

Ich konnte mich nicht offen gegen die Regierung stellen; das wäre völlig deplatziert gewesen. Ich zeigte mich jedoch öffentlich an Leilas Seite, demonstrierte damit meine persönliche Unterstützung für sie und implizit für ihren Standpunkt. Ich versuchte auch als Vermittlerin zwischen Hussein und Leila aufzutreten, indem ich ihnen die jeweiligen Bedenken des anderen zu erklären versuchte. Langsam wurde mein Mann mürbe, und auch wenn es fünf Monate dauerte, am Ende versöhnten sich die beiden. Die Beschränkungen der Presse wurden jedoch weiterhin mal gelockert, dann wieder verschärft. Immerhin waren die Medien in Jordanien weit weniger kontrolliert als in vielen anderen arabischen Ländern.

Meine Sympathien für Leila und ihre liberalen Ansichten registrierten viele in Amman mit Skepsis. Wegen eines weiteren Bruchs mit der Tradition geriet ich ebenfalls ins Kreuzfeuer der Kritik. Jedes Jahr veranstaltete der Königshof eine Reihe offizieller *iftare* – Abendmahlzeiten während des Ramadan nach dem täglichen Fasten –, an denen nur wenige Frauen teilnahmen. Ich beschloss, ebenfalls offizielle Iftare mit einflussreichen und engagierten Frauen aus dem ganzen Land zu veranstalten, um Informationen auszutauschen und an diesem Gemeinschaftsritual teilzuhaben. Das war zudem eine wertvolle Gelegenheit für Frauen, »Kontakte zu knüpfen«, genau wie die Männer es immer schon gemacht hatten.

Der königliche Hof war jedoch nicht einverstanden. Frauen sollten zu Hause bleiben und für ihre Männer Iftar zubereiten. Das kam mir völlig absurd vor. Der Ramadan dauerte einen ganzen Monat, an einem Abend konnte doch ein anderes Familienmitglied das Essen zubereiten. Ich wollte jedoch einen Konflikt mit dem Hof vermeiden, solange ich nicht wusste, wie die Frauen auf meine Idee reagieren würden. Die Reaktion der meisten Frauen war jedoch so begeistert, dass ich beschloss, den Plan in die Tat umzusetzen. Der königliche Hof gab aber nicht auf. Einmal setzten sie meinen Mann so massiv unter Druck, die Iftare für Frauen zu verbieten, dass er mich bat, sie für eine Weile abzusetzen. Er war ziemlich erstaunt, dass ich einwilligte, aber ich wusste genau, was geschehen würde. So viele Frauen beschwerten sich lautstark über die Absetzung der

Iftare, dass wir sie schon im nächsten Jahr wieder veranstalteten.

Im Laufe der Zeit nahm die Zahl der von mir veranstalteten Iftare zu. Diplomaten, Studenten, Waisenkinder und Angehörige verschiedener Organisationen, Männer wie Frauen, nahmen daran teil. An anderen Abenden beendeten mein Mann und ich, wenn möglich, das Fasten gemeinsam mit den Kindern oder im Sahran-Palast mit der Königinmutter. Ich genoss diese Familienzusammenkünfte im Ramadan am Ende des Tages. Als Erstes tranken wir Wasser und Obstsäfte, von denen mir *kamareddin* am besten schmeckte, ein köstliches Getränk aus Aprikosenmus, das ich schon als Kind geliebt habe. Nachdem wir unseren Durst gestillt hatten, aßen wir Nüsse, Datteln und andere leichte Kost, dann sprachen wir unser Gebet und genossen gemeinsam die richtige Mahlzeit. Der glücklichste Mensch bei unseren Iftaren war meist mein Mann, der den ganzen Tag über nicht rauchen durfte und schon bald bester Laune war.

Der Islam ist eine praxisorientierte und lebensnahe Religion. Werdenden Müttern ist es im Ramadan erlaubt, auf das Fasten zu verzichten. Während meiner Schwangerschaft im Jahr 1985 war ich dankbar, dass diese Ausnahme gemacht wurde. In unserem Haushalt hatten wir auch so genügend Stress, weil mein Mann weiterhin mit Arafat, den Vereinigten Staaten und verstärkt auch mit der britischen Premierministerin Margaret Thatcher verhandelte.

Ein Gewaltakt nach dem anderen in unserer Region bestätigte das Klischee, dass Araber Terroristen wären. Im April zogen die PLO und Israel gleich, die Israelis vereitelten das Einschleusen von PLO-Kämpfern, indem sie ein Boot in die Luft sprengten. Zwei Monate später entführten schiitische Muslime, die im Westen irrtümlich für Palästinenser gehalten wurden, in Beirut ein TWA-Flugzeug, hielten die Geiseln 17 Tage lang fest und töteten einen Taucher der US-Navy. Im September tötete die PLO drei mutmaßliche Agenten des Mossad auf einer Jacht in Zypern und löste dadurch eine typische Überreaktion der Israelis aus: Arafats Hauptquartier in Tunis wurde

Der arabische Kinderkongress in Amman, der jährlich vom Zentrum für Dar-stellende Kunst der Noor Al-Hussein Foundation organisiert wird. Diese einzig-artige Kultureinrichtung zur Förderung der Kunst soll bei jungen Menschen und Frauen das Bewusstsein für Themen wie Demokratie, Menschenrechte, soziale Verantwortung, Konfliktlösung und Gesundheitsvorsorge fördern.

Besuch bosnischer Minenfelder mit Mitarbeitern des Land Mine Survivors Network und der Vereinten Nationen.

Eine talentierte jordanische Weberin zeigt auf dem Dscherasch-Festival eine Probe ihres handwerklichen Könnens.

Mit PLO-Führer Arafat, 1985.

© ZOHRAB

*Mit US-Präsident
Clinton, seiner Frau
Hillary sowie Jizhak
und Leah Rabin nach
Unterzeichnung der
Washingtoner
Erklärung, 1994.*

*Nach der feierlichen Unterzeichnung des Abkommens von Oslo II. Von links:
Königin Noor, König Hussein, Leah Rabin, Premierminister Rabin, First Lady
Hillary Clinton, Präsident Clinton, Präsident Arafat mit Frau Suha und
Staatspräsident Mubarak mit Frau Suzanne.*

*Hussein und ich mit Sultan Kabus
und Scharif Seid bin Schaker in
Oman, 1986.*

© ZOHRAB

*Mit Präsident Fidel Castro
während der Feierlichkeiten zum
50. Jahrestag der Vereinten
Nationen, New York, 1995.*

© ZOHRAB

*Bei unserem ersten
Staatsbesuch in der
Bundesrepublik
Deutschland mit Bun-
despräsident Walter
Scheel und seiner Frau
Mildred, 1978.*

© GZOHRAB

*Unser erster gemeinsamer Staatsbe-
such in den Vereinigten Staaten. Mit
Präsident Jimmy Carter und der
First Lady Rosalynn Carter im
Weißen Haus, 1980.*

Hamsah (rechts) und Haschim traten in die Fußstapfen ihres Vaters: in der Königlichen Militärakademie Sandhurst.

Mit Prinzessin Raijah.

Mit Prinz Abdullah, Prinzessin Rania und ihrem Sohn Prinz Hussein.

König Hussein und ich
mit unseren Kindern.
Von links: (vordere Rei-
he) Prinzessin Iman,
Prinzessin Raijah und
Prinzessin Haia; (mitt-
lere Reihe) ich, König
Hussein und Abir;
(hintere Reihe) Prinz
Hamsah, Prinz Ali und
Prinz Haschim, 1997.

Familienfeier zu König Husseins 63. Geburtstag;
in der Mayo-Klinik, November 1998.

19. Januar 1999: Mein Mann im Gebet bei der Rückkehr nach Jordanien. Der Krebs gönnt ihm eine kurze Atempause.

Iman und ich beim Gebet an Husseins letzter Ruhestätte.

bombardiert, 70 Menschen kamen ums Leben. Die Weltöffentlichkeit reagierte empört auf die überzogene Reaktion Israels.

Im September 1985 besuchte Margaret Thatcher das palästinensische Flüchtlingslager Baka'a in Jordanien und sah mit eigenen Augen, unter was für elenden Bedingungen die Menschen dort lebten. Daraufhin scherte sie aus der israelischen und amerikanischen Blockade sämtlicher Treffen mit PLO-Vertretern aus und lud eine palästinensisch-jordanische Delegation zu Gesprächen nach London ein. Im Oktober, nur eine Woche vor dem Gesprächstermin in London, entführten vier PLO-Mitglieder die *Achille Lauro,* ein italienisches Kreuzfahrtschiff, und töteten den amerikanischen Juden Leon Klinghoffer. Der Mann war behindert und saß im Rollstuhl.

Mein Mann war entsetzt über diese sinnlose Gewalt. Eine diplomatische Lösung des Konflikts wurde deshalb zwar immer dringlicher, aber zugleich wurde es stetig schwieriger, Politiker auf der ganzen Welt zu direkten Verhandlungen mit der PLO zu bewegen. Am Vorabend der britischen Gespräche weigerten sich die PLO-Mitglieder der Delegation plötzlich, den Wortlaut der UN-Resolution 242 anzuerkennen, der Israels Existenzrecht beinhaltete. Die Gespräche wurden abgesagt. Einmal mehr fühlte mein Mann sich von Arafat hintergangen und fühlte sich vor einer wutschäumenden Mrs Thatcher bloßgestellt.

In meinem siebten Schwangerschaftsmonat war Dr. Arif Batajneh besorgt über die Ergebnisse einer Ultraschalluntersuchung und drängte mich, in England einen Spezialisten aufzusuchen. Die damaligen Ultraschallgeräte in Jordanien eigneten sich nicht für eine genaue Diagnose. Deshalb arrangierten Arif und Mr Pinker, mein britischer Arzt, für mich einen Besuch bei einem bekannten schottischen Spezialisten, einem Schüler des Mannes, der im Zweiten Weltkrieg das Sonar erfunden hatte.

Der Besuch bei dem Spezialisten war faszinierend. Er führte die detailreichsten und genauesten Messungen an den Gliedmaßen und der Skelettstruktur eines Ungeborenen durch, die ich je erlebt hatte, und wirkte während der ganzen Untersuchung völlig unbesorgt. Am Ende der Untersuchung verabschiedete ich mich von den Ärzten und ging wieder an meine Arbeit, allerdings machte ich mir allmählich Gedanken über meinen jordanischen Gynäkologen. Dr. Batajneh erschien mir von Zeit zu Zeit vergesslich oder gar verwirrt, er gab auf meine Fragen unlogische Antworten oder wich aus. Ich hatte mit ihm bereits drei Schwangerschaften überstanden, dazu die Fehlgeburt, aber diesmal wirkte er überhaupt nicht wie er selbst. Ich weiß noch, dass ich meinem Mann in den folgenden beiden Monaten mehrmals anvertraute, dass Dr. Batajneh wohl allmählich senil werde, obwohl er noch relativ jung war.

Auch mein Mann verhielt sich seltsam, was ich auf die fortwährenden Enttäuschungen mit Jassir Arafat und der PLO zurückführte. König Hussein strebte immer noch die Einberufung einer internationalen Friedenskonferenz an, und Amerika und Israel hatten bereits zugesagt – Israel nach einer Reihe von Geheimtreffen zwischen Hussein und Schimon Peres, damals Außenminister. Diesmal hing es an Arafat, der sich einmal mehr gegen die Vorbedingungen für die Zulassung einer PLO-Delegation sträubte: Annahme der Resolution 242, Anerkennung des israelischen Existenzrechts und Verzicht auf Gewalt.

Arafat kam im Januar 1986 nach Amman, nur wenige Wochen vor dem Geburtstermin, um mit meinem Mann zu sprechen. Diese beiden so grundverschiedenen Männer hatte das Schicksal zusammengeführt. Einige Spitzenberater hatten Hussein geraten, in Anbetracht seiner Vorgeschichte überhaupt nicht mit Arafat zu verhandeln, aber König Hussein wollte unbedingt einen letzten Versuch unternehmen, Arafat zur Teilnahme an einem Friedensprozess zu bewegen. Er hatte Arafat sogar etwas Neues zu bieten: eine schriftliche Einladung der Vereinigten Staaten an die PLO, an der Konferenz teilzunehmen, vorausgesetzt, Arafat akzeptierte die Bedingungen. Arafat war hocherfreut, als mein Mann ihm die Einladung vorlegte, weigerte sich jedoch, Verhandlungen aufzunehmen, wenn den Palästinensern nicht das Recht auf »Selbstbestimmung« garantiert wurde – also das Recht zur Staatsgründung. Das Thema kam in der Diskussion um ein Antwortschreiben an die Vereinigten Staaten immer wieder zur Sprache.

Mein Mann war mit seiner Geduld am Ende, genau wie ich mit meiner Schwangerschaft. »Ministerpräsident Seid Rifai besteht darauf, dass das Baby bis Arafats Abreise wartet«, schrieb ich in mein Tagebuch. Arafat hatte alle Beteiligten bis zum Äußersten gereizt. Die Gespräche mit Arafat wurden am 26. Januar abgebrochen, zugleich wurde jede Hoffnung auf eine internationale Friedenskonferenz begraben, die Hussein nun seit so vielen Jahren anstrebte. Ich dachte, die bevorstehende Geburt des neuen Babys werde ihn vielleicht ein wenig aufmuntern, aber mir kam es so vor, als wäre seine Begeisterung nur gespielt. Dr. Batajneh wurde ebenfalls immer seltsamer. Deshalb hatte ich kein Vertrauen zu ihm, als er mir ohne Angabe von Gründen mitteilte, er werde die Geburt einleiten. Außerdem war ich völlig überrascht, als meine Schwester Alexa plötzlich nach Jordanien kam. Ich hatte keine Ahnung, wie sie es geschafft hatte, in ihrer Anwaltskanzlei freizubekommen, war aber sehr froh, sie so kurz vor dem Termin um mich zu haben.

Am 9. Februar ging ich zu einer Routineuntersuchung ins Krankenhaus und bekam von Arif zu hören, dass er noch am selben Tag die Geburt einleiten werde. Ein natürliches Einsetzen der Wehen wäre mir lieber gewesen, aber der Arzt gab nicht nach. Ich hielt ihn davon ab, die Wehen allzu rasch einzuleiten, und weiß noch, dass ich versuchte, ihn zu beruhigen. Aus mir unerklärlichen Gründen wies er die Mitarbeiter im Krankenhaus an, den Operationssaal vorzubereiten und Blut für Transfusionen zurechtzulegen. »Nur keine Panik«, sagte ich zu ihm. Ich ging in den Kreißsaal, und vier Stunden später war unser Baby geboren: ein hübsches kleines Mädchen – ein Traum war Wirklichkeit geworden. Unsere Tochter Iman hatte jetzt eine Schwester. Erst als man mich wieder in das Krankenzimmer gebracht hatte, erfuhr ich den wahren Grund für das seltsame Verhalten der Beteiligten. Der schottische Spezialist hatte bei der Ultraschalluntersuchung festgestellt, dass das Baby auffällig war: Sein Kopf war viel zu groß im Vergleich zu seinem Körper. Die Gefahr bestand, dass es bei der Geburt Komplikationen geben könnte. Hussein hatte meine Schwester gerufen, damit sie uns allen angesichts einer drohenden Tragödie zur Seite stand.

Ich war überrascht, dass Arif und mein Mann zwei Monate lang mit der Bürde der beängstigenden Diagnose gelebt hatten, ohne mir ein Wort zu sagen. Ich kann fast alles verkraften, aber dieses eine Mal in meinem Leben war ich froh, dass sie mich nicht informiert hatten. Wenn sie mir gesagt hätten, dass mit meinem Baby etwas nicht in Ordnung sei, dann hätte ich mir die beiden Monate lang quälende Sorgen gemacht. Am Ende war das Baby vollkommen normal. Ich habe einen sehr großen Kopf, mein Mann hatte einen sehr großen Kopf, und unsere Kinder haben alle große Köpfe. Sie war genau wie wir alle.

Wir nannten das neugeborene Baby Raijah al-Hussein, das heißt das »Banner« oder die »Fahne« Husseins. Uns gefielen der Symbolgehalt und der Name selbst, den wir in den haschemitischen Stammbüchern gefunden hatten. Zuletzt war er im 17. Jahrhundert aufgetaucht. Raijah musste jedoch wochenlang auf die offizielle Namensgebung warten. Ihr Vater versicherte mir zwar ständig, dass er ihr den Namen geben werde, aber die Zeremonie wurde, wie so oft in unserem Leben, ständig durch äußere Ereignisse verzögert.

Nach so vielen vergeblichen Anläufen und Rückschlägen beschloss mein Mann, die Beziehungen zur PLO-Führung abzubrechen. Die Entscheidung war ihm außerordentlich schwer gefallen. Er hatte in den vergangenen sechs Jahren stets versucht, eine echte Partnerschaft mit der PLO einzugehen, um einen umfassenden Frieden zu erreichen, aber alle Anläufe waren vereitelt worden. Am 19. Februar, zehn Tage nach Raijahs Geburt, gab König Hussein in einer Ansprache an das Land das Ende der Zusammenarbeit mit der PLO bekannt, »bis zu einer Zeit, wo ihr Wort zugleich eine Zusage ist, die von Verpflichtung, Glaubwürdigkeit und Beständigkeit charakterisiert ist«. In Anbetracht der zahllosen jordanischen Palästinenser am Ostufer und natürlich im besetzten Westjordanland warteten wir voller Sorge ab, welche Reaktion seine Worte auslösen würden, aber abgesehen von einer zu erwartenden, schwachen Opposition erhielten wir aus allen Bereichen der Gesellschaft überwiegend Zustimmung.

Nach dem unablässigen politischen Druck, dem wir zu Hause ausgesetzt gewesen waren, war es beinahe eine Erleichterung, sich wieder den internationalen Beziehungen zuzuwenden. Raijah war erst einen Monat alt, als wir sie zu unseren offiziellen Besuchen in Brunei, Oman und Indonesien mitnahmen. In Indonesien erlebten Hussein und ich einige unvergessliche Momente, als wir in finsterer Nacht auf einer Hügelkuppe in Bali saßen und den Halleyschen Kometen beobachteten. Unsere einzige Sorge galt in diesem Augenblick den Affen. Indonesische Sicherheitsbeamte hatten uns gewarnt, dass die in den Bäumen und Büschen plappernden Affen sich das Baby schnappen würden, wenn wir nicht aufpassten. Deshalb hielt ich Raijah so fest, wie sie in ihrem Leben nie wieder gehalten wurde.

Die Affen verschonten Raijah, und sie begleitete uns zwei Monate später zu einem Staatsbesuch in die Vereinigten Staaten, dann nach Ägypten, England, Luxemburg, Frankreich und Indien. Der Staatsbesuch in Indien war besonders faszinierend. Leider war Raijah noch zu jung, um den Besuch des Taj Mahal bei Sonnenuntergang zu würdigen. Wir hatten das prächtige Marmorgebäude ganz für uns allein, weil unsere Gastgeber es aus Sicherheitsgründen für die Öffentlichkeit geschlossen hatten. Die Reise war uns besonders wichtig, weil wir sie immer wieder hatten verschieben müssen. Zwei Jahre zuvor hatte Indira Gandhi uns bereits nach Indien eingeladen, kurz danach war sie jedoch ermordet worden. Ihr Sohn Rajiv folgte ihr nach und erneuerte die Einladung. Im Oktober 1986 war es dann endlich so weit. Nur vier Tage vor unserer Ankunft hatte Rajiv selbst auf wundersame Weise einen Mordanschlag überlebt. »Es war dilettantisch«, sagte er zu mir bei der Empfangszeremonie und erzählte mir, wie ein Sikh-Schütze auf dem Dach einer Hütte an Gandhis planmäßiger Route im Hinterhalt gelegen hatte.

Die Gandhis waren uns auf Anhieb sympathisch. Rajiv war ein vollendeter Gentleman – gefühlvoll, sanft und nachdenklich – und ein überaus aufmerksamer Gastgeber, und er war, wie mein Mann, ein begeisterter Pilot. Sonia Gandhi, seine Frau, wirkte zurückhaltender, was angesichts der schrecklichen

Ereignisse, die ihr Leben geprägt hatten, ganz natürlich war: Ihr Schwager war bei einem Flugzeugabsturz ums Leben gekommen. Ihre tödlich getroffene Schwiegermutter war in ihren Armen gestorben. Ihr Mann hatte widerwillig die Nachfolge seiner Mutter übernommen, und zuletzt war nun der Anschlag auf ihn verübt worden. Aus Sicherheitsgründen verließen ihre Kinder selten das Haus, nicht einmal um zur Schule zu gehen.

Sonia und ich wurden im Laufe dieses Besuches enge Freundinnen. Sie besuchte mich später in Jordanien, wo ich ihr Bani Hamida und die Werkstätten zeigte. Sie und ihre Kinder taten mir außerordentlich Leid, als Rajiv 1991 von einem tamilischen Selbstmordattentäter bei einer Wahlkampfveranstaltung in der Nähe von Madras ermordet wurde. Ich saß in einem kalifornischen Hotelzimmer, als ich die Neuigkeit hörte. Ich musste mich setzen, das Gesicht in den Händen, und war ganz aufgewühlt, weil ein so sanfter, ehrbarer Mann auf diese Weise sterben musste. Sonia ist eine Frau, die schier unerträgliches Leid mit großer Würde und Courage ertragen hat. Weder sie noch Rajiv wollten jemals in die Politik gehen. Sie taten es aus Pflichtgefühl gegenüber ihrem Land. Ich kann nur vermuten, welche Qualen sie ausgestanden haben muss, als auch sie von der Kongresspartei ihrer Familie bei Wahlen aufgestellt wurde.

Wir beendeten unsere Indienreise im Staat Goa, einer ehemaligen portugiesischen Enklave an der Westküste. Das gab mir die Gelegenheit, Raijah mit dem Meer bekannt zu machen. Wir verbrachten eine überaus erholsame Zeit in den Wellen. »Braves Mädchen, auf geht's«, sagte ich zu ihr, als das türkisblaue Wasser des Arabischen Meeres uns umspülte.

Elternschaft

Raijah war im Juni 1986 erst drei Monate alt, als der König und ich sie auf einen Ball in Windsor Castle in England mitnahmen. Auf dem Schloss sprach sich schnell herum, dass Raijah in einem kleinen Raum unweit des Ballsaals untergebracht war, und die kleine Prinzessin gab ihre eigene ganz besondere Vorstellung für einige jüngere Mitglieder der königlichen Familie. In meinem Tagebuch findet sich dazu folgender Eintrag: »Raijah empfängt Diana, Andrew, Sarah und andere mit strahlendem Lächeln, und sie hat hoffentlich Andrews Bedenken, was die Gründung einer Familie betrifft, zerstreut.«

In den Tagen vor dem Ball nahmen mein Mann und ich in unserem Haus in London Tanzstunden. Wir hatten beide das Gefühl, dass wir eingerostet waren, also suchten wir uns einen Hauslehrer, der uns half, unser tänzerisches Können wieder aufzupolieren. Wir entfernten alle Möbel aus unserem Wohnzimmer, was uns unerwartet viel befreienden Raum verschaffte. »Stürmische gemeinsame Tanzstunden in unserem Aushilfsballsaal in Palace Green«, schrieb ich in mein Tagebuch. »Ich frage mich, ob ich genügend Fortschritte machen werde, um in Windsor einen halbwegs annehmbaren Auftritt hinzulegen, aber mir ist auch klar, dass ich wohl nicht die Einzige bin, die ihre Tanzkünste in den letzten acht Jahren sträflich vernachlässigt hat. Trotzdem werde ich meinen Helden immer verehren.«

Am Ende hatten wir in Windsor nur sehr wenig Zeit zum Tanzen, denn wir mussten früh aufbrechen, weil Sidi, Hussein,

Haschim und Iman am folgenden Morgen in aller Frühe einen Krankenhaustermin hatten. Hussein hatte eine kleine Operation wegen seiner Nebenhöhlenprobleme, und bei den Kindern wurden die Polypen und Rachenmandeln entfernt. Alle Operationen galten als routinemäßig. Leider verliefen nur die Operationen von Hussein und Haschim ohne Komplikationen. Imans Polypen jedoch waren vier Mal so groß wie normal. Sogar der Arzt war darüber schockiert und meinte im Scherz, wir sollten sie in Bronze gießen lassen. Am Morgen nach der Operation begann Iman zu bluten. Ich legte mich neben sie auf das Krankenhausbett, um sie zu trösten, und schließlich wurden wir zusammen in den Operationssaal gerollt, wo man erfolglos versuchte, die Blutung zu stoppen. In den folgenden Tagen pendelten wir noch mehrmals zwischen der Station und dem OP hin und her. Der Arzt sagte, die Komplikationen bei Iman seien sehr selten – ein schwacher Trost. Die Erfahrung war traumatisch für eine Dreijährige und brach uns allen fast das Herz. Selbst unsere Sicherheitsbeamten vom Special Branch hatten Tränen in den Augen.

Schließlich kam Iman dann doch gesund aus dem Krankenhaus, und wir kehrten nach Jordanien zurück. Doch ihre Pechsträhne war noch nicht zu Ende: Fünf Monate später fiel sie mit ihrem Gokart eine drei Meter hohe Mauer hinunter. Sie landete auf einem Lieferwagen, der zum Glück auf einem Parkplatz unter dem königlichen Palastbezirk geparkt war, und brach sich ein Bein. Ihr Kindermädchen spielte den Vorfall herunter, und ich erkannte zuerst nicht, dass mein Kind verletzt war. Ich wollte, dass sie von meinem Schoß aufstand, und als sie protestierte, dachte ich, sie wolle einfach sitzen bleiben. Erst als ich sie zum Stehen zwang, war offensichtlich, dass sie schreckliche Schmerzen hatte. Wir brachten sie ins Krankenhaus, wo ein schwerer Beinbruch diagnostiziert wurde. Ich machte mir große Vorwürfe, weil ich Iman unwissentlich gefoltert hatte, als ich sie zum Stehen zwang, und sie zieht mich damit heute noch auf. Meine Mutterinstinkte geboten mir, mich ganz auf Imans Wohlergehen zu konzentrieren, während mein Mann noch mindestens eine Woche lang vor sich hin knurrte, er wolle die Verantwortlichen erwürgen. Glücklicherweise heilte Imans Bein schnell, aber 1986 war ein traumatisches Jahr für sie.

Das psychische und politische Trauma, das mein Mann im Lauf dieser Zeit erlitten hatte, heilte langsamer. 1986 äußerte er sich erstmals pessimistisch über die Zukunft der Region. Das Scheitern einer jordanisch-palästinensischen Partnerschaft und der Abbruch der Beziehungen mit der Führung der Palästinenser hatten ihn zutiefst frustriert. Seine unaufhörlichen Anstrengungen für einen umfassenden Frieden waren ein Misserfolg gewesen.

Seine Stimmung verschlechterte sich weiter, als die Reagan-Regierung die Waffenlieferungen an Jordanien für unbestimmte Zeit verschob. Obendrein erfuhr er damals, dass Reagan ein geheimes Waffengeschäft mit dem Iran abwickelte. Die Waffen wurden im Austausch gegen die Freilassung amerikanischer Geiseln geliefert, die militante Muslime in Beirut genommen hatten. Dass die USA es fertig brachten, im iranisch-irakischen Krieg nicht nur dem Irak, sondern auch dem Iran Waffen zu liefern, empörte meinen Mann. Die zusätzliche Information, dass Oliver North den Iran im Krieg gegen den Irak auch mit nachrichtendienstlichem Material versorgte, deprimierte meinen Mann zusätzlich. Der Iran hatte im Februar 1986 einen wichtigen Sieg auf der Halbinsel Fao errungen.

Um diese Zeit begann mein Mann mit mir über seine Rolle und seine Verpflichtungen als König von Jordanien zu sprechen. Er fragte sich, wie er seine einzigartige Glaubwürdigkeit als arabischer und muslimischer Staatsmann im Ruhestand optimal einsetzen konnte. Was wäre die nützlichste Rolle, die er zum gegenwärtigen Zeitpunkt seines Lebens spielen konnte? Er erwog ernsthaft, den Thron einer anderen Person, etwa seinem Bruder, abzutreten, um sich unabhängig von der Tagespolitik für eine größere Sache einsetzen zu können.

Ich hatte damals meine eigenen Herausforderungen zu bestehen. Einige radikale Islamisten griffen das Festival von Dscherasch als »unislamisch« an. Auch privat erlebte ich eine schwierige Zeit. Mein Mann war so mit seinen Problemen beschäftigt, dass er die wachsenden Spannungen in einem Haus voller Teenager gar nicht registrierte. Hätte ich mir je träumen lassen, wie hilflos ich mich gegenüber meinen Stiefkindern fühlen würde, dann hätte ich mir vielleicht gründlicher überlegt, ob ich ihren Vater heiraten sollte. »Es wäre ihm vielleicht besser gegangen, wenn er nicht noch eine Frau gehabt hätte, die in der Familie als Sündenbock herhalten muss«, schrieb ich nach einem gewiss dunklen Tag in mein Tagebuch.

Die feindselige Stimmung in unserem Haushalt war mit Händen zu greifen. Wenn ich nach einem harten Arbeitstag nach Hause kam, fand ich keinen Frieden. Die Gruppendynamik in der Familie wurde zusätzlich dadurch kompliziert, dass meine älteren Stieftöchter und Stiefsöhne ihre jüngeren Halbgeschwister mit ihrer pubertären Aufsässigkeit ansteckten, als diese älter wurden.

Einmal verfassten die acht älteren Kinder eine Liste mit 54 Beschwerden und wählten eines der acht Kinder zum Sprecher, der sie uns vorlegte. Hussein und ich wussten zunächst einfach nicht, wie wir auf die Flut von Beschwerden reagieren sollten, zu denen normale familiäre Probleme, aber auch wirklich absurde Anschuldigungen gehörten. Wenn wir über jedes Missverständnis sofort gesprochen hätten, wenn es auftrat, wäre alles viel einfacher gewesen. Doch die vielen Kinder tauschten sich zunächst untereinander über ihre Beschwerden aus, bis ihre kollektive Reaktion völlig absurde Ausmaße angenommen hatte. Entfernte Verwandte mischten sich mit den unterschiedlichsten Absichten ein, was unsere Probleme nur noch verschärfte. Ich schlug vor, alles Punkt für Punkt zu besprechen. Wir mussten mehr miteinander reden, aber das setzte Vertrauen voraus, und Vertrauen war leider die Ausnahme.

Ich war verantwortlich, aber ich fühlte mich völlig hilflos und sehr allein. Die Situation in der Familie wurde so schlimm, dass ich in jener zwei- oder dreijährigen Periode manchmal das Gefühl hatte, sie nicht mehr ertragen zu können. In solchen finsteren Zeiten fragte ich mich, ob ich als Ehefrau nicht doch eher eine Last als eine Hilfe war. Der Stress war so stark, dass ich mich nicht mehr in der Lage fühlte, überhaupt noch eine gute Mutter zu sein, nicht einmal unseren ganz kleinen Kindern. Ich stand unter enormem Stress, weil ich versuchte, die schwierige Situation zu meistern und Harmonie zu schaffen, aber ständig damit scheiterte. Ich hatte das Gefühl, dass ich meinem Mann oder den Kindern nichts Positives mehr geben konnte. Hussein konnte es spüren, selbst wenn ich nichts sagte, und tatsächlich behielt ich meine Gefühle meistens für mich, weil ich wusste, dass er sich ebenfalls hilflos fühlte.

Ich stand diese schlimme Zeit durch, indem ich mir klar machte, was Hussein selbst durchgestanden hatte: Wie oft war er grausam verraten worden, und wie oft hatte er verziehen! Er hatte Eifersucht, Angriffe und Missverständnisse gelassen ertragen und sich trotzdem sein Gottvertrauen und seinen Humor bewahrt. Wäre ich mit einem anderen Mann verheiratet gewesen, hätte ich vermutlich niemals die Kraft und das Vertrauen gehabt, die Krise durchzustehen. Mein Mann dachte immer über sich selbst hinaus und orientierte sich am Allgemeinwohl, und ich versuchte, seinem Beispiel zu folgen.

Trotzdem ging es mir sehr schlecht, doch ich konnte es niemandem erzählen, nicht einmal meinen engsten Freunden und meinen Angehörigen. Ich hatte das Gefühl, dass ich damit die Privatsphäre meines Mannes verletzt hätte. Irgendwann erwog ich, therapeutische Hilfe zu suchen. Ich bin von Natur aus optimistisch und eine gute Problemlöserin, aber trotzdem hatte ich das Gefühl, dass mir jemand eine Richtung weisen musste. Was konnte ich besser machen? Woran konnte ich nichts ändern? Am Ende jedoch beschloss ich, auf therapeutische Hilfe zu verzichten. Angesichts der prekären politischen Lage erschien es mir zu riskant, unsere Familienangelegenheiten mit einer außenstehenden Person zu besprechen.

Sicher wusste ich nur das eine: Wir liebten einander. Außerdem war es offensichtlich, dass Hussein mich brauchte. Er nahm viel zu viel allein auf sich, und so naiv es auch klingen mag, ich wollte wirklich eine mustergültige Familie gestalten. Wir waren beide unter schwierigen Umständen aufgewachsen, und ich dachte, wenn wir irgendwie gemeinsam all diese Herausforderungen bestehen und daran wachsen würden, dann würde das unseren Kindern eine größere Zuversicht vermitteln, eine zusätzliche Stärke, mit der sie arbeiten könnten – zu

ihrem eigenen Wohl und zum Wohle unserer gesamten jordanischen Verwandtschaft.

Wie in den meisten Familien machten sich Geduld und Vertrauen letztlich bezahlt, als die älteren Kinder jeweils ihre eigenen Begabungen und Interessen entwickelten, unabhängiger
wurden und schließlich ihre eigenen Familien gründeten. Wir
nahmen an ihren Freuden und Enttäuschungen Anteil und freuten uns, wenn sie heirateten und Kinder bekamen. Ich erlebte
nun einige der glücklichsten und zuversichtlichsten Perioden
meines Lebens.

In der Krisenzeit hatte ich meine Familie in den Vereinigten
Staaten nicht oft besuchen können. Meine erste, ganz private
Reise in die Vereinigten Staaten machte ich 1987, fast zehn
Jahre nach meiner Hochzeit mit König Hussein. In all dieser
Zeit hatte ich das Gefühl gehabt, meinen Mann und die kleinen Kinder nicht mit gutem Gewissen allein lassen zu dürfen,
ganz zu schweigen von meinen ständig wachsenden Verpflichtungen als Königin. Dann jedoch starb wenige Tage vor ihrem
100. Geburtstag meine Großmutter. Mein Vater hatte zu ihrem
Geburtstag als Überraschung ein Familientreffen geplant
gehabt, aus dem nun eine Gedenkfeier im Garten meines Vaters
in Washington, D.C., wurde. Auch wenn der Anlass meiner
Reise traurig war, bot sie doch meinen Kindern die Gelegenheit, ihre amerikanischen Vettern und Basen zu besuchen oder
auch erstmals kennen zu lernen.

Diese Amerikareise, auf der ich keine Reden halten oder
Presseinterviews geben oder sonst etwas Politisches tun musste, machte mir klar, wie sehr ich meine Verwandten und Freunde vermisst hatte. Ich erkannte, dass ich Zeit für sie finden
musste, um den Kontakt zu meinen Wurzeln und zu den Ein-
flüssen, die mein Leben geprägt hatten, nicht zu verlieren. Nach
dieser Einsicht blieb ich nach dem Gedenkgottesdienst für meine Großmutter noch ein zweites Wochenende in den USA und
besuchte die Hochzeit von Julia Preston, einer alten Klassenkameradin von der Concord Academy.

In der Woche davor musste ich intensive Verhandlungen mit
dem amerikanischen Secret Service führen, damit die Beamten

sich ein wenig zurückhielten. Ich wäre nicht auf die Hochzeit gegangen, wenn ich sie gestört hätte, weil ich die anderen Gäste mit meinem Ring von Sicherheitsleuten abgelenkt hätte. Am Ende machte der Chef meines Personenschutzes außerordentliche Anstrengungen, um mir einen unauffälligen Besuch des Hochzeitsfests zu ermöglichen. Es wurde nicht bekannt gegeben, dass ich da war, und ich kam schnell und unauffällig an und ging auf dieselbe Weise wieder. Am schönsten war es für mich, dass wenigstens zu Anfang niemand außer meinen engsten Freunden wusste, wer ich war. Es war ein herrliches Gefühl, einfach ich selbst zu sein und ohne Aufsehen mit alten Freunden zu plaudern.

Von da an lud ich bewusst alte Freundinnen zu verschiedenen offiziellen und privaten Veranstaltungen in den USA ein. In England meldete ich mich bei Carinthia West, einer Klassenkameradin aus der National Cathedral School in Washington, die ich seit zehn Jahren nicht gesehen hatte. Carinthia war etwas erschrocken, als ich völlig unerwartet anrief, und die Frau, die den Anruf entgegennahm, verkündete, die Königin von Norwegen sei am Telefon. Als wir das Missverständnis geklärt hatten, lud ich sie nach Jordanien ein. In den folgenden Jahren besuchten mich noch andere Freundinnen, und mein Mann und ich freuten uns, dass sie unsere jordanischen Freunde, die reichen Kulturschätze und die faszinierende Geschichte des Landes kennen lernten. An meinem 40. Geburtstag zeltete eine Gruppe meiner alten Freundinnen von der Concord Academy im Wadi Rum. Raijah wohnte bei meiner Freundin Julia im Zelt. Ihre Tochter war etwa gleich alt wie Raijah, aber sie hatte nicht mitkommen können.

In den späten Achtzigerjahren war der Ölboom zu Ende, und Jordanien und die gesamte Region rutschten in eine Rezession. Die arabischen Länder, die in den Siebzigerjahren in Öleinnahmen geschwommen waren, erlebten einen wirtschaftlichen Abschwung, und ihre Finanzhilfen für Jordanien wurden von einem kräftigen Strom zu einem kläglichen Rinnsal. Die Löhne der im Ausland arbeitenden Jordanier wurden entweder eingefroren oder gekürzt, und sie schickten nun weniger Geld nach Hause. Jordanier fanden nicht mehr so leicht Arbeit im Ausland, und im Land selbst stieg die Arbeitslosigkeit stark an, insbesondere unter Hochschulabsolventen, die während des Ölbooms sehr begehrt gewesen waren. Die Unzufriedenheit in Jordanien wuchs.

Im Herbst 1987 machten Hussein und ich einen Staatsbesuch in Finnland. Die Finnen bereiteten uns einen unglaublichen Empfang. Sie säumten die Straßen, wohin wir auch immer kamen, und erwiesen uns auf allen Ebenen unglaubliche Gastfreunschaft. Vielleicht lag es daran, dass Hussein seit zehn Jahren der erste arabische Staatschef war, der das Land besuchte, vielleicht galt er auch als Friedensstifter aus einer Region, in der bereits seit den frühen Siebzigerjahren finnische Friedenstruppen stationiert waren. Gleichgültig, welchen Grund der rauschende Empfang haben mochte, er war jedenfalls überwältigend.

Der finnische Staatspräsident Mauno Koivisto machte noch einmal deutlich, dass Finnland sich für eine israelisch-arabische Friedensregelung auf Grundlage der UN-Resolutionen einsetzte, und rief den Iran dazu auf, einen von der UN befürworteten Friedensplan zur Beendigung des blutigen Konflikts mit dem Irak anzunehmen. Außerdem schloss Jordanien sein erstes Tourismusabkommen mit Finnland. Von da an landete einmal die Woche ein Flugzeug der Royal Jordanian voller skandinavischer Touristen aus Helsinki in Akaba, was unserer Volkswirtschaft einen willkommenen Auftrieb verschaffte. Wir hatten häufiger beobachtet, dass nach unseren Staatsbesuchen mehr Touristen aus den Gastländern nach Jordanien reisten.

Zu unserer Überraschung rief unsere Reise auch sehr scharfe Kritik hervor. Da das finnische Protokoll sich durch extreme Strenge auszeichnet, mussten wir all unsere Insignien tragen, und ich trug sogar mein Diadem. Die Pressefotos, die uns in dieser Aufmachung zeigten, lösten in Jordanien den Vorwurf aus, wir hätten den Bezug zur jordanischen Realität verloren. Diese Ansicht war bezeichnend für die wachsende Opposition und Unzufriedenheit in unserem Land angesichts der sich verschlechternden Wirtschaftslage. In Wirklichkeit hatten wir uns nur auf einem Staatsbesuch protokollgemäß verhalten, der

Jordanien beträchtliche wirtschaftliche und politische Vorteile brachte.

Das ganze Jahr 1987 drängte mein Mann auf eine internationale Konferenz mit der PLO und allen fünf ständigen Mitgliedern des Weltsicherheitsrats. Im Juli traf er sich in Castlewood, unserem Haus in der Nähe von London, heimlich mit dem neuen, rechtsgerichteten Ministerpräsidenten Israels Jitzhak Schamir. Er wollte herausfinden, ob es eine Möglichkeit gab, in Verhandlungen mit Israel Fortschritte zu erzielen. Das Treffen brachte keine klaren Ergebnisse. Wie Hussein mir später erzählte, war die Atmosphäre in Castlewood sehr gespannt. Schamirs Begleiter waren so misstrauisch, dass sie Husseins Sekretärin die Taschen durchsuchen wollten. Die Israelis benutzten nicht einmal das Telefon im Haus, sondern fuhren ins nächste Dorf und telefonierten von einer öffentlichen Telefonzelle aus.

Der US-amerikanische Außenminister George Shultz machte weiter, wo Schamir aufgehört hatte. Er besuchte meinen Mann am 20. Oktober in unserem Londoner Haus Palace Green. Der Vorschlag, den die Amerikaner meinem Mann vortrugen, stimmte fast wörtlich mit dem israelischen überein: Vergesst die internationale Konferenz, und verhandelt direkt mit Schamir, ohne die PLO und die ständigen Mitglieder des Weltsicherheitsrats. Der König weigerte sich, diese Forderungen zu erfüllen. Als die amerikanischen Delegierten gegangen waren, fanden wir unter einem Sofakissen die Instruktionen eines Beraters von Shultz. Unter der Überschrift »Strategien für den Umgang mit Hussein« enthielt das Papier detaillierte Anweisungen, wie mit meinem Mann umzugehen sei. Minuten später klingelte ein amerikanischer Diplomat heftig an der Tür und sagte, die Amerikaner hätten bei ihrem Aufbruch Papiere vergessen. Er fand die Instruktionen unter dem Kissen, wo wir sie nach dem Kopieren wieder hingelegt hatten.

Der israelische Einfluss auf die US-amerikanische Position war so groß, dass den Arabern kein Verhandlungsspielraum blieb. Doch die arabischen Länder waren sich einiger als je zuvor, und im November 1987 machte Jordanien als Gastgeber eines arabischen Gipfels das Unmögliche möglich. Acht

Monate vor der Konferenz hatte König Hussein zwei Erzfeinde zu sich eingeladen – Hafis al-Assad aus Syrien, der im irakisch-iranischen Krieg den Iran unterstützte, und Saddam Hussein aus dem Irak. Sie sollten ihre Meinungsverschiedenheiten klären, und sie hatten es getan.

Nun waren beide wunderbarerweise auf dem Gipfel der arabischen Einheit in Amman erschienen. Dasselbe galt übrigens auch für Hosni Mubarak, mit dem erstmals seit dem Camp-David-Abkommen wieder ein ägyptischer Staatspräsident an einem arabischen Gipfel teilnahm. Hussein und Assad sprachen am ersten Tag der Konferenz dreizehn und an ihrem zweiten Tag sieben Stunden miteinander. Sie verließen das Gipfeltreffen vielleicht nicht als Freunde, aber sie einigten sich zumindest darauf, einander nicht mehr öffentlich anzugreifen.

Die unermüdlichen Anstrengungen meines Mannes, im Nahen Osten Einigkeit herzustellen, begannen endlich Früchte zu tragen. Endlich einmal sprachen die arabischen Länder mit einer Stimme, und sogar Hafis al-Assad akzeptierte den Aufruf meines Mannes zur Einigkeit und forderte wie alle anderen Teilnehmer »Solidarität mit dem Irak«. Arafat wurde ebenfalls herzlich willkommen geheißen. Tatsächlich nahmen Jordanien und die PLO kurz darauf wieder offizielle Beziehungen auf.

Saddam Hussein, der sein Land fast nie verließ, war so besorgt um seine Sicherheit, dass er nicht wie geplant in der Residenz des irakischen Botschafters wohnte. Vielmehr mussten wir in letzter Minute sechs Familien, die in Amman einen gemeinsamen Wohnkomplex bewohnten, in ein Hotel umquartieren, damit wir den irakischen Staatschef und sein riesiges Gefolge, das größtenteils aus seiner Leibgarde bestand, wunschgemäß unterbringen konnten. Während seines ganzen Aufenthalts in Amman aß Hussein nur Speisen, die sein eigenes Personal zubereitet hatte.

Der Gipfel von Amman war der indirekte Auslöser für eine wichtige historische Entwicklung im Nahen Osten. Die Palästinenser in den besetzten Gebieten veranstalteten eine Serie von Demonstrationen gegen die israelische Besetzung, die einen wachsenden Zusammenhalt zwischen der palästinensischen

Führung im Exil und der Bevölkerung in den besetzten Gebieten erkennen ließen, aber auch der wachsenden Verzweiflung der Palästinenser entsprangen. Nach zehn Jahren qualvollen Stillstands hoffte ich inbrünstig, dass ihr Protest Gehör finden möge. Die Israelis versuchten, die Demonstrationen gewaltsam zu unterdrücken. Sie überspannten den Bogen jedoch, als israelische Siedler im Dezember, einen Monat nach dem Gipfel von Amman, ein palästinensisches Schulmädchen erschossen und die israelischen Behörden von seiner Familie verlangten, es bei Nacht zu bestatten. Im selben Zeitraum fuhr ein Fahrzeug der israelischen Armee vermutlich absichtlich in eine palästinensische Autoschlange, und vier Palästinenser wurden getötet. Beide Ereignisse lösten im Gazastreifen und im Westjordanland große Empörung aus. Zwei Tage später begann die erste Intifada (arabisch für Aufstand) der Palästinenser von 1987.

Journalisten aus aller Welt kamen nach Israel und in die besetzten Gebiete und brachten allabendlich Bilder von arabischen Jugendlichen in Jeans und T-Shirts, die israelische Soldaten in voller Straßenkampfmontur mit Steinen bewarfen. Die Soldaten antworteten mit Tränengas, Schlagstöcken und scharfen Schüssen. Die Parallele zu David und Goliath war unübersehbar, und zum ersten Mal kam der humanitäre Aspekt der palästinensischen Tragödie weltweit auf die Titelseiten der Zeitungen und die Fernsehschirme. Israel behauptete, die Berichterstattung sei parteiisch und antisemitisch. Doch die brutalen Bilder und die steigende Zahl der Opfer auf palästinensischer Seite sprachen eine deutliche Sprache: Im Lauf der folgenden vier Jahre wurden 1300 Palästinenser und 80 Israelis getötet. Sogar die Regierung Reagan nahm von der neuen Entwicklung Notiz, was im Januar 1988 zu einem seltsamen Telefongespräch zwischen Reagan und meinem Mann führte.

Dem König war damals schon aufgefallen, dass seine Treffen mit Präsident Reagan immer weniger Substanz hatten und eigentlich nur noch formeller Natur waren. Die wichtigen Gespräche fanden außerhalb des Oval Office mit Regierungsmitgliedern wie dem Außenminister statt und nicht mehr mit dem Präsidenten. Bei Reagan war es, als würde er nach einem

Drehbuch verhandeln. Mein Mann war darüber zutiefst beunruhigt, denn er hatte immer sehr direkte Beziehungen zu den amerikanischen Präsidenten gehabt. Ihm war jedoch bewusst, dass der Gesundheitszustand des Präsidenten in dessen letztem Amtsjahr zum Problem geworden war.

Husseins Besorgnis wurde etwa einen Monat nach dem Beginn der Intifada durch einen Telefonanruf aus dem Weißen Haus verstärkt. An diesem Telefongespräch war verblüffend, dass Reagan nach dem üblichen Austausch von Höflichkeiten direkt auf eine Reihe politischer Punkte zu sprechen kam, sich danach jedoch sofort verabschieden wollte. Als Hussein eine Frage stellte, geriet der Präsident völlig aus dem Konzept und beendete abrupt das Gespräch. Beim Abhören des Bandes wird ziemlich deutlich, dass Reagan die Punkte von Karteikarten ablas und nicht in der Lage war, über sie zu diskutieren.

Trotzdem hatte das Gespräch deutliche Auswirkungen. Kurz nach dem Telefongespräch traf Philip Habib, Reagans früherer Sonderbotschafter für den Nahen Osten, in Jordanien ein und überbrachte die willkommene Nachricht, dass sich die USA nun »energisch« für eine internationale Friedenskonferenz einsetzen würden. Diese neue US-amerikanische Position stand in radikalem Gegensatz zu dem, was George Shultz noch drei Monate zuvor gegenüber meinem Mann vertreten hatte.

Die Intifada war ein Erfolg, weil sie den Palästinensern eine neue Identität verschaffte, die sich vom Stereotyp der PLO-Identität unterschied, aber sie führte nicht zu einer politischen Lösung. Die Vereinigten Staaten und Israel weigerten sich immer noch, mit der PLO zu verhandeln, und die PLO weigerte sich immer noch, meinen Mann für eine gemeinsame Delegation sprechen zu lassen. Zudem standen die neuen politischen Führer, die sich durch die Intifada im Westjordanland etablierten, Jordanien genauso misstrauisch gegenüber wie die PLO. Sie riefen in einem Kommuniqué vom März 1988 die Palästinenser im jordanischen Parlament dazu auf, ihre Mandate niederzulegen und sich »mit ihrem Volk zu verbünden«.

Mein Mann war empört. Jordanien hatte das Westjordanland seit 1967 unterstützt. Es hatte sowohl im Gazastreifen als auch im Westjordanland die Gehälter der Lehrer und der Beamten im öffentlichen Dienst bezahlt und mit der Pflege der heiligen Stätten in Jerusalem seine traditionelle Pflicht als haschemitisches Königreich erfüllt. Kein Staat hatte sich auf der Weltbühne energischer oder glaubwürdiger für einen palästinensischen Staat und das palästinensische Selbstbestimmungsrecht eingesetzt, und das trotz starkem, permanentem Druck der USA, einen Separatfrieden mit Israel zu schließen.

Am 31. Juli 1988, im siebten Monat der Intifada, kappte Hussein die Verbindungen Jordaniens zum Westjordanland. Er war der Ansicht, es sei an der Zeit für die Palästinenser, die Verantwortung für ihre Angelegenheiten selbst zu übernehmen. Seine wichtigsten Berater hatten eine Studie über die Beziehungen zwischen Jordanien und den Palästinensern verfasst und eine Loslösung vom Westjordanland empfohlen. »Das sollen sie kriegen«, sagte mein Mann zu Abu Schaker, dem Befehlshaber der jordanischen Armee. »Sollen sie die Last tragen.« Mein Mann stellte allerdings klar, dass er mit der Loslösung vom Westjordanland nicht auf die Pflege der heiligen Stätten in Jerusalem verzichtete. Er betrachtete diese Aufgabe als seine persönliche und spirituelle Pflicht und als politische Notwendigkeit, weil es keine Garantie dafür gab, dass Israel den Palästinensern die Souveränität über die umstrittenen Stätten jemals zubilligen würde.

Im August 1988 ging der iranisch-irakische Krieg endlich zu Ende, und im November erreichte Arafat, dass der Palästinensische Nationalrat in den besetzten Gebieten die Errichtung eines palästinensischen Staates mit Jerusalem als Hauptstadt proklamierte. Danach überstürzten sich die Ereignisse. Da das Westjordanland in Jordanien keine Vertretung mehr brauchte, wurde das jordanische Parlament aufgelöst und umstrukturiert, und das Land bereitete sich auf die ersten freien und allgemeinen Wahlen seit 1967 vor.

Hin und wieder gelang es uns in dieser arbeitsreichen Zeit, mit allen Kindern seltene Momente der Ruhe in Buckhurst Park zu genießen, unserer Zuflucht in England, die wir der Großzügigkeit einiger enger Freunde Husseins verdankten. Hier hatten wir so viel Privatsphäre wie nirgendwo sonst. Wir konnten fast ein normales Familienleben führen, und für die Kinder wurde das Haus zu einer zweiten Heimat. Al-Nadwa war von zahlreichen Büros geprägt, Buckhurst dagegen war zum Wohnen da, ein ruhiges, gemütliches Heim. Wir saßen zum Plaudern und Fernsehen im Wohnzimmer beieinander, und manchmal rösteten wir Kastanien im offenen Kamin, ein von mir eingeführtes winterliches Familienritual, das ich aus meiner Kindheit in New York kannte. Mein Mann aß gerne Kastanien, und die Kinder wetteiferten darin, sie möglichst schnell für ihn zu schälen, wobei sich alle ein wenig die Finger verbrannten.

Wir konnten mit den Kindern unbehelligt in den Straßen des nahe gelegenen Windsor spazieren gehen, die Buch- und Plattenläden durchforsten, die mein Mann so liebte, und im Waterside Inn und anderen Restaurants in der Nähe speisen. Mein Mann organisierte gern spontane Softball-Spiele auf dem Rasen von Buckhurst, an denen alle teilnahmen, vom Oberkommandierenden der Royal Squadron (jordanische Luftwaffe) und dem Protokollchef bis zu den Kindern und den Gärtnern.

Am 15. Juni legte Hussein in Buckhurst einen wunderschönen Brief zu unserem zehnten Hochzeitstag auf mein Kopfkissen. »Heute ist ein besonderer Tag in einem besonderen Monat in einem besonderen Jahr«, schrieb er. »Wir sind zehn Jahre älter und zehn Jahre alt. Wir werden nie wieder zehn sein, aber mit Gottes Segen werden wir noch in vielen künftigen Jahren zusammen wachsen und reifer werden. Eine silberne, eine goldene Hochzeit, wer kann das voraussagen?

Ich danke Gott für die Liebe, die wir leben, und die Kinder, die wir haben«, schrieb Hussein weiter. »Ich weiß, dass nicht alles so ist, wie ich es mir für Dich gewünscht hätte, ja dass es nicht einmal annähernd so ist. Ich kenne mich selbst, kenne meine Schwächen, und ich weiß genau, dass ich großes Glück habe, Dich an meiner Seite zu haben, liebend und sorgend, tapfer und rein. Alle wirklich wichtigen Dinge in meinem Leben werden wertvoller, wenn sie wachsen und reifen. Ich hoffe, unsere Zukunft, wird besser als unsere Vergangenheit, und ich freue mich über die vielen glücklichen Erinnerungen aus unserer gemeinsamen Reise durch die Zeit. Denn obwohl sich immer wieder alles verändert und man bergab fährt, bevor es wieder bergauf geht, habe ich das Gefühl, dass unsere Bilanz für die Jahre, die wir uns gemeinsam bemüht haben, positiv ist.

Heute ist ein besonderer Tag in einem besonderen Monat in einem besonderen Jahr. Ich bin immer stolz auf Dich gewesen, seit ich Dich an meiner Seite habe. Ich bete zu Gott, dass er Dich in den kommenden Jahren segnet und dass er uns Kraft, Glück und Zufriedenheit schenkt und den Genuss, unser Leben miteinander zu teilen und unser Bestes zu geben. Gott segne Deine Familie. Und vielen Dank, dass Du bist, wer Du bist. Der eine Gott hat mich gesegnet, als er uns vor zehn Jahren zusammengeführt hat und uns ein Leben als liebender Mann und geliebte Frau beginnen ließ. Mit Dir an meiner Seite ist für mich jeder Tag ein Fest. Einen glücklichen zehnten Hochzeitstag und mit Gottes Segen noch viele weitere Jahrestage. Mit all meiner Liebe, Hussein.«

In England verfolgte Hussein seinen Traum, die Tradition der jordanischen Luftfahrt zu bewahren. Zu diesem Zweck trieb er eine Anzahl alter Flugzeuge auf und stellte für die Königliche Luftwaffe Jordaniens ein Geschwader historischer Flugzeuge zusammen. Unter ihnen war die Dove, mit der er Fliegen gelernt hatte und die die syrischen MiGs in den Fünfzigerjahren zur Landung hatten zwingen wollen, sowie mehrere alte Jäger des Typs Hawker, die die jordanische Luftwaffe im Sechstagekrieg eingesetzt hatte. Diese Flugzeuge wurden im ganzen Vereinigten Königreich auf Flugschauen vorgeführt, und bei der größten, der Royal International Air Tattoo, war Hussein ein Schirmherr.

Ende der Achtzigerjahre in England hatten wir auch viel Freude an dem Hubschrauber, den mein Mann geschenkt bekommen hatte. Richard Verrall hätte meinen Mann eigentlich nicht fliegen lassen dürfen, aber er tat es natürlich trotzdem, und Hussein erfreute uns mit ein paar hübschen improvisierten Manövern. Er flog auch sehr gern mit dem Starrflügler, der seine offizielle Maschine war. Insbesondere machten ihm seine recht gewagten Starts und Landungen Spaß. Häufig flog er mit seiner TriStar nach Brize Norton, einem wichtigen Stützpunkt der RAF für Transportflugzeuge. Richard wartete dort mit dem Hubschrauber auf ihn und flog ihn in etwa 20 Minuten nach Buckhurst. In Brize Norton bekam man viel schneller eine Landeerlaubnis als in Heathrow, wo es wegen des normalen Flugverkehrs in der Regel Wartezeiten gab. Allerdings hatte die RAF strenge Vorschriften. Richard erzählt mit Begeisterung die Geschichte, wie Hussein einmal in Brize Norton eintraf und den Fluglotsen um die Erlaubnis für einen Vorbeiflug vor der Landung bat. Er erhielt die Erlaubnis gepaart mit dem Hinweis, dass es streng verboten sei eine Flughöhe von 120 Metern zu unterschreiten. Richard, der neben dem Stationskommandanten stand, als Husseins Anfrage hereinkam, wusste, was nun folgen würde. »Er war ein echter Rowdy und wollte nur das eine: mit möglichst hoher Geschwindigkeit und so niedrig wie möglich über die Landebahn donnern«, sagte er zu mir. Deshalb war er nicht im Geringsten überrascht, als die riesige TriStar plötzlich dicht über der Hecke erschien. Sie überflog die Landebahn in einer Höhe, die eher bei 1,20 als bei 120 Metern lag, und stieg an ihrem Ende sehr steil nach oben. Danach flog Hussein ein zweites Mal an, legte eine perfekte Landung hin und rollte mit der TriStar zu ihrem Platz.

Husseins Verstoß gegen die Vorschriften wurde zunächst kommentarlos hingenommen. Als er und Richard jedoch zwei Wochen später mit dem Hubschrauber den Stützpunkt anflogen, empfing Richard einen Funkspruch des stellvertretenden Stationskommandanten: »Könnten Sie bitte mit Ihrer Majestät bei mir hereinschauen?« Nach der Landung wurde Hussein höflich in die Station gebeten. Dort erhielt er eine offizielle Rüge und den unwiderlegbaren Beweis für seinen Verstoß gegen die Flugsicherheit: ein Foto von der TriStar, wie sie in Heckenhöhe über die Landebahn raste. Hussein war, wie Richard bemerkte, »zweifellos zu Recht stolz auf das Foto«. Ich vermute, dass die RAF Verständnis dafür hatte, dass mein

Mann ab und zu Dampf ablassen musste, und Richard verstand es ganz gewiss.

Damals in England hatte auch ich ein Abenteuer in den Lüften: Auf einem offiziellen Empfang zugunsten der Augenklinik St. John in Jerusalem, die vor allem Palästinenser behandelt, überredete mich Robert Pooley, unser Gastgeber, eine Fahrt in einem Heißluftballon zu machen. Unbeholfen kletterte ich in meinem vornehmen Abendkleid in den Korb, und wir hoben ab und schwebten mit dem obligatorischen Beamten des Special Branch an meiner Seite hoch über der friedlichen englischen Landschaft. Es war ein höchst interessantes Erlebnis, abwechselnd das Fauchen der Gasdüsen zu hören, die beim Aufsteigen die Luft in dem Ballon erhitzten, und die völlige Stille zu genießen, wenn sie abgeschaltet waren. Meine bisherige Erfahrung mit Ballonfahrten hatte sich auf den Film *In achtzig Tagen um die Welt* beschränkt, und ich fand es geradezu als magisch, dass ich selbst eine Ballonfahrt erlebte. Wir landeten auf einer Kuhweide neben einem Haus und fragten, ob wir das Telefon benutzen dürften. Dieses Verhalten ist für Ballonfahrer ziemlich normal, sie müssen sich von einem Auto abholen lassen, weil sie nicht wenden und zu dem Platz zurückfliegen können, wo sie gestartet sind. Trotzdem waren die Bewohner des Hauses ziemlich überrascht, als zwei Männer im Frack und die Königin von Jordanien im vornehmen Abendkleid vor ihrer Tür standen.

Dieses aufregende Erlebnis brachte mich auf die Idee, dass Ballonfahrten vielleicht eine ideale Möglichkeit waren, Jordaniens wildromantische Landschaften zu genießen. Wenig später erzählte ich Richard Branson, dem Chef von Virgin Atlantic Airways und begeisterten Ballonfahrer von meinem Plan. Wir luden ihn mit seinem riesigen Ballon von Virgin Atlantic nach Jordanien ein, und er half uns, das touristische Potenzial von Ballonfahrten zu erproben. Ich hatte erwartet, dass das Wadi Rum, das T. E. Lawrence als »gewaltig und voller Echos und gottähnlich« bezeichnet hatte, eine wunderbare Kulisse für Ballonfahrten bieten würde. Doch als Richard Branson die Bedingungen testete, waren die Winde unbeständig und wechselhaft, und er musste mehrere Ballonfahrten im Wadi Rum abblasen.

Schließlich plante er, unmittelbar nach Sonnenaufgang auf dem Flughafen von Amman zu starten, und lud unsere Kinder zu dem Flug ein. Mein Mann – sonst kein Frühaufsteher – war so skeptisch, was die Ballonfahrt betraf, dass er die Kinder lieber begleitete. Also standen wir im Morgengrauen auf und fuhren zusammen zum Flughafen. Hussein kehrte von der Fahrt als begeisterter Ballonfan zurück, und Fahrten mit dem Heißluftballon setzten sich in Jordanien schließlich doch noch durch – sogar im Wadi Rum. Einige Jahre nach den ersten Versuchen mit Branson wurde Husseins Geburtstag im Wadi Rum mit einem großen internationalen Ballonfahrerfest gefeiert. Es war ein herrlicher Anblick, wie die vielen farbenprächtigen Ballons aus vielen verschiedenen Ländern den blauen Wüstenhimmel schmückten.

Jordanien sollte schon bald im Glanz eines Hollywood-Films erstrahlen, und dass es dazu kam, war reines Glück. Im Juni 1988 entführte mich mein Mann für ein Wochenende nach Schottland, und zum ersten Mal seit unserer Hochzeitsreise stiegen wir wieder im Gleneagles ab. Zufällig fand dort am selben Wochenende eine Wohltätigkeitsveranstaltung für Prominente statt, zu der unser Freund Jackie Stewart, der berühmte Formel-1-Rennfahrer eingeladen hatte. Bei diesem Ereignis lernten wir Steven Spielberg kennen, der damals gerade mit Harrison Ford in den Pinewood Studios bei London *Indiana Jones und der letzte Kreuzzug* drehte. Harrison und seine Frau Melissa Mathieson waren sozusagen Nachbarn von mir. Sie wohnten in Wyoming in derselben Straße, wo meine Schwester und ich ein Häuschen besaßen. Steven Spielberg jedoch lernte ich erst im Gleneagles kennen. Er erzählte mir, er würde gerne einen Teil des Films in Petra drehen, und ich erbot mich, eventuelle bürokratische und organisatorische Hindernisse aus dem Weg zu räumen.

Ich hatte seit einigen Jahren versucht, Arnold Schwarzenegger, der mit meiner guten Freundin Maria Shriver verheiratet war, oder anderen Schauspielern und Regisseuren Jordanien als Drehort schmackhaft zu machen. Solche Dreharbeiten hätten Jordanien nicht nur Einnahmen gebracht, sondern wären auch eine hervorragende Werbung für das Land gewesen. Doch die beste Reklame war es freilich, wenn George Lucas und Steven Spielberg in Petra einen Film drehten.

Eines Tages nahm ich Ali, Hamsah und Haschim mit nach Petra, und wir sahen bei den Dreharbeiten zu. Die Kinder waren überwältigt, als sie ihren Idolen Harrison Ford und Sean Connery leibhaftig gegenüberstanden, und ich war ebenfalls begeistert, als ich mit den Regisseuren sprach. Sie waren sehr beeindruckt und überrascht von Jordanien und hielten es für einen der besten Drehorte, an dem sie je gearbeitet hatten.

Mein Interesse an dem Projekt führte zu einer absurden Geschichte in einer britischen Boulevardzeitung. Sie berichtete, dass ich bei den Dreharbeiten in Petra eine stürmische Affäre mit Sean Connery gehabt hätte. Mein Mann sei darüber so zornig gewesen, dass er die Königliche Garde ausgeschickt habe, um mich zurück in den Palast zu holen. Ich aber hätte mich geweigert und sei in Petra geblieben. Die Story war so absurd, dass ich in lautes Gelächter ausbrach. Mein Mann jedoch war keineswegs belustigt. Obwohl er mir immer geraten hatte, die Verleumdungen in der Boulevardpresse zu ignorieren, sagte er nun: »Lass uns einen Anwalt nehmen und wegen Verleumdung klagen. Ich meine, auf diesen Artikel sollten wir reagieren.« Ich teilte seine Meinung, denn ich wusste, dass Lügen und Rufmord in der arabischen Welt einfach zum bösen, aber normalen Klatsch gehören. Anspielungen auf sexuelle Eskapaden einer verheirateten Frau jedoch verletzen die Ehre ihres Mannes und fallen in eine ganz andere Kategorie.

Abgesehen von dieser Unannehmlichkeit war *Indiana Jones* ein großer Segen für Jordanien, und wir waren begeistert, als wir erfuhren, dass Steven bereits ein weiteres Projekt in Jordanien ins Auge fasste. Wie er mir sagte, hatte er schon lange einen epischen Film über Alexander den Großen drehen wollen und vielleicht auch einen Film über die Kreuzzüge, und wir kamen schnell auf das Wadi Rum und andere mögliche Drehorte im Land zu sprechen. Nach Beendigung der Dreharbeiten flog ich mit Steven Spielberg und seinen Kollegen per Hubschrauber nach Akaba, und wir machten einen Abstecher auf Husseins Lieblingsberg im Wadi Rum. Dort konnten sie die herrliche Landschaft betrachten, in der sie arbeiten würden, wenn sie tatsächlich beschlossen den Film über Alexander den Großen zu drehen.

Steven und seine Crew waren begeistert, und ich muss sagen, dass mich das nicht überraschte, denn das Wadi Rum ist immer eine aufregende Erfahrung. Einmal gab ich dort ein Geburtstagsfest für Hussein und lud seine Verwandtschaft und ein paar enge Freunde ein, mit uns auf einem Boulevard aus rosa Sand in der Wüste zu feiern, der von steilen, lavendelfarbenen Felsen gesäumt ist. Als die Gäste da waren, marschierten die Beduinen in dem Gebiet ganz spontan auf unser Lager zu, um den Geburtstag ihres Königs zu feiern. Ihr Gesang wurde immer lauter, bis sie aus der tintenschwarzen Wüstennacht auftauchten und sich um unser Lagerfeuer scharten. Mein Mann und seine Söhne machten mit beim *debkah,* ihrem traditionellen Tanz, und stimmten in ihren gutturalen Gesang mit ein.

Bei einem besonders gelungenen Fest für Hussein bat ich alle Freunde und Verwandten in traditioneller arabischer Kleidung zu erscheinen. Einige unserer Freunde waren schon lange an westliche Kleidung gewöhnt und mussten sich erst etwas Angemessenes beschaffen, aber es lohnte sich. Die Männer in ihren langen Gewändern und mit landesüblichen Kopfbedeckungen und die Frauen in ihren wallenden, farbenfrohen, häufig reich bestickten Kaftanen boten einen prächtigen Anblick.

Auf meinen eigenen Wunsch waren meine Geburtstagsfeiern meist bescheidener. Der August ist glühend heiß in Akaba, und außerdem schien es in unserem Teil der Welt im Sommer immer eine Krise zu geben. Im August 1988 freute ich mich darauf, meinen 37. Geburtstag in aller Stille mit meinem Mann und den Kindern in Akaba zu feiern, als beim Mittagessen plötzlich das Telefon klingelte. Eine flüchtige Bekannte war am Apparat und erkundigte sich nach meinem Geburtstagsfest. Meinem Geburtstagsfest? Ich sagte, es sei kein Fest geplant. Doch sie behauptete hartnäckig, dass ein Fest geplant sei. Sie habe es von mehreren Leuten in Akaba gehört. »Sie wissen, dass die Leute hier die unmöglichsten Gerüchte verbreiten«, sagte ich. Ich kehrte über die jordanische Gerüchteküche schimpfend an den Tisch zurück und schöpfte auch noch keinen Verdacht, als mein Mann mit meinen Stiefkindern seltsame Blicke tauschte.

Am Abend fragte mich Hussein, ob ich Lust auf eine Bootsfahrt zu zweit hätte. Ich nahm gerne an, und los ging's auf dem Roten Meer nach Süden, Richtung saudi-arabische Grenze. Dann änderte Hussein plötzlich ohne Erklärung den Kurs und fuhr genau nach Westen, auf die ägyptische Küste zu. Er steuerte die malerische Pharaoneninsel an, auf der sich eine alte Burg befindet. Die Insel liegt in einer wunderschönen Bucht mit goldenen Stränden im Nordosten der Sinai-Halbinsel, die Israel nach dem Camp-David-Abkommen an Ägypten zurückgab. Sie ist ein wunderschönes Fleckchen Erde, und wir waren schon dort gewesen, nachdem Israel sie an Ägypten zurückgegeben hatte.

Als wir uns in der Dunkelheit näherten, erstrahlte die Insel plötzlich in hellem Licht, und ich sah unsere Kinder und Dutzende von Verwandten winkend am Strand stehen. Ich war sprachlos. Meinem Mann war es trotz aller politischen Krisen dieses Sommers gelungen, eine absolut fantastische Geburtstagsüberraschung zu organisieren. Ich konnte es nicht fassen, dass so viele Freunde heimlich Akaba verlassen hatten und auf die Insel gekommen waren, ohne dass ich etwas gemerkt hatte.

Der Abend war bezaubernd. Mit Erlaubnis der ägyptischen Behörden hatte mein Mann auf einem breiten Felsvorsprung ein gewaltiges kaltes Büfett aufbauen lassen. Über uns erhob sich majestätisch die Burg, die einst ein Außenposten von Saladins Reich gewesen war. Ich war glückselig, dass ich mit so vielen geliebten Menschen feiern durfte, und freute mich noch viele Jahre an der Erinnerung.

Wachsende Not

Hussein und ich weilten im April 1989, nach der Amtseinführung von Präsident Bush, auf einem Staatsbesuch in
Washington, als in Jordanien regierungsfeindliche Krawalle
ausbrachen. Wir waren erschüttert über die Berichte aus
Amman und die Fernsehbilder von den Unruhen in den Städten Ma'an, Tafla und Kerak im Süden. In den folgenden vier
Tagen erfassten die Unruhen auch die nördliche Stadt Salt.

Die Menschen verfielen in Extreme, doch die Unzufriedenheit
der Bevölkerung war verständlich. Mehre Jahre zuvor hatte die
Regierung Maßnahmen zur Sanierung der Not leidenden Wirtschaft Jordaniens ergriffen, aber Anfang 1989 hatte sich die
Lage trotzdem verschlimmert. Das Land musste den Internationalen Währungsfonds um Hilfe bitten, und dieser bestand auf
drakonischen Sparmaßnahmen. Am Tag bevor wir zu den schon
lange geplanten Gesprächen in Washington aufgebrochen
waren, hatte König Hussein erfahren, dass die Regierung, um
die Forderungen des IWF zu erfüllen, in den folgenden Tagen die
Benzinpreise erhöhen wollte. Außerdem hatte der Premierminister ihn nicht darüber informiert, dass die Reserven der jordanischen Zentralbank fast auf null geschrumpft waren. Die jordanische Bevölkerung litt ohnehin schon unter der Entwertung
des Dinars, hoher Arbeitslosigkeit, einem sinkenden Lebensstandard und der Reduktion öffentlicher Dienstleistungen. Dass
die Regierung nun auch noch die Preise für Dinge des täglichen
Bedarfs wie Benzin, Zigaretten, Telefongespräche, Strom und
Wasser erhöhte, brachte das Fass zum Überlaufen.

Ich hatte meinen Mann gedrängt, vor unserer Abreise zum Volk zu sprechen und der jordanischen Bevölkerung die Gründe für die Preiserhöhungen zu erklären. »Erkläre den Leuten die Preiserhöhungen, damit sie verstehen, warum sie den Gürtel enger schnallen müssen. Zeige ihnen, dass du weißt, wie sehr diese Maßnahmen die Not der Bevölkerung vergrößern, und dass du mit aller Macht versuchen wirst, ihre Lage wieder zu verbessern.«

Dem König wurde jedoch abgeraten, zum Volk zu sprechen, und es bleibt unklar, ob eine Fernsehansprache den Lauf der Ereignisse verändert hätte. Wir reisten zu unserem ersten Staatsbesuch seit drei Jahren in die Vereinigten Staaten. Kaum 48 Stunden später kam es in verschiedenen Teilen des Landes zu Demonstrationen.

Wir wurden über alle Geschehnisse auf dem Laufenden gehalten, während Hussein, wenn auch schweren Herzens, wieder über politische und militärische Hilfe für Jordanien verhandelte. George Bush war ein alter Freund meines Mannes und stand unserem Anliegen sehr aufgeschlossen gegenüber. Im Kongress jedoch war das Verständnis geringer: Die Abgeordneten hatten König Hussein immer als einen politischen Führer betrachtet, der für Stabilität sorgen konnte, und nun sah es so aus, als würden die Jordanier dem Beispiel der Intifada folgen und ebenfalls Steine werfen und Banken und Regierungsgebäude anzünden. Nach Husseins letztem Gesprächstermin kehrten wir sofort nach Amman zurück.

Die Unruhen wurden schnell unter Kontrolle gebracht. Was mich am meisten schmerzte, war die gezielte Zerstörung von Krankenhäusern. Ich konnte verstehen, dass manche Regierungsgebäude dem Volkszorn zum Opfer fielen, aber die bewusste Zerstörung von Gebäuden, die humanitären Zwecken dienten, kam mir geradezu selbstzerstörerisch vor. Ich wusste – wie viele andere Leute in meiner Umgebung –, dass die Preiserhöhungen und die dadurch ausgelösten Unruhen nur ein Symptom für eine viel tiefer gehende Krise des Landes waren. Bei meiner Arbeit war mir nicht entgangen, dass die Bevölkerung wachsenden Zorn und Enttäuschung empfand, weil ihrer Ansicht nach auf ihre wirtschaftliche Not nicht adä-

quat reagiert wurde. Nun hatte sich die Kritik an der auto-
kratischen Herrschaft, und insbesondere an der Beschränkung
der Meinungsfreiheit, in einem Gewaltausbruch manifestiert.
Auch schwere Korruptionsvorwürfe waren laut geworden.
Mein Mann war über das volle Ausmaß der Krise nicht richtig informiert worden und wurde nun kritisiert, weil er angeblich den Kontakt zur Realität verloren hatte. In mancher Hinsicht traf dies zu. Seine Friedensbemühungen und seine
Versuche, internationale Unterstützung für sein verarmtes
Land zu bekommen, hatten den größten Teil seiner Zeit und
Energie in Anspruch genommen. Deshalb hatte er die Regierung nicht aktiv genug kontrolliert, die für das politische Tages-
geschäft verantwortlich war.

Nach den Unruhen jedoch handelte er sehr schnell. Binnen
eines Tages nach unserer Rückkehr aus den USA nahm er den
Rücktritt des Premierministers und seiner Regierung an und
ernannte eine neue Interimsregierung unter Führung seines
eher fortschrittlich gesinnten Cousins Scharif Seid bin Schaker,
zu dem er großes Vertrauen hatte. Zusammen entwarfen sie
einen Plan für demokratische Reformen. Hussein bereitete die
ersten demokratischen Wahlen seit 22 Jahren vor, und der neue
Premierminister hob das Kriegsrecht auf und ließ allmählich
mehr Pressefreiheit zu. Der König verkündete die Veränderungen in einer überzeugenden und leidenschaftlichen Rede an
das Volk.

Als wir noch in Washington waren, hatte eine oppositionelle
Gruppe das Gerücht verbreitet, dass ich wahnsinnige Geld-
summen für Designermode und teuren Schmuck ausgeben würde. Die Verleumdungen wurden immer absurder: Aus 5000
Dollar, die ich angeblich für einen Ring bezahlt hatte, wurde
eine Million, dann hatte ich mir auch noch ein Halsband dazu
gekauft und schließlich ein ganzes Schmucksortiment für
20 Millionen Dollar! Wer immer für das Gerücht verantwortlich war, er brachte sogar eine gefälschte Fotokopie des Schecks
in Umlauf, den ich dem Juwelier ausgestellt haben sollte. Dies
schien das Gerücht natürlich zu bestätigen, und die Leute sagten: »Ich hab den Scheck ja selbst gesehen«, auch wenn nie
eine echte Kopie vorgelegt wurde.

Ich war fassungslos. Seit Jahren hatte ich grundlegende demokratische Reformen gefordert, also dieselben Forderungen erhoben, die Ursache der Unruhen waren, und nun wurde ausgerechnet ich zum Sündenbock gemacht. Ich hatte dieses Muster schon in anderen Ländern beobachtet und wusste, dass die Motive für diese Art von Verleumdung eher politisch als persönlich sind. Aber auch die politisch motivierten Angriffe machten mir schwer zu schaffen. Eine absurde Beschuldigung folgte auf die andere, darunter auch ein lächerlicher Bericht in einer amerikanischen Zeitung. Hier wurde kolportiert, mein Mann sei der Vater eines unehelichen Kindes, eines Zwergs, den er in den USA heimlich aufziehen lasse. Mein Mann tat all diese Geschichten als Bestandteile einer einzigen Verleumdungskampagne ab.

Trotzdem erinnere ich mich noch lebhaft, dass ich auf dem Höhepunkt der Gerüchte mit einigen meiner Kinder ein Wochenende in Akaba verbrachte und mich wirklich unbehaglich fühlte, als ich durch die Stadt zu unserem Haus fuhr. Ich war so verschüchtert, dass ich niemanden mehr anlächelte. ›Was denken die von mir?‹, überlegte ich. ›Haben sie die Geschichte mit dem Scheck gehört und für bare Münze genommen? Haben die Verleumdungen vielleicht meine Beziehung zu den Menschen zerstört, die mich all die Jahre inspiriert und motiviert haben?‹

Mein Magen krampfte sich zusammen, als ich einige Tage später all meinen Mut zusammennahm, um es herauszufinden. Ich hatte keine Ahnung, was geschehen würde, als ich zum ersten Mal nach den Unruhen ein Dorf besuchte. Ich fuhr selbst mit meinem Jeep, wie ich es immer tat. Hunderte von Leuten kamen aus ihren Häusern gelaufen und säumten die Straße, um mich zu grüßen. Sie winkten und riefen meinen Namen. Als ich in die vielen freundlichen Gesichter blickte, fiel mir eine tonnenschwere Last von der Seele. Wie immer gerieten die Gerüchte rasch in Vergessenheit, sobald klar wurde, dass sie jeder Substanz entbehrten.

Nach den Unruhen setzten Hussein und ich neue Prioritäten und verschoben einen Großteil unserer geplanten Auslandsbesuche oder sagten sie ab. Wir wussten, dass die Jordanier in solch schwierigen Zeiten die persönliche Anwesenheit ihres Staatsoberhaupts brauchten.

Obwohl wir weniger ins Ausland reisten, war es nötiger denn je, bilaterale wirtschaftliche, soziale und kulturelle Beziehungen mit anderen Ländern zu pflegen. Deshalb freuten wir uns sehr, dass König Carl Gustav und Königin Sylvia von Schweden trotz der gerade erst überstandenen Krise ihren geplanten Staatsbesuch in Jordanien machten. Dem Protokoll gemäß mussten bei offiziellen Besuchen königlicher Familien die königlichen Gewänder getragen werden. Doch der Besuch des schwedischen Königspaars fand nur wenige Monate nach den Unruhen statt, und mir erschien eine solche Prachtentfaltung in dieser Situation unklug. Ich rief Sylvia an, mit der ich gut befreundet war, und fragte sie, ob sie bei dem Besuch auf ihr Diadem verzichten könnte. Sylvia war sehr verständnisvoll, und wir einigten uns auf den Kompromiss, nur einfachen Schmuck im Haar zu tragen, was den Bedürfnissen des schwedischen Königspaars genügte und für uns angemessener war.

Unsere nächste außergewöhnliche Besucherin war Fatima, die Frau von Scheich Sajed, dem Herrscher von Abu Dhabi. Auch sie ist eine bemerkenswerte First Lady und hat sich in den Vereinigten Arabischen Emiraten als Erste für die Alphabetisierung von Frauen und deren berufliche Gleichberechtigung eingesetzt. Außerdem haben sie und ihr Mann sehr viel für den Umweltschutz getan und großzügig für soziale Einrichtungen in Jordanien gespendet. Allerdings ist Abu Dhabi ein sehr konservatives Land, und Scheicha Fatima musste sich bei ihrem viertägigen Besuch, dem ersten Besuch einer First Lady aus den Golfstaaten in Jordanien, einigen Herausforderungen stellen. Auf Grund der strengen Geschlechtertrennung in den konservativen Emiraten traf sie mit einem tief verschleierten, nur aus Frauen bestehenden Gefolge in Amman ein. Ihr historischer Besuch durfte sich nur auf Frauen erstrecken – und sogar unsere Hausangestellten mussten ausnahmslos Frauen sein. Zum Glück verfügten wir auch über Polizistinnen und Soldatinnen, die Fatima und ihr Gefolge schützen konnten, als sie ihr offizielles Besuchsprogramm absolvierte.

Im Frühjahr 1989 reiste ich in den Irak, wo ich Saddam Husseins Frau und Base Sadschida besuchte. Ich hatte die Reise einige Male verschoben, obwohl unsere Regierung mich drängte, eine schon lange bestehende Einladung nach Bagdad anzunehmen, aber schließlich nutzte ich eine günstige Gelegenheit unmittelbar vor dem erwähnten Staatsbesuch in Washington. Es wurde eine faszinierende Erfahrung.

In alter Zeit war der Irak die Wiege der Zivilisation, ein Zentrum, des geistigen Fortschritts und der Entdeckungen gewesen. Im Jahr 4000 v. Chr., unter den Sumerern, wurden erstmals Kalender benutzt und die Schrift erfunden. In Babylon, etwa 80 Kilometer vom heutigen Bagdad entfernt, ließ König Hammurabi im 18. Jahrhundert v. Chr. seinen berühmten Gesetzes-Kodex in massive Steinstelen meißeln. Im 10. Jahrhundert v. Chr. war Bagdad ein großes Zentrum der Gelehrsamkeit, das eine dynamische Mischung aus Wissenschaftlern, Dichtern, Philosophen und anderen Intellektuellen anzog. Etwa vier Jahrhunderte später erbaute der große König Nebukadnezar II. die Hängenden Gärten von Babylon.

Dieses reiche Erbe war noch immer ein bedeutender Teil der irakischen Kultur, doch es gab einen neuen politischen Überbau, der mich tief verstörte. Als ich durch die Nationalgalerie geführt wurde, war der größte Teil der Kunst, die ich sah, dem Ruhm Saddam Husseins gewidmet. Vielleicht war dies eine Folge des iranisch-irakischen Krieges, der die künstlerische Ausdruckskraft zweifellos dämpfte, doch die Kunstwerke erinnerten mich an die Propaganda im Zweiten Weltkrieg.

Am peinlichsten war ich jedoch von dem Besuch eines Kindergartens berührt. Wie diesen sehr kleinen Kindern eingetrichtert wurde, den Führer ihres Landes blind zu verehren, war wirklich erschütternd. Auch in Jordanien gibt es natürlich eine Art Personenkult um den König – ein Phänomen, das in unserer Region gar nicht selten ist –, doch was ich im Irak sah, war extrem. Der Staat beschränkte sich nicht darauf, das Gefühl einer nationalen Identität maßvoll zu fördern, sondern indoktrinierte die Kinder, ihr Land einzig und allein in seinem allmächtigen Führer verkörpert zu sehen.

Die Reaktion der irakischen Bevölkerung auf meinen Besuch überraschte mich. Ich wurde in das Stadtzentrum gebracht, um ein Denkmal zu Ehren der im Krieg gefallenen Märtyrer zu besichtigen, und war ganz verblüfft über die überschwängliche Begrüßung durch den Bürgermeister und alle anderen Menschen, mit denen ich in Berührung kam. Auch die Herzlichkeit und Begeisterung, mit der sich in verschiedenen Stadtteilen spontan Menschentrauben um mich scharten, versetzte mich in Erstaunen. Ich wusste, dass es nicht allein meine Anwesenheit war, die diese emotionale Reaktion hervorrief, sondern auch die Liebe, die die irakische Bevölkerung für König Hussein empfand. Trotzdem war ich tief bewegt angesichts der überströmenden Zuneigung.

Nach drei Tagen kehrte ich wieder nach Jordanien zurück und erzählte meinem Mann von dem extremen Personenkult, den ich erlebt hatte. Dass das irakische Volk keine andere Wahl hatte, als all seine Hoffnungen und Träume auf eine einzige Person zu konzentrieren, schien mir für die Zukunft des Irak wenig Gutes zu verheißen. Saddam Hussein würde ja nicht für immer regieren, und es war wichtig, dass Generationen junger Menschen Loyalität gegenüber ihrem Land und seinen Institutionen entwickelten und nicht nur gegenüber einer Einzelperson.

Der Sommer kam und mit ihm die Schulferien. Ich hatte mir angewöhnt, die Kinder wenigstens für einen Teil des Sommers zu meiner Schwester nach Jackson Hole in Wyoming zu schicken, damit sie aus dem herauskamen, was ich häufig »den königlichen Kokon« nannte. Sie sollten Erfahrungen in der wirklichen Welt sammeln und selbstständig werden, ohne dass ständig Sicherheitsleute, Hausbedienstete und Gefolgsleute aller Art um sie herumscharwenzelten. Ich hoffte immer, dass wir eines Tages alle miteinander als Familie verreisen könnten, aber leider schafften wir es meist nicht, einen gemeinsamen Sommerurlaub zu machen. Als die Kinder im August zurückkehrten und an dem ruhigen Geburtstagsessen teilnahmen, das am Strand von Akaba für mich stattfand, hatten sie viel über ihren Sommerurlaub zu erzählen. Dies galt besonders für Iman, die es geschafft hatte, die jüngste Kletterin zu werden, die es in der Region Wyoming je gegeben hatte. Sie war auch eine hervorragende Anglerin geworden, was ihre Brüder zunächst gar nicht so toll gefunden hatten. Hamsah und Haschim angelten schrecklich gern, und offenbar hatten sich nicht erwartet, dass Iman diesen Sport so schnell und gut lernen würde. Sobald die Jungen wieder zu Hause waren, erzählten sie jedoch stolz von den Taten ihrer Schwester.

Wir bereiteten uns auf ein historisches Ereignis vor, das am 8. November 1989 stattfinden sollte: Die ersten allgemeinen Wahlen seit 1967. In vielen Städten und Dörfern, die ich besuchte, herrschte eine festliche Stimmung. Junge Männer, die noch sechs Monate zuvor Steine geworfen hatten, trugen Transparente und Plakate mit politischen Parolen. Die Bewerber kandidierten als Einzelpersonen, da politische Parteien seit den gefährlichen Unruhen in den späten Fünfzigerjahren verboten waren. Die einzige organisierte und finanzkräftige Gruppe war die Muslimbruderschaft, die in Jordanien als karitative Organisation registriert war.

Es war das erste Mal, dass Frauen in Jordanien ihr Wahlrecht ausüben durften, seit sie es 1974 erhalten hatten, und ich fand es sehr ermutigend, als ich schon am Morgen des Wahltags viele Frauen zu den Urnen strömen sah. Sogar einige Frauen kandidierten, auch wenn letztlich keine gewählt wurde. Am Ende waren die Kandidaten der Muslimbruderschaft – und ihre Verbündeten – die Gewinner der Wahlen. Sie erhielten etwa ein Drittel der Sitze.

Viele Politiker waren erschrocken über den politischen Erfolg der Islamisten. In manchen Kreisen des Establishments wurde sogar die Vermutung laut, Hussein werde das frisch gewählte Parlament gleich wieder auflösen, weil weder er noch seine Minister sich mit abweichenden Meinungen auseinander setzen wollten. Der König war jedoch klug genug zu erkennen, dass der Wahlsieg der Islamisten auch seine Vorteile hatte. Sie waren nun selbst ein Teil der Regierung, die sie immer angegriffen hatten. »Bisher haben sie von Parolen gelebt«, sagte er zu mir. »Jetzt werden sie Ergebnisse bringen müssen.« Doch der König wusste auch die positive Rolle zu würdigen, die die Islamisten in Jordanien spielen konnten. Zwar verfochten sie zum Missfallen vieler jordanischer Städter ihr konservatives Gesellschaftsmodell, doch sie beteiligten sich am politischen Prozess und artikulierten ihre Ansichten genau wie die anderen Parteien und Gruppierungen in der politischen Landschaft Jordaniens. Im Lauf der Jahre haben sie im Parlament eine konsistente, in der Regel konservative, Position vertreten und sich in schwierigen Zeiten oft als Verbündete der Regierung erwiesen. Trotz gelegentlicher Ausrutscher sind die jordanischen Islamisten ein überzeugendes Beispiel dafür, dass ihre Einbeziehung lohnend sein kann.

Für mich war der Wahltag wichtig, weil Jordanien damit das Selbstvertrauen zeigte, eine Opposition zuzulassen und eine Debatte zu eröffnen, statt sie zu unterbinden. Mit freien und korrekt durchgeführten Wahlen setzte Jordanien wieder einmal ein Beispiel in einer Region, in der demokratische Elemente noch sehr selten waren. Niemand wusste damals, was die Wahlen bringen würden, doch waren sie der Beginn eines Prozesses, den viele von uns für absolut lebensnotwendig hielten. Als wir am 29. November zu dem historischen Ereignis der Eröffnung des jordanischen Parlaments fuhren, dachte ich weniger an das Problem der islamistischen Abgeordneten als an die, wenn auch geringen Fortschritte der Demokratisierung für die Frauen. »Die Muslimbruderschaft und andere mögen vielleicht die Tatsache, dass sie so viele Sitze gewonnen haben, für die wichtigste Folge des Ereignisses halten«, schrieb ich in mein Tagebuch. »Für mich jedoch ist Leilas Ernennung zur Senatorin am wichtigsten, weil damit erstmals eine Frau einen Sitz in der zweiten Kammer des Parlaments erhalten hat.«

Mein Mann trieb die Demokratisierung des Regierungssystems energisch voran. Er hob das Kriegsrecht auf, trat für eine freiere Presse ein und gab öffentlich zu, dass es in der Gesellschaft Kräfte gab, die untereinander oder mit ihm Konflikte hatten. Er lud zu einer allgemeinen Debatte über den Zustand des Landes ein und schrieb eine Verfassung, in der er das gesamte politische Spektrum des Landes berücksichtigte und die Grundlage für eine neue, fortschrittliche Entwicklung schuf.

Jetzt waren im Parlament alle Volksgruppen vertreten. Die

neue Verfassung erweiterte die Rechte der Frauen, legte neue Bedingungen für den freien Austausch von Informationen fest, definierte die Haltung Jordaniens zur Palästinafrage und klärte die Beziehung zwischen dem Monarchen und dem demokratisch gewählten Parlament. Da die Jordanier der Erneuerung und Verbesserung ihrer Verfassung sehr positiv gegenüberstanden, waren fast alle zu Kompromissen bereit. Und die größten Kompromisse wurden von den gesellschaftspolitisch konservativen Kräften eingegangen, die im Parlament den größten Block stellten.

Seit damals verfolgte mein Mann das Ziel, die demokratischen Institutionen in Jordanien zu stärken, und damit zugleich die für eine traditionelle Gesellschaft natürliche Tendenz abzuschwächen, sich ganz auf ihn als ihren *Sajidna* oder Herrn zu verlassen. »Ich will nicht, dass dieses Land zusammenbricht, wenn ich einmal nicht mehr da bin«, sagte er oft. »Immer wenn es ein Problem gibt, entsteht die Haltung ›der Sajidna wird's schon richten‹. Nun, der Sajidna wird es nicht mehr richten. Alle müssen an der Lösung mitwirken.« Es sollte natürlich Zeit brauchen, diese Institutionen aufzubauen, insbesondere in einer Gesellschaft, die es gewohnt war, sich auf ihren König zu verlassen. Doch die historischen Ereignisse von 1989 waren ein guter Anfang. »Wir befinden uns auf dem Kamm einer neuen Welle anti-autokratischer Ideologie« schrieb ich in mein Tagebuch. »Beten wir, dass sie uns sicher in eine neue Gesellschaft tragen wird – eine, die dynamisch und engagiert ist.« Ich ahnte nicht, wie bald diese neue Gesellschaft auf die Probe gestellt werden sollte.

Geplänkel im Vorfeld

Wenn ich aus heutiger Sicht die Krise am Persischen Golf in den Jahren 1990–1991 in einen größeren Rahmen stelle, dann entdecke ich die ersten Vorboten des Unheils bereits im Jahr 1977. Damals war ich zum ersten Mal in den Irak gereist, um für das Projekt einer panarabischen Luftfahrtschule Informationen über den Stand des Luftfahrtnetzes und den Schulungsbedarf zu sammeln. Saddam Hussein war noch nicht an der Macht (1979 wurde er Staatschef), aber es herrschte bereits ein spürbares Klima der Angst, und es galt als gefährlich, über etwas anderes als über völlig unverfängliche Themen zu sprechen. Vertreter ausländischer Unternehmen oder Diplomaten tasteten noch unter den Tischen nach Wanzen, die Iraker gingen ganz einfach davon aus, dass immer Wanzen vorhanden waren.

Die irakischen Regierungsvertreter, mit denen ich mich am Flughafen wegen meiner Recherchen traf, weigerten sich, mir irgendwelche Auskünfte über den Flugbetrieb zu erteilen. Selbst die Zahl der regulären Linienflüge wurde als Staatsgeheimnis behandelt, obwohl sie öffentlich bekannt war. Dreizehn Jahre später, im Februar 1990, bei der Sitzung des Arabischen Kooperationsrates (ACC), den Jordanien, Ägypten, der Jemen und der Irak im Vorjahr gebildet hatten, registrierten wir besorgt, dass Saddam Hussein gegenüber Israel und den Vereinigten Staaten einen deutlich schärferen Ton anschlug. Während mein Mann unermüdlich auf eine politische Lösung des Konfliktes zwischen Israelis und Palästinensern hinarbei-

tete, schürte Saddam Hussein den gegenseitigen Hass und verkündete, in den arabischen Reihen sei kein Platz für Leute, die
sich dem Willen der Supermacht Amerika unterwerfen wollten.

Der US-Kongress reagierte, indem er Weizenlieferungen an
den Irak stoppte. Zahlreiche Politiker im Nahen Osten deuteten Saddam Husseins Säbelrasseln als einen Griff nach der
regionalen Vorherrschaft und weniger als Angriff auf Israel
und Washington. Immer mehr Palästinenser gewannen in der
Folge tatsächlich den Eindruck, Saddam könnte ihnen am Ende
ihre Heimat wiedergeben – eine immer verzweifeltere Hoffnung in Anbetracht der wachsenden Zahl von Siedlungen in
den besetzten Gebieten.

Seit Anfang des Jahres 1990 strömten sowjetische Juden
nach Israel, nachdem man ihnen nach dem Ende des Kalten
Krieges endlich erlaubt hatte, die Sowjetunion zu verlassen.
Die Zahl der Immigranten war enorm – viele hatten sich
zunächst um Visa für die Vereinigten Staaten beworben, aber
wegen des dortigen Quotensystems kam die große Mehrheit
am Ende nach Israel –, und ihr Zustrom machte meinem Mann
und anderen führenden arabischen Politikern gewaltige Sorgen. Rund 1400 sowjetische Juden kamen wöchentlich nach
Israel und wurden in einem eklatanten Verstoß gegen die Genfer Konvention in den besetzten Gebieten angesiedelt. Im Sommer 1991 lebten bereits mehr als 100 000 Siedler in den besetzten Gebieten, hinzu kamen weitere 127 000 in Ostjerusalem.
Die Situation vor Ort hatte sich wieder einmal grundlegend
verändert.

Vor dem Hintergrund der sich zuspitzenden Lage in Israel
musste mein Mann weitere Enttäuschungen hinnehmen. Offenbar konnte er nichts tun, um den ins Stocken geratenen Friedensprozess wieder in Gang zu bringen oder die drohende
Wirtschaftskrise in Jordanien zu verhindern. Er reiste Mitte
Februar nach Saudi-Arabien, um über die ungünstigen Pro-
gnosen und seine Sorge um die Region zu sprechen, König
Fahd zeigte aber wenig Interesse.

In dieser Sackgasse ereignete sich ein Zwischenfall, der die
Spannungen weiter vergrößerte und im Westen dem Bild des

grausamen Saddam Vorschub leistete. Farzad Bazoft, ein britischer Journalist der Zeitschrift *Observer*, wurde im Irak unter dem Vorwurf der Spionage verhaftet und zum Tode verurteilt. In unserer Region mutmaßten viele, dass der aus dem Iran stammende Journalist durchaus ein Spion sein könnte, aber die britische Regierung hielt hartnäckig an seiner Unschuld fest und verlangte eine Begnadigung.

König Hussein rief Saddam Hussein mehrere Male an und versuchte, ihm die Hinrichtung des Journalisten auszureden. Er warnte ihn, dass Saddam damit jenen in die Hände spielen würde, die nur auf einen Vorwand warteten, ihn anzugreifen. Saddam war jedoch nicht gewillt, Forderungen aus dem Westen nachzugeben. Wir hielten uns am 15. März 1990 in London auf, als die Hinrichtung des Journalisten bekannt wurde. Ein lauter und anhaltender Aufschrei der Empörung gegen Saddam Hussein ertönte in ganz Großbritannien; Angehörige des Unterhauses äußerten ihre »gänzliche Abscheu« vor der »unsäglichen Brutalität« des Irak und nannten die Hinrichtung einen Akt der »wohl berechneten Gewalt eines blutbefleckten, diktatorischen Regimes«. Premierministerin Margaret Thatcher schäumte vor Wut über Saddam Hussein, weil er ihr persönliches Gnadengesuch ignoriert hatte, und traute dem irakischen Staatschef künftig überhaupt nicht mehr.

Am 22. März verabschiedete der US-Senat ungeachtet der wachsenden Unruhe in der Region aus unerfindlichen Gründen eine Resolution, dass Jerusalem eine ungeteilte Stadt bleiben müsse. Die Resolution ging zwar nicht so weit, Jerusalem als Hauptstadt Israels anzuerkennen, aber auf den arabischen Straßen wurde sie so interpretiert – und ganz gewiss als weitere Provokation seitens der Vereinigten Staaten empfunden, die muslimischen Ansprüche auf die Heilige Stadt weiter zu schwächen. Nach internationalem Recht war – und ist – das arabische Ostjerusalem, da es gewaltsam eingenommen wurde, eine besetzte Stadt in den besetzten Gebieten und damit Gegenstand der Resolution 242 des UN-Sicherheitsrats, die den Rückzug der Besatzungskräfte verlangt.

Der Senatsbeschluss wurde eine Woche später bei einem Treffen arabischer Staaten scharf verurteilt, der schwelende

Antiamerikanismus auf den Straßen wurde dadurch natürlich geschürt. Das offenkundige Desinteresse seitens der Vereinigten Staaten, eine Lösung zu suchen, hatte meinen Mann völlig entmutigt. »Es scheint sich nichts zu ändern«, sagte er einmal zu mir. »Niemand macht den ersten Schritt.«

Hussein fühlte sich ein wenig besser, als er im April die kleine Pilgerfahrt Umra nach Mekka und Medina unternahm. Nach dem Brauch begleiteten ihn viele männliche Angehörige, darunter seine Söhne Feisal und Hamsah sowie sein Neffe Talal, der gut auf Hamsah aufpasste, damit er nicht verloren ging. Hamsah war damals zehn und so klein, dass das weiße, ungesäumte Pilgergewand für ihn eigens angefertigt werden musste. »Hamsah sah wie ein kleiner Engel aus«, sagte mir Prinz Talal. Hamsahs erste Umra wurde zu einem regelrechten Abenteuer für ihn. Die Männer beteten am Grab des Propheten in Medina und danach am Grab von Hamsahs Namensgeber. Beim Dinner mit König Fahd amüsierte Hamsah sich offenbar ganz ausgezeichnet, plauderte mit den beiden älteren saudischen Prinzessinnen, zwischen denen er saß, und auch König Fahd fand Gefallen an ihm. »Bring ihn wieder her, dann suchen wir eine saudische Braut für ihn«, sagte König Fahd zu meinem Mann. Hamsah meinte, der Vorschlag des Königs habe zu bedeuten, dass er sofort verheiratet werde, der einzige Gedanke, der ihm an der ansonsten aufregenden Reise mit dem Vater missfiel.

Das Unheil breitete sich jedoch in der ganzen Region aus, vor allem in Jordanien. Ohne einen starken Katalysator, so fürchtete ich, würden wir nie aus der Spirale der Gewalt ausbrechen können, und die seit Generationen anhaltende Instabilität der Region würde niemals überwunden werden. Außerdem war mir das Muster schmerzlich bewusst, das Politologen erkannt hatten: Bislang war es im Nahen Osten ungefähr alle zehn Jahre zu einer größeren Explosion gekommen, und in den elf Jahren, in denen ich mit König Hussein verheiratet war, hatte es noch keinen Krieg gegeben.

Gewiss war vereinzelt immer wieder die Gewalt aufgeflammt. Im Mai 1990 eröffnete ein israelischer Attentäter südlich von Tel Aviv das Feuer auf palästinensische Arbeiter. Sieben Menschen wurden getötet, neun weitere verwundet. Ich hielt mich damals zu einem offiziellen Besuch in den Vereinigten Staaten auf, sprach an der Eastern Virginia Medical School, die unser jordanisches IVF-Programm unterstützte, und traf mich informell in Washington mit mehreren US-Senatoren. Die Protestdemonstrationen in Jordanien wurden so heftig, dass ich meinen Mann fragte, ob ich heimkehren solle, doch er bestand darauf, dass ich meine Reise fortsetzte. Die Unruhe ließ einige Tage später nach, aber man konnte nie wissen, welcher Funke möglicherweise die gesamte Region in Brand setzen würde. Auf meinem Rückweg machte ich in Kuwait zu einem weiteren offiziellen Besuch Halt, ohne zu ahnen, dass ausgerechnet dieses Land nur zwei Monate später für den Funken sorgen sollte. Mein Besuch hingegen verlief ohne besondere Vorkommnisse. »Das Nationalmuseum von Kuwait ist hervorragend, vor allem die Sammlung al-Sabah mit unschätzbaren islamischen Kunstwerken«, schrieb ich in mein Tagebuch. In Kürze sollte ebendieses Museum von den Irakern geplündert und dem Erdboden gleichgemacht werden.

Bei meiner Rückkehr musste ich feststellen, dass mein Mann während meiner Abwesenheit mal wieder eine Schnapsidee gehabt hatte: Ganz spontan hatte er uns ein neues Haus gekauft, in dem wir leben sollten. Eines Tages war er an einer Villa vorbeigefahren, und jemand hatte ihm gesagt, sie stünde zum Verkauf, also erstand er sie kurzerhand als sein zwölftes Hochzeitsgeschenk für mich. Die Villa lag in der Nähe der Unterkünfte der Palastwache. Vermutlich dachte er, das würde logistische Probleme vereinfachen. Allerdings entsprach das Gebäude keineswegs unseren Bedürfnissen. Wir hatten weder genügend Zimmer für unsere sieben Kinder noch Räume für Arbeitszimmer und Konferenzsäle, die wir beide brauchten. »Wenn wir jemals wie andere Menschen arbeiten sollten«, sagte ich zu ihm, »dann können wir auch wie andere Menschen leben.« Ich war gerührt von seiner Umsicht und der Sehnsucht, unser Leben zu verbessern, aber der Zeitpunkt war völlig falsch gewählt. Bei all den Krisen in der Region konnten wir nicht auch noch einen größeren Trubel im eigenen Haus brauchen.

Also zogen wir nicht um. Hussein ließ später die Villa für seinen ältesten Sohn Abdullah und dessen Frau Rania renovieren.

Anfang des Sommers fuhr König Hussein zu einem Routinebesuch nach Bagdad und traf sich mit Saddam Hussein. Wegen seiner politischen und finanziellen Unterstützung der Intifada und wegen seiner unnachgiebigen Haltung gegenüber Israel genoss Saddam unter den Jordaniern palästinensischer Abstammung wachsendes Ansehen. Auch Saddam Husseins Klagen über die kuwaitische Überproduktion von Erdöl stieß in Jordanien auf offene Ohren. Kuwait verletzte damit eindeutig die Vereinbarungen der OPEC, durch diese Bresche in den eigenen Reihen fiel der Ölpreis, und der Irak bekam Schwierigkeiten, die Folgekosten des iranisch-irakischen Krieges aufzubringen. Auch Husseins Vorwurf, die Kuwaiter würden das Rumaila-Ölfeld an der irakisch-kuwaitischen Grenze anzapfen (der genaue Grenzverlauf war umstritten), stieß auf Verständnis. Niemand hätte jedoch geglaubt, dass diese Spannungen zu einem Krieg führen könnten.

In dieser angespannten Lage kam der Medienmogul Ted Turner zu einem Besuch nach Jordanien. Er sprühte wie immer vor Tatendrang und grenzenloser Fantasie, eine Eigenschaft, die CNN hervorgebracht hatte. Auch bei diesem Besuch spukten die verrücktesten Ideen in seinem Kopf herum, und eine gab er auf unserem Angelboot im Golf von Akaba von sich. Als er die unerschlossene ägyptische Küste sah, kam er plötzlich zu dem Schluss, dass hier die neue Heimat der Palästinenser sein sollte. »Sehen Sie sich diese vielen Grundstücke an der Küste an«, sagte er ganz aufgeregt. »Wissen Sie, wie wertvoll Land an der Küste ist? Bringt einfach alle Palästinenser hierher. Dieser unglaublich wertvolle Besitz wird sie für den Auszug aus Palästina entschädigen.« Turner ließ dabei jedoch außer Acht, dass die Palästinenser auf keinen Fall eine Umsiedlung wollten; sie forderten das Recht, in ihr eigenes Land zurückzukehren, aus dem sie gewaltsam vertrieben worden waren. Israel hatte schon mehrfach vorgeschlagen, die Palästinenser auf arabische Länder zu verteilen und dort zu assimilieren. So naiv Turners Vorschläge auch waren, es machte ganz einfach Spaß, seinen rasanten Gedankengängen zu folgen. Er machte nicht einmal den Versuch, die Ideen zu begründen, die nur so aus ihm hervorsprudelten, und sagte immer, dass eine von tausend zu dem Sender CNN geworden sei. Der anhaltende Konflikt in den besetzten Gebieten wurde dadurch jedoch nicht gelöst.

Im Sommer 1990 nutzte eine islamistische Gruppe in Jordanien die schwelende Unruhe im Land und machte gegen das Dscherasch-Festival mobil. Sie setzte die Regierung massiv unter Druck, das Festival abzusagen, mit der Begründung, diese Form der Unterhaltung sei unislamisch. Das *Wall Street Journal* verglich Dscherasch mit dem iranischen Schiras-Festival, das konservative und religiöse Kreise empört hatte. Die beiden Ereignisse ließen sich jedoch überhaupt nicht miteinander vergleichen, und wir hatten nicht die Absicht, dem Druck von Extremisten nachzugeben, wie angespannt das politische Klima auch sein mochte. »Drohungen ausgesprochen, Sprengstoff gefunden«, schrieb ich in mein Tagebuch. »Aber Ministerpräsident hat nicht standgehalten.«

Am 17. Juli 1990 verschärfte Saddam Hussein seinen Druck auf Kuwait und erklärte in einer öffentlichen Rede: »Wir müssen uns gegen diejenigen wehren, die uns einen vergifteten Dolch in den Rücken stießen.« Mit dem Ziel, die Spannungen zu entschärfen, besuchte König Hussein den irakischen Staatschef und anschließend Kuwait. Bei seinem Treffen mit Scheich Sa'ad, dem Kronprinzen von Kuwait, beschönigte mein Mann Saddams Wut auf die Kuwaiter keineswegs, beruhigte aber zugleich den Scheich, dass er nicht von einer militärischen Bedrohung Kuwaits durch den Irak ausgehe. Saddam Hussein hatte meinem Mann mehrfach versichert, dass alle Streitigkeiten des Irak mit anderen arabischen Ländern auf eine »brüderliche« Weise gelöst würden, auch gegenüber dem saudischen König Fahd und dem ägyptischen Präsidenten Mubarak hatte er diese Versicherung wiederholt. Erst als Scheich Sa'ad König Hussein mitteilte, dass der Irak entlang der Grenze zu Kuwait Truppen zusammengezogen habe, zweifelte der König an Saddam Husseins Absichten.

Mein Mann kehrte sehr besorgt zurück und warnte Präsident Bush und den britischen Botschafter, dass eine schwere Krise zwischen Irak und Kuwait drohe. »Glauben Sie mir«, sagte er zu ihnen nachdrücklich, »Sie müssen die Kuwaiter auffordern, sich mit den Irakern und den Saudis zusammenzusetzen und die Grenzprobleme, die Überproduktion von Erdöl und alle anderen Probleme zu lösen, die auf der Agenda stehen.« Er wusste, dass die genannten Punkte keine Erfindungen des Irak waren, sondern legitime Ansprüche, die eine politische Lösung erforderten. Aus unerklärlichen Gründen schienen weder der amerikanische Präsident noch der britische Botschafter sonderlich interessiert an diesem Vorschlag. Die Vereinigten Staaten sollen sogar so weit gegangen sein, Saddam Hussein über ihre Botschafterin April Glaspie zu versichern, dass sie nicht intervenieren würden, falls der Irak gegen Kuwait vorgehe – ein Vorwurf, den sie später dementierten. Falls sie tatsächlich eine derartige Versicherung aussprachen, so handelte es sich um einen schwerwiegenden Fehler.

Am 31. Juli sagte mein Mann zu mir, er hege die Hoffnung, dass ein »entscheidendes« Treffen zwischen Irak und Kuwait, das für den morgigen Tag in Dschidda angesetzt war, einen Durchbruch bringen werde. Aber der Durchbruch blieb aus. Er ging an diesem Abend sehr spät zu Bett. »Zum ersten Mal bin ich schrecklich nervös«, sagte er. Wir hatten nur ein paar Stunden geschlafen, als mein Mann den Anruf von König Fahd erhielt, den er befürchtet hatte. Fahd teilte ihm mit, dass irakische Streitkräfte nur noch wenige Kilometer vom Stadtzentrum Kuwaits entfernt wären.

Die Invasion fiel mit dem Geburtstag meiner Schwiegermutter zusammen. Während mein Mann nach Ägypten flog, um sich mit Präsident Mubarak zu beraten, ging ich zu einer Familienfeier für Königin Sein im Sahran-Palast. Meine Schwiegermutter und ich zählten offenbar zu den wenigen, die sich wegen der verheerenden Folgen für Jordanien und die ganze Region große Sorgen machten. Königin Sein erkannte scharfsichtig, dass dies eine ernste Angelegenheit war. Wir beide hatten uns nie allzu nahe gestanden, aber an diesem Tag sprachen wir ausführlich über die Gefahren, die uns allen drohten. Während die Golfkrise sich zuspitzte und der Druck auf

Jordanien verstärkt wurde, forderte Königin Sein mich auf, die jordanische Haltung zu verteidigen, vor allem in den Vereinigten Staaten. Es war das einzige Mal, dass sie mich energisch zu einer Rolle drängte, die der Tradition eklatant widersprach. Keiner von uns ahnte damals, wie stark der Druck werden sollte.

Als Hussein am selben Abend aus Alexandria zurückkehrte, sagte er mir, er habe von Hosni Mubarak die Zusage erhalten, dass die Arabische Liga den irakischen Staatschef nicht verurteilen oder anderweitig brüskieren werde, solange mein Mann sich in Bagdad aufhalte und Saddam Hussein auffordere, seine Truppen aus Kuwait abzuziehen. Mubarak wusste genau, dass mein Mann von allen arabischen Staatschefs seinen Nachbarn am besten kannte. Zeit war kostbar. Die Arabische Liga traf sich in Kairo. Die versammelten Außenminister wurden von den Kuwaitern und den Saudis sowie von der Bush-Administration und von Margaret Thatcher massiv unter Druck gesetzt, den Irak zu verurteilen. Der König wusste jedoch genau, dass Saddam Hussein nicht auf Vernunftargumente hören würde, wenn er sich in die Ecke gedrängt fühlte. »Gebt mir 48 Stunden«, sagte mein Mann zu George Bush, Mubarak und König Fahd. Mubarak willigte nicht nur ein, sondern sagte zu unserem Außenminister: »Nehmen Sie jetzt mein Flugzeug, und kommen Sie nach Kairo zu dem Treffen der Arabischen Liga, damit Sie verfügbar sind.«

König Husseins Zusammenkunft mit Saddam am nächsten Morgen, dem 3. August, hatte Erfolg. Saddam sei sehr zufrieden über die panische Reaktion der Westmächte gewesen, sagte mein Mann mir später, und habe bereits den Abzug seiner Streitkräfte aus Kuwait geplant. Als Beweis wollte er unverzüglich eine seiner Brigaden abziehen, eine symbolische Geste, die von der irakischen Nachrichtenagentur bestätigt wurde. »Falls es keine Drohungen gegen den Irak oder Kuwait gebe, werden die irakischen Streitkräfte morgen mit dem Abzug beginnen«, hieß es in der Erklärung. »Ein Plan für den Abzug aus Kuwait ist bereits verabschiedet worden.«

Mein Mann rief Mubarak an, um ihm die gute Neuigkeit mitzuteilen. Zu Husseins Überraschung berichtete ihm jedoch der jordanische Außenminister, er habe bei seiner Ankunft fest-stellen müssen, dass der ägyptische Außenminister sich in Wirklichkeit zum Anführer der Fraktion in der Arabischen Liga aufgeschwungen hatte, die den Irak verurteilen wollte. Diese Torpedierung von König Husseins Mission für einen ira-kischen Truppenabzug war am Ende ausschlaggebend dafür, dass westliche Soldaten in die Region einmarschierten, und damit wurde die Saat für terroristische Anschläge radikaler Islamisten auf die Vereinigten Staaten mehr als ein Jahrzehnt später gelegt.

Es wurde verschiedentlich spekuliert, weshalb der Durch-bruch meines Mannes bei Saddam Hussein zuerst von Ägyp-ten und dann von anderen arabischen Staatschefs unterlaufen wurde. In voller Kenntnis des erfolgreich verlaufenen Treffens König Husseins mit Saddam wiesen sie dennoch ihre Außen-minister in Kairo an, den Irak zu verurteilen. Mubarak gab möglicherweise einfach dem amerikanischen Druck nach; Kuwait hatte König Hussein im Verdacht, er habe lange zuvor von den militärischen Zielen Saddams gewusst und sie ver-heimlicht; Saudi-Arabien befürchtete vielleicht, nachdem die Vereinigten Staaten ihm mitgeteilt hatte, dass der Irak Trup-pen an der Grenze des Königreiches zusammenziehe, mein Mann würde sich mit dem Irak verschwören, um den Hed-schas zurückzuerobern. Keiner traute dem anderen.

Wenige Tage später griff die ägyptische Presse meinen Mann an und stellte ihn als den Bösen hin, was mir überhaupt nicht in den Kopf wollte: Immerhin hatten die Ägypter doch mei-nem Mann die Zusage gegeben, den Irak nicht zu verurteilen, solange er sich noch um Vermittlung bemühte. Und dann hat-ten sie die Zusage nicht eingehalten. Auch wenn mein Mann schon viele gebrochene Versprechen erlebt hatte, verletzte ihn dieses doch tief. »Es ist keine Ehre, ein arabischer Staatschef zu sein«, sagte er zu mir.

Am Ende vertraten die meisten arabischen Länder bei dem Treffen der Arabischen Liga eine harte Linie gegen den Irak, während Jordanien, der Jemen und die PLO versuchten, die Tür zu Verhandlungen mit Saddam offen zu halten. Mein Mann hatte sich eindeutig gegen die irakische Besetzung

Kuwaits ausgesprochen und den Abzug der Truppen verlangt. Verblüfft musste er jedoch feststellen, dass seine anfänglichen Bemühungen, eine friedliche Beilegung des Konflikts zu erreichen, von den Vereinigten Staaten und Großbritannien völlig zu Unrecht als Billigung der Besetzung Kuwaits dargestellt wurden. Mit dieser boshaften Verdrehung der Tatsachen wurde der König auch in den folgenden Jahren immer wieder angegriffen.

In Jordanien herrschte allgemein Konsens darüber, dass die anderen arabischen Länder zwar Maßnahmen gegen den Irak begrüßten, sich aber wünschten, dass die Amerikaner für sie den Krieg ausfochten. Der Irak war mit seiner durchorganisierten Armee, angeführt von gut ausgebildeten Offizieren, immer eine Art »Preußen des Nahen Ostens« gewesen. Deshalb hatten kleinere arabische Länder ständig Angst vor der irakischen Armee und Saddam Hussein. Dieser Einzelgänger war ein unberechenbarer Faktor in der Region. Auch die Vereinigten Staaten und Großbritannien teilten die Ängste der Nachbarstaaten des Irak. Die westlichen Mächte sahen die militärische Stärke des Irak gar nicht gern, obwohl ironischerweise ausgerechnet die Briten vor knapp einem halben Jahrhundert die irakische Armee aufgebaut hatten.

Ausgerechnet Margaret Thatcher forderte dann den amerikanischen Präsidenten auf, militärisch einzugreifen. Anfangs wollten die Vereinigten Staaten sich darauf konzentrieren, Saudi-Arabien gegen den Irak zu verteidigen, obwohl kein einziger Politiker im Nahen Osten glaubte, dass der Irak irgendwelche Absichten gegen das saudische Königreich hegte. Margaret Thatcher war anderer Ansicht. Sie hielt sich am 2. August, dem Tag der Invasion, bei einer Konferenz in Aspen in Colorado auf. Als George Bush am folgenden Tag eintraf, setzte sie ihm unmissverständlich auseinander, dass Saddam Hussein, wenn er nicht von westlichen Truppen gestoppt werde, nicht nur mit seinen Panzern nach Saudi-Arabien, sondern auch nach Bahrain und Dubai einmarschieren werde. Danach würde er 65 Prozent der weltweiten Erdölvorkommen kontrollieren.

König Hussein rief George Bush in Aspen an und beschwor ihn, sich für eine arabische Lösung ohne ausländische Intervention einzusetzen. Mein Mann war immer noch der Meinung, er könne Saddam Hussein dazu bringen, kampflos wieder aus Kuwait abzuziehen. Falls das scheitern sollte, dann wollte er mit arabischer Militärgewalt nachhelfen, und dazu gab es bereits einen Präzedenzfall. Im Jahr 1962 hatte die jordanische Armee als Teil einer Streitmacht der Arabischen Liga Kuwait vor dem Irak geschützt, als Kuwait, eine frühere Provinz des Irak, seine Unabhängigkeit erklärte und der Irak dies nicht akzeptierte.

Wenige Tage nach der irakischen Invasion wurden die ersten amerikanischen und britischen Soldaten in die Region verlegt, und noch weit mehr amerikanische Soldaten wurden bereitgestellt. Als Verteidigungsminister Dick Cheney die Region besuchte, fünf Tage nach der Invasion, flog er nach Saudi-Arabien und nach Ägypten, ignorierte Jordanien aber völlig. Angesichts der Tatsache, dass mein Mann als letzter arabischer Staatschef noch in Verbindung mit Saddam Hussein stand, war das besonders bemerkenswert. König Hussein wäre der Einzige gewesen, der imstande gewesen wäre, einen diplomatischen Ausweg aus der Krise zu finden. Doch die Amerikaner grenzten ihn von Anfang an aus. Kurz nach der Invasion war ein saudischer Gesandter in Amman eingetroffen und hatte noch die von Amerika vorgelegten Satellitenbilder von irakischen Soldaten an der saudischen Grenze als bedeutungslos abgetan. Die Saudis hätten keine Angst vor den Irakern, sagte er meinem Mann.

Die US-Hilfen für Jordanien wurden gestrichen. Alle arabischen Länder, die sich der Militärkoalition anschlossen, strichen ebenfalls ihre Hilfsmittel, auch wenn sie ohnehin wegen der regionalen Rezession bereits deutlich gekürzt worden waren. König Hussein war so tief getroffen, dass er am 8. August, nur sechs Tage nach der Invasion, wieder von Rücktritt sprach. In Anbetracht der heftigen persönlichen Attacken gegen ihn hatte er den Eindruck, Jordanien habe möglicherweise weniger zu leiden, wenn er die Regierungsgeschäfte einem Nachfolger übergeben würde. Wenn nicht Tag und

Nacht unzählige Jordanier ihm telefonisch versichert hätten, dass das ganze Land hinter ihm stehe, hätte mein Mann vermutlich abgedankt. Auch ich bestärkte ihn weiterzumachen. Es sei unsinnig, in dieser Krise abzudanken, sagte ich ihm. Die Jordanier würden ihn jetzt mehr denn je brauchen, genau wie viele andere Menschen auf der ganzen Welt, die hofften, dass sein mäßigender Einfluss das Kriegsfieber, das die ganze Region erfasst habe, ein wenig dämpfe.

Ich drängte meinen Mann, in die Vereinigten Staaten zu fliegen und George Bush persönlich seine Haltung zu erklären. Unser Neffe, Prinz Talal, gehörte dem kleinen Gefolge an, das ihn nach Kennebunkport in Maine begleitete. Er nannte ihren Empfang durch Bushs Mitarbeiter eine »geradezu grobe Erfahrung«. Bush selbst war sehr höflich und erkannte viel besser als die meisten, wie schwierig die Lage meines Mannes war. Dennoch äußerte er sich mehr oder weniger geringschätzig zu den Verhandlungen meines Mannes mit Saddam Hussein über einen friedlichen Abzug. »Ich werde nicht dulden, dass dieser kleine Diktator 25 Prozent des Öls der zivilisierten Welt kontrolliert«, sagte Präsident Bush meinem Mann. An diese Bemerkung erinnerte sich Scharif Seid bin Schaker so genau, weil Bush die Worte »zivilisierte Welt« gebrauchte. »Als ob es keine Zivilisation außer der westlichen gäbe«, hatte Abu Schaker gemurmelt. Der König war sehr entmutigt, als er aus den Vereinigten Staaten nach Europa flog und sich dort ebenfalls mit Staatschefs traf. Nach dem Gespräch mit Margaret Thatcher in London fühlte er sich geradezu ohnmächtig. Er nannte sie verbittert und unnachgiebig.

Die irakische Invasion wirkte sich unmittelbar verheerend auf die jordanische Wirtschaft aus. Innerhalb von einer Woche verhängten die Vereinten Nationen ein Handelsembargo gegen den Irak, den größten Handelspartner Jordaniens, der damit außer Reichweite für uns war. Aufträge wurden storniert. Der Tourismus nach Jordanien kam zum Erliegen. In Akaba wurden Containerschiffe abgewiesen, deren Fracht durch Jordanien in den Irak transportiert werden sollte.

In der Noor Al-Hussein Foundation machten wir uns Gedanken darüber, wie wir den Familien und Gemeinden helfen konnten, mit der wirtschaftlichen und sozialen Belastung fertig zu werden. In großer Gefahr waren beispielsweise die Frauen, die mit ihren Familien von Projekten wie Bani Hamida profitierten. Der Touristenmarkt für ihre Produkte war tot, auch wenn Rebecca Salti eine geniale Idee hatte, um Käufer für ihr Kunsthandwerk zu finden. Nach der Invasion waren rund 800 Journalisten nach Amman geströmt. Rebecca und ihre Mitarbeiter organisierten Ausstellungen der Teppiche von Bani Hamida in mehreren Hotels. Jeden Abend gegen 23.00 Uhr waren sie dort, um Teppiche an Journalisten zu verkaufen. Jedes Mal, wenn eine Welle von Journalisten mit einem Teppich im Gepäck wieder abreiste, kam eine neue Welle und damit potenzielle neue Kunden.

Die weitaus größte Belastung durch den Golfkrieg stellte die sprunghaft angestiegene Zahl von Flüchtlingen dar, die an unseren Grenzen eintrafen: Ägyptische Arbeiter flohen aus dem Irak und Kuwait, Marokkaner, Filipinos, Bangladescher, Pakistaner, Nepalesen, Afghanen, Somalier, Thais und Sri Lanker, die als Hausbedienstete in Kuwait gearbeitet hatten. Anfangs hatten wir weder Zelte noch Decken für sie, und der Boden war sehr steinig, doch trotzdem kamen jede Nacht 10 000 neue Flüchtlinge an. Am Ende des Konfliktes hatten schätzungsweise drei Millionen Menschen die Grenze zu Jordanien überschritten, dessen eigene Bevölkerung unter 3,5 Millionen lag.

Während dieser Zeit verbrachte ich fast jede wache Stunde mit Gesprächen mit dem Innenminister und der Polizei, sowie mit lokalen und internationalen NGOs, die den Flüchtlingen ihre Unterstützung anboten. Einige Organisationen halfen in den Lagern an der Grenze, andere errichteten in Amman Unterkünfte. Auch unsere Familie half tatkräftig mit. Mein Schwager, Kronprinz Hassan, war Schirmherr der karitativen Hashimite Relief Organization, die auf einem Messegelände in der Stadt ein Lager aufbaute. Meine Schwägerin, Prinzessin Basma, arbeitete in einem anderen Lager mit. Mehrere europäische NGOs wie die »Ärzte ohne Grenzen« und das Internationale Komitee des Roten Kreuzes unterstützten unsere Anstrengungen bei der Bekämpfung von Seuchen, beim Aufbau sanitärer Anlagen und der Erfüllung anderer Grundbedürfnisse wie der Versorgung mit Lebensmitteln und Wasser. Wir benötigten dringend humanitäre Hilfe, um den Menschenstrom zu bewältigen, aber sie ließ auf sich warten. Die International Organization for Migration hatte noch keine Transportmittel bereitgestellt, um Flüchtlinge in ihre Herkunftsländer zurückzubringen. Es musste etwas unternommen werden, und zwar schnell, noch vor Einbruch des Winters. Beim Durchblättern der Informationen, die aus den Lagern eingingen, fiel mir eines Abends eine mögliche Lösung ein: Richard Branson könnte als Vorsitzender von Virgin Atlantic Airways eventuell Flugzeuge für die Flüchtlinge bereitstellen. Wir brauchten außerdem sofort Decken und Zelte für die Hunderttausende von Flüchtlingen, die an unserer Grenze lagerten. Richard war sehr hilfsbereit, als ich ihn am nächsten Tag in England anrief, er versprach zu helfen, so gut er konnte.

Das Flüchtlingsproblem hatte uns so überrascht, dass keine Zeit für eine umfassende Planung blieb. Am 4. September fuhr ich an die Grenze zum Irak, um bei der Planung der neuen Lager der Hilfsorganisation Roter Halbmond zu helfen. Allerdings stellte ich fest, dass der Ort in der Eile nicht auf potenzielle Folgen für die Umwelt hin untersucht wurde. Als wir entdeckten, dass das Lager lebenswichtige Wasserquellen für zwei unserer größten Städte gefährdete, musste es verlegt werden. Am selben Tag traf Richard Branson mit einer Flugzeugladung an Hilfsgütern ein sowie mit dem willkommenen Versprechen, uns weiter zu unterstützen. Er kam nicht allein. Britische Journalisten befanden sich an Bord des Flugzeugs, um über die Geschichte der Menschen zu berichten, die plötzlich Hab und Gut verloren hatten.

Am selben Tag kehrte auch mein Mann von seiner langen Reise zu westlichen Staatschefs zurück und flog sofort weiter nach Bagdad. Noch einmal wollte er versuchen, Saddam Hussein zu überreden, aus Kuwait wieder abzuziehen. Das war die zweite von drei Reisen nach Bagdad, um einen Krieg in der Region zu verhindern. Mein Mann übermittelte Saddam Hussein die unmissverständliche Botschaft, dass die westlichen Staatschefs und ihre Verbündeten es Saddam auf keinen Fall gestatten würden, in Kuwait zu bleiben. »Treffen Sie eine mutige Entscheidung, und ziehen Sie Ihre Truppen ab«, sagte mein Mann zu Saddam. »Wenn Sie das nicht tun, werden Sie gewaltsam vertrieben.« Doch der irakische Staatschef wollte nicht einlenken.

Mein Mann überredete Saddam, einige der zahlreichen europäischen Geiseln freizulassen, die er in Bagdad als Faustpfand gegen alliierte Angriffe festhielt. Richard Branson schrieb ein Bittgesuch an Saddam Hussein, das mein Mann ins Arabische übersetzte und per Kurier nach Bagdad schickte, eine Bitte, der Saddam Hussein nachkam. Die irakische Fluggesellschaft hatte bereits rund 200 britische Staatsbürger ausgeflogen, weitere 60 flog Richard während seines Aufenthaltes bei uns aus. Virgin Atlantic Airways stellte das einzige westliche Flugzeug, das in den Irak einfliegen durfte, ein »unheimliches«, aber erfolgreiches Erlebnis, wie Richard sagte.

Richard Branson flog wie viele andere Organisationen und Regierungen weiterhin Hilfsgüter für die Flüchtlinge ein, doch die Belastung überstieg immer noch unsere Kräfte. Die Jordanier gaben sich große Mühe, den Vertriebenen zu helfen, boten ihnen Unterschlupf an, spendeten Decken, Lebensmittel und was immer sie entbehren konnten. Das war ein großes Ruhmesblatt für das Volk Jordaniens. Jeder machte mit und gab alles, was er hatte, und noch mehr. Es hätte kein besseres Beispiel für die traditionelle Gastfreundschaft und den humanitären Geist der arabischen Muslime geben können.

Bernard Kouchner, der französische Minister für Gesundheit und humanitäre Hilfe, kam nach Amman, um sich ein Bild von der Lage zu machen. »Sie müssen die Medien mit in die Lager nehmen, um die Aufmerksamkeit auf die humanitäre Krise zu lenken«, riet er mir in meinem Arbeitszimmer. »Sie müssen auch Ihre Person einsetzen, um die internationale Aufmerksamkeit zu wecken.« Er beschwor mich so eindringlich, dass ich mit einer gewissen Befangenheit die Presse einlud, mich in die Lager zu begleiten. Die Aktion trug dazu bei, die Unterstützung zu mobilisieren, die wir so dringend benötigten. Die Bemühungen ergänzten die sehr effektive Medienunterstützung für meinen Mann und Kronprinz Hassan während der gesamten Krise.

Die internationale Gemeinschaft nahm Notiz und schickte Hilfsgüter und Flugzeuge, um die Flüchtlinge in ihre jeweiligen Heimatländer zurückzubringen. Als der philippinischen Regierung die Flugzeuge ausgingen, um ihre Bürger zurückzuholen, stellte mein Mann 18 TriStar-Jets der Royal Jordanian Airlines zur Verfügung. Die somalischen Flüchtlinge hingegen wollten nicht heimkehren, sondern blieben lieber in unseren Wüstenlagern. Ich werde nie vergessen, wie ich mit somalischen Familien in ihren Zelten saß und mir ihre Schilderungen vom Not und Elend in ihrer Heimat anhörte. Damals hatten sie kein besseres Zuhause.

In dieser Zeit tauchten unablässig neue Verleumdungen auf. Mitte September sahen wir eines Tages ungläubig, wie Senator Frank Lautenberg auf CNN zur Golfkrise interviewt wurde. Er zitierte Präsident Mubaraks Behauptung, König Hussein habe Schmiergelder angenommen und schon im Voraus von der irakischen Invasion in Kuwait gewusst, sie unterstützt – ja sogar daran teilgenommen. Wir gingen davon aus, dass Senator Lautenberg Mubaraks Äußerungen falsch verstanden hatte, doch wir irrten uns. Mein Mann reiste einige Tage später, am 20. September, nach Marokko und erfuhr vom algerischen Präsidenten und von König Hassan von Marokko, dass Präsident Mubarak diese Geschichten, wie wir sie nannten, auch bei anderen arabischen Staatschefs verbreitete.

Mein Mann antwortete auf diese jüngste Angriffswelle, indem er CNN eine Richtigstellung schickte, die auch pflichtgemäß gesendet wurde, aber das Kind war bereits in den Brunnen gefallen. Zwei Tage nach der Rückkehr aus Marokko drehten die Saudis uns das Öl ab und wiesen unsere Diplomaten aus. Ich stand kurz vor einer Reise in die Vereinigten Staaten zum Weltkindergipfel der UNO und sollte außerdem vor der renommierten Brookings Institution in Washington, D.C., sprechen. Unsere Kinder verabschiedeten sich am Flughafen von mir und schenkten mir einen ausgestopften Löwen – nicht nur ein Symbol für mein Sternzeichen Löwe, sondern auch für den Mut, den ich brauchen würde, um den Kritikern meines Mannes persönlich gegenüberzutreten.

Es war von zentraler Wichtigkeit, den Eindruck zu korrigieren, dass Jordanien die irakische Eroberung und Besetzung Kuwaits in irgendeiner Form unterstützt hatte, eine Ansicht, die sich in den Köpfen der Amerikaner, Briten und Araber bereits festgesetzt hatte. Als ich bei dem Eröffnungsempfang des UN-Kindergipfels eintraf, kam als Erster der saudische Außenminister, Prinz Saud al-Faisal, auf unseren Botschafter und mich zu. Der alte und geschätzte Freund begrüßte uns herzlich und führte uns dann zum Außenminister Kuwaits.

Während wir vier uns gegenseitig begrüßten, erwog ich, Prinz Saud zu fragen, ob ich mit ihm unter vier Augen über das diplomatische Patt sprechen könne, das die Beziehungen zwischen unseren Ländern trübte. Ich hätte am liebsten, wie immer, die Dinge beim Namen genannt und die ganze Angelegenheit durchgesprochen, in der Hoffnung, dass sich aus der offenen Diskussion etwas Positives ergeben würde. Auf dem Empfang und noch einige Zeit danach rang ich mit mir, ob ich direkt zur Sache kommen sollte. Am Ende entschloss ich mich zu einer zurückhaltenderen Vorgehensweise. Ich wollte nicht, dass irgendetwas, was ich sagte, gegen meinen Mann verwendet werden konnte, und ich wusste, dass ein Treffen unter vier Augen mit dem saudischen Außenminister fehlinterpretiert werden und eine Reihe kulturell bedingter Fragen aufwerfen würde.

Weit schwerer fiel es mir jedoch bei einer anderen Begegnung. Frau Mubarak kam auf mich zu, als ob nichts geschehen wäre. »Wie geht es Ihnen? Wie geht es allen?«, fragte sie fröhlich. »Wie geht es Seiner Majestät?« Ich wusste nicht, was ich antworten sollte, weil die Wahrheit war, dass wir uns beide miserabel fühlten. »Es geht ihm gut, Susanne«, sagte ich. »Wie geht es dem Präsidenten? Wie geht es Ihren Kindern?«

Im Verlauf unseres Gesprächs fiel es mir immer schwerer, die Fassade zu wahren. Fairerweise muss ich sagen, dass Susanne bestimmt nur die besten Absichten hatte, und ich machte sie ganz gewiss nicht für das verantwortlich, was in Jordanien geschehen war, aber schließlich konnte ich mich nicht mehr zurückhalten: »Susanne, es tut mir Leid, aber es fällt mir unheimlich schwer, mich zu unterhalten, als ob alles in bester Ordnung wäre, wenn die Lage in Jordanien so furchtbar ist.

So viele Dinge sind gesagt und getan worden, die uns schwer geschadet haben.«

»Ach, Sie kennen doch die Araber und ihre großen Worte«, antwortete sie leichthin. »Großer Gott!«, dachte ich. »Es waren *ihre* Worte!«

Nach dieser Bemerkung konnte ich mir einen Kommentar nicht verkneifen. »Wissen Sie, Susanne, Aufrichtigkeit ist schrecklich wichtig in den Beziehungen zwischen unseren Ländern. Sie ist absolut entscheidend, besonders in einer Zeit wie dieser.« Susanne fühlte sich wohl persönlich angegriffen, und unser Gespräch endete abrupt.

Am Nachmittag überlegte ich, ob ich mich einfach mit Susanne treffen und ihr alles erzählen sollte, was ich wusste. Immerhin waren wir Freundinnen, auf politischer Ebene hatten Hussein und ich zu den ersten arabischen Unterstützern der Mubaraks gezählt. Wir hatten viele Stunden lang über unsere Rollen und über die dringenden Probleme diskutiert, vor denen unsere Länder standen. Susanne hatte mich zu einer herrlichen Reise am Nil mit allen vier Kindern und meiner Schwester eingeladen. Wir hatten die Mubaraks viele Male in unserem Haus empfangen. Ich hielt es für das Beste, mit ihr zu sprechen, um die Angelegenheit zu klären.

Ich rief in Susannes Hotelzimmer an, aber ich erreichte sie nicht. Als Hussein und ich später miteinander sprachen, erzählte er mir, er habe bereits eine Botschaft der Ägypter zu meinem Treffen mit Susanne erhalten. Dann lachte er und sagte, ich hätte die Situation nicht besser meistern können und die Ägypter würden lediglich versuchen, ihre Handlungen gegen Jordanien zu rechtfertigen.

In dieser gespannten Atmosphäre erschien es mir besonders wichtig, sich auf die Folgen eines Krieges für Kinder zu konzentrieren. Immerhin handelte es sich um einen Kindergipfel, und ich zögerte nicht, darauf hinzuweisen, dass in der Regel Kinder die Hauptopfer gewaltsamer Konflikte seien. Während des zweitägigen Gipfels verwies ich immer wieder auf die Folgen des Krieges für diese überaus verletzlichen Mitglieder der Gesellschaft – ein Grund mehr, eine nichtmilitärische Lösung der Krise im Nahen Osten zu unterstützen.

George und Barbara Bush nahmen ebenfalls teil. Sie waren besonders kühl mir gegenüber, was mich aus politischer Sicht keineswegs verwunderte, aber persönlich ein wenig überraschte. Sie waren alte Freunde. Noch als Vizepräsident hatte George Bush mit unseren begeisterten Jungs im Swimmingpool in Akaba gespielt. Wir hatten uns seither bei unzähligen Gelegenheiten getroffen. Mrs Bush willigte ein, sich zum Tee mit mir in ihrem Hotel zu treffen. Wir führten ein sehr interessantes Gespräch, das sich natürlich in erster Linie um die Krise drehte.

Mrs Bush wiederholte die Horrorgeschichten, die von der kuwaitischen Botschaft in Umlauf gebracht worden waren, insbesondere eine, die die Tochter des Botschafters bei einer Pressekonferenz erzählt hatte. Sie wollte mit eigenen Augen gesehen haben, wie Iraker neugeborene Babys aus den Inkubatoren in den Krankenhäusern genommen und auf dem Fußboden dem Tod überlassen hätten. Wir hatten natürlich alle diese Geschichten gehört, aber wir hatten auch von Ärzten, die sich damals im Stadtkrankenhaus von Kuwait aufhielten, gehört, dass diese haarsträubenden Vorwürfe falsch wären. Später stellte sich heraus, dass die Tochter des Botschafters gar nicht in Kuwait gewesen und diese Dinge nie gesehen hatte, und dass Kuwait das Public-Relations-Büro Hill and Knowlton in New York beauftragt hatte, die »Inkubator-Story« zu erfinden. Doch bei dem Gespräch mit Mrs Bush kannte ich nur das Dementi der Ärzte.

»Jordanien hat von Anfang an die Besetzung Kuwaits abgelehnt«, erinnerte ich sie, »und wir haben den Abzug der irakischen Streitkräfte gefordert. Es besteht kein Zweifel daran, dass mit einer gehörigen Portion gefälschter und verzerrter Tatsachen eine ohnehin schon fatale Situation noch verschlimmert wurde. Wir glauben, Jordaniens Haltung wurde bewusst falsch dargestellt.« Ich sprach nicht ausdrücklich über die ägyptische Fehlinformation, aber ich verwies darauf, dass diese Geschichten Teil eines Bestrebens seien, Jordanien zu isolieren und dafür zu sorgen, dass König Hussein mit seinen Versuchen, die Lage zu entspannen und zu verhindern, dass sich der launische Präsident des Irak noch mehr in seiner zornigen Isolation verschanzte, keinen Erfolg haben konnte.

Mein Mann wurde als Feind der Vereinigten Staaten hinge-stellt, obwohl er alles andere war als das. König Hussein wei-gerte sich hartnäckig, die Besetzung und Annexion Kuwaits hinzunehmen. Als erste Flüchtlinge von der irakischen Grenze ins Land strömten, auf deren Autokennzeichen »Staat Irak – Provinz Kuwait« zu lesen war, schritt er sofort ein. Auf iraki-schen Kennzeichen steht immer auch der Name der Heimat-provinz des Fahrers, aber es entbehrte jeder rechtlichen Grund-lage, dass der Irak Kuwait als Provinz annektiert hatte. König Hussein ordnete an, diese Kennzeichen noch an der Grenze entfernen zu lassen; wir werden wohl alle nie vergessen, dass damals unzählige Autos mit zeitlich befristeten, schwarzen Kennzeichen in Jordanien herumfuhren. Hussein stellte außer-dem klar, dass kuwaitische Soldaten, die eine militärische Aus-bildung in Jordanien absolvierten, ihre Kurse fortsetzen durf-ten und dass die kuwaitische Botschaft geöffnet blieb.

Ich versuchte, die wachsende Besorgnis in der arabischen Welt über die zivilen Verluste im Irak und die entsetzlichen Lebensbedingungen zu schildern. Doch Mrs Bush ließ sich nicht erweichen. Sie war eine politisch denkende Frau, und sie glaubte nur das, was sie glauben wollte. Nach dem Krieg gab ich einige Interviews, in denen ich einmal mehr die humanitä-ren Folgen des Krieges und das Leid des irakischen Volkes zur Sprache brachte. Das erboste Mrs Bush offenbar so sehr, dass sie mir durch einen amerikanischen Regierungsvertreter die Botschaft überbringen ließ, ich sei eine Verräterin. Ich vermu-te, die Botschaft sollte mich davon abbringen, über Themen zu sprechen, die der Bush-Administration offensichtlich unan-genehm waren.

Auf dem Kapitol wurde ich herzlicher empfangen. Senator Lautenberg erschien zu dem Treffen sowie eine Reihe anderer Senatoren, darunter einige Freunde meines Mannes oder mei-ner Familie, und schließlich andere Menschen, die sehr besorgt waren angesichts der Lage im Nahen Osten. Ich wollte unbe-dingt mit Senator Lautenberg sprechen und nahm ihn bei der ersten Gelegenheit beiseite: »Sir, wären Sie so freundlich, etwas klarzustellen? Mein Mann und ich haben Ihr Interview in CNN gesehen, und ich nehme an, dass Ihre Bemerkungen aus dem

Kontext gerissen wurden, wo Sie Präsident Mubaraks Äußerungen über meinen Mann zitierten. Gab es da irgendein Missverständnis oder Unklarheiten?«

»Nein«, sagte er. »Was ich von Präsident Mubaraks Äußerungen über Ihren Mann zitiert habe, war absolut korrekt. In Wirklichkeit hörte ich noch viel mehr, was ich nicht gesagt habe.« Senator Lautenberg nannte mir dann ausführlich die unzähligen, abscheulichen Vorwürfe, die Mubarak gegen meinen Mann erhoben hatte. »Sind Sie sicher? Sind Sie ganz sicher?«, fragte ich ihn. Während des Gesprächs waren auch andere Senatoren zu uns herangetreten. »Ja«, bestätigten sie, »uns hat er genau dasselbe gesagt.«

Ich konnte mir nicht erklären, was den ägyptischen Präsidenten dazu bewogen hatte. Es bestand kein Zweifel, dass der ägyptische Staatschef von Fundamentalisten und anderen Gegnern einer Allianz Ägyptens mit fremden Mächten, die gegen den Irak kämpfen wollten, massiv unter Druck gesetzt wurde. Die meisten Menschen in der Region betrachteten die ausländische Koalition als antiarabisch und antimuslimisch. In ihren Augen handelten die Westmächte, allen voran Amerika, zudem überaus scheinheilig, wenn sie UN-Resolutionen, in denen die irakische Besetzung Kuwaits verurteilt wurde, unverzüglich gewaltsam durchsetzten, während sie wegen der ebenso bindenden, nun 23 Jahre alten UN-Resolutionen gegen die israelische Besetzung in Palästina noch keinen Finger krummgemacht hatten. Diese Heuchelei brachte auch die palästinensische Bevölkerung in Jordanien auf, vor allem nachdem Saddam Hussein versprochen hatte, gegen Israel vorzugehen und Palästina zu befreien. In den Straßen von Amman wimmelte es nur so von Plakaten, auf denen seine Tugenden gepriesen wurden.

Mein Mann sah sehr angespannt aus. Wir waren beide erschöpft. Jeden Abend setzten wir uns, nach einem vollen Tagesprogramm, vor den Fernseher, um uns über die Ereignisse des Tages zu informieren. Wir sahen alle Nachrichtensendungen aus den Vereinigten Staaten an. Wegen der Zeitverschiebung mussten wir deshalb bis spät in die Nacht aufbleiben. Ferner verfolgten wir alles, was in Jordanien und in der ganzen Region vor sich ging.

Während wir uns die Sendungen ansahen, spielten wir mit zwei Gameboys der Kinder endlos Tetris und setzten Stein auf Stein. Mit der Zeit entwickelten wir sogar ein gewisses Geschick und regelrechten Ehrgeiz. Es war eine heilsame Möglichkeit, unsere Nervosität zu dämpfen, und für meinen Mann die bessere Alternative zu übermäßigem Rauchen. Außerdem hielt es uns bis zu den Spätnachrichten wach. Manchmal kamen Familienangehörige herüber und sahen uns – zweifellos ungläubig – zu, wie wir dasaßen und auf den Fernseher und die Gameboys starrten. Doch die Nachrichten wurden nur immer schlechter, der Krieg der Worte eskalierte, und die Koalition setzte den Truppenaufbau in unserem Nachbarland Saudi-Arabien fort.

Die Angriffe nahmen an Heftigkeit zu, nachdem der König am 17. November eine, wie sich zeigen sollte, sehr umstrittene Rede bei der Eröffnung des jordanischen Parlaments hielt. Die Regierung schrieb die Rede, genau wie die britische Regierung die »Rede vom Thron« schreibt, die die Königin bei der Parlamentseröffnung hält. Hussein war über die scharfe Tonart überhaupt nicht glücklich. Er fragte mich an einem Wochenende in Akaba um meine Meinung. Seit Beginn unserer Ehe war ich die erste Zuhörerin seiner internationalen Ansprachen gewesen, aber jetzt diskutierten wir zum ersten Mal über eine Rede an das jordanische Volk. »Unser Volk geht davon aus, dass deine Reden deine eigene Sichtweise zum Ausdruck bringen, und wenn dir in dieser kritischen Phase der Ton oder der Inhalt nicht gefällt, dann musst du sie so ändern, dass sie deine Ansichten wiedergeben«, sagte ich ihm. Es gab aber so viele Kräfte im Land, die Hussein im Gleichgewicht halten wollte, dass er die Rede ohne große Änderungen hielt. Die Nebenwirkungen folgten sofort.

Seit geraumer Zeit hatte der König vergeblich versucht, telefonisch mit George Bush zu sprechen. Kurz vor der Rede hatte er einen neuerlichen Versuch unternommen und erreicht, dass ein gemeinsames Treffen in Paris angesetzt wurde. Am Tag nach der Eröffnungsrede wurde meinem Mann mitgeteilt, Brent Scowcroft, Bushs nationaler Sicherheitsberater, wolle dringend mit ihm sprechen. Mein Mann wartete vier Stunden lang auf Scowcrofts Anruf, dann teilte ihm der Sicherheitsberater lediglich mit, das Pariser Treffen sei abgesagt, weil Präsident Bush wegen der Rede meines Mannes erbost sei. Hussein setzte an, ihm die Sache zu erklären, aber er war es leid, ständig abgewiesen zu werden. »Vergessen Sie es einfach«, sagte er zu Scowcroft und legte auf. Die Kluft vergrößerte sich am 29. November, als der UN-Sicherheitsrat die Resolution 678 verabschiedete, die den Einsatz von Gewalt gegen den Irak autorisierte, falls Saddam Hussein seine Truppen nicht bis zum 15. Januar aus Kuwait abziehen sollte.

Selbst bei den Briten waren wir nicht mehr sicher, was wir zu erwarten hatten. Mein Mann pflegte beispielsweise seit langem gute Beziehungen zum britischen Königshaus. So wohnten zum Beispiel Prinz Andrew und die Herzogin von York auf unsere Einladung hin in Schloss Castlewood, solange ihre eigene Residenz im Bau war, aber plötzlich räumten sie, offensichtlich auf politischen Druck ohne eine Erklärung oder auch nur Mitteilung, das Gebäude. Das erinnere ihn an die kalte Schulter der britischen Königsfamilie während des Krieges von 1967, sagte mein Mann. In der Tat war der Prinz von Wales das einzige Mitglied der Königsfamilie, das damals normale Beziehungen zu uns unterhielt. Prinz Charles zeigte sich bemerkenswert sensibel und einsichtig, was die Aufgaben der Region anging, und unterstützte auf persönlicher Ebene die Haltung des Königs. Er sagte nie etwas, was dem Standpunkt der britischen Regierung widersprochen hätte, aber ich werde nie seine freundschaftlichen Gesten in jener Zeit vergessen. Er suchte nach Möglichkeiten, sich mit uns zu treffen, und zeigte sich aufrichtig besorgt um das Wohl der jordanischen und arabischen Bevölkerung.

Die häufig geradezu lächerlichen Meldungen über meinen Mann und mich, die weiterhin von der Weltpresse verbreitet wurden, erschwerten allen den Kontakt mit uns. Nach einem Bericht, über den die ganze Familie sogar herzlich lachen musste, hatten Hussein und ich eine Flotte Fischerboote und Jet-Skier gekauft, damit wir von Akaba aus schnell fliehen konnten. Wohin wir fahren würden – und warum überhaupt –, wurde nicht erwähnt. Weniger komisch war die Story in einem britischen Boulevardblatt, dass Saddam Hussein meinem Mann einen Oldtimer im Wert von zwölf Millionen Dollar geschenkt habe, der zuvor Hitler gehört haben soll, um den König auf die Seite des Irak zu bringen. Die Geschichten waren natürlich kompletter Blödsinn, wie zum Beispiel die Spekulationen über den neuen Bart meines Mannes, der von manchen als Hinweis interpretiert wurde, dass König Hussein sich entweder mit den Fundamentalisten oder mit Saddam Hussein verbündet hatte. In Wahrheit hatte mein Mann durch den Stress eine empfindliche Haut, die durch das Rasieren gereizt wurde.

Mein Mann unternahm einen letzten Versuch, Saddam Hussein zum Abzug seiner Truppen aus Kuwait zu bewegen. »Wenn Sie nicht selbst die Entscheidung treffen, aus Kuwait abzuziehen, dann werden Sie hinausgejagt«, sagte mein Mann in Bagdad. »Die ganze Welt ist gegen Sie.« Saddam nickte. »Ja, die ganze Welt ist gegen mich, aber Gott ist auf meiner Seite, und ich werde siegen.« Der König schwieg eine Weile, dann sagte er: »Ich sehe, dass Sie nicht bereit sind, Ihre Haltung zu ändern, aber wenn Sie es tun sollten, brauchen Sie nur anzurufen und ich werde kommen, um Ihnen zu helfen.« Es kam kein Anruf.

Während das UN-Ultimatum näher rückte, reisten König Hussein und ich Anfang Januar 1991 nach Europa. Wir wollten noch einmal versuchen, Partner für die Verhinderung eines Krieges zu gewinnen. Seit Beginn der Krise hatten sich die Europäer generell weitaus zurückhaltender geäußert als Washington und teilten König Husseins Überzeugung, dass ein Krieg katastrophale Folgen für den Nahen Osten haben würde. Geographisch sind Amerika und Europa nur durch einen Ozean getrennt, aber was ihr Verhältnis zum Nahen Osten und den Einsatz von Gewalt zur Klärung von Meinungsverschiedenheiten betrifft, trennen sie Welten. Viele Europäer setzen Krieg mit Zerstörung und Verlust gleich, nicht mit Gewinn. Diese Haltung ist das natürliche Ergebnis zweier Weltkriege auf ihrem Boden und der jeweiligen Anstrengungen beim Wiederaufbau. Sie unterscheidet sich recht deutlich von der vorherrschenden amerikanischen und israelischen Auffassung, dass bewaffnete Auseinandersetzungen und die dabei anfallenden zivilen Opfer und Zerstörungen der Infrastruktur notwendige Übel sind, die man zur Wahrung der nationalen Sicherheit in Kauf nehmen muss.

Mein Mann hoffte auf ein Wunder von Seiten der Franzosen, Deutschen oder Italiener, aber sie waren nicht imstande, viel zu erreichen. Sie wussten, genau wie Hussein, dass das Ende der Krise von der Entwicklung der Beziehungen zwischen Amerika und dem Irak abhing, und es hatte den Anschein, als würden die Amerikaner einen konstruktiven Dialog von vornherein abblocken. Dennoch war mein Mann sehr dankbar für die Gespräche mit den Deutschen, insbesondere mit Außenminister Hans-Dietrich Genscher und Bundeskanzler Helmut Kohl. Auch ich war ermutigt über meine Kontakte zu humanitären Organisationen, die bereitwillig Hilfsgüter für die Vertriebenen und Flüchtlinge nach Jordanien schickten.

Luxemburg war unsere nächste Station, wo wir ebenfalls auf große Unterstützung stießen. Während mein Mann mit dem Großherzog und dem Außenminister sprach, dem damaligen Chef der Europäischen Union, besuchte ich unsere Freundin Großherzogin Josephine-Charlotte, die Vorsitzende des Luxemburger Roten Kreuzes, und ihre Mitarbeiter. Sie waren außerordentlich hilfsbereit und versprachen über eine Million Dollar an Entwicklungshilfe. Auch die Italiener waren großzügig. Ich traf mich mit Maria Pia Fanfani, einer italienischen Philanthropin, sowie mit einer italienischen Nichtregierungsorganisation, die in erster Linie Entwicklungsprogramme für Frauen förderte. Beide hatten großes Verständnis für die Bedürfnisse der Flüchtlinge aus dem Irak und Kuwait, die in Jordanien bleiben wollten. Sie mussten unbedingt anfangen, sich in irgendeiner Form ein Einkommen für ihre Familien aufzubauen. Prinzessin Irene aus Griechenland, eine alte Freundin der Familie und Schwester der Königin von Spanien, reiste in dieser Phase häufig nach Jordanien und half uns, wo sie nur konnte. Die Stiftung Prinzessin Irenes, World in Harmony, unterstützte Projekte in der Dritten Welt und arbeitete mit der Noor Al-Hussein Foundation zusammen, um den ärmsten Familien in Jordanien zu helfen.

Hussein sprach auch mit John Major, dem neuen britischen Premierminister, und stellte fest, dass dieser beeindruckend gut informiert war. Hussein hielt ihn für realistischer als Margaret Thatcher. Er war auch von Majors Versicherung ermutigt, dass »der Irak nicht angegriffen wird, wenn er aus Kuwait abzieht«. Das Schreckgespenst eines militärischen Konfliktes war jedoch nicht gebannt.

Am 5. Januar, einen Tag nach dem Gespräch mit John Major, fuhr Hussein nach Castlewood, um sich heimlich mit dem israelischen Ministerpräsidenten Jizhak Schamir zu treffen. Da der Krieg offenbar unvermeidlich war, hatte mein Mann jordanische Truppen an der Grenze zum Irak und zu Israel mobilisiert, um zu verhindern, dass Jordanien überrannt wurde. Schamir sagte, seine Generäle würden ihn drängen, israelische Truppen gegenüber den jordanischen aufzustellen – er hatte sich dieser Forderung widersetzt, bis er persönlich mit meinem Mann gesprochen hatte. »Eure Majestät, wir wollen wissen, weshalb Ihre Truppen an unserer Grenze zusammengezogen wurden und was Sie zu tun gedenken, falls der Irak Ihre Grenze überschreitet und versucht, Israel anzugreifen.« Mein Mann antwortete: »Meine Haltung ist rein defensiv. Wenn irgendjemand meine Grenzen überschreitet oder in meinen Luftraum eindringt, vom Irak aus oder von anderswo, dann werde ich das als einen feindseligen Akt betrachten und entsprechend handeln. Und ich werde nicht zulassen, dass irgendjemand einen anderen durch jordanisches Gebiet hindurch angreift.« Schamir entgegnete: »Ich danke Ihnen. Das wollte ich nur hören.«

Ehud Barak, der Stabschef der israelischen Streitkräfte, war wegen der Konzentration jordanischer Truppen an der israelischen Grenze jedoch besorgt. Als Scharif Seid bin Schaker, der 35 Jahre in der jordanischen Armee gedient hatte, darauf hinwies, dass die Aufstellung der jordanischen Truppen ganz offensichtlich defensiv ausgerichtet sei und nicht offensiv, verlangte Barak weitere Versicherungen, bis Schamir endlich die Geduld verlor. »König Hussein hat mir sein Wort gegeben«, sagte er, »und das genügt mir.«

Als mein Mann am Ende der Europareise den Rückweg nach

Jordanien antrat, reiste ich mit den vier jüngsten Kindern – damals zehn, acht, sieben und vier Jahre alt – nach Österreich und wollte sie bis zum Ende der Schulferien dort in der Obhut meiner Schwester lassen. Mein Herz war wegen der Trennung unendlich schwer, aber ich hielt es für wichtig, dass sie so weit weg wie möglich von der Krise im eigenen Land entfernt waren. Ich wollte immer noch nicht glauben, dass ein Krieg bevorstand, aber wenn es so weit kommen sollte, dann wären die Kinder außer Gefahr, und wir könnten uns ganz auf unsere größere jordanische Familie konzentrieren.

Meine Zeit mit den Kindern in Österreich war sehr kurz, aber sie war doch der erste ungestörte Kontakt zu ihnen in den vergangenen Monaten seit Beginn der Krise. Wenn ich ihnen nur eine Gutenachtgeschichte vorlas, brach ich schon in Tränen aus. Ich versuchte, nicht an die Trennung zu denken, aber es war unmöglich.

Ich verbrachte nur zwei Tage in Österreich, aber selbst dieser Besuch erwies sich als problematisch. Ich machte mir Sorgen, wie meine Abwesenheit nur wenige Tage vor Ablauf des Ultimatums in Jordanien gedeutet würde, blieb aber auf Drängen meines Mannes. Meine Befürchtung erwies sich jedoch als berechtigt, als mein Mann mir am Telefon mitteilte, dass in der Tat viel darüber spekuliert wurde, warum ich außer Landes sei. »Natürlich wird spekuliert. Ich sollte zu Hause in Jordanien sein«, sagte ich. Am nächsten Tag reiste ich ab, nachdem ich mit meiner Schwester besprochen hatte, was sie mit den Kindern tun sollte, falls ihr Vater und ich ums Leben kommen sollten.

Der letzte Tag, den ich mit den Kindern verbrachte, war für uns alle sehr schwer. »Es bricht mir das Herz«, schrieb ich in mein Tagebuch, »aber wir müssen uns im Fall eines Krieges auf alles gefasst machen.« Ich schenkte jedem Kind einen kostbaren Glücksbringer und versprach ihnen, dass es nur eine vorübergehende Trennung sei, doch insgeheim war ich mir da nicht so sicher.

Der Golf in Flammen

Das Ultimatum für den Abzug des Irak aus Kuwait lief ab, der 16. Januar nahte, und die Spannung in Amman steigerte sich ins Unermessliche. Weil auf CNN gemeldet wurde, dass der Himmel klar sein müsse, bevor die Koalition den Angriff starten könne, achteten alle ständig auf das Wetter. Mein Mann und ich ließen keine Nachrichtensendung mehr aus, und die Spannung wurde schier unerträglich. In den Hauptstädten auf der ganzen Welt kam es zu immer vehementeren Antikriegsdemonstrationen, die mich an die Proteste gegen den Vietnamkrieg in meiner Studienzeit erinnerten. Es kam mir so vor, als spielten sich Ereignisse meiner Vergangenheit noch einmal ab. »Es wirkt so surreal«, schrieb ich in mein Tagebuch. »Ich bete nur, dass sich alles, was noch kommen mag, zum Guten wendet. Wenn doch unwiderlegbar deutlich würde, dass Krieg keine Lösung für wirtschaftliche, soziale oder politische Probleme ist.«

Unsere Freunde waren uns eine große Stütze und machten uns telefonisch oder brieflich Mut. Meine Familie war natürlich sehr besorgt und rief von den Staaten aus an, aber auch alte Schulfreunde in Amerika und England und Staatschefs aus der ganzen Welt. Es hatte fast den Anschein, als wäre immer jemand in der Leitung – außer George Bush oder Saddam Hussein.

Am 17. Januar teilte Bush, wie wir später hörten, König Fahd und Mubarak mit, dass der Luftkrieg in Kürze beginnen werde. James Baker informierte die Sowjets. Hussein und ich erfuhren über CNN, dass der Krieg begonnen hatte. Wir saßen völlig vernichtet vor dem Fernseher und sahen hilflos mit an, wie Bagdad bombardiert wurde. Der König war sich der möglichen Folgen des Angriffs und der Furien, die er entfesseln würde, scharf bewusst. Die Spaltungen der arabischen Welt würden sich vertiefen, Extremisten würden massiven Druck ausüben, indem sie ihre Regierungen als Marionetten des Westens darstellten. Auch die wirtschaftlichen Folgen mussten, vor allem für arme Länder, verheerend sein. Die Duldung ausländischer Truppen auf dem heiligen Boden Saudi-Arabiens würden alle Araber als Demütigung empfinden, insbesondere in einer Region, die jede Form des Kolonialismus entschieden ablehnte. Antiamerikanische Demonstrationen auf den Straßen Jordaniens und in der ganzen Region würden einen absoluten Höhepunkt erreichen, geschürt von Fanatikern, die versuchten, die Bombardierung Bagdads mit religiösen Motiven zu erklären, als einen Angriff der Christen und Juden auf den Islam. Mein Mann erkannte, dass diese Kräfte sehr wohl außer Kontrolle geraten könnten. Das Herz tat ihm weh, weil er hilflos zusehen musste und nichts dagegen unternehmen konnte.

Meine Schwester Alexa rief aus Österreich an, sobald sie vom Ausbruch des Krieges erfuhr. Ich bat sie, Hamsah, Haschim, Iman und Raijah bis zum Ende ihrer Ferien nach London mitzunehmen. Sie protestierten empört dagegen, dass sie nicht nach Amman zurückkehren durften. Sie bestürmten uns mit Anrufen und Briefen, weil sie bei uns sein wollten, aber wir widersetzten uns ihren Wünschen. In London waren sie in guten Händen. Sie versuchten, sich nachts aus dem Bett zu schleichen und CNN anzusehen, wie ich später hörte, aber meine Schwester und meine Mutter vertraten die vernünftige Auffassung, Bilder von der Bombardierung Bagdads würden die Kinder zu sehr aufregen, und verboten ihnen das Fernsehen. Ich war meiner Familie sehr dankbar dafür, dass sie so rasch und so sensibel auf die Bedürfnisse meiner Kinder reagierte.

Die ältesten Söhne Husseins, Abdullah und Feisal, sowie sein Neffe Talal waren Reserveoffiziere in der Armee, die während der Krise zum aktiven Dienst einberufen worden waren. Als der Stabschef meinen Mann fragte, was er wegen der Angehörigen der Königsfamilie unternehmen solle, sagte mein Mann: »Überhaupt nichts. Sie sind bei ihren Einheiten und werden behandelt wie jeder andere Offizier. Falls einem jordanischen Soldat Unheil drohen sollte, dann droht es auch der Königsfamilie.« Das war durchaus nicht ungewöhnlich. Die ganze Königsfamilie, Männer wie Frauen, war dazu erzogen worden, dem Land zu dienen. Die Jungen hätten es als Schande empfunden, wenn man sie in irgendeiner Weise bevorzugt hätte.

In Amman lebende Ausländer fürchteten um ihre Sicherheit. Ich verbrachte einen Teil des zweiten Kriegstages im Krankenhaus und besuchte den italienischen Journalisten Eric Salerno, der von einer Gruppe Jordanier verprügelt worden war. Salerno war die große Ausnahme, denn trotz der Spannungen konnten Hunderte von Journalisten frei umherreisen, und sie waren niemals Feindseligkeiten ausgesetzt. Dennoch war ich besorgt und fuhr deshalb vom Krankenhaus direkt ins Hotel Inter-Continental, wo viele Journalisten sich einquartiert hatten. Ich wollte mich nach ihren aktuellen Bedürfnissen erkundigen und mich überzeugen, dass sie gut und sicher untergebracht waren.

Andere im Ausland geborene Jordanier trafen eigene Vorkehrungen. Prinz Raads Frau Maschda, die aus Schweden stammte, schränkte eine Zeit lang ihre Aktivitäten außerhalb des Hauses stark ein, genau wie die Frauen ausländischer Diplomaten. Viele reisten später ab. Liesa Segovia, unsere langjährige deutsche Haushälterin, die seit vielen Jahren in Amman lebte, wurde sich tagtäglich der veränderten Haltung gegenüber Ausländern schmerzlich bewusst, wenn sie mit den Ladenbesitzern und Händlern auf dem Markt verhandelte, bei denen sie regelmäßig für den Palast einkaufte. Sie fühlte sich aber dennoch sicher in Jordanien und beschloss, das Ende der Krise abzuwarten.

Genau wie mein Mann ständig unterwegs war, von der Lagebesprechung im Diwan ging es in die Flüchtlingslager, von dort zu sämtlichen Einheiten des Militärs – er legte großen Wert darauf, jedem einzelnen Soldaten die Hand zu geben –, war auch ich in Bewegung. Aus einem Flüchtlingslager wurde ein Cholerafall gemeldet, außerdem benötigten wir dringend mehr

Decken und warme Kleidung, weil die winterlichen Regenfälle einsetzten, also widmete ich mich diesen Aufgaben.

Mit jedem neuen Tag veränderte sich die Stimmung in Jordanien immer mehr zugunsten Saddam Husseins. Am 17. Januar ließ er seine ersten Scud-Raketen auf Israel abfeuern und wurde dadurch über Nacht zu einem arabischen Helden. Zwei Tage später herrschte auf den Straßen eine beinahe euphorische Stimmung, denn mindestens drei Scud-Raketen waren in Tel Aviv eingeschlagen. Die Nachricht elektrisierte die Menschen besonders, weil die Amerikaner zuvor gemeldet hatten, dass Saddam Hussein wirkungsvoll neutralisiert worden sei. Derart übertriebene Behauptungen der Koalition stärkten den Mythos von der Unbesiegbarkeit Saddam Husseins.

Immer noch hoffte ich, alle würden irgendwann erkennen, dass der Krieg keine Lösung war, sondern das Leid nur vervielfachte. »Erfolgreiche Missionen«, wie das Weiße Haus und das US-Verteidigungsministerium sie nannten, brachten den Tod irakischer Zivilisten mit sich, die wir oder Menschen, die uns nahe standen, persönlich kannten. Diese unschuldigen Opfer waren unsere Nachbarn.

Als die Iraker Ende Januar Kuwaits Ölfelder in Brand setzten, wurde eine neue Stufe des Wahnsinns erreicht. Was konnte durch eine so sinnlose Zerstörung denn gewonnen werden? Beim Anblick der Flammen und des schwarzen Qualms standen meinem Mann die Tränen in den Augen. Im Vorfeld hatte er eindringlich vor der potenziellen Umweltkatastrophe gewarnt.

Am Ende der Winterschulferien kehrten die Kinder aus London zurück. Sie waren ebenso aufgeregt, wieder zu Hause zu sein, wie wir, sie wieder um uns zu haben, obwohl die Gefahr keineswegs vorüber war. Immer noch flogen Scud-Raketen; ihre Schulfreunde hatten sie nachts von den Dächern aus gesehen. Zum Schulunterricht gehörte es jetzt, den Unterschied zwischen den Alarmsirenen für Feuer und für Luftangriffe zu lernen sowie die entsprechenden Maßnahmen: Fenster schließen bei Feueralarm, um die Sauerstoffzufuhr zu begrenzen, Fenster öffnen bei Luftalarm, damit möglichst wenig Glas zersplitterte. Im Falle eines Luftalarms auf dem Schulweg wurden die Kinder angewiesen, aus dem Auto zu springen und so schnell wie möglich von ihm wegzugehen, weil Autos leicht erfassbare Ziele waren.

Im Laufe des Luftkrieges fürchteten wir bei jeder irakischen Scud-Rakete in Richtung Israel oder Saudi-Arabien, sie sei mit Sprengköpfen mit chemischen oder biologischen Waffen bestückt. Einige Menschen hängten Lackmuspapier in den Häusern auf, um zu prüfen, ob chemische Kampfstoffe in der Luft waren; andere klebten die Fenster zu. Die Nachfrage nach Gasmasken stieg sprunghaft an. Ich hörte, die Bewohner von Tel Aviv seien so nervös geworden, dass viele Familien nach Jerusalem umzogen, in der Annahme, Saddam Hussein werde es nicht wagen, die Al-Aksa-Moschee und andere heilige Orte der Muslime zu gefährden.

In al-Nadwa waren wir besonders verwundbar. Der Palast lag sehr nahe beim Flughafen, der mit Sicherheit angegriffen wurde, falls die Feindseligkeiten sich auf unser Land ausweiten sollten. Die Sicherheitsleute drängten uns zu einem Umzug, aber mein Mann und ich beschlossen, in unserem Haus zu bleiben, genau wie die anderen Jordanier in ihren Häusern blieben.

Die größte Sorge meines Mannes galt der Sicherheit des Landes. Straßen nach Jordanien wurden von alliierten Kampfflugzeugen unter Beschuss genommen, und Öltanklastzüge, die vollkommen legal Öl in unser Land brachten, wurden bombardiert. Treibstoff war schon früher rationiert worden, weil die Saudis uns den Ölhahn zugedreht hatten: An einem Tag durften nur Autos mit geraden Kennzeichen fahren, am nächsten nur Autos mit ungeraden Kennzeichen. Dennoch wurde der Treibstoffmangel allmählich zu einem nationalen Problem. Aber noch schlimmer war das Blutbad auf der Straße von Bagdad nach Amman, die ständig von alliierten Flugzeugen angegriffen wurde. Immer mehr Jordanier kamen ums Leben.

Der König spürte, dass er angesichts der anhaltenden Zerstörung des benachbarten Irak und der Auswirkungen auf Jordanien nicht länger schweigen konnte, die Stimmung auf den Straßen brodelte und war kurz vor dem Überkochen. Die Menschen waren kurz davor, die Sache selbst in die Hand zu nehmen. Er musste reagieren, und er tat es am 6. Februar, nachdem bei einer Bombardierung jordanischer Öltanklastzüge und Laster auf der internationalen Autobahn von Bagdad nach Amman 14 Menschen ums Leben gekommen und 26 weitere verletzt worden waren. In einer leidenschaftlichen Rede an das jordanische Volk verurteilte er den alliierten Angriff gegen den Irak und betonte erneut, dass er für eine diplomatische Lösung der Krise eintrete. Mit ergreifenden Worten schilderte er, wie das irakische Volk auf eine primitive Lebensweise zurückgeworfen werde. Dann drückte er seine Solidarität mit der Bevölkerung des Irak und Jordaniens aus und fragte: »Welche Stimmen werden sich am Ende durchsetzen? Die Stimmen von Vernunft, Frieden und Gerechtigkeit oder die Stimmen von Krieg, Hass und Wahn.«

Die Rede hatte unmittelbar einen positiven Einfluss auf die Jordanier. Ihre Moral wurde gestärkt und ihre Enttäuschung und Wut gedämpft. Ein beinahe hörbarer Seufzer der Erleichterung ging durch das Land, weil die Menschen spürten, dass ihre Sorgen und Ängste von ihrem Staatsoberhaupt geteilt und verstanden wurden. Das Ansehen meines Mannes stieg in Jordanien sprunghaft an, fiel in Saudi-Arabien und im Westen jedoch ins Bodenlose. Die Saudis schrieben Hussein wütend ab, weil er »seine Rolle« im Nahen Osten verloren habe, und die Amerikaner verunglimpften ihn. Einen Tag nach der Rede gingen Telefonanrufe und Faxschreiben von amerikanischen Reportern, Kongressmitgliedern und sogar von einigen Freunden ein. Sie alle wollten wissen, warum mein Mann sich hinter Saddam Hussein gestellt habe.

Ich antwortete, so gut ich konnte, und erklärte ihnen, die Sympathie des Königs gelte dem irakischen Volk, nicht dem Regime. Zwei Tage nach Husseins Rede meldete CNN, dass der Kongress mit dem Gedanken spiele, ein finanzielles Hilfspaket für Jordanien zu verschieben. Mein Mann stand auf und schalteten den Fernseher aus. »Die Schlinge zieht sich zu«, seufzte er.

Ich tat alles, was ich konnte, um ihn aufzumuntern. Immer wieder versicherte ich ihm, dass er, auch wenn es den Anschein hatte, er habe vergeblich gekämpft, für viele in der Region dennoch ein Lichtstrahl sei. Einige mochten anderer Meinung sein als er, doch das sei nicht anders zu erwarten gewesen. Er habe sich jedoch aufrichtig und hartnäckig für die Einheit ausgesprochen, gegen die Polarisierung, und außerdem stehe er für die Zukunft, nicht für die Gegenwart.

Die Lage spitzte sich weiter zu. Seine Rede, die sich so positiv auf die Moral der Jordanier ausgewirkt hatte, löste eine heftige Kampagne in der ausländischen Presse aus. In Israel meldete die *Jerusalem Post,* das Leben meines Mannes sei vor der Rede von seinem eigenen Volk bedroht gewesen. Wenn er die Saddam-freundlichen Kräfte in Jordanien nicht beschwichtigt hätte, dann hätte er »nicht nur den Thron, sondern auch den Kopf verloren«. Die Zeitschrift *Spy* brachte einen verächtlichen Beitrag über mich und behauptete, die »Insider-Story von Jordaniens amerikanischer Königin – Mrs König Hussein – während des Countdowns bis zum Krieg und zu ihrem Exil« zu kennen. Selbst die *Washington Post* verlor den Blick für die Tatsachen. Im zweiten Kriegsmonat meldete die *Post* (und andere Blätter auf der ganzen Welt griffen die Story auf), dass ich nach Palm Beach in Florida gereist sei und dort ein Grundstück von 2,8 Hektar für meinen Mann und mich erworben hätte (sie druckten sogar ein Bild), falls wir aus Jordanien fliehen mussten. Nach anderen Meldungen ließen wir ein Gebäude in Wien im großen Stil für unser geplantes Exil renovieren. Jordanien war, so schlossen alle Schreiber, zum Untergang verurteilt.

In Wirklichkeit hatten wir natürlich kein neues Haus, das auf uns wartete. Wir hatten überhaupt keinen Plan für den Ernstfall gemacht, und wir wollten auf keinen Fall ins Exil gehen. Hingegen hatten wir Anwälte in Amerika und England, die versuchten, diese Blätter zum Abdruck eines Dementis dieser erfundenen Geschichten zu zwingen. Wir schritten nicht in allen Fällen ein, aber einige der Unterstellungen konnten wir einfach nicht auf uns sitzen lassen.

Die Verleumdungskampagne wurde unvermindert fortgesetzt. Es wurde behauptet, unsere Schiffe würden die Sanktionen gegen den Irak unterlaufen und wir würden dem Irak erlauben, unseren Luftraum für den Start der Scud-Raketen zu nutzen. Dabei flogen die Scud-Raketen in der Stratosphäre, und wir hätten nicht einmal die Möglichkeit gehabt, sie aufzuhalten. »So viele Brände müssen gelöscht werden«, schrieb ich in mein Tagebuch. »Ich bin wegen Husseins Depressionen ganz verzweifelt. Es wird immer schwieriger, ein Licht am Ende des Tunnels zu entdecken.«

Der Krieg endete nach sechs Wochen, in Kuwait schwelten noch die letzten Brände, der Irak lag in Trümmern. Amerikanische Raketen und Bomben hatten Stromkraftwerke und Telefonleitungen zerstört, Brücken und Straßen, Fabriken, Dämme, Kläranlagen, Krankenhäuser und Schulen. Niemand vermochte zu sagen, wie viele Zivilisten ums Leben gekommen waren, aber mit Sicherheit waren hunderte von Frauen und Kindern am 13. Februar in dem Luftschutzbunker von Amarija gestorben. Bomben mit einem Gesamtgewicht von 88 500 Tonnen wurden auf den Irak abgeworfen, das entspricht 7,5 Atombomben von der Größe der Bombe auf Hiroshima. Nach und nach wurde der Irak auf den Entwicklungsstand eines vorindustriellen Staates zurückgebombt, wie mein Mann es in seiner umstrittenen Rede im Februar vorhergesagt hatte.

Nur Kuwait und der Irak hatten noch mehr unter dem Golfkrieg zu leiden als Jordanien. Wegen der neutralen Haltung meines Mannes strichen die Golfstaaten, Kuwait und Saudi-Arabien die gesamte Wirtschaftshilfe für Jordanien. Durch die anhaltenden UN-Sanktionen gegen den Irak erlitt Jordanien einen Verlust von drei Milliarden Dollar an Einnahmen von unserem wichtigsten Handelspartner. Der Tourismus, eine wichtige Einnahmequelle, kam völlig zum Erliegen, ausländische Investitionen in Jordanien blieben ebenfalls aus. Gleichzeitig hatten unsere Verpflichtungen erheblich zugenommen. Mehr als 400 000 im Ausland lebende Jordanier, offiziell »Heimkehrer« genannt, kamen nach Jordanien, nachdem Kuwait und Saudi-Arabien sie ausgewiesen hatten. (Unsere Familie hatte das Glück, dass unter ihnen die Familie al-Jassin war, deren Tochter Rania 1993 den ältesten Sohn meines Mannes, Prinz Abdullah, heiratete.) Unsere Bevölkerung stieg über Nacht um 15 Prozent, Trinkwasser und Wohnraum wurden immer knapper; ferner strömten viele Tausende neue Schüler in unsere Schulen, und die Arbeitslosenquote schnellte auf fast 30 Prozent hoch.

Auf arabischen Straßen wurde der Krieg gegen den Irak als ein Krieg gegen Arabien gesehen, gleich, welche arabischen Regierungen die westlichen Partner der Koalition als ihre Verbündeten aufzählten. Die Menschen in der gesamten Region, auch in Jordanien, waren felsenfest überzeugt, dass der Krieg die arabische Unabhängigkeit, Stärke und Kontrolle über die eigenen Ressourcen und insbesondere das Öl, schwächen sollte. Das hatte wiederum eine noch stärkere Identifikation mit Saddam Hussein zur Folge, aber diese war in der Region keineswegs ein einheitliches Phänomen. Viele Araber kritisierten die irakische Besetzung Kuwaits, aber alle waren sich einig, dass die Leiden der irakischen Bevölkerung durch nichts zu rechtfertigen waren.

Auf humanitärer Ebene brachte der Krieg enorme Kosten mit sich. Im vergangenen Jahrzehnt hatten wir in Jordanien große Fortschritte gemacht und bei der Bekämpfung des Analphabetismus, bei den Schutzimpfungen und in der Mütter- und Säuglingssterblichkeit einen Stand erreicht, der dem von weitaus entwickelteren Ländern nahe kam – oder ihn in manchen Fällen sogar übertraf. Auf einen Schlag machten die Krise und der Krieg nun alle Fortschritte zunichte. Das Impfprogramm, für das wir bekannt waren, blieb allmählich hinter dem Zeitplan zurück, was den Ausbruch von Kinderlähmung in armen Gebieten zur Folge hatte. Unsere Schulen – einst Vorbilder für die Region – waren wegen der neuen Welle von Heimkehrern völlig überfüllt, und wir mussten in zwei Schichten unterrichten. In dem Maße, wie die Armut anstieg, wurden auch erste Fälle von Unterernährung festgestellt.

Ich weiß noch, dass mein Mann und ich kurz nach Kriegsende zum Toten Meer fuhren. »Wir sind am tiefsten Punkt der Erde«, sagte er. »Von hier aus geht es nur aufwärts.«

Durch dick und dünn

Ganz langsam lichteten sich die dunklen Wolken über Jordanien, als Großbritannien, die Vereinigten Staaten und andere Mitglieder der Koalition die politische Isolation des Landes schrittweise aufhoben. Auch wenn sich die Lage in Jordanien allmählich wieder normalisierte, hatte das Land immer noch unter den politischen Folgen des Krieges zu leiden. James Baker reiste im März 1991 durch die Region und warb um Unterstützung für einen von den USA initiierten Friedensprozess im Nahen Osten. Er ließ jedoch Jordanien aus, eine in meinen Augen kurzsichtige und wenig hilfreiche Kränkung. Immer noch wurden falsche Vorwürfe gegen Jordanien erhoben. Die *Daily Mail* und andere Presseorgane behaupteten, ein CIA-Agent habe schlagende Beweise, dass Jordanien während der Golfkrise heimlich dem Irak geholfen habe, indem es Saddam Hussein Munition lieferte. Die Story enthielt sogar Aufnahmen von Munitionskisten, die angeblich auf einer irakischen Insel gemacht worden waren. Auf den Kisten stand »Haschemitisches Königreich Jordanien«. Der Witz an der Sache war, dass die Kisten in Wirklichkeit Waffen enthalten hatten, die die USA während des iranisch-irakischen Kriegs als Militärhilfe an den Irak geschickt hatten. Sie waren auf Betreiben Washingtons über Jordanien geliefert worden. Die CIA und die US-Regierung kannten diesen Sachverhalt natürlich ganz genau.

Politisch motivierte Anklagen wie diese bereiteten uns erhebliche Schwierigkeiten. Mit ihrer Hilfe wurde nicht nur eine Kampagne gegen Jordanien fortgesetzt, die uns wirtschaftlich in den Ruin trieb, zugleich wurde die Möglichkeit meines Mannes eingeschränkt, bei dem Friedensprozess im Nahen Osten eine hilfreiche Rolle zu spielen. Weil König Hussein alle Hände voll zu tun hatte, bat er mich, mit dem Chef der CIA in Jordanien Kontakt aufzunehmen. Ich sollte ihn fragen, was er uns über die Berichte sagen könne und warum die US-Regierung sie nicht dementiert habe.

Nach einer eingehenden Prüfung bestätigte er uns, dass die wichtigsten Behauptungen in dem Artikel falsch waren. Der CIA hatte keinen Agenten an dem Ort stationiert, den der Reporter angegeben hatte, ebenso wenig verfügte er über Beweise für seine Behauptungen. Ich drängte ihn, alles in seiner Macht Stehende zu tun, um die Darstellung zu berichtigen, aber ich wusste, wie schwer es war, einen bereits veröffentlichten Artikel zu dementieren. Der König hatte vor, die *Daily Mail* gerichtlich zu belangen, und erreichte immerhin, dass die Zeitung ein Dementi druckte, aber der bereits angerichtete Schaden durch die so genannten »Beweise« für eine jordanische Zusammenarbeit mit dem Irak konnte nicht behoben werden.

Infolge des Konflikts hatte Jordanien Milliarden an Hilfsleistungen und Einnahmen verloren. Selbst die nationale Fluggesellschaft Royal Jordanian, an der mein Mann mit ganzer Seele hing, steckte in einer Krise. Die finanzielle Lage war so angespannt, dass die Fluglinie die Leasingraten für die Airbus-Maschinen nicht zahlen konnte. Ohne unsere Haupteinnahmequellen mussten wir zudem notgedrungen mit den sozialen Auswirkungen des raschen Zustroms von Palästinensern fertig werden.

Die Auswirkungen auf die Entwicklungsprojekte der Noor Al-Hussein Foundation dauerten fort. Sie waren dramatisch und besonders enttäuschend zu einem Zeitpunkt, da echte Nachhaltigkeit in den Projekten fast erreicht war. Nun jedoch, angesichts der schlechten Wirtschaftslage, waren auch die lokalen Märkte für Produkte aus dem Kunsthandwerk eingebrochen, und die lokalen Geldquellen flossen nur spärlich. Die Jordanier mussten einen raschen Rückgang ihres Lebensstandards hinnehmen und gaben folglich sehr wenig für Luxusgüter aus diesen Projekten aus. Nur selten fanden Touristen wieder den Weg nach Jordanien. In der Vergangenheit hatten wir uns darauf verlassen können, dass sie die hübschen einheimischen Kunstwerke kauften.

Genau in der Phase, als die an den Projekten beteiligten Frauen angefangen hatten, ihr Leben zu verändern und ihr erstes Einkommen zu erwirtschaften, und zum ersten Mal in der Familie und der Gesellschaft wirklich etwas zu sagen hatten, wurde ihnen ihr Lebensunterhalt wieder entzogen. Ihre Familien litten außerdem darunter, dass sie keine ausgewogene Ernährung erhielten. Die Bildung, die Hauptstütze von Jordaniens Investitionen in sein Volk, blieb auch nicht verschont. Viele Eltern konnten sich nicht für jedes Kind eine Schuluniform leisten und schickten ihre Kinder kurzerhand abwechselnd in die Schule. So konnten sie die Uniformen untereinander austauschen.

In dieser schwierigen Phase des Wiederaufbaus versuchte ich, die Tourismusbranche anzukurbeln, indem ich mich in Amman mit europäischen Reiseveranstaltern, Reiseführern und Reiseschriftstellern traf. Außerdem schickten wir mehrere Wanderausstellungen mit den archäologischen und kulturellen Schätzen Jordaniens ins Ausland. Glücklicherweise lockten unsere Ökotourismusprojekte allmählich Reisende in Jordaniens außergewöhnlich schöne Schutzgebiete, was den Menschen in ärmeren Gegenden ein gewisses Einkommen ermöglichte.

Bei weitem am meisten Kummer machten mir jedoch die persönlichen Folgen des Krieges. Die Verzweiflung und Ohnmacht, die Hussein empfand, als er erkannte, dass die Anführer der Koalition gegen den Irak an einer friedlichen Lösung nicht interessiert waren, hatten während der Zerstörung des Irak und in den verheerenden Nachwehen des Krieges noch zugenommen. Während der 40 Jahre langen Herrschaft als König Jordaniens hatte Hussein sich das dicke Fell zugelegt, das man braucht, um die Kritik auszuhalten, die unweigerlich auf jeden seiner Schritte folgte. In all den Jahren hatte man ihn sowohl einen Lakaien des Westens als auch einen arabischen Hardliner genannt. Diese unfairen Charakterisierungen hatte er achselzuckend als Teil der unvermeidlichen Nebenwirkungen abgetan, weil er immer an seinen Überzeugungen festgehalten hatte, aber in den Tagen nach dem Krieg trafen ihn derartige Anschuldigungen sehr hart.

Angesichts dieser Schwierigkeiten meinte ein Berater, der König würde in Amerika eine weit bessere Figur machen, wenn er auf Fotos oder in Filmausschnitten meine Hand hielte. Hussein lehnte das rundweg ab, weil er immer schon der Ansicht gewesen war, dass eine derart öffentlich zur Schau getragene Zuneigung völlig deplatziert sei. Wir sahen beide ein, dass solche Mätzchen in manchen Gesellschaften den Politikern Pluspunkte einbringen konnten, aber wir wussten ganz genau, dass ein derart gekünsteltes Verhalten weder zu unseren Charakteren noch zu unserer Kultur passen würde.

Einige Kränkungen, die mein Mann nach dem Golfkrieg hinnehmen musste, waren kleinkariert und überflüssig, schmerzten aber nicht weniger. Zum Beispiel veranstaltete Husseins Alma Mater Sandhurst jedes Jahr eine Abschiedsparade für die Offiziersanwärter. Auch vier seiner fünf Söhne und seine Tochter Aischa hatten Sandhurst besucht, und im Herbst 2002 schrieb sich auch seine Tochter Iman dort ein. Die Parade hatte Hussein mehrere Male als Stellvertreter der Queen abgenommen, und er unterhielt sehr enge Beziehungen zur Verwaltung und zu den Ausbildern in Sandhurst. Während unserer Flitterwochen hatte er mich zu der Militärschule mitgenommen, und in all den Jahren hatten wir sie oft besucht. Vor der Golfkrise hatte man Hussein wieder eingeladen, die Parade abzunehmen, später wurde er jedoch diskret gebeten, darauf zu verzichten.

Einen noch größeren Affront leistete sich Saudi-Arabien. Jedes Jahr reiste der König im Ramadan nach Mekka und Medina, um zu beten, aber die Saudis stellten nach dem Golfkrieg klar, dass er dort unerwünscht sei.

Trotz seiner langen Beziehung zu den Vereinigten Staaten zeigte auch das Weiße Haus Hussein die kalte Schulter. Immerhin erhielt er eine Weihnachtskarte von Bush mit einem Bild von Kennebunkport, auf die er von Hand geschrieben hatte: »Sie werden immer mein Freund sein.«

Auf diplomatischer Ebene erwies sich das erneuerte Interesse am Friedensprozess als der erste große Eisbrecher. Die Vereinigten Staaten hatten im Zuge der Operation »Desert Storm« erkannt, dass neue Friedensverhandlungen in der Region zwingend erforderlich waren. Gemeinsam mit der Sowjetunion riefen die Vereinigten Staaten auf zu direkten Gesprächen zwischen Israel und den arabischen Staaten im Rahmen einer regionalen Konferenz für den Nahen Osten. James Baker brauchte meinen Mann für dieses Projekt und bat ihn um ein Gespräch. Wir vereinbarten ein Treffen mit ihm in unserem Haus in Akaba, wo der König und der amerikanische Außenminister in entspannter Atmosphäre alte Unstimmigkeiten ausräumen und Pläne schmieden konnten. Das Gespräch verlief sehr gut, und Hussein war von Baker beeindruckt. Er hielt ihn für einen anständigen und ehrlichen Menschen.

Trotz dieser neuen, eher konstruktiven Herausforderungen, die meinen Mann einst angespornt hätten, verbesserte sich Husseins Stimmung nicht. Ich war besorgt, weil er sich nach meinem Eindruck immer mehr in seine eigene Welt zurückzog, als ob er versuche, sich von allem zu lösen, was ihn an das Leid der Golfkrise erinnerte. Er fing an, schwierigen Problemen aus dem Weg zu gehen – was völlig untypisch für ihn war. Unablässig sagte er, er sei einfach zu müde, selbst wenn es um brennende Fragen ging. Er vernachlässigte nicht seine Pflichten, wirkte aber unbeteiligt an dem, was bei der Arbeit und zu Hause passierte – eine sehr ungewöhnliche Entwicklung bei einem Mann, der sich bislang allem 150-prozentig gewidmet hatte, was er in Angriff nahm.

Es fiel mir schwer, dies nicht persönlich zu nehmen. Erschwerend für unsere Beziehung kam hinzu, dass ich in dieser Phase, die dem König so viel Ärger und Enttäuschungen brachte, einen Beitrag leisten konnte, der vermutlich greifbarere Erfolge erzielte. Während Hussein immer noch zu Unrecht angegriffen wurde, erntete ich Anerkennung für meine Bemühungen im humanitären Bereich, weil die Flüchtlinge im Mittelpunkt des Medieninteresses standen. Dieser kurzfristige Wandel in unserer Beziehung mag dazu beigetragen haben, dass Husseins Distanz zu mir zunahm und er sich mir nicht mehr öffnen konnte. Ich fühlte mich außerstande, meinem Mann in dieser schweren Zeit zu helfen, und die nervliche Belastung zehrte an der Tatkraft und dem Optimismus, die ich doch für unsere jüngeren Kinder und meine Stiefkinder brauchte. Ich erzählte Leila Scharaf von meinen Sorgen, und sie beschwor mich eindringlich, noch zwei Jahre abzuwarten und die Lage dann neu zu überdenken. Damals schien mir das kein guter Rat, aber er wurde mit Liebe gegeben und erwies sich am Ende als sehr weise.

Neue gesundheitliche Probleme stellten sich ein. Am 10. Juni hatte mein Mann nach einer Geburtstagsfeier für unseren Sohn Haschim einen Anfall von Herzflimmern oder Herzrhythmusstörungen. Er hatte schon zuvor ähnliche Anfälle gehabt, und an dem jetzigen war nichts Ungewöhnliches. Meist erholte er sich nach ein oder zwei Tagen, aber sicherheitshalber brachten wir ihn zur Beobachtung ins Krankenhaus. Die Ärzte waren wegen seines allgemeinen Gesundheitszustandes besorgt und wollten, dass er einen Monat lang im Krankenhaus blieb und sich erholte, aber davon wollte Hussein natürlich nichts wissen. Ich blieb während des kurzen Krankenhausaufenthalts bei ihm. Sein Herz schlug schon bald wieder normal. Er tat den Ärzten lediglich den Gefallen, einen Tag länger im Krankenhaus zu bleiben, und genoss den seltenen Luxus, eine gewisse Zeit für sich zu sein. Wenn er Gesellschaft wollte, war ich in der Nähe, und andere Familienangehörige kamen und gingen. In der übrigen Zeit saß ich in einem benachbarten Zimmer und überarbeitete Manuskripte von Reden oder beantwortete Anrufe.

Ungewöhnlich war an dem kleinen Zwischenfall, dass wir das Volk eigens in einer kurzen Pressemitteilung über die Gründe für den Krankenhausaufenthalt des Königs informierten. Der israelische Rundfunk hatte, wie so oft, sofort gemeldet, Hussein habe einen Herzanfall erlitten. Ich musste meine ganze Überredungskunst aufbieten, überzeugte aber am Ende meinen Mann und seine zögernden Berater, dass die Jordanier ein Recht hätten, die Wahrheit über den Gesundheitszustand des Königs zu erfahren und eine Erklärung für die Absage geplanter Auftritte zu bekommen. Diese Praxis wurde auch künftig beibehalten. Natürlich wurde dadurch nicht verhindert, dass auch später Gerüchte und Spekulationen kursierten, aber sie wurden entschärft.

Husseins Mangel an Energie machte mir jedoch Angst. Ich brachte ihn sogar dazu, einen englischen Homöopathen aufzusuchen, den uns Freunde empfohlen hatten. Das Treffen war eher unterhaltsam als nützlich. Der Homöopath kam mit einem Kasten voller Fläschchen und mit mehreren seltsamen Apparaten herein und stellte unseren Gesundheitszustand durch eine Untersuchung unserer Füße fest. Der anschließende Rat, eine Reihe von Tropfen und andere natürliche Vitamine und Enzyme einzunehmen, war so kompliziert, dass wir die Diät bald wieder aufgaben.

Später gelang es mir, König Hussein zu einem Besuch bei Bob Jacobs zu überreden, einem Londoner Spezialisten für alternative Medizin, den ich auf Anraten einer alten Freundin auch selbst konsultierte. Jacobs konzentrierte sich in erster Linie darauf, das Immunsystem von an Krebs oder Aids erkrankten Patienten zu stärken, doch seine Heilmethode erwies sich außerdem als ein sehr gutes Mittel zur Behandlung der Symptome von Stress bei relativ gesunden Patienten. Er verordnete mir eine Diät, die mich von den Schlafstörungen heilte, unter denen ich mein Leben lang mal mehr, mal weniger gelitten hatte. Die Diät und meine tägliche Gymnastik stärkten mich auf psychischer, mentaler und emotionaler Ebene in Zeiten, in denen ich die Belastung sonst nicht ertragen hätte. Dass meine Großmutter väterlicherseits von der Heilkraft des Geistes fest überzeugt war, ist vielleicht eine Wurzel meiner eigenen Überzeugung, dass die richtige Einstellung, im Verein mit gesunder Ernährung und körperlicher Fitness, erheblich zum Wohlbefinden und zu einem langen Leben beitragen kann. Bis heute wünschte ich mir, dass ich meinen Mann dazu hätte bewegen können, zumindest ergänzend eine alternative Behandlung zu versuchen, aber er hatte nicht die nötige Geduld. Stattdessen neckte er mich immer wegen der Reisetasche, die mit Vitaminpräparaten gut gefüllt war.

Allmählich zeichnete sich das Zustandekommen einer Friedenskonferenz im Oktober in Madrid ab, aber was eigentlich eine Phase intensiver Vorbereitung hätte sein müssen, wurde durch Vorboten drohenden Unheils überschattet. Im Sommer meldeten unser eigener Geheimdienst und die Geheimdienste der Vereinigten Staaten eine wachsende Zahl von Mordkomplotten gegen König Hussein. Als Baker uns im April in Akaba besucht hatte, hatten sie über Fotos von Ausrüstungsgegenständen gesprochen, die bei Terroristen mit dem Auftrag, Hussein zu ermorden, beschlagnahmt worden waren. Laut einer Meldung war ein Anschlag auf sein Flugzeug geplant, eine zweite lautete, eine palästinensische Terrorzelle werde einen Selbstmordattentäter mit einer Sprengstoffweste aussenden, um Hussein zu töten – dieselbe Methode, mit der ein Tamile Rajiv Gandhi ermordet hatte. Ich bekam entsetzliche Geheimdienstfotos einer abgefangenen Lieferung von Kleidungsstücken zu sehen, die mit Sprengstoff ausgestopft waren. Eine Zeit lang beobachtete ich an mir selbst, dass ich immer wieder nach einer Person, groß oder klein, Ausschau hielt, die ungewöhnlich schwere Kleidung trug.

Hussein war insofern Fatalist, als er glaubte, dass sein Leben – und sein Tod – in Gottes Hand liege. Er nahm die Drohungen eher mit einer stoischen Ruhe als mit Besorgnis zur Kenntnis. Eine Geheimdienstmeldung, die uns jedoch beide gleichermaßen beunruhigte, betraf den vereitelten Plan, unsere kleinen Kinder zu entführen. Schon zuvor hatten wir ähnliche Drohungen gegen Familienangehörige erhalten. Wir beschlossen jedes Mal, den Kindern lieber nichts davon zu sagen, weil wir wollten, dass sie so normal wie möglich aufwachsen durften. Ihre Sicherheitsleute waren außerdem sehr tüchtig. Diese Drohung sickerte aber irgendwie zu den nationalen und internationalen Medien durch und wurde allgemein bekannt. »Die Menschen sind schockiert und wütend, was mich beunruhigt, weil die Kinder jetzt mit Sicherheit davon erfahren werden«, schrieb ich in mein Tagebuch. Obwohl die Nachricht zweifellos beunruhigend war, blieben die Kinder sehr gelassen und ließen sich in ihrem Tagesablauf nicht stören.

Am 3. Oktober beschloss der Palästinensische Nationalrat, sich an dem Friedensprozess zu beteiligen, und leistete damit einen ganz wichtigen Beitrag zu der von Amerika angeregten Nahost-

konferenz in Madrid, die in nur drei Wochen stattfinden sollte. Dennoch richtete der König sein Augenmerk auf die Innenpolitik, vor allem auf eine drohende Destabilisierung. Ihn
bedrückte die pessimistische Einschätzung seines Ministerpräsidenten, dass einige jordanische Minister aus Protest gegen
eine jordanische Teilnahme an der Friedenskonferenz zurück-
treten könnten. Falls es radikalen Stimmen gelingen sollte, die
Begeisterung für Saddam Hussein, die während der Golfkrise
sprunghaft gestiegen war, gegen die Konferenz zu instrumen-
talisieren, dann konnte der geringste Zwischenfall eine weitere Welle der Gewalt auslösen. Um das zu verhindern, legte der
König in einer außerordentlichen Sitzung des Parlaments seine Gründe dar, den Friedensprozess zu unterstützen – und
erreichte einen wichtigen, schwer erkämpften Konsens. Jordanien akzeptierte als erster Staat die Friedenskonferenz und
machte damit den ersten Schritt in Richtung Frieden.

Jordanien spielte nicht nur eine wichtige Rolle beim Zustandekommen der Konferenz von Madrid, sondern war auch nach
der Eröffnung am 30. Oktober 1991 unerlässlich für die Ver-
handlungsführung. Schon die Inszenierung der Vorverhand-
lungen war furchtbar schwierig. Weder arabische Bewohner
von Jerusalem noch PLO-Vertreter, noch Palästinenser außerhalb der Westbank und des Gaza-Streifens wurden in die Ver-
handlungsräume eingelassen. Vielmehr saßen die eigentlichen
Strategen im Gang (daher der Name »Korridordiplomatie«)
und führten die Verhandlungen, bis hin zur Zusammensetzung
der Verhandlungsteams und dem Zeitpunkt der nächsten
Gesprächsrunde. »Es war wie bei den Pariser Friedensgesprächen zum Vietnamkrieg, als sogar über die Form des Tisches
verhandelt wurde«, meinte später unser Neffe, Prinz Talal.
»Alles war wichtig, obwohl das verrückt klingt.«

Israelis und Palästinenser setzten sich zum ersten Mal an
einen Tisch, wobei Jordanien als eine Art Dach für die palästinensische Delegation fungierte, und sprachen über eine fünfjährige Übergangsphase mit einer palästinensischen Selbstver-
waltung. Über Themen von regionaler Bedeutung wurden mit
den Ägyptern, Syrern und Libanesen Gespräche geführt. Die
Delegierten planten bevorstehende bilaterale und multilatera-

le Gespräche über wirtschaftliche Themen, über Wasserversorgung, Rüstungskontrolle, Umweltschutz und Flüchtlinge. Ich hörte ganz begeistert zu, als mein Mann mich in den Vereinigten Staaten anrief, wo ich vor verschiedenen arabisch-amerikanischen und anderen Organisationen sprach, um für die neue Friedensinitiative zu werben. Er gab mir eine kurze Zusammenfassung der Ereignisse.

Als Nächstes reiste ich in meiner Funktion als Schirmherrin der Feierlichkeiten zum 125-jährigen Jubiläum der American University of Beirut nach London und sagte meinen Zuhörern: »Zum ersten Mal seit einem halben Jahrhundert stehen wir möglicherweise kurz vor einer wirklich neuen und vernünftigen regionalen Ordnung. Wir haben die Gelegenheit, die Tendenz in unserer Region zu Krieg und Zerstörung umzukehren in Richtung auf Gerechtigkeit, Versöhnung und Frieden, auf der Basis des Völkerrechts und der Resolutionen der Vereinten Nationen. Wenn wir diese Aufgabe erfolgreich lösen, haben wir das einzige große Hemmnis aus dem Weg geräumt, das die arabische politische, wirtschaftliche und kulturelle Entwicklung nun fast fünf Jahrzehnte behindert hat.« Ich konnte nur hoffen, und wir hofften beide von ganzem Herzen.

Auch zum Jahreswechsel hatte die Erschöpfung meines Mannes nicht nachgelassen. Außerdem entdeckten wir eine Geschwulst an seinem Knie. Unsere Ärzte hielten es für ratsam, die Geschwulst sofort zu behandeln, und wiesen ihn ins Krankenhaus ein. Die Geschwulst erwies sich als ungefährlich, aber im Krankenhaus erzählte uns unser Neffe Talal, dass er ebenfalls eine Geschwulst im Nacken habe, von der die Ärzte in London meinten, sie sei harmlos. Und ich hatte eigene gesundheitliche Sorgen. Bei einer routinemäßigen Mammographie wurde ein Knoten entdeckt. Der Bericht wurde an das Memorial Sloan-Kettering, die bekannte Krebsklinik in New York, geschickt. Wenige Tage nach der Operation meines Mannes rief mich ein Arzt von Sloan-Kettering an und riet mir, zu weiteren Tests sofort nach New York zu kommen.

Ich nahm auch Talals Röntgenbilder und medizinische Unterlagen mit, weil ich die dortigen Ärzte nach ihrer Meinung fragen wollte. Ich erhielt die alarmierende Auskunft, dass sie annahmen, Talal habe eine sehr ernste Krankheit, möglicherweise einen Gehirntumor. So sanft wie möglich legte ich Talal nahe, dass er umgehend nach New York kommen solle. Ich verschob meine eigene Behandlung, um mich um Talal und Ghida zu kümmern, die seit drei Monaten seine junge Frau war. Ghida kam kurz nach ihm an.

Mein Mann und ich hatten eine besonders enge Beziehung zu Talal entwickelt, vielleicht weil er im Alter von 16 Jahren einen schweren Unfall gehabt hatte. Er fuhr in Akaba auf Wasserskiern Slalom und prallte dabei gegen den Landungssteg. Wir brachten ihn eilig in das städtische Krankenhaus, aber seine inneren Verletzungen waren so schwer, dass die Ärzte sagten, er müsse in ein Krankenhaus in Amman verlegt werden. Hussein und ich flogen ihn in die Hauptstadt. Talal erholte sich, Gott sei Dank, wieder völlig und besuchte Harrow, Sandhurst und die Georgetown University. Später diente er König Hussein als Nationaler Sicherheitsberater.

Bei weiteren Untersuchungen stellte sich heraus, dass der mutmaßliche Gehirntumor Talals gutartig war, aber die Ärzte rieten zur Entnahme einer Gewebeprobe an der Geschwulst im Nacken. Nach der Operation schienen die Ärzte zufrieden mit den Befunden. Ich flog daraufhin direkt nach Jordanien zurück, weil ich bereits zwei Wochen von zu Hause weg war. Für einige Tage kam Königin Sophia von Spanien zu uns, bevor wir gemeinsam zu dem Genfer Gipfel zur Wirtschaftlichen Förderung der Landfrauen flogen. Mitten in einer Sitzung erhielt ich einen Anruf von Talals Arzt. Er teilte mir mit, dass bei unserem Neffen ein Non-Hodgkin-Lymphom festgestellt worden war. Er musste eine sechsmonatige Chemotherapie beginnen. Ich rief sofort Hussein an und berichtete ihm. Er sagte, ich solle mit unserem Flugzeug weiter nach New York fliegen, weil in Amman ein Schneesturm tobte und ich ohnehin nicht zurückkehren könne. Als ich völlig aufgelöst Genf verließ, schickte mir die liebe Sophia eine mitfühlende Notiz: »Falls wir uns nicht sehen sollten, bevor wir abreisen, seien Sie sich meiner ganzen Liebe während der schrecklichen Tortur gewiss, die Sie durchmachen müssen.«

Es war in der Tat eine Tortur, allerdings weniger für mich

als für Talal und Ghida. Einige Wochen blieb ich bei ihnen in New York, während Talal sich einer postoperativen Krebstherapie unterzog. Ghida und ich gingen jeden Morgen gegen 6.00 Uhr zum Training in die Turnhalle, dann fuhren wir ins Krankenhaus und warteten ab, was der Tag Neues bringen mochte. »Ich fühle mich hin- und hergerissen zwischen meinen Kindern zu Hause und diesem jungen Paar, das eine so schwere Prüfung vor sich hat«, schrieb ich Ende Februar 1992 in mein Tagebuch. »Gott sei Dank sind sie unglaublich stark.« Gute Neuigkeiten folgten dann endlich einmal auf die schlechten. Der Tumor in meiner Brust erwies sich als gutartig, und, wichtiger noch, Talal würde völlig von der Krankheit genesen. Dafür sind wir noch heute dankbar.

Während ich unterwegs war, hatten in Amman offenbar Gerüchte kursiert, dass Hussein eine Affäre mit einer jungen Frau habe, die am Diwan arbeitete. Ein derartiger Klatsch war nicht ungewöhnlich. In diesem Fall erschien das Gerücht wegen meiner rätselhaften Abwesenheit glaubwürdiger, weil wir niemand außerhalb der Familie von Talals Krankheit erzählt hatten. Eine meiner Stieftöchter rief mich kurz nach meiner Rückkehr aus New York an. Sie war sehr aufgeregt über das, was die Leute redeten, und sie erzählte mir die ganze Geschichte: dass mein Mann bereits die Familie der Frau aufgesucht habe, beabsichtige, sich von mir scheiden zu lassen und sie zu heiraten, für sie schon ein Haus gekauft habe, sie heimlich geheiratet hätten. »Man muss etwas unternehmen«, sagte meine Stieftochter. Ich sagte ihr, sie solle sich keine Sorgen machen, und ich versuchte, sie zu beruhigen.

Ich hatte nicht mehr Grund, diesen Gerüchten Glauben zu schenken, als den unzähligen Geschichten, die man über meinen Mann und mich gesponnen hatte. Die Distanz, die ich zwischen uns gespürt hatte, stimmte mich jedoch nachdenklich. Vor allem beunruhigte mich, dass die Kinder sich diesen Klatsch würden anhören müssen, weil wir keinen Einfluss darauf hatten, was sie in der Schule und im Alltag hörten. Sie konnten nicht wissen, was sich wirklich abspielte, und würden wie die meisten Kinder zögern, etwas für uns Unangenehmes uns gegenüber anzusprechen.

Auf Grund der vagen Möglichkeit, dass an den Gerüchten ein Körnchen Wahrheit sein könnte, brachte ich das Thema, wenn auch mit einem flauen Gefühl im Magen, bei meinem Mann zur Sprache.

»Ich weiß nicht, was da vor sich geht«, sagte ich zu ihm, »aber die Geschichten sind so detailliert und ausgefeilt, und nur du kannst sie zerstreuen, bevor sie der Familie und allen Beteiligten noch mehr Unannehmlichkeiten machen. Wenn auch nur etwas Wahres daran ist und du mit einer anderen glücklicher wärest, dann sage es mir bitte, weil ich dich so sehr liebe, dass ich dich gehen lassen würde. Ich möchte nur das, was das Beste ist für die Familie, für dich und für all das, wofür wir gekämpft haben.«

Ich hatte ihm das schon einmal gesagt und meinte es ehrlich. Ich liebte ihn sehr, aber nachdem ich die gespannte Atmosphäre der zerrütteten Ehe meiner Eltern miterlebt hatte, wollte ich eine Beziehung nicht um jeden Preis weiterführen, die nicht für beide ein Quell der Erfüllung und des Glücks war. Ich hatte vor meiner Heirat ein unabhängiges Leben geführt und ging davon aus, dass ich das, wenn nötig, auch wieder könnte.

Hussein war wirklich überrascht. Er schüttelte den Kopf und sah mich verdutzt an. »Nein«, sagte er, »an der Geschichte ist nichts Wahres. Es sind nur Gerüchte.«

Das Problem war nur, wie wir sie zerstreuen sollten. Eine Möglichkeit wäre gewesen, die junge Frau zu entlassen, aber wir wussten, wie vernichtend sich das in unserer konservativen Gesellschaft auf ihren Ruf ausgewirkt hätte. Die Menschen würden sofort das Schlimmste vermuten. Deshalb beschlossen wir, die Sache einfach auszusitzen, und erklärten unseren Kindern, wie die Dinge lagen. Allerdings brodelte die Gerüchteküche weiter, und zuletzt mussten unsere Botschaft in Washington und sogar der Diwan in Amman die Affäre offiziell dementieren.

Durch die kursierenden Gerüchte und seine Unfähigkeit, sie zu unterbinden, wurde mein Mann noch depressiver. Er wirkte wie gelähmt. Das beunruhigte mich, machte mich aber zugleich wütend. Ich ärgerte mich über ihn, weil er die Fami-

377

lie einer so großen Belastung ausgesetzt und den Dingen ihren Lauf gelassen hatte, bis dieser große Schaden angerichtet worden war. Ich wusste, dass seine Feinde sich beeilen würden, seine offenkundige Schwäche auszunutzen.

Inzwischen ist mir klar geworden, dass die ganze Angelegenheit in eine sehr schwierige Phase seines Lebens fiel. In dieser schweren Zeit sprach er oft von den letzten Tagen seines Lebens und von seiner Sorge um die Familie. Es schien beinahe so, als wäre er bereit, durch den Tod dem ganzen Elend zu entfliehen. »Du musst anfangen, wieder langfristig zu denken«, ermunterte ich ihn. »Nimm dir Zeit und überlege dir, was du wirklich brauchst und willst.«

Jassir Arafat kam im Juni nach Amman. Während des Mittagessens mit meinem Mann wirkte er plötzlich sehr zittrig und kränklich und klagte über Kopfschmerzen. Hussein befürchtete, Arafats angeschlagene Gesundheit könne mit dem Flugzeugabsturz vor knapp zwei Monaten in der Libyschen Wüste zusammenhängen, den der PLO-Chef überlebt hatte. Er sorgte dafür, dass Arafat noch am selben Abend untersucht wurde. Nach Mitternacht erfuhr mein Mann, dass der Neurologe Blutgerinnsel in Arafats Gehirn entdeckt hatte und zu einer sofortigen Operation des PLO-Chefs riet. Abu Schaker, der Chef des Königlichen Hofes, der Arafat noch am selben Abend bei einem Staatsbankett bewirtet hatte, leitete die Meldung unverzüglich an Arafats Hauptquartier weiter.

In Anbetracht der angespannten Beziehung zwischen Arafat und meinem Mann war es ein Glück für uns, dass der Spitzenneurologe in Jordanien ein enger Freund Arafats war. Dennoch könnte man durchaus, falls Arafat auf dem Operationstisch sterben sollte, Jordanien für seinen Tod verantwortlich machen. »Können Sie ihn nicht in ein Flugzeug setzen und für die Operation außer Landes fliegen?«, fragte Abu Schaker. Hussein verneinte. »Die Ärzte haben mir gesagt, dass er in seinem Zustand nicht fliegen könne, und ich habe ihnen grünes Licht für die Operation gegeben.«

Ich war so besorgt, dass ich, genau wie mein Mann, die ganze Nacht nicht schlafen konnte. Er blieb in engem Kontakt mit den Ärzten am King Hussein Medical Center, wo Arafat operiert wurde. Als ihm gegen 2.00 Uhr morgens mitgeteilt wurde, dass die Operation erfolgreich verlaufen sei, fuhr er ins Krankenhaus. Unterwegs musste er an einer Ampel neben einem Taxi anhalten. Der Taxifahrer wandte den Kopf und erkannte den König hinter dem Lenkrad. »Sir, Sie sollten mitten in der Nacht nicht allein fahren«, ermahnte er Hussein. »Wo sind denn Ihre Wächter?« »Sie kommen gleich nach«, sagte er und griff zu dieser Notlüge, weil er, ohne jemandem etwas zu sagen, aus dem Palast geschlüpft war. »Dann werde ich Sie bewachen, bis sie eintreffen«, sagte der Taxifahrer. Er folgte meinem Mann zum Krankenhaus und bewachte sein Auto, bis die Sicherheitsleute meines Mannes eintrafen.

Arafats schnelle Erholung von der Notoperation grenzte an ein Wunder. Seine Frau Suha kam zu ihm nach Jordanien. Wir quartierten die beiden im Haschimja-Palast ein, damit sie es möglichst bequem hatten, und besuchten sie häufig. Die Operation war ein völliger Erfolg. Es bestand kein Zweifel daran, dass der Eingriff Arafat das Leben gerettet hatte.

Als Nächster war mein Mann an der Reihe. Gesundheitliche Probleme erlangten immer mehr Bedeutung und sollten uns für den Rest unseres gemeinsamen Lebens zu schaffen machen.

»Ein ganz besonderer Tag«

Als ich eines Tages Mitte August 1992 mit meiner Schwiegermutter im Krankenhaus saß, traf unerwartet mein Mann zu einer medizinischen Untersuchung ein. Königin Sein war ernsthaft krank gewesen, befand sich aber zum Glück auf dem Weg der Besserung. Husseins Beschwerden deuteten auf eine Erkrankung der Harnwege hin, und bei der Untersuchung stießen die Ärzte auf Körperzellen, bei denen der Verdacht bestand, dass sie bösartig sein könnten. Die Ärzte rieten ihm zu einer sofortigen Reise in die USA, um dort eine umfassende Diagnose einzuholen, am besten in der Mayo-Klinik in Rochester, Minnesota, oder im Johns Hopkins Hospital in Baltimore. Beide hatten international besonders renommierte urologische Abteilungen. Obwohl das Medizinische König-Hussein-Zentrum in Jordanien höchsten Standards entsprach, machten sich unsere Ärzte Sorgen, dass der König an »VIPitis« erkranken könnte, ein Syndrom, das prominente Patienten auf der ganzen Welt bekommen können, wenn die Ärzte bei ihrer Behandlung übermäßig nervös werden oder emotional reagieren. Um eine solche Situation zu vermeiden, schlug man uns oft vor, uns bei komplexen medizinischen Problemen im Ausland versorgen zu lassen, doch Hussein konsultierte Samir Farradsch, unseren langjährigen jordanischen Arzt, stets als Ersten. Nach einigen Diskussionen entschieden wir uns für die ein wenig abgelegene Mayo-Klinik, weil wir dort vor dem Presserummel besser geschützt waren. Außerdem war die Mayo-Klinik für ihre Ganzkörper-Gesundheits-

381

checks weltberühmt. Vierundzwanzig Stunden später waren wir in Minnesota.

Nach einer ersten Untersuchung in der Klinik erhielten wir die Bestätigung, dass Hussein operiert werden musste. Ein Harnleiter war teilweise verstopft, möglicherweise von einem bösartigen Tumor. »Ich bin wie vor den Kopf geschlagen«, schrieb ich in mein Tagebuch. »Sidi ist ganz ruhig und tapfer, aber sicher hat er schreckliche Angst. Er spricht fatalistisch davon, dass er bereits dabei gewesen sei, seine Angelegenheiten zu regeln, weil er seit einiger Zeit dunkle Vorahnungen gehabt habe. Ich will ihn nicht verlieren, und er hat noch so viel vor sich. Und so viele brauchen ihn noch.« Seine Erkrankung war offenbar sehr ernst.

Nach einer schlaflosen Nacht begleitete ich Hussein am nächsten Tag zur Untersuchung. Während er in der Röhre des Computertomographen steckte, verbrachte ich längere Zeit im Überwachungsraum, hörte die Kommentare der Fachleute mit und malte mir das Schlimmste aus. Später machten mir die Ärzte ein wenig Hoffnung: Nach den Ergebnissen der CT und der anschließenden Untersuchung mit Ultraschall war der Tumor noch örtlich begrenzt. Trotzdem waren wir sehr besorgt. Meine Schwester flog nach Minnesota, um mir beizustehen. Sie war mir ein großer Trost, auch wenn ich meine Gefühle kaum unter Kontrolle brachte.

Mein Mann war vor der Operation sehr aufgeregt und ließ sich den Koran bringen, der uns auf Reisen stets begleitete. Außerdem bat er mich um das Foto eines Mercedes-Oldtimers, den er soeben hatte instand setzen lassen, und schenkte ihn mir im Voraus zum Geburtstag. Ich war überrascht und gerührt, denn ich wusste, wie stolz Sidi auf diesen Wagen war. Noch mehr beeindruckte mich, dass er trotz der Umstände an meinen Geburtstag dachte, den ich bestimmt vergessen hätte.

Während der Operation wartete ich vor dem Operationssaal und begleitete Hussein anschließend in den Aufwachraum. Als die Ärzte herauskamen, erhielten wir die Nachricht, für die wir gebetet hatten: Die Zellen, die unterhalb der Niere die Harnröhre verstopft hatten, befanden sich in einem Vorstadium zum Krebs und hatten noch keine Metastasen gebildet.

Trotzdem hatten die Ärzte Hussein vorsorglich eine Niere entfernt, aber keine Wucherungen entdeckt. Eine weitere Behandlung schien nicht erforderlich.

Als mein Mann aus der Narkose erwachte, zeigte er sofort wieder seinen außergewöhnlichen Charakter: Noch benommen, dankte er allen, die an seiner Operation beteiligt gewesen waren. Er sagte, es sei ein Privileg unter ihrer Obhut zu sein, eine für ihn typische Reaktion, da er andere stets tröstete und lobte, sogar in Momenten, in denen er selbst sehr verwundbar war.

Die nächsten Tage brachten eine Wende in seinem Leben. Während der zehn Tage, die wir nach der Operation in der Mayo-Klinik blieben, war ich ständig an seiner Seite. Wenn wir uns unterhielten, schlief er manchmal mitten im Satz ein, ein Verlust an Selbstkontrolle, der einem so willensstarken Mann, der stets hohes Verantwortungsbewusstsein gezeigt hatte, ziemlich zu schaffen machte. Aber er stärkte das Band des Vertrauens zwischen uns. Die letzten Jahre waren schwierig gewesen, weil wir ganz in der Arbeit aufgegangen waren, aber hier in der Klinik hatte er nun die Gewissheit, dass sein Wohl für mich oberste Priorität hatte. Und ich sah es ihm an den Augen an, dass ich für ihn das Wichtigste war. Angesichts der Bedrohung durch Krebs erwachte Hussein aus seiner depressiven Lethargie und verwandelte sich wieder in den tatkräftigen und engagierten Mann, der er vor dem Golfkrieg gewesen war.

Die Nachricht von Husseins bevorstehender Operation ging um die Welt. Blumen und Genesungswünsche trafen ein, auch das Angebot eines jordanischen Jungen, Hussein eine Niere zu spenden. Und die Gerüchteküche brodelte. Besonders dreist war eine Behauptung in der israelischen Presse: Hussein litte an einem Gehirntumor und werde wohl binnen sechs Monaten unter der Erde liegen. Ich hatte die Aufgabe, die Informationen weiterzugeben. Wir mussten die Wahrheit sagen, durften aber mit dem, was wir nach außen gaben, auf keinen Fall Panik hervorrufen. Sichtlich bewegt nahm der König die Anteilnahme und Sympathie zur Kenntnis, die ihn aus der ganzen Welt erreichte, aus dem Vatikan, dem Nahen Osten, Europa und den Vereinigten Staaten. Prinz Bandar, der saudische

Botschafter in den USA, überbrachte ihm Blumen mit Genesungswünschen von König Fahd, Kronprinz Abdullah und anderen Mitgliedern des saudischen Königshauses. »Hussein hatte das Gefühl, an einem Wendepunkt zu stehen«, schrieb ich in mein Tagebuch und fügte hinzu: »vor der Normalisierung.« Unser offizieller Vertreter, der die Saudis zum Flughafen zurückbegleitete, berichtete später, die Begegnung mit Hussein, der für ihn stets ein Mentor gewesen war, habe den Prinzen zu Tränen gerührt.

Nach der Operation hatten die Ärzte uns den mutmaßlichen Zusammenhang zwischen Krebsarten der Harnwege und dem Rauchen erläutert, aber als ich am Tag nach dem Eingriff die Tür zu Husseins Zimmer öffnete, sah ich ihn bereits in einem Stuhl am halb geöffneten Fenster eine Zigarette rauchen. Ich geriet fast in Verzweiflung. Ich ging in den leeren Warteraum und brach ganz gegen meine Gewohnheiten in Tränen aus.

Als wir das Krankenhaus verließen, war der König noch stark geschwächt; er erholte sich in River House, unserem Domizil bei Washington, D.C. Hussein hatte das Anwesen in den Achtzigerjahren, während der Bauarbeiten am Blair House, der offiziellen Residenz für Staatsgäste, unbesehen gekauft, weil wir bei Besuchen in den USA eine Unterkunft benötigten, die bessere Sicherheitsvorkehrungen ermöglichte als ein Hotel. Er hatte mir gegenüber beiläufig erwähnt, ein alter Freund in Washington habe ihm den Kauf als günstige Gelegenheit empfohlen. Ich gab zu bedenken, dass ein weiteres Haus eine weitere Belastung bedeute, riet ihm aber für den Fall, dass es ihm ernst sei, von einem Bauingenieur ein Gutachten einzuholen. Hussein antwortete fast beiläufig, er habe das Haus schon gekauft. »Das meinst du nicht ernst«, sagte ich und schlug die Hände vors Gesicht.

In River House waren groß angelegte Renovierungen notwendig, unter anderem eine umfangreiche Asbestsanierung, aber es bot ein friedliches und sicheres Zuhause mit einem herrlichen Blick auf den Fluss Potomac. Für mich war es das beste Ambiente gewesen, um meine Gedanken zu ordnen, vor allem während ich mich auf die schwierigen Begegnungen und auf die Reden während der Golfkrise vorbereitet hatte. Jetzt war es ein idealer Ort für Husseins Genesung. Wir bereiteten für ihn einen Raum im Erdgeschoss vor, weil er nach der Operation zum Treppensteigen zu schwach war. Ich kümmerte mich selbst um die Pflege. Zunächst zweifelte ich, ob ich der Verantwortung gewachsen sein würde, aber ich wuchs in die Rolle wie selbstverständlich hinein. Ein Arzt und eine Krankenschwester standen Hussein zur Seite, und ich kümmerte mich um alle persönlichen Bedürfnisse wie Baden und Ankleiden. Dabei entdeckte ich eine unerwartete Eigenschaft an mir selbst, nämlich dass ich einen geliebten Menschen besser pflegen konnte, als ich je gedacht hätte, auch wenn die Pflege laienhaft war. Für einen Mann, der es gewohnt war, dass andere von ihm abhingen, war die Abhängigkeit von der Hilfe anderer eine schwierige Erfahrung, doch Hussein ertrug meine Bemühungen mit liebevoller Toleranz.

Nachdem Hussein wieder einigermaßen zu Kräften gekommen war, statteten wir dem Weißen Haus einen Besuch ab und aßen mit den Bushs und den Bakers zu Abend. Trotz der breiten Unterstützung im Golfkrieg war Bushs Stern im Sinken begriffen. In diesem Wahljahr 1992 schnitt er in den Meinungsumfragen immer schlechter ab. Barbara Bush sagte mir bei dem Essen, wegen der heftigen Kritik an ihrem Mann lese sie keine Inlandsnachrichten mehr, was ich nur zu gut verstand. Wir ermunterten die Bushs, nicht auf die Pressestimmen und Umfrageergebnisse zu achten, und nachdem Bush die Wahl dann tatsächlich verloren hatte, rief ich Barbara an und wünschte ihnen beiden für ihr neues Leben viel Glück und Gesundheit. Ich sagte ihr ganz ehrlich, dass ich sie um ihre jetzige Freiheit und ihr Privatleben beneidete.

Die Ärzte in der Mayo-Klinik hatten meinem Mann dringend geraten, sich schonend wieder in den Arbeitsprozess einzugliedern, weshalb wir uns auf dem Rückweg nach Jordanien ein paar Tage in England in Buckhurst Park erholten. Freundlicherweise lud uns Königin Elisabeth auf das schottische Balmoral Castle zum Mittagessen ein. Gedacht war an einen halbtägigen Ausflug mit dem Hubschrauber, aber es sollte ganz anders kommen. Wir wollten zunächst nach Gleneagles fliegen, den Hubschrauber auftanken und dann die restlichen sechzig bis achtzig Kilometer bis Balmoral zurücklegen. Die erste Etappe verlief nach Plan. Meine einzige Sorge war, dass Hussein sich in seinem geschwächten Zustand erkälten könnte. Wir wickelten ihn in die große grüne Jacke unseres Piloten ein, hoben von Gleneagles ab und gerieten im schottischen Hochland in eine finstere Wolkenfront.

Hussein schlug dem Piloten vor, unter den Wolken die Täler entlangzufliegen. Etwas beängstigt sahen wir auf Augenhöhe Überlandleitungen an uns vorüberziehen. Die Tausend-Meter-Gipfel waren vollständig von Nebel umhüllt. Da wir nicht noch tiefer gehen konnten, beschlossen wir, nach Osten Richtung Aberdeen abzudrehen, auf dem dortigen Flughafen zu landen und die Reise im Wagen fortzusetzen. Mit fast einer Stunde Verspätung trafen wir schließlich völlig ausgehungert und uns vielmals entschuldigend in Balmoral Castle ein. Nachdem wir uns in unseren Zimmern etwas frisch gemacht hatten, gesellten wir uns in die Bibliothek zu Königin Elisabeth, Prinz Philip, Prinz Charles, Prinzessin Anne, weiteren Familienmitgliedern und einigen von Königin Elisabeths geliebten Corgis. Die Gruppe erkundigte sich nach Husseins Gesundheit und der Anreise. Nach einiger Zeit wurden wir in einen kleinen Salon gebeten, wo der Nachmittagstee mit hauchdünnen Sandwichs gereicht wurde. Jetzt wurde mir erst so richtig bewusst, dass wir das Mittagessen verpasst hatten. Mein Mann hielt sich bei den Häppchen höflich zurück und nahm nur eines oder zwei, während ich kräftig zulangte, wenn das Tablett in meine Nähe kam.

Nach dem Tee kehrten wir in die Bibliothek zurück, von wo aus wir die Parkanlagen mit den adrett gestutzten Hecken überblickten. Prinz Philip fragte mich, ob ich den Biogarten sehen wolle. Ich willigte ein in der Hoffnung, dass ich Gelegenheit bekäme, die Sandwichs zum Tee mit frischem Gemüse abzurunden. Als der Herzog von Edinburgh und ich durch den Garten schlenderten und ich immer wieder pflückte und kostete, schlossen Prinz Charles und Hussein hinter uns auf und spöttelten, dass sie gerne auch noch ein bisschen Salat essen würden. Vollauf gesättigt machten wir uns kurz darauf auf den Rückweg nach Gleneagles.

Drei Tage später bereiteten wir unsere Rückreise nach Jordanien vor. Ich war zunehmend besorgt. Diese fünf Wochen der Abwesenheit waren der längste Zeitraum, den mein Mann je außer Landes verbracht hatte, und den Berichten zufolge schickte sich offenbar die gesamte Bevölkerung an, ihn bei der Rückkehr willkommen zu heißen. Obwohl solche Szenen rührend und ergreifend waren, machte ich mir Sorgen um Husseins körperliche Verfassung und wusste nicht, ob er einen solch überwältigenden Empfang unbeschadet überstehen würde. »Bitte denken Sie daran, dass er sehr rasch ermüdet«, teilte ich den Protokollbeamten mit. »Er ist jetzt zwar schon etwas kräftiger, aber quälen Sie ihn nicht mit Artigkeiten.« Hussein war anfällig für Krankheiten und hatte nur noch eine Niere. Wir durften nichts riskieren.

Aus der Luft bot sich uns ein erstaunlicher Blick auf Amman. Mein Mann steuerte die Maschine wie gewöhnlich selbst und flog dicht über die Stadt hinweg, die ihn mit ungeheurer Begeisterung empfing. Späteren Schätzungen zufolge war über eine Million Menschen – ein Viertel der gesamten Bevölkerung Jordaniens – aus dem ganzen Land herbeigeströmt und drängte sich in den Straßen der Hauptstadt. Ich hatte gehofft, dass nur Familienmitglieder und einige hochrangige offizielle Vertreter an der Begrüßungszeremonie am Flughafen teilnehmen würden, aber stattdessen standen nun alle Mitglieder der Regierung und zahllose andere zum Empfang bereit. Husseins Bruder Prinz Hassan hatte für uns eine Fahrt vom Flughafen ins Stadtzentrum zum Sahran-Palast der Königinmutter arrangiert. Ich fuhr mit Prinzessin Basma in meinem Wagen dorthin, als Teil eines Konvois, der sich durch eine unvorstellbare Menge jubelnder Jordanier schob.

Die Menschen lachten, weinten, schwenkten von Hand gemalte Schilder, hielten Porträts von Hussein und uns beiden hoch, rannten, schrien oder warfen Kusshändchen und Blumen auf die Wagen. Manche versuchten, ins Innere von Husseins Karosse zu fassen und den König zu berühren. Die Polizisten hatten in dem dichten Gedränge keinerlei Möglichkeit, die Leute unter Kontrolle zu halten. Für die paar Kilometer bis zum Sahran-Palast benötigten wir mindestens eine Stunde.

Die gewaltige Welle der Sympathie, die Hussein bei seiner Rückkehr entgegenschlug, spülte die letzten Reste seiner Depressionen fort. Für die Sicherheitsleute muss es ein Albtraum gewesen sein, als der König sich trotz ihrer Proteste auf das Dach seines Wagens setzte und den jubelnden Menschen zuwinkte.

Erschöpft, aber seelisch gestärkt, kam Hussein schließlich zu Hause in al-Nadwa an. Die Luft war von seinem Lieblingsduft erfüllt, und das Hauspersonal stimmte ein Jubelgeschrei an. »Ich fühle mich privilegiert«, sagte er mir, als ich ihn schließlich überredet hatte, zu Bett zu gehen. »Es gibt so viele tragische Beispiele von Führern, die ihr Volk mit der Zeit verloren haben. Dass sich die Beziehung zu meinem Volk nach so vielen Jahren intensiviert hat, sehe ich als eine große Gnade an.«

Trotz aller Versuche gelang es den Medizinern und mir nicht, ihn vom Rauchen abzubringen. Auf die Hinweise seines Arztes in der Mayo-Klinik, wonach ein Zusammenhang zwischen dem Rauchen und bestimmten Arten von Krebs – auch im urologischen Bereich – vermutet werde, hatte Hussein erwidert, wenn der Arzt unter dem gleichen Druck stünde wie er, würde er auch zur Zigarette greifen. Husseins Gesundheit und sein Tabakkonsum bereiteten auch seinen Kindern Sorgen. Er hatte von Zeit zu Zeit versucht aufzuhören, und wir bemühten uns um eine Rationierung seiner Zigaretten, aber selbst in der Mayo-Klinik hatte er von seinen Sicherheitsbeamten verlangt, das Fenster zu öffnen, damit er sich eine Zigarette außer der Reihe genehmigen konnte. In Buckhurst hörte ich in unserem Schlafzimmer einmal ein unterdrücktes Lachen: Wie sich herausstellte, war seine Patentochter Elizabeth in seinen Ankleideraum getreten und hatte seine Füße im geöffneten Fenster entdeckt. Trotz seiner Schwäche war er mit einem Stock aus dem Fenster gestiegen und auf einen Sims geklettert, um zu rauchen.

Doch die Begegnung mit der eigenen Sterblichkeit hatte Hussein verändert. Er konzentrierte sich jetzt verstärkt auf die Dinge, die er seinem Land als Vermächtnis hinterlassen wollte. Dass er wieder an die Zukunft dachte, war für seine Kinder und mich ein großer Trost. Mehr denn je war er entschlossen, in Jordanien eine echte Demokratie nach dem Muster einer konstitutionellen Monarchie auf den Weg zu bringen, damit das Land auch ohne ihn eine erfolgreiche Zukunft hatte. Als einen großen Schritt hin zu einer Demokratisierung ließ Hussein einen Monat nach seiner Operation politische Parteien wieder zu. Außerdem erwog er eine Veränderung der Nachfolgeregelung. Am augenblicklichen Stand der Nachfolgeregelung, nach der sein Bruder, Kronprinz Hassan, Thronfolger war, sollte sich nichts ändern. Doch für die Generation nach Hassan strebte Hussein vielleicht durch die Einrichtung eines Familienrats eine Neuregelung an. Er glaubte aufrichtig an Entscheidungen durch Konsens, die in der arabisch-islamischen Welt eine lange Tradition haben. In einer so wichtigen Frage sollten deshalb auch die Mitglieder der jordanischen Königsfamilie ein Mitspracherecht erhalten. Dieser Reformansatz sollte die Einheit der Familie stärken und mit dafür sorgen, dass die Familienmitglieder »nicht nur zusammenstehen und zusammenarbeiten, sondern dass die geeignetste Person, die zur Übernahme der Verantwortung *bereit* ist, gewählt wird«, so Hussein mir gegenüber. Über die damit verbundene Änderung der Verfassung, die seit 1965 den ältesten Sohn oder einen Bruder als Nachfolger vorsah, machte sich Hussein lange und ausführlich Gedanken.

Das dringlichere Problem war damals jedoch der anhaltende Konflikt der USA mit dem Irak. Unser Geheimdienst teilte uns mit, dass man sich in Washington besorgt fragte, wie viel von der irakischen Kriegsmaschinerie während des Golfkrieges tatsächlich zerstört worden sei. Nachdem der Sonderausschuss der Vereinten Nationen den Verdacht geäußert hatte, Saddam Hussein stelle atomwaffenfähiges Uran her, war Anfang 1993 eine weitere Serie von US-Luftschlägen unmittelbar zu befürchten.

König Hussein hatte einen offiziellen Besuch in Oman zu einer Diskussion über wirtschaftliche Zusammenarbeit geplant, erhielt dann aber aus den Vereinigten Staaten die Empfehlung, die Visite abzusagen. Es bahnte sich etwas an: Wir hatten verstärkte Aktivitäten von Kampfflugzeugen in der Region beobachtet. Dann kam ein weiterer Anruf aus den USA, wonach der Schlag gegen den Irak innerhalb von sechs Stunden ausgeführt würde. Hussein griff in der Nervosität zur Zigarette, ich machte mich wie so oft in solchen Situationen daran, unser Hab und Gut durchzugehen und auszumustern, was nicht mehr gebraucht wurde. Das gab mir ein befreiendes Gefühl. Angesichts der Krisen, die wir augenblicklich durchmachten, war Hussein ganz froh, dass wir sehr bald alle Dinge geordnet haben würden.

In einem weiterhin sehr angespannten politischen Weltklima wurden die Luftschläge fortgesetzt. Hussein fürchtete sich vor allem vor dem Einsatz einer Kernwaffe. In Amman war nur wenige Wochen vor Beginn der Militäraktionen ein irakischer Atomexperte ermordet worden. Einem Nachrichtendienst in London zufolge hatte der Mordanschlag dazu gedient, einen Wissenschaftler zum Schweigen zu bringen, der Einzelheiten zur Atomwaffenfähigkeit des Irak hätte verraten können. War dies der Hintergrund für die amerikanischen Luftschläge?

Im Juni 1993 flogen wir erneut in die USA: zu einer Routineuntersuchung – sie fiel sehr positiv aus – und zu unserem Antrittsbesuch bei Bill Clinton im Weißen Haus. Clinton war der achte amerikanische Präsident, den Hussein kennen lernte, und im Gegensatz zu seinen unmittelbaren Vorgängern Bush und Reagan war er noch nicht sehr bekannt. Wir hatten keine Ahnung, was uns erwartete, aber Bill und Hillary machten auf uns beide großen Eindruck. Sie waren sehr redegewandt, interessierten sich für Husseins Ansichten und wollten möglichst viele Informationen. Hillary gestand, wie wenig sie beide auf das Leben im Washington vorbereitet gewesen waren: auch auf den fast vollständigen Verzicht auf Privatsphäre und auf die ständigen Kommentare in den Medien und von politischen Gegnern zu jedem Aspekt ihres Lebens.

Wenige Tage nach unserer Ankunft wurde Hussein von Clintons Außenminister Warren Christopher darüber informiert, dass die USA Saddam Hussein erneut mit Raketen angegriffen hatten: Das Ziel waren diesmal Einrichtungen des Geheimdienstes in Bagdad, eine Vergeltungsaktion für ein angeblich geplantes Attentat auf Ex-Präsident Bush bei dessen Besuch im April in Kuwait. Wir hörten Clinton auf CNN verkünden, der Angriff sei längere Zeit zuvor mit Freunden und Verbündeten der USA in der Region abgesprochen worden, obwohl uns gegenüber weder er noch ein anderer Vertreter der USA den bevorstehenden Angriff auf den Irak jemals erwähnt hatten.

Hussein geriet in eine sehr unbehagliche Situation. Unmittelbar vor dem Raketenangriff hatte man ihn mit vollen militärischen Ehren im Pentagon empfangen, ein Augenblick, der von den Kameras festgehalten und über den auch in den Zeitungen im Nahen Osten berichtet worden war. Als wir vom Angriff auf den Irak erfuhren, fragten wir uns, ob Hussein zum Statisten einer Inszenierung geworden sein könnte. Hatten die militärischen Ehren den Anschein erwecken sollen, er habe die US-Aktionen gebilligt oder unterstützt?

Die nächste Überraschung bereitete uns die PLO. In der zweiten Phase waren die Friedensgespräche in Washington in eine Sackgasse geraten und von einem norwegischen Diplomaten wieder herausgeführt worden. Dann hatten Palästinenser und Israelis in Oslo Geheimgespräche geführt, und wie aus heiterem Himmel verkündete im August die US-Regierung, die PLO und Israel hätten sich auf eine Grundsatzerklärung und ein provisorisches Friedensabkommen geeinigt. Der König reagierte wütend. Jassir Arafat hatte ihm gesagt, dass er mit Schimon Peres in Kontakt stehe, aber wie sich jetzt herausstellte, hatten die Palästinenser mit den Israelis monatelang in Oslo heimlich verhandelt. Auch Schimon Peres hatte ihm kein Wort gesagt. »Warum wird nicht koordiniert?«, fragte Hussein. »Wie sollen wir so miteinander arbeiten?« Hussein fasste sich aber rasch wieder und stimmte dem Interimsabkommen von Oslo innerhalb von vierundzwanzig Stunden zu. »Die Palästinenser wollen es so«, sagte er, »und dies ist das Einzige, was ich zu ihrer Unterstützung tun kann.«

Ganz persönlich hielt Hussein die Zugeständnisse der Palästinenser für zu weitgehend. Er selbst hatte es abgelehnt, über eine Abtretung der seit 1967 besetzten Gebiete zu verhandeln, und das Abkommen von Oslo war so vage formuliert, dass nicht klar daraus hervorging, welche Gebiete den Palästinensern eigentlich zugebilligt wurden. Für noch problematischer hielt Hussein die Tatsache, dass alle wirklich komplizierten Fragen – der Status Jerusalems, das Rückkehrrecht der Flüchtlinge, die Siedlungen, die Sicherheitsabkommen, die Grenzziehung und die Beziehungen der Staaten untereinander sowie die Zusammenarbeit mit den Nachbarstaaten – ausgeklammert und auf weitere Gespräche in drei Jahren verschoben worden waren.

Positiv an dem palästinensisch-israelischen Interimsabkommen war immerhin, dass König Hussein nun freie Bahn hatte, mit Israel einen eigenen Frieden auszuhandeln. Arafat hatte den ersten Schritt getan, also sah Hussein keinen Hinderungsgrund mehr, die Angelegenheit in Angriff zu nehmen.

Während die Gespräche mit Israel aufgenommen wurden, mussten wir uns schweren Herzens auf eine Veränderung im Familienkreis einstellen: Unser ältester Sohn Hamsah trat in ein Internat in England ein. Er stand bereits seit dem Tag seiner Geburt auf der Anmeldeliste von Harrow. Der Lehrer, der für die Belegung von Husseins Haus, The Park, zuständig war, in dem Hamsah untergebracht wurde, war damals auf Besuch in Jordanien gewesen und hatte Hamsah für die Abschlussklasse 1998 vorgemerkt. Wie schon als Abir, Haja und Ali zum Studium nach England gingen, tat uns allen auch der Abschied von Hamsah sehr weh, aber für Hamsah war es Zeit, ein Leben außerhalb der Palastmauern kennen zu lernen. Wegen der größeren Flexibilität des amerikanischen Schulsystems hatte ich mich zunächst für einen Aufenthalt in den USA stark gemacht, aber Hamsah wollte in die Fußstapfen seines Vaters treten. Harrow sollte sich als eine ausgezeichnete Wahl herausstellen, auch wenn Hamsah uns sehr fehlte.

Hamsah hatte von seinem Vater die Liebe zum Fliegen geerbt, und er flog mich denn auch Anfang September im Hubschrauber nach London, um sich dort auf dem Weg nach Harrow mit seinem Vater zu treffen. Er zeigte ihm Wege, die später zur Routine werden sollten: Besuche beim Kieferorthopäden und einem Herrenfriseur, dann ein Mittagessen im Grillrestaurant des Hotels Dorchester, wo Hussein Hamsah mit seiner Leibspeise aus Schülertagen vertraut machte: Hamburger mit gebratenen Eiern. Meine Hinweise zum Cholesterin ließen beide völlig gleichgültig, und Hamsah schlang den Hamburger ebenso gierig in sich hinein wie früher sein Vater.

Er war seinem Vater sehr ähnlich, was im Land später zu zahlreichen Spekulationen darüber führen sollte, ob der König ihn zu seinem Nachfolger ernennen würde. Ich wandte mich jedes Mal gegen solches Gerede, weil es wenig hilfreich war und zudem Hamsah bei den anderen Mitglieder der Familie in eine schwierige Lage brachte. Die Nachfolge hing von Gottes Willen, von Husseins Urteilsvermögen und von der Verfassung ab. Meine Verantwortung als Mutter, Ehefrau und Königin lag darin, alle unsere Kinder so zu fördern, dass sie ihre individuellen Begabungen entfalten und später einmal ihrem Land mit Demut und Hingabe auf die Art dienen konnten, die ihnen am ehesten lag. Keines sollte einfach nur auf eine privilegierte Zukunft als Mitglied der königlichen Familie bauen.

Als wir uns an diesem ersten Schultag zum Gehen wandten, winkte Hamsah uns tapfer nach. Ich war es, die in Tränen ausbrach, als wir wegfuhren, genau wie es mir auch bei den älteren Kindern passiert war. Hamsah vermisste uns anfangs schrecklich. Er versuchte es angestrengt zu verbergen, konnte aber seinen Vater nicht täuschen. Eine Woche später waren Hussein und ich wieder in Harrow, nach einer qualvollen Debatte, ob ein Besuch unserem Sohn das Leben nicht vielleicht noch schwerer machen würde. Vater und Sohn saßen wieder im Grillrestaurant bei Hamburgern mit Ei zusammen und trieben beide mit mir wie gewohnt ihre Späße, ein sicheres Zeichen, dass sich Hamsahs Stimmung gebessert hatte. Nach diesem Besuch war uns allen wohler. Hussein schrieb Hamsah einen lieben aufmunternden Brief, in dem er ihm auch seine Pläne für einen Familienrat zur Wahl seines Nachfolgers erläuterte. Dabei betonte er auch, welche wichtige Bedeutung unabhängig von Hamsahs künftiger Rolle eine gute Ausbildung hatte. Nach dieser privaten Mitteilung des Vaters an den Sohn spielte das Thema keine Rolle mehr. Hamsah lebte sich in Harrow gut ein und wurde ein guter Schüler.

Am 13. September 1993, dem »Supermontag«, wie Hussein ihn nannte, weil Arafat und Rabin in Washington das Abkommen Oslo I unterzeichneten, flogen wir von London aus nach Jordanien zurück.

Auch unser Friedensprozess kam voran: Vierundzwanzig Stunden später unterzeichneten Jordanien und Israel im Washingtoner Außenministerium eine Agenda zum Frieden. Arafats Frau Suha war inzwischen ins Rampenlicht gerückt. Sie war in Washington nicht mit dabei, wurde aber vom Fernsehsender CNN exklusiv interviewt. Das Gespräch weckte besondere Aufmerksamkeit, weil Arafat und Suha auf ihre Privatsphäre großen Wert legten und ihre Heirat über ein Jahr lang geheim gehalten hatten. Ich hatte ihr in einer Mitteilung meine Unterstützung zugesagt, und sie rief mich kurz nach dem Interview an, bedankte sich und bat mich mit Blick auf die vor ihr liegende schwierige Zeit um Rat. »Sie wird schon jetzt von dem Klatsch und den Gerüchten geplagt«, schrieb ich in mein Tagebuch, »mit denen wir in solchen Positionen alle zu kämpfen haben.« Es war erstaunlich, wie erbarmungslos die Kritiker sein konnten. »Ich habe über so viele verschiedene Leute und sogar über uns jeweils dieselben Geschichten gehört, und ich weiß, dass die kursierenden Gerüchte ohne jede reale Grundlage sind«, sagte ich zu ihren Kritikern. »Warum geben Sie ihr nicht eine Chance? Plädieren Sie doch ein einziges Mal im Zweifel für die Angeklagte.«

Ich versuchte, Suha mit meiner zwölfjährigen Erfahrung als Veteranin in der Nahostpolitik den Rücken zu stärken. »Konzentrieren Sie sich einfach auf das, was Sie beitragen können, und vergessen Sie den Rest«, riet ich. »Arbeiten Sie sich ein, und geben Sie Ihr Bestes. Das unvermeidliche Gerede und die Gerüchte sind nicht wichtig, solange Sie nur wissen, dass Sie Ihrem Volk dienen, so gut Sie können.«

Zwei Wochen nach der Unterzeichnung des Interimsabkommens durch Arafat und Rabin traf sich der israelische Premierminister in Akaba mit meinem Mann zu einem Geheimgespräch. Wegen der sensiblen Situation war kaum Hauspersonal zugegen, sodass unser Verwalter und ich über alle Einzelheiten der Vorbereitungen wachten. Meine eindrücklichste Erinnerung an diese Begegnung ist Rabins sonore Stimme, die mehrere Stunden ununterbrochen zu tönen schien. Während des Treffens lernten sich beide Staatsmänner kennen, fassten trotz der unterschiedlichen Meinungen Vertrauen zueinander und lernten sich respektieren, Voraussetzungen, die schließlich zu unserem Friedensabkommen mit Israel führten. Jordanien hatte seit 1967 alle konstruktiven Friedensbemühungen unterstützt, aber wir waren immer wieder enttäuscht und verraten worden. Wir hatten genug von dem Aufruhr, den politischen Unruhen und dem menschlichen Leid, das inzwischen mehrere Generationen von Palästinensern erduldet hatten und noch erduldeten, ganz zu schweigen von dem zermürbenden Gefühl der Unsicherheit und der Hindernisse, die der Entwicklung und dem wirtschaftlichen Aufschwung in der Region im Weg standen.

Hussein und Rabin kamen überein, über ihre gemeinsame Suche nach einem Frieden Stillschweigen zu bewahren, hauptsächlich deshalb, weil ihre Positionen noch sehr weit auseinander lagen und sie mit greifbaren Ergebnissen aufwarten wollten. Langsam und mühselig prüften sie Punkt für Punkt auf mögliche Gemeinsamkeiten.

Unsere Beziehungen zu Israel grenzten bislang ans Absurde. Auf internationalen Konferenzen hatten wir immer darauf geachtet, mit israelischen Teilnehmern keinerlei engen Umgang zu pflegen und uns vor allem nicht mit ihnen fotografieren zu lassen. Wir wussten, dass die Israelis solche Fotos für politische Zwecke verwenden konnten, um den Eindruck einer Normalisierung zu erwecken, die uns in der arabischen Welt wiederum als »Verbrüderung mit dem Feind« ausgelegt werden würde. Aber überall lagen immer Israelis mit Kameras auf der Lauer.

Diese Empfindlichkeiten schufen auf einer internationalen Konferenz der First Ladys eine peinliche Situation – wegen des obligatorischen offiziellen Gruppenfotos. Die Vertreter mussten üblicherweise alphabetisch nach Ländern ihre Position einnehmen, und dies stellte so lange kein Problem dar, wie auch Jamaika oder Japan an der Veranstaltung teilnahm und deren Vertreter Israel und Jordanien voneinander trennten. Aber diesmal waren beide Länder nicht mit dabei. Ich stand folglich direkt neben der Frau von Präsident Eser Weizman, die sich während des gesamten Fototermins angeregt mit mir unterhielt. Ich blickte angestrengt in die Kamera, antwortete aus einem Mundwinkel und bemühte mich, nicht unhöflich zu erscheinen.

Kontakte mit Medienpräsenz zu vermeiden war damals ein absolutes Muss, obwohl wir wussten, wie wichtig ein Dialog war und es uns zutiefst widerstrebte, ihm aus dem Weg zu gehen. Eine seltene Ausnahme waren die Spiele für kriegsversehrte Rollstuhlfahrer, die Hussein im Sommer 1993 in England eröffnete. Beim Einzug der Mannschaften aus Jordanien, Israel, Großbritannien, Südamerika und den Vereinigten Staaten spendeten wir allen gleichermaßen Applaus. Nach den Spielen schüttelten wir Hände und stellten uns trotz des Tabus mit allen Teilnehmern einschließlich der Israelis vor die Kameras. »Es erscheint irrsinnig, dass Männer erst eingezogen, zum Kämpfen gezwungen und verletzt werden müssen, ehe wir mit dem Feind auf einer menschlichen Ebene reden«, sagte mir mein Mann später.

In den letzten Monaten von 1993 und Anfang 1994 war die Lage im Nahen Osten besonders instabil. Im November sprach ich in New York auf einer Frauenkonferenz an der Columbia University, als ein Vorfall im Weißen Haus die Spannungen verschärfte. Präsident Clinton hatte sich mit Salman Rushdie getroffen, wenn auch nur auf einem Korridor und nicht im Oval Office. Ajatollah Khomeini hatte über den britisch-indischen Erzähler einige Jahre zuvor eine Fatwa, ein religiöses Todesurteil, verhängt wegen einer angeblichen Verunglimpfung des Propheten Mohammed in seinen *Satanischen Versen*. Die Verurteilung Rushdies für seine Blasphemie war in der islamischen Welt weithin begrüßt worden, wenn auch nicht unbedingt als Aufforderung an alle gläubigen Muslime, Rushdie zu töten. Im Westen hatten dagegen verschiedene Organisationen von Schriftstellern, insbesondere der PEN-Club, zu Rushdies Verteidigung geblasen. Nach ihrer Ansicht verstieß jede Zensur oder auch nur Kritik an dem Schriftsteller gegen die von der Verfassung garantierte Freiheit des Wortes. Clintons Zusammentreffen mit Rushdie im Weißen Haus war ganz gewiss keine Zufallsbegegnung, denn so einfach gelangt niemand in den Amtssitz des Präsidenten. Der Iran reagierte auf das Treffen mit wütenden Protesten. In anderen islamischen Ländern, z. B. in Bangladesch und Pakistan, kam es zu antiamerikanischen Ausschreitungen. Das US-Außenministerium gab an US-Bürger, die in islamischen Ländern lebten oder dorthin reisen wollten, eine Warnung heraus, die natürlich auch dem Tourismus in diesen Ländern schadete. Die Amerikaner hielten Clintons Treffen mit Rushdie für nicht unstatthaft, von Muslimen jedoch wurde es als bewusster Affront gegen die islamische Welt gedeutet. Hussein rief mich empört aus Jordanien an. »Die Hamas und andere Extremisten werden das zu nutzen wissen«, schrieb ich in mein Tagebuch. »Wir müssen sicherstellen, dass niemand aus der jetzt geschaffenen Situation Kapital schlägt, um die Beziehungen zwischen den USA und der arabisch-islamischen Welt zu vergiften.« Ich rief Hillary Clinton an und teilte ihr unsere Besorgnis mit, aber gerade in diesem Jahr war es besonders schwierig, sich in Washington Gehör zu verschaffen. Skandale wie Lorena Bobbitts Angriff auf ihren Ehemann und Tonya Hardings Angriff auf eine konkurrierende Schlittschuhläuferin, O. J. Simpsons Mordprozess und das alles überragende Thema Monica Lewinsky beherrschten die Schlagzeilen, sodass ein konstruktiver Dialog über andere Dinge kaum noch möglich war. Diese Obsession für Belanglosigkeiten in den USA war für die Menschen im Ausland völlig unverständlich und sehr frustrierend. In Jordanien und dem Nahen Osten waren wir täglich mit Problemen konfrontiert, bei denen es um Leben und Tod ging: Viele Palästinenser waren gegen Arafats Friedensverhandlungen mit Israel und gegen die jordanischen Bemühungen um einen Frieden. Die Islamisten verübten eine Serie von Bombenanschlägen auf Kinos. Der Erste Sekretär an der jordanischen Botschaft im Libanon fiel einem Mordanschlag zum Opfer, und am 25. Februar erschoss am Grabmal der Patriarchen in Hebron ein jüdischer Siedler neunundzwanzig unbewaffnete palästinensische Gläubige. Trotzdem gingen die Verhandlungen mit Israel weiter. Der König hatte mit Rabin fast ein Jahr lang an einem praktikablen Rahmenabkommen für einen Frieden gearbeitet. Mitte Juli 1994 war das Dokument fast fertig. Jordanisch-israelische Unterkomitees erzielten Übereinkünfte zu den Themen Wasser, Umwelt und Energie. Auch in den Fragen Grenzverlauf, Territorium und Sicherheit kamen die Verhandlungen voran. Für den 25. Juli sollten König Hussein und Premierminister Rabin eine Absichtserklärung unterzeichnen: Der sechsundvierzig Jahre währende Kriegszustand zwischen beiden Ländern sollte beendet, und der Weg zum Frieden sollte endgültig beschritten werden. Der Ort der Unterzeichnung stand bereits fest.

Hussein hatte dafür das Wadi Araba direkt an der Grenze zu Israel ausgesucht – eine gute Wahl, weil es an der Grenze zwischen Jordanien und Israel lag. Dass wir auf diese Weise einen Schritt vorwärts in der Region markierten, zeigte deutlich, dass wir uns als unabhängiger Staat um einen umfassenden Frieden bemühten. Präsident Clinton war über die bevorstehende Unterzeichnung der Erklärung mit Zeitpunkt und Ort schriftlich informiert worden, obwohl die Sache noch immer höchst vertraulich behandelt wurde. Wir dachten, alles sei unter Dach und Fach, aber wir täuschten uns.

Am 15. Juli – Hussein hatte Einheiten der Armee und die Örtlichkeit für die Treffen im Wadi Araba besucht – erreichte uns in Akaba eine Nachricht von Warren Christopher: Die Vereinigten Staaten wünschten eine Verschiebung des Treffens zwischen den jordanischen und israelischen Führern; außerdem sollte das Treffen nicht in Jordanien, sondern in Washington stattfinden. Hussein sah freilich keinerlei Grund, das Treffen als medienwirksame Wiederholung von Arafats Treffen mit Rabin ins Weiße Haus zu verlegen. »Folge deinem Instinkt«, riet ich ihm. »Lass nicht zu, dass dieser entscheidende historische Augenblick von jemandem für eigene, kurzfristige politische Ziele missbraucht wird.« Die Vereinigten Staaten winkten mit allen möglichen finanziellen Anreizen, unter anderem mit einem Erlass von Jordaniens 700 Millionen US-Dollar Schulden. Am Ende hatte der König keine Wahl. »Dies ist das einzige Mal, dass ich zum Nutzen unseres Landes Kompromisse mache«, sagte er. Mich stimmte das amerikanische Angebot skeptisch. Das Versprechen eines Schuldenerlasses war eine Sache, aber wir hatten keine Garantien und waren im Begriff, bei unserer Erklärung zu einem Frieden mit Israel die Führung aus der Hand zu geben.

Als Hussein und ich am nächsten Tag in Akaba am Mittagstisch saßen, bekamen wir die Information, Clinton sei im Begriff, das Stillschweigen über die Verhandlungen zu brechen und das bevorstehende Treffen in Washington anzukündigen. Die Aufregung verschlug mir den Appetit. Wir hatten beide keine Ahnung, was Clinton sagen würde.

Es war surreal. Wir hörten live im Fernsehen die Ankündigung, dass Jordanien eine Erklärung zur Beendigung des Kriegszustandes mit Israel unterzeichnen würde, obwohl Hussein über die Details dieses Aktes überhaupt nicht unterrichtet, geschweige denn konsultiert worden war. Erst jetzt erfuhren wir aus den Nachrichten von einem offiziellen Teil mit einem Bankett, einem Festakt im Weißen Haus und einer Einladung an den König und an Rabin, vor den Senatoren und den Repräsentanten im US-Kongress eine Ansprache zu halten. Hussein würde so wenigstens eine sehr wirksame Gelegenheit erhalten, seine Vision vom Frieden direkt den Entscheidungsträgern der US-Regierung vorzutragen.

Nach Monaten der Geheimhaltung wurde am 18. Juli 1994 Geschichte geschrieben: Fajes Tarawne, unser Botschafter in Washington und Chef der jordanischen Delegation bei den Friedensverhandlungen, und Eljakim Rubinstein, der Chef der israelischen Abordnung, gaben im Wadi Araba gemeinsam den Beginn der abschließenden Friedensverhandlungen zwischen unseren beiden Ländern bekannt. »Fajes und Eli Rubinstein scherzen in Hemdsärmeln miteinander, ein sonderbarer Anblick«, schrieb ich in mein Tagebuch.

In diesem historischen Augenblick begann auch das Dscherasch-Festival, und irgendwie fand Hussein sogar die Zeit, es zusammen mit mir persönlich zu eröffnen, angesichts der Umstände eine bemerkenswerte Geste, die bei allen Teilnehmern Begeisterung auslöste. Ich glaube, er nahm an der Eröffnung teil, um Kontakte mit verschiedenen Gruppen von Jordaniern zu pflegen, während die Friedensgespräche mit den Israelis stattfanden und er im Begriff stand, Jordanien in eine ganz neue Ära zu führen.

Eine jordanische Delegation, der auch unser Neffe Talal angehörte, reiste nach Washington voraus, um die Ereignisse mit vorzubereiten und Probleme im Vorfeld zu lösen. Talal war nach dem Golfkrieg Husseins Verteidigungsminister geworden. Er holte im US-Außenministerium eine Bestätigung ein, dass die Zusagen an Hussein erfüllt würden, einschließlich der Lieferung der Kampfflugzeuge vom Typ F-16, die ihm der Kongress zuvor jahrelang verweigert hatte. Als Talal dann ins Kapitol ging, um auch dort eine Bestätigung einzuholen, erhielt er eine andere Auskunft als im Außenministerium. »Auf keinen Fall«, hieß es da. »Sie bekommen überhaupt nichts, solange Sie nicht einen umfassenden Friedensvertrag mit Israel unterzeichnet haben. Das Rahmenabkommen zum Frieden unterschreiben Sie ja in Ihrem und nicht in unserem Interesse. Erwarten Sie also von uns keine Vergünstigungen.«

Talal hatte das Telegramm mit der Bestätigung aus dem Außenministerium soeben abgeschickt und musste sofort ein zweites hinterhersenden: »Vorige Nachricht ignorieren. Kongress lehnt ab. Was tun?« Es war ein kritischer Moment. Falls König Hussein mit leeren Händen aus Washington zurückkehrte, bedeutete dies für Jordanien ein Desaster, das den Friedensprozess unmittelbar vor dem Durchbruch extrem gefährden würde. Der König schickte Talal sofort ein Telegramm: »Ich rede mit Rabin, und du nimmst mit dem American Israel Public Affairs Committee Kontakt auf.« Das AIPAC ist die wichtigste Nicht-Regierungsorganisation zur Pflege der amerikanisch-israelischen Beziehungen.

Talal war mit den Mitgliedern des AIPAC nicht vertraut und rief deshalb erst einmal seinen Arzt an, der beste Kontakte hatte und vielleicht helfen konnte. »Ja«, antwortete der Arzt, »ich kenne den Präsidenten der Organisation, Steve Grossman. Ich stelle eine Verbindung her.« Wenige Minuten später rief Grossman Talal an. Talal schilderte ihm, in welcher Sackgasse sie steckten und wie dringlich die Angelegenheit war. Nur noch drei Tage waren es bis zum Festakt im Weißen Haus. »Ich würde Ihnen liebend gerne helfen, aber zuvor brauche ich freie Hand von den Israelis«, sagte Grossman.

Inzwischen hatte Hussein mit Rabin gesprochen, und zu

Talals großer Erleichterung rief ihn Steve Grossman wenig später wieder an: »Die Israelis haben mir grünes Licht gegeben. Rabin persönlich hat mich angewiesen, alles Notwendige zur Unterstützung der Jordanier zu unternehmen, und ich verspreche Ihnen, dass Ihre Gesetzesvorlage beim Kongress durchgeht.« Dieses Beispiel zeigt den erstaunlichen Einfluss des AIPAC. An einen Entwurf zu Agrarausgaben gekoppelt wurde die Vorlage in aller Stille um 1.00 Uhr nachts, als der Sender C-SPAN nicht mehr auf Sendung war, in den Senat eingebracht. Patrick Griffen, Clintons rechte Hand für legislative Angelegenheiten, boxte sie in nur drei Tagen durch: eine Staffel Kampfflugzeuge vom Typ F-16 für Jordanien und 700 Millionen Dollar Schuldenerlass.

Wir trafen einige Tage vor der Unterzeichnung in Washington ein und wurden sofort von Nahost-Experten belagert. Beamte im Außenministerium verlangten begierig Einblick in die Washingtoner Erklärung, wie sie später genannt wurde, aber Hussein teilte nicht einmal Warren Christopher Einzelheiten mit. Er war so entschlossen, unauthorisierte Mitteilungen an die Presse zu verhindern, die das Abkommen gefährden konnten, dass er den Text am Tag vor der Unterzeichnung erst tief in der Nacht, als die Morgenausgaben aller Zeitungen bereits im Druck waren, ins Weiße Haus schickte.

Wir arbeiteten bis zur letzten Minute am Entwurf für Husseins Rede vor der gemeinsamen Sitzung im US-Kongress, eilten dann – am 25. Juli – zu dem Treffen mit Rabin ins Weiße Haus und schlugen in den Beziehungen unserer beiden Länder ein völlig neues Kapitel auf. Präsident Clinton und Hillary begrüßten uns und führten uns zu unseren israelischen Partnern und zu einem Ereignis, bei dem es sich nach unseren Erwartungen um eine reine Medienveranstaltung handelte. »Leah Rabin ist ziemlich unangenehm und energisch«, vermerkte ich in meinem Tagebuch. »Wir beäugen uns aus der Distanz und bleiben bei einer förmlichen Unterhaltung.«

Es war ein heißer Sommertag in Washington, als König Hussein und der Premierminister Rabin ihre Unterschriften unter die Washingtoner Erklärung setzten, mit der ein sechsundvierzig Jahre dauernder Kriegszustand beendet wurde. Hussein hielt auf dem Rasen vor dem Weißen Haus eine tief bewegende Ansprache. »Viele, viele Jahre lang habe ich in jedem Gebet Gott, den Allmächtigen, angerufen, mich daran mitwirken zu lassen, einen Frieden zwischen den Kindern Abrahams zu schmieden«, sagte er. »Dies war der Traum von Generationen vor mir, und ich sehe ihn jetzt in Erfüllung gehen.« In der Menschentraube, die sich nach der Zeremonie um die drei politischen Führer drängte, befand sich auch der Israeli Avraham Daskal. Er war von seinem Freund König Abdullah achtundfünfzig Jahre zuvor nach Amman eingeladen worden, um die Geburt von Abdullahs Enkel Hussein zu feiern, und hatte diesen zum letzten Mal als Neugeborenen gesehen.

Bei den Israelis herrschte Begeisterung, weil sie ein Rahmenabkommen mit einem arabischen Nachbarn unterzeichnet hatten, doch ich empfand nur einen gedämpften Enthusiasmus. Ich freute mich für meinen Mann, wusste aber zugleich, dass er in Gedanken in Jordanien war. Israel hatte mit der Washingtoner Erklärung ein spezifisches Ziel erreicht, für uns aber war sie nur eine Etappe im Friedensprozess, ein Meilenstein an dem dornigen Weg zu einem dauerhaften Frieden im Nahen Osten.

In der Washingtoner Erklärung waren fünf Grundsätze festgehalten, auf die sich Hussein und Rabin geeinigt hatten. Demnach sollten unter anderem die Friedensverhandlungen auf der Grundlage der UN-Resolutionen 242 und 338 stattfinden. Beiden Staaten wurde das Recht zugebilligt, in sicheren und anerkannten Grenzen in Frieden zu leben. Ein umstrittener Grundsatz lautete, dass Israel die »besondere« und »historische« Rolle Jordaniens im Hinblick auf die heiligen Stätten des Islam in Jerusalem respektieren müsse. Zudem räumte Israel der bestehenden Schutzfunktion Jordaniens während der laufenden Verhandlungen mit den Palästinensern um einen endgültigen Status eine »hohe Priorität« ein. Wie wir auf dem Bankett am Abend erfuhren, reagierte Jassir Arafat auf diese Anerkennung der geistigen Rolle der Haschemiten im arabischen Ostjerusalem mit Empörung. Jerusalem war besetztes Gebiet, das die Palästinenser als ihre Hauptstadt beanspruchten, weshalb Arafat auch die Kontrolle über die Heiligen Stätten forderte. Im Abkommen von Oslo waren dazu allerdings keinerlei Aussagen enthalten, weshalb Hussein es als notwendig angesehen hatte, Jordaniens historische Rolle bei den Heiligen Stätten auf dem Tempelberg festzuschreiben. Dort war sein Urgroßvater beigesetzt und sein Großvater ermordet worden, und zahlreiche jordanische Soldaten hatten 1967 bei der Verteidigung Ostjerusalems und der Heiligen Stätten ihr Leben gelassen. In seiner Ansprache vor dem Kongress am nächsten Tag äußerte König Hussein die feste Überzeugung, dass die Souveränität über den Tempelberg allein bei Gott liegen und auf alle Kinder Abrahams, auf Muslime, Juden und Christen, ausgedehnt werden solle.

Die Washingtoner Erklärung zahlte sich in einer Friedensdividende aus, die in mehreren Bereichen des Alltagslebens spürbar werden sollte: Vorgesehen waren die erstmalige Einrichtung von direkten Telefonverbindungen zwischen Israel und Jordanien, der Zusammenschluss ihrer beiden Elektrizitätsnetze, was Ressourcen schonte, die Einrichtung eines internationalen Luftkorridors, um die Geschäftsbeziehungen und den Tourismus zu fördern, und die Eröffnung von zwei neuen Grenzübergängen, der eine an der Südspitze von Akaba und Elat, der zweite an einem noch festzulegenden Standort. Alles in allem bedeuteten diese Bestimmungen einen vielversprechenden Schritt auf dem Weg zu einem umfassenden Frieden zwischen den Ländern.

Die gemeinsame Sitzung von Senatoren und Repräsentanten im Kongress verlief dramatisch: König Hussein erntete mit seiner Ansprache stehende Ovationen, und auch Rabins Rede wurde begeistert aufgenommen. Für die Mitglieder unserer Delegation war die Sitzung ein Schlüsselerlebnis. Sie wurden Zeugen des geradezu magischen Einflusses, den Israel auf die amerikanische Psyche in der Politik ausübte. Die Mitglieder des Repräsentantenhauses und die Senatoren beglückwünschten den König warm und herzlich, doch Premierminister Rabin begrüßten sie wie einen uralten Freund.

Diese Dynamik wirkte sich jedoch zu unseren Gunsten aus. Eines der bedeutendsten Ergebnisse der Erklärung bestand darin, dass die jordanische Friedensinitiative jetzt aktiv von

Israel unterstützt wurde. Solange Rabin lebte, würde es unsere Regierung sehr viel leichter haben, im US-Kongress Rückendeckung zu bekommen. Rabin trat konsequent für eine Unterstützung Jordaniens ein, weil er erkannt hatte, dass ein dauerhafter Frieden nur zwischen gleichberechtigten Partnern zu erreichen war, ein Prinzip, das auch auf die Palästinenser angewandt werden musste. Zudem war Rabin ein Kenner Jordaniens, weil er gegen das Land gekämpft hatte und auf transjordanischer Seite geboren worden und aufgewachsen war. Nicht viele Israelis hatten diese Perspektive. Unsere Regierungsmitglieder wussten über Israel und die israelische Innenpolitik gut Bescheid – sie kannten die Minister und sogar Bürgermeister –, ihre Kollegen in Israel dagegen hatten von jordanischen Verhältnissen nur wenig Ahnung. Für die meisten Israelis waren Jordanier einfach »Araber«, ohne ein Bewusstsein dafür, dass es zwischen den arabischen Ländern große kulturelle Unterschiede und verschiedene Standpunkte gab. Die Vorstellungen auf der israelischen Seite waren simpel: Es gab »gute« Araber, die mit Israel redeten, und »schlechte«, die nicht gesprächsbereit waren. Nach Unterzeichnung der Washingtoner Erklärung schien sich unser Image allerdings fast über Nacht zu ändern, und wir konnten selbst in den Augen unserer ehemals schärfsten Kritiker nichts mehr falsch machen.

Nach einem kurzen Zwischenstopp in England erhielten wir die Nachricht, dass uns die Israelis die Erlaubnis gegeben hatten, ihr Territorium zu überfliegen, um auf der kürzesten Route nach Amman zurückkehren zu können. Der israelische Luftraum war bisher stets Sperrgebiet gewesen. Husseins engste Berater zeigten sich wegen der geänderten Flugroute besorgt, aber der König war entschlossen, das israelische Angebot anzunehmen. Selbst die Besatzung unserer TriStar erfuhr von dem neuen Flugplan erst etwas, als wir uns im Luftraum zwischen der griechischen Küste und Zypern befanden und zu unserem Geleitschutz zwei israelische Kampfjets von Typ F-15 auftauchten. Dann lagen plötzlich Tel Aviv und die in Nord-Süd-Richtung verlaufende Küstenlinie vor uns, ein für uns sehr bewegender Anblick. Wir erblickten den dichten Verkehr auf den Autobahnen und gepflegte und wohlhabende Vororte. Als wir Tel Aviv überflogen, wurde eine gemeinsame Radioansprache Rabins und Husseins gesendet. Rabin bezeichnete Jerusalem als eine Stadt des Friedens für alle kommenden Generationen. »Es macht mir Hoffnung angesichts der sich überstürzenden Ereignisse«, schrieb ich in mein Tagebuch. »Hussein ist in solcher Hochstimmung, und ich bete dass es keine Enttäuschung gibt, dass wir nicht bloß Bauern in einem Spiel sind und unseren Wert verlieren, wenn wir alles gegeben haben.«

Auf dem Weiterflug tauchte direkt vor uns in der Abendsonne die goldene Kuppel des Felsendoms auf – ein vollkommen vertrauter Anblick und doch atemberaubend, weil ich diesen Bau noch nie in Natura gesehen hatte. Und nicht nur für mich, sondern für alle Jordanier an Bord, die diese Moschee seit 1967 nicht mehr hatten sehen und besuchen können, war dies ein fantastisches Erlebnis. Manche weinten, andere beteten. »Welche Gefühle müssen Hussein bewegt haben«, schrieb ich in mein Tagebuch, »als er nach siebenundzwanzig Jahren dem Felsendom wieder so nahe war. Ich sehe in diesem Augenblick keinen der hässlichen Neubauten um die Altstadt, auch nicht das Haus, mit dessen Bau Hussein vor 1967 begonnen hat und das niemals vollendet wurde. Ich sehe nur die Moschee und den Platz, diese friedliche Stätte, die von innen heraus zu strahlen scheint.« Hussein zog um den Felsendom eine Schleife, ging tiefer und flog schließlich auf kaum tausend Fuß (300 Meter). Der fantastische Augenblick wurde von einem israelischen Fotografen mit dem Code-Namen Peace Fox (Friedensfuchs) an Bord eines der begleitenden Kampfflugzeuge festgehalten. Er verstärkte in mir das Gefühl, dass wir in den Beziehungen zu Israel jetzt völlig neue Wege beschritten und auch auf spiritueller Ebene grandiose Ziele verfolgten. Noch heute löst die Aufnahme von der riesigen TriStar mit der goldenen Krone der Haschemiten auf der Heckfinne und den grauen, blauen und roten Farben in mir überwältigende Gefühle aus.

Nach der Landung in Jordanien fuhr ich direkt zum Dscherasch-Festival, um mir einen Eindruck von der Stimmung im Land zu verschaffen. Es war so vieles so plötzlich und in so weiter Entfernung geschehen, dass ich mir unbedingt persönlich ein Bild davon machen wollte, wie die Menschen all diese Ereignisse aufnahmen. Hussein handelte stets intuitiv und mitunter auch impulsiv, aber er ließ sich immer von seinem Herzen leiten. Wohl wegen des hinter ihm liegenden Leidenswegs fühlte ich mich in dieser Zeit des Friedensprozesses für ihn besonders verantwortlich und war mir stets der Tatsache bewusst, dass wir uns auf dem Weg zum Frieden mit ganz unterschiedlichen Standpunkten auseinander setzen mussten. Ich war deshalb sehr erleichtert, dass ich in Dscherasch und anderswo im Land wie gewöhnlich eine Atmosphäre des Wohlwollens und der Sympathie vorfand. Hussein würde dies und viel mehr benötigen, um das Land erfolgreich durch die anstehenden Verhandlungen mit Israel zu führen und um den bereits einsetzenden dramatischen Veränderungen Akzeptanz zu verschaffen.

Knapp zwei Wochen nach der Unterzeichnung der Washingtoner Erklärung bereiteten wir in Akaba die Einweihung des ersten Grenzübergangs zwischen Jordanien und Israel vor. Zu dem historischen Ereignis am 8. August reisten Warren Christopher mit Frau und weiteren wichtigen Vertretern der US-Regierung an. Israel schickte eine große Delegation, der auch Jizhak Rabin, Schimon Peres, Offiziere der israelischen Armee und Vertreter der Medien angehörten. Wir hatten eine ganze Armee von israelischen Politikern, Generälen und Journalisten bei uns zu Gast. Vor unserem Haus fand eine Pressekonferenz statt. Angesichts der zahlreichen unbekannten Reporter hegten unsere Söhne Sicherheitsbedenken. »Hamsah und Haschim haben ein wachsames Auge auf ihren Vater, während Mrs Christopher und die Damen wie ein Harem aus einem Fenster im Obergeschoss des Hauses die Pressekonferenz verfolgen«, schrieb ich in mein Tagebuch. Auch die Telefonverbindungen zwischen den beiden Ländern waren soeben freigeschaltet worden. Am 6. August führten Hussein und Israels Präsident Eser Weizman auf einem Festakt das erste Gespräch nach dem Abkommen zwischen Jordanien und Israel. Damit wurden die Schleusen für eine Flut von Gesprächen zwischen Familien beiderseits des Jordans geöffnet.

Sofort nahmen die israelische und die jordanische Delegation Verhandlungen über einen endgültigen Friedensvertrag auf. Obwohl mit der Washingtoner Erklärung große Fortschritte erzielt worden waren, gab es keine Erfolgsgarantie. Jahrzehnte von Hass und Misstrauen sowie die Folgen von drei verheerenden Kriegen mussten überwunden werden. Und wir konnten uns eine Wiederholung dieser schmerzlichen Erfahrungen nicht leisten. Von entscheidender Bedeutung aus unserer Sicht war dabei, dass die »Bereiche der Zusammenarbeit« mit Israel, die in der Washingtoner Erklärung umrissen worden waren, nicht nur die Lebensbedingungen des jordanischen Volkes, sondern auch der Region spürbar verbesserten.

Um diese Zeit hatten Hussein und ich einen neuen Wohnsitz für uns ausfindig gemacht. Das Haus lag in einem königlichen Anwesen vor den Toren Ammans und hatte uns und unseren Kindern bereits mehrfach für das Wochenende als Rückzugsort gedient. Das Darat al-Chair oder Haus des Segens, mit dem mein Mann viele glückliche Erinnerungen verband, bot einen schönen Ausblick über die Städte Salt und Dscherasch und lag – was für Hussein das Wichtigste war – vom Diwan weit entfernt. Hussein hatte seine Geschwister, seine Neffen und die ältesten Kinder inzwischen untergebracht, sodass wir uns nur noch um die jüngsten sieben Kinder und uns beide kümmern mussten.

Mit dem angesehenen jordanischen Architekten Rasem Badran erstellte ich einen Entwurf, der es unserer ganzen Familie ermöglichte, Zeit miteinander zu verbringen, ohne dass dabei das ursprüngliche Erscheinungsbild des Baus zerstört würde: einen Komplex verschiedener Wohneinheiten für die einzelnen Familienmitglieder, ähnlich einem traditionellen jordanischen Dorf. Leider hätte die Umsetzung zu viel Zeit verschlungen, sodass wir umdisponierten: Wir gestalteten das etwas größere Haus, in dem unser Neffe Talal und sein Bruder Ghasi aufgewachsen waren, für unsere Zwecke um und überließen Talal und seiner Frau Ghida das Darat al-Chair.

Ich hatte schon mit einer ganzen Reihe von Architekten an Bauplänen für ein Heim in den unterschiedlichsten Lagen gearbeitet. Doch diesmal beschritt ich einen neuen Weg. Statt das Wohngebäude so sehr zu vergrößern, dass alle Kinder darin Platz fanden, und so für jede kleinere Familie, die künftig darin wohnen sollte, einen weißen Koloss zu schaffen, entschied ich mich für ein gesondertes Nebengebäude, das eine gewisse Unabhängigkeit bieten würde. Ich hoffte, es würde uns viele Jahre dienen und sich den neuen Bedürfnissen der Familie anpassen lassen, wenn die Kinder erwachsen wurden und unser Zuhause verließen. Zudem erstellte ich einen Entwurf zur Gestaltung der umliegenden Landschaft und gab ihr jenes natürliche Gepräge, das mein Mann so sehr liebte und in al-Nadwa vermisste. Besonders intensiv arbeitete ich an der Gestaltung eines vor seinem Büro liegenden Steingartens, in dem er Gespräche führen oder allein sein konnte. Hussein taufte das Haus vor dem Einzug Bab al-Salam, das »Friedenstor«, nach einem der Eingangstore zur Großen Moschee in Mekka.

Während ich mit dem Haus beschäftigt war, arbeitete der König mit Ministerpräsident Rabin die Einzelheiten eines Friedensvertrages aus. Noch nie war ein dauerhafter Frieden in so greifbare Nähe gerückt, und niemals sollte er einen besseren Verhandlungspartner bekommen als Rabin. Hussein beschrieb ihr Verhältnis als das zweier Soldaten, die ganz direkt und oft schonungslos offen miteinander verhandelten. Beide waren in der Lage, die Probleme des anderen zu verstehen und sich immer die entscheidende Frage zu stellen: »Wenn ich du wäre, könnte ich damit leben?« Beide waren sich bewusst, dass ein Frieden nicht zwischen zwei Regierungen, sondern zwischen Völkern geschlossen wurde, und dass somit jede erzielte Übereinkunft den Bedürfnissen der Menschen auf beiden Seiten gerecht werden musste, wenn sie Bestand haben sollte. Keiner wollte nur ein Stück Papier unterzeichnen, Hände schütteln und später den Zusammenbruch eines Friedens miterleben. Mitte Oktober standen Rabin und Hussein schließlich vor dem endgültigen Durchbruch.

Am Abend des 16. Oktober umarmte ich meinen Mann und wünschte ihm viel Glück, als er aufbrach, um mit Rabin im Haschimja-Palast die letzten Details auszuarbeiten. Es wurde eine sehr lange Nacht. Als ich am nächsten Morgen das klingelnde Telefon abnahm, hörte ich Hussein erschöpft, aber mit Jubel in der Stimme sagen: »Ich habe eine großartige Neuigkeit. Wir haben es geschafft!« Besonders gerührt war ich über Husseins Bemerkung, *ich* hätte ihm mit meinen Ermutigungen den Rücken entscheidend gestärkt.

Welche Wegstrecke hatten wir zurückgelegt! Und mit welcher Geschwindigkeit! Das bisherige Leben in Jordanien war wie eine Fahrt auf der Achterbahn gewesen. Aber jetzt ging es mit atemberaubender Geschwindigkeit aufwärts. Die täglichen Sitzungen zu den komplizierten Verhandlungen für die Washingtoner Erklärung lagen hinter uns, und Hussein und Rabin hatten nach einem zähen dreimonatigen Ringen sämtliche Details für einen Friedensvertrag ausgearbeitet – und damit einen Teil von Husseins Lebenswerk vollendet.

Eine Woche später waren wir wieder in Akaba und bereiteten dort die Ankunft der Clintons und zahlreicher Würdenträger anlässlich der Unterzeichnung des jordanisch-israelischen Friedensvertrages am 26. Oktober 1994 vor. Hussein und ich empfanden eine seltsame Ruhe und Schicksalsergebenheit.

»Dieser Tag ist ein ganz besonderer Tag mit seinen Hoffnungen, seinen Versprechen und seinem entschlossenen Aufbruch«, verkündete Hussein. »Er ist die Morgendämmerung einer Ära des Friedens, der allseitigen Achtung, der Toleranz und des Aufeinanderzugehens der Menschen heute und für die künftigen Generationen, die aufbauen und erreichen werden, was sie verdienen.« Nicht weniger ergreifend war Rabins Rede. »Mit der Morgendämmerung und dem Anbruch eines neuen Tages kam auch neues Leben in die Welt«, verkündete er. »Säuglinge wurden in Jerusalem geboren, Säuglinge wurden in Amman geboren. Aber dieser Morgen ist anders. Der Mutter des jordanischen Neugeborenen sage ich, ich wünsche Ihnen einen gesegneten Tag. Der Mutter des israelischen Neugeborenen sage ich, ich wünsche Ihnen einen gesegneten Tag. Der Frieden, der heute geboren wurde, gibt uns die Hoffnung, dass die heute geborenen Kinder niemals einen Krieg zwischen uns erleben und ihre Mütter niemals um ihre Kinder werden trauern müssen.«

Mit seiner Anwesenheit bei der Unterzeichnung des Abkommens war Bill Clinton der erste amerikanische Präsident, der Jordanien seit 1974 eine offizielle Visite abstattete. Zudem hatte Hillary Clinton ausgerechnet an diesem Tag Geburtstag. Wir hatten es erst an diesem Morgen erfahren und eilig eine Torte bestellt. Wir feierten den Friedensvertrag und den Geburtstag mit einem Mittagessen in Akaba und flogen anschließend nach Amman zurück, wo der Präsident vor dem jordanischen Parlament eine bewegende Rede hielt. Er hob die Ausgewogenheit zwischen den politischen und materiellen Vorteilen des Friedensvertrages – Schuldenerlass für Jordanien, Entwicklung des Tourismus sowie die Chancen für einen Ausbau der Handelsbeziehungen und für Investitionen – und dessen ideellen Nutzen hervor. Er betonte Husseins Grundüberzeugung, nach der das Verbindende zwischen den Völkern wichtiger sei als das Trennende, und zitierte abschließend Moses' Worte an die versammelten Kinder Israels vor der Überquerung des Jordans: »Leben und Tod lege ich dir vor, Segen und Fluch. Wähle also das Leben, damit du lebst, du und deine Nachkommen.« Dann zitierte er eine ähnliche Botschaft der Hoffnung und religiösen Toleranz des Propheten Mohammed: »Es gibt keinen Streit zwischen uns und euch. Gott möge uns zusammenbringen, und die Heimkehr liegt in seinen Händen.«

Der symbolische Abbau der Barrieren war ein ungemein positiver Schritt. Die tatsächliche Öffnung der Grenzen zwischen unseren Ländern verursachte jedoch unerwartete Probleme. Sofort nach dem Friedensvertrag wurde Jordaniens archäologische Schatzkammer Petra von einer Flut israelischer Touristen überschwemmt. Im Sik, der engen Schlucht, die der Nabatäerstadt als natürlicher Zugang dient, wimmelte es von Menschen und Pferden. Die Zahl der Besucher überschritt oft die Kapazität des archäologischen Schutzgebiets und beschleunigte den Verfall der fragilen antiken Sandsteinmonumente.

Die UNESCO hatte Petra schon 1985 zum Weltkulturerbe erklärt. Obwohl ich lange vor dem Friedensvertrag an den damaligen Generaldirektor Frederico Mayor appelliert hatte, bei der Ausarbeitung eines Masterplans für die Region mitzuhelfen, wurden jetzt viele Chancen vertan. Luxushotels schossen wie Pilze aus dem Boden, so sechs neue Vier- und Fünfsterne-Hotels in nur zwei Jahren, und zahlreiche weitere waren in der Planung. Diese unkontrollierte Erschließung war wegen fehlender Umweltauflagen verheerend für das Gebiet.

Die Baudenkmäler mussten geschützt und die Einkommen der Menschen gesichert werden. Die Beduinen vor Ort beklagten sich bitter, als wir Pferde im Sik verboten. Als Kompromiss erhielten sie die Erlaubnis, ihre Tiere auf dem Weg zwischen dem Touristenzentrum und dem Eingang des Sik einzusetzen. Wütend reagierten die Hotelbesitzer auf den Vorschlag der UNESCO, die Eintrittspreise auf 30 US-Dollar heraufzusetzen, und manche Touristen zeigten sich empört, dass die Jordanier sehr viel weniger zahlten. Und trotz aller Bemühungen, zigtausend Tonnen Geröll vom Boden des Sik abzutragen, um die Erosion und die Gefahren durch Sturzfluten einzudämmen, wurde Petra 1998 in die Liste der hundert am stärksten gefährdeten Kulturdenkmäler der Welt aufgenommen, zu denen die Stadt auch heute noch gehört.

Als mein Mann im November anlässlich der feierlichen Ratifizierung des Friedensvertrags seinen ersten Staatsbesuch in Israel machte, flog er mit dem Hubschrauber zur Südspitze des Sees Genezareth. Dort begrüßten ihn hunderte von israelischen Schulkindern, die begeistert »Hussein! Hussein!« riefen. Ein israelischer Journalist sagte an diesem Abend in einem Kommentar für CNN, dass Hussein gewinnen würde, wenn er bei Wahlen in Israel kandidierte. Solche Bemerkungen amüsierten Hussein, kamen aber bei konservativen Elementen in Jordanien und anderen arabischen Ländern gar nicht gut an.

Nach dem Friedensschluss mit Israel sah sich Hussein maßlosen Drohungen und Beschimpfungen ausgesetzt, die wir jedoch in der Regel ignorierten. Wir konnten oder wollten gegen sie nichts unternehmen, denn wir lebten bereits jetzt unter massivem Personenschutz und verließen uns auf die Königliche Garde, die uns über alle besonderen Vorkommnisse informierte. Als Alternative hätten wir uns gegen unser Volk abschotten müssen, obwohl Husseins Erfolg als Führer des Landes gerade seiner Bürgernähe zu verdanken war, an der er selbst in gefährlichen Zeiten wie diesen festhielt. Das heißt nicht, dass er leichtsinnig gewesen wäre. Er war bei jedem Schritt vorsichtig und hatte hervorragend ausgebildete Sicherheitsleute.

Die Veränderung an Hussein nach dem Erfolg der Friedensverhandlungen war unübersehbar. Als Königin Sophia und König Juan Carlos im November 1994 Jordanien einen Staatsbesuch abstatteten – seit der Golfkrise der erste dieser Art, der zudem mit seinem Geburtstag zusammenfiel –, war Hussein so entspannt, wie ich ihn in solchen Situationen niemals zuvor erlebt hatte. Sophia und Juan Carlos schenkten uns eine wunderschöne trächtige andalusische Zuchtstute für den Hengst, den sie uns bereits Jahre zuvor bei unserem Staatsbesuch in Spanien verehrt hatten.

Wir verabschiedeten uns von Sophia und Juanito, kehrten nach Akaba zurück und stiegen dort in unsere Motorjacht. Husseins Stimmung hellte sich noch mehr auf. Ganz spontan beschloss er, über die israelische Grenze hinweg bis in die Küstengewässer vor Elat zu fahren. Von Delfinen und einer Flottille aus örtlichen Booten eskortiert, wurde Hussein von einer jubelnden und Kusshändchen werfenden Menge von Israelis stürmisch begrüßt. »Die Atmosphäre ist elektrisiert und ganz nachbarschaftlich«, schrieb ich in mein Tagebuch. »Seine Spontaneität ist erfrischend, und dass wir zusammen so viele außergewöhnliche Erfahrungen genießen konnten, ist das größte Geschenk in den fortgeschrittenen Jahren unserer Ehe.«

Noch im selben Jahr machte auch Königin Beatrix der Niederlande, eine weitere sehr treue Freundin, einen Staatsbesuch in Jordanien. Beatrix, eine der warmherzigsten Persönlichkeiten, die ich je kennen gelernt habe, bestieg den holländischen Thron, als ihre Mutter Königin Juliana 1980 abdankte. Sie und Prinz Claus waren am Anfang unserer Ehe unsere ersten königlichen Besucher gewesen, und sie hatten immer ein tiefes Verständnis für die politischen, wirtschaftlichen und humanitären Herausforderungen gezeigt, mit denen wir konfrontiert waren.

Husseins gute Laune hielt sich auch in England, wo wir Haschim und Hamsah besuchten. Beide hatten Ferien –

Haschim in den USA zu Thanksgiving, Hamsah in Harrow – und waren über das Wochenende zu Prinz Charles nach Sandringham gekommen, um dort mit ihm zu jagen. Ich erinnere mich, dass ich auf meine drei gut aussehenden Männer mächtig stolz war, als ich sie an diesem Sonntag als Weidmänner durch die Hügel streifen sah.

Im Mai 1995 waren wir anlässlich der Feierlichkeiten zum fünfzigsten Jahrestag des Sieges über Hitler-Deutschland wieder in London. Als wir zur Eröffnung zum Buckingham-Palast fuhren, führten wir den Konvoi an, weil Hussein der dienstälteste Staatschef war. Im Wagen fiel Hussein ein, dass er vor vierzig Jahren zum Tod von König Georg, Königin Elisabeths Vater, England zum ersten Mal in seiner Eigenschaft als König besucht hatte. Damals war er noch als jüngster Staatschef ganz ans Ende des Konvois platziert worden. Nun, vierzig Jahre später, nachdem er unzählige Krisen und Konflikte überstanden hatte, präsidierte er als der dienstälteste Staatsmann über alle anderen Gäste.

Am Rande des Abgrunds

Ich war in Swasiland, als mich die Nachricht erreichte. Bei der Versammlung des Internationalen Beirats der United World Colleges in Johannesburg war ich offiziell in das Amt der Präsidentin dieser weltweit tätigen Ausbildungsorganisation eingeführt worden. Ich war die Nachfolgerin von Prinz Charles. Ebenfalls eingeführt wurde auch Nelson Mandela, der die Präsidentschaft über den Beirat übernommen hatte.

Nach dem Treffen in Johannesburg besuchten wir das United World College Waterford Kamhlaba in Swasiland. In den Jahren der Unterdrückung durch die Apartheidpolitik in Südafrika hatte diese Einrichtung mehr als nur einer Generation von Schülerinnen und Schülern aus Südafrika und Swasiland die beste Erziehung im Geist der Chancengleichheit ermöglicht. Auch Nelson Mandelas Kinder und Enkel waren hier zur Schule gegangen. Der tatkräftige junge König Mswati von Swasiland begleitete mich bei diesem Schulbesuch und gab anschließend für unsere Delegation ein prächtiges offizielles Bankett.

Als ich nach dem Abendessen in meine Hotelsuite zurückkehrte, erhielt ich eine eilige Nachricht: Mein Mann hatte angerufen. Ich rief sofort zurück, und wenige Augenblicke später hatte ich Hussein am Apparat, der mir berichtete, dass auf Jizhak Rabin geschossen worden war. Mehr war zu diesem Zeitpunkt nicht bekannt. Ich legte auf und saß wie benommen da, ganz für mich allein, aber ich klammerte mich an die Hoffnung, dass Rabin das Attentat überleben würde. Kurz danach rief Hussein erneut an. Erschüttert und in tiefer Trauer sagte er, Rabin sei tot, ermordet von einem Israeli. Ich versuchte, ihn zu trösten und sagte ihm, ich würde sofort nach Hause kommen. König Mswati war sehr verständnisvoll und aufmerksam. Am nächsten Morgen öffnete er um 6 Uhr eigens für meine Abreise den Flughafen und verabschiedete mich persönlich.

Der König und ich flogen zu Rabins Beerdigung nach Jerusalem. Zum ersten Mal nach dem Krieg von 1967 betrat Hussein wieder israelischen Boden. Als Ehefrau und Mutter empfand ich tiefes Mitgefühl für Leah Rabin. Als wir der Witwe und ihrer leidgeprüften Familie unser Mitgefühl aussprachen, kam mir immer wieder in den Sinn: »Nur Gottes Gnade verdanke ich mein Leben.«

Die Worte meines Mannes an jenem Tag wurden in der ganzen Welt verbreitet: »Er war mutig, er hatte eine Vision, und er war dem Frieden verpflichtet. Ich stehe hier und verpflichte mich vor Ihnen, vor dem jordanischen Volk, vor der ganzen Welt, für dieses Ziel weiterzuarbeiten und alles in meinen Kräften Stehende zu tun, um sicherzustellen, dass wir ein gemeinsames Vermächtnis hinterlassen. Wir schämen uns nicht, wir fürchten uns nicht, und wir sind fest entschlossen, das Vermächtnis zu erfüllen, für das mein Freund gefallen ist, so wie mein Großvater, den ich, damals noch ein Junge, begleitete, als er in dieser Stadt getötet wurde.«

Später wurde ich von einigen Leuten in Jordanien kritisiert, weil ich bei Rabins Beerdigung, beim Begräbnis eines Israelis, öffentliche Trauer gezeigt hatte. Aber ich war mit meinen Gefühlen nicht allein. Menschen aller Glaubensrichtungen aus dem Nahen Osten und aus aller Welt trauerten mit mir. Sie trauerten um einen ermordeten Staatsmann, der sein Leben für den Frieden geopfert hatte. Hussein war voller düsterer Vorahnungen wegen der Folgen, die Rabins Tod für den Friedensprozess haben würde. Es waren Hoffnungen geweckt worden, das Wort von der »Friedensdividende« war umgegangen, von der Chance, große Ziele zu verwirklichen, nicht nur auf dem Feld der Diplomatie, sondern bei der Entwicklung des Landes insgesamt. Es sah so aus, als hätte unsere Gesellschaft, die so viele Jahre lang in Konflikten gefangen war, jetzt die Gelegenheit, sich weiterzuentwickeln. Mein Mann und ich erwarteten von der Beilegung der politischen Spannungen neuen Schwung: mehr Teilnahme am gesellschaftlichen Leben, Investitionen in die Entwicklung unseres Landes und die Stärkung seiner Institutionen. Bei der Rückkehr nach Amman war ich durch Rabins Tod und die Folgen, die er mit sich brachte, zutiefst ernüchtert. Gleichzeitig war ich aber entschlossener als je zuvor, am Brückenschlag zwischen den Gesellschaften und Kulturen weiterzuarbeiten.

König Hussein betonte stets, dass ein echter Friede nicht durch Verträge zwischen Regierungen geschaffen wird. Er muss sich im menschlichen Miteinander entwickeln. Und wenn wir die Menschen zusammenbringen wollten, mussten wir bei unseren Kindern beginnen. Der Schlüssel für die Überwindung der Feindschaft zwischen den Erwachsenen und ihren Vorfahren liegt in den Händen der kommenden Generation. Wir müssen diesen jungen Menschen, den künftigen Hütern des Friedens, die Gelegenheit geben, sich in einer sicheren, vertrauensvollen Atmosphäre zu begegnen und sich offen und ehrlich auszutauschen. Eine solche Erziehung, verbunden mit direkten menschlichen Begegnungen, kann jungen Menschen vermitteln, wie wichtig es ist, Konflikte gewaltlos beizulegen, kann ihnen die Fähigkeiten an die Hand geben, mit denen dies zu erreichen ist. Und sie kann ihnen nahe legen, ihre Stimme zu erheben, in Angelegenheiten, die sie betreffen. Wie wäre es denn, wenn wir einen Preis für die Erziehung zum Frieden aussetzen würden? Für ein Engagement, das der Energie entspricht, die frühere Generationen in Militärakademien und Kampfbereitschaft investiert haben? Damit könnten wir eine dauerhaftere gesellschaftliche Sicherheit erreichen, als ein Krieg jemals bewirken kann.

Das waren die übergeordneten Ziele, die ich verfolgte, als ich mich in den Neunzigerjahren zunehmend für drei inspirierende Programme einsetzte. Sie setzen sich allesamt für die interkulturelle Verständigung und Konfliktlösung ein und bringen dabei junge Menschen zusammen, potenzielle Führungspersönlichkeiten im internationalen Geschehen, die aus unserer Region und aus aller Welt kommen. Es geht um nichts Geringeres als um gegenseitiges Verständnis und die gemeinsame Weiterentwicklung allgemeiner Menschlichkeit.

Seeds of Peace (Saat des Friedens) führt in Sommerkursen seit 1993 Kinder aus dem Nahen Osten und anderen Krisengebieten zusammen und gibt ihnen die Gelegenheit, Vorurteile zu überwinden und gegenseitige Anerkennung aufzubauen. Der Gründer John Wallach glaubte, dass dieser Begegnungsprozess seinen Teilnehmern die Erkenntnis ermöglichen würde, dass – so hat er es ausgedrückt – »der Feind ein Gesicht hat«. Seeds bringt ein wichtiges Netzwerk künftiger Führungspersönlichkeiten und Friedensaktivisten hervor, denen Kommunikation wichtiger ist als Konfrontation. Asel Asleh, ein junger Palästinenser und Seeds-Absolvent, trug ein T-Shirt von Seeds of Peace, als er im Westjordanland im israelischen Kreuzfeuer starb. Seine Familie ließ aber nicht zu, dass sich ihre Verzweiflung in Hass verwandelte, und hielt auch an den Überzeugungen ihres Sohnes fest. Sie lud Asels jüdische Freunde in ihr Haus ein, und bei der Beerdigung trauerten Familie und Gäste gemeinsam. Andere Teilnehmer von Seeds-Kursen halten den Kontakt auch inmitten der Gewalt, die sie umgibt. Hunderte Israelis und Palästinenser nutzen das Seeds-Netzwerk, um sich E-Mails zu schreiben oder miteinander zu telefonieren. Sie tauschen ihre mit Leidenschaft vorgetragenen Standpunkte aus oder sprechen sich Trost zu, während draußen vor der Tür Gewehrfeuer zu hören ist. Ja, sie riskieren sogar ihr Leben, um sich im Seeds-of-Peace-Zentrum in Jerusalem zu treffen. Durch ihre Aktionen und ihre Stellungnahmen appellieren sie an uns alle, die Hoffnung nicht aufzugeben und weiter für den Frieden einzutreten. Hussein und ich trafen uns oft mit den jungen Kursteilnehmern, die für ihn ein steter Quell der Hoffnung waren, ganz besonders während der äußerst frustrierenden und schmerzhaften Phasen des Friedensprozesses.

United World Colleges ist ein weltweiter Verbund von Internatsschulen, die zum Bachelor-Abschluss führen. Diese Schulen fördern interkulturelles Verständnis, Frieden und Toleranz – Ideale, die in der heutigen, von Konflikten geprägten Welt noch wichtiger sind als in der Zeit nach dem Zweiten Weltkrieg, als das erste dieser Colleges seine Pforten öffnete. Jede dieser Schulen versammelt Jugendliche aus aller Welt. Sie leben und lernen in einer Gemeinschaft, zu der alle einen Beitrag leisten. Sie überwinden das Trennende und verflechten ihre regionalen und nationalen Perspektiven zu einem komplexen Gewebe gegenseitigen Verständnisses. Ein UWC-Absolvent drückte das so aus: »Wenn man in diese Schule kommt, bringt man eine Vorstellung davon mit, wie die Dinge eben so sind. Doch dann wird dieses Weltbild aufgebrochen. Man lernt nach und nach, zur Wahrheit vorzudringen, man findet zur Wahrheit, indem man den Standpunkt anderer Menschen einnimmt. So ändert man die Welt.« Die Begeisterung, die Hingabe und die Solidarität, die ich in den Augen dieser jungen Menschen erkenne: Das ist meine Vision von Hoffnung und Frieden.

Weltweit gibt es bisher zehn United World Colleges, und wir alle träumten von einem UWC im Nahen Osten. Dort sollten Schüler aus der Region und aus der ganzen Welt zusammenkommen. Als Standort wählten wir wegen des Symbolwerts ein wunderschön gelegenes Grundstück in Akaba: Von dort blickt man auf Jordanien, Israel, Saudi-Arabien und Ägypten und ist dem palästinensischen Gebiet sehr nahe. Ein United World College für den Nahen Osten könnte heute mehr als je zuvor einen Beitrag zur Ausbildung einer neuen Generation leisten – einer Generation von Baumeistern des Friedens.

Solche Friedensarchitekten waren bereits in der Ausbildung, und zwar an der United Nations University International Leadership Academy in Amman. Dies ist die erste weltweit orientierte Ausbildungsstätte für Führungskräfte, die sich die Förderung internationaler Zusammenarbeit durch Dialog und interkulturellen Austausch zum Ziel gesetzt hat. Die offizielle Gründungsveranstaltung legten wir auf den 50. Jahrestag der Gründung der Vereinten Nationen. Die Idee zur UNU/ILA stammt von unserem ehemaligen Ministerpräsidenten Abdel Salam Majali. Diese Einrichtung versammelte junge Menschen aus akademischen Berufen zum Austausch von Ideen, Erfahrungen und Standpunkten. Sie diskutierten miteinander und auch mit amtierenden Spitzenpolitikern aus aller Welt. In einer vom Dialog und kulturellen Austausch geprägten Atmosphäre erwarben sie die Qualifikationen – und was noch wichtiger ist: das offene, flexible Denken –, die für zukünftige Führungspersönlichkeiten so wichtig sind.

Jordanische Mädchen und Frauen erreichen in diesen Ausbildungsgängen oft hervorragende Ergebnisse. Das ermutigt mich ganz besonders, denn nach meiner Erfahrung werden die allgemeine Entwicklung und der Fortschritt beschleunigt, sobald Frauen als gleichberechtigte Partnerinnen von Männern auf den Plan treten. Seit meiner Hochzeit hatte ich mich intensiv mit frauenspezifischen Themen beschäftigt, doch mein Verständnis der gesellschaftlichen Zusammenhänge verbesserte sich schlagartig durch Projekte wie Bani Hamida und das National Handicrafts Development Project. Weitere Meilensteine waren unser Förderprogramm Quality of Life und das Programm für die Vergabe von Kleinkrediten zur Existenzgründung sowie das Institute for Child Health and Development unter der Schirmherschaft der Noor al-Hussein Foundation. Bei unseren Frauenprogrammen arbeiteten wir eng mit zwei national tätigen Organisationen zusammen: mit der General Foundation of Jordanian Women, die ihre Schwerpunkte auf die Entwicklung des politischen, wirtschaftlichen und sozialen Status der Frauen setzte, sowie mit dem Business and Professional Women's Club, der sich die Förderung der Frauen im Berufsleben zur Aufgabe gemacht hatte.

Im Lauf der Jahrzehnte hatte sich die Situation der Frauen in Jordanien deutlich verbessert. Der Anteil der berufstätigen Frauen verdoppelte sich, und nach und nach gab es auch Verbesserungen in der Gesetzgebung. Zwar erhalten Männer und Frauen in Jordanien dieselbe Schulbildung, aber immer noch hatten nur sehr wenige Frauen eine Arbeit mit eigenem Einkommen.

Die Widerstände, die so viele Frauen in Jordanien an der vollen Entfaltung ihrer Begabungen hindern, waren für viele von uns, und ganz besonders für den König, eine ständige Ursache von Frustrationen. Doch die gewaltige Verschwendung, die mit einer Unterforderung der Hälfte der Bevölkerung verbunden war, beschränkte sich natürlich nicht auf Jordanien. Noch viele Jahre nach den bedeutenden Erfolgen der Frauenbewegung im demokratischen Musterland Amerika schafften es nur sehr wenige Frauen bis in Spitzenpositionen, sei es nun durch Wahl oder Ernennung. Erst bei den Präsidentenwahlen von

1980, die Ronald Reagan ins Weiße Haus brachten, kam die
»gender gap«, der Unterschied zwischen den Geschlechtern
auch bei gesellschaftlich wichtigen Ämtern, öffentlich zur Sprache.

In Jordanien blieb die überwiegende Mehrzahl der Frauen
daheim und arbeitete im Haushalt. Die engen Familienbande,
die sich aus dieser Konzentration auf die Mutterrolle entwickeln, erzeugen eine soziale Stabilität, die in den meisten westlichen Ländern Neid erregen würde. Der Nahe Osten leidet
tatsächlich weniger unter Kriminalität und Gewalt als die Industriestaaten, und zu großen Teilen ist das der hingebungsvollen
Arbeit der Frauen in den Familien zu verdanken. Jordanische
Frauen, die sich für einen Beruf entscheiden, haben jedoch die
Möglichkeit dazu. In meinem Büro und in der ganzen Region
habe ich im Lauf der Zeit mit vielen hoch qualifizierten und
beeindruckenden Frauen zusammengearbeitet.

Natürlich gab es auch Ungerechtigkeiten. Besondere Sorgen
bereitete uns die Tatsache, dass wir die abscheuliche und
gesetzlich geschützte Praxis der »Verbrechen zur Wiederherstellung der Ehre« nicht aus dem jordanischen Strafgesetzbuch
zu entfernen vermochten. Diese Art von Recht erlaubte es den
Männern, ihre Ehefrauen, Schwestern oder Töchter, die sie verbotener sexueller Beziehungen bezichtigten, zu töten, ohne
rechtliche Konsequenzen fürchten zu müssen. Trotz aller Fortschritte, die Jordanien in Bezug auf Demokratie und Menschenrechte gemacht hatte, blieb der Artikel 340 in Kraft: »Wer
entdeckt, dass seine Frau oder eine weibliche Verwandte Ehebruch begeht, und diese Person tötet oder verwundet, genießt
Straffreiheit.«

In Jordanien gab es pro Jahr etwa 25 Morde dieser Art und
viele weitere auf der ganzen Welt. Aus solchen Gründen verübte Verbrechen werden in vielen Ländern gebilligt, aber wir
wussten um unsere Verantwortung, für die entsprechende
Änderung im Strafgesetzbuch zu sorgen. König Hussein verurteilte die Gewalt gegen Frauen 1997 in seiner Ansprache zur
Parlamentseröffnung, aber die gewählten Mitglieder des jordanischen Parlaments stimmten trotz all unserer Bemühungen
wiederholt für den Erhalt dieses Gesetzes. Es fehlte ganz ein-

fach am politischen Willen für die Reform, unter Missachtung der Verfassung und des unter der Bezeichnung Scharia bekannten religiösen Rechts. Beide verurteilten offen Tötungen aus so genannten Gründen der Ehre und untersagten Selbstjustiz.

Die jordanische Journalistin Rana Husseini machte dieses Problem mit einer Reihe von Zeitungsartikeln fast im Alleingang zu einem Gegenstand des öffentlichen Interesses. Neun Jahre lang schrieb sie immer wieder über dieses Thema, und viele Menschen kritisierten ihre Arbeit wie auch ihre Motive. Manche Kritiker schickten auch Hass- und Drohbriefe, doch Rana ließ sich nicht beirren. Sie nannte mir ihre Gründe: »Ich machte weiter, weil ich wusste, dass ich das Richtige tat und dass dies weder gegen die Scharia noch gegen die Menschenrechte verstieß.« Rana Husseini wurde für ihre Arbeit 1998 mit dem Reebok Human Rights Award ausgezeichnet.

Ich engagierte mich auch bei Themen, die die Lage der Frauen und die Menschenrechte in anderen Teilen der Welt betrafen, ganz besonders aber für die leidenden Frauen in Bosnien. Jordanien hatte nach Beginn des Bürgerkrieges im Jahr 1993 über 100 bosnischen Flüchtlingsfamilien Zuflucht geboten. Die internationale Öffentlichkeit hatte sich erschreckend wenig um den steten Strom muslimischer Flüchtlinge gekümmert, die von der serbischen Regierung durch eine Politik der »ethnischen Säuberungen« aus ihrer Heimat vertrieben worden waren. Der französische Präsident Jacques Chirac war ob der Gleichgültigkeit, die Europa und die Vereinigten Staaten hierbei an den Tag legten, besonders aufgebracht. Bei einem offiziellen Frankreichbesuch sprach er mit mir darüber, wie wir dieses Problem ins Zentrum der internationalen Aufmerksamkeit rücken könnten.

Ich nahm Kontakt zu anderen First Ladys und Staatsoberhäuptern auf und drängte dabei auf kollektive Unterstützung für die Betroffenen, zu der auch vermehrte Hilfslieferungen gehören sollten. Jordanien schickte ganze Flugzeugladungen mit Lebensmitteln, Decken, Medikamenten und Gerätschaften für den Wiederaufbau des Landes nach Bosnien. Im Juli 1996 reiste ich nach Tuzla, um dort Swanee Hunt, die US-Botschafterin in Österreich und Gründerin der weltweit tätigen Bewegung Women Waging Peace, und die italienische EU-Kommissarin Emma Bonino zu treffen, meine Mit-Vorsitzenden im Projekt der Frauen von Srebrenica. In Tuzla lebten 30 000 Überlebende von Srebrenica in provisorischen, schlecht ausgestatteten Flüchtlingslagern. Die meisten von ihnen waren muslimische Frauen, deren Ehemänner und Söhne seit dem Massaker verschwunden sind. Wir trafen die Flüchtlingsfrauen in einer riesigen Sporthalle. Viele von ihnen waren verzweifelt bemüht, etwas über das Schicksal ihrer vermissten Angehörigen in Erfahrung zu bringen, und sie forderten, dass die Verantwortlichen vor Gericht gestellt würden. Die überwältigende Mehrheit der in dieser Halle versammelten Frauen waren trauernde Witwen. Viele von ihnen wurden im Lauf der Veranstaltung zunehmend hysterisch. Als die Klagerufe schließlich zu einem Crescendo anwuchsen, ging ich auf die Bühne und schaffte es, sie mit Gebeten aus dem Koran ein wenig zu beruhigen. Was konnte man nur sagen, angesichts eines solchen Verlustes und solcher Verbrechen gegen die Menschlichkeit? Die Organisatorinnen hatten die Wände und Geländer der Sporthalle mit Tausenden von Stoffstücken behängt, die mit den Namen der 7000 vermissten Männer und Jungen bestickt worden waren. Die Organisatorinnen hatten serbische und kroatische Frauen, die ebenfalls Angehörige verloren hatten, zum gemeinsamen Gedenken an die Eroberung von Srebrenica eingeladen. »Wir alle sind Mütter«, erklärten sie.

Die Organisatorinnen der Zeremonie von Tuzla gingen anschließend mit dem Erinnerungsbanner auf Reisen und sammelten mehrere Hunderttausend Dollar, um den Frauen von Srebrenica beim Aufbau neuer Existenzen zu helfen.

Fünf Jahre später sollte ich als Mitglied der International Commission on Missing Persons (ICMP) nach Bosnien zurückkehren und viele dieser Frauen wiedersehen. Die Kommission war 1996 beim G7-Gipfeltreffen in Lyon gegründet worden und bemühte sich um die Aufklärung des Schicksals von Vermissten. Die bosnischen Frauen waren immer noch auf der Suche nach Informationen über das Schicksal ihrer Angehörigen. Ohne dieses Wissen und ohne Zusicherungen, dass des Massakers auch ganz offiziell gedacht werden würde, waren sie nicht imstande, sich selbst ein neues Leben aufzubauen. Die ICMP stellte modernste Technik zur DNA-Bestimmung bereit, so dass die Identifikation der in den Massengräbern gefundenen Überreste beschleunigt wurde. (Dieses Verfahren wurde nach den Anschlägen am 11. September 2001 auch bei den Bergungsarbeiten am World Trade Center in New York eingesetzt.) Unsere Arbeit mit den Familienorganisationen gab diesen Frauen neue Hoffnung. Gleichzeitig wurde aber auch in schmerzhafter Weise klar, dass Wiederaufbau und Versöhnung nach diesem Konflikt auf dem Balkan noch viele Jahre dauern würden.

Auch die Frauen in Jordanien, Palästina und dem Libanon litten 1996 weiter unter den Folgen von Krieg und Unruhen. Das galt besonders für die Frauen palästinensischer Herkunft, die sich, wie die Frauen von Srebrenica, nach einer Rückkehr in die Heimat sehnten. In jenem Sommer aber schien die Hoffnung auf eine Heimkehr der Palästinenser leider in noch weitere Ferne gerückt zu werden.

Jordaniens Frieden mit Israel war nach der Wahl von Premierminister Benjamin Netanjahu zunehmenden Belastungen ausgesetzt. Bereits zwei Monate nach seiner Amtsübernahme kündigte Netanjahu die Aufhebung des vierjährigen Baustopps für jüdische Siedlungen im Westjordanland an, der ein Teil des Osloer Abkommens war. Zu unserem Entsetzen genehmigte er den Bau von 2000 neuen Wohnungen im besetzten Westjordanland. Das war ein Akt der Brandstiftung, der eine Verurteilung durch die Arabische Liga nach sich zog. Außerdem sprach mein Mann eine ernste Warnung aus, die sich auf den Friedensvertrag bezog. Die Warnung stieß auf taube Ohren. Netanjahu verzögerte auch den Abzug israelischer Truppen aus palästinensischen Gebieten, der ebenfalls ein Teil des Abkommens von Oslo war, auf ein kaum mehr wahrnehmbares Minimum. Das betraf auch den vorgesehenen Abzug von Besatzungstruppen aus der Stadt Hebron, in der 130 000 Palästinenser und nur 500 Juden lebten. Die Spannung war, so schien es, für alle Menschen spürbar, nicht aber für die Betonköpfe in der Regierung Netanjahu. Bereits drei Monate nach Netanjahus Amtsübernahme war es so weit: Israel öffnete mit einem Durchbruch durch eine Mauer in der Via Dolorosa einen neuen Ausgang aus einem Tunnel ins arabische Ostjerusalem direkt unter der heiligen Al-Aksa-Moschee.

König Hussein war außer sich vor Wut. Die Israelis hatten ihm nicht die geringste Information zukommen lassen, obwohl sich ein hochrangiger Abgesandter der Netanjahu-Regierung noch 24 Stunden zuvor mit meinem Mann getroffen hatte. Diese Aktion symbolisierte nicht nur den israelischen Herrschaftsanspruch über die ganze Stadt. Sie betraf in ganz besonderer Weise meinen Mann in seiner Eigenschaft als haschemitischer Schutzherr der Heiligen Stätten in Jerusalem. Diese Aufgabe hatten die Israelis in unserem Friedensvertrag ausdrücklich betont. In den folgenden vier Tagen gewalttätiger Unruhen in Jerusalem starben 54 Palästinenser und 14 Israelis. Der Friedensvertrag Jordaniens mit Israel wurde um ein Haar ebenfalls Opfer des Konflikts. Achtunddreißig gesellschaftliche Gruppen und Vereinigungen in Jordanien, darunter politische Parteien und berufsständische Organisationen, unterzeichneten eine Resolution, in der die Normalisierung der jordanisch-israelischen Beziehungen verurteilt wurde.

Die Enttäuschung über den Friedensvertrag wuchs in Jordanien ohnehin bereits in allen Teilen der Gesellschaft. Israel hatte die im Vorfeld der Friedensverhandlungen erarbeiteten Handelsabkommen nicht erfüllt. Die Friedensdividende, die von so vielen Menschen erwartet worden war, blieb einfach aus. Nach einer Umfrage von Anfang 1996 waren 47 Prozent der Jordanier der Ansicht, die wirtschaftliche Lage habe sich in den zwei Jahren seit der Unterzeichnung des Friedensvertrages durch meinen Mann und Rabin verschlechtert. Alles war so leicht vorherzusagen – und zu vermeiden. »Um Frieden zu schaffen, müssen die Menschen nicht etwas haben, wofür sich zu kämpfen lohnt. Sie müssen etwas haben, was ein Ende des Kämpfens zum attraktiveren Ziel macht«, sagte ich bei einer Preisverleihung in den Vereinigten Staaten im Herbst 1996. Leah Rabin und ich erhielten dort für unsere Friedensarbeit die von Eleanor Roosevelt gestiftete Val-Kill-Medaille.

Die Chancen des Friedensprozesses verschlechterten sich so rapide, dass Bill Clinton König Hussein, Jassir Arafat und Benjamin Netanjahu für den 2. Oktober 1996 zu einem Krisentreffen ins Weiße Haus einlud. Hussein hielt sich bei der persönlichen Begegnung mit Netanjahu nicht zurück. Seine Liste der israelischen Verletzungen des Friedensvertrages landete auf verschlungenen Wegen bei Thomas Friedman von der *New York Times*. Es war die Rede von der illegalen Enteignung palästinensischen Landbesitzes zugunsten jüdischer Siedler; von Ausgangssperren, die die Israelis gegen die Palästinenser verhängten und damit praktisch verhinderten, dass die Betroffenen arbeiten konnten; vom fehlenden Zeitplan für den Rückzug der israelischen Truppen aus Hebron sowie für die Verhandlungen über den endgültigen Status der Stadt; von der Tunnelaffäre, einem Hohn auf den Vertrag; und von der schädlichen Wirkung der israelischen Festungsmentalität. Die einzige Chance für wirkliche Sicherheit ergebe sich aus gegenseitigem Respekt, hieß es in dem Papier. »Ich spreche für mich selbst, für Jizhak Rabin, einen Mann, den ich mit großem Stolz meinen Freund nenne, und für alle Völker, denen der Frieden nützt«, sagte Hussein zu Netanjahu. »All dieser gute Wille wird in diesen Tagen verspielt. Wir stehen am Rand des Abgrunds, und vielleicht stürzen wir bald hinein – wir alle.«

Es brach uns nahezu das Herz, mit ansehen zu müssen, wie alles, was wir mit solcher Mühe aufgebaut hatten, so schnell auseinander fiel, aber mein Mann kämpfte gegen Netanjahus rechte Ideologie, die einen Kompromiss unmöglich machte und die obendrein oft keinen Bezug zur Realität hatte. Wir waren in London und kamen eben von einem Besuch in den Vereinigten Staaten zurück, bei dem uns viele führende Vertreter der amerikanischen Juden ihrer Bestürzung über Netanjahus Kurs versichert hatten. Da erhielt Hussein einen Anruf vom israelischen Premierminister, der sich in den Vereinigten Staaten aufhielt. Er sagte, er wolle sich so bald wie möglich mit Hussein treffen. Netanjahu sollte anschließend seine USA-Reise abkürzen, um nach London zu fliegen. Es war offensichtlich, dass ihn die Freunde Israels in den USA zu diesem Treffen gedrängt hatten, bei dem er die Beziehungen zu Hussein wieder verbessern sollte.

Am folgenden Abend stand ich unter der Dusche, als Ministerpräsident Netanjahu eintraf. Unsere Protokollbeamten hatten mit seinen Leuten vereinbart, dass er alleine zu uns kommen sollte, deshalb war ich überrascht zu erfahren, dass Frau Netanjahu ihn begleitete. Ich ging ins Wohnzimmer hinunter. Die Haare waren erst halb trocken, aber ich war entschlossen, gastfreundlich zu sein und jeden Bezug zur aktuellen Politik zu vermeiden. Doch ich geriet in ein Minenfeld. Ich versuchte, die positiven Auswirkungen zu betonen, die sich aus den institutionellen, den wirtschaftlichen und persönlichen Kontakten zwischen unseren Völkern in den letzten Jahren entwickelt hatten, und zwar für beide Gesellschaften, die arabische wie die israelische. Dann fügte ich hinzu, wir hätten es als einen sehr ermutigenden Fortschritt im Rahmen des Friedensprozesses empfunden, dass israelische und arabische Historiker und Gelehrte sich an die Überprüfung von Lehrbüchern und historischen Schilderungen gemacht hätten, mit dem gemeinsamen Ziel, die Propaganda beider Seiten richtig zu stellen. Die Reaktion kam prompt. Frau Netanjahu bebte vor Zorn: »Was meinen Sie mit Propaganda?«, fragte sie zurück. Ich erwiderte, dass ein Beispiel für eine Legende, die unsere Völker gegeneinander aufgebracht hatte, die Beschreibung des Palästina der Vierzigerjahre als »Land ohne Menschen für Menschen ohne Land« gewesen sei. In Wirklichkeit hätten zahllose Generationen von Palästinensern tausende von Jahren in Palästina gelebt. Erneutes Zornbeben.

»Was meinen Sie damit?«, sagte sie. »Als die Juden in diese Region kamen, gab es hier keine Araber. Sie kamen, um Arbeit zu suchen, als wir Städte bauten. Davor gab es hier gar nichts.«

»Ich bin mir sicher, Ihre eigenen Historiker würden bestätigen, dass dies so nicht stimmt«, antwortete ich.

Dieser Auftritt war für mich sehr erhellend. Netanjahu war bekannt für seinen konservativen Starrsinn, aber es war ziemlich beunruhigend, dass seine Frau ein derart schiefes Geschichtsbild so emphatisch verteidigte. Glaubten sie wirklich an Legenden dieser Art? Und wenn dem so war: Welche weiteren falschen Vorstellungen würden wohl unsere gemeinsame Arbeit für einen dauerhaften Frieden behindern?

Nach dem Treffen mit den Netanjahus flogen wir von London nach Amman, dann fuhren wir nach Bab al-Salam, unserem neuen Zuhause. Für Hussein war das Haus eine Zuflucht vor dem ständigen Stress und der Unruhe dieser Zeit. Ihm gefiel besonders, dass es von vielen Räumen im Erdgeschoss einen Zugang zur Terrasse und zum Rasen vor dem Haus gab. Das machte das ganze Haus, und besonders unsere geräumige Küche, licht und hell. Hussein liebte das kleine, gemütliche Wohnzimmer mit dem hohen offenen Kamin. Dieser war mit einem exquisiten Mosaik geschmückt, das ich bei der Schule für Mosaikkunst in Madaba in Auftrag gegeben hatte. Und dann war da noch die über zwei Stockwerke angelegte Bibliothek, die ebenfalls einen Ausgang zur Terrasse hin hatte. In der Eingangshalle und im Speisezimmer hängte ich Husseins Porträt sowie Porträts seiner Vorfahren auf. Darunter waren sein Vater Talal, sein Großvater König Abdullah und sein Urgroßvater Scharif Hussein Bin Ali.

Das Haus war noch nicht ganz fertig gestellt, als wir einzogen. Auch mein Büro war noch nicht beziehbar, und die Arbeiten am Anbau für die älteren Kinder hatten noch gar nicht begonnen. Also lebten wir alle zunächst etwas beengt, aber Hussein gefiel auch das. Ihm war es viel lieber, seinen Kindern nahe zu sein, als über mehrere Stockwerke verteilt zu leben, wie wir es in al-Nadwa lange Jahre praktiziert hatten.

Mein Mann genoss es, die Entwicklung des Gartens zu verfolgen. Er liebte stark duftende Pflanzen, zum Beispiel Orangenblüten und Jasmin, und ich konzentrierte mich außerdem noch auf pflegeleichte Gewächse, die gegen Trockenheit unempfindlich waren. Mir gefielen Palmen und Bougainvilleen. Seit meiner Zeit in Santa Monica gehörten sie zu meinen Lieblingen, die ich pflanzte, wo immer ich konnte. Schafmist war unser Dünger für das Gemüse und die Kräuter im Biogarten, den wir mit einer Umfassung aus Lavendel und Auberginen vor Schädlingen zu schützen versuchten. Hussein war besonders begeistert von den Holzschwellen der alten Hedschas-Bahn, mit denen wir die Hochbeete einfassten. Mit großer Neugier verfolgte er jeden kleinen Fortschritt bei der Gartengestaltung. »Was um alles in der Welt tun Sie denn da?«, fragte Hussein eines Tages unseren Gartenarchitekten, als er nach Hause kam und einen Haufen Leute vorfand, die Steine vom Rasen auflasen. Schließlich arbeitete er selbst mit. Mein Grundsatz bei der Gartengestaltung war, das Ganze so offen wie möglich zu halten, sodass alle Kinder und Enkelkinder, inzwischen waren es bereits elf an der Zahl, gemeinsam Fußball spielen oder anderen Sport treiben konnten.

In Bab al-Salam waren wir sehr glücklich, aber im Rest der Welt gab es anscheinend nur wenig Frieden. Ministerpräsident Netanjahu und seine Regierung zogen schließlich doch die israelischen Truppen aus Hebron ab, lösten aber sofort eine neue Krise aus. Das Kabinett billigte die Errichtung von 6500 neuen Wohnungen für Israelis auf einer rund 170 Hektar großen Fläche enteigneten palästinensischen Landes auf einem Hügel zwischen Jerusalem und Bethlehem. Die Provokation war ebenso dreist wie unmissverständlich. Dieses Stück Land, das von den Palästinensern Dschebel Abu Ghoneim, Grüner Berg, genannt wird und das die Israelis in Har Homa, Mauerberg, umbenannten, war einst als Teil eines geschützten Grüngürtels zwischen Bethlehem und Jerusalem ausgewiesen worden, hatte inzwischen aber die Rolle des letzten Gliedes in einer Kette israelischer Siedlungen erhalten, die sich rings um das arabische Ostjerusalem zog. Jetzt sollte der letzte Landkorridor zwischen Ostjerusalem und der besetzten Westbank beseitigt werden. Dieser mächtige Ring aus Gewerbegebieten und festungsähnlichen Wohnsiedlungen sollte schließlich das Machtgleichgewicht in der umstrittenen Stadt Jerusalem zugunsten Israels verschieben, und zwar vor den entscheidenden Friedensgesprächen zum künftigen Status der Stadt. Falls diese Gespräche jemals zustande kommen sollten.

Die Ankündigung des Bauprojektes Har Homa löste sofort Demonstrationen und Gewaltakte aus. »Man kann die Leute nicht unentwegt demütigen, ohne auf Gegenwehr zu stoßen«, warnte mein Mann. Die Weltgemeinschaft verurteilte Israel für dieses Vorgehen, mit Ausnahme der USA, deren Antwort in der Äußerung bestand, die Clinton-Regierung »wünsche«, Israel würde die Siedlung nicht bauen.

Ungeachtet dieser Wünsche begannen im März 1997 israelische Bulldozer unter dem Schutz von Hubschraubern und Soldaten mit der Arbeit. Die Proteste gegen dieses Vorgehen waren so heftig, dass die Vollversammlung der Vereinten Nationen drei Sondersitzungen abhielt. Bei einer dieser Sitzungen wurde Israel gerügt, weil es eine Bestimmung der Genfer Konvention verletzte, die die Zerstörung von Eigentum in großem Stil verbietet. Die beiden anderen Sitzungen führten zu einer Resolution, in der die geplante Siedlung als »illegal« sowie als »bedeutendes Hindernis für den Frieden« bezeichnet wurde. Nur die USA und Israel stimmten gegen die Resolution. Auch die 15 Mitglieder des UN-Sicherheitsrats beschäftigten sich mit diesem Siedlungsprojekt und kamen zum selben Ergebnis. Bei zwei Abstimmungen über eine Resolution, in der die Siedlung als illegal bezeichnet wurde, stimmten im März 1997 14 der 15 im Sicherheitsrat vertretenen Länder für den Antrag, aber die USA legten beide Male ihr Veto ein.

Jetzt sah es ganz so aus, als ob der Tiefpunkt erreicht sei, aber es kam noch schlimmer. Mein Mann und ich waren am 13. März zu einem offiziellen Besuch in Madrid, als er die Nachricht erhielt, dass ein jordanischer Soldat auf der »Insel des Friedens« am Kontrollpunkt Naharajim sieben israelische Schülerinnen erschossen und sechs weitere verwundet hatte. Einige der verletzten Schülerinnen waren zum nahe gelegenen Schuna-Krankenhaus im Jordantal gebracht worden. Dort standen jordanische Bauern Schlange, um Blut zu spenden, eine Aktion, durch die mindestens eines der Mädchen gerettet wurde. Aber nichts und niemand konnte die Qualen meines Mannes lindern. Er brach den Besuch sofort ab und kehrte nach Jordanien zurück. Bei seiner Ankunft sagte er: »Meine Worte und Beileidsbezeugungen können nicht richtig ausdrücken, was ich für die Mütter, Väter und Brüder dieser Kinder empfinde, die heute getötet wurden.«

Drei Tage danach tat mein Mann etwas bisher noch nie Dagewesenes: Er stattete dem israelischen Dorf Beit Schemesch einen Besuch ab, um den leidgeprüften Familien persönlich sein Beileid auszusprechen. Und er bestand darauf, dass jeder einzelne Besuch in einem Trauerhaus im jordanischen Fernsehen gezeigt wurde, obwohl er wusste, dass dies die extremistischen

Gruppen in Jordanien zu Protesten reizen würde. Es war sehr bewegend zu sehen, wie er die Mütter tröstete. »Wenn mein Leben eine Bestimmung hat, dann die, dafür zu sorgen, dass alle heute geborenen Kinder nicht so leiden müssen wie unsere Generation.«

Aber die Gewalt hörte nicht auf. Die Präsenz der Bulldozer in der Siedlung Har Homa führte immer wieder zu Zusammenstößen zwischen steinewerfenden Palästinensern und israelischen Soldaten, die Gummigeschosse benutzten. Bald breitete sich die Welle der Gewalt über das ganze Westjordanland aus, in Ramallah kam es zu offenen Unruhen. Israelische Panzer rückten vor und umzingelten Dörfer in der Westbank. Die Gegenseite rächte sich den Sommer über mit weiteren Selbstmord-Attentaten. Das sinnlose Morden ging weiter.

Selbst der Optimismus meines Mannes wurde jetzt auf eine sehr harte Probe gestellt. Ich weiß ganz sicher, dass es mir so erging. Wir beide hatten Schlafprobleme. Das kurzsichtige Verhalten Netanjahus und der Hardliner in seiner Regierung hatte einen enormen Druck auf den König zur Folge, den Friedensprozess wieder rückgängig zu machen. Alles, wofür er sein ganzes Leben lang gearbeitet hatte, jede Beziehung, die er mit größter Sorgfalt auf Vertrauen und Respekt gegründet hatte, und all seine Träume von Frieden und Wohlstand für die Kinder Jordaniens wurden zunichte gemacht. Ich fragte mich voller Angst, wie viel Hussein noch ertragen konnte.

Der weiße Vogel

Ende 1997 hatte mein Mann nachts gelegentlich Fieber. Unser jordanisches Ärzteteam untersuchte ihn mehrmals, ohne zu einem Befund zu kommen. Die Ärzte behandelten Hussein mit Antibiotika, die das Fieber eine Zeit lang stoppten. Dann kamen die Anfälle wieder. Die Ärzte nahmen an, dass dies auf einen rätselhaften Virus zurückzuführen sei. Mehr konnten sie uns nicht sagen. Halb im Scherz begann ich die Krankheit meines Mannes als Bibi-Virus zu bezeichnen. Das war eine Anspielung auf eine bizarre Episode des Bioterrorismus in jenem Herbst.

Agenten des israelischen Mossad reisten im September 1997 mit gefälschten kanadischen Pässen nach Jordanien ein und verübten einen Mordanschlag auf Chalid Maschal. Maschal war der Leiter des politischen Büros von Hamas, der wichtigsten islamistischen Widerstandsbewegung in den Palästinensergebieten, die nach der ersten Intifada des Jahres 1987 gegründet worden war. Die Attentäter injizierten ihm am helllichten Tag mitten in Amman ein tödliches Gift. Dass ein von der Regierung des Vertragspartners finanzierter Mordanschlag auf jordanischem Boden so kurz nach der Unterzeichnung eines Friedensabkommens ausgeführt worden war, kränkte meinen Mann zutiefst. Erschwerend kam hinzu, dass Chalid Maschal in einem Krankenhaus in Amman mit dem Tode rang, während die Regierung Netanjahu keinerlei Information über das bei dem Angriff verwendete Gift preisgab. Es bedurfte einer persönlichen Intervention von Präsident Clinton, um Israel zur

433

Nennung des Giftes sowie eines geeigneten Gegenmittels zu zwingen. Die Agenten des Mossad hatten ein künstlich herge-stelltes Opiat namens Fentanyl verwendet. Maschal konnte nun behandelt werden und überlebte.

Mein Mann war drauf und dran, den Friedensvertrag mit Israel für nichtig zu erklären, doch Netanjahu (sein Spitzname ist Bibi) flog mitten in der Nacht nach Jordanien, um den Bruch zu kitten. Hussein war so wütend, dass er sich weigerte, den israelischen Premierminister zu empfangen. Er bat seinen Bru-der, Kronprinz Hassan, ihn bei diesem Gespäch zu vertreten.

Ich neckte Hussein zwar wegen des Bibi-Virus, aber es tauch-ten immer wieder dieselben Gedanken auf: Mein Mann war in Israel sehr beliebt. An dieser Tatsache kam niemand vorbei. Viele Israelis sagten uns, sie würden Bibi gerne gegen Hussein eintauschen. Könnte es für Netanjahu politisch nützlich sein, wenn er in dieser zunehmend polarisierten Region eine eben-so glaubwürdige wie gemäßigte arabische Stimme zum Schwei-gen brachte?

Husseins Fieberanfälle kamen und gingen den ganzen Win-ter hindurch. Im Mai 1998 entwickelten die Ärzte in der Mayo-Klinik bei Husseins jährlicher Routineuntersuchung verschie-dene Theorien über rätselhafte Viren, fanden aber keinerlei Anomalien im Organismus ihres Patienten. Wir verließen die Klinik und reisten nach Washington, D.C. Dort traf sich Hus-sein mit Präsident Clinton und Außenministerin Madeleine Albright zu Gesprächen über neue Impulse für den stagnie-renden Friedensprozess. Anschließend reisten wir zu einem ein-wöchigen Aufenthalt nach England weiter, wo wir in Buckhurst Park unseren zwanzigsten Hochzeitstag feierten.

Diesen Tag hatten wir in Jordanien bereits im vergangenen November mit der ganzen Familie und jordanischen Freunden gefeiert. Nach dem islamischen Kalender fielen unser zwan-zigster Hochzeitstag und Husseins 62. Geburtstag auf densel-ben Tag, also hatten wir beides zusammen gefeiert. Danach hatten wir beschlossen, in England ein zweites Mal zu feiern, mit Freunden und Familienmitgliedern, die im November nicht mit von der Partie gewesen waren. Für diese paar Tage schien Hussein das Fieber abgeschüttelt zu haben, er war glücklich und entspannt. Den Hochzeitstag feierten wir an einem wunderschönen, milden Abend, und das Fest schien Hussein neue Kraft zu geben. Auf einigen Fotos, die wir an diesem Abend aufnahmen, sieht mein Mann, umgeben von seinen Kindern, gesund und glücklich aus. Später dann, bei unserer Rückkehr nach Jordanien, kehrten die Fieberanfälle zurück, diesmal waren sie heftiger und kraftzehrender. Die Ärzte machten weitere Tests, und dieses Mal wiesen die Laborwerte einige Anomalien auf, die genauer untersucht werden mussten. Wir entschlossen uns deshalb, noch einmal die Mayo-Klinik aufzusuchen.

Dort wurde mir eröffnet, dass mein Mann Krebs hatte. Diesen Augenblick, der mein Leben veränderte, werde ich niemals vergessen. Ich saß in einem privaten Wartezimmer, das die Klinik für die Kinder und mich reserviert hatte, während Hussein im Operationssaal unter Narkose untersucht wurde. Nach mehrstündiger Wartezeit betrat ein Bekannter den Raum. Dr. David Barrett hatte meinen Mann bereits 1992 erfolgreich operiert. Er sagte uns, dass die Operation gut verlaufen sei und Hussein in den Aufwachraum gebracht werde. Die Kinder waren ein wenig erleichtert, dann gingen Dr. Barrett und ich nach draußen. Auf dem Korridor berichtete er mir, dass im Körper meines Mannes bei den Tests an verschiedenen Stellen abnormale Zellen gefunden worden seien. Er sagte, dass er von Non-Hodgkin-Lymphomen ausgehe. Mehr konnte ich in diesem Augenblick nicht aufnehmen. Ich erinnere mich, wie ich dastand und sah, wie sich Dr. Barretts Lippen bewegten. Seine Stimme nahm ich nur wie von ferne wahr, und gleichzeitig rasten meine Gedanken. Ich versuchte, diese Nachricht so zu verarbeiten, dass sie weder Schrecken noch Hoffnungslosigkeit auslöste. Dabei sah ich, wie dem Arzt Tränen über die Wangen liefen, obwohl er seine Gefühle sichtlich unter Kontrolle zu halten versuchte. Schließlich tröstete ich ihn, und erst in diesem Augenblick begriff ich, wie ernst diese Neuigkeiten waren. Was bedeuteten abnormale Zellen an vielen verschiedenen Stellen im Körper? War die Krankheit schon so weit fortgeschritten, dass uns nur noch Monate, Wochen, Tage blieben? Mir stockte der Atem.

Nachdem Dr. Barrett gegangen war, drohte ich, in einem wilden Strudel von Gefühlen zu ertrinken. Ich ging zu einem Panoramafenster im Korridor und versuchte dort, die Fassung wiederzufinden, bevor ich mit den Kindern sprach. Ihr Vater habe die Tests gut überstanden, sagte ich. Über die Ergebnisse würde ich später mit ihnen sprechen, aber nun müsse ich in den Aufwachraum gehen, weil ich bei ihm sein wolle, wenn er aus der Narkose erwachte.

Auch im Gespräch mit den Leibwächtern und Bediensteten und dann am Bett meines Mannes gab ich mir alle Mühe, die Fassung zu wahren. Als er langsam wieder zu sich kam, bedankte er sich wie immer bei allen Beteiligten für die Fürsorge und Pflege und fragte sogleich nach dem Wohlergehen der Menschen, die ihn umgaben. Ich hatte Hussein noch niemals belogen, deshalb bewegte ich mich plötzlich auf unbekanntem Terrain, als er wach genug war, um zu fragen: »Also, wie ist es gelaufen?« Ich murmelte: »Die Untersuchung ist gut verlaufen, Sidi«, kämpfte aber gleichzeitig gegen das Zucken in meinem Gesicht und die aufsteigenden Tränen. Ich versuchte Zeit zu gewinnen: »Die Ärzte müssen sich noch besprechen und werden uns dann alles sagen.«

Der Anästhesist Jeff Welna saß am Fußende des Bettes. Jeff war ein alter Freund aus der Zeit von Sidis erster Operation im Jahr 1992, und als mein Mann ihn dort sitzen sah, grüßte er ihn. »Was haben Sie gefunden?«, fragte er Jeff. »Majestät, wir glauben, dass es Lymphome sind.« Mein Mann blinzelte heftig, diese Neuigkeit überraschte ihn ganz offensichtlich. Ich saß da und wünschte mir, wir hätten ein paar Stunden mehr Zeit gehabt und ihm die Diagnose erst mitgeteilt, wenn er die Narkose völlig überwunden gehabt hätte. Aber er war schon immer stärker gewesen als ich. Er fragte nur: »Okay, was machen wir als Nächstes?«

Sidi begab sich in seine Suite und richtete sich dort ein. Inzwischen rief ich die Kinder zusammen und sagte ihnen, was ich wusste. Sie sollten ganz behutsam lernen, mit der schrecklichen Neuigkeit umzugehen, und, je nach eigenen Verpflichtungen und Zeitvorgaben, auch Pläne machen. Für Ali und Haja empfand ich eine besondere Verantwortung, denn sie hatten bereits einen Elternteil verloren, und Sidi war für sie der unumstrittene Mittelpunkt der Welt. Ich versuchte ihnen die Diagnose hoffnungsvoll, aber gleichzeitig auch ehrlich zu vermitteln. Es war nicht leicht. Ich war ihnen die Wahrheit schuldig und erinnere mich an Hajas Worte: »Beschönige nichts.« Alle waren von dieser Neuigkeit wie benommen.

Erst spätabends, als ich allein war, konnte ich meinen Gefühlen freien Lauf lassen. Ich hatte solche Angst, solch bodenlose Angst bei dem Gedanken, meinen Mann zu verlieren, meinen besten Freund, meine große Liebe, den Menschen, der mich inspirierte. Diese Vorstellung drohte mich zu lähmen. Zwanzig Jahre lang waren wir nun Mann und Frau gewesen, Vater und Mutter, Lebenspartner in Zeiten internationaler Krisen und innenpolitischer Unruhen in Jordanien. Ich hatte Hussein bei seiner Suche nach einem Frieden für den Nahen Osten von ganzem Herzen unterstützt, hatte die Freude über jede Errungenschaft und die Trauer über jeden Rückschlag mit ihm geteilt. Wir teilten vor allem anderen die Liebe zu Jordanien und das Ziel, Wohlstand für all unsere geliebten Landsleute zu schaffen. Diesen Mann zu verlieren wäre in jeder nur vorstellbaren Hinsicht eine Katastrophe. Er durfte einfach nicht sterben.

Inschallah, sagen wir auf Arabisch. So Gott will. Wie alle Muslime glaubte mein Mann, dass alle Dinge, gute wie böse, von Gott kommen und dass uns Gott die Kraft gibt, die uns zugedachte Last zu tragen. Ich teilte diesen Glauben und die ihm zugrunde liegende Überzeugung, dass König Hussein der Krebskrankheit nicht erliegen würde. In jenem Augenblick fand ich zu der inneren Stärke, mit der ich meine Panik angesichts der Diagnose überwinden konnte. Gott hatte ihm diesen Kampf gegen den Krebs auferlegt, also würden wir ihn gemeinsam führen. Ich würde meine ganze Kraft daransetzen, meinen Mann wieder gesund zu machen und ihn zu schützen, sodass er all seine eigene Kraft für diesen Kampf verwenden konnte. »Lieber Gott«, betete ich an jenem Abend und an jedem Tag in den folgenden Monaten, »bitte mach ihn gesund, bitte nimm die Beschwerden von ihm, bitte mach ihn stark, gib ihm Mut, und gib ihm Frieden.«

Unsere Gebete waren anscheinend erhört worden. Als wir uns am nächsten Tag mit Sidis Ärzten trafen, waren sie noch nicht ganz sicher, ob er tatsächlich Lymphdrüsenkrebs hatte. Aber selbst wenn er an dieser Krankheit litt, was sie stark befürchteten, waren die Chancen für eine Remission gut.

So begann unsere Odyssee in eine ungewisse Zukunft. Wir wurden unterstützt vom Besten, was die Medizin zu bieten hatte, vom guten Willen tausender von Menschen, die uns anriefen, faxten, Postkarten und Briefe schickten, und von unserem sich stets vertiefenden Glauben, der uns über die schwierigen Monate, die noch kommen sollten, hinweghalf. Die Mayo-Klinik wurde im wahrsten Sinne des Wortes unser Zuhause. Dort war erst vor kurzem eine Prominenten-Suite fertig geworden, zu der auch eine Küche, ein Esszimmer sowie ein kleines Zimmer gehörten, in dem ich in Husseins Nähe schlafen konnte. Die übrigen Familienangehörigen und die Begleitpersonen wurden in einem nahe gelegenen Hotel untergebracht, das durch einen Tunnel mit dem Krankenhaus verbunden war. Alle Kinder Husseins und einige andere Familienmitglieder kamen und gingen auf diese Weise, mit einer Ausnahme: Hamsah war in den Ferien zwischen seinem Schulabschluss in Harrow und seinem Studienbeginn in Sandhurst. Er wich nur ganz selten von der Seite seines Vaters.

In dieser Zeit erlebte Hussein seine glücklichsten Augenblicke im Umgang mit den Kindern. Er lachte und scherzte mit Alia, seiner ältesten Tochter, mit Sein und Aischa, den Zwillingen, und mit Haja. Alle vier wären gerne die ganze Zeit bei uns geblieben, aber sie mussten sich auch um ihre eigenen Familien – und, in Hajas Fall, um eine erfolgreiche Karriere als Reiterin – kümmern. Irgendwie schafften sie es, allen Verpflichtungen nachzukommen, und sie munterten ihren Vater in dieser Leidenszeit in ganz außerordentlicher Weise auf. Auch Haschim, Ali, Iman und Raijah, die immer kam, wenn sie schulfrei hatte, gaben ihrem Vater neuen Mut. Abdullah und seine Frau Rania kamen mit ihren beiden Kindern zu Besuch, ebenso sein jüngerer Bruder Feisal und seine Frau Alia. Die beiden Brüder kamen, wann immer ihre Verpflichtungen bei der Armee in Amman dies zuließen.

In den Behandlungspausen zwischen den einzelnen Phasen der Chemotherapie flogen Hussein und ich nach River House in Washington oder machten in Minnesota Tagesausflüge mit dem silberfarbenen Volkswagen-Käfer, den ich kurz nach unserer Ankunft für Hussein gekauft hatte. Sein Behandlungsplan sah sechs Phasen mit Chemotherapie innerhalb von fünf Monaten vor. Unmittelbar danach sollte dann eine Knochenmarkstransplantation erfolgen.

Während dieser ganzen Zeit blieb der Optimismus meines Mannes ungebrochen. Die Ärzte bestanden darauf, dass er sich ausruhte, um seine Kräfte zu schonen, was mich in eine sehr schwierige Lage brachte. Ich wusste, dass ihn die Chemotherapie sehr mitgenommen hatte, deshalb kam mir die Aufgabe zu, die Zeit zu kontrollieren, die er mit seinen Besuchern verbrachte. Ich wurde zur Türhüterin.

Trotz aller Leiden, die diese Monate mit sich brachten, freuten wir uns über jeden gemeinsamen Augenblick, der uns vergönnt war. Durch das Panoramafenster beobachteten wir den Zug der Kanadagänse, wir gingen spazieren, wir sprachen miteinander und genossen die kleinen Freuden des Lebens. Hussein wurde in der Mayo-Klinik zu einem ziemlich eifrigen Vogelbeobachter. Für dieses Hobby hatte er in Jordanien nie genug Zeit gefunden. Durch das Land führt einer der größten Vogelzüge der Welt. Über 300 verschiedene Arten durchqueren die felsigen Schluchten von Dana, Mudschib und Petra und rasten an der Oase Asrak. Erst in Minnesota waren Hussein einige ruhige Augenblicke für Vogelbeobachtungen vergönnt, und er entdeckte diese Freuden für sich selbst.

Bei einem denkwürdigen Ausflug suchten wir nach Adlerküken. Der erste Versuch verlief enttäuschend: An den Ufern des Sees, zu dem man uns geschickt hatte, war nichts zu sehen. Dann trafen wir jedoch zwei erfahrene Vogelbeobachter, die uns zu einem anderen Aussichtspunkt führten, einem an einem Highway gelegenen Parkplatz. Dort richteten wir unsere Ferngläser auf eine kleine Insel mitten im See und sahen die Adler an ihrem Nest. Von der Straße aus müssen wir ziemlich wunderlich gewirkt haben, denn wir benutzten sehr große, lichtstarke Spektive, ohne dass auf den ersten Blick etwas Interessantes zu sehen gewesen wäre. Hussein genoss diesen Ausflug ganz außerordentlich.

Mit dem Silberkäfer unternahmen wir auch Touren zu mehreren Gemeinden der Amisch in Minnesota. Eines unserer Lieblingsziele war das auf einem Hügel gelegene Städtchen Harmony in Wisconsin. Dort bewunderten wir die herrlichen, in Handarbeit gefertigten Amisch-Quilts. Bei unseren Mittagspausen schüttelte Hussein jedem die Hand, der auf ihn zukam, ich dagegen machte mir Sorgen wegen des Infektionsrisikos. Hussein genoss diese Fahrten mit dem silberfarbenen »tollen Käfer« so sehr, dass er, untypischerweise, meinen Vorschlag ablehnte, das Fahrzeug einer Wohltätigkeitsorganisation für eine Versteigerung zu schenken, als wir das Krankenhaus verließen: »Nein! Das ist ein ganz besonderes Auto, und wir nehmen es mit nach Hause.« Ich besitze den Käfer immer noch.

Auf einer dieser Fahrten klingelte mein Mobiltelefon, und wir erhielten eine lange erwartete, aufregende Nachricht: Das westafrikanische Land Burkina Faso hatte am 17. September 1998 als vierzigstes UNO-Mitglied das Abkommen von Ottawa zur Ächtung von Landminen ratifiziert. Damit war dieses Abkommen automatisch in Kraft getreten. Möglicherweise störten wir mit unseren Jubelrufen die ländlich-friedvolle Ruhe in dieser entlegenen Ecke von Minnesota. Das Ottawa-Abkommen war der erste internationale Vertrag zu einem Waffensystem, der humanitäre Verpflichtungen gegenüber den Opfern dieser Waffen enthielt. Eine bisher einmalige Koalition aus von diesem Thema betroffenen Regierungen, von der Staatsmacht unabhängigen Nicht-Regierungsorganisationen (NGOs) und Einzelpersonen hatte das Abkommen in Rekordzeit ausgehandelt. Alle Beteiligten einte die gemeinsame Verpflichtung, vermintes Land wieder nutzbar zu machen, für die Überlebenden zu sorgen und diese tückischen Hindernisse für den Wiederaufbau und den Frieden ein für alle Mal zu beseitigen.

Ich war besonders stolz darauf gewesen, in meiner Eröffnungsansprache zur Nahostkonferenz über Landminen in Amman den jordanischen Beschluss mitteilen zu können, dass das Land den Vertrag unterschreiben und ratifizieren werde.

Unsere in Arsenalen gelagerten Minen würden zerstört und unsere 1993 begonnenen Anstrengungen, die Minenfelder entlang der jordanischen Grenze zu räumen, würden beschleunigt werden, sagte ich damals. Das war am Tag vor unserer Abreise nach Mayo. Mit dieser Nachricht aus Burkina Faso hatten wir einen weiteren bedeutenden Fortschritt erzielt.

In den Pausen zwischen den Behandlungszyklen der Chemotherapie verbrachten Sidi und ich so viel Zeit wie möglich mit den Kindern, meistens in River House. Iman besuchte ein Internat in der Nähe von Washington, D.C. In letzter Minute verschoben wir Raijahs Rückkehr nach Amman, die dort wieder zur Schule gehen sollte, und meldeten sie stattdessen in der Maret School in Washington, D.C., an. Diese Einrichtung war für uns von River House aus, wo Haschim sich bereits im Abschlussjahr befand, leicht zu erreichen. Für Raijah war das eine ebenso plötzliche wie schwierige Umstellung, denn sie war zu diesem Zeitpunkt zwölf Jahre alt und kam jetzt in die 7. Klasse. Aber ihre Lehrer gaben sich alle nur erdenkliche Mühe, ihr diesen Wechsel zu erleichtern, und dafür werde ich ihnen immer dankbar sein. Haschim und Raijah lebten während unserer Zeit in der Mayo-Klinik bei meiner Schwester Alexa und ihrer Familie in Washington, D.C. Wenn ich mich mit Hussein in River House aufhielt, besuchten uns die drei dort.

Es war schwierig für die Kinder, ihren Vater so schwach zu sehen und zu erleben, dass er ständig an Übelkeit litt. Eines Tages rief Iman an und sagte, sie könne nur einen Teil des Wochenendes bei uns in River House verbringen, weil sie an einer Veranstaltung der National Coalition for Cancer Survivorship (einer Hilfsorganisation für Menschen, die eine Krebserkrankung überlebt haben) teilnehmen wolle. Dieses Treffen stand unter dem Motto »Gemeinsam gegen Krebs«. Nach kurzem Nachdenken rief ich die Organisatoren an und fragte, ob wir uns in irgendeiner Form an diesem Ereignis beteiligen könnten. Ich dachte, Hussein könnte einige anregende Gedanken zum Kampf gegen Tabus und verhängnisvolle Unkenntnis im Umgang mit dieser Krankheit beisteuern. Und ich hatte das Gefühl, Husseins persönliches Beispiel und sein Mut könnten einiges bewirken. Die Organisatoren waren von diesem Angebot begeistert.

Am Tag der Kundgebung empfand mein Mann beim Aufwachen eine gewisse Schwäche und Übelkeit, aber er bestand darauf, an der Veranstaltung teilzunehmen. Unglücklicherweise brachte man uns vor Ort in einen heißen, ziemlich vollen Warteraum, in dem sich dann auch die anderen Redner einfanden: Vizepräsident Al Gore und seine Frau Tipper, General Norman Schwarzkopf, mehrere Kongressabgeordnete und Cindy Crawford. Hussein fühlte sich immer schwächer. (Ich neckte ihn, dass ihm der Anblick von Cindy Crawford wohl den Atem verschlagen habe.) Die Zeit verging, die Temperatur stieg, und schließlich musste Hussein die Veranstaltung verlassen. Er bat mich, für uns beide zu sprechen, und das habe ich seither auch jedes Jahr getan.

Es gab auch Behandlungspausen, in denen es meinem Mann recht gut ging. Bei einer dieser Gelegenheiten verbrachten wir einen unterhaltsamen Abend mit den Clintons im Weißen Haus und aßen Hamburger auf dem Truman-Balkon. Hussein hatte eine enge Beziehung zu Bill Clinton entwickelt. Die Clintons teilten unsere Vorliebe für Harley-Davidson-Motorräder, also schickten wir Clinton ein Foto von Annie Leibowitz. Dieses Bild zeigte uns auf unserer Harley bei einer Tour im Wadi Ramm. Das sollte ihm einen Vorgeschmack auf eine Reise geben, auf die er sich nach dem Ende seiner Amtszeit freuen konnte. Das Gespräch drehte sich an jenem Abend allerdings nicht um Motorräder, sondern um biologische Kriegführung und Landminen. Hussein hatte eben erst Tom Clancys Buch *Befehl von oben* gelesen, das einen mit biologischen Waffen geführten Angriff auf die Vereinigten Staaten beschreibt. Uns fiel auf, dass sich viele Leute in Washington, die mit den Geheimdiensten und Fragen nationaler Sicherheit zu tun hatten, ziemlich sicher waren: Die Frage war nicht, ob, sondern wann jemand einen terroristischen Angriff dieser Art auf die USA ausführen würde. Mein Mann sprach über die Wahrscheinlichkeit des in dem Buch geschilderten Angriffs, dann gingen wir zum Thema Landminen über, was mir die Gelegenheit gab, über das Abkommen von Ottawa zur Ächtung von Landminen zu sprechen. Bei der Kundgebung gegen den Krebs hatte mir sogar General Schwarzkopf seine Unterstützung für unseren Kampf gegen Landminen angeboten. Zu unseren Unterstützern zählten bereits viele andere hohe US-Militärs im Ruhestand. Das Abkommen ist mittlerweile von 143 Ländern unterzeichnet worden, doch die USA gehören nach wie vor nicht dazu. Sie sind das einzige NATO-Land und neben Kuba das einzige Land in der westlichen Hemisphäre, das Landminen noch nicht geächtet hat.

Die Ruhepausen in River House wirkten auf meinen Mann wie ein Stärkungsmittel. Sein Appetit nahm zu, und unser Koch versorgte ihn hingebungsvoll mit Hamburgern, Steaks und Falafeln. Familienmitglieder und mehrere jordanische Regierungsvertreter kamen ins Haus, um nationale und regionale Themen zu besprechen. Auch US-Beamte besuchten uns, und es kamen ganz besondere Gäste wie Kronprinz Abdullah ibn Abdul Asis von Saudi-Arabien, der die Reise eigens unternommen hatte, um Hussein zu besuchen. Ihn begleitete der saudische Außenminister Prinz Saud al-Feisal.

Der Kronprinz hatte meinem Mann Wasser aus Mekkas heiligem Brunnen Semsem gebracht, den Gott schuf, um Ismael und Hagar vor dem Verdursten zu bewahren, und der auf wundersame Weise niemals versiegt ist. Prinz Abdullah brachte Safran, dem heilende Kräfte zugesprochen werden. Ein Scheich hatte über den Geschenken Koranverse rezitiert, und Prinz Abdullah bestand darauf, das Wasser und den Safran eigenhändig zuzubereiten. Er gab zwei Teelöffel Safran in ein Glas mit Semsem-Wasser und sah aufmerksam zu, wie der König dieses Glas austrank. Abdullah wirkte sehr bewegt. Hussein war von dieser Geste der Zuneigung tief gerührt. Er schrieb Prinz Abdullah später dann einen sehr gefühlsbetonten Brief.

Während der Behandlung in der Mayo-Klinik hatte Hussein ständig mit Übelkeit zu kämpfen. Scheich Sajed und seine Frau Fatima aus den Vereinigten Arabischen Emiraten verwöhnten uns während unseres Klinikaufenthaltes mit enormen Mengen arabischer Köstlichkeiten. Diese Leckereien erhielten wir mit den regelmäßigen Lieferungen von Essen und anderen Gegenständen des täglichen Bedarfs, mit denen die beiden Wohltäter ein Familienmitglied versorgten, das zur gleichen Zeit in der Mayo-Klinik behandelt wurde. Die beiden waren außerordentlich großzügig und standen in regelmäßigem Kontakt mit uns, wie Sultan Kabus von Oman und seine Schwester Umajmah Bint Said, die nach dem Tod ihrer Mutter in deren Sinn weiterwirkte. Wir waren die glücklichen Empfänger unserer arabischen Lieblingsgerichte sowie von Datteln, Godiva-Schokolade und anderen Köstlichkeiten, mit denen wir auch die Kinderstation beglückten.

Mein Mann konnte wegen der Infektionsgefahr keine anderen Patienten in der Klinik besuchen, deshalb ging ich so oft wie möglich auf die Kinderstation und vertrat dabei uns beide. Halloween war ein besonders denkwürdiges Ereignis. Ich erinnerte mich daran, wie oft Kinder schon von meiner unspektakulären Erscheinung enttäuscht gewesen waren, wenn »die Königin« zu Besuch kam. Deshalb ließ ich mir etwas einfallen. Ich trieb einen großen, kunstvollen spanischen Steckkamm auf, der mit Goldfiligran verziert durchaus an ein Diadem erinnern konnte, und ich kleidete mich in einen langen, wallenden Kaftan. In dieser Montur ging ich zu einem Fest auf der Kinderstation, begleitet von unserer Krankenschwester Burdett Rooney, die in Verbände eingewickelt war, und erzählte dort, sie sei die Mumie der Königin.

Diese Besuche waren für die Familienangehörigen vielleicht noch wichtiger als für die mutigen kleinen Patienten. Ich selbst hatte gelernt, dass Ablenkung, Unterhaltung und eine innige Umarmung für Menschen, die mit dem Entsetzen fertig werden müssen, das die Krebserkrankung eines geliebten Menschen mit sich bringt, manchmal die größte Hilfe sind.

Richard Klausner, der Direktor des Nationalen Krebsinstituts (National Cancer Institute) in Washington, war einer der renommierten Krebsspezialisten, den die Mayo-Klinik in Sidis Fall zu Rate zog. Mit ihm sprach ich umgehend über die Entwicklung von Beziehungen zwischen dem NCI und unserem neu gegründeten Krebszentrum al-Amal in Amman. (Nach den Berichten von einer Krebserkrankung Husseins im Jahr 1992 waren Tausende von Spenden aus Jordanien und der ganzen Region eingegangen, was uns die Verwirklichung dieses seit langem geplanten Projektes ermöglichte.) Das Krankenhaus hatte zwar alle Voraussetzungen für die Entwicklung hin zu einem regionalen Krebszentrum, kämpfte aber mit einer Reihe von Problemen organisatorischer und finanzieller Art. Dr. Klausner und ich schafften es, einen arabisch-amerikanischen Onkologen und Krebsforscher am NCI und den National Institutes of Health für den Aufbau einer Partnerschaft auf dem Gebiet der Onkologie zu gewinnen. Dazu gehörten der Austausch von Fachwissen und Personal, außerdem Forschungsförderung und Verbesserungen in der Infrastruktur unserer Klinik, zum Beispiel der Aufbau von Leitungen für Telemedizin zum NCI.

Mein Mann kannte während seines Aufenthaltes in der Mayo-Klinik keine Arbeitspausen. Die Regierungsbeamten aus Jordanien gaben sich in Husseins Suite die Klinke in die Hand, und er telefonierte sehr viel. In Jordanien wurden zu jener Zeit verschiedene Institutionen privatisiert. Das schwierigste Projekt war das Telekommunikationsnetz, denn zahlreiche Firmen konkurrierten um diesen Auftrag. Firmenvertreter versuchten, Kontakt mit dem König aufzunehmen, und oft landeten diese Leute bei mir, bevor sie durchkamen. Selbst beim Rollerskaten auf den Wegen rund um Rochester klingelte häufig mein Mobiltelefon. Jemand am anderen Ende bat mich dann zumeist hartnäckig, dem König eine Botschaft zu übermitteln.

Ich war fast ausschließlich mit Husseins Wohlergehen beschäftigt und damit, wie ich ihm die Kraft geben konnte, die er für seinen Kampf brauchte. Doch die Welt da draußen ließ uns keine Ruhe. Vom Umfang der Berichterstattung über Washingtoner Skandale entsetzt, schrieb ich in mein Tagebuch: »Die Fernsehnachrichten sind mit Sicherheit keine gute Therapie für ihn, aber es ist wenig anderes zu sehen. Beim Hinschauen wird einem übel, und wir wollen ihn doch heilen.«

Beunruhigend waren jedoch die Gerüchte über Husseins Gesundheitszustand, die in den internationalen Medien kursierten. Eines Tages rief unsere Tochter Iman in der Klinik an. Sie weinte wegen eines im Oktober erschienenen *Time*-Artikels, in dem ihr Vater im Grunde bereits abgeschrieben worden war. Ich las den Artikel nicht und versuchte andere Menschen auf Distanz zu halten. Es ging nur um Husseins Wohl, um nichts anderes. Wir mussten wegen Sidis Prognose ganz bestimmt keine wilden Spekulationen anstellen und uns wegen der Thronfolge auch nicht den Kopf zerbrechen. Hussein war sehr wohl noch am Leben. Seine Ärzte versicherten uns nach wie vor, die Chancen, diesen Kampf zu gewinnen, seien gut.

Ich wich selten von der Seite meines Mannes, eigentlich nur, wenn er darauf bestand. Er drängte mich, nach New York zu reisen, um dort bei den Vereinten Nationen die vierzigste Ratifikation des Abkommens zur Ächtung von Landminen bekannt zu geben. Das gab mir auch etwas Zeit für ein Gespräch mit dem UNO-Generalsekretär Kofi Annan, einem unserer besten Freunde. Er war wie immer sehr herzlich, klug und hilfsbereit. Während des gesamten Krankenhausaufenthaltes hielt er engen Kontakt mit meinem Mann.

Sidi bestand auch darauf, dass ich mich endlich der Augenoperation mit einem Laser unterzog, die urspünglich bereits im August von einem brillanten und überzeugend wirkenden Augenchirurgen in Jordanien hätte ausgeführt werden sollen. Ich hatte diese Operation abgesagt. Der Augenspezialist in der Mayo-Klinik empfahl George Waring, einen Arzt in Atlanta. Dieser nahm den Eingriff im Beisein meines jordanischen Arztes Chalid Scharif vor. Ich musste mich der Prozedur schließlich noch ein zweites Mal unterziehen, ohne freilich eine hundertprozentige Sehschärfe wiederzuerlangen. Dennoch war mein Sehvermögen enorm verbessert, und häufig kam ich jetzt auch ohne die vom Arzt verordneten Kontaktlinsen aus. Die neue Lasertechnik faszinierte meinen Mann. Er sah sich sogar eine Videoaufnahme des Eingriffs an. Ich selbst konnte das nicht mit anschauen.

Hussein hatte große Schwierigkeiten mit der durch seinen geschwächten Zustand ausgelösten Abhängigkeit von fremder Hilfe. Aber er war ein sehr anspruchsloser Patient. Immer wieder entschuldigte er sich für die Unannehmlichkeiten, die er uns bereite, und wir antworteten ihm immer wieder, dass wir glücklich seien, ihm helfen zu können. Wir versicherten ihm stets aufs Neue, dass das größte Privileg in unserem Leben darin bestehe, bei ihm zu sein, wenn er uns brauche, und das war die reine Wahrheit.

Seit ich Hussein kannte, hatte er stets erklärt, er wolle im Alter niemandem zur Last fallen. Und jetzt war es so weit: Er war ein relativ junger Mann von 62 Jahren und fühlte sich bereits als Last für die Seinen. In Wirklichkeit war eher das Gegenteil der Fall. Er war eine beständige Kraftquelle, er inspirierte die ganze Familie, seine Freunde, ja sogar das Klinikpersonal.

Kurz nach unserer Ankunft in der Mayo-Klinik hatte ich meinem Mann Rubin-Manschettenknöpfe geschenkt. Ich hatte Rubine gewählt, weil diesen Steinen traditionell eine Heilwirkung zugeschrieben wird. Die Kinder und ich hatten damit begonnen, eine Art Ritual zu zelebrieren, bei dem wir uns um Husseins Bett herum aufstellten und mit den Rubinen ganz sanft seine Haut streichelten. Wir wollten wirklich alles versuchen. Ich trug einen wundervollen Rubinring, ein Geschenk Husseins, das uns bereits während seiner ersten erfolgreichen Behandlung in der Mayo-Klinik begleitet hatte. Damals war ihm eine Niere entfernt worden. Nun legte ich den Ring niemals ab, weder beim Baden noch bei Nacht, noch beim Haarewaschen. Es hatte einfach eine beruhigende Wirkung auf Hussein, wenn er sah, dass ich ihn trug, so wie es auch mich beruhigte.

Wir sprachen niemals über die Möglichkeit, dass wir diesen Kampf verlieren könnten. Wir kämpften einen positiven Kampf – für das Leben, nicht gegen den Tod. Wir konzentrierten uns ausschließlich auf das, was uns im Leben und für unsere Arbeit wichtig war. Wir empfanden es als Wunder, überhaupt auf dieser Welt zu sein und einen Beitrag zu ihrer Entwicklung leisten zu können. Wir verbrachten viel Zeit damit, über unerledigte Dinge zu sprechen, die vor uns lagen: ein umfassendes arabisch-israelisches Friedensabkommen, wirtschaftliche Stabilität in Jordanien und weltweit wichtige Themen wie der Schutz der Umwelt und die Existenz von Massenvernichtungswaffen. Hussein machte sich Gedanken wegen der Dinge, die er seinem Gefühl nach noch nicht erreicht hatte. Ich versicherte ihm immer wieder, dass er, obwohl nicht all seine Ziele verwirklicht wurden, doch viel mehr erreicht hatte als nur einen historischen Friedensvertrag. Er hatte so viele Barrieren aus Vorurteilen und seit vielen Generationen bestehendem Hass überwunden. Durch seine Integrität, sein Mitgefühl und seine Versöhnungsbereitschaft hatte Hussein stets den besten Teil der islamischen und arabischen Kultur verkörpert. Er hatte so vielen Menschen durch sein persönliches Beispiel Hoffnung gegeben und damit seinem haschemitischen Erbe Ehre gemacht.

Mitte Oktober saßen wir in einer Prominenten-Suite im St. Mary's Hospital, einer separaten Einrichtung innerhalb der Mayo-Klinik. Dort bereitete das Personal die Räume vor, die mein Mann nach der bevorstehenden Knochenmarkstransplantation bewohnen sollte. Das Telefon klingelte, und Bill Clinton war am Apparat. Ich saß neben Hussein auf dem Sofa, während er mit dem Präsidenten sprach, dann mit Madeleine Albright, dann abermals mit Clinton. »Ich versichere Ihnen, wenn ich etwas tun kann, dann werde ich kommen, ganz egal, was die Ärzte sagen«, hörte ich Hussein sagen. Es stellte sich dann heraus, dass von den stagnierenden Friedensgesprächen zwischen Netanjahu und Arafat auf Wye Plantation die Rede gewesen war.

Glücklicherweise hatten die Ärzte damals den Eindruck, dass es dem König gut genug ging und er die Klinik verlassen konnte, denn die Gespräche waren vollkommen festgefahren. Die Israelis drohten bereits mit ihrer Abreise, die Amerikaner waren frustriert, und die Zeit lief uns davon. Zahlreiche in Oslo erzielte Übereinkünfte waren immer noch nicht umgesetzt. Es bestand nur noch wenig Hoffnung, dass der Stichtag 4. Mai für drei wichtige Punkte gehalten werden könnte. Diese Punkte waren der endgültige Status von Jerusalem, die Rückkehr der Flüchtlinge in ihre Heimat und der eigene Staat für die Palästinenser. Der Friedensprozess war ein Scherbenhaufen.

Wir flogen am 18. Oktober nach Washington und wussten zu diesem Zeitpunkt noch nicht, ob wir anschließend gleich nach Wye weiterreisen oder in River House eine Pause einlegen würden. Die Zeit reichte für eine Pause. Das gab Hussein die Gelegenheit, sich auszuruhen und die Kinder zu sehen. Am nächsten Tag flogen wir mit *Marine 1*, dem Hubschrauber des Präsidenten, nach Wye Mills. Dort wurden wir zum Houghton House gefahren, einem oberhalb des Wye River gelegenen wunderschönen Privathaus. Zuerst kamen die amerikanischen Unterhändler, dann die Palästinenser, um meinen Mann über den Stand der Dinge zu unterrichten. »Clinton sieht erschöpft und enttäuscht aus«, schrieb ich in mein Tagebuch. »Die Palästinenser sind schockiert, einige von ihnen den Tränen nahe. Sie sahen Hussein zum ersten Mal seit dem Ausbruch der Krankheit.« Arafat und seine Berater, die aus Sicherheitsgründen normalerweise immer in Bewegung sind, schienen dieses seltene Zwischenspiel mit festem Aufenthalt zu genießen. »Arafat fährt wie wild mit dem Golfwagen herum und probiert ein Fahrrad aus«, notierte ich.

Im Gegensatz dazu herrschte bei den Amerikanern eine Atmosphäre der Entmutigung und Resignation. »Die Amerikaner sind der Ansicht, sie hätten jetzt genug Zeit und Energie investiert«, hielt ich fest. »Sie können nicht so recht glauben, was ihnen die Israelis zugemutet haben. Nach Meinung der Amerikaner hatten sich die Israelis auf ein leichtes Spiel mit einem skandalgeschwächten Präsidenten eingestellt, während er in Wirklichkeit in den Meinungsumfragen immer noch sehr gut dasteht.« Die Palästinenser wurden dagegen für ihre entgegenkommende Haltung gelobt. »Niemand scheint etwas Genaues über die Absichten der Israelis zu wissen, aber alle stimmen in der Einschätzung überein, dass es dem Premierminister an Weitblick fehle, ebenso an staatsmännischer Haltung und an vernünftiger, konsistenter Beratung«, notierte ich.

Ich hatte mich mit meinem Mann darauf geeinigt, dass er sich zwischen seinen Terminen ausruhte, wenn ich ihn dafür mit Geleebonbons versorgte, einem der wenigen »Nahrungsmittel«, das er noch genießen konnte. Wir saßen draußen vor dem Haus in Liegestühlen, in Decken gewickelt und mit Fleecehüten geschützt, und sahen uns den Sonnenuntergang an. Wir schlürften heiße Rinderbrühe, beobachteten die Wildgänse, die sich zur Nachtruhe niederließen, und gelegentlich waren auch Weißwedelhirsche zu sehen. Unterdessen versorgten uns Husseins Mitarbeiter mit detaillierten Berichten über den Verlauf der Gespräche. Es war ein wunderbarer Sonnenuntergang und ein schöner, von Frieden und Hoffnung erfüllter Augenblick. Kanadagänse hatten uns während unserer Zeit in der Mayo-Klinik begleitet, und jetzt sahen wir sie wieder, hier in Wye. Sie schließen eine lebenslange Partnerschaft, und ihre Schönheit und Eleganz lösten nicht nur romantische Gefühle in uns aus, sie wirkten auch aufmunternd.

An jenem Abend trafen sich mein Mann und Präsident Clinton noch mit Netanjahu und den Israelis, zu deren Delegation auch Außenminister Ariel Scharon gehörte. Jizhak Rabin hatten seine militärischen Erfahrungen letztlich zu der Erkenntnis geführt, dass Sicherheit nur auf der Basis von gegenseitigem Respekt, Gerechtigkeit und Dialogbereitschaft zu erlangen war. Hussein wiederum hatte damals gehofft, dass sich Scharon in seiner Eigenschaft als ehemaliger Soldat, so wie Rabin, diese aus der Praxis gewonnene Weisheit zu Eigen machen würde. Doch Husseins bisherige Erfahrungen mit Ministerpräsident Netanjahu waren nicht sehr vielversprechend gewesen. Netanjahu blieb bei seiner Linie und vermied auch in Wye jedwedes substanzielle Gespräch mit meinem Mann. Netanjahu sagte, das Abkommen werde dem israelischen Volk nur schwer zu vermitteln sein, was Hussein für einen bloßen Vorwand hielt.

Etwas später an jenem Abend verließen wir Wye trotz meiner Bedenken mit dem Ziel River House. »Lass uns nicht nach Hause fahren«, sagte ich zu meinem Mann, »lass uns hier bleiben, bis die Gespräche abgeschlossen sind.« Ich drängte Hussein, weil der Verständigungsprozess so brüchig wirkte und weil die Gespräche von seiner Erfahrung und seiner aufmunternden Präsenz fast immer zu profitieren schienen. Aber ich wurde überstimmt. River House war nicht so weit weg, und unsere Krankenschwester wie auch Hussein waren der Ansicht, dass mein Mann im eigenen Bett besser schlafen würde. Unmittelbar nach unserer Ankunft in River House sandten Scharon und Verteidigungsminister Jizhak Mordechai meinem Mann beruhigende Botschaften: Sie wollten für einen erfolgreichen Abschluss der Verhandlungen sorgen.

Wir gingen in River House nicht ins Bett, sondern warteten angespannt auf neue Informationen. Dann trafen die Hiobsbotschaften ein: Scharon hatte Wye verlassen. Netanjahus Flugzeug wurde für den Abflug vorbereitet, auch seine Delegation packte bereits die Koffer. Mein Mann sprach mit Clinton, der wieder im Weißen Haus war, und überzeugte den Präsidenten, auf einen nächtlichen Versuch, Netanjahu doch noch zu einem Verzicht zu bewegen. Für den Fall, dass Netanjahu seine Drohung mit der Abreise wahr machen sollte, versprach Hussein dem Präsidenten, er werde an seiner Seite stehen und öffentlich erklären, warum die Gespräche gescheitert waren. Clinton müsse diese Last dann nicht alleine tragen. An diesem Abend gingen wir zu Bett und wussten nicht, was der nächste Tag bringen würde, aber es sollte sich herausstellen, dass Netanjahu geblufft hatte. »Hussein hat den Präsidenten überredet, und er wird von den Morgennachrichten bestätigt, denn die Israelis sind immer noch da. Aber die Achterbahnfahrt geht weiter«, schrieb ich in mein Tagebuch. »Man bittet uns, am Donnerstag zu einem weiteren Vermittlungsversuch in letzter Minute nach Wye zurückzukehren.«

Abermals fuhren wir also nach Wye zurück. »Sie können sich ein Scheitern nicht leisten«, sagte der König den beiden Staatsmännern aus Nahost und ihrem jeweiligen Beraterstab. »Sie schulden ihren Völkern, ihren Kindern und künftigen Generationen einen Erfolg.« Beide Seiten arbeiteten den ganzen folgenden Tag und die ganze Nacht hindurch, schließlich, am Freitag bei Tagesanbruch, war ein Abkommen formuliert. Es war, gelinde gesagt, ein bescheidener Kompromiss. Israel sicherte den Palästinensern lediglich die Rückgabe von 13 Prozent des besetzten Westjordanlandes zu, außerdem die Entlassung einiger palästinensischer Gefangener, aber ein kleiner Fortschritt war besser als gar keiner. Der Friedensprozess war gerettet, und mein Mann nahm Clintons Einladung an, der Unterzeichung des Wye-Memorandums am 23. Oktober 1998 im Weißen Haus beizuwohnen.

Ich sah Hussein zusammen mit den vier anderen Staatsmännern den roten Teppich zum Podium im East Room hinunterschreiten, sah dabei nur seinen unerschütterlichen Glauben und seinen Mut – eine schöne, kraftvolle Konstante in unserem Leben. Später sollte ich dann erfahren, wie geschockt die Menschen in aller Welt von seiner äußeren Erscheinung gewesen waren, aber ich war an den Haarausfall und Gewichtsverlust bereits gewöhnt und dachte, dass Hussein überzeugend wirkte, als er, zwischen langjährigen Feinden platziert, sein Plädoyer für den Frieden hielt. »Wir streiten uns, und wir versöhnen uns wieder«, sagte er. »Wir sind freundlich, und wir gehen auch unfreundlich miteinander um. Aber wir haben nicht das Recht, durch unverantwortliches oder engstirniges Handeln die Zukunft unserer Kinder und Enkel zu bestimmen. Es hat genug Zerstörung gegeben, genug Tote, genug Verschwendung. Es ist Zeit, gemeinsam zu neuen Ufern aufzubrechen, mit unseren Völkern, die einen Platz unter der Sonne einnehmen sollen, der ihnen, den Nachfahren der Kinder Abrahams, zusteht.«

Hussein sollte schließlich im Jahr 1998 für den Friedensnobelpreis nominiert werden. Es war die Anerkennung für die vielen Jahre seiner Friedensbemühungen im Nahen Osten, die schließlich darin gipfelten, dass Hussein vom Krankenbett aufstand, um in Wye Plantation beim Abschluss des palästinensisch-israelischen Zwischenabkommens zu helfen. Der Preis sollte in jenem Jahr letztendlich den politischen Führern in Nordirland zuerkannt werden, aber der König war bereits durch seine Nominierung geehrt. Wichtiger war die Anerkennung, die er nach Wye für sein langjähriges Engagement für Frieden und Versöhnung im Nahen Osten erhielt.

Nach unserer Rückkehr in die Mayo-Klinik unterzog sich mein Mann einer weiteren Knochenmarkspunktion. Es war die fünfte oder sechste, aber diesmal war das Zusehen besonders qualvoll. Hussein stand unter Vollnarkose und fühlte keinen Schmerz, aber zu sehen, wie sie mit seinem Körper umgingen und mit Brachialgewalt den Knochen anbohrten, war eine so verstörende Erfahrung, dass eine neue Krankenschwester, die diese Prozedur mit ansehen musste, in Ohnmacht fiel. Ich konnte mir sehr gut vorstellen, was in dieser Frau vorging, denn ich war selbst erschüttert von den Qualen, die Husseins Körper erdulden musste.

Husseins Schwester Basma und sein Bruder Mohammed reisten aus Jordanien an, um Knochenmark zu spenden. Sie waren die beiden einzigen Familienmitglieder, denen Zellen für eine Transplantation entnommen werden konnten. Ich besuchte die beiden nach den Eingriffen, und sie ertrugen tapfer die Schläuche und die intravenösen Kanülen. Hussein war seinen Geschwistern für ihr liebevolles Opfer zutiefst dankbar. Ich war den Tränen nahe, als mir Basma kurz vor dem Abschied eine wundervolle goldene Nadel schenkte, auf der ein Paar Kanadagänse abgebildet war.

Ich versuchte in dieser Zeit mein inneres Gleichgewicht durch körperliches Training wiederzufinden und ging wieder mehr an die frische Luft. Einmal waren Burdett Rooney und ich an einem für diese Jahreszeit ungewöhnlich warmen Morgen auf Rollerblades unterwegs. Wir kamen gerade über eine Brücke, als in der Nähe ein Flug Wildgänse aufstieg. Die Vögel zogen über uns hinweg, ich sah zu ihnen auf, und mein Blick fiel auf die einzige weiße Gans in diesem Schwarm. War das ein Zeichen, ein böses Omen? Der Vogel flog immer höher, in den Himmel hinein. Ich beobachtete das Tier, das so plötzlich meine Gefühle angesprochen hatte, bis es aus dem Blickfeld verschwand.

Wir alle waren sehr gespannt auf die Ergebnisse von Husseins letzten Tests, und ich verbrachte eine weitere Nacht mit Gebeten. Ich flehte zu Gott und bat um Trost, Vertrauen und Genesung für Hussein. Bei den Tests waren keine Spuren von Krebszellen gefunden worden.

Ich tat, was ich konnte, um einen Artikel der *New York Times* von Hussein fern zu halten. Er war eine Woche nach Wye erschienen und trug die Überschrift »König Hussein kränkelt. Sein Bruder wartet.« Der Text enthielt unter anderem eine Beschreibung eines durch »Chemotherapie gespenstisch veränderten Mannes«, was wiederum vielen Leuten erstmals vor Augen führte, »wie schwer ihn die Krebskrankheit gezeichnet hat«. Hinzu kamen noch angebliche Zitate von Kronprinz Hassan, der meinen Mann als »Symbolgestalt für das Volk« bezeichnete und sich selbst als »näher am Tagesgeschehen« ein-

ordnete. Hinzu kam noch ein Zitat von Hassans Schwiegersohn, dem jordanischen Informationsminister, der angeblich
gesagt haben sollte, Hassan habe sich »33 Jahre lang auf diesen Job vorbereitet«. Das war genau die Art von Neuigkeit,
die Hussein nicht erreichen sollte, aber irgendjemand gab ihm
dennoch die Zeitung, und der Text regte ihn sehr auf. Er machte sich Sorgen wegen der Rückschläge, die die Wirtschaft und
den Aktienmarkt schwer getroffen hatten, und beschloss deshalb, sich direkt an das jordanische Volk zu wenden.

Der König gab dem jordanischen Fernsehen am 13. November ein Interview, in dem er unserem Volk berichtete, dass bei
den letzten Tests keine Anzeichen von Lymphomen gefunden
worden seien. »Ich danke Gott, dass alles auf gute Weise vo-
rangeht«, sagte er. »So Gott will, ist dies die letzte Phase der
Behandlung, danach werde ich nach Hause zurückkehren.«
Die Mayo-Klinik bestätigte diese positive Sicht seines Gesundheitszustandes in einer Stellungnahme. »Seine Majestät befindet sich in kompletter Remission von Lymphomen«, ließ die
Klinik verlauten. Weiterhin wurde erklärt, der König werde
sich noch einer Transplantation eigener, gesunder Stammzel-
len unterziehen, einem standardisierten Eingriff, der eine permanente Remission sichern solle.

Der glücklichste Augenblick während unseres Aufenthaltes
in der Mayo-Klinik war die Feier zu Husseins 63. Geburtstag
in Anwesenheit fast aller seiner Kinder. Abdullah hatte mich
aus Amman angerufen und gesagt, er müsse aus dienstlichen
Gründen zu Hause bleiben. Gleichzeitig fragte er, ob sein Vater
dies verstehen würde. Ich antwortete ihm, dass gerade Hussein dies ganz bestimmt voll und ganz verstehen werde, und
dass er, Abdullah, im Geiste bei uns sein werde. Abir war aus
schulischen Gründen unabkömmlich, aber Alia, Feisal und seine Frau, Sein und Aischa, Haja, Hamsah, Haschim, Iman und
Raijah umgaben Hussein bei diesem Geburtstagsfest mit ihrer
Liebe und Freude. Auf dem Kuchen, den jemand heimlich
bestellt hatte, waren wir beide in unseren Liegestühlen beim
Sonnenuntergang in Wye abgebildet. Das allerschönste Geschenk, das ich mir bei diesem Geburtstag vorstellen konnte,
war ein Besuch unserer lieben Freundin Jo Malone, der engli-

schen Hautpflege-Spezialistin und talentierten Schöpferin von Parfums, kosmetischen Ölen und Hautpflegemitteln. Sie hatte den langen Weg von New York nach Minnesota zurückgelegt, um Hussein eine ihrer außergewöhnlichen, schmerzlindernden Behandlungen zu schenken.

Ich verließ Hussein für kurze Zeit, um an der Feier zum 50. Jahrestag des World Conservation Congress (von der UNESCO und der französischen Regierung 1948 gegründete Naturschutzorganisation mit Sitz in der Schweiz; A.d.Ü) in Paris teilzunehmen, dann reiste ich nach Spanien, um mit Königin Sophia und der königlichen Familie ihren 60. Geburtstag zu feiern. Erst dort entdeckte ich, dass sich die Schmutzkampagne über den Gesundheitszustand meines Mannes und gegen mich selbst sich in ganz Europa ausgebreitet hatte. Es gab Berichte, ich sei Jüdin und mit Rabin irgendwie verwandt. Außerdem würde ich mich, unterstützt durch amerikanische Zionisten, unermüdlich und rücksichtslos dafür einsetzen, dass der Bruder meines Mannes als Kronprinz durch Hamsah ersetzt werde. Nach anderen Berichten waren überall in Amerika anstelle der Bilder von Hussein Porträts von Hassan plakatiert worden. Außerdem habe Hassans Frau Sarwath bereits damit begonnen, das Büro meines Mannes im Diwan neu einzurichten. Der stete Strom von Gerüchten aus Jordanien kostete mich und meinen Mann viel Kraft. Die Art und Weise, in der die Leute miteinander umgingen, ein Kampf »jeder gegen jeden« unter Ausnutzung der Krankheit meines Mannes, bedrückte uns alle, besonders aber die Kinder.

Wir verbrachten Weihnachten gemeinsam mit den Kindern im Krankenhaus. Raijah hatte ihr ganzes Geld ausgegeben und für uns alle Geschenke gekauft, und wir gaben uns alle Mühe, das Fest im durch Krankenschwestern, Ärzte und weiteres medizinisches Personal vergrößerten Familienkreis gebührend zu feiern. Es war Ramadan, und wir fasteten, also veranstalteten wir kein großes Festessen, aber wir waren voll Dankbarkeit, weil wir zusammen sein durften.

Schließlich ging unsere Zeit in der Mayo-Klinik zu Ende. »Wir beginnen nach fünfeinhalb Monaten mit dem Packen, und ich ringe mit Hoffnungen und Ängsten, die keine fest umrissene Grundlage haben«, schrieb ich in mein Tagebuch. »Viele Gebete und die Erneuerung des Glaubens müssen meine Zuflucht sein.« Wir gaben eine weitere Presseerklärung heraus, bevor wir das Krankenhaus verließen. Darin teilten wir mit, dass Husseins Krebserkrankung beim Verlassen des Krankenhauses in Remission übergegangen sei, aber es werde fünf Jahre dauern, bevor man von einer permanenten Remission sprechen könne. Hussein und ich hielten es im Interesse unseres Volkes für sehr wichtig, dass die Stellungnahme medizinisch exakt, ehrlich und verständlich war; deshalb berieten wir uns vor der Veröffentlichung noch mit den Ärzten. Unser Abschied vom Krankenhaus verlief fröhlich und in festlicher Stimmung. Alle Ärzte und Krankenschwestern kamen vor die Tür und winkten, als einer ihrer Lieblingspatienten mit seinem silbernen VW-Käfer davonfuhr, gefolgt von Familienangehörigen, Leibwächtern, unserem jordanischen Personal und unserem treuen Arzt Samir Farradsch.

Den Neujahrstag 1999 verbrachten wir in River House. Abir, Haja, Ali, Hamsah, Haschim, Iman und Raijah waren bei uns. Zum Ende der Weihnachtsferien gab es einen tränenreichen Abschied von Hamsah, der nach Sandhurst zurückmusste. Etwa eine Woche später bereitete sich mein Mann auf seine Reise nach England vor, wo er sich weiter erholen wollte, bevor er nach Jordanien zurückkehrte. Er war immer noch sehr schwach und ging nur gelegentlich mit Iman und mir im Garten spazieren. Dabei trug er seine englische Jägermütze, um seinen Kopf warm zu halten, und eine Gesichtsmaske, um sich gegen Infektionen zu schützen. Hussein benutzte jetzt auch wieder einen Spazierstock. Ein Grund dafür war seine anhaltende Schwäche, andererseits aber hatte er Spazierstöcke immer gemocht und auch gesammelt. Außerdem gestand er mir, begleitet von wortreichen Entschuldigungen, dass er wieder mit dem Rauchen angefangen hatte. Insgesamt war er also fast wieder der Alte.

Wir besuchten Hamsah in Sandhurst, und kurz darauf überraschte Kronprinz Hassan seinen Bruder mit einem Besuch in London. Hassan hatte wegen zahlreicher Verpflichtungen in Jordanien seinen Bruder nie in der Mayo-Klinik besucht, deshalb löste seine überraschende Ankunft in England eine neue Welle von Spekulationen in der Presse aus. Die Nachfolgefrage belastete meinen Mann mit Sicherheit. Eine der schwierigsten Aufgaben, die er sich selbst gestellt hatte, war, die Zukunft der Familie wie auch des ganzen Landes in sichere Bahnen zu lenken. Über dieses Thema hatte er jahrelang laut nachgedacht, und natürlich bekam es in der Mayo-Klinik überrragende Bedeutung. Hussein hätte sich für die Idee, seinen Nachfolger vom haschemitischen Familienrat auf der Basis bisheriger Verdienste nominieren zu lassen, die Unterstützung von Kronprinz Hassan gewünscht. Ein solches Verfahren hätte auch eine Änderung der Verfassung erfordert. Diese sah damals für die Nachfolge des Königs den ältesten Sohn oder, seit 1965, einen Bruder des Monarchen vor.

Einige Tage vor unserer geplanten Abreise nach Jordanien ließ Hussein in England eine Fernsehansprache aufnehmen, um seine unmittelbar bevorstehende Rückkehr anzukündigen: »Jetzt, nach meiner vollständigen Genesung, die ich der Gnade Gottes verdanke, wird es nur noch einen Wimpernschlag lang dauern, bis ich wieder in eurer Mitte bin.« Am folgenden Tag bekam er leichtes Fieber. Dies veranlasste Dr. Gastineau, einen Arzt des medizinischen Teams, das uns seit der ersten Abreise aus der Mayo-Klinik begleitet hatte, zu einer Empfehlung: Bei der letzten geplanten Untersuchung im St. Bartholomew's Hospital in London sollte Hussein nicht nur die übliche Bluttransfusion bekommen, sondern sich noch einmal einer Knochenmarkspunktion unterziehen, die eine Erklärung für das Fieber liefern könnte. Dieser Vorschlag hatte eine bedrückende Wirkung. »Husseins Stimmung fiel auf den Nullpunkt«, schrieb ich in mein Tagebuch. »Er schien sich vor Furcht ganz in sich selbst zurückzuziehen, vor allem, weil er seine Rückkehr bereits öffentlich angekündigt hatte.«

Richard Verrall flog uns für die medizinischen Tests in London von Buckhurst zum Hubschrauberlandeplatz beim Kensington Palace. Auf die Ergebnisse mussten wir 48 Stunden warten, inzwischen setzten wir unsere Vorbereitungen für die geplante Heimreise fort. Hussein hielt seine Rückkehr nach

Jordanien für sehr wichtig, damit er noch in dieser Phase der Remission tun konnte, was zu tun war. Haschim und Raijah, dann auch noch Haja und Iman trafen ein, um mit uns nach Hause zu fliegen, wo uns, wie wir sicher wussten, eine emotionale Begrüßungszeremonie erwartete. Hamsah kam nicht mit uns, denn er hatte gemeinsam mit meinem Mann beschlossen, dass es für ihn zu anstrengend sei, mitten aus der militärischen Ausbildung in Sandhurst heraus nach Amman ein- und bald danach wieder auszufliegen. Ich war mit dieser Entscheidung vollkommen einverstanden. Es war für Hamsah auch besser, nicht mit den anhaltenden Spekulationen über die Nachfolgefrage konfrontiert zu werden. Und sein Bruder Haschim wuchs in dieser Situation an der Seite seines Vaters über sich hinaus.

Unmittelbar vor dem Abflug begaben wir uns noch zu einer letzten Bluttransfusion in das Londoner Krankenhaus, und es gab auch noch eine letzte wohltuende Behandlung durch Jo Malone. Am Abend vor unserer Abreise unterschrieb Hussein noch Briefe für einen wohltätigen Zweck zugunsten einer Aktion der Königlich Jordanischen Luftwaffe. Ich verbrachte eine schlaflose Nacht im Gebet und hoffte, dass Hussein die Kraft haben würde, selbst die Gangway hinabzusteigen, zu beten, sobald er den Heimatboden betrat, die Menschen zu begrüßen und ohne Zwischenfälle im Auto nach Hause zu fahren.

Der Himmel weinte

Wir verließen England am Morgen des 19. Januar 1999 um
7.55 Uhr an Bord einer Gulfstream 4. Gleich nach dem Start
war eine Kampfflugzeug-Eskorte der 6. Schwadron der Royal
Air Force an unserer Seite, und als wir in den französischen
Luftraum eintraten, übernahmen französische Kampfflugzeuge diese Aufgabe. So ging es weiter: Über Italien waren wir in
der Obhut italienischer Jets, über israelischem Territorium
eskortierten uns israelische Kampfflugzeuge.

Schließlich, auf der letzten Etappe, begleiteten uns Maschinen der jordanischen Luftwaffe. Hussein saß trotz seiner enormen Müdigkeit die ganze Strecke selbst am Steuerknüppel, bis
auf eine kurze Mittagspause. Dieses Ehrengeleit war die schönste nur denkbare Ehrenbezeigung für meinen Mann, der das
Fliegen so liebte. Unsere Kinder waren zuweilen recht beunruhigt, weil die Kampfjets so dicht an unserer Seite flogen. Wir
konnten fast die Namensschilder auf den Uniformen der Piloten lesen.

Beim Anflug auf Amman regnete es. Es war ein kalter Regen-
guss, der in unserem Teil der Welt als größter Segen der Natur
empfunden wird. Bis zu diesem Augenblick hatte es den
ganzen Winter nicht geregnet. Dies war ein Geschenk, das dem
Allmächtigen zugeschrieben wurde, was meinem Mann besonders gefiel. Hussein drehte in freudiger Erregung über die
Rückkehr nach so langer Zeit noch eine Runde über Amman,
bevor wir uns auf die Landung vorbereiteten, auf die
vermutlich eine enthusiastische Begrüßung folgen würde.

Wir alle im Flugzeug umschwärmten Hussein. Unsere Töchter und Haschim halfen ihm, seinen Schal und die Kufija zu arrangieren. Der König schritt trotz seiner körperlichen Schwäche sehr würdevoll die Gangway hinab, und als er jordanischen Boden berührte, kniete er nieder und betete. Ich stand in seiner Nähe und betete mit ihm, wir sprachen das als Fatiha bekannte muslimische Gebet und dankten Gott für Husseins glückliche Heimkehr. Wir begrüßten alle Familienmitglieder, die Bediensteten des Hofes und die prominenten arabischen Gäste. Dann begaben wir uns in eine Flugzeughalle zu einem Empfang, zu dem Regierungsvertreter, die Presse sowie eine Reihe von Ehrengästen geladen waren.

Wie üblich versuchte ich mich im Hintergrund zu halten, wenn Hussein im Mittelpunkt der allgemeinen Aufmerksamkeit stand. Bei diesem Anlass zog er mich aber an seine Seite, und als er mit den Journalisten sprach, war ich überrascht, ja sogar peinlich berührt, als er plötzlich sehr wohlwollend auch von mir sprach. Dieser namentliche Hinweis war bemerkenswert, weil wir so gut wie nie in der Öffentlichkeit übereinander sprachen.

Die Heimfahrt war eine sehr nasse Angelegenheit – und ein von Euphorie getragenes Erlebnis. Hussein ließ das Schiebedach öffnen. Er stand die ganze Zeit aufrecht im Wagen, trotzte eiskaltem Regen und Wind und winkte der Menge am Straßenrand zu. Ich wollte ihm das ausreden, aber er blieb auf der gesamten Strecke bis nach Bab al-Salam stehen. Wenn die Menschen stehen konnten, die hier im eisigen Regen die Straßen säumten, dann wollte er das auch tun. Ich stützte seine Beine, um ihm das Stehen zu erleichtern. ›Welches andere Staatsoberhaupt auf dieser Welt würde so etwas für sein Volk tun?‹, fragte ich mich. ›Welches andere Volk würde bei diesem Wetter eine solche Zuneigung beweisen?‹

Die Feier wurde in Bab al-Salam fortgesetzt, wo wir völlig durchnässt, aber in ausgelassener Stimmung ankamen. Das gesamte Personal stand draußen auf der Eingangstreppe, um uns zu begrüßen. Hanna Farradsch, der Kameramann des jordanischen Fernsehens, folgte uns bis ins Haus. Er zeichnete auf, wie ich mit Emphase *Jella, Hamaam* sagte. Das war an meinen durchnässten Mann gerichtet und bedeutet »Okay, es

460

ist Zeit für ein Bad.« Das Zitat wurde in den Abendnachrichten gesendet.

Am nächsten Abend erfuhren wir, dass Husseins letzte Tests in England negativ gewesen waren. Diese Nachricht begeisterte uns alle. Aber die sechs Monate in der Mayo-Klinik waren eine permanente Achterbahnfahrt zwischen Hoffnung und Verzweiflung gewesen, und ich hatte gelernt, mit guten Nachrichten vorsichtig umzugehen. »Wie so oft in letzter Zeit bin ich hin- und hergerissen zwischen Feierstimmung und Vorsicht, die mir sagt, dass ich auf alles gefasst sein muss«, schrieb ich an jenem Abend in mein Tagebuch.

Hussein gab am nächsten Tag ein kluges Interview. Die Gesprächspartnerin war Christiane Amanpour, die angefragt hatte, ob sie für CNN über seine Rückkehr berichten dürfe. Der König warnte in diesem Gespräch vor den Bedrohungen für unser aller Sicherheit. »Der Terrorismus ist einer der furchterregendsten Aspekte des modernen Lebens, und [...] das Potenzial an Massenvernichtungswaffen wurde noch nie so wenig kontrolliert wie heute.« Hussein wirkte nachdenklich, als er nach den stolzesten Augenblicken seines Lebens gefragt wurde. Zunächst sagte er, es habe viele solcher Momente gegeben. Dann sprach er aber auch sein Bedauern über die Tatsache aus, dass er nicht immer in der Lage gewesen sei, die Krisen zu verhindern, die er heraufziehen sah, obwohl er stets sein Bestes versucht habe. Christiane fragte nach Kronprinz Hassan, und Hussein lobte die Leistungen seines Bruders in den Jahren als sein erklärter Nachfolger ausdrücklich. Die Interviewerin drängte auf eine Antwort zur Nachfolgefrage, und Hussein sagte: »Ich habe mir dazu Gedanken gemacht, aber noch nichts entschieden. Die endgültige Entscheidung lag stets bei mir. Ich habe die Verantwortung, obwohl dies zeitweise auch umstritten war, und ich werde zum passenden Zeitpunkt darauf zurückkommen.«

Das Echo ließ nicht lange auf sich warten. Noch am selben Abend traf sich Hassan zu später Stunde mit Regierungsbeamten und Vertretern von Armee und Geheimdienst, und alle waren tief besorgt wegen der Dinge, die auf uns zukamen. Prinzessin Basma, die Schwester meines Mannes, kam am nächsten Tag im Bab al-Salam an und war außer sich vor Sorge, weil dieses The-

461

ma so schnell in den Mittelpunkt des Interesses gerückt war. Mein Mann konnte sie nicht empfangen. Auch Hussein und ich hatten bisher keine Zeit gefunden, das Thema zu besprechen, aber ich versuchte Basma zu beruhigen, indem ich ihr sagte, ihr Bruder tue sein Allerbestes, um diese Frage so einfühlsam, so würdevoll und auch so brüderlich wie möglich zu lösen.

Hussein traf sich mit Hassan am 21. Januar, zwei Tage nach unserer Rückkehr. Nur die beiden Brüder kennen die Einzelheiten dieser Begegnung. Ich empfand große Sympathie für Hassan, denn die Nachfolgefrage hatte sich in Amman zu einem großen Drama entwickelt.

Hussein selbst hatte im Lauf der Jahre immer wieder verschiedene Optionen ins Gespräch gebracht. Jetzt traf er seine Entscheidung: Abdullah sollte Kronprinz werden. Es lag auf der Hand, die nächste Generation in die Pflicht zu nehmen. Abdullah war 37 Jahre alt und hatte an der School of Foreign Service der Georgetown-Universität in Washington, D.C., sowie in Oxford studiert. Wie sein Vater war Abdullah ein Absolvent der Militärakademie Sandhurst und hatte es bei den Special Forces der jordanischen Armee bis zum Rang eines Generalmajors gebracht. Das war wichtig, denn es würde ihm die Unterstützung der Streitkräfte sichern.

»Hamsah soll das tun, was mir nicht vergönnt war: Er soll seine Schulausbildung beenden. Und dann soll er Abdullah ein kritischer Partner werden«, sagte mein Mann zu mir. Ich unterstützte diese Entscheidung von ganzem Herzen. Es hatte einige Berichte in den Medien gegeben, über die sich Hussein sehr aufregte. Es wurde behauptet, ich drängte meinen Mann, Hamsah zu seinem Nachfolger zu ernennen. Ich hatte aber stets dafür plädiert, dass Hamsah die Gelegenheit zu einem Universitätsstudium erhalten sollte, um seine geistigen Interessen und Fähigkeiten zu entwickeln.

Mein Mann traf sich mit Abdullah, der anschließend um ein Gespräch mit mir bat. Abdullah war völlig überrascht von der plötzlichen Wendung, die die Dinge genommen hatten. Hassan war seit 1965 Kronprinz gewesen. Abdullah sagte mir, er sei davon ausgegangen, dass die Wahl seines Vaters für Hassans Nachfolge auf Hamsah fallen würde, und er war bereit gewesen, diese Wahl zu akzeptieren. Er hatte nie damit gerechnet, König zu werden. Ich antwortete Abdullah, es sei mir wichtig, ihm mitzuteilen, dass ich die Wahl seines Vaters voll und ganz unterstützte und absolutes Vertrauen zu ihm hätte. »Ich werde für dich da sein und die Wünsche meines Vaters in Bezug auf Hamsah respektieren«, sagte Abdullah. Ich versprach ihm, dass ich ihn in jeder Hinsicht unterstützen und alles in meiner Macht Stehende tun würde, damit er noch so viel Zeit wie möglich hatte, um sich mit seinem Vater zusammen in die neue Aufgabe einzuarbeiten. Als er schließlich ging, um seiner Frau Rania zu berichten, umarmte ich ihn innig. Er wirkte immer noch völlig verblüfft. »Ich bete für Abdullah und hoffe, dass ihm die Ereignisse auch noch Zeit für seinen Vater lassen werden«, schrieb ich in mein Tagebuch.

Mitten in diesem schmerzhaften Familiendrama war bei meinem Mann ein neues, quälendes Leiden aufgetreten: chronischer und nicht nachlassender Schluckauf, der sich zunehmend verschlimmerte. Es gab fast keine Pausen mehr. Das Ärzteteam versuchte alles, um die Krämpfe zu lösen. Schließlich mussten die Ärzte meinem Mann ein Narkosemittel geben, damit er schlafen konnte.

Sahar, die aufopferungsvoll arbeitende jordanische Krankenschwester, ging fast jede Nacht bei uns ein und aus, um nach Hussein zu sehen. Der Patient benötigte jetzt fast täglich Blut- und Plasmatransfusionen. Doch sein Zustand verbesserte sich nicht. Unsere Ärzte entschieden sich, eine Computertomographie sowie eine weitere Knochenmarkspunktion vorzunehmen. Während dieser Prozedur hielt ich die Hand meines Mannes und war verzweifelt angesichts des Traumas, das er noch einmal durchleben musste. Dr. Farradsch ließ mich aus dem Operationsraum rufen und teilte mir mit, dass die CT-Werte alarmierende Veränderungen angezeigt hätten. Ich ging zurück, um wieder Husseins Hand zu halten, bis der Eingriff beendet war. Unter der OP-Maske liefen mir die Tränen übers Gesicht, und ich verließ mehr als einmal den Raum, um die Fassung wiederzugewinnen. In all meinen Ehejahren hatte ich mich bemüht, Optimismus und Hoffnung zu verbreiten, so wie mein Mann mir das beigebracht hatte. Diesmal hatte ich das

Gefühl, es sei wichtiger als jemals zuvor, nicht verzagt oder verzweifelt zu erscheinen. Das galt ganz besonders hier, unter den Augen unserer jordanischen Ärzte und Techniker.

Nach dem Eingriff besprachen mein Mann und ich uns mit dem jordanisch-amerikanischen Ärzteteam, und unser schlimmster Albtraum wurde bestätigt: Der Krebs war zurückgekehrt. Die Ärzte beschrieben uns drei Möglichkeiten. Die erste war, meinem Mann das Leben so angenehm wie möglich zu machen, in Amman zu bleiben und auf medizinische Behandlung zu verzichten; die zweite war, zu Hause zu bleiben und es mit Chemotherapie zu versuchen, aber auch diese Behandlung würde ihn nicht heilen; die dritte Möglichkeit war, in die Mayo-Klinik zurückzukehren und eine weitere Transplantation zu versuchen. Dies war die gefährlichste Therapie, gleichzeitig aber die einzige Chance für eine Remission. Wir zögerten beide keinen Augenblick lang. Mein Mann sagte zu den Ärzten: »Wir gehen zurück.«

Hussein saß am Esstisch in unserem privaten Wohnzimmer und arbeitete an den letzten Details für die Änderung der Thronfolge. Er bereitete eine öffentliche Erklärung vor, in der er Hassan für die unschätzbare Unterstützung in all den Jahren dankte, die sein Bruder als Kronprinz gedient hatte. Hussein saß am Esszimmertisch, völlig ins Schreiben vertieft, und nippte nur etwas Tee. Seine Mitarbeiter sahen ab und zu nach ihm, aber er ließ sich nicht stören. Mein Mann verbrachte den Rest des Abends, indem er mit schwindenden Kräften den Brief an Hassan zu Ende schrieb. Es brach mir fast das Herz, ihn unter solchen Schmerzen arbeiten zu sehen. Hussein war so entkräftet, dass er immer wieder lange Pausen einlegen musste. Die Ärzte hatten mir gesagt, dass wir sofort in die Mayo-Klinik zurückkehren sollten, weil die Uhr für einen Eingriff ablaufen könnte. Aber Hussein war entschlossen, seiner Verantwortung nachzukommen und seinem Volk eine kontinuierliche Entwicklung und hoffnungsvolle Zukunft zu sichern. Um Mitternacht war der Entwurf schließlich fertig, und noch während die letzte Seite getippt wurde, traf sich Hussein mit seinem Bruder Hassan und seinem ältesten Sohn, dem soeben ernannten Kronprinzen Abdullah. Unmittelbar danach gab er seine Entscheidung den

Familienältesten bekannt, dann dem Ministerpräsidenten und den wichtigsten Vertretern des Parlaments, des Militärs und der Geheimdienste. Nachdem diese Last von ihm genommen war, blieben ihm vor unserer Abreise noch einige Stunden der Ruhe.

Der Brief wurde am folgenden Tag im jordanischen Fernsehen verlesen und den internationalen Medien ausgehändigt. Er wurde sehr kontrovers aufgenommen, aber dies war ein erster Entwurf und unter den gegebenen Umständen eine hervorragende Leistung. Hussein hatte sechs Stunden an diesem Text gearbeitet. Auf unserem Rückflug zur Mayo-Klinik gab er mir eine Kopie, die ich aber erst Monate später las. Ich war überrascht und sehr bewegt, als ich sah, dass er auch von mir gesprochen hatte: »Sie brachte mir Glück und sorgte während meiner Krankheit mit größter Liebe und Zuneigung für mich. Sie, die Jordanierin, die dieses Land mit jeder Faser ihres Herzens liebt, ist stolz darauf, die Interessen dieses Landes zu verteidigen und ihm zu dienen. Sie ist die Mutter, die all ihre Kräfte für die Familie einsetzt. Gemeinsam sind wir geistig und seelisch gewachsen, und sie hatte sehr viel zu erdulden, um sicherzustellen, dass ich gut versorgt wurde. Wie ich selbst hat sie zahllose Ängste und Schicksalsschläge erlebt, aber stets ihr Vertrauen auf Gott gesetzt und ihre Tränen hinter einem Lächeln verborgen. Aber auch den Pfeilen der Kritik ist sie nicht entkommen. Warum nicht? Weil es Karrieristen gibt, die den Gipfel erklimmen wollen, und als das Fieber stieg, dachten einige Leute, ihre Chance sei jetzt gekommen.«

Am folgenden Morgen nahm mich Burdett beiseite, um mir mitzuteilen, dass die aktuellen Blutwerte ziemlich beunruhigend ausgefallen waren. Mit sanfter Stimme schlug sie vor zu arrangieren, dass Hamsah uns auf dem Rückflug zur Mayo-Klinik begleitete. Ich wusste, dass Burdett die strengen Regeln kannte, die Hamsah in Sandhurst beachten musste, und ich fühlte, wie meine Zuversicht schwand, als mir klar wurde, was sie vor diesem Vorschlag bedacht hatte. Ich zog mich in mein Ankleidezimmer zurück und sank unter Tränen zu Boden. »Ich will meine Lebenssonne noch nicht verlieren, ich bin noch nicht bereit«, schrieb ich in mein Tagebuch. »Ich muss Vertrauen haben und positiv denken. Ich werde beten, beten, beten für seine Gesundheit, sein Glück und seinen Seelenfrieden. Wenn einer von uns von Gott abberufen wird, dann will ich es sein!« Wir reisten am folgenden Morgen, am 26. Januar 1999, mit der TriStar ab, eine Woche nach unserer Rückkehr nach Amman. Bei der Fahrt zum Flughafen saß Abdullah mit seinem Vater vorne, seine Frau Rania und ich hatten im Fond Platz genommen. Ich versuchte Rania ihre großen Ängste zu nehmen, denn sie hegte Bedenken, Prinz Hassan und einige andere Leute könnten versuchen, die Thronfolge zu ihren Gunsten zu ändern. Deshalb sagte ich ihr, ich vertraute darauf, dass die Beschlüsse seiner Majestät nicht umgestoßen würden. Regierungsvertreter mit aschfahlen Gesichtern, Mitarbeiter des Königshofes und die Familie waren am Flughafen versammelt, um ihrem geliebten Monarchen eine glückliche Reise zu wünschen. Hussein war sehr müde und schwach, doch er schüttelte Hände und hatte für jeden der wartenden Würdenträger ein paar gute Worte. Das kostete ihn mehr Energie, als er in dieser Situation aufbringen sollte, aber er tat es trotzdem.

Der Flug erschien mir endlos. Mit Richard Verrall hatten wir vereinbart, dass er in London Blut und Blutplättchen besorgen und uns bei unserem Tankzwischenstopp auf dem irischen Flughafen Shannon treffen sollte. Hamsah und Raijah würden mit ihm zu uns stoßen. Mein Mann bestand darauf, vor unserer Ankunft in Shannon geweckt zu werden, sodass er seine Kinder korrekt gekleidet, mit Mantel und Krawatte, begrüßen konnte. Das war wieder eine beträchtliche Anstrengung, aber Hussein begrüßte seine Kinder mit Umarmungen, mit einem Lächeln und aufmunternden Worten.

Als wir endlich in Rochester ankamen, bestand Hussein abermals darauf, die Formen zu wahren. Korrekt gekleidet, mit eiserner Disziplin und großem Mut stieg er ohne fremde Hilfe aus dem Flugzeug. Er blieb optimistisch, selbst als wir in das Zimmer zurückkehrten, in dem er den größten Teil der letzten sechs Monate verbracht hatte. »Okay, lasst uns anfangen«, sagte er zu den Ärzten.

Die Chemotherapie, die diesmal angewendet wurde, war für meinen Mann neu. Die Gefahr bei dieser Behandlungsmethode war, dass die rasche Zerstörung der Krebszellen zu potenziell tödlichen Stoffwechselanomalien führte. Hussein wurde wegen dieser Risiken auf die Intensivstation verlegt, wo er rund um die Uhr überwacht wurde. Diese Maßnahme versetzte Husseins Leibwächter in schreckliche Aufregung. Viele dieser Männer waren in den letzten sechs Monaten jeden Tag an unserer Seite gewesen. Sie verzichteten bewusst auf Urlaub, ja sie wollten nicht einmal zu ihren Familien nach Hause reisen. Sie hätten für Hussein ihr Leben geopfert, aber sie wussten nicht, wie man ihn vor dem Krebs schützen könnte. Die Intensivstation machte ihnen Angst. Immer wieder sagten sie, dass alle, die dort hineingegangen seien, nicht mehr lebend herausgekommen seien. Wir versuchten sie, so gut es ging, davon zu überzeugen, dass es keinen Grund zur Beunruhigung gebe.

Mein Mann verkraftete die neue Behandlungsmethode recht gut und erholte sich so weit, dass er in sein Zimmer zurückgebracht werden konnte, aber allmählich wirkte er verwirrt und wurde still. Er sprach immer weniger und suchte mit Augen und Mimik nach Antworten. Haja, Ali, Haschim, Iman und Raijah waren bei uns, und Hamsah wich nur selten von Husseins Seite. »Meine tapferen Kinder sind für uns Trost und Linderung. Sie beten für ihren Vater und lieben ihn auf eine Art, die ich niemals für möglich gehalten hätte«, schrieb ich in mein Tagebuch. Einmal wurde ich überredet, die jüngeren Mädchen und Burdett zu einem schnellen Abendessen auszuführen, aber Haja rief mich zurück, denn der Zustand ihres Vaters ängstigte sie. Hussein hatte zuletzt immer weniger gesprochen und schien sich ganz in sich selbst zurückzuziehen. Dann begannen seine Atembeschwerden.

Hamsah saß frühmorgens am Bett seines Vaters und sprach die Gebete, die den Patienten so oft getröstet hatten. Dabei bemerkte Hamsah diese Veränderung. Er rief Burdett, die ihrerseits die Ärzte alarmierte. Sie entschieden sich dafür, Hussein an ein Beatmungsgerät anzuschließen, nachdem sie mir zuvor in einem Gespräch die Risiken und den möglichen Nutzen dieser Prozedur erklärt hatten. Ich saß noch einen Augenblick in der Gesellschaft der Ärzte, dann fragte ich: »Können wir ihn nach Hause bringen?« »Natürlich«, lautete die Antwort, und meine nächste Frage war: »Wie schnell ist das möglich?« ›Wenn wir diesen Kampf verlieren, dann werden wir ihn nicht in Rochester, Minnesota, verlieren‹, dachte ich. ›Er soll nach Hause zu seiner jordanischen Familie.‹

Zwei Stunden später waren wir bereits in der Luft. Das gesamte Ärzteteam, Verwaltungs- und Hauspersonal, Apotheker, Therapeuten, die Flugzeugbesatzung – sie alle arbeiteten blitzschnell, um uns für die Reise vorzubereiten. Wir packten zusammen, fuhren zum Flughafen, und mit uns kamen zehn Ärzte, eine Krankenschwester, ein Atemtherapeut sowie die ganze Ausrüstung und alle Medikamente, die wir vielleicht brauchen würden. Wir starteten und beteten immer noch für ein Wunder, und wir hofften, dass Hussein noch lebte, wenn wir in der Heimat ankamen. Wieder hatten wir eine Kampfflieger-Eskorte, aber diesmal schenkte ihr niemand besondere Aufmerksamkeit.

Wir landeten in Shannon, wo Richard Verrall wieder auf uns wartete. Wieder war er aus London eingeflogen und hatte Sauerstoff, Blut- und Blutplättchenkonserven mitgebracht. Es war zwei oder drei Uhr nachts. Später sagte er, er werde nie vergessen, wie er auf der einsamen Landebahn gestanden habe. Plötzlich kam aus der Finsternis die TriStar auf ihn zu, mit der beleuchteten goldenen Krone am Heck. Ich bat Hamsah, Richard an Bord zu bringen, damit er sich persönlich von meinem Mann verabschieden konnte. Allen, die mitgeflogen waren, hatte ich dies angeboten. Wir waren so lange zusammen gewesen und hatten gemeinsam so viel durchgemacht. Es war einfach angemessen. Aber allen fiel es schwer, meinem Mann unter diesen Umständen zu begegnen. Er war so voller Leben gewesen, voller Energie. Jetzt lag er ganz still da.

Der kalte Regen peitschte gegen die Fenster des Krankenhauszimmers im King Hussein Medical Center in Amman. Mein Mann lag regungslos in seinem Bett. Draußen vor den Krankenhaustoren hielten Tausende von Jordaniern im strömenden Regen besorgt Wache. Am Tag nach unserer Rückkehr ging ich mit unseren Söhnen Feisal, Ali, Hamsah und Haschim zum Haupttor des Krankenhauses und bat die Menschen, mit mir für den König zu beten. Die allgemeine Verzweiflung war deutlich zu spüren. »Jeden Abend, wenn ich den

Tisch fürs Essen decke, dann decke ich für den König mit«, sagte eine Frau.

Im Krankenhaus versammelte sich die Familie meines Mannes, um sich von ihm zu verabschieden. Seine Brüder, die Schwester, seine Cousins, Neffen und Nichten, auch seine geschiedenen Frauen, alle waren gekommen, um für ihn, der bewusstlos dalag, zu beten, für dieses wunderbare Leben, das jetzt so schnell zu Ende ging.

Sein Zustand verschlimmerte sich so rasch und unerwartet, dass ich die Ärzte gebeten hatte, seine Söhne beiseite zu nehmen und ihnen die ungeschminkte Wahrheit zu sagen. Sein ältester Sohn Abdullah und Hamsah und auch ihre Brüder würden bald die Verantwortung für das Land übernehmen müssen. Sie sollten wissen, wie es um ihren Vater stand, und an den letzten ärztlichen Entscheidungen beteiligt werden. Während der gesamten Krankenwache blieben die Kinder bei Hussein, beteten für ihn und sangen Gebete, *du'aa*. Einige schliefen auf dem Boden neben dem Krankenbett. Unweigerlich dachte ich, dass Hussein ein Gefühl des Friedens empfinden musste, wenn die Familie auf diese Weise versammelt war.

An diesem letzten Morgen schlich ich mich an den schlafenden Kindern vorbei, um einen letzten ruhigen Augenblick mit meinem Mann zu verbringen. Doch ich hatte mich schon auf vielerlei Art von ihm verabschiedet. Mein Mann und ich hatten schon lange vorher Gottes Willen in diesem Kampf friedvoll angenommen.

Er starb zwei Tage später in Amman, am 7. Februar zur Zeit der Morgengebete. Den ganzen Morgen über war der Himmel bedeckt gewesen. Als Husseins Herz aufhörte zu schlagen, öffnete der Himmel seine Schleusen, und es regnete unaufhörlich. Hussein blickte in Richtung Mekka, als er starb. Sein Leben endete im selben Alter wie das Leben des Propheten Mohammed, *Friede sei mit ihm*. Ich stand neben dem Bett und hielt die Hand meines Mannes, als er starb, umgeben von unseren Kindern und weiteren Familienmitgliedern. Ich wandte mich Abdullah zu und sagte: »Der König ist tot. Lang lebe der König.« Dann umarmte ich ihn.

Die Jungen und ich überführten Hussein vom Krankenhaus nach Hause, nach Bab al-Salam, in das Haus, das er so geliebt hatte, in dem er aber nur so wenig Zeit verbringen durfte. Wir bahrten den Sarg im Empfangszimmer auf. In jener Nacht schlief ich dort auf einer Couch, unter Husseins Porträt und beim Licht einer Kerze. Beruhigender Weihrauchduft erfüllte das Zimmer. Ja, ich stand unter Schock, aber ich war auch von einem außerordentlichen Gefühl des Friedens durchdrungen. Worte können die Gelassenheit und den einfachen Glauben gar nicht angemessen wiedergeben, die Empfindungen, die mir damals Kraft gaben. Ich war überzeugt, dass dies nur eine Station der Reise war, die wir gemeinsam fortsetzen würden. Mitten in der Nacht traten Haja, Ali, Hamsah, Haschim und Iman leise ins Zimmer, sich gegenseitig stützend, um einige Augenblicke bei ihrem Vater zu verweilen.

Husseins Söhne kamen am Morgen, um seinen Körper zur rituellen Waschung *(ghusl)* in die Küche zu bringen. Scheich Hilajel, der Imam der Haschemiten-Familie, lud mich ein, meinen Mann ein letztes Mal zu sehen, bevor er Husseins Söhne durch die Reinigungszeremonie führte. Dann wickelten die Jungen den Körper in das ungesäumte weiße Tuch, das Hussein auf seinen Pilgerfahrten nach Mekka getragen hatte, und sprachen gemeinsam die Totengebete. Nach der islamischen Tradition sollte Hussein sofort beerdigt werden.

Eine außergewöhnliche Zahl politischer Führer aus aller Welt kam zur Beerdigung nach Jordanien, um Husseins Lebenswerk zu würdigen: Könige, Präsidenten, Staatsoberhäupter, Freunde und Feinde, Königsfamilien und hochrangige Delegationen. Unter den Staatsmännern aus dem Nahen Osten waren Ägyptens Präsident Hosni Mubarak, Kronprinz Abdullah aus Saudi-Arabien, der jemenitische Präsident Ali Abdullah Saleh, Scheich al-Chalifeh von Bahrain, Präsident Omar Hassan al-Baschir aus dem Sudan, der Palästinenserführer Jassir Arafat, Syriens Präsident Hafis al-Assad, Taha Maaruf, der Vizepräsident des Irak, Esmat Abdul Meguid, der Generalsekretär der Arabischen Liga, sowie seine Hoheit, der Aga Khan. Es kamen vier US-Präsidenten: Bill Clinton, George Bush, Jimmy Carter und Gerald Ford. Aus Israel kamen Premierminister Netanjahu, Präsident Eser

Weizman sowie eine prominent besetzte Delegation. Weitere Gäste aus dem Hochadel waren Königin Sophia und König Juan Carlos von Spanien, Prinz Charles von England, Königin Beatrix der Niederlande, König Albert und Königin Paola von Belgien sowie Kronprinz Naruhito und Kronprinzessin Masako aus Japan. Unter den führenden Politikern befanden sich der russische Staatspräsident Boris Jelzin, der deutsche Bundeskanzler Gerhard Schröder, Frankreichs Staatspräsident Jacques Chirac, der britische Premierminister Tony Blair, der österreichische Präsident Thomas Klestil, die irische Staatspräsidentin Mary McAleese, Innenminister Mangosuthu Buthelezi aus Südafrika, der UN-Generalsekretär Kofi Annan und seine Frau Nan, Tschechiens Präsident Vaclav Havel und viele weitere Regierungsvertreter und Freunde. Meine Eltern flogen mit Präsident Clinton, der ihnen sehr zuvorkommend begegnet war, denn er hatte sie angerufen und dabei zwei Plätze an Bord von *Air Force One* offeriert.

Nach einem letzten gemeinsamen Abschiedsgruß für meinen Mann, zu dem sich unsere Töchter und die Frauen des Hauses versammelten, sah ich Husseins Söhnen zu, wie sie den Sarg aus dem Haus trugen und auf eine Bahre stellten. Dann folgte die lange, traurige Prozession durch die Hauptstadt bis zum Raghadan-Palast. Dort sollten sich dann die jordanischen und die internationalen Würdenträger versammeln, um Hussein die letzte Ehre zu erweisen, bevor sie ihn zu einem kurzen Gottesdienst in der Moschee der königlichen Palastanlage und schließlich zur Beisetzung auf dem königlichen Friedhof begleiteten. »*Hatta al samaa tabki ala al-Hussein*« (»Sogar der Himmel weint wegen Hussein«), sagten die Leute auf der Straße zueinander und gingen dabei durch den Regen und den dichten Nebel.

Ich lud Prinzessin Basma ein, sich mir bei der Beisetzung auf dem königlichen Friedhof anzuschließen. In Presseberichten war damals zu lesen, mir sei nach dem muslimischen Gesetz untersagt worden, an der Beerdigung teilzunehmen, aber dies traf schlicht und einfach nicht zu. Ich wusste, dass ich bei Hussein sein sollte, wenn er zur letzten Ruhe gebettet wurde, und dass dies in gar keiner Weise unserer Glaubenslehre widersprach. Ich kümmerte mich nicht um gesellschaftliche Konventionen, denn ich wusste, dass die Jordanier unendlich viel Mitgefühl besaßen. Unseren Protokollbeamten und Scheich Hilajel, unserem Imam, werde ich für das Verständnis, das sie mir in einer so schweren Zeit entgegenbrachten, ewig dankbar sein.

Basma und ich standen im Eingang des Mausoleums von Husseins Eltern und sahen, wie ihn seine Söhne neben seinem Großvater zur letzten Ruhe betteten. Der Körper war in ein Leichentuch gewickelt, das Gesicht wies in Richtung der heiligen Stadt Mekka. Anschließend kehrte ich nach Al Ma'Wa zurück, um Kronprinz Abdullah von Saudi-Arabien zu empfangen. Er hatte um ein privates Treffen gebeten, bei dem er mir sein Beileid aussprechen wollte. Dann begab ich mich zum Raghadan-Palast, um die Beleidsbezeigungen der internationalen Würdenträger entgegenzunehmen. In den folgenden drei Tagen empfingen die drei Frauengenerationen der Familie und ich im Sahran-Palast trauernde Frauen aus Jordanien, den arabischen Ländern und aus aller Welt. Ja, ich war in einem Schockzustand, aber gleichzeitig empfand ich auch eine außerordentliche Gelassenheit, die von seinem Geist und seinem Glauben durchdrungen war. Das gab mir die Kraft, anderen die Hand zu reichen und sie zu trösten, so wie er es getan hätte.

Von diesem Augenblick an wusste ich: Ich würde den Tod nie mehr fürchten, sondern ihn als Gelegenheit zur Wiedervereinigung sehen.

Und es ist wirklich wahr: Nichts und niemand wird jemals auch nur in die Nähe der Liebe und des Respekts gelangen, die ich für meinen Mann empfand und immer noch empfinde. Seine Menschlichkeit, seine Unbeirrbarkeit und Anständigkeit in einer Welt des Betrugs und des Eigennutzes sind ohne Beispiel. Nach wie vor danke ich Gott für den Sprung ins Ungewisse, den ich als junge Frau wagte. Ich werde versuchen, den optimistischen Geist und die moralischen Grundsätze meines Mannes in mein ganzes Leben und Wirken einfließen zu lassen. Er gab niemals auf, und ich werde das auch nicht tun. Ich bete dafür, dass all unsere Kinder eines Tages in einem friedlichen Jerusalem wandeln werden. *Inschallah.*

Epilog

Hussein war ein echter Mann des Glaubens, ein Mann, der an Frieden, Toleranz und Mitgefühl glaubte. Ich gewann ein neues Verständnis von ihm, als ich ein Jahr nach seinem Tod die Umra nach Mekka machte. Wir hatten, insbesondere während seiner Krankheit, oft davon gesprochen, die Pilgerfahrt gemeinsam zu unternehmen, doch der rechte Moment war nie gekommen. 1999 machte ich dann die Reise zusammen mit ein paar Verwandten und engen Freunden. Es ist Sitte, auf der Pilgerfahrt für die Seelen der Verstorbenen zu beten, und außerdem bot sie mir Gelegenheit, Abstand von der materiellen und zeitlichen Welt zu gewinnen und wieder zu der Reinheit des Glaubens zu finden, die mich während Husseins Krankheit und darüber hinaus aufrechterhalten und geleitet hatte. Auch erlebte ich eine weitere tröstliche und erhebende Dimension meines Glaubens – die Solidarität mit der Umma, der Gemeinschaft der Muslime, die in Mekka, dem Geburtsort und Herzen des Islam, in tiefem Frieden vereinigt ist.

Bei meiner Ankunft in der heiligen Stadt wurde ich in derselben Suite im Gästehaus untergebracht, in der mein Mann immer gewohnt hatte. Während ich mich wusch und in schlichtes Weiß kleidete, stellte ich mir vor, wie sich Hussein bei der Vorbereitung auf das Ritual der Erneuerung gefühlt hatte, das er, sobald er erwachsen war, fast jedes Jahr vollzogen hatte. Dann betete ich mit meinen Freunden und Verwandten, bevor wir uns in die Große Moschee, die Masdschid al-Haram al-Scharif, begaben. Über uns, an einem Berghang über dem

Haupteingang der Moschee, sahen wir die haschemitische Festung, die Husseins Familie gehört hatte – ein erhabenes Bauwerk aus goldgelbem Stein, das im Licht der Abenddämmerung zu leuchten schien. Es ist nach der Moschee das schönste Gebäude in Mekka. Im Hof der Moschee vereinten wir uns mit einem Strom von Menschen, die allein oder in Gruppen von Nachbarn oder Verwandten aus allen Teilen der Welt nach Mekka gekommen waren. Sie alle beteten zu Gott, wie es die Muslime seit der Mission Mohammeds und der Offenbarung des Korans getan haben.

Eingehüllt von der Macht ihres Glaubens und der Heiterkeit ihrer Hingabe, spürte ich eine noch größere Verehrung für den Islam. Gemeinsam mit Tausenden von anderen Pilgern umkreisten wir sieben Mal die Kaaba, das heilige, würfelförmige Steingebäude im Hof der Großen Moschee. Dann durchschritten wir, im *Sa'i*, der symbolischen Wiederholung von Hagars Suche nach Wasser zwischen Safa und Marwa, sieben Mal das Bab-al-Salam-Tor (nach dem wir unser Haus benannt hatten). Als die saudischen Sicherheitskräfte die Leute sanft beiseite schoben, um uns einen Weg zu bahnen, dachte ich daran, dass Hussein diese Vorzugsbehandlung sicher unangenehm gewesen wäre, weil der leidenschaftlich an die islamische Lehre von der Gleichheit er Menschen geglaubt hatte.

Nach vielen Stunden des Gebets und der Reflexion war ich von Dankbarkeit für Husseins vorbildliches Leben erfüllt, seinen Glauben, seine Geduld, seine Ruhe angesichts von Konflikt und Feindseligkeit und seine Friedensvision. Ich dachte daran, wie er nicht nur unsere haschemitische Familie, sondern auch unsere ganze jordanische Völkerfamilie mit seiner Stärke, Führung und vorbehaltloser Liebe geleitet und getragen hatte.

In unseren letzten gemeinsamen Monaten hatte er mich gelehrt, dass in der Akzeptanz Stärke liegt, dass der Weg zum Sieg uns manchmal Unterwerfung und Vertrauen abverlangt, damit wir Transzendenz erlangen. Als Hussein mich verließ und die nächste Etappe seiner Reise antrat, wollte ich dem stechenden Schmerz in meinem Herzen nachgeben und ihm folgen. Doch als ich dem Aufgeben am nächsten war, dachte ich an unsere Kinder, die alle so tapfer gewesen waren und einander und mich getröstet hatten. Auch schien unser geliebtes Volk von mir zu erwarten, dass ich den Kontakt zu ihrem geliebten Vater, Sohn und Bruder aufrechterhielt. Es war, als wollten die Jordanier die Bindung an ihren König nicht nur durch die Erinnerung an das, was er einst gewesen war, aufrechterhalten, sondern auch durch die fortdauernde Gegenwart seines Geistes, so als hätte ich einen Teil seiner Weisheit und Güte absorbiert. Ich wusste, dass Abdullah und seine Brüder und Schwestern Husseins Vermächtnis als haschemitischer Führer seines Volkes gerecht werden würden. Doch die außerordentliche Zuversicht und das Vertrauen unseres Volkes waren der Segen, das Privileg und die Verpflichtung, die mich weitermachen ließen.

Ich wusste, dass der Glaube mich in den kommenden Tagen und Monaten aufrechterhalten würde und dass ich – *inschallah* – nach Mekka zurückkehren würde, in diese lebendige Verkörperung der zeitlosen Botschaft des Islam: Frömmigkeit vor Gott durch Wahrhaftigkeit, Demut, Opferbereitschaft und Mitgefühl für die Mitmenschen.

Leben und Tod sind nur Etappen der Reise des Geistes, und beide liegen ganz in Gottes Hand. Hussein sagte oft, wir seien nur die Verwalter eines zeitlosen Erbes, das jede Person, jedes Land und jede Kultur transzendiert. Wir sind die aktuellen sterblichen Träger ewiger, heiliger Werte, die – in unserer Region und anderswo seit Tausenden von Jahren – von Generation zu Generation weitergegeben werden. Diese Überlegungen, die mir so viel Trost gespendet hatten, als ich drei Jahre zuvor in Mekka gebetet hatte, scheinen in der von unsagbaren Umwälzungen und Gewaltausbrüchen erschütterten Welt von heute neuen Widerhall zu finden. Die politischen Führer suchen nach friedlichen und gewaltsamen Lösungen für die Probleme der Menschheit, aber damit die Veränderung positiv und dauerhaft wird, müssen wir anerkennen, dass wir alle Menschen sind und nach den gemeinsamen Werten unserer Religionen leben. Wie es der Prophet Mohammed, Friede sei mit ihm, gesagt hat: »Keiner von euch ist gläubig, bis er nicht für seinen Bruder wünscht, was er für sich selbst wünscht.«

Ich weiß, dass Husseins politische Erfolge lange Bestand

haben werden, doch es wird die Erinnerung an seine liebevollen Augen und sein liebevolles Lächeln, an seinen sanften Humor, an seine Zuversicht und Weisheit und an seinen großzügigen und versöhnlichen Geist sein, die mir das Weiterleben ermöglicht. Ich bete darum, dass sein Vermächtnis der Liebe, der Toleranz und des Friedens in uns allen weiterleben wird – es ist sein Geschenk und seine Herausforderung. Ich werde für dieses Vermächtnis ewig dankbar sein und will ihm mit meinem Leben und meiner Arbeit gerecht werden.

Ich werde dich nicht im Stich lassen, mein Geliebter. Ich werde auf unserem gemeinsamen Weg weitergehen, und ich weiß, dass du da sein wirst, um mir zu helfen, so wie du immer da warst. Und wenn wir uns am Ende der Reise wiedersehen und wieder miteinander lachen, dann werde ich dir tausend Dinge zu erzählen haben.

Noor al-Hussein
Bab al-Salam
Amman, Jordanien, November 2002
Ramadan 1423

Danksagung

Ich hatte mir stets vorgestellt, meine Memoiren erst am Ende meines Lebens zu schreiben – in einer Zeit der Ruhe und Besinnlichkeit, in der meine Lebensgeschichte fast abgeschlossen sein würde. Allerdings forderten mich nach Husseins Tod viele auf, meine Erinnerungen und meine Sicht seines Vermächtnisses schon in einer Zeit zu veröffentlichen, in der sie noch Besonderes bewirken könnten.

Dieses Buch ist im Geist der Versöhnung entstanden. Dieser Geist möge dazu beitragen, vor allem in der westlichen Welt die Ereignisse, die den modernen Nahen Osten geprägt haben, stärker ins Bewusstsein einer breiten Öffentlichkeit zu rücken. Vielleicht kann dieses Buch die heutigen Probleme der arabischen Welt und die eigentlichen Werte des Islam deutlich machen. Ich habe mich oft zu meinem Bedürfnis bekannt, Brücken zu bauen und einen konstruktiven Dialog zwischen den Kulturen zu fördern. Ich hoffe sehr, dass dieses Buch viele Leser dazu anregt, diese Ideale praktisch zu leben. Ich bin keine Politologin, Geschichtswissenschaftlerin oder Theologin. Ich habe einfach versucht, gewissenhaft Erfahrungen aus erster Hand zu schildern, soweit mir dies möglich war.

Für die Darstellung in diesem Buch bin natürlich ich alleine verantwortlich, auch wenn zahlreiche wichtige Gespräche mit Freunden und Beratern zu differenzierteren Sichtweisen beigetragen haben. Es handelt sich um meine Anschauungen, die nicht als die offizielle Position Jordaniens betrachtet werden sollten.

Memoiren sind per Definition ein sehr persönliches Werk, dessen Entstehung Reflexion und ein gewisses Maß an Introspektion erfordert. Dieses Buch ist keine Ausnahme von dieser Regel. Bei diesem bisweilen schmerzlichen und oft große Sorgfalt erfordernden Unternehmen standen mir zum Glück zahlreiche gute Geister mit viel Kreativität zur Seite. In der ersten Phase der Recherche und des Sammelns von Fakten verbrachten Linda Bird Francke und ich viele Stunden damit, Quellenmaterial aus erster Hand zu sichten, insbesondere aus meinen Tagebüchern der vergangenen zwanzig Jahre. Linda reiste nach Jordanien und befragte dort unsere Familie, unsere Freunde und meine Arbeitskollegen. In der heißen Phase des Projektes erwies sich Victoria Pope als unschätzbare und unermüdliche Helferin und Freundin, die eine Führungsrolle übernahm und mit großem redaktionellen Geschick zur endgültigen Gestaltung des Textes beitrug. Von großem Nutzen waren ebenso die Eingriffe Peter Guzzardis. Besonderer Dank gilt Hania Dachgan für ihr wichtiges Engagement in den letzten hektischen Monaten vor dem Abgabetermin – mit Recherchen, der Koordination des Projektes und mit zahlreichen Vorschlägen, die zur Lesbarkeit des Buches beigetragen haben. Ghadir Taher und Basma Losi haben ebenso wertvolle Beiträge zur Entstehung dieses Buches geleistet.

Ich danke Robert B. Barnett, Tina Brown und Jonathan Burnham dafür, dass sie an dieses Buch von Anfang geglaubt haben. Mein Dank gilt ebenso Caroline Migdadi, Manal Jazi, Carol Adwan, Gail Nash Brown, Elizabeth Corke, Dianne Smith, Carlo Miotti, Jennifer Georgia, Tufan Kolan, Christine Anger, Liesa Segovia, Janell Bragg, Susan Mercandetti, Hilary Bass, Jill Ellyn Riley, Kristin Powers und Kathie Berlin.

Willkommene Hinweise und Unterstützung erhielt ich schließlich auch von den Mitgliedern meiner Familie. Meine Eltern Doris und Najeeb Halaby, mein Bruder Chris, meine Schwester Alexa sowie meine Cousins Rodrigo und Pedro Arboleda halfen mit, unsere Familiengeschichte für die ersten Kapitel zusammenzutragen. Husseins und meine Kinder Feisal, Hamsah, Haschim, Iman, Raijah und Abir, unsere Neffen, die Prinzen Talal und Ghasi, Prinz Raad und Prinzessin Maschda, Prinz Ali Bin Najef und Prinzessin Wischdan sowie Prinz Seid bin Schaker (der nach Sidis Tod so vielen von uns Rückhalt und Trost gab und dann, wie sein bester Freund und Bruder, viel zu früh von uns ging), trugen Erinnerungen aus glücklichen Zeiten und wertvolle historische und kulturelle Details bei. Freundliche Unterstützung leisteten zudem viele Freunde, so Königin Sophia, Kaiserin Farah, König Konstantin und Königin Anne-Marie, Swanee Hunt, Camille Douglas, Marion Freeman, Tessa Kennedy, Melissa Mathison, Sarah Pillsbury, Lucky Roosevelt, Gillian Rowan, Steven Spielberg und Nadine Shubailat. Auch ihnen danke ich herzlich.

Besondere Dank schulde ich meinen Rechercheuren und lieben Freunden, die bei der Sichtung und Überprüfung von Fakten über die Region halfen, unter anderem Mustapha Akkad, Aisar Akrawi, Fuad Ajjub, Lina Attel, Adnan Badran, Dr. Sima Bahus, Ghasi Bischeh, Timur Daghestani, Ali Ghandur, Scheich Ahmed Hillajel, Rana Husseini, Chalid Irani, Ibrahim Isedin, Abdul Karim Kabariti, Rami Churi, Lina Kopti, Ali Mahafsa, Aschraf Malhas, Hussein Majali, Suleiman al-Mussa, Scheich Walid al-Said, Rebecca Salti, Kamel Scharif, Hana Schahin, Ali Schukri, Dschafar Tukan, Abla Sureikat, Dr. Fuad Adschami, Karim Fahim, Katherine Johnston Hutto, Dr. Sheila Johnson, Alison McIntyre, Megan Ring, Burdett Rooney, Jerry White und Richard Verall. Die jordanische Graphikerin Andrea Attallah entwarf die islamischen Ornamente an den Kapitelanfängen.

Danken möchte ich schließlich auch meinen Kindern, die in den letzten Jahren der intensiven Arbeit an meinem Buch sehr viel Geduld mit mir haben mussten. Ihr Zuspruch und die Erinnerung an ihren Vater halfen mir in Momenten, in denen mir die Aufgabe über den Kopf zu wachsen drohte. Gott möge sie schützen.

Königin Noor spendet den Erlös aus dem Verkauf dieses Buches der König-Hussein-Stiftung. Sie unterstützt den Auftrag der Stiftung, König Husseins lebenslanges Engagement für den Frieden, für nachhaltige Entwicklung und interkulturelles Verständnis fortzuführen und weiterzuentwickeln. Dies geschieht durch Förderprogramme in den Bereichen Frieden und Demokratie, Erziehung und Führungsaufgaben, Umwelt und Gesundheit.

Die gemeinnützige Stiftung ist in den Vereinigten Staaten und in Jordanien tätig. Sie wurde gegründet, um das humanitäre Vermächtnis zu erhalten und die Zukunftsvision des verstorbenen Königs weiterzuführen.